PHH
A Simon & Schuster Company
PRENTICE HALL

L M M J V S D 24

Cómo utilizar la serie Aprendiendo en 24 Horas

¡Bienvenido a la serie *Aprendiendo en 24 horas*! Probablemente esté pensando ahora: "¿Qué? ¿Quieren que esté despierto toda la noche para aprender?" Bueno, no; no exactamente. Esta serie presenta una novedosa forma de enseñarle nuevos y excitantes productos: 24 lecciones de una hora, diseñadas para captar su interés y mantener su aprendizaje. Puesto que este proceso está dividido en unidades pequeñas, usted no se verá abrumado por la complejidad de algunas de las nuevas tecnologías que surgen en el mercado de hoy. Cada lección de una hora tiene varios elementos especiales, algunos viejos, otros nuevos, concebidos para ayudarle en su camino.

10 minutos

Los primeros diez minutos de cada hora presentan los temas y habilidades que usted aprenderá aproximadamente para cuando termine la hora. Así sabrá qué le traerá la próxima hora, sin sorpresas.

20 minutos

Para cuando haya ahondado en la lección, luego de 20 minutos, sabrá cuántas características nuevas hay en las aplicaciones. En este campo de la computación, en constante evolución, el saber todo lo que puede hacer un programa le ayudará enormemente, tanto en el presente como en el futuro.

30 minutos

Antes que hayan transcurrido 30 minutos habrá aprendido al menos una tarea útil. Estas tareas utilizan un enfoque participativo, diciéndole exactamente qué menús y comandos necesita utilizar para lograr el objetivo. Este enfoque se halla en cada lección de la serie *24 horas*.

40 minutos

Después de 40 minutos verá que muchas de las herramientas que ya se esperaba de la serie *Aprendiendo...* también se hallan en la serie *24 horas*. Las NOTAS y TIPS le brindan trucos especiales del oficio para que su trabajo sea más rápido y productivo. Las notas de PRECAUCIÓN le ayudan a evitar esos desagradables errores que consumen tanto tiempo.

50 minutos

Para cuando usted lleve 50 minutos, probablemente se encontrará con términos que jamás ha visto. Nunca antes la tecnología ha introducido tantas nuevas palabras y acrónimos en el idioma, y los elementos de TÉRMINO NUEVO, que se hallan en esta serie, explicarán cuidadosamente todos y cada uno de ellos.

60 minutos

Al final de la hora tal vez usted aún tenga preguntas que necesiten respuesta. Usted sabe de qué tipo: sobre habilidades o tareas que se le presentan a diario, pero que no fueron tratadas explícitamente durante la lección. Aquí es donde la sección PREGUNTAS Y RESPUESTAS le puede ayudar. Al responder las preguntas más comunes sobre los temas que se exponen en la hora, esta sección no sólo responde a su pregunta específica, sino que proporciona una breve revisión de todo lo que haya aprendido durante la hora.

Aprendiendo WINDOWS NT4 WORKSTATION en 24 horas

Aprendiendo
WINDOWS NT 4 WORKSTATION
en 24 horas

Martin Kenley, et al.

TRADUCCIÓN:

Jorge Alberto Velázquez Arellano
Traductor Profesional

REVISIÓN TÉCNICA:

A. David Garza Marín
Ingeniero Mecánico Electricista
SEP/UNAM
Gerente General de GMD Microsistemas

PRENTICE HALL HISPANOAMERICANA, S.A.

MÉXICO • NUEVA YORK • BOGOTÁ • LONDRES • SYDNEY
PARÍS • MUNICH • TORONTO • NUEVA DELHI • TOKIO • SINGAPUR
RÍO DE JANEIRO • ZURICH

EDICIÓN EN ESPAÑOL :

DIRECTOR DE MERCADOTECNIA :	MOISÉS PÉREZ ZAVALA
GERENTE DIVISION COMPUTACION:	FRANCISCO J. DELGADO RODRÍGUEZ
GERENTE EDITORIAL :	MARICELA VILLAGÓMEZ ESTRADA
EDITOR DIVISIÓN COMPUTACION	MARÍA ELENA GÓMEZ CARBAJAL
DIRECTOR DE EDICIONES :	ALBERTO SIERRA OCHOA
GERENTE DE EDICIONES :	JUAN ANTONIO RODRÍGUEZ MORENO
SUPERVISOR DE TRADUCCIÓN :	MIGUEL MORALES RODRÍGUEZ
SUPERVISOR DE PRODUCCIÓN :	OLGA ADRIANA SÁNCHEZ NAVARRETE

APRENDIENDO WINDOWS NT 4 WORKSTATION EN 24 HORAS

Traducido del inglés de la obra: **TEACH YOURSELF WINDOWS NT 4 WORKSTATION EN 24 HORAS**

Authorized translation from the English Language edition published by SAMS PUBLISHING

Calle Cuatro Núm. 25, 2° Piso, Col. Fracc. Ind. Alce Blanco
53370 Naucalpan de Juárez, Edo. de México

ISBN 970-17-0013-9

Miembro de la Cámara Nacional de la Industria Editorial, Reg. Núm. 1524
Original English Language Edition Published by SAMS PUBLISHING

ENE

LITOGRAFICA INGRAMEX, S.A. DE C.V.
CENTENO NO. 162-1
MEXICO, D.F
C.P. 09810

4000 1998

ISBN 0-672-31011-2

IMPRESO EN MÉXICO/PRINTED IN MEXICO

Advertencia y aclaración de responsabilidad
Este libro se vende como está, sin responsabilidad de ninguna especie expresa o tácita. Aunque se han tomado todas las precauciones posibles en la preparación de esta obra, ni el (los) autor(es) ni Prentice-Hall Hispanoamericana asumen responsabilidad alguna por los daños que resulten del uso de la información o las instrucciones aquí contenidas; así como tampoco se hacen responsables por el daño o pérdida de datos que resulten en el equipo del usuario o lector, por el uso directo o indirecto que se haga de esta obra.

Editor y Presidente:
Richard K. Swadley
Gerente de ediciones:
Dean Miller
Director de servicios editoriales:
Cindy Morrow
Editor administrativo:
Jodi Jensen
Director de mercadotecnia:
Kelli S. Spencer
Subgerentes de mercadotecnia:
Kristina Perry, Rachel Wolfe
Editor de adquisiciones
Kim Spilker
Editor de desarrollo
Brian-Kent Proffitt
Editora de producción
Tonya R. Simpson
Editoras de original
Margaret Berson
Marilyn Stone
Indizadora
Erika Millen
Revisor técnico
Vince Averello
Coordinadora editorial
Katie Wise
Coordinadora editorial técnica
Lynette Quinn
Coordinadora de recursos
Deborah Frisby
Asistentes editoriales
Carol Ackerman
Andi Richter
Rhonda Tinch-Mize
Diseñador de portada
Tim Amrhein
Diseñador del libro
Gary Adair
Redactor
David Reichwein
Supervisores del equipo de producción
Brad Chinn
Charlotte Clapp
Producción
Jeanne Clark
Cyndi Davis
Janet Seib
Mary Ellen Stephenson

Contenido

Apéndice

Contenido

Agradecimientos

Este libro lo dedico a mi madre, Jean Kenley, quien con un corazón benévolo y generoso me ha ayudado siempre que lo he necesitado. Su bondad y apoyo me sirvieron para hacer este libro realidad. También es por la memoria de mi padre. Estos recuerdos me brindan la inspiración, la felicidad y un entendimiento más profundo de lo que significa la madurez, la disciplina y el amor.

Reconocimientos

Me gustaría agradecer al laborioso personal de Sams. Durante los pasados meses he aprendido por qué otros autores mencionan la paciencia de sus editores y están tan agradecidos por ello. Gracias por todo a Kim Spilker, Brian Proffitt, Robert Bogue, Jeff Koch y otros que laboran ahí. Su ayuda fue muy apreciada.

Un agradecimiento especial también a Gary Neely por la ayuda y asesoría técnica que ayudó a mejorar este libro.

Acerca de los autores

Martin Kenley

Trabaja, desde hace cinco años, como asesor de computación para la Universidad de Indiana, especializándose en la solución de problemas de sistemas operativos y software de comunicaciones. Sus intereses incluyen la música, en especial MIDI, el excursionismo, los viajes y cocinar diversos platillos étnicos.

Robert L. Bogue

Es propietario de Thor Projects, una compañía consultora ubicada en Indianápolis, Indiana, que se especializa en solucionar las necesidades de conectividad e integración de empresas medianas.

Rob ha participado en más de 50 proyectos de libros sobre temas que van de Visual Basic a Windows NT, Novell y Microsoft Office. Se le puede encontrar en rbogue@iquest.net o al (317) 844-5310.

Darren Schubert

Graduado de la Escuela de Comercio de la Universidad de Indiana, es administrador de sistemas NT y el administrador de red en funcionamiento del Centro Médico de la Administración de Veteranos en Indianápolis, Indiana. Ex asesor, sus proyectos para clientes incluyeron diseño de redes, diseño de bases de datos y programación PowerBuilder y Visual Basic. Los actuales temas de investigación de Darren incluyen conectividad NT, configuración de enrutador Cisco, HP Openview y Network General Sniffer Network Analyzer. Y uno de estos días presentará sus exámenes para MCSE. A Darren se le puede encontrar en schubert.darren@indianapolis.va.gov.

Gary Robert Neely

De 36 años de edad, vive en Bloomington, Indiana, con un lobo y varios hurones. Ingeniero graduado en Purdue, ha trabajado como ingeniero de software por honorarios para la Naval y la Fuerza Aérea. Su trabajo ha incluido evaluación y diseño de bases de datos, redacción técnica, aseguramiento de la calidad y capacitación. Ahora es socio en SCIgate Publishing, una empresa de edición y asesoría de Internet. Es astrónomo aficionado, recolector ocasional de rocas y un fanático ávido de *Babylon 5*. A Rob se le puede encontrar por correo electrónico en grneely@scigate.net.

Jeff Perkins

Es ingeniero de software en TYBRIN Corporation. Ha sido gerente de proyecto, jefe de equipo, líder de proyecto, líder técnico y analista. Graduado en la Academia de la Fuerza Aérea de Estados Unidos, es un veterano con más de 2 500 horas de vuelo como navegante y bombardero en el B-52. Es coautor de otros tres libros: *Teach Yourself SQL in 14 Days, Teach Yourself ODBC in 21 Days* y *Aprendiendo ActiveX en 21 días (editado por Prentice-Hall Hispanoamericana).*

Prentice-Hall Hispanoamericana

El personal de Prentice-Hall Hispanoamericana, S.A. está comprometido en presentarle lo mejor en material de consulta sobre computación. Cada libro de Prentice-Hall Hispanoamericana es el resultado de meses de trabajo de nuestro personal, que investiga y refina la información que se ofrece.

Como parte de este compromiso con usted, el lector de PHH, Prentice-Hall Hispanoamericana lo invita a dar su opinión. Por favor háganos saber si disfruta este libro, si tiene alguna dificultad con la información y los ejemplos que se presentan, o si tiene alguna sugerencia para la próxima edición.

Sin embargo, recuerde que el personal de Prentice-Hall Hispanoamericana no puede actuar como soporte técnico ni responder preguntas acerca de problemas relacionados con el software o el hardware.

Si usted tiene alguna pregunta o comentario acerca de cualquier libro de Prentice-Hall Hispanoamericana, existen muchas formas de entrar en contacto con nosotros. Responderemos a todos los lectores que podamos. Su nombre, dirección y número telefónico jamás formarán parte de ninguna lista de correos ni serán usados para otro fin, más que el de ayudarnos a seguirle llevando los mejores libros posibles. Puede escribirnos a la siguiente dirección:

Prentice-Hall Hispanoamericana, S.A.

Atn.: Editorial División Computación

Calle Cuatro No. 25, 2° Piso
Fracc. Ind. Alce Blanco
Naucalpan, Estado de México
C.P. 53370, México

Si lo prefiere, puede mandarnos un fax al
(525) 358-8400.

También puede ponerse en contacto con nosotros a través de nuestra página Web: http://www.prentice.com.mx

Introducción

Debido a que este libro está saliendo varios meses después de la publicación de NT Workstation 4 (en tanto que muchos libros que hay en las librerías fueron escritos antes de la publicación final, usando versiones beta o inconclusas de NT), tiene la ventaja de incorporar mucha información sobre errores, poder no descubierto, conflictos con otro software y hardware y problemas de instalación. He tenido tiempo para instalarlo en mi ambiente de trabajo más de 50 veces, en varias computadoras con diferentes configuraciones. No hay fórmulas mágicas para el uso y experimentación del producto final para determinar en verdad cómo se desempeña NT Workstation 4 en diferentes condiciones. Espero que esta experiencia ayude al valor de este libro. También he seguido las discusiones en línea de NT Workstation 4 que han tenido lugar en World Wide Web, en grupos de noticias y en las revistas de computación, y he incorporado el conocimiento recopilado de estas fuentes.

¿Quién debe leer este libro?

Este libro cubre todos los elementos esenciales de Windows NT Workstation 4 y está diseñado tanto para lectores que no lo han usado como para quienes han tenido alguna experiencia pero desean aprender más. He diseñado el libro para que sea de utilidad a quienes trabajan en una oficina o en su casa; ambos grupos de lectores aprenderán todos los componentes útiles de NT Workstation 4.

Cómo usar este libro

Este libro está diseñado para enseñarle los temas propuestos en sesiones de una hora. Todos los libros de la serie *Aprenda* de Sams permiten al lector empezar a trabajar y llegar a ser productivos lo más pronto posible. ¡Este libro hará esto por usted! De hecho, las primeras lecciones se interesan en mostrarle cómo usar los elementos básicos, al igual que los elementos potentes de NT 4: lo lleva a través del escritorio, manejo de archivos, el Explorador, instalación de aplicaciones y optimización de NT Workstation 4. Está diseñado para enseñarle todas las técnicas de navegación que necesita para ser un usuario efectivo de NT 4. Si no tiene la suerte de tener NT 4 ya instalado, puede pasar a la sección que trata lo referente a la instalación

Tómese un Minuto

> Aunque la mayoría de los libros de computación utilizan una jerga incomprensible, este libro no lo hace. He evitado en forma consciente los términos que serían desconocidos para la mayoría de los lectores. Sólo cuando es necesario uso una redacción técnica y, en estos puntos, me aseguro de que puedan seguir la exposición. Al final de cada lección incluyo glosarios de vocabulario técnico.

Cada hora, o sesión, comienza con un resumen del tema, para informarle lo que debe esperar. Las revisiones le ayudan a determinar la naturaleza de la lección y si ésta es relevante para sus necesidades.

Sección principal

Cada lección tiene una sección principal que expone el tema de la misma de una manera clara y concisa, dividiéndolo en sus componentes lógicos y explicando cada uno con claridad.

En cada lección se incluyen tips, advertencias y notas dentro de recuadros grises que proporcionan información adicional.

AHORRE TIEMPO

> Aquí tiene un tip que le informa de un truco o elemento que la mayoría de usuarios de computadoras omite con frecuencia. Los puede omitir, pero a menudo estos consejos le mostrarán una manera fácil de hacer una tarea.

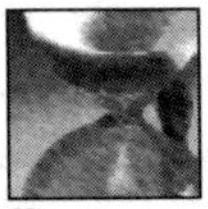

PRECAUCIÓN

> Una advertencia merece al menos tanta atención como un tip, debido a que éstas señalan un elemento problemático del sistema operativo. Ignorar la información contenida dentro de la advertencia podría tener efectos adversos en la estabilidad de su computadora. Éstas son las barras de información más importantes en este libro.

TÓMESE UN MINUTO

> Una nota está diseñada para esclarecer el concepto que se está exponiendo. Profundiza en el tema y, si usted está conforme con su comprensión del tema, puede ignorarlas sin riesgo alguno.

Taller

Esta sección, presente en cada lección, proporciona ejercicios que refuerzan los conceptos aprendidos y le ayudan a aplicarlos en situaciones nuevas. Puede saltarse esta sección, pero se le aconseja que realice los ejercicios para ver cómo se pueden aplicar los conceptos a otras tareas comunes.

Glosario

Esta porción, también presente en cada lección, es un diccionario en miniatura que proporciona definiciones de los términos técnicos que se usaron durante la lección. Todas las palabras están definidas conforme aparecen, así que el glosario proporciona una especie de resumen de términos técnicos.

PARTE I

La sesión matutina: levantarse y correr con Windows NT Workstation 4

Hora

PARTE

I

Hora 1

Introducción a Windows NT 4

por Martin Kenley

Esta lección le introduce a los sistemas operativos que precedieron a Windows NT y expone cómo se compara con ellos. Aprenderá sobre algunos de sus nuevos componentes y por qué son importantes. Además, la lección presenta un bosquejo de la estructura y arquitectura de NT.

Los primeros años de Windows

Antes de 1985, los sistemas operativos se apegaban a una interfaz de línea de comandos, la cual implicaba que el usuario tecleara comandos para interactuar con la computadora. La mayoría de estos sistemas operativos eran vagamente parecidos a DOS, Sistema Operativo de Disco (Disk Operating System). En 1985, Microsoft presentó la versión 1.0 de Windows y no fue un gran éxito. De hecho, los usuarios de PC se alejaron de DOS en realidad hasta cinco años más tarde, con la aparición de la versión 3.0. Con este lanzamiento, Microsoft incorporó una administración de memoria mucho mejor, al igual que una interfaz de usuario más agradable; debido a que todo en Windows se trata mediante una interfaz gráfica intuitiva, éste fue un gran avance. (La gente de la industria de la computación se refiere a sistemas similares a Windows como interfaces gráficas de usuario [GUIs, graphical user interfaces]).

Windows 3.x

Microsoft lanzó más tarde una versión más estable de Windows, con la que muchas personas están familiarizadas: 3.1. Esta puede ejecutarse en modo protegido y usar memoria virtual, permitiendo por tanto que el sistema operativo tenga acceso a más memoria de la computadora, evadiendo la limitación de 1MB impuesto en versiones anteriores de DOS. Microsoft desarrolló otra versión: Windows para Trabajo en Grupo 3.11. Ésta incorpora mayores funciones de conectividad. Aunque no es lo suficientemente compleja para los estándares actuales, Windows para Trabajo en Grupo permitió a las oficinas compartir algunos recursos y es más estable que la versión 3.1. En la figura 1.1 se muestra el Administrador de Programas.

Figura 1.1.
He aquí cómo luce la interfaz de usuario básica de Windows 3.1.

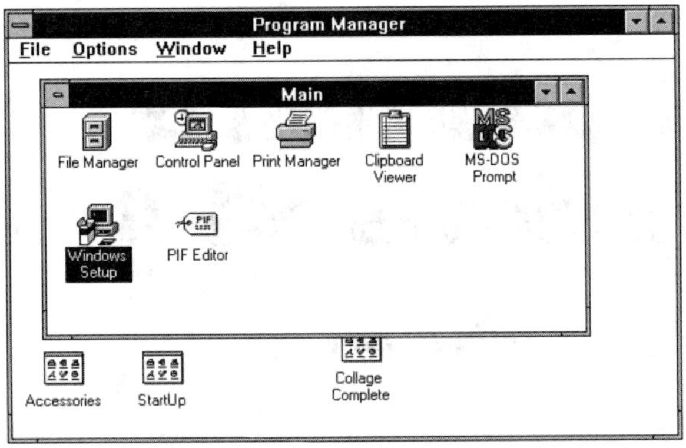

Un gran paso adelante: Windows NT

El siguiente gran avance de Microsoft llegó cuando ofrecieron Windows NT, el cual le da caza a Windows 95. Los desarrolladores de Microsoft se dieron cuenta de que allá afuera había usuarios de computadoras, en especial en el ambiente corporativo, que necesitaban una mayor estabilidad que la ofrecida por Windows 3.*x*. El gran avance aquí fue desechar el DOS subyacente y construir un sistema operativo con una GUI que se pudiera sostener por sí misma y ejecutarse por completo en modo protegido, un estado en el que el microprocesador soporta memoria virtual y permite la multitarea. Esto haría que la computadora fuera capaz de realizar tareas múltiples y direccionar más memoria, dependiendo del procesador. *Modo protegido* indica que el procesador ejecuta rutinas de protección de memoria a fin de evitar que choquen entre sí dos programas que se estén ejecutando al mismo tiempo.

La exclusión de DOS permitió a Microsoft abandonar sus limitaciones inherentes y el uso de dispositivos que usan controladores en modo real. (Los *controladores en modo real* dirigen directamente la memoria en vez de hacer una llamada al sistema operativo y dejar que éste haga el trabajo. Vea la sección "Glosario" para más información sobre el modo real.) Aunque los requerimientos de hardware para NT 4 son mayores que los de sistemas operativos previos, también lo es el beneficio en términos de estabilidad y seguridad. Puesto que Windows NT es un sistema operativo de 32 bits por completo (al contrario de Windows 3.1, que lo es dP>16 bits), se puede mover y procesar información en bloques del doble de tamaño que uno de 16 bits.

Windows 95

En el otoño de 1995 Microsoft lanzó al fin, después de muchas demoras, Windows 95. Para mantener compatibilidad con programas anteriores, los desarrolladores incluyeron una buena cantidad de código de 16 bits en el núcleo, más de lo que muchos hubieran querido. Pero aunque muchas de sus partes, responsables de mover información de un lado a otro dentro de la computadora y administrar los dispositivos (los subsistemas), tienen código de 32 bits, su desempeño todavía es bastante robusto.

La interfaz de usuario cambio de manera radical respecto a versiones anteriores de Windows. En vez del Administrador de Programas (Program Manager), usa el Explorador de Window (Explorer). El Explorador es una interfaz mucho más flexible y puede ser personalizada con mucha mayor facilidad para adecuarse a las necesidades de los diferentes usuarios. Esta interfaz tuvo tanto éxito que los desarrolladores de Microsoft decidieron usarla para Windows NT 4 (vea la figura 1.2).

Figura 1.2.
El Explorador de Windows 95 se publicó primero con Windows 95 y después se utilizó como interfaz para Windows NT 4.

Otro gran avance en Windows 95 es el soporte para dispositivos y productos multimedia de terceros. Con el Panel de control se pueden añadir nuevos dispositivos de hardware. Con esto el sistema operativo los detectará de manera automática y cargará sus controladores. Esta característica, conocida como *plug-and-play,* ha hecho mucho más fácil la vida para los usuarios que añaden dispositivos a sus computadoras. Windows NT no soporta plug-and-play de manera directa y, hasta el momento de escribir esto, todavía está sujeto a debate si se incorporará en la siguiente versión. Windows 95 tiene una cantidad enorme de controladores de dispositivos para una amplia variedad de componentes de hardware; esto es útil en especial para quienes se interesan en hacer multimedia. Tiene capacidad para soportar una amplia variedad de tarjetas de sonido, unidades de CD-ROM, dispositivos MIDI y dispositivos de entrada/salida de video. Si la compatibilidad es su máxima preocupación y tiene muchos dispositivos antiguos, es probable que se encuentre mejor con Windows 95, en especial si no planea actualizar pronto esos dispositivos.

Microsoft integró además la capacidad de usar la multitarea con preferencia hacia aplicaciones de 32 bits. Esta característica significa que el sistema operativo, más que una aplicación, determina qué recibe el control de los recursos del sistema. Por consiguiente, si tiene corriendo varias aplicaciones de 32 bits, Windows 95 retirará el control de una aplicación y se lo dará en forma temporal a otra.

Es más, una aplicación también puede tener varios fragmentos de código, o *hilos,* en proceso al mismo tiempo. Por ejemplo, podría enviar un documento a la impresora y revisar su ortografía al mismo tiempo. En esta transacción, el procesador de palabras pasa el hilo del trabajo de impresión al sistema operativo, el cual lo maneja en segundo plano mientras usted ejecuta el revisor de ortografía, que es otro hilo. Un hilo es simplemente una porción de código que puede obtener una parte de los recursos del sistema operativo y se puede ejecutar en forma concurrente con otros. Una aplicación como Microsoft Word 97 para Windows 95, de 32 bits, es capaz de generar varios hilos en forma simultánea. Esto permite al sistema operativo procesar un hilo, retirar el control de la aplicación y dárselo a otro hilo. Del mismo modo, si tiene abiertas dos aplicaciones codificadas en 32 bits, Windows 95 regula los recursos del sistema y el tiempo para cada aplicación, en vez de permitir que la aplicación asigne sus propios recursos. Esta capacidad para procesar varios hilos juntos se llama *multihilos.*

Bajo Windows 3.1, las aplicaciones usaban multitarea cooperativa, la cual no es tan buena para administrar los recursos del sistema. Usando este esquema, se supone que una aplicación revisa en forma periódica la cola de mensajes del sistema operativo para otras tareas que estén pendientes y luego le entrega el control al sistema. Sin embargo, no es muy usual que una aplicación deje sin revisar la cola y, por consiguiente, acapare la unidad de procesamiento central (CPU). Aun peor, si esta aplicación se congela, el sistema operativo no tiene forma de recuperarse, ya que está esperando que la aplicación le devuelva el control; y si la aplicación falla, no podría devolver el control al sistema.

Ventajas de Windows NT Workstation 4

Hay muchas ventajas de Windows NT 4 sobre otros sistemas operativos Windows. Microsoft agregó una gran cantidad de características nuevas que hacen superior a NT 4 en varios niveles, y muchos componentes que no son nuevos pero que han sido mejorados para funcionar con más eficiencia. A continuación se presentan algunas de las características principales:

- Una de las razones básicas por las que los usuarios de computadoras desearán actualizarse a Windows NT 4 es la mayor velocidad y estabilidad que ofrece. Muchos de los subsistemas han sido actualizados a partir de NT 3.51 para un mejor desempeño. En comparación con el modo de 16 bits en que opera Windows 3.1, el núcleo de 32 bits de NT es significativamente más rápido. Todos los controladores son de 32 bits, de modo que se pueden comunicar más rápido. Incluso comparado con Windows 95, el cual tiene una cantidad considerable de código de 32 bits, NT es más robusto.
- Es más, la naturaleza de multitarea y multihilos es superior en NT 4. Toda aplicación de 32 bits ejecutada bajo Windows NT puede ser manejada por sus capacidades de multitarea preferencial. Esto significa que ningún programa aislado puede dominar la CPU a menos, por supuesto, que sea una aplicación de 16 bits. El resultado final es que usted puede realizar más tareas sin tener que esperar. Windows NT le da a cada aplicación de 16 bits su propio espacio de dirección (memoria) para ejecutarse, en tanto que Windows 95 dedica un solo bloque de espacio de dirección para que se ejecuten todas sus aplicaciones de 16 bits . De modo que, bajo la arquitectura NT, cada aplicación de 16 bits puede ejecutarse en multitarea con otras aplicaciones del mismo tipo o cualesquiera aplicaciones de 32 bits que esté ejecutando, permitiendo un ambiente de trabajo más eficiente debido a que las aplicaciones de 16 bits no tienen que competir entre sí por el tiempo de recursos (ciclos de CPU).

  Las capacidades de multihilos permiten a un programa ejecutar varios hilos al mismo tiempo. Windows 95 y NT 4 tienen estas capacidades similares.
- A diferencia de Windows 3.1 y Windows NT 3.51, la nueva versión de NT tiene una interfaz de usuario nueva: el Explorador (Explorer), publicado primero como la interfaz de Windows 95. Los elementos principales incluyen un Escritorio que le permite personalizar su espacio de trabajo; una barra de tareas, que le da acceso al menú Inicio (Start) y le muestra qué aplicaciones están abiertas; un menú Inicio, que le da acceso a las aplicaciones y recursos de su computadora; un Administrador de Tareas (Task Manager) mejorado, que le permite ver las aplicaciones que se están ejecutando, para terminarlas o cambiar entre ellas, y además despliega de manera gráfica el uso de memoria actual del sistema operativo, el uso de la CPU y los procesos.

- Microsoft ha incluido un programa de Diagnósticos (Diagnostics) (vea la figura 1.3) para solucionar problemas, recopilar información sobre los recursos que están utilizando los dispositivos y revisar el número de estructura. Puede obtener una lista de las direcciones IRQ (solicitudes de interrupción), DMA (acceso de memoria directa) e I/O (entrada/salida) que están en uso y qué dispositivos las están usando. Estos son recursos vitales del sistema, usados por componentes que se encuentran dentro de su computadora.

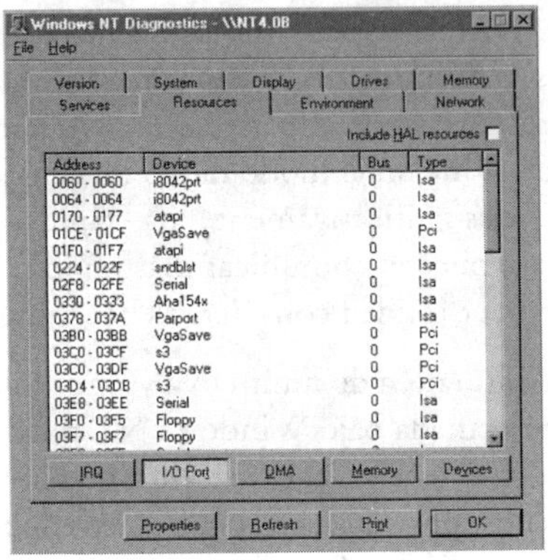

Figura 1.3.
El programa de Diagnósticos de Windows NT 4 ayuda a los usuarios a configurar sus computadoras con mayor facilidad.

Para el ambiente corporativo, hay varias características que hacen que valga la pena actualizarse a la nueva versión:

- Peer Web Services proporciona una manera de publicar tanto documentos como aplicaciones interactivas en su sitio Web. Estos servicios tienen mucho en común con el Internet Information Server que viene con Windows NT 4 Server.
- El Point-to-Point Tunneling Protocol (PPTP) es otro componente que encontrarán útil muchos administradores corporativos. Este protocolo de conectividad se usa con Servicios de Acceso Remoto (RAS, Remote Access Services) para permitir que el tráfico de una red de área local (LAN) cruce a una red de área amplia (WAN). Es muy flexible porque funciona con cualquier protocolo; la conexión además es encriptada y segura.
- Un panel de control de red mejorado (vea la figura 1.4) hace más fácil la administración de red, ya que ahora contiene una sola ubicación donde usted puede establecer los protocolos, cambiar o añadir adaptadores y enlaces, y escoger el nombre de la computadora.
- Las características de seguridad de Windows NT 3.51 y Workstation 4 son muy superiores a cualquiera que le puedan ofrecer Windows 3.1 o Windows 95. NT le permite compartir en forma segura recursos locales (archivos, directorios, volúmenes, impresoras y cosas por el estilo) seleccionando grupos y personas individuales con quienes le gustaría compartir los detalles, así como establecer las autorizaciones que reciben esas personas. La mayor parte de la administración de cuentas que necesitará hacer está en el Administrador de Usuarios (User Manager) (vea la figura 1.5).

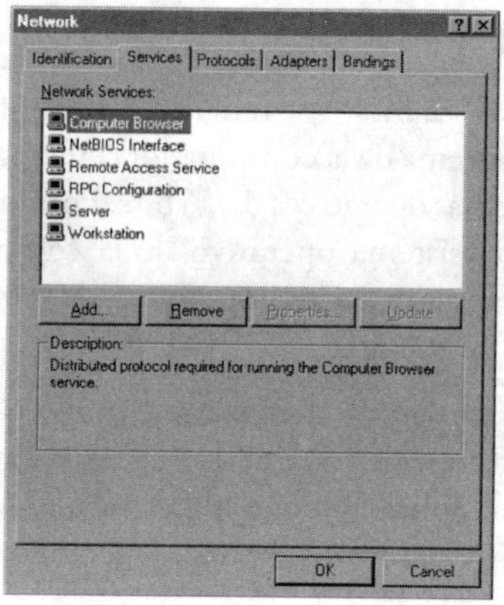

Figura 1.4.
Un administrador de red más útil le permite hacer más configuraciones en una ubicación.

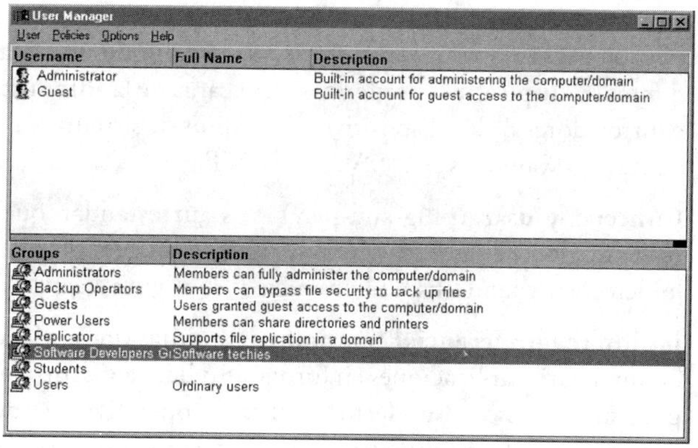

Figura 1.5.
El Administrador de Usuarios centraliza la seguridad y comparte la administración.

Resumen

Esta hora presentó una mirada rápida a la forma en que Windows NT entra en la familia de sistemas operativos de Microsoft y delinea algunas de las ventajas que ofrece. Aunque los conceptos de esta lección no le harán más competente para usar NT en forma directa, entender su arquitectura le proporcionará información necesaria para comprender otros más que aprenderá en este libro.

Taller

El taller le ayuda a dar solidez a las técnicas que aprendió en esta hora.

Glosario

capacidad de 32 bits Se refiere a aplicaciones que están programadas para usar la arquitectura interna del sistema de la computadora en un grado mucho mayor que bajo DOS o Windows 3.1, que son sistemas operativos de 16 bits. Por supuesto, para que una aplicación de 32 bits tenga esta capacidad, el sistema operativo de la computadora también debe estar codificado para esta funcionalidad. Una parte importante de esto implica la capacidad de enviar datos en el bus en fragmentos de 32 bits.

multitarea cooperativa (cooperative multitasking *o* non-preemptive multitasking) La capacidad de un sistema operativo de abrir y ejecutar varias aplicaciones en forma simultánea, pero dándole el control a la aplicación que está en primer término, la cual se supone que revisa la cola de tareas y le devuelve el control al sistema operativo después de un tiempo determinado.

multihilos (multithreading) La capacidad de un sistema operativo de tomar hilos de una aplicación y dirigirlos para que sean procesados en forma independiente sin interrumpir otros procesos.

sistema operativo La pieza de software más elemental e importante en una computadora. Por ejemplo, el sistema operativo controla el flujo de información desde la computadora hacia los diferentes dispositivos periféricos; se encarga de la administración de archivos e interactúa con los controladores de los dispositivos. Ejemplos de sistemas operativos incluyen MS-DOS, System 7 de Apple, Windows 3.1 y Windows NT.

Conectar-y-usar (plug-and-play) Es un estándar que soportan algunos dispositivos más recientes, lo que significa que si su sistema soporta plug-and-play puede instalar el dispositivo y lo detectará cuando usted lo reinicie y configure sus parámetros.

multitarea preferencial (preemptive multitasking) La capacidad de un sistema operativo de ejecutar varias aplicaciones en forma simultánea y controlar el tiempo que recibe cada aplicación para sus procesos. En efecto, el sistema operativo se comporta como un agente de tránsito, proporcionando un flujo suave de procesamiento y regulando el flujo de hilos hacia la CPU.

modo protegido (protected mode) En este estado, el microprocesador ejecuta instrucciones en un modo que es capaz de hacer multitareas y direccionar más memoria dependiendo del procesador. El término *modo protegido* viene del hecho de que el procesador ejecuta rutinas de protección de la memoria para evitar que colisionen entre sí los programas que se están ejecutando al mismo tiempo. Los controladores de dispositivos que usan el modo real ponen al procesador en este modo cuando es usado, provocando que el sistema se haga más lento y menos estable. Windows 95 trata de usar controladores en modo protegido en todo momento, pero puede ejecutar controladores en modo real si no existieran éstos. Windows NT sólo puede usar este tipo de controladores, de modo que si tiene una unidad de CD-ROM antigua que no tiene estos controladores, NT no la reconocerá.

modo real (real mode) Un modo operativo de los procesadores 8086 y superiores, que permite a una aplicación escribir y leer en forma directa las direcciones de la memoria; ésta es la forma convencional en que funciona DOS. Los desarrolladores de Intel crearon dos modos para mantener la compatibilidad con componentes de hardware anteriores. Un procesador 80286 o superior que opera en modo real se comporta como si fuera un procesador Intel 8086 (el procesador original para la PC), limitando, por tanto, su capacidad para direccionar un máximo de 1MB de memoria. Por supuesto, los procesadores en modo real tampoco pueden realizar multitareas. La razón para cambiar de este esquema al modo protegido se debe a que las aplicaciones podrían colisionar en el espacio de memoria de la otra y corromper la aplicación o los datos.

hilo (thread) Un segmento del código de una aplicación que se puede procesar como una unidad. Por ejemplo, cuando una hoja de cálculo actualiza las cifras que tiene, este proceso puede ser un hilo que la aplicación podría "engendrar" o pasar al procesador, mientras el usuario continúa agregando datos a la hoja de cálculo.

Ejercicios

1. ¿Qué versión de Windows introdujo el modo protegido?
2. ¿Windows NT necesita DOS para correr?
3. ¿Windows 95 usa código de 16 bits en el núcleo?
4. ¿Windows 3.1 es capaz de hacer multitarea preferencial?
5. ¿Cuál es la diferencia entre la multitarea preferencial y la cooperativa?
6. Nombre dos beneficios de actualizarse a Windows NT.

PARTE

I

Hora 2

El Escritorio y el Explorador

por Martin Kenley

La interfaz del Explorador (Explorer) es un rompimiento dramático con el pasado. Le permite ver sus recursos —archivos, carpetas, aplicaciones, unidades e impresoras— desde perspectivas nuevas y emocionantes. También le permite controlar y manipular estos recursos en formas más creativas y, por supuesto, más intuitivas que con Windows 3.*x* o DOS. El cambio que ha estado promoviendo Microsoft desde que se movió de DOS ha sido un sistema operativo cada vez más inclinado a gráficos e iconos. Con el lanzamiento de Windows 95, ocurrió otro gran avance. Los desarrolladores de Microsoft realizaron estudios sobre la interfaz de usuario, y debido a que los resultados fueron positivos, decidieron usar esta interfaz con NT. Como aprenderá hoy, el Explorador le da muchas opciones para explorar los recursos de su computadora.

La mejor forma de ver a Explorador es preguntar: "¿Cómo facilita mi trabajo?" De eso trata la lección de hoy: cómo usar el Explorador para tener acceso a programas y archivos, hacer búsquedas, ver sus archivos y aplicaciones, crear accesos directos y administrar sus archivos. Los usuarios que estén familiarizados con Windows 3.*x* y Windows NT 3.*x* encontrarán mucha mayor flexibilidad incorporada a NT 4. Si usted está familiarizado con Windows 95, podría aprender algunas sugerencias que no había descubierto con anterioridad.

El Explorador ofrece más formas de arreglar su espacio de trabajo (llamado ahora *Escritorio*[*desktop*]), que en versiones anteriores de Windows. Puede poner prácticamente cualquier clase de recurso que necesite en el Escritorio —una impresora, un acceso directo hacia una unidad o volumen, un acceso directo hacia una carpeta o documento, o un acceso directo hacia una aplicación. Tener estos recursos en el Escritorio le permite acceder a ellos con mayor facilidad y rapidez. En vez de navegar por todo su disco duro y localizar el archivo o aplicación que necesita, los puede tener a su alcance en el Escritorio. Comience por ver los recursos predeterminados que NT 4 pone en el Escritorio.

El Escritorio Windows NT

La figura 2.1 muestra la apariencia del Escritorio. De manera predeterminada, NT pondrá varios iconos (representaciones visuales de recursos) en el Escritorio:

- Mi PC (My Computer)
- Entorno de red (Network Neighborhood)
- Bandeja de entrada (Inbox)
- Mi Maletín (Briefcase)
- Papelera de reciclaje (Recycle Bin)
- Barra de tareas (Taskbar)
- Menú Inicio (Start Menu)

Figura 2.1.
Todos los elementos del escritorio de Microsoft Explorer se pueden modificar y configurar para que se adapten a sus propios gustos.

El primer icono, Mi PC (My Computer), representa a su computadora y todos los recursos que hay en ella. Si desea hacer doble clic en ella para tener acceso a los recursos es cuestión de preferencia, pero le mostraré formas más convenientes para tener acceso a los elementos que usa con mayor frecuencia.

Mi Maletín (Briefcase) es una forma práctica para coordinar archivos y carpetas entre una computadora de Escritorio y una portátil.

El icono Entorno de red (Network Neighborhood) representa todos los recursos disponibles en la red a que está conectada su computadora. Si usted no está conectado en forma directa a una red y no usa PPP o SLIP para comunicarse con un proveedor de servicios de Internet, no tendrá que usar este icono y podría eliminarlo.

La Papelera de reciclaje (Recycle Bin) es un cesto para basura en el que puede tirar elementos que ya no necesite. La barra de tareas de NT le muestra cuáles recursos están abiertos; puede cambiar con rapidez a cualquiera de ellos haciendo clic en él en la barra de tareas. El menú Inicio (Start) es otro recurso muy importante, similar a Mi PC, que le proporciona acceso a la mayor parte de los recursos en su computadora.

La Bandeja de entrada (Inbox) le permite conectarse a su cuenta de correo electrónico, ya sea que tenga una conexión de red o use un módem, y hacer transferencias de mensajes, igual que si manejara su correo en otras formas.

Cada uno de los elementos que se acaban de mencionar pueden ser configurados para que usted los establezca exactamente como desee. En las siguientes secciones verá en forma detallada algunos de estos recursos y aprenderá a personalizarlos antes de ver el programa Explorador.

Mi PC

Usted ya habrá usado o usará con mucha frecuencia el icono Mi PC. La figura 2.2 muestra un ejemplo de los recursos encontrados en Mi PC. Observe que dentro del icono Mi PC puede ver dos categorías:

- Usted puede tener acceso al contenido de las unidades —de disquete (A: y B: si las tiene; unidades de disco duro (C:, D:, E:, J: y L:); unidades de CD-ROM (G:) y cualesquiera unidades removibles (la unidad F: es una unidad removible), así como cualesquiera unidades de red (remotas) indicadas.
- También puede tener acceso y configurar recursos como impresoras, el Panel de control (Control Panel) y el acceso telefónico a redes, utilizando las carpetas correspondientes.

Ahora vea cómo abrir Mi PC:

1. Mueva el puntero del ratón hasta que la flecha se pose sobre el icono Mi PC.
2. Ahora, sostenga el ratón firme y estable de modo que no se mueva y haga clic dos veces con rapidez en el botón izquierdo del ratón.

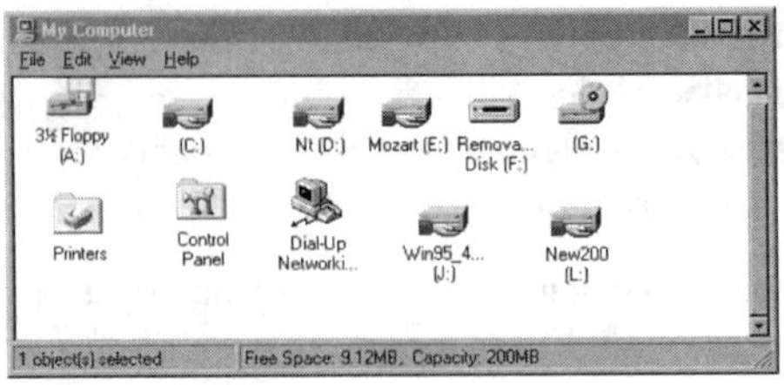

Figura 2.2.
Mi PC (My Computer) contiene todos los recursos de la computadora.

Cuando haga esto, el icono Mi PC se abrirá y presentará una ventana, como la que se muestra en la figura 2.2. Usted utilizará esta misma técnica para abrir los iconos de las carpetas y de la unidad de disco duro.

Dentro de Mi PC usted también tendrá menús en la parte superior, los cuales variarán dependiendo del elemento seleccionado. Si hace clic en un elemento una vez, éste queda seleccionado y entonces puede ejecutar acciones en él, como lo verá en la sección "La barra de herramientas". Si, por otro lado, hace doble clic en un elemento en Mi PC, lo abrirá y aparecerá otra ventana que muestra su contenido.

Despliegue el contenido de Mi PC haciendo doble clic en el icono. Como con la mayoría de los recursos que proporciona NT, hay una gran variedad de formas para desplegar los archivos, carpetas y aplicaciones de su computadora.

La barra de herramientas

Ésta es una fila de iconos que aparece debajo de los menús en la parte superior de la ventana. Siga estos pasos para aprender más sobre ella:

1. Vaya al menú Ver (View) y haga clic en Barra de herramientas (Toolbar); una marca de verificación aparecerá junto a ella. Esto hace que se despliegue la barra de herramientas, permitiéndole ejecutar con rapidez diferentes acciones en archivos y carpetas.
2. Para determinar qué hacen las diferentes herramientas, mueva el puntero del ratón sobre el primer icono en la barra de herramientas. No haga clic; sólo vea cómo aparece una pequeña ventana de información (ToolTip), que le indica lo que haría ese icono si hiciera clic en él. Pruebe los otros.

Ahora trate de seleccionar otras opciones del menú Ver. NT proporciona la opción de ver el contenido de su computadora como iconos (pequeños y grandes), lista o detalles (que incluyen tamaños y espacio libre).

- Vaya al menú Ver y seleccione Iconos grandes (Large Icons). Note cómo afecta esto a los iconos en la ventana.
- Vaya al menú Ver y seleccione Iconos pequeños (Small Icons).
- Vaya al menú Ver y seleccione Detalles (Details). Ésta es una opción predeterminada útil, ya que mostrará información sobre cada recurso.

- Por último, vaya al menú Ver (View) y seleccione Acomodar iconos | Por espacio disponible (Arrange Icons | by Free Space). Esto reacomodará las unidades con la unidad de disco duro o partición con el mayor espacio libre al principio de la lista.

Al seleccionar la Barra de estado (Status Bar) en este menú y hacer clic en la unidad de disco C:, se muestra su tamaño y cuánto espacio libre le queda en la barra de estado en la parte inferior de la ventana. Si luego hace doble clic en la unidad C: para desplegar su contenido, la barra de estado muestra la cantidad de objetos dentro de la unidad, así como el tamaño total de los archivos "sueltos" en su directorio raíz. (Estos archivos sueltos son aquellos que no están dentro de directorios o carpetas. Entonces, la barra de estado no calcula los tamaños de las carpetas y las suma al total.)

AHORRE TIEMPO

> Si encuentra su Escritorio atestado de carpetas y desea cerrarlas todas oprimiendo una sola tecla, haga la prueba siguiente: antes de hacer clic en el cuadro X en la esquina superior derecha de la ventana, mantenga oprimida la tecla Mayús (Shift.) Así hará que se cierren todas las carpetas abiertas de una misma ruta.

Tal vez quiera experimentar con los parámetros del menú Ver (View) que se ofrecen bajo Opciones (Options). NT le da la capacidad de ver las carpetas en diferentes formas cuando abre una nueva.

Usted puede establecer que NT abra una ventana nueva para desplegar el contenido de la carpeta o que la ventana actual se modifique por sí sola con el mismo fin. Pruebe ambos y vea la forma más adecuada para usted. Si desea mover archivos abriendo diferentes ventanas y luego arrastrando su archivo a diferentes ubicaciones, puede hacer que NT abra una ventana nueva después de hacer doble clic en una carpeta. Sin embargo, usted puede usar el Explorador para manejar su administración de archivos (vea la sección "El Explorador", más adelante en esta lección).

AHORRE TIEMPO

> Si elige conservar los parámetros predeterminados (hacer que se despliegue una ventana nueva cada vez que se abra una carpeta), pero en alguna ocasión prefiere que la ventana en uso sea actualizada con la información de la carpeta nueva que está abriendo, puede hacerlo manteniendo oprimida la tecla Ctrl mientras hace clic en la carpeta. Al contrario, si tiene establecido NT de modo que una ventana nueva remplaza a la ya existente, al mantener oprimida la tecla Ctrl mientras se hace doble clic abrirá una ventana separada en vez de remplazar la ventana actual.

Opciones (Options) tiene otras dos fichas: Ver (View) y Tipos de archivo (File Types). Hacer clic en la ficha Ver presenta varias opciones importantes. NT le da la opción de ver todos los archivos en su computadora u ocultar en forma automática los archivos de sistema y los archivos compartidos de programas. Si la computadora que está configurando tendrá múltiples usuarios y desea evitar la posibilidad de que un usuario elimine por accidente archivos del sistema, ésta es una buena opción a elegir. Por supuesto, NT proporciona formas más potentes para prevenir estos accidentes, y es estableciendo privilegios para diferentes recursos (lo que se expone en la hora 11, "Seguridad: planeación de un sistema seguro"). También se le da la opción de ver la ruta completa para la ubicación del recurso que ha seleccionado. La ruta aparecerá en la barra de título si tiene seleccionada esta opción. Le recomiendo hacerlo porque es fácil perderse si usted es como yo y tiene la tendencia de abrir muchas ventanas al mismo tiempo. Sin importar cuántas ventanas abra, siempre puede ver dónde reside la carpeta observando su ruta en la barra de título.

Por último, si lo necesita, puede asociar en forma manual aplicaciones con archivos. En circunstancias normales, NT asociará los archivos automáticamente con las aplicaciones apropiadas, pero podría darse el caso de que desee cambiar la aplicación usada para abrir un tipo particular de archivo. Para ello, vaya al menú Ver | Opciones (View | Options) y luego seleccione la ficha Tipos de archivo (File Types) en la parte superior de la ventana. Seleccione el tipo de archivo para el que desea cambiar la asociación y haga clic en Editar (Edit). Esto abre un nuevo cuadro de diálogo que muestra las propiedades para el archivo específico. Haga clic en Abrir (Open) y luego seleccione Editar; NT desplegará la aplicación (y su ruta) en una ventana nueva. Ahora puede editar la aplicación asociada escribiendo en una nueva aplicación. Asegúrese de incluir su ruta.

Cómo tratar con disquetes: formateo y copiado

Si hace clic una vez en el icono de disquete y va al menú Archivo (File), encontrará que una de las opciones es copiar el disco. Cuando se selecciona un disquete, también tiene la opción de formatear el disco.

Tómese un Minuto

También puede usar el Administrador de archivos (File Manager) para realizar acciones en un disquete, al igual que para cualquier otra tarea de administración de archivos. Para abrir el Administrador de archivos, haga clic en el menú Inicio (Start) (o, si tiene un teclado diseñado para Windows 95, la tecla entre Alt y Ctrl, con el logotipo de Windows 95 en ella, es la tecla Inicio), oprima el botón Inicio, lo cual despliega su menú, y vaya a Ejecutar (Run). En un teclado regular, oprima Ctrl y Esc a la vez. Esto también activa el menú Inicio; una vez más, vaya a Ejecutar. En la ventana Ejecutar, teclee WINFILE para abrir el Administrador de archivos. Una vez abierto, vaya al menú Disco (Disk) y seleccione Dar formato a disco (Format) o Copiar disco (Copy).

Cómo copiar el disquete a un disco duro

Para copiar el contenido de un disquete al disco duro de su computadora, siga estas instrucciones:

1. Para abrirlo, haga doble clic en Mi PC.
2. Haga doble clic en la unidad a la que desea copiar el disco.
3. Cree una carpeta para almacenar el contenido del disquete, seleccionando con el ratón la ventana que representa la unidad a que lo va a copiar (pero asegúrese de que no se está tocando una carpeta o un archivo).
4. Haga clic con el botón derecho del ratón. Cuando aparezca el menú desplegable, vaya a Nuevo | Carpeta (New | Folder) y NT creará en forma automática una carpeta nueva en el disco duro.
5. Al crearse la carpeta, su nombre queda resaltado; comience entonces a teclear el nombre nuevo, que remplazará al nombre predeterminado Nueva Carpeta (New Folder).

Tómese un Minuto

Puede hacer lo anterior mediante un clic con el botón derecho del ratón en algún lugar de la ventana donde creará la carpeta. Cuando haga clic con el botón derecho dentro de un disco duro (asegúrese de que su ratón no está en un icono de carpeta o de archivo), verá el menú desplegable como se muestra en la figura 2.3. Si hace clic con el botón derecho en el icono de un documento, obtendrá un menú ligeramente diferente. Pruebe a hacer clic con el botón derecho en varios objetos y explore las propiedades de los mismos. Hacer clic con el botón derecho en un icono de disquete le da varias opciones, una de las cuales es formatear el disco (vea la figura 2.4).

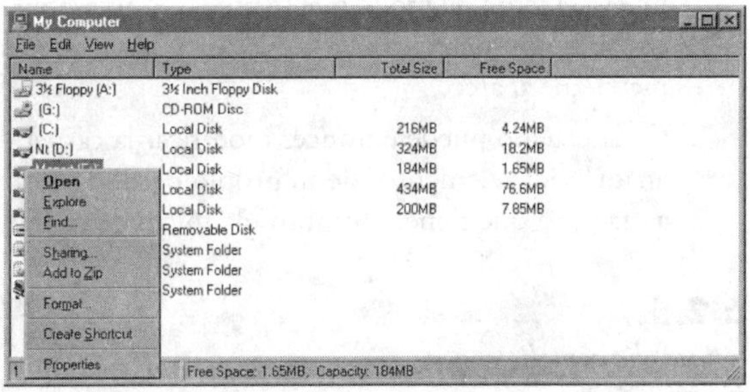

Figura 2.3.
Hacer clic con el botón derecho en un disco duro proporciona un menú desplegable que le permite tener un pronto acceso a varias funciones que usted puede realizar ahí.

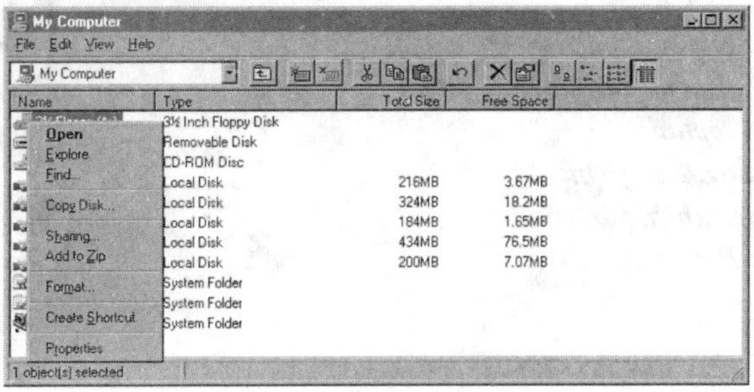

Figura 2.4.
El menú NT desplegable, que aparece cuando se hace clic con el botón derecho en un disquete, tiene opciones diferentes.

Ahora puede arrastrar el icono de disquete hacia la parte superior de la carpeta nueva y soltar el botón del ratón, y el contenido del disco será copiado en la carpeta. O bien podría hacer doble clic en el icono de disquete para mostrar su contenido y seleccionar elementos específicos para copiarlos en la carpeta nueva. Para seleccionar elementos que no estén unos junto a otros, mantenga oprimida la tecla Ctrl mientras hace clic en los elementos. Para seleccionar una lista de elementos consecutivos, mantenga oprimida la tecla Mayús. Primero, haga clic en el elemento que está en la parte superior de su lista, luego mantenga oprimida la tecla Mayús y haga clic en el último elemento que desee seleccionar. Todos los elementos intermedios son seleccionados también en forma automática.

Para copiar archivos: la opción "Enviar a"

Cuando hace clic con el botón derecho en un archivo, NT le da a usted una opción nueva de enviarlo a una ubicación específica (vea la figura 2.5). NT proporciona dos ubicaciones predeterminadas: la unidad de disquetes y Mi Maletín (Briefcase). Por suerte, puede agregar selecciones a la opción del menú Enviar a (Send To) como sigue:

1. Localice la carpeta Enviar a en el directorio `WINNT/Profiles/X` (sustituya la *X* con su nombre de inicio de sesión [login]) y haga doble clic en ella. Después de que se abra, verá las dos ubicaciones predeterminadas: disquete y Mi Maletín.
2. Para añadir más ubicaciones, como una impresora (para poder enviar trabajos en forma directa a la impresora) u otras carpetas, sólo arrastre un acceso directo del recurso deseado hasta esta carpeta y aparecerá en el menú Enviar a. Para arrastrar un acceso directo, mantenga oprimido el botón del ratón mientras la flecha está tocando el icono Acceso directo (Shortcut) y luego mueva el ratón de modo que se mueva el acceso directo. Para crear un acceso directo, haga clic con el botón derecho en el objeto y seleccione Crear acceso directo (Create Shortcut) en el menú que aparece.
3. Cada usuario puede entonces modificar la carpeta Enviar a en su propia computadora, añadiéndole elementos de su propio perfil. Los cambios hechos por un usuario no afectarán a otros, ya que tienen nombres de inicio de sesión diferentes.

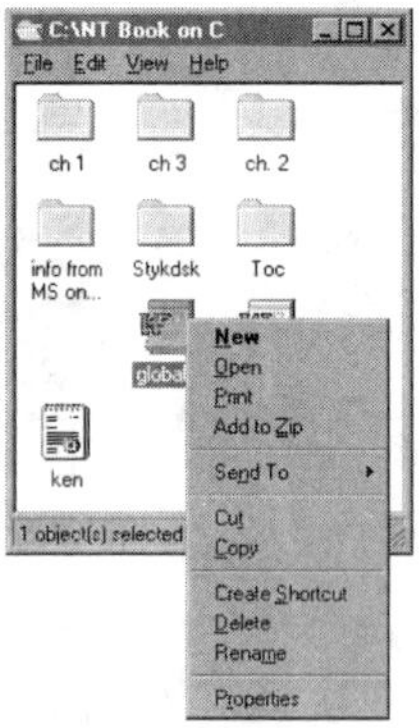

Figura 2.5.
Cuando hace clic con el botón derecho en un archivo, NT le proporciona una opción especial, Enviar a, que le permite copiar directamente el archivo a cualquier ubicación en la carpeta Enviar a.

El Explorador de Windows NT

Los desarrolladores de Microsoft pensaron mucho en la interfaz del Explorador. Encontrará sorprendentes su flexibilidad y potencia. Si está acostumbrado a usar el Administrador de archivos (File Manager) de Windows 3.*x* o DOS para manipular archivos, verá que todas las capacidades a las que está acostumbrado están presentes, y muchas más.

Del mismo modo que Mi PC (My Computer), el Explorador le muestra todos los recursos de su computadora, con la adición de uno nuevo: el Escritorio. Si tiene accesos directos en su Escritorio, el Explorador se los mostrará si hace clic en el icono de Escritorio en el lado izquierdo de la ventana del Explorador. Usted tiene una opción de vistas, como las tendrá siempre que esté viendo una carpeta que incluya archivos o carpetas. (Revise la sección "Mi PC" para recordar las opciones que le proporciona el menú Ver [View].)

Vaya al menú Ver y asegúrese de que la barra de herramientas tiene una marca de verificación junto a ella (si no, selecciónela con el ratón) y vea algunas de las herramientas que ofrece. La figura 2.6 muestra al Explorador junto con la barra de herramientas en la parte superior de la ventana.

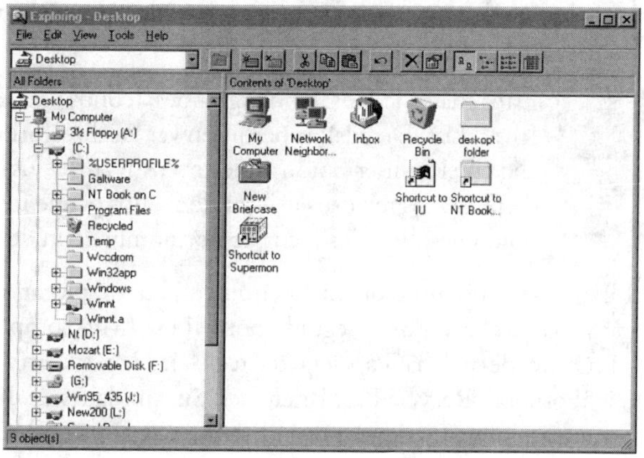

Figura 2.6.
El Explorador le proporciona formas diferentes de ver sus recursos.

Empezando por la izquierda, el botón Subir un nivel (Up One Level) lo llevará un nivel hacia arriba en la jerarquía. Si está adentro de un directorio, lo llevará al directorio padre de la carpeta. Si no hay directorio padre, entonces este icono se pondrá gris y no lo podrá seleccionar.

El botón Conectar a unidad de red (Map Network Drive) le permite conectarse a una unidad si usted está en una red. Si no lo está, entonces esta opción se tornará gris. Si la selecciona, obtendrá una ventana con una lista desplegable de unidades y los correspondientes directorios compartidos en esas unidades. Después de encontrar el recurso compartido, seleccione una letra de unidad libre para él y luego haga clic en Aceptar (OK). NT le indicará que se enlazó con la unidad.

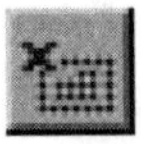

El botón Desconectar de unidad de red (Disconnect Network Drive) estará gris si no está conectado a alguna unidad.

El botón con las tijeras representa la opción Cortar (Cut). Seleccione un icono que represente cualquier tipo de archivo y haga clic en las tijeras. Luego, seleccione una carpeta nueva y haga clic en Pegar (Paste). El archivo completo es movido, no copiado, a la nueva ubicación.

El icono Copiar (Copy) le permite seleccionar un archivo y colocar una copia en el portapapeles del Explorador. Luego puede navegar hasta otra carpeta y hacer clic en el icono Pegar para crear un clon en la nueva ubicación.

La ilustración del portapapeles es el botón Pegar. Selecciónelo para pegar un elemento del portapapeles a la ubicación deseada.

Con el botón Deshacer (Undo) puede invertir su acción previa.

El botón Eliminar (Delete) es para eliminar elementos. Haga clic en un elemento que ya no necesite y luego haga clic aquí.

El botón Propiedades (Properties) es muy útil, ya que le permite desplegar las propiedades de cualquier elemento que haya seleccionado. Haga clic una vez en un objeto y luego haga clic en el botón Propiedades.

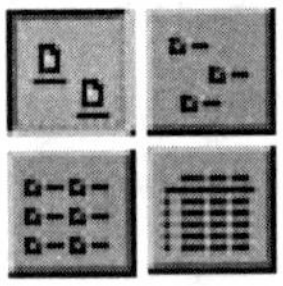

Estos cuatro iconos: Iconos grandes, Iconos pequeños, Lista y Detalles (Large Icons, Small Icons, List, Details), le permiten ver los directorios y archivos en formas diferentes. Hacer clic en el primer botón muestra los recursos usando iconos grandes; el siguiente botón despliega los recursos utilizando iconos pequeños; el tercero muestra una lista y el último botón despliega los recursos por nombre con detalles como el tamaño y el tipo.

El Explorador usa un esquema jerárquico para desplegar los elementos. En la parte superior de la jerarquía está el Escritorio, seguido por Mi PC (My Computer); debajo están las unidades de disco, el Entorno de red, la Papelera de reciclaje, Mi Maletín y la Carpeta del Escritorio (Network Neighborhood, Recycle Bin, Briefcase). Sus unidades de disco y carpetas de impresoras y del panel de control tendrán un signo más, indicando así que puede hacer clic en ellas para mostrar su contenido.

Los otros elementos del menú son similares a los que se obtienen cuando se hace doble clic en Mi PC; la única diferencia importante es que tiene un menú Herramientas (Tools) con opciones nuevas (vea la figura 2.7).

Buscar archivos y carpetas

La opción Buscar (Find) del menú Herramientas es muy útil. Siempre que no pueda encontrar una carpeta o archivo—o incluso una computadora en su red— use la opción Buscar. Aun si no está seguro del nombre exacto, puede usar un comodín, el asterisco (*). Por ejemplo, suponga que está buscando un archivo que comienza con la palabra ANNUAL, pero no está seguro de lo que sigue después de eso. Teclee ANNUAL*, lo cual le dice a la computadora que encuentre todos los documentos que comiencen con esa palabra. El Explorador de Windows NT le permite usar el mismo truco para encontrar computadoras en su red. Una vez más, vaya a Herramientas | Buscar (Tools | Find), pero esta vez seleccione Computadora (Computer) en lugar de Archivo o Carpetas (File, Folders).

Figura 2.7.

El menú Herramientas en el Explorador proporciona una forma rápida de encontrar recursos.

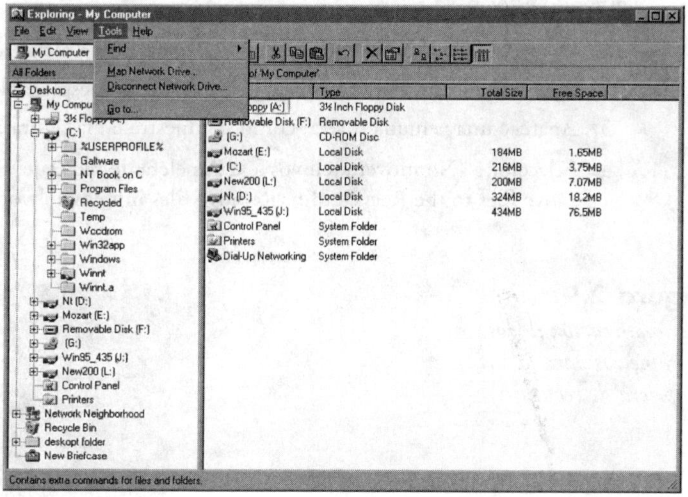

Papelera de reciclaje

La Papelera de reciclaje (Recycle Bin) es el bote de basura de su Escritorio. Puede arrastrar elementos hasta ella, aunque por lo general es más conveniente sólo seleccionar los elementos y oprimir la tecla Supr (Delete). La diferencia entre eliminar elementos bajo NT y eliminarlos bajo Windows 3.*x* o DOS es que bajo NT 4 le es más fácil recuperar un elemento que haya eliminado por accidente.

Usted puede abrir la Papelera de reciclaje haciendo doble clic directo en ella o usando el Explorador (vea la figura 2.8). Para vaciarla, vaya al menú Archivo (File) y seleccione Vaciar (Empty). La ventaja de guardar los elementos eliminados en la Papelera de reciclaje es que si elimina algo por error y no la ha vaciado, simplemente puede arrastrar el elemento para sacarlo de ella.

Figura 2.8.

La Papelera de reciclaje de NT almacena, hasta que usted la vacía, elementos que han sido eliminados.

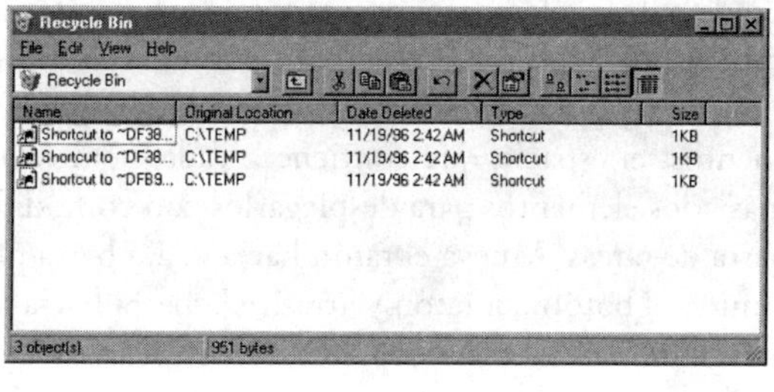

Forzar a la Papelera de reciclaje a permanecer vacía

Si no desea que los elementos se queden guardados en la Papelera de reciclaje (Recycle Bin), y prefiere que sean eliminados de inmediato, puede cambiar el parámetro predeterminado siguiendo estos pasos:

1. Haga clic con el botón derecho en la Papelera de reciclaje desde el Escritorio.
2. Seleccione Propiedades (Properties) en el menú desplegable.
3. Aparece una ventana nueva, como se muestra en la figura 2.9. Seleccione Global.
4. Seleccione "No mover archivos a la Papelera de reciclaje. Purgarlos al eliminarlos." (Do not move files to the Recycle Bin. Remove files inmediately on delete).

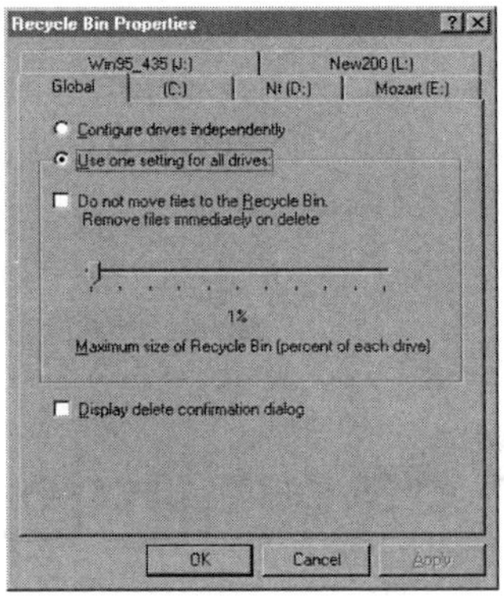

Figura 2.9.
Personalización de los parámetros para la Papelera de reciclaje.

De manera alternativa, NT le permite establecer la cantidad de espacio que puede ocupar la Papelera de reciclaje antes de que sea necesario vaciar algunos elementos.

La barra de tareas

La barra de tareas en la parte inferior de la pantalla muestra los programas y carpetas de archivo que tiene abiertas. Es una herramienta práctica de navegación: simplemente haga clic en cualquiera de los elementos enlistados en la barra de tareas y se desplegará de manera automática. También puede usar el método antiguo de Windows 3.*x* de mantener oprimida la tecla Alt y oprimir la tecla Tab para navegar por los documentos abiertos. Note que conforme abre más elementos, el espacio que contiene a cada elemento en la barra de tareas se reduce. Si tiene demasiados elementos para desplegarlos con comodidad, puede incluso aumentar el tamaño de la barra de tareas. Mueva el ratón hacia abajo hasta que el puntero tenga dos flechas, mantenga oprimido el botón del ratón y arrastre la barra hacia arriba. Ésta incrementará su tamaño y será más fácil de leer.

Tómese un Minuto

También verá que el lado derecho de la barra de tareas tiene un reloj y un espacio para desplegar controles. Si tiene una tarjeta de sonido, aquí aparecerá un control de volumen. También algunos programas ponen controles adicionales ahí. Norton Utilities para NT ubica ahí varios iconos para un acceso rápido. Puede hacer clic en cualquier elemento en este espacio para abrir la aplicación asociada (véase la figura 2.10). Si hace clic en el reloj, le dará la fecha actual.

Figura 2.10.
La barra de tareas de NT es una herramienta práctica de navegación para cambiar entre carpetas o aplicaciones abiertas.

Resumen

En esta hora, ha aprendido tareas que usará todos los días con Windows NT. Si buena parte del material no fue familiar para usted, lo exhorto a revisarlo y probar las diferentes opciones como se sugiere. Aquí es crucial una buena comprensión del material para llegar a ser eficiente y productivo.

Taller

El taller le ayuda a concretar las habilidades que aprendió en esta hora.

Glosario

Escritorio (desktop) Cuando abre por primera vez Windows NT e inicia una sesión con la computadora, lo primero que ve es un Escritorio, el cual le muestra los recursos básicos de su máquina (remítase a la figura 2.1).

Explorador (Explorer) Es una herramienta incorporada de navegación que Windows 95 y Windows NT usan para determinada variedad de propósitos, como la administración y búsqueda de archivos.

Administrador de Archivos (File Manager) Si está acostumbrado al Administrador de archivos de Windows 3.*x*, todavía puede usarlo bajo NT. Necesita teclear `WINFILE` en el cuadro Ejecutar, Inicio | Ejecutar (Start | Run).

carpetas (folders) Cuando abra su disco duro, verá muchos directorios o carpetas. Son una forma de organizar su trabajo. Por ejemplo, puede crear una carpeta para almacenar sus cartas personales. Dentro de ella, podría tener una carpeta para las cartas de 1996 y otra para las cartas de 1997.

formateo (formatting) Para usar un disquete por primera vez, antes debe formatearlo. Esta acción prepara la superficie del disco para su uso.

menú Inicio (Start menu) El menú Inicio le permite tener acceso a todos los recursos que tiene su computadora y además es una forma conveniente de tener acceso a sus aplicaciones y documentos; se puede personalizar, como muchas de las características de NT.

barra de tareas (taskbar) Localizada en la parte inferior de la pantalla de su computadora, la barra de tareas del Explorador le muestra las aplicaciones y carpetas que están abiertas.

Ejercicio 2.1: Practique la administración de archivos

1. Cree un archivo pequeño usando un procesador de palabras y grábelo. Salga del procesador de palabras. Mueva el archivo de su ubicación actual a un disquete. Cuando mueva un archivo, en vez de copiarlo, deberá mover sólo *un* archivo. Cuando copie un archivo, en esencia crea un segundo archivo con el mismo contenido que el original, pero en la nueva ubicación, en tanto que el archivo original permanece en su ubicación original.
2. Ahora, en vez de mover el archivo de su ubicación original a un disquete, copie el archivo al disquete.
3. Cree una carpeta temporal en su unidad C: y nómbrela `TEMP`. Copie el archivo a esta ubicación.

Ejercicio 2.2: Práctica general de navegación

1. Vaya al menú Inicio, a Configuración, a Barra de tareas (Start menu, Settings, Task bar). Siguiendo las instrucciones en esta lección, practique usando los parámetros para la barra de tareas. Agregue un nuevo programa al menú Inicio.
2. Cree un acceso directo para una de las aplicaciones que usted use con mayor frecuencia y colóquelo en el Escritorio. Para crear un acceso directo, primero encuentre la aplicación, por ejemplo `Winword.EXE`, y haga clic en ella con el botón derecho del ratón. Seleccione Acceso directo (Shortcut) en el menú desplegable.
3. Abra el Explorador y practique copiar un archivo de su unidad de disco duro a la unidad de disquete y viceversa.

PARTE

I

Hora 3

Empecemos: Cómo ejecutar NT por primera vez y configurar el Escritorio

por Martin Kenley

La primera parte de esta hora se dedica al proceso de arrancar NT. Está diseñada para proporcionarle una mayor comprensión de NT, en particular cómo se arranca NT, qué archivos son necesarios, cómo controlar el proceso y cómo resolver problemas del proceso de inicio. La información presentada aquí será útil para los administradores de información, personal de soporte técnico y usuarios domésticos dispuestos a resolver sus propios problemas, lo cual recomiendo que intenten los usuarios finales. Si trabaja en un ambiente en que le proporcionan soporte y usted no tiene ningún interés en el funcionamiento "tras bambalinas" de NT, siéntase en libertad de pasar a la sección "Cómo configurar el Escritorio".

La segunda parte de la hora trata del Escritorio y de la Administración de archivos y los respaldos. La mayoría de los usuarios deberán ver esta sección, ya que proporciona información esencial sobre el uso de NT. Es probable que encuentre información importante en la exposición de los objetos dentro de la carpeta del Panel de Control (Control Panel), porque cuando se trata de personalizar y configurar su computadora, el Panel de Control está en el corazón del proceso.

Arranque de su estación de trabajo NT

Cuando usted oprime el botón de encendido de su computadora, suceden muchas cosas. En esta sección conocerá el proceso, comenzando con la Autoprueba de Encendido (Power-On Self-Test) y terminando con una lección sobre el proceso de arranque de NT y cómo resolver sus problemas.

Su computadora pasa por los siguientes pasos al encenderse:

1. Se ejecuta la Autoprueba de Encendido (POST).
2. Comienza el proceso de búsqueda en el arranque.
3. El cargador de arranque de NT (NTLDR) rastrea el `boot.ini`.
4. El usuario hace una selección en el menú Arranque (Boot).
5. El cargador (loader) ejecuta NTDETECT.
6. La etapa de la pantalla azul: son cargados los componentes básicos de NT.
7. NT hace llamadas al Registro (Registry) para obtener información de controladores.
8. NT carga los servicios básicos.
9. NT carga los componentes de nivel superior.
10. Aparece el cuadro de bienvenida de NT, invitando al usuario a iniciar la sesión.
11. Después de que el usuario entra, NT carga información desde su perfil de usuario.

Permítanos comenzar desde el principio y ver más de cerca estos pasos.

La Autoprueba de Encendido (POST)

Durante los primeros segundos después de que enciende su computadora podría parecer que no sucediera nada, pero, en realidad, su computadora está enviando señales a través de varios componentes para asegurarse de que están en un orden de funcionamiento apropiado.

Primero, la CPU envía una señal a los chips de ROM en la tarjeta madre (motherboard), haciendo que comiencen a arrancar su programa. Durante su proceso de arranque, se envían señales eléctricas para verificar el orden de funcionamiento de los componentes. Primero, la unidad de procesamiento central (CPU), la cual es el chip principal (por ejemplo un 486 o Pentium), se prueba a sí misma y prueba la integridad del POST.

A continuación, la CPU prueba el bus del sistema, los circuitos eléctricos que conectan todos los componentes entre sí. Si todo está bien, el proceso de arranque muestra la memoria del adaptador. En este punto, el código BIOS para el adaptador de video se integra al BIOS del sistema.

Se prueba la memoria de acceso aleatorio (RAM, random access memory) de la computadora . La RAM en realidad está controlada hasta cierto punto por el usuario (puede agregarse más a la computadora y el usuario determina qué se escribe en la RAM; la memoria de sólo lectura (ROM, read-only memory) no la controla el usuario. Se escriben datos en cada uno de estos chips y se verifica entonces su precisión.

A continuación el proceso de arranque revisa el teclado y averigua si el usuario ha oprimido alguna tecla. Luego se prueban las unidades de disco y se revisan los datos contra la información contenida en el Semiconductor de Óxido Metálico Complementario (CMOS, Complementary Metal Oxide Semiconductor), un área de la memoria que conserva información sobre su computadora cuando ésta se apaga. Por último, se prueba cualquier tarjeta controladora (como el controlador SCSI para unidad de disco duro/periféricos) que tienen su propio BIOS, que luego se incorpora al BIOS del sistema principal.

Si la computadora encuentra algún problema durante el POST, se alerta al usuario mediante un tipo de señal acústica específica a través de la bocina de la computadora. Los tipos más comunes de errores se enlistan en el cuadro 3.1.

Tabla 3.1. Mensajes acústicos de error durante el POST.

Cantidad y tipo de señales	Qué despliega el monitor	Problema más probable
Una señal corta	Ningún problema, normal	
Una señal corta y una larga	Nada en el monitor	Problema del monitoreo
Dos señales cortas	Cualquier cosa	Memoria o monitoreo
Una señal larga y una corta	Cualquier cosa	Tarjeta madre
Una señal larga y dos cortas	Cualquier cosa	Monitoreo
Una señal larga y tres cortas	Cualquier cosa	Monitoreo

Ahora que su PC ha probado su hardware, está lista para comenzar a cargar el sistema operativo. Hay un breve paso más por delinear que es común para las máquinas Intel antes de pasar al proceso de arranque específico de NT.

Búsqueda de arranque

Después de ejecutar el POST, el bootstrap (código que está almacenado en la ROM) buscará el sistema operativo en las unidades de disco. La mayoría de las computadoras revisan primero la unidad de disco flexible en busca de un disco flexible con un sistema operativo antes de verificar la unidad de disco duro principal o, en su caso, el CD-ROM. Esto le permite arrancar desde un disco flexible si falla su sistema operativo en el disco duro. Si no hay disco flexible disponible, busca en la unidad de disco duro principal (Usualmente C:), de manera específica el Registro de Arranque Maestro (MBR, Master Boot Record), cargado en la memoria. Se ejecuta un programa que examina una tabla que se conoce como Registro de Partición de Arranque (Partition Boot Record); aquí se almacena información sobre la partición activa. La partición activa es donde se almacena el sistema operativo. Hasta este punto, el proceso descrito aquí ocurre en todas las computadoras basadas en Intel, sin importar el sistema operativo.

Etapas específicas de NT en el proceso de arranque

Ahora el sector de arranque de la partición activa se carga en la memoria, en este caso `NTLDR.BIN`. Se necesitan varios archivos para que continúe el proceso de arranque: `BOOT.INI`, `BOOTSECT.DOS` (si tiene dos sistemas operativos en su computadora) y `NTDETECT.COM`. NT espera encontrar estos archivos en el directorio raíz de la unidad C:, si ésta es su unidad de arranque. Si está arrancando una unidad de disco duro SCSI, tendrá un archivo más, `Ntbootdd.sys`, el cual deberá estar en el directorio raíz.

El archivo `NTLDR.BIN` envía código al procesador (CPU), el cual lo obliga a operar de acuerdo con un modelo de memoria fija de 32 bits. La computadora ahora puede soportar hasta 4GB de memoria. Luego `NTLDR.BIN` determina el tipo de sistema de archivo que está usando NT (FAT, NTFS o HPFS) y luego lee `BOOT.INI`. Ahora su computadora puede enlistar sus sistemas operativos de modo que pueda seleccionar cuál desea cargar. De manera predeterminada, NT esperará un periodo especificado antes de seleccionar por usted.

`NTLDR.BIN` hace una llamada a `NTDETECT.COM`, el cual revisa su hardware y le pasa la lista a NTLDR de modo que los elementos se puedan colocar después en el Registro (Registry). Después de esto, siguen cuatro etapas: cargar el núcleo (kernel), inicializarlo, cargar servicios y empezar los subsistemas.

Primero, mientras se está cargando el núcleo, se cargan dos módulos específicos: la Abstracción de Hardware (Hardware Abstraction) y la información del sistema que incluye unidades y servicios. Mientras sucede esto usted verá aparecer puntos en la parte superior de la pantalla.

A continuación, se inicializa el núcleo y NT busca en el sistema unidades específicas para cargarlas. La pantalla de la computadora es azul durante esta fase del proceso de arranque.

El tercer paso es la fase de carga de servicios. Todos los programas en el directorio `HKEY_LOCAL_MACHINE\SYSTEM\CurrentControlSet\control\Session Manager:BootExecute` se cargan y ejecutan. NT realiza además una verificación del disco en todas las particiones y luego establece un *archivo de paginación* (pagefile), una porción del espacio del disco duro usada sólo por NT que le permite intercambiar código de la RAM al archivo de paginación. (Aprenderá más sobre esto en la Hora 5, "Para optimizar la memoria de Windows NT".)

El último paso es la fase de inicio del subsistema. Ahora el archivo `WINLOGON.EXE` inicia la aplicación de Autorización de Seguridad Local (Local Security Authority) y el usuario es invitado a entrar.

Para resolver problemas y controlar el proceso de arranque

Por fortuna, los desarrolladores de NT le incorporaron varios métodos que le permiten tener algún control sobre el proceso de arranque. Hay dos formas generales de hacer esto: Seleccionar "Última configuración conocida" (Last Good Known Configuration) cuando NT cambia a la pantalla negra y enlista esta opción, o editar el contenido del archivo `boot.ini`.

Respecto a la primera opción, usted debe estar listo para invocar la Última configuración conocida cuando la vea durante el proceso de encendido. Se le indicará que oprima la barra espaciadora. Si lo hace, NT usará la información de configuración del Registro (Registry) que se usó la última vez que entró con éxito en la computadora. Por ejemplo, si acaba de instalar un dispositivo y NT no arranca en forma apropiada, puede arrancarlo de nuevo y seleccionar esta opción.

Editar `boot.ini`

El archivo `boot.ini` controla el menú del sistema operativo que NT proporciona durante el arranque. Puede cambiar los dos elementos que están dentro de él, editando el archivo o eligiendo Sistema (System) en el panel de control. El mecanismo del panel de control es más fácil y tiene menor probabilidad de que se introduzcan errores en el archivo, lo que lo hace el método preferido. Por consiguiente, úselo ahora para modificar el proceso de arranque:

1. Vaya a Inicio | Configuración | Panel de Control (Start | Settings | Control Panel).
2. Cuando se abra la ventana del Panel de Control, haga doble clic en el icono Sistema (System).
3. Una vez abierto, seleccione la ficha Inicio/Apagado (Startup/Shutdown) en la parte superior de la ventana (vea la figura 3.1).

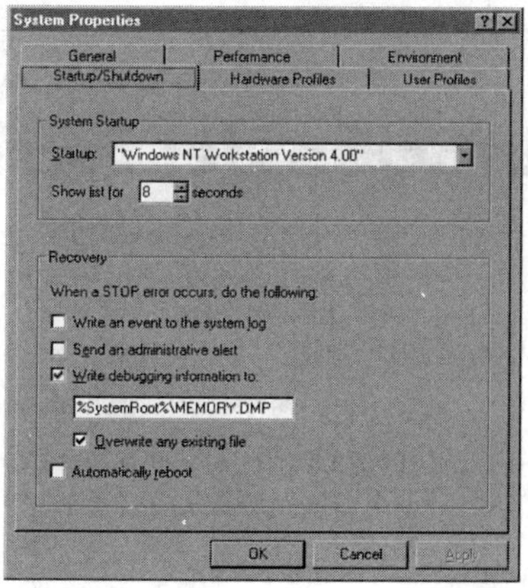

Figura 3.1.
El dispositivo Sistema del panel de control le permite modificar el proceso de arranque para NT.

4. La primera opción le permite seleccionar el sistema operativo predeterminado para arrancar. Al hacer clic en la flecha de la ventana Inicio de Sistema (System Startup) se muestra la lista de sistemas instalados que NT ha detectado; usted puede hacer clic en cualquier sistema operativo de la lista, estableciéndolo por consiguiente como la opción predeterminada, la cual arrancará NT después de un determinado intervalo (vea el paso 5).
5. El segundo elemento es el lapso (en segundos) en que NT presentará la lista anterior, antes de ejecutar la selección predeterminada. Haga clic en las flechas hacia arriba o hacia abajo para cambiar la cantidad de tiempo.
6. También puede establecer otros puntos predeterminados. En el cuadro que está debajo de los dos elementos que implican la selección de sistema operativo, hay cinco opciones para configurar, todas relacionadas con lo que desea que haga NT cuando ocurra un error crítico o alguno que bloquee el sistema. La primera opción es "Grabar un evento en el registro del sistema". Este es un buen punto a elegir.
7. La siguiente opción, "Enviar una alerta administrativa", hará que aparezca un mensaje cuando el administrador entre a la computadora.
8. Las siguientes opciones son importantes. Use "Grabar información de depuración en:" (Write debugging information to) para escribir una ubicación para el archivo. Debajo de esto hay una casilla de verificación que dice "Sobreescribir archivo existente", la cual deseará seleccionar; de otra manera, estos archivos podrían acumularse y desperdiciar espacio (aunque es probable que esto no suceda, excepto posiblemente después de un largo periodo, ya que NT es muy estable).
9. Finalmente, la última opción es "Reiniciar en forma automática". Es mejor dejar esta opción sin seleccionar para que pueda ver cualquier mensaje de error que pudiera reportar NT.

PRECAUCIÓN

> Tenga mucho cuidado si decide entrar en forma manual a `boot.ini` y hacer cambios. Si por accidente comete un error tipográfico, NT podría no arrancar. Tal vez desee hacer una copia de respaldo antes de editarlo; de esta manera puede remplazarla con el original si fuera necesario. El archivo `boot.ini` reside en el directorio raíz de la unidad C:.

Configuración del Escritorio

Usted puede configurar el Escritorio de NT de varias formas. El truco es averiguar qué funciona para usted. En esta sección verá lo siguiente:

- Manejo de ventanas
- Manejo de iconos, carpetas y archivos
- Modificar el Escritorio con el panel de control Pantalla (Display)

Al terminar esta sección tendrá la capacitación necesaria para personalizar el ambiente de trabajo de su computadora en una forma que lo haga más agradable y a usted más eficiente.

Manejo de ventanas

La interfaz Explorador (Explorer) le proporciona más formas de manejar ventanas que antes, y aquí me refiero a las ventanas reales que el sistema operativo dibuja en la pantalla de su computadora. Sin importar el tipo de ventana que esté viendo, ya sea una ventana de una carpeta abierta, una unidad de disco, Mi PC (My Computer) o una aplicación abierta, todo puede ser manejado con los métodos descritos aquí. Mire una y observe las diversas formas en que puede manejarla.

La Hora 2, "El Escritorio y el Explorador", cubre las diferentes vistas que le proporciona el Explorador. La figura 3.2 muestra los archivos y carpetas en una unidad de disco duro. Observe que debajo de la barra de menú Archivo, Edición, Ver y Ayuda (File, Edit, View, Help) hay más funciones: Nombre, Tamaño, Tipo, Modificado y Atributos (Name, Size, Type, Modified, Attibutes). Hacer clic en ellas le permite cambiar con rapidez la vista y encontrar lo que está buscando.

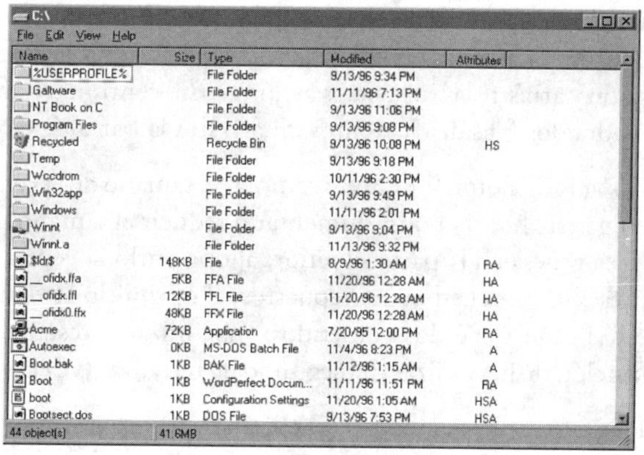

Figura 3.2.
Una ventana típica del Explorador.

Para ver los archivos organizados por nombre: A-Z, Z-A

Si hace clic en Nombre, el Explorador enlistará los archivos en orden alfabético. Sin embargo, lo que mucha gente no sabe es que si se hace clic una segunda vez, enlistará los archivos en orden alfabético inverso.

Para ver los archivos ordenados por tamaño

Del mismo modo, si hace clic en el cuadro rectangular que dice Tamaño (Size), el Explorador mostrará los archivos ordenados por tamaño, del menor al mayor. ¿Y si hace clic una segunda vez...? Pruebe a hacer clic en Modificado y Atributos; a estas alturas es probable que haya adivinado lo que sucederá. Si hace clic en Modificado, se reacomodarán los archivos de acuerdo con las fechas de sus modificaciones, y si hace clic en Atributos, se reacomodarán según sus atributos.

Minimizar, maximizar y cerrar ventanas

Vea la figura 3.2 o, mejor aún, siéntese frente a su computadora para aprender a manejar ventanas en su Escritorio. Abra su unidad C: y lleve a cabo algunas técnicas. Primero, vea los métodos más simples y comunes que proporciona NT. Vea la esquina superior derecha de la ventana y observará tres botones pequeños.

El primer botón (de izquierda a derecha) minimizará la ventana o aplicación y colocará su icono en la barra de tareas. Si tiene varias ventanas a las que desea tener acceso, pero no quiere que atiborren el Escritorio, manténgalas minimizadas en la barra de tareas; cuando necesite ver una, simplemente haga clic en su icono. El único problema con tener muchas ventanas y aplicaciones abiertas es que el espacio dedicado a cada ventana se reduce para hacer espacio a cada nueva ventana que se minimiza. Abra varias carpetas en su unidad C: y haga clic en el primero de los tres botones en la esquina superior derecha de una de las ventanas (éste tiene una barrita horizontal; el segundo botón tiene dos cuadros sobrepuestos; el tercero tiene una X en él).

Después de minimizar cada uno, observe lo que le sucede a la barra de tareas. Para aumentarla, arrastre el ratón hacia ella, abajo, y cuando el puntero cambie a una flecha con dos puntas (el puntero debe estar en el borde superior de la barra de tareas), mantenga oprimido el botón del ratón y arrastre la barra hacia arriba medio centímetro aproximadamente. Ahora la barra de tareas tendrá dos filas de elementos. Si arrastra la barra de tareas aún más arriba, aparecen más filas.

El segundo botón le permite cambiar el tamaño de la ventana actual. Según la figura del icono que tenga este botón, podrá aumentar o reducir el tamaño de la ventana. Si tiene un cuadro con una línea gruesa en la parte superior, al oprimirlo la ventana ocupará todo el Escritorio. Si el icono presenta dos cuadros sobrepuestos, al oprimirlo la ventana recuperará el tamaño que tenía. Así, este botón tiene dos cometidos: maximizar y restaurar. El primer icono descrito establece la función de maximizar y el segundo de restaurar (vea la sección "Ajuste del tamaño de ventanas").

Para cerrar una ventana, haga clic en el cuadro de la extrema derecha (tiene una X en él). Algunas aplicaciones tienen dos filas de cuadros para minimizar, maximizar y cerrar ventanas. La primer fila es para manejar la ventana del documento y la segunda para la aplicación en sí.

Ajuste del tamaño de ventanas

Además de los tres cuadros en la esquina superior derecha, usted puede redimensionar ventanas usando el ratón. Para ello, determine primero si la ventana está maximizada. Si lo está, haga clic en el botón restaurar y esto reducirá el tamaño de la ventana. Ahora que puede ver el borde de la ventana, mueva el puntero del ratón hasta el borde de la ventana; cuando el puntero cambie su forma y tenga una flecha con dos puntas, puede mantener oprimido el botón del ratón y ajustar el tamaño de la ventana. Observe que algunas ventanas tienen lugares especiales para su ajuste, por lo general en la esquina inferior derecha de la ventana. Coloque ahí el puntero del ratón (note el cambio de forma) y luego oprima el botón del ratón y arrastre la ventana hasta que tenga el tamaño que usted desea.

También puede redimensionar una ventana haciendo doble clic en la barra de título del elemento. El cambio de tamaño dependerá del icono que se encuentre en el botón maximizar/restaurar.

Arrastrar ventanas

Para arrastrar una ventana, debe mover el puntero del ratón hasta la barra de título de la ventana. La barra de título está en la parte superior de la ventana y contiene su nombre —sea éste una aplicación, carpeta o unidad, etc. Luego, mantenga oprimido el botón del ratón y arrastre la ventana hasta su ubicación deseada. Por lo general, es útil ajustar antes la ventana y luego moverla.

Por último, dése cuenta del hecho de que si tiene varias ventanas abiertas al mismo tiempo y necesita ver todas o algunas, tiene varias opciones. Puede reubicar las ventanas ajustándolas y luego arrastrándolas de modo que no se cubran unas a otras (vea la figura 3.3), o bien usar un método más rápido, que se describe a continuación.

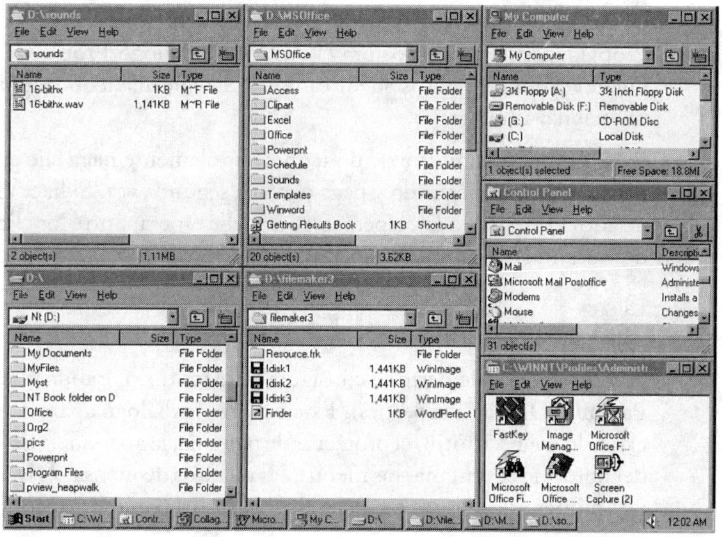

Figura 3.3.
Al ajustar con cuidado el tamaño de las ventanas, puede ver muchas al mismo tiempo.

Haga clic con el botón derecho en un punto en blanco en la barra de tareas y aparecerá un menú desplegable, proporcionándole una selección de cómo arreglar todas las ventanas abiertas —Cascada, Colocar las ventanas en mosaico horizontal y Colocar las ventanas en mosaico vertical. Al usar las opciones en este menú desplegable, usted permite que NT haga el trabajo de ajustar el tamaño de las ventanas. Además, puede copiar un archivo o carpeta de una ventana a otra si la información que contienen es compatible. En la figura 3.3 están abiertas varias ventanas. Podría copiar una carpeta de la ventana que se encuentra en la esquina superior izquierda a la ventana en la esquina inferior derecha. Además, todavía es posible, una vez acomodadas las ventanas en mosaico, ajustar su tamaño o moverlas, o cerrar una o más ventanas seleccionadas.

Manejo de iconos, archivos y carpetas

Cada uno de estos elementos (un icono que representa una unidad o computadora, o un icono representando un archivo o carpeta) se puede personalizar. Puede cambiar el icono que representa a un elemento y también puede crear un acceso directo a él.

Para cambiar el icono de un archivo o carpeta, coloque el ratón sobre el elemento y haga clic con el botón derecho en él. Aparece un menú desplegable. Seleccione Propiedades (Properties), lo cual abrirá un cuadro de diálogo de propiedades del elemento. Por lo general, sólo puede cambiar el icono de elementos con acceso directo, no el archivo o carpeta de destino. Si ha hecho clic con el botón derecho en un acceso directo, habrá dos o tres fichas en la parte superior de la ventana de propiedades; haga clic en la ficha Acceso directo (Shortcut). En esta ventana hay un botón en el que usted puede hacer clic para cambiar el icono.

Puede cambiar tanto el icono como los nombres de los elementos predeterminados en el Escritorio —Mi PC (My Computer), Entorno de red (Network Neighborhood) y Papelera de reciclaje (Recycle Bin). Coloque el ratón en el Escritorio, de modo que no esté tocando ningún elemento y haga clic con el botón derecho para abrir el menú desplegable. Seleccione Propiedades. Cuando se abra el cuadro de diálogo Propiedades, seleccione Más (Plus); ahora puede ver qué elementos puede cambiar. Si tiene más iconos aparte de los predeterminados, puede seleccionar uno propio.

Para cambiar el nombre de un icono, simplemente haga clic en el nombre del elemento, espere más o menos un segundo y haga clic una segunda vez. Si hace clic demasiado rápido, NT tratará de abrir el archivo o la carpeta, así que debe esperar entre los clics para que NT entienda que sólo desea cambiar el nombre, no abrirlo.

Para modificar el Escritorio

Windows NT 4 le permite configurar el Escritorio usando el cuadro de diálogo Propiedades de Pantalla (Display Properties). Este cuadro de diálogo aparece en la figura 3.4. Puede configurar el fondo del Escritorio, el protector de pantalla, la apariencia de las ventanas (por ejemplo, el color del borde de la ventana, los menús, los cuadros de mensaje), la apariencia del icono del Escritorio y el número de colores para el desplegado, así como otras configuraciones.

El fondo del Escritorio

Usted puede añadir sus propias imágenes y usarlas como tapiz con relativa facilidad. Escanee sus imágenes favoritas a un disco o encuentre imágenes en Web y transfiéralas a su computadora. Luego siga estos pasos:

1. Abra las imágenes con el elemento Imaging de Accesorios (Accessories), al cual puede entrar a través de Inicio, Programas | Accesorios (Start, Programs | Accessories).
2. Grabe el documento como un archivo de mapa de bits (`.bmp`) de modo que se pueda leer la ficha Fondo (Background) del cuadro de diálogo Propiedades de Pantalla (Display Properties).
3. Grábelo dentro del directorio `WINNT`.

Figura 3.4.
El cuadro de diálogo Propiedades de Pantalla.

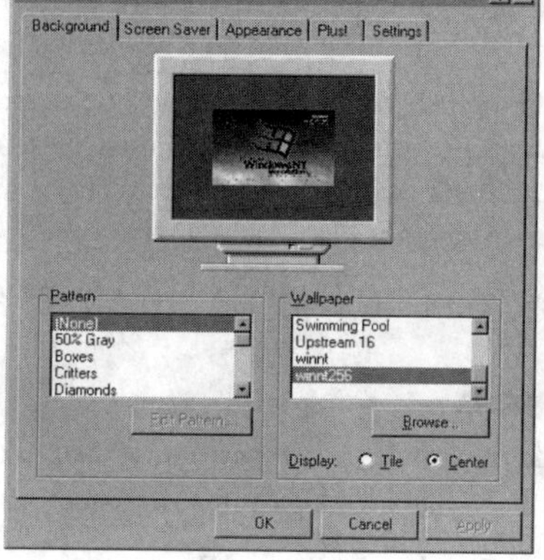

4. Vaya al cuadro de diálogo Propiedades de Pantalla y haga clic en la ficha Fondo (Background).
5. Desplácese por la lista Papel Tapiz (Wallpaper) hasta que encuentre la imagen que desea seleccionar.
6. Tal vez quiera centrarla o colocarla en mosaico usando los botones. Centrado (Centering) forzará a la imagen a colocarse en el centro de la pantalla y Mosaico (Tile) pondrá varias copias de la imagen en la pantalla y las colocará una al lado de la otra.
7. Haga clic en él y luego haga clic en Aplicar (Apply). Haga clic en Aceptar (OK).

Protector de pantalla

Configurar un protector de pantalla es un procedimiento sencillo, como se ve en los pasos siguientes:

1. Vaya al cuadro de diálogo Propiedades de Pantalla (Display Properties) y seleccione la ficha Protector de Pantalla (Screen Saver) en la parte superior de la ventana.
2. Haga clic en el cuadro combinado Protector de Pantalla y seleccione alguno.

TÓMESE UN MINUTO

> Puede revisar las versiones de freeware y shareware de protectores de pantalla en Internet. El freeware es gratuito, en tanto que el shareware le permite probar el software por algún tiempo y luego comprarlo si le gusta. Los precios del shareware son bastante baratos comparados con el software comercial. Use su navegador Web favorito y haga una búsqueda de protectores de pantalla para NT. De seguro encontrará algo.

3. Haga clic en Configuración (Settings), lo cual establecerá las características de los diferentes protectores de pantalla. Modifique los parámetros en la forma deseada. Haga clic en Aceptar (OK).

4. Haga clic en Presentación preliminar (Preview) para ver cómo lucirá el protector de pantalla. Si necesita ajustar de manera distinta los parámetros, hágalo.
5. Seleccione la cantidad de tiempo que desea esperar antes de que el protector de pantalla se ejecute. La cantidad de tiempo a la que se refiere NT es cuánto tiempo debe esperar NT después de la última opresión de teclas o movimiento de ratón antes de que corra el protector de pantalla.
6. Seleccione Aplicar (Apply) y habrá terminado.

Apariencia

Usted puede personalizar la Apariencia (Appearance) de sus ventanas para adecuarlas a sus gustos personales. Para hacerlo, siga estas instrucciones:

1. Vaya al Cuadro de diálogo Propiedades de Pantalla (Display Properties).
2. Seleccione la ficha Apariencia. Verá las diferentes combinaciones de color que puede aplicar a las ventanas.
3. Pruebe diferentes combinaciones de color y encuentre las que le gusten. También puede establecer el espaciado de los iconos del Escritorio, el color del Escritorio y también otras características al usar el cuadro combinado Elemento (Item).
4. Usted puede establecer el tamaño de los objetos seleccionando la opción Tamaño (Size) que aparece junto a Elemento. Primero, seleccione el elemento que desea ajustar de tamaño. Luego cambie el tamaño haciendo clic en la flecha ascendente o descendente que aparece junto a Tamaño.
5. Por último, observe que puede cambiar la fuente predeterminada para sus ventanas y otros objetos como los iconos. Haga clic en Fuentes (Fonts) en la parte inferior de la ficha Apariencia y seleccione la fuente deseada.
6. Haga clic en Aplicar y habrá terminado. Observe algunas ventanas y vea cómo lucen.

Configuración

En la ficha final, Configuración (Settings), usted puede establecer la resolución de la pantalla (Área del Escritorio), la paleta de colores, la frecuencia de actualización, el tamaño de fuente y seleccionar el controlador para su tarjeta adaptadora de video. Cuanto más grandes sean los números en la resolución, más pequeñas (y definidas) serán las imágenes en su pantalla. Es una buena idea encontrar una buena combinación entre la cantidad de colores desplegados y la resolución. Como regla general, es probable que usted quiera desplegar el máximo de los colores que su adaptador puede manejar, aunque si tiene un procesador lento, le tomará más tiempo desplegar elementos en su monitor. Por tanto, tenga en cuenta que podría requerir ajustar la cantidad de colores para aumentar su velocidad.

1. Para cambiar la resolución de la pantalla en el Área del Escritorio (Desktop Area) de la ventana de la ficha Configuración, tome la barra deslizable con el ratón y mantenga oprimido el botón, deslícelo a la derecha y cambie los números en la parte inferior de la barra deslizable. Vaya lo más posible hacia la derecha, notando las diferentes configuraciones intermedias.

2. Después de que haya realizado el cambio, haga clic en el botón Prueba (Test) en la parte inferior de la ventana.
3. Ahora intente cambiar las fuentes usando el cuadro Tamaño de fuente (Fonts). Haga sus cambios, pero tenga en cuenta que no podrá ver la diferencia hasta que haya reiniciado NT.
4. Tenga cuidado cuando cambie la Frecuencia de actualización (Refresh Frequency) o Tipo de Pantalla (Display Type) debido a que estas configuraciones pueden hacer que funcione mal su sistema. Haga cambios sólo después de saber qué velocidades de actualización puede manejar su monitor. Cambie el tipo de pantalla sólo si hace un cambio de hardware a su computadora instalándole una tarjeta de video nueva.

Resumen

Los usuarios de computadoras experimentados deben haber aprendido más en la primera mitad de esta hora, la cual expone el proceso y los archivos necesarios para arrancar NT. Los usuarios inexpertos deben asegurarse de que todo en la lección tiene sentido y familiarizarse en especial con la segunda mitad, ya que estas técnicas son necesarias para llegar a ser eficiente en el uso de su computadora. Ponga especial atención a la administración de ventanas, ver archivos y cambiar configuraciones con diferentes utilidades del panel de control.

Taller

El taller le ayuda a concretar las habilidades que aprendió en esta hora.

Glosario

`boot.ini` Archivo usado por el NTLDR para desplegar los sistemas operativos entre los que puede seleccionar durante el proceso de arranque.

`BOOTSECT.DOS` Este archivo contiene información sobre cualquier otro sistema operativo que haya en su computadora.

`NTDETECT.COM` Este archivo se usa para revisar su hardware durante el arranque.

`NTLDR.COM` Este archivo realiza dos funciones básicas: primera, maneja el proceso de permitirle elegir un sistema operativo durante el arranque y, segunda, realiza alguna detección de hardware. Cuando se esté ejecutándo el NTLDR usted verá OS Loader V4.0.

RAM (memoria de acceso aleatorio, random access memory) Chips de memoria dentro de su computadora, que se usan para contener porciones del sistema operativo y aplicaciones mientras la computadora está encendida.

ROM (memoria sólo de lectura, read-only memory) Chips que de manera permanente contienen información de arranque. Usted no puede modificar la información en estos chips.

bus del sistema (system bus) Ruta eléctrica en el tablero principal de su computadora (motherboard) que conecta a los componentes.

Ejercicios

1. ¿Qué archivos se necesitan para que NT arranque en forma correcta?
2. ¿Cuál es el papel del archivo NTLDR?
3. ¿Usted puede cambiar el icono Mi PC? De ser así, ¿cómo?
4. Si desea una imagen de un ser querido como tapiz en su Escritorio, ¿cómo lo haría?

Hora 4

Instalación de aplicaciones

por Martin Kenley

Probablemente usted tenga varias aplicaciones con las que esté familiarizado y que desee ejecutar en Windows NT 4. Es muy posible que la mayoría de sus aplicaciones, si no todas, correrán bajo NT 4 como lo hacían bajo Windows 3.*x* o Windows 95. Sin embargo, al cambiar a NT 4 es un buen momento para evaluar cuáles paquetes de software desea usar. El cambio a un sistema operativo nuevo es una gran transición y deberá hacerla con la convicción de que hará su trabajo más eficiente y le proporcionará un ambiente más estable.

Todo indica que NT le proporcionará estos beneficios; pero las aplicaciones que usa a diario también son importantes. Lo más importante es que las aplicaciones más recientes de 32 bits proporcionan características nuevas, y mejoras que probablemente harán más fácil su trabajo. Además, estas aplicaciones están diseñadas para operar sin problemas con Windows NT; de manera específica, están diseñadas para aprovechar las capacidades multitarea, permitiéndole trabajar mejor con varios programas abiertos al mismo tiempo. Las capacidades de multihilos permiten a los programas pasar diferentes trabajos al sistema operativo a solicitud del usuario. Por ejemplo, cuando esté usando Microsoft Excel usted puede hacer que el programa realice cálculos al mismo tiempo que usted introduce datos nuevos. Por último, todos los programas aprovecharán el modelo de memoria uniforme que utiliza NT 4, así como el hecho de que todos los programas bajo NT se ejecutan en modo protegido.

Antes de la instalación

Si usted ya tiene experiencia en el uso de la computadora, sabe que hay que seguir varias reglas fundamentales. Una de ellas se refiere a lo que se debe hacer antes de realizar cualquier cambio fundamental en su computadora: respalde sus archivos de datos al igual que los archivos de sistema que sean importantes; si algo sale mal mientras está haciendo el cambio, podrá recuperarlos posteriormente. En los cambios importantes se incluye la instalación de software, añadir hardware nuevo y editar archivos del sistema. En particular, los archivos que deberá respaldar son los siguientes:

- Registro NT
- `autoexec.nt`
- `config.nt`
- `win.ini`
- `system.ini`

Una vez más, deberá respaldar cualesquiera archivos de datos personales que haya en su unidad de disco duro. La mayoría de las veces, las cosas procederán sin novedad y no necesitará estos respaldos, pero cuando los necesite, estará contento de haber tomado esta precaución.

Creación de un disco de reparación de emergencia actualizado

Éste también es un buen momento para crear un disco de reparación de emergencia actualizado (ERD, emergency repair disk), que necesitará si de alguna manera se corrompe NT. Este disco contiene además algunos archivos de sistema e información de configuración. La información en este disco se duplica en su unidad de disco duro en el subdirectorio `\WINNT\REPAIR`. El ERD no es un disco de arranque sino más bien está diseñado para ser usado con los tres discos de instalación NT creados en el momento de la instalación.

Para actualizar su ERD, vaya al menú Inicio (Start) en la barra de tareas, vaya a Ejecutar (Run) y escriba lo siguiente:

```
RDISK
```

Esto inicia la utilidad Disco de Reparación de Emergencia. Seleccione primero Actualizar (Update), lo cual actualizará los archivos en el subdirectorio `%SystemRoot%\Repair`. Una vez actualizados estos archivos, se le pregunta si desea crear un ERD nuevo. Seleccione Sí (Yes) e inserte un disco de alta densidad en blanco o alguno con datos que esté seguro que ya no va a necesitar. El programa formateará automáticamente el disco y luego copiará los archivos en él.

Revisar espacio de la unidad de disco duro para sus aplicaciones

Por último, asegúrese de que su computadora tiene espacio libre en la unidad de disco duro para instalar la aplicación al igual que la memoria de acceso aleatorio (RAM) necesaria. (El manual que viene con la aplicación deberá indicar cuánto espacio de disco y RAM se requiere.) Siga estos pasos para averiguar si tiene suficiente espacio en la unidad de disco duro:

1. Vaya al icono Mi PC (My Computer) y haga doble clic en él para abrirlo. Éste es el elemento en el Escritorio con más iconos en su interior que representan a su unidad de disco duro y a cualesquiera otras unidades (por ejemplo, unidades de red) así como iconos que representan su carpeta de Panel de Control (Control Panel), carpeta Impresoras (Printers), carpeta de Acceso Telefónico a Redes (Dial-Up Networking) y la unidad de CD-ROM (si tiene una). Por supuesto, le puede cambiar el nombre, igual que con cualquier otro icono.
2. Ahora use el botón derecho del ratón, el cual por lo general no se usaba con Windows 3.*x* . En los mundos nuevos de NT 4 y Windows 95, el botón derecho del ratón ha llegado a ser muy útil. Coloque el ratón de manera que la punta de la flecha del puntero toque la unidad designada como C: (si es ahí donde quiere instalar la aplicación). Luego haga clic con el botón derecho del ratón, que hace aparecer un menú desplegable. En su pantalla deberá ver un menú parecido al que se muestra en la figura 4.1.

Figura 4.1.
Por fin el botón derecho del ratón tiene una función útil en Windows.

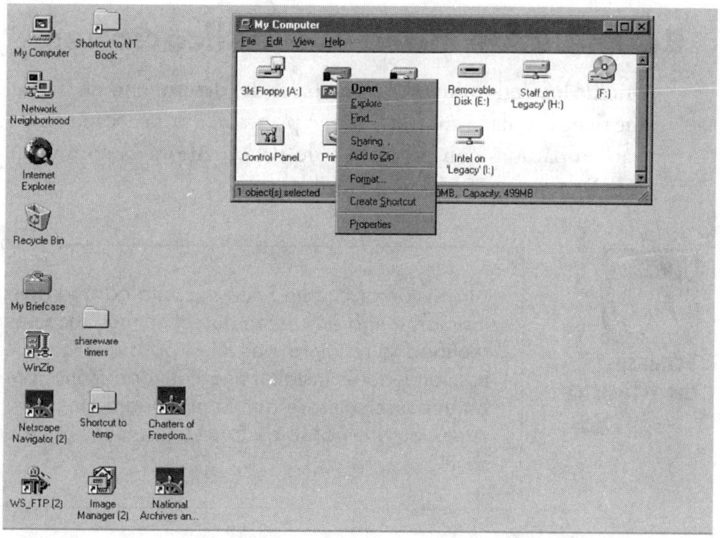

Aunque hay varios elementos útiles en el menú desplegable, ahora estamos interesados en el espacio en la unidad de disco duro. Arrastre el ratón hacia abajo hasta la opción Propiedades (Properties) y suelte el botón derecho del ratón. Ahora tiene una útil gráfica de pastel que le muestra cuánto espacio se ha ocupado ya en su unidad y cuánto queda libre aún (vea la figura 4.2).

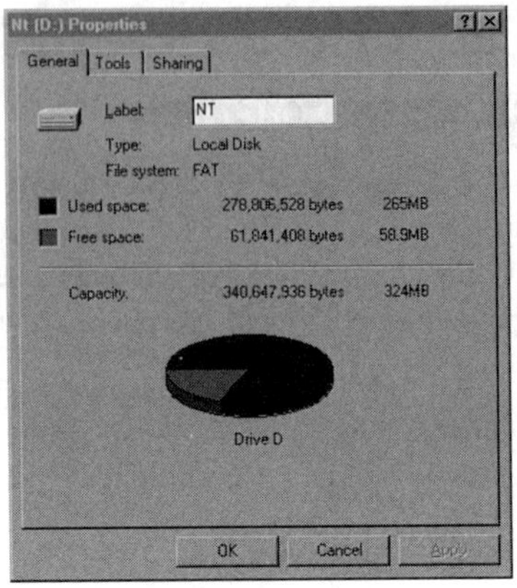

Figura 4.2.
Las propiedades de su unidad de disco duro aparecen después de hacer clic con el botón derecho en la unidad y elegir Propiedades. Ahora puede ver de inmediato qué tan pronto necesitará comprar una segunda unidad de disco duro.

Si ha hecho particiones en su unidad de modo que tiene varias letras de unidad (C:, D:, y así en forma sucesiva), entonces el cuadro de diálogo Propiedades sólo le mostrará información sobre la partición que seleccionó. NT 4 trata a cada letra de unidad como una unidad de disco duro separada; por consiguiente, podría tener que conseguir las propiedades en múltiples particiones para encontrar la cantidad de espacio que necesita.

Revise RAM para sus aplicaciones

Uno de los determinantes principales del desempeño de sus aplicaciones es la cantidad de RAM que tiene instalada en su sistema. A principios de la década de los noventas, muchas computadoras eran empacadas con sólo 4MB de RAM. Ahora es común que las computadoras vengan con 16MB, aunque 32MB es preferible.

TÓMESE UN MINUTO

Al considerar cuánta RAM necesita para la aplicación que está a punto de instalar, tenga en cuenta que el mínimo recomendado es irreal y que en realidad se requiere más RAM para que la aplicación corra sin problemas. Los vendedores instalan una cantidad menor para vender más software, pues están conscientes de que la mayoría de los propietarios de computadoras tienen de 8 a 16MB de RAM y la mayor parte de su mercado son usuarios de PC.

Vea la caja en que viene el software o revise el manual para ver la cantidad mínima recomendada de RAM para esa aplicación. Para revisar la cantidad de RAM que tiene instalada en su computadora, siga estos pasos:

1. Vaya a Mi PC (My Computer) y haga doble clic para abrirlo.
2. Encuentre la carpeta del Panel de Control (Control Panel) y haga doble clic en ella para ver los elementos útiles. Busque el icono Sistema (System) y haga doble clic en él.
3. Notará seis fichas en la parte superior: General, Rendimiento, Entorno, Inicio/Apagado, Perfiles de Hardware y Perfiles de Usuario (General, Performance, Environment, Startup/ Shutdown, Hardware Profiles, User Profiles). Cuando el cuadro de diálogo Propiedades del Sistema se abra, deberá aparecer la ficha General en primera instancia. Dentro de esta ficha hay información sobre su computadora: qué versión del sistema operativo está ejecutando, a nombre de quién está registrada, el tipo de computadora que tiene y con cuánta RAM cuenta.

Si nota que sólo tiene 16 o menos MB de RAM, deberá aumentarla para satisfacer las necesidades de las aplicaciones. Los precios de RAM han disminuido considerablemente desde 1996, de modo que si necesita más, vale la pena revisar los precios actuales, debido a que la RAM tiene un gran impacto en el desempeño de su computadora.

Tipos de aplicaciones que NT puede ejecutar

Las tres siguientes secciones están orientadas a ayudarle a instalar sus aplicaciones DOS, Windows 3.*x* (16 bits) y Windows 95 (32 bits) bajo Windows NT. Es probable que no necesite leer todas las secciones, así que pase a la sección que aborda los tipos de aplicaciones que pretenda instalar.

Aplicaciones DOS

Windows NT 4 tiene capacidad para ejecutar la mayor parte de sus aplicaciones DOS, aplicaciones Windows 3.*x* y muchas aplicaciones Windows 95. Sin embargo, espero que no tenga que ejecutar muchas aplicaciones DOS en NT, ya que no aprovechan cabalmente la potencia del sistema operativo. Ejecutar aplicaciones DOS en NT 4 es como comprar un automóvil deportivo inglés de alto rendimiento y ponerle baleros en vez de neumáticos. Debería preguntarse a sí mismo qué desea que su computadora haga por usted y buscar las mejores aplicaciones disponibles para el trabajo. Excepto juegos y otras aplicaciones, la mayor parte de las aplicaciones DOS han sido remplazadas con un software muy superior. Las aplicaciones DOS están escritas con código de 16 bits, como las aplicaciones de Windows 3.*x*.

Si planea ejecutar muchas aplicaciones DOS, Windows 95 podría ser una mejor elección. Está escrito para ser capaz de ejecutar una cantidad considerable de aplicaciones DOS y lo hace bien. Para los entusiastas de los juegos, vale la pena señalar que Windows 95 tiene una buena reputación en el manejo de juegos DOS, así como es particularmente bueno en multimedia. Por fortuna, se están desarrollando muchos juegos de 32 bits en modo protegido, de tal forma que continuar con DOS será menos importante conforme pase el tiempo.

Bajo Windows NT, si la aplicación DOS trata de comunicarse en forma directa con el hardware, por lo general NT no ejecutará la aplicación. Muchos juegos hacen precisamente esto (están diseñados para tener sus propios controladores para la tarjeta de sonido y video). Los controladores que tratan de hablar en forma directa con el hardware se llaman *controladores en modo real*, y NT no ejecutará ningún controlador en modo real. Por consiguiente, si tiene una pieza de hardware antigua que sólo use controladores en modo real, es probable que no funcione con NT. Todas las aplicaciones bajo NT se ejecutan en modo protegido —es decir, un estado en el que el procesador puede usar toda la memoria extendida de la computadora. Remítase a la Hora 1, "Introducción a Windows NT Workstation 4", para obtener más información sobre controladores en modo real y modo protegido.

Aplicaciones Windows 3.x

Hablando en general, las aplicaciones Windows de 16 bits son más recientes y tienen capacidades más complejas que las aplicaciones DOS. Están desarrolladas usando el equipo de desarrollo de software Win 16 y por lo general se ejecutarán bajo Windows 95 y NT. El equipo Win 16 especifica los lineamientos que deberán seguir los programadores cuando escriban el código para un software de aplicación. En general cada aplicación se codifica para trabajar para un sistema operativo específico. Dado que una versión más reciente de un sistema operativo suele ser compatible con otra anterior, las aplicaciones codificadas para éstas pueden ejecutarse en las primeras.

Aplicaciones Windows 95

Las aplicaciones para Windows 95 se conocen como aplicaciones de 32 bits ya que están escritas usando la Interfaz de Programación de Aplicaciones (API, Application Program Interface) Win32, la cual, como su contraparte de 16 bits, proporciona lineamientos para que los sigan los programadores cuando escriben aplicaciones para Windows 95. Estos lineamientos asisten al programador para averiguar cómo interactuará la aplicación con el sistema operativo. Por ejemplo, un programador necesita saber cómo se dirigirá a la memoria el software (es decir, cómo escribirá información en la RAM) y cómo el programa enviará un mensaje a un dispositivo de hardware (por ejemplo, cómo interactuará con el sistema operativo cuando grabe un archivo en la unidad de disco duro). Antes, cuando los desarrolladores de Microsoft establecieron los requisitos para los programadores, uno establecía que todas las aplicaciones de 32 bits escritas para Windows 95 deberían ser capaces de ejecutarse también en NT. Sin embargo, más tarde se cambió este requisito: la aplicación no tiene que ejecutarse bajo NT, pero si no puede, debe ser codificada para terminar limpiamente y no causar un congelamiento del sistema.

Tipos de aplicaciones que usted no puede instalar

Es probable que usted tenga algunas utilerías a las que les tiene cariño y las usa ya sea en DOS, Windows 3.*x* o Windows 95. Éstas podrían haberle ayudado a manejar su unidad de disco duro, evitando que se fragmentara. La *fragmentación* ocurre después de un periodo y sucede cuando los datos se escriben en diferentes puntos en la unidad de disco duro.

Por ejemplo, usted puede copiar un archivo grande a su unidad de disco duro, pero si no hay suficientes bloques libres contiguos, entonces copiará parte del archivo en diferentes bloques, en varias partes de la unidad, hasta que se haya grabado todo. Conforme sucede esto con más archivos y aplicaciones, toma más tiempo tener acceso a la información en la unidad, puesto que ha sido dividida y dispersada por toda la unidad. NT 4 no tiene una herramienta de defragmentación incorporada (aunque Microsoft ya está trabajando en ello. Para mayor información, refiérase al sitio web: http://www.microsoft.com/winnt), así que deberá comprar una utilidad de terceros, escrita en forma específica para NT. Sin embargo, tenga en cuenta que NT no permite que las aplicaciones hagan solicitudes directas al hardware, y eso es lo que debe hacer una utilidad de defragmentación: hacer llamadas a la unidad de disco duro.

Por fortuna, las utilidades que usted utilizó en el pasado para administrar la memoria de su computadora no se pueden usar con NT. Digo "por fortuna" ya que la administración de memoria se ha simplificado más que en los viejos días de los límites de 640KB. Con DOS y Windows 3.*x*, el rendimiento de su computadora estaba determinado en parte por la forma de usar los primeros 640KB de la RAM de su computadora. Una gran parte del truco implicaba cargar los controladores de dispositivos arriba, de modo que pudiera tener más de la región de los 640KB libre para cargar Windows o, si sólo ejecutaba DOS, para cargar aplicaciones.

Instalación de aplicaciones

La mayoría de las personas está acostumbrada a localizar los archivos `setup.exe` o `install.exe` usando el Administrador de Archivos (File Manager) bajo Windows 3.1 cuando instala aplicaciones. NT 4 tiene un método nuevo, en el cual NT rastreará qué archivos son instalados y a dónde van.

Instalación de aplicaciones al modo antiguo

Cuando instale sus aplicaciones en NT, tendrá dos métodos para elegir. Como bajo Windows 3.*x*, usted puede poner el primer disco de la aplicación en la unidad de disco o cargar el disco compacto en la unidad de CD-ROM, abrir el Administrador de Archivos, ir a Archivo | Ejecutar (File | Run) y escribir el nombre del programa de instalación, que por lo general es `INSTALAR (INSTALL` o `SETUP)`.

En el ambiente NT, todavía tiene la opción de instalar las aplicaciones desde el Administrador de Archivos o DOS, o bien puede usar el Explorador (Explorer) NT. Instalar una aplicación con el Explorador es parecido a instalarla con el Administrador de Archivos: el Explorador le da una ventana dividida en dos pantallas y usted navegará en la pantalla de la derecha hasta el subdirectorio en que se localiza el instalador. Al abrir este subdirectorio haciendo doble clic en él, su contenido se despliega en el lado derecho de la ventana. Encuentre el instalador y haga doble clic en él para iniciarlo. Si prefiere el Administrador de Archivos, vaya al menú Inicio (Start) y seleccione Ejecutar (Run); en el cuadro de diálogo, escriba `winfile`, abriendo así el Administrador de Archivos. Ahora puede proceder como de costumbre: vaya a Archivo | Ejecutar y escriba la ruta y el nombre de la utilidad de instalación de la aplicación.

También puede ir en forma directa al menú Inicio (Start), ir a Ejecutar (Run) y escribir la ruta y el nombre del programa de instalación (por ejemplo, `A:\SETUP`).

Instalación de aplicaciones en la forma nueva: la utilidad Agregar o quitar programas

La forma preferida de instalar sus aplicaciones es usar una utilidad nueva que se localiza en la carpeta Panel de Control (Control Panel) denominada Agregar o quitar programas (Add/Remove Programs). Tenga en cuenta que las aplicaciones para Windows 95 y Windows NT aprovecharán completamente las características de esta utilidad, en tanto que las aplicaciones para Windows 3.1 y DOS no lo harán. Específicamente, las aplicaciones para Windows NT 4 y 95 tienen la capacidad de registrar en forma apropiada los archivos que la aplicación instala en la computadora; algunos de los archivos de instalación típica irán en el subdirectorio del sistema operativo (en el caso de NT, el subdirectorio `WINNT`) así como en un subdirectorio de aplicación creado durante el proceso de instalación.

Por suerte para quienes instalen aplicaciones para Windows 95 y NT, todo este mantenimiento del registro lo realiza el Registro de Windows NT (NT Registry), la base de datos maestra que almacena toda la información sobre la configuración de su software y su hardware. (Aprenderá más sobre el Registro en la Hora 21, "El Registro de Windows NT".) Debido a que NT rastrea toda esta información sobre los archivos colocados en su computadora, es fácil eliminar aplicaciones posteriormente, cuando la aplicación ya no sea necesaria o sea remplazada por un programa nuevo. La utilidad Agregar o quitar programas no sólo registra los archivos, sino también la utilidad Desinstalar (Uninstaller) que viene con la aplicación.

Cómo configurar aplicaciones para Windows NT y Windows 95

Para que las aplicaciones tengan el logotipo oficial de Windows 95, se debe hacer una prueba para asegurar lo siguiente:

- Que hayan sido desarrolladas con el Win32 Software Developer's Kit, el cual asegura que las aplicaciones pueden correr tanto bajo Windows 95 como NT, pueden manejar capacidades de multihilos y pueden hacer multitareas con otras aplicaciones de 32 bits.
- Pueden soportar Plug and Play.
- Están desarrolladas para usar la interfaz Explorador (Explorer) y soportan nombres de archivos largos.

Por consiguiente, si un paquete de software no tiene el logotipo de Windows 95, podría haber sido probado sólo en forma mínima respecto a su compatibilidad con Windows 95. A menos que afirme explícitamente que se puede ejecutar bajo NT, estará corriendo un riesgo al comprar el producto.

Para eliminar aplicaciones, debe saber qué archivos se instalaron y en qué subdirectorios fueron colocados.

Cómo configurar aplicaciones DOS

Lo primero de que se debe dar cuenta es que algunas de sus aplicaciones DOS no se instalarán ya que tratan de "hablar" con el hardware de la computadora. Por ejemplo, la aplicación podría tratar de enviar información directamente a la tarjeta de video que controla su monitor, en vez de usar el software controlador que usa dicha tarjeta. Windows NT 4 no permitirá una llamada directa al hardware realizada por una pieza de software. El procedimiento usual es que el software haga una llamada, que recibe NT, y luego hace de intermediario en la conversación entre la aplicación y el hardware. NT usa una capa de Controladores de dispositivos virtuales (VDD, virtual device drivers) que intervienen y manejan la solicitud que está enviando la aplicación al hardware. Sin embargo, no existe un VDD para cada dispositivo o componente que esté en su computadora, así que la única forma de averiguar si una aplicación funcionará es instalarla.

He aquí varios factores que determinarán cómo se ejecutarán las aplicaciones DOS bajo NT:

- Parámetros en los archivos de configuración: los archivos `autoexec.bat`, `autoexec.nt`, `config.sys` y `config.nt`
- Controladores de dispositivos
- Configuración de la hoja de propiedades

Usted verá cada una de estas variables después de examinar cómo maneja NT las aplicaciones DOS.

4

Máquinas de DOS virtuales

Cada aplicación DOS que ejecuta en Windows NT opera en un ambiente de 32 bits conocido como Máquina de DOS Virtual (VDM, Virtual DOS Machine). Se crea una nueva VDM para cada aplicación DOS y se ejecuta en modo de usuario, un estado de operación en el que se ejecutan las aplicaciones y los subsistemas; por tanto, lo siguiente es cierto para los componentes en modo de usuario:

- No tienen la capacidad para comunicarse en forma directa con el hardware.
- Tienen una prioridad inferior para tener acceso a los ciclos de la unidad de procesamiento central (microprocesador).
- Deben operar en un espacio específico de dirección de memoria.
- Podrían ser forzados a usar espacio de la unidad de disco duro como RAM (también conocido como memoria virtual).

Podría ser más fácil entender el modo de usuario contrastándolo con el modo de procesador privilegiado. Los componentes más importantes de NT —como el núcleo y la capa de abstracción del hardware— operan en *modo de procesador privilegiado,* el cual los protege de las aplicaciones y subsistemas y, además, les da una prioridad más alta al asignar ciclos de la CPU. Las partes del código del sistema operativo que se ejecutan en modo privilegiado también tienen acceso directo al hardware y a la memoria del sistema.

Aunque la aplicación piensa que se está ejecutando en un ambiente DOS, en realidad está operando en una VDM, la cual simula un ambiente DOS. Cuando la aplicación DOS envía solicitudes a NT, lo hace por los VDD, los cuales envían la solicitud al controlador de dispositivo NT de 32 bits apropiado. La importancia de esto para el usuario es que al estar el hardware regulado o protegido de las aplicaciones, ya que NT sólo permite que interactúen sus propios controladores de 32 bits en forma directa con el hardware, el sistema es más estable.

Archivos `autoexec.bat` y `config.sys`

El archivo `autoexec.bat` se puede usar todavía para cargar variables de ruta y ambientes especiales al ambiente del sistema durante el encendido, aunque no es recomendable. Puesto que NT no puede usar controladores en modo real, no podrá cargar ningún controlador de esta manera; cualquiera de estos comandos en los archivos de configuración sería ignorado por NT. Sin embargo, bajo Windows 95, estos archivos todavía pueden desempeñar un papel importante si es necesario.

Archivos `autoexec.nt` y `config.nt`

Los archivos `autoexec.nt` y `config.nt`, que se encuentran en forma predeterminada en el subdirectorio `SYSTEM32` dentro del directorio `WINNT`, se comportan de manera muy parecida a `autoexec.bat` y `config.sys`: le permiten personalizar el ambiente DOS en el que se ejecutará la aplicación. Por ejemplo, aquí es donde establecería la información de ruta si la aplicación la necesitara. Los parámetros en estos archivos afectarán a todas las aplicaciones que ejecute desde el indicador de comandos, excepto los archivos `.nt`, que son ejecutados sólo cuando las aplicaciones corren desde archivos `.PIF`.

Controladores de dispositivos

Las aplicaciones deben ser capaces de comunicarse con el hardware o hacer solicitudes a través del sistema operativo. Por ejemplo, cuando usted desea grabar un archivo que ha creado con una aplicación, lo graba ya sea en la unidad de disco duro o en un disco flexible. La aplicación debe enviar una solicitud de grabación a través del sistema operativo a la unidad de disco. Aunque esto es muy rutinario y la aplicación se basa en controladores de la unidad de disco duro suministrados por el sistema operativo, hay otros casos en los que necesita sus propios controladores de dispositivos. Si una aplicación DOS necesita enviar información a la tarjeta de sonido de la computadora, entonces la información debe ser organizada para ello usando el archivo `config.sys` o bien el archivo `autoexec.bat`. Si NT es incapaz de permitir que la aplicación se dirija al hardware, cerrará la aplicación en vez de que falle el sistema.

Utilización de fichas de propiedades para las aplicaciones del DOS

Para cada acceso directo a una aplicación se crea una ficha de propiedades. Para ello, primero localice la aplicación ejecutable usando Windows, no el DOS. Luego, con el botón derecho del ratón, haga clic en el icono que representa al archivo ejecutable. Desde el menú que aparece, seleccione Crear acceso directo (Create shortcut), lo cual crea otro icono llamado Acceso directo a *nombre_de_la_aplicación,* donde *nombre_de_la_aplicación* es remplazado por el nombre de la aplicación con que se esté trabajando. Ahora, haga clic con el botón derecho en el icono Acceso directo y aparecerá otro menú desplegable; mueva el ratón hacia abajo hasta Propiedades (Properties) y suelte el botón para ver la ficha de propiedades para esa aplicación. En la figura 4.3 se presenta un ejemplo de ficha de propiedades.

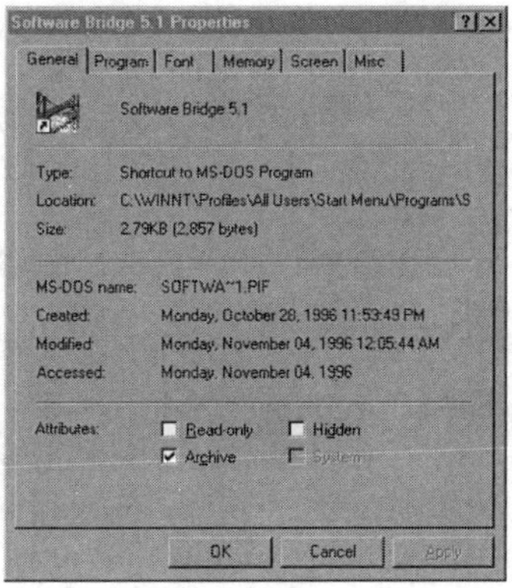

Figura 4.3.
Ficha de propiedades de la aplicación Software Bridge. Observe las fichas en la parte superior del cuadro de diálogo.

La ficha de propiedades reemplaza al editor del archivo de información del programa (PIF, program information file) que se usa en Windows 3.*x*, el cual establece las propiedades de los programas para DOS. Sin embargo, bajo NT usando la ficha de propiedades, usted tiene más facilidades para ajustar las aplicaciones DOS que bajo 3.*x* o Windows 95.

La ficha General

Todas las aplicaciones DOS tendrán una ficha denominada General, como se muestra en la figura 4.3. En ésta usted encontrará el nombre completo de la aplicación, la ubicación de la aplicación, su tamaño, las fechas en que fue creada y modificada, y sus atributos. Usted puede hacer algunas modificaciones a esta página, pero prácticamente nunca tendrá que hacerlo. En la mayoría de las hojas sólo verá una marca de verificación en el atributo archivo, lo que indica que éste es un archivo importante de respaldar si está haciendo cambios fundamentales a su sistema.

La ficha Versión

No todas las aplicaciones mostrarán una ficha para Versión (Version), pero si la tienen, le proporcionará información sobre la versión precisa del software, información de los derechos de autor, nombre del producto y el nombre de la corporación que desarrolló o que posee los derechos de autor del software (vea la figura 4.4).

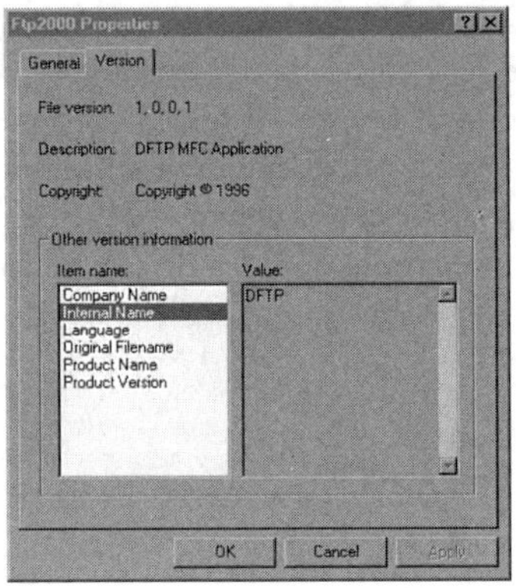

Figura 4.4.
El cuadro de diálogo Propiedades a veces le proporciona una ficha Versión, que le muestra qué compañía desarrolló el producto, qué versión posee usted y otra información.

La ficha Programa

La ficha Programa (Program) (vea la figura 4.5) le permite modificar la manera en que NT ejecuta el programa DOS. La línea superior junto al icono proporciona un espacio donde puede introducir el nombre de la aplicación; la Línea de comando (Cmd line) le da un espacio para introducir la ruta y la aplicación que se va a ejecutar. El espacio junto a Carpeta de trabajo (Working) es donde usted pondrá la información del directorio en que se ubica la aplicación y donde se habrán de guardar los archivos.

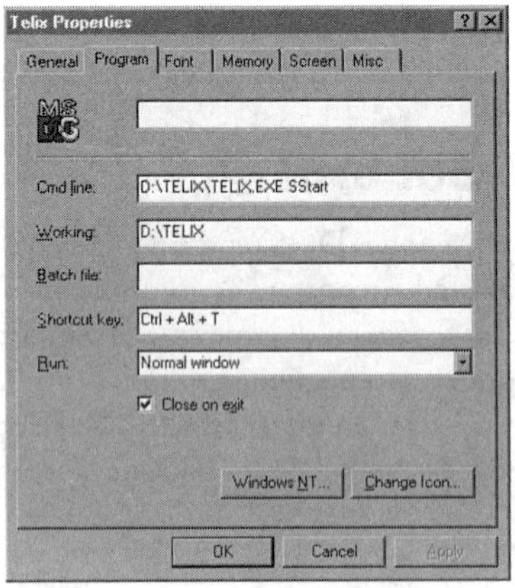

Figura 4.5.
La ficha de propiedades Programa le permite especificar archivos de configuración especiales, si fuera necesario.

La siguiente línea, Archivo de proceso por lotes (Batch file), que es nueva a partir de Windows 95, le permite especificar un archivo de procesamiento por lotes para que se ejecute cuando se esté corriendo la aplicación. El espacio Método abreviado (Shortcut key) es útil —le permite especificar teclas para abrir la aplicación en vez de hacer clic en el icono o teclear el nombre de la aplicación y la ruta en el indicador de comandos. (Observe que una de las teclas para el método abreviado debe ser Ctrl o Alt.) Debajo de éste (en el cuadro Ejecutar [Run]), usted puede especificar en qué tipo de ventana desea que se abra la aplicación: normal, maximizada o minimizada.

El botón Windows NT le permite especificar qué archivos de configuración usará para establecer cualesquiera variables de ambiente para la aplicación, o bien, puede dejar la selección predeterminada e ignorar esta opción si no necesita establecer variables especiales. El botón Cambiar icono (Change Icon) se explica por sí solo: úselo para cambiar el icono para la aplicación.

La ficha Fuente

La ficha Fuente (Font) (vea la figura 4.6) ofrece varias formas de personalizar la apariencia de las fuentes y cuáles usará la aplicación. En la esquina superior izquierda del cuadro de diálogo puede seleccionar qué tipo de fuentes tiene disponibles en la ventana de la derecha, el cuadro Tamaño de fuente (Font Size). A menos que la pantalla pueda manejar tanto mapas de bits como TrueType, seleccione ambos tipos de fuentes. En el cuadro Tamaño de fuente puede seleccionar, en pixeles, el tamaño de la fuente que usará la aplicación. Las ventanas Presentación de la ventana (Window preview) y Presentación de fuentes (Font preview) le permiten tener una vista preliminar del tamaño de la ventana al igual que de la fuente.

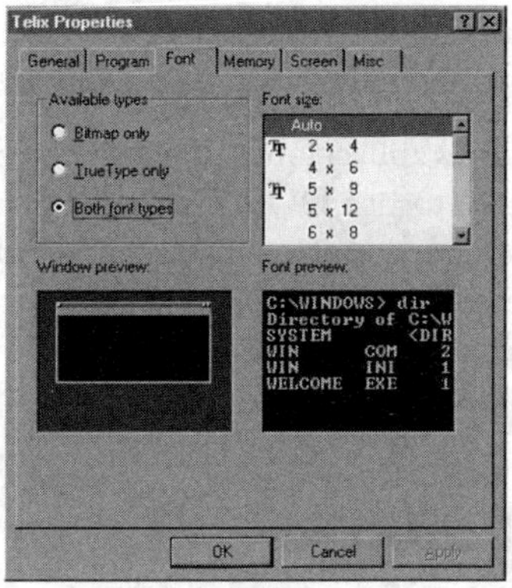

Figura 4.6.
La ficha de propiedades Fuente le permite personalizar cómo deberá aparecer el texto en la aplicación.

La ficha Memoria

Windows NT da a las aplicaciones memoria expandida y extendida simuladas. La mayor parte del tiempo, NT será el mejor juez para seleccionar las opciones apropiadas, pero a veces usted podría necesitar ajustar la configuración.

Bajo la memoria convencional, puede seleccionar a cuántos de los 640KB de memoria convencional tendrá acceso la aplicación (vea la figura 4.7). NT le permite además escoger la cantidad de memoria apartada para el ambiente interpretador de comandos. Por consiguiente, si tiene muchas variables de ambiente, puede asignar 2-4MB de memoria. En esta sección también puede elegir ejecutar la aplicación en modo protegido para mantener a Windows protegido de aplicaciones DOS posiblemente malas. Es bueno tener esta selección, pero si nota que el rendimiento baja, trate de ejecutarlo en modo no protegido.

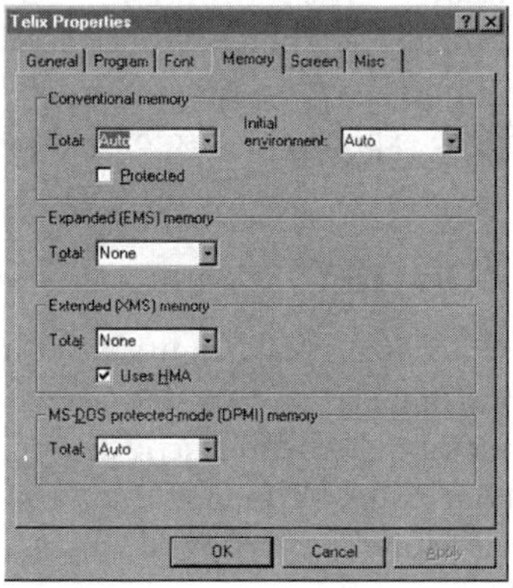

Figura 4.7.
La ficha de propiedades para Telix, una aplicación DOS, le permite seleccionar el ambiente en que se ejecutará.

NT tiene la capacidad para simular memoria expandida para las aplicaciones que requieren este estándar antiguo. Si la deja establecida en Auto, tenga en cuenta que algunas aplicaciones podrían usar demasiada memoria y dejar muy poca para otras, requiriendo por consiguiente que usted la establezca manualmente. Experimente un poco por ensayo y error aquí para encontrar una cantidad óptima para las aplicaciones que usan memoria expandida.

La mayoría de las aplicaciones usarán memoria extendida, que es la memoria después del límite de 1MB impuesto por DOS. Este parámetro es importante para muchas aplicaciones DOS. Trate de establecerlo en forma manual, dándole a la aplicación tanta memoria extendida como le sea posible, sin afectar en forma negativa otras tareas o aplicaciones que se ejecutarán al mismo tiempo. Deje la casilla Utiliza HMA (Use HMA, High Memory Area [Área de Memoria Alta]) sin seleccionar si carga DOS en esta área; si no, selecciónela.

La ficha Pantalla

La ficha Pantalla (Screen) (vea la figura 4.8) le permite modificar los parámetros de la pantalla. De mayor importancia, en el área de Uso (Usage) usted puede establecer el número de líneas al igual que el modo. Es sensato establecer el número de líneas antes de hacer ajustes a la ficha Fuente (Font). Bajo la sección Ventana (Window), usted puede seleccionar si desea desplegar una barra de herramientas y si NT deberá revisar el PIF después de que usted haga cambios usando la barra de herramientas. Para conservar los parámetros nuevos realizados con la barra de herramientas, seleccione la casilla "Restaurar configuración al iniciar".

Figura 4.8.
Con la ficha de propiedades Pantalla usted puede controlar la forma de NT de desplegar su aplicación DOS.

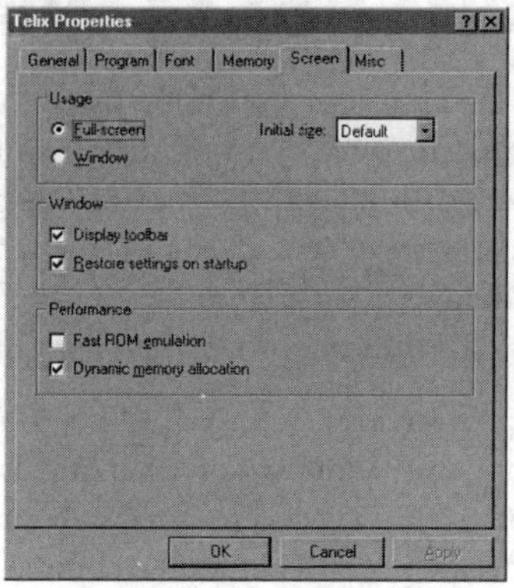

La ficha Misceláneos

Aunque la mayor parte de los parámetros en la hoja Misceláneos (Misc) son obvios (vea la figura 4.9), algunos requieren explicación. El parámetro Siempre suspender (Always Suspended) desactivará la aplicación cuando esté en segundo plano, de modo que las aplicaciones que estén en primer plano obtengan todos los recursos del sistema. La opción Edición rápida (QuickEdit) en la sección Mouse le permite seleccionar texto en una aplicación DOS para copiarlo a otra ubicación. Si la casilla Modo exclusivo (Exclusive Mode) está seleccionada, el ratón funcionará sólo con la aplicación DOS en primer plano. Establecer la Sensibilidad a inactividad (Idle sensitivity) en Alta (High) le indica a NT que asigne con rapidez los ciclos de CPU a otras aplicaciones si no hay actividad en el teclado en la aplicación DOS en primer plano. Si se establece en Baja (Low), NT esperará un poco más antes de reasignar los ciclos de CPU.

Figura 4.9.
La ficha de propiedades Misceláneos contiene opciones para establecer el protector de pantalla, los parámetros del ratón y las teclas de método abreviado de Windows.

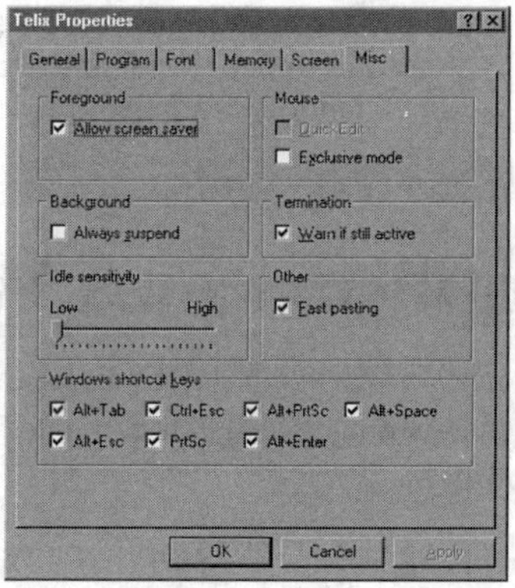

Uso de las fichas de propiedades para aplicaciones Windows 3.x

Como con las aplicaciones DOS, usted primero debe hacer un método abreviado para la aplicación antes de que pueda modificar su ficha de propiedades. Para hacerle cambios, vaya al icono del método abreviado, o cree uno y haga clic con el botón derecho en él. Aparece un menú desplegable; arrastre el ratón hasta Propiedades (Properties) y suelte el botón del ratón. (La ficha General es idéntica a la de las aplicaciones DOS, así que remítase a la sección "Uso de hojas de propiedades para aplicaciones DOS" para información sobre ella.)

La ficha de propiedades Acceso directo (Shortcut) tiene varias opciones útiles. La línea Destino (Target) proporciona un espacio en el que usted puede especificar el archivo que corre cuando se ha hecho doble clic en el acceso directo. También puede escoger si desea ejecutar aplicaciones en un espacio de memoria separado. Debido a que todas las aplicaciones Win16 se ejecutan en el mismo espacio de memoria o en una sola máquina DOS virtual, podría necesitar proteger otras aplicaciones de una aplicación mal escrita que cause que otros programas fallen. Si nota fallas y congelamientos con una aplicación Win16, trate de verificar el cuadro del área de memoria separada *(ejecutar en espacio de memoria separada).

La línea Iniciar en (Start In) le permite establecer el directorio de trabajo. El directorio que establezca aquí se volverá el directorio predeterminado cuando se abra la aplicación. En esta hoja de propiedades usted puede establecer la tecla de método abreviado para abrir rápido la aplicación, como Ctrl + Alt + F8.

AHORRE TIEMPO

Si desea iniciar una aplicación Win16 en su propio espacio de memoria y abrirlo desde la línea de comandos, escriba `start /separate aplication name`, donde `aplicación` es remplazado por el nombre del programa. Por ejemplo, si desea ejecutar WordPerfect, deberá teclear `start /separate WP`. Si es necesario, usted puede escribir la ruta antes del nombre del ejecutable. Ahora la aplicación se ejecutará en su espacio de memoria separado, previniendo que tome todos los ciclos de procesador de otras aplicaciones.

Ejecute aplicaciones Windows 95 y NT

Las aplicaciones Windows 95 y NT son las más fáciles de abordar. Hacen más eficiente el uso de los recursos del sistema, son las más fáciles de instalar y desinstalar, y están codificadas para funcionar con NT.

Las fichas de propiedades para aplicaciones Windows 95 y NT son similares a las de las aplicaciones Win16, así que no tocaremos el mismo tema de nuevo. (Para más información, remítase a la sección "Utilización de fichas de propiedades para aplicaciones Windows 3.*x*".) La única excepción que notará es que la opción para ejecutar la aplicación en un espacio de memoria separado está en gris, ya que todas las aplicaciones de 32 bits siempre se ejecutan en un espacio de memoria separada.

Tal vez note que algunas de las nuevas aplicaciones Windows 95 y NT, también conocidas como aplicaciones de 32 bits, parecen más lentas al iniciarse, pero no se alarme. Estas aplicaciones nuevas, en efecto, son más grandes debido a que ahora toman 32 bits, en vez de 16, de código para todas las operaciones. Por consiguiente, puede requerir más tiempo procesar 32 bits dependiendo de la operación. Sin embargo, la ventaja es que estas aplicaciones son capaces de multitareas y multihilos reales, en tanto que las aplicaciones de 16 bits no lo son.

La optimización se expone en la Hora 5, "Para optimizar la memoria de Windows NT". Por fortuna, usted no tiene que hacer ningún ajuste a las hojas de propiedades de aplicaciones Windows 95 y NT.

Resumen

En esta hora usted ha aprendido a instalar diferentes tipos de aplicaciones y las precauciones que debe tomar cuando lo haga. Es importante en especial crear un disco de reparación de emergencia, antes de cambiar su sistema al instalar aplicaciones nuevas. Si su disco de reparación es viejo, una buena idea es actualizarlo para que contenga la información actual del sistema. También es importante que usted evite instalar aplicaciones de utilidades antiguas que trabajaban bajo Windows 95 o Windows 3.*x*, ya que podrían hacer fallar algunos de sus componentes NT.

Taller

El taller le ayuda a concretar las habilidades que aprendió en esta hora.

Glosario

disco duro (hard disk) Este dispositivo físico contiene todos los elementos que usted instala en su computadora y permanecen ahí esté encendida la computadora o no.

RAM (memoria de acceso aleatorio; random access memory) La memoria física que contiene porciones del sistema operativo y de las aplicaciones cuando su computadora está encendida.

Controladores de dispositivo virtuales (VDD, Virtual Device Drivers) Windows NT tiene una subcapa llamada Controladores de dispositivo virtuales que manejan las solicitudes del hardware de sus aplicaciones DOS. NT no le permitirá a ninguna de sus aplicaciones hacer llamadas en forma directa al hardware, de modo que intercepta la llamada y envía su propia solicitud al hardware.

Máquinas de DOS Virtuales (VDM, Virtual DOS Machine) Condición en la que NT crea un ambiente para que su aplicación DOS corra en él.

Ejercicios

1. Aplicando el método mostrado en esta lección, determine la cantidad de espacio en la unidad de disco duro que está libre en su sistema. Si tiene varias particiones o más de una unidad de disco duro, revise todas las particiones y unidades. Determine una estrategia para instalar aplicaciones.
2. Determine la cantidad de RAM en su sistema, siguiendo las instrucciones de esta lección. Antes de instalar cualquier aplicación, observe la caja en que viene el software y vea los requerimientos de sistema.
3. Encuentre la utilidad Agregar o quitar programas en la carpeta Panel de control. Ábrala y haga clic en la ficha Instalar/Desinstalar. Vea qué programas aparecen enlistados ahí.

PARTE

I

Hora 5

Para optimizar la memoria de Windows NT

por Martin Kenley

Memoria y Windows NT 4

Un elemento crucial para el buen desempeño de Windows NT es la cantidad de memoria en su computadora. De hecho, con cualquier sistema operativo, cuanta más memoria tenga, será mejor el rendimiento (aunque hay un límite superior en el que el rendimiento ya no será perceptible). Debido a la arquitectura de NT y su nueva interfaz: el Explorador (Explorer), la memoria de acceso aleatorio (RAM, random access memory) es aún más importante. Es seguro decir que la cantidad de memoria es uno de los factores centrales, si no es que el factor más importante, que afectan el rendimiento.

RAM y cómo funciona

Veamos cómo funciona la RAM y luego podrá ver por qué es tan importante. Al encender su computadora, el sistema necesita transferir ciertos datos de la unidad de disco duro a la RAM, donde se puede tener acceso a ellos con rapidez. De hecho la computadora toma porciones del sistema operativo y las carga en la RAM (vea la figura 5.1), de modo que cuando usted abre una aplicación, partes del código o programa son copiados del disco duro a la memoria.

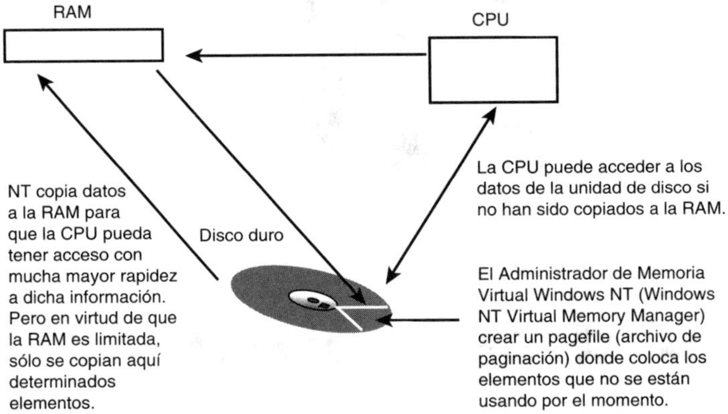

Figura 5.1.
Para tener acceso a la información con rapidez, su computadora necesita mover partes vitales del sistema operativo a la RAM.

La velocidad de la RAM se mide en nanosegundos (NS), en tanto que las velocidades de la unidad de disco duro lo son en milisegundos. La diferencia en velocidad es impresionante: un nanosegundo es una mil millonésima de segundo y un milisegundo es una milésima de segundo. Por comparación, usted puede ver la rapidez con que su CPU puede obtener la información que necesita de la RAM. Mas para obtenerla del disco duro se disminuye la velocidad, ya que un motor hace girar la unidad hasta encontrar y leer los datos.

Por consiguiente, la velocidad es un punto crucial cuando se está observando el rendimiento de una computadora. Aquí vale la pena señalar que la RAM se vende en velocidades variables. En la actualidad, los estándares son 60 y 70 NS, siendo la de 60 NS más rápida y preferible. Asegúrese de que su motherboard (el tablero de circuitos electrónicos dentro de su computadora) pueda manejar RAM más rápida si desea mejorarla. Igual de importante que la velocidad es la cantidad de RAM que tenga su sistema.

Windows NT Workstation 4 tiene requerimientos de sistema demandantes y cuando se trata de RAM , no es la excepción. Si tiene un procesador rápido —un Pentium 100 o más rápido— podría arreglárselas con 24MB de RAM; sin embargo, aun bajo estas circunstancias es deseable más memoria. Por supuesto que con procesadores más lentos se requiere un mínimo de 32MB de RAM. Sin la RAM necesaria su computadora será lenta, y usted escuchará constantemente que su unidad de disco duro es leída y escrita mientras NT graba datos en el pagefile (espacio en la unidad de disco duro que el Administrador de Memoria Virtual [VMM, Virtual Memory Manager] usa para intercambiar datos que las aplicaciones necesitan en la RAM, pero que no se están usando en el momento).

Revisión de la memoria virtual

La memoria virtual es manejada por el sistema operativo y las aplicaciones no necesitan participar en el movimiento de datos de la RAM a la unidad de disco duro y viceversa. La memoria virtual evita un problema central: no tener suficiente RAM en el sistema. Al mover datos de la RAM al disco duro, se debe conservar un mapa de las ubicaciones para encontrar los datos cuando se necesiten de nuevo. Y NT es inteligente respecto a lo que intercambia con el disco: se usa un algoritmo para determinar los datos menos usados e intercambiarlos. Los datos se intercambian al disco en páginas (bloques de tamaño igual) y la RAM se divide en marcos de página para contener las páginas. NT usa un tamaño de página de 4KB (kilobytes). Esto permite mover muchos datos con rapidez.

El archivo de paginación que crea NT es un archivo real que usted puede encontrar en su unidad de disco duro en el directorio raíz de todas las particiones y unidades donde se haya creado alguno. NT permite al usuario establecer un pagefile mínimo y uno máximo siguiendo estos pasos:

1. Vaya al menú Inicio (Start), seleccione Configuración (Settings) y haga clic en Panel de Control (Control Panel).
2. Localice el icono Sistema (System) en la parte inferior de la ventana del Panel de Control y haga doble clic.
3. Verá varias fichas en la parte superior de la ventana. Haga clic en Rendimiento (Performance) (vea la figura 5.2).

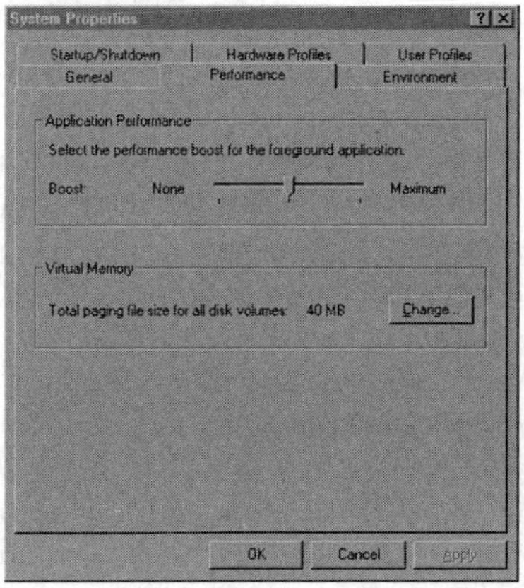

Figura 5.2.
El cuadro de diálogo Propiedades del Sistema muestra el archivo de paginación total para todos los volúmenes del disco.

4. Cuando entre al cuadro de diálogo Propiedades del Sistema, debe hacer clic en la ficha Rendimiento (Performance) en la parte superior de la pantalla.
5. Para hacer cambios al archivo de paginación, haga clic en el botón Cambiar (Change). Aparece otra ventana que se ve como la de la figura 5.3.

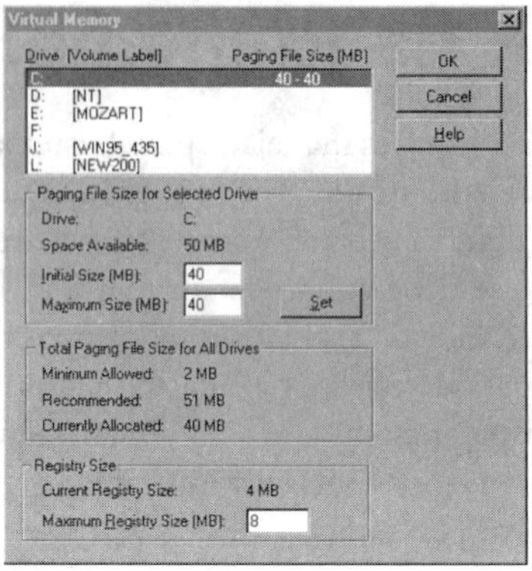

Figura 5.3.
Puede usar el cuadro de diálogo Memoria Virtual para personalizar el archivo de paginación.

Dentro del cuadro de diálogo Memoria Virtual (Virtual Memory) hay varias áreas que son importantes y merecen atención.

La ventana Unidad (Drive) le muestra las unidades de disco duro en su computadora al igual que cualquier otra partición (ya que las particiones tienen una letra de unidad, como sucede con una unidad real).

Tamaño del archivo de paginación (Pagefile Size): a la derecha de las letras de unidad verá el tamaño del pagefile en cada unidad. También puede ver cuánto espacio libre está disponible en la unidad seleccionada si observa debajo de la ventana de unidad.

Tamaño inicial (Initial Size): debajo de "Espacio disponible" (Space Available), verá Tamaño inicial, que le muestra el tamaño del archivo de paginación cuando NT inicia. NT establecerá de manera automática el archivo de paginación al tamaño de la RAM que tenga en su computadora, más 12MB (para el núcleo). Por consiguiente, si su sistema tiene 24MB de RAM, el tamaño inicial del archivo de paginación será de 36MB.

Tamaño Máximo (Maximum Size) y Mínimo (Minimum) Permitido: el siguiente elemento muestra el tamaño máximo que tendrá el archivo de paginación después de que el VMM le agregue datos; el mínimo permitido es el tamaño menor que puede tener el archivo de paginación.

Recomendado (Recommended): el tamaño inicial recomendado es la recomendación para todas las unidades y particiones que tenga. NT calcula el número este número agregando 11 a la cantidad total de RAM en su sistema.

Asignado actualmente (Currently Allocated): NT también muestra el tamaño del archivo de paginación asignado en la actualidad, el cual es la suma de todos los archivos de paginación en todas las unidades y particiones.

Tamaño Actual del Registro (Current Registry Size): por último, se le muestra la cantidad de RAM dedicada al Registro, así como la cantidad máxima de RAM que puede usar el Registro (en megabytes).

Cambiar la configuración de la memoria virtual

Después de instalar NT 4, tendrá un archivo de paginación inicial de 16MB, pero este tamaño será cambiado conforme NT le haga ajustes. Deberá tratar de optimizar la configuración para su propia computadora. Para hacer esto, siga estos procedimientos:

1. Vaya a Mi PC (My Computer) y abra la carpeta Panel de Control (Control Panel).
2. Haga doble clic en el icono Sistema (System).
3. El cuadro de diálogo Propiedades del Sistema tiene fichas en la parte superior. Seleccione la ficha Rendimiento (Performance).
4. Con cuidado tome nota de la configuración actual. Cuando haga ajustes, trate de ser sistemático; es decir, note el rendimiento de sus aplicaciones y la configuración actual, y haga un ajuste sólo a uno de los afinadores del rendimiento (en este caso, el tamaño del archivo de paginación). Ejecute las aplicaciones que use con frecuencia, note el rendimiento y vea si ha mejorado la situación. Es importante hacer sólo cambios incrementales y supervisar el rendimiento de su sistema.
5. Haga clic en el botón Establecer (Set) en la ventana de Memoria Virtual (Virtual Memory). La unidad o partición seleccionada en la parte superior de esta ventana será la unidad a la que está a punto de cambiarle o establecerle un archivo de paginación.
6. A continuación, introduzca un tamaño inicial; si tiene de 8 a 16MB de RAM, entonces escoja un tamaño de archivo de paginación igual a la cantidad de RAM. Si tiene más de 32MB de RAM, establezca el tamaño del archivo de paginación en la mitad de la cantidad de RAM.
7. De nuevo, la cantidad máxima del tamaño del archivo de paginación depende de cuánta RAM haya en su sistema, los tipos de aplicaciones que está ejecutando, el número de aplicaciones que abre al mismo tiempo y la cantidad de pagefiles que tendrá. Como regla general, el tamaño máximo del archivo de paginación deberá ser alrededor del doble de la cantidad de RAM real en su sistema. Sin embargo, si tiene una cantidad inusitadamente grande de RAM —64MB o más— entonces la puede reducir con seguridad. Además, si planea tener un archivo de intercambio en varias unidades, entonces cada archivo puede ser más pequeño. Tiene dos opciones si tiene varias unidades (unidades de disco duro reales, no particiones) en su sistema:
    a. Establecer un archivo de intercambio en ambas unidades que tenga un tamaño que sea de la mitad a tres cuartas partes del tamaño de total del archivo de paginación; el objetivo con dos archivos de intercambio es permitir a la computadora poder leer en uno mientras escribe en el otro. Si los archivos están en unidades separadas, entonces la cabeza de la unidad que lee y escribe en las unidades podrá leer un archivo de intercambio mientras escribe en el otro.
    b. Establecer un archivo de paginación en la unidad que no contiene la carpeta de sistema (por lo general la unidad C:). La idea es que su sistema pueda leer la unidad que tiene el sistema en ella al mismo tiempo que su sistema puede leer y escribir en el archivo de intercambio en una unidad separada. Las cabezas que leen los datos no tendrán que saltar por toda la unidad leyendo y escribiendo tanto en los archivos de sistema como en el archivo de intercambio si están en unidades separadas.

    Es debatible cuál es el más eficiente. He experimentado con ambos, pero los resultados fueron inciertos. Hay diversas variables a considerar: velocidad de las unidades, cantidad de RAM en el sistema, velocidad del proceso y cosas por el estilo. Deberá probar ambos métodos y ver cuál le proporciona el mejor rendimiento.
8. Por último, haga clic en Establecer (Set) para determinar los nuevos parámetros, que se implantarán después de reiniciar la máquina.

RAM contra memoria virtual

Podría preguntarse por qué debería comprar RAM cuando su computadora tiene la capacidad de simular RAM. Considere algunos de los puntos expuestos con anterioridad, como la velocidad de rendimiento de la RAM contra el disco duro. Usted pagará un precio muy alto si planea basarse en la memoria virtual. Segundo, dado el precio de la RAM, estará mucho mejor invirtiendo el dinero para incrementar su RAM al menos hasta 32MB si ejecuta aplicaciones normales de negocios. Los lineamientos generales para la cantidad de RAM que necesitará son los siguientes:

- Si normalmente trabaja en archivos en verdad grandes y tiene abierta más de una aplicación, entonces muy bien podría beneficiarse al incrementar su RAM a 64MB o más.
- Si trabaja mucho con multimedia o gráficos, entonces deseará tanta RAM como pueda permitirse de manera razonable.
- Los servicios de red consumen una cantidad considerable de RAM y deberá planear añadir otros 2 a 4MB para cada tipo de servicio: Novell NetWare, Windows Networks, servicios de marcado telefónico, etcétera.
- Si planea hacer programación de computadora en el sistema, deseará agregar otros 12 a 16MB de RAM. En este caso, una computadora dispuesta para generar aplicaciones SIEMPRE deberá exceder con mucho las expectativas estándar de los usuarios. Por lo tanto, es recomendable tener al menos 64MB. de RAM. De este modo asegurará un desarrollo más eficiente de sus aplicaciones, con un ahorro significativo de tiempo.
- Si tiene una unidad de disco duro pequeña y no planea agregar una segunda unidad de disco duro o remplazar la primera unidad, no tendrá mucho espacio en la unidad para el archivo de paginación. Por consiguiente, deberá proporcionar más espacio en la RAM para el sistema y las aplicaciones.
- Por último, si realizará espejeo de discos o desmontado de discos, agregue de 4 a 16MB, dependiendo del tamaño de las unidades.

Examinar su uso de memoria

NT proporciona varias herramientas para supervisar la forma en que su sistema está usando su memoria; le ayudarán a encontrar los lugares que causan disminuciones en el rendimiento. Usar varios de estos monitores le proporcionará un panorama bastante completo del rendimiento de su sistema.

Monitor de rendimiento

La utilidad Monitor de Rendimiento (Performance Monitor) es la mejor aplicación pequeña incorporada en NT 4 para revisar cómo utiliza su sistema sus recursos. Se puede tener acceso a ella haciendo clic en Inicio | Programas | Herramientas administrativas | Monitor de sistema (Start | Programs | Administrative Tools | Performance Monitor). Por suerte, esta utilidad tiene la capacidad de rastrear sistemas relacionados con la memoria a lo largo del tiempo, lo cual le permite iniciar el Monitor de sistema y luego comenzar a usar la computadora como lo haría en forma normal. De esta manera, usted puede ver cómo se usan los recursos y buscar cuellos de botella. La figura 5.4 muestra el Monitor de Sistema; la utilidad le permite seleccionar colores para cada elemento que desee medir.

Figura 5.4.
El Monitor de sistema es la utilidad más completa que ofrece NT 4 para medir el uso de recursos.

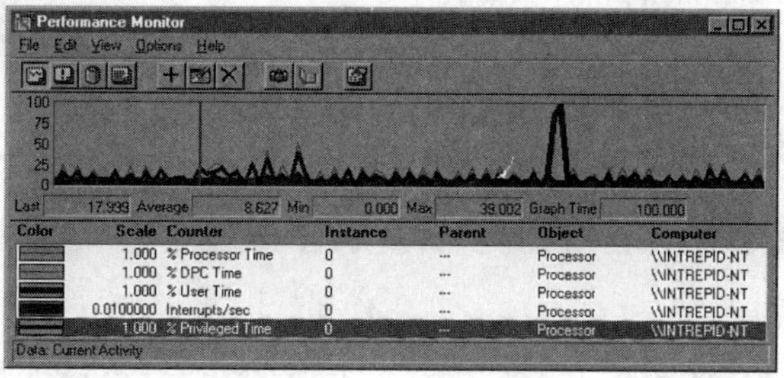

Para usar la utilería, necesitará añadir los elementos que quiera supervisar siguiendo estos pasos:

1. Seleccione Edición | Agregar al gráfico (Edit | Add to Chart). Ahora el cuadro de diálogo le permite elegir los objetos que desea supervisar; en este caso, seleccione Memoria (Memory). Después, puede seleccionar el color, estilo y ancho para la banda.
2. A continuación, seleccione el botón Agregar (Add).

Cuando supervise el rendimiento de la memoria tendrá opciones diferentes para la supervisión:

Fallos de página/seg (Page Faults/sec): le muestra con qué frecuencia no se encuentra la información en una serie de trabajo del proceso. Esta medición le muestra tanto las fallas de páginas físicas, en las cuales la información se debe recuperar desde el archivo de paginación, como fallas de páginas lógicas, en las que el sistema encuentra las páginas en alguna parte de la memoria.

Páginas de entrada/seg (Pages Input/sec): le muestra cuántas páginas se están sacando del disco duro para corregir las fallas de páginas.

Páginas de salida/seg (Pages Output/sec): le muestra el volumen de páginas escritas en el disco para crear espacio para las páginas con fallas.

Lecturas de páginas/seg (Page Reads/sec): le muestra con cuánta frecuencia debe leer el sistema del disco duro debido a fallas de páginas. Ésta es una forma clave para determinar si su sistema no tiene suficiente memoria.

Memoria física general

Para obtener una visión general de la cantidad de RAM física que hay en su sistema, siga estos pasos:

1. Abra el Explorador (Explorer).
2. Vaya al menú Ayuda (Help) y seleccione Acerca de Windows NT (About Windows NT) (véase la figura 5.5). Esta ventana le mostrará la memoria física en su sistema expresada en kilobytes. (Tenga en cuenta que 1024KB es igual a 1MB.)

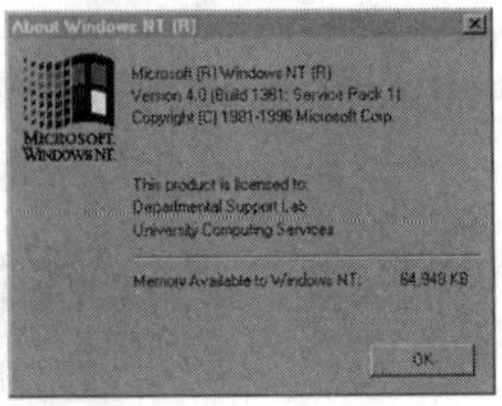

Figura 5.5.
Para determinar con rapidez la cantidad de RAM en una máquina, utilice el cuadro de diálogo Acerca de Windows NT.

Administrador de Tareas

Por último, usted puede usar el Administrador de Tareas (Task Manager) para ver la información sobre todos los procesos que se ejecutan en su computadora al igual que información diferente en cada proceso. Por ejemplo, puede ver la cantidad de memoria que está usando cada proceso o por cuánto tiempo se ha estado ejecutando el proceso. Para desplegar el Administrador de Tareas, haga clic con el botón derecho del ratón después de haber movido el puntero hasta un punto libre dentro de la barra de tareas en la parte inferior de su pantalla. A continuación, seleccione Administrador de Tareas en la lista desplegable.

El Administrador de Tareas le permite además desplegar el porcentaje de energía que está usando la CPU, la cantidad de memoria que está usando su sistema, así como la cantidad de hilos, identificadores y procesos (véase la figura 5.6). Puede dejar abierta esta ventana mientras realiza varias tareas y ve cómo se utilizan sus recursos. No se sorprenda al ver que el uso de CPU salta al 100% mientras hace varias tareas. Esto no indica que necesite un procesador más rápido, sino simplemente que algunas tareas ocuparán la energía completa de la CPU por un corto tiempo. Sin embargo, si nota que el uso de su CPU siempre está rondando cerca del 100%, entonces es probable que su CPU necesite más energía.

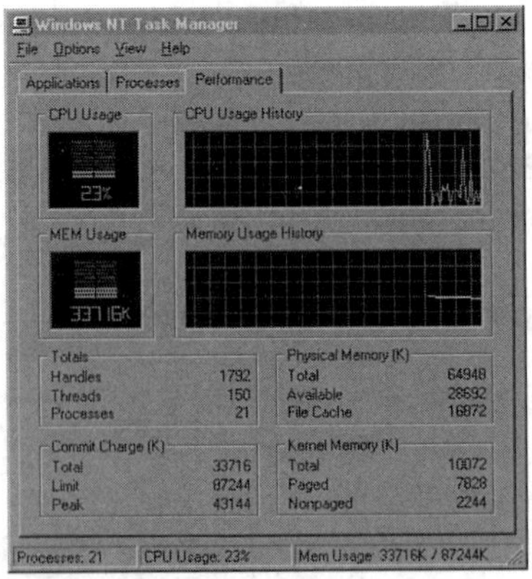

Figura 5.6.
El Administrador de Tareas le proporciona una visión general de la manera en que se usan los recursos del sistema.

Resumen

Esta lección le enseñó más respecto a la manera en que NT maneja y usa la memoria de su sistema. Muchos usuarios de computadoras pueden arreglárselas bien sin esta información, pero si disfruta al experimentar y ajustar los parámetros de configuración de su computadora, esta lección le ayudará a maximizar el rendimiento de su computadora con NT. Debo enfatizar que cualquier ajuste que haga deberá ser pequeño y en pausas, y que los ajustes se han de hacer sólo después de haber tomado nota cuidadosamente de los parámetros actuales. Luego, comience a hacer ajustes y determine si han incrementado la velocidad de su sistema.

Taller

El taller le ayuda a concretar las habilidades que aprendió en esta hora.

Glosario

CPU (unidad de procesamiento central, central processing unit) El cerebro de la computadora. Procesa el código o líneas de instrucciones de las que están compuestas las aplicaciones. La mayoría de las nuevas computadoras actuales tienen CPU Intel Pentium o equivalente.

página (page) La RAM de su computadora contiene código de programa y datos en unidades a las que se hace referencia como páginas, cada una de las cuales consta de 4096 bytes.

marco de página (page frame) Donde se almacenadan las páginas en la memoria.

archivo de paginación (pagefile) Cuando se aplica a la memoria virtual, un archivo de paginación es un área en el disco duro que está reservada para respaldar datos y código de la RAM.

Monitor de sistema (Performance Monitor) Una buena utilidad incorporada en Windows NT, que le permite rastrear el rendimiento de varios componentes del sistema como la CPU, la unidad de disco duro y la memoria.

proceso(s) (process[es]) Una parte de código de una aplicación. NT identifica un proceso como un espacio de dirección y un grupo de hilos.

RAM (memoria de acceso aleatorio, random access memory) La memoria del sistema principal de su computadora, utilizada por el sistema para contener porciones de sus datos y aplicaciones en ejecución.

archivo de intercambio (swap file) Un archivo en el disco duro, que se usa para contener en forma temporal un programa o una parte de un programa que se está ejecutando en la memoria.

Administrador de Tareas (Task Manager) Una utilería incorporada en Windows NT que le permite tener acceso a información sobre los diferentes procesos que se ejecutan en su computadora. Por ejemplo, puede ver cómo afectan a la CPU diferentes tareas.

memoria virtual (virtual memory) La forma en que su computadora usa el espacio de la unidad de disco duro para imitar la memoria del sistema. Le permitirá "engañar" a su computadora de modo que piense que tiene más memoria de la que tiene en realidad y abrirá más aplicaciones en forma simultánea.

Administrador de Memoria Virtual (VMM, Virtual Memory Manager) Diseñado para mover páginas entre la memoria y su disco duro.

Ejercicios

1. ¿Qué utilidad proporciona el mayor detalle de los recursos de su sistema?
2. ¿Se puede tener más de un archivo de paginación (archivo de intercambio)?
3. ¿Cuál es el tamaño predeterminado del archivo de paginación (al inicio)?
4. ¿Cuál es la cantidad recomendada de RAM para ejecutar Windows NT 4?
5. ¿Es mejor la RAM física real que la memoria virtual? ¿Por qué sí o por qué no?
6. Explore el Monitor del sistema; en particular, revise los diferentes objetos que puede supervisar. Tenga en cuenta qué contadores puede usar para supervisar el uso de la memoria y determinar cómo usan sus actividades típicas los recursos de memoria en la computadora.
   a. ¿Tiene algún cuello de botella de memoria?
   b. ¿Tiene algún cuello de botella de procesador?

PARTE

I

Hora 6

Cómo monitorizar el rendimiento del sistema

por Martin Kenley

Esta hora revisa más formas de optimizar su sistema. La Hora 5, "Para optimizar la memoria de Windows NT", trató solamente de cómo obtener más de la memoria de su computadora y usar diferentes herramientas para ayudarle a lograrlo. Esta lección trata de otras cuestiones del rendimiento, como encontrar cuellos de botella o puntos en su computadora que hacen más lento a todo el sistema, examinando el rendimiento de su CPU y su disco duro y el mantenimiento de su unidad de disco duro. Usted verá algunas de las mismas herramientas que usó para investigar la memoria de su computadora.

Esta lección se centra de manera principal en el Monitor de sistema (Performance Monitor), que es la utilería más importante que incluye NT. Verá cómo usar sus diferentes características. Sin embargo, hay algunas advertencias que se deben tener en cuenta mientras se usa cualquier utilería que ayude a supervisar el rendimiento. Debido a que éstas son aplicaciones que consumen parte de los recursos de su computadora, las mediciones que dan no son del todo precisas, ya que incluyen recursos que su sistema operativo mismo está utilizando, sistema más cualesquiera aplicaciones adicionales que se estén ejecutando. Así, el truco es tratar de determinar cuánta RAM, cuántos ciclos de procesador, etc., usa la utilería y restar esto al total. Además, debe saber que la actividad de red puede alterar los resultados obtenidos de las utilerías de rendimiento. Además, la actividad de arranque también afectará los resultados. Por consiguiente, es mejor esperar hasta que la computadora haya arrancado por completo antes de iniciar sus utilerías y ejecutarlas en un momento en que no esté ocurriendo alguna actividad de red.

Monitor de sistema

El Monitor de sistema (Performance Monitor) es un gran elemento para rastrear el rendimiento de casi todos los aspectos importantes relativos a los recursos de su computadora. Si hay algún defecto en esta herramienta, es que sus mediciones a veces son muy complejas de entender; debería venir con una mejor documentación en línea para ayudar a los usuarios a entender la importancia de sus medidas. También puede ser un poco abrumador elegir cuáles valores supervisar. Verá cuando use la herramienta que hay muchos valores de donde escoger y, a menos que esté muy familiarizado con la forma en que funciona la PC, podría ni siquiera saber qué es determinada medida.

El Monitor de sistema le permitirá exportar los datos que recopila a una hoja de cálculo. Esto es muy útil debido a que puede comparar diferentes actividades. Una hoja de cálculo puede contener los datos de rendimiento de un conjunto específico de operaciones (ejecutar sus aplicaciones de procesador de palabras y hoja de cálculo al mismo tiempo) mientras que otra hoja de cálculo puede mostrar el rendimiento mientras usted usa sus aplicaciones gráficas. Además, hojas de cálculo diferentes pueden mostrar la medición y uso de diferentes recursos de la computadora. Yo encontraría esta utilería mucho menos útil si no tuviera una forma de exportar con facilidad los datos. Tiendo a iniciar el Monitor de sistema para realizar tareas típicas y luego exporto los resultados. Después de tener una muestra representativa del comportamiento de mi computadora, afino la memoria virtual y otros parámetros e imprimo más reportes con el Monitor de sistema para ver cómo afectaron a la velocidad y al rendimiento los cambios que hice.

El Monitor de sistema también le permite grabar diferentes parámetros de gráficos, de modo que cada vez que ejecute la utilería no tenga que seleccionar de nuevo todos los objetos que desea medir.

El Monitor de sistema le permite recopilar información sobre las tendencias durante un periodo. Esto puede ser útil en especial si necesita rastrear el efecto que tienen diferentes usuarios en los recursos de una computadora o si tiene otras necesidades para recopilar información a través del tiempo.

Si lo necesita, puede tener corriendo varias copias del Monitor del sistema al usar diferentes medidas de recursos en cada ventana. Cuando se inicia por primera vez, el Monitor de sistema buscará en el directorio `%SystemRoot%_Default.pmc` los parámetros de graficación predeterminados. Otra forma de hacer que abra en forma automática un archivo de parámetros es grabar los parámetros de graficación y poner un acceso directo para este archivo en la carpeta Inicio (Startup); después de hacer esto, la utilería se abrirá cada vez que se arranque NT.

Si usted está en una red y necesita supervisar otras computadoras, puede hacerlo. Si abre el Monitor de sistema desde la línea de comandos o desde un archivo de procesamiento por lotes, el comando deberá ser como el siguiente:

```
C:\perfmon \\computer_name
```

Remplazará `nombre_de_la_computadora` con el nombre verdadero de la computadora que desea supervisar. Si quisiera elegir una computadora o un archivo de parámetros específico, entonces necesita enlistar el archivo de parámetros antes del nombre de la computadora, como en el siguiente:

```
C:\perfmon settings_file_name \\computer_name
```

Para entender las unidades de medida en el Monitor de sistema

Uno de los aspectos más difíciles del uso de esta utilería es entender qué representan todas las diferentes unidades que puede medir. No tenemos espacio para cubrir todos los diversos elementos que puede medir, pero veremos los más importantes. Una vez iniciado el Monitor de sistema, ya sea yendo por Inicio | Programas | Herramientas administrativas | Monitor de sistema (Start | Programs | Administrative Tools | Performance Monitor) o bien por Inicio | Ejecutar (Start | Run) y tecleando `perfmon`; entonces estará listo para elegir los elementos que quiere supervisar. Para ver las opciones que le da NT, vaya a Edición | Agregar al gráfico (Edit | Add to Chart). Esto producirá la pantalla que aparece en la figura 6.1.

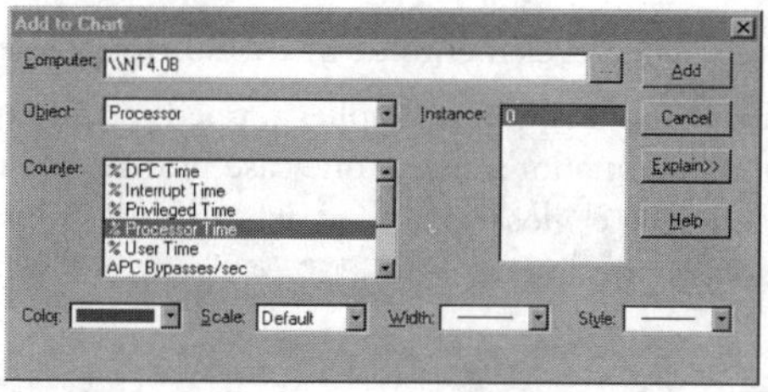

Figura 6.1.
Añadir objetos al Monitor de sistema produce la ventana Agregar al gráfico.

Ahora el Monitor de sistema le da la opción de añadir varios objetos si va a la opción Objeto (Object) y hace clic en el cuadro combinado. Examinemos algunos de estos.

El Monitor de sistema y sus componentes

Si observa la figura 6.2, la ventana de esta utilería, verá que ofrece varias formas de ver la información que puede rastrear. Primero, observe la barra de herramientas, la cual está directamente debajo de los menús y contiene iconos pequeños.

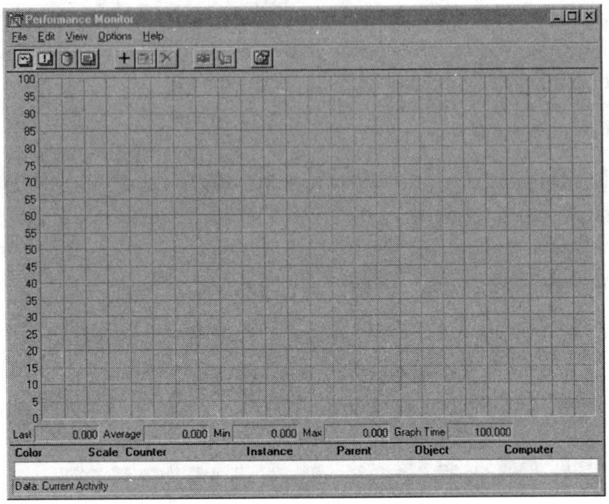

Figura 6.2.
La ventana del Monitor del sistema tiene varias características útiles y formas diferentes de ver la información que recopila.

Ver un gráfico

El primer icono en la barra de herramientas (en el extremo izquierdo de la figura 6.2) es una pequeña imagen de una gráfica. De manera predeterminada, el Monitor del sistema (Performance Monitor) usará esta opción para desplegar los objetos después de que los haya agregado por medio del menú Edición (Edit). Mostrará una gráfica con líneas que muestran cómo se están usando los recursos en tiempo real. Es decir, le muestra cómo se comportan los diferentes componentes de su computadora mientras se está ejecutando la aplicación. Para ver un gráfico (Chart), siga estos pasos:

1. Seleccione el elemento de menú Edición y seleccione Agregar al gráfico (Add to Chart).
2. En la ventana que se despliega, puede elegir cuál computadora supervisar, qué objetos ver, cuáles contadores usar y qué caso usar para el contador. Cada uno de estos elementos se define en el glosario al final del capítulo. A los archivos de gráfico se les da en forma automática la extensión `.PMC`.

Ver las alertas

El segundo icono en la barra de herramientas presenta una vista diferente: Ver las alertas (Alert). Ésta le permite configurarla de manera que cada vez que las medidas de rendimiento que ha establecido no se cumplan, la computadora lo registrará y le permitirá ver el log. Por ejemplo, podría querer saber cuándo se está saturando la memoria y ser notificado cuando llegue a determinado nivel. Usaría la vista Alerta para hacer esto.

1. Haga clic en el icono Ver las alertas en la barra de herramientas.
2. En la barra de herramientas encontrará un signo más (+). Ésta es la opción Agregar contador.

3. Haga clic en Agregar Contador (Add Counter), lo cual le presenta la ventana Agregar a Alerta (Add to Alert). Ahora puede agregar elementos como lo haría en forma normal.
4. En la ventana Agregar a Alerta necesita establecer el punto en que desea registrar los datos. Tenga cuidado de usar un número de porcentaje si así es como mide el contador o números enteros si no es un porcentaje. Verá un porcentaje antes de la medida si ésta usa porcentajes.
5. Por último, puede hacer que el Monitor de Sistema (Performance Monitor) ejecute un archivo o programa de procesamiento por lotes al reconocer una alerta. En el cuadro Ejecutar Programa en Alerta (Run Program on Alert), teclee el nombre del archivo o aplicación de procesamiento por lotes que se va a abrir.

Usted puede establecer una amplia variedad de condiciones que desee que se enlacen como alertas. A los archivos de la vista Alerta se les da en forma automática una extensión `.PMA`.

Ver el estado del archivo de registro de salida

Este modo le permite mantener registros continuos de su elección, los cuales puede ver para entender su computadora o utilizar para aprender sobre el uso de recursos. Puesto que al paso del tiempo esto le dará una visión general de su computadora, seleccione brechas o intervalos largos.

1. Haga clic en el icono Ver el estado del archivo de registro de salida (Log view).
2. Vaya al menú Edición (Edit) y seleccione el elemento Agregar al registro (Add to Log).
3. Seleccione los elementos que le gustaría registrar y los intervalos en que desea que se mida cada elemento.
4. Vaya a Archivo (File) y grabe la configuración de registro. Déle un nombre al archivo y haga clic en Guardar (Save).

Ha seleccionado objetos que desea rastrear, pero ahora necesita crear el archivo de registro de salida (log). Para hacerlo, vaya al menú Opciones (Options) y seleccione Registro (Log); esto muestra la ventana Opciones del registro (Log Options). Ahora necesita introducir un nombre para el archivo. También necesitará establecer un tiempo de actualización, el cual le dice al programa con cuánta frecuencia quiere que se actualice el archivo.

Los intervalos que se usan están en segundos, así que probablemente desee establecer un número muy grande para que el archivo no se actualice constantemente. Sin embargo, puede desactivar la actualización automática y seleccionar la actualización manual. Si está listo para comenzar el registro, haga clic en Iniciar registro (Start Log). No obstante, si no desea empezar el registro ahora, simplemente haga clic en Guardar y regrese a la ventana Registro más tarde cuando esté listo para comenzar el registro. Para hacer esto, abra la ventana Registro, seleccione Opciones y luego seleccione iniciar el registro. El botón Iniciar registro cambia a Detener registro. Para detener el registro, simplemente haga clic en este botón. A los archivos del modo Ver el estado del archivo de registro de salida se les da en forma automática una extensión `.PML`.

Ver los datos del informe

Este modo (Report) le permite grabar la información sobre objetos y otros elementos que haya seleccionado. Este modo formatea la información en columnas, facilitando la lectura. Para crear un reporte, siga estos pasos:

1. Haga clic en el cuarto icono desde la izquierda en la barra de herramientas. A continuación, seleccione Opciones | Datos de (Options | Data From) y haga las selecciones apropiadas. El Monitor de Sistema (Performance Monitor) le preguntará si desea crear un reporte nuevo con base en la actividad actual de la computadora o si desea usar un archivo de registro que ya hubiera creado.
2. Vaya al menú Edición (Edit) y seleccione Agregar a Reporte (Add to Report). Aparece el cuadro de diálogo Agregar a reporte y usted puede seleccionar sus objetos, contadores e instancias.
3. Cuando termine de hacer sus selecciones, haga clic en Cerrar (Done).

El Monitor de Sistema creará un Reporte y una ventana de Reporte que puede ver en cualquier momento haciendo clic en el icono de Ver los datos del informe en la barra de herramientas. Para su conveniencia puede exportar reportes a una aplicación de hojas de cálculo. Al exportar múltiples reportes a una hoja de cálculo puede hacer comparaciones. A este modo se le asigna de manera automática la extensión `.PMR`.

Cómo monitorizar el procesador: contadores

El Monitor de Sistema le proporciona varias formas de ver cómo maneja su procesador las aplicaciones. La forma en que el Monitor de Sistema mide el uso del procesador es haciendo muestras de hilos. No cronometra el tiempo que requiere completar una tarea. Veamos algunos de los contadores que puede usar para medir la actividad del procesador.

Sistema (System): % Tiempo Total de Procesador (Total Processor Time): éste mide la duración del tiempo que estuvo ocupado el procesador. La medición es un porcentaje de los intervalos de muestra.

Sistema (System): Longitud de la Cola del Procesador (Processor Queue Length): éste mide el número de hilos que necesita esperar para ser procesado. Tome en cuenta que esta medición no es un promedio sino más bien una instantánea de un momento determinado.

Procesador (Processor): % de tiempo de procesador (Processor Time): éste mide el porcentaje de tiempo que el procesador estuvo ocupado. Si tiene la suerte de tener varios procesadores, le informará el porcentaje de tiempo que estuvo ocupado cada procesador.

Procesador (Processor): % Tiempo de usuario (User Time): éste mide el porcentaje de tiempo que el procesador estuvo ejecutando hilos que se ejecutan en modo de usuario. Las aplicaciones sen ejecutan en modo de usuario mientras que el sistema operativo se ejecuta en modo de núcleo. El modo de núcleo es un modo de operación especial o privilegiado en el que el código tiene acceso a toda la memoria, incluso la memoria usada por las aplicaciones. El modo de núcleo también le proporciona al código un acceso directo al hardware y acceso a características especiales de la CPU que implican la administración de memoria.

Procesador (Processor): % Tiempo privilegiado (Privileged Time): éste mide el porcentaje de tiempo que el procesador estuvo ejecutando hilos ejecutándose en modo privilegiado.

Proceso (Process): % de tiempo de procesador (Processor Time): éste mide el porcentaje de tiempo que el procesador estuvo ejecutando los hilos enviados a través de la CPU.

Proceso (Process): % de tiempo de procesador (_Total) (Processor Time _Total): éste mide el porcentaje de tiempo que el procesador estuvo ejecutando hilos.

Proceso (Process): % Tiempo de usuario (User Time): éste mide el porcentaje de tiempo que el proceso se ejecuta en modo de usuario. (Esto significa que está ejecutando código de aplicación.)

Proceso (Process): % Tiempo privilegiado (Privileged Time): éste mide el porcentaje de tiempo en que el proceso se ejecuta en modo privilegiado. (Esto significa que está ejecutando código del sistema operativo.)

Interpretación de los contadores

Ahora que ha visto algunos de los contadores primarios del procesador, veremos cómo interpretar los resultados que le darán. Podría querer suponer que una cantidad alta de actividad del procesador podría indicar que necesita un procesador más potente. Sin embargo, no es así. Si nota que un montón de hilos necesitan esperar en la cola, entonces quizá es tiempo de mejorar su procesador, porque esto indica que el procesador no puede ejecutar hilos con suficiente rapidez. Sin embargo, antes de saltar a esta conclusión, asegúrese de que una falta de memoria no está causando el problema. (Consulte la Hora 5 para los problemas de memoria.) Trate de determinar cuáles procesos están causando el cuello de botella. Cuando haya determinado cuál aplicación es la responsable, podría afinar esta aplicación.

Medición del rendimiento del disco

6

El rendimiento del disco es otro elemento crucial que se debe medir. Cuando se toma en conjunto con los otros elementos que ha aprendido a supervisar, le proporcionará un panorama completo del rendimiento de su sistema. Una vez más, use el Monitor de Sistema (Performance Monitor) para ayudarle a analizar la eficiencia.

% Tiempo de Disco (Disk Time): éste mide qué tan ocupado está el disco. Esta medición será mostrada como porcentaje.

Longitud Actual de la Cola del Disco (Current Disk Queue Length): éste mide el grado en que tienen que esperar las solicitudes de disco. Si nota que dos o más solicitudes están esperando, el disco podría tener un cuello de botella.

Media de bytes/transferencia (Avg. Disk sec/Transfer): éste mide la velocidad con la que son transferidos los datos.

Bytes de Disco/seg (Disk Bytes/sec): éste mide la velocidad en que se transfieren los datos; la medición es en bytes.

De acuerdo con el Microsoft Windows NT Workstation Resource Kit, usted podría tener un cuello de botella en el disco si tiene una actividad de disco continua mayor al 85% y una cola continua de más de dos para cada disco. Tenga cuidado de no suponer erróneamente que estos problemas son causados por un cuello de botella de disco cuando, de hecho, podría ser por una falta de memoria. Si no tiene mucha RAM en su sistema, NT comenzará a escribir elementos de la memoria en el disco duro y, como regla general, la actividad de disco será mayor entre menos memoria tenga. Para determinar si es un cuello de botella de memoria, use el Monitor de Sistema (Performance Monitor) para medir los siguientes contadores: memoria: lecturas de páginas/seg (memory: Page reads/sec), memoria: escrituras de página/seg (memory: Page writes/sec), memoria: Páginas de entrada/seg (memory: Pages input/sec), memoria: Páginas de salida (memory: Pages output/sec).

Es posible medir el rendimiento efectivo de su disco duro usando el Monitor de Sistema para graficar varios elementos. Observando la velocidad en que su disco duro puede leer, escribir y transferir datos, puede medir el rendimiento efectivo. En el Monitor de Sistema, seleccione disco lógico y físico como su objeto y luego seleccione los siguientes contadores: Media de bytes/lectura (Avg. Disk bytes/read), Media en segundos/lectura (Avg. Disk sec/read), Bytes leídos de disco/seg (disk read bytes/sec), Lecturas de disco/seg (disk reads/sec), Media de bytes/escritura (Avg. Disk bytes/write), Media en segundos/escritura (Avg. Disk sec/write), Bytes escritos en disco/seg (disk write bytes/sec) y Escrituras en disco/seg (disk writes/sec).

Memoria caché

Hay un área más que deseará considerar cuando determine el rendimiento de su sistema de computadora. El sistema de archivo de Windows NT es creado por el sistema operativo como un área usada por el I/O que hace un seguimiento de los datos usados recientemente hasta un área especial en la RAM. Debido a que el caché del sistema de archivo es parte de su RAM, si tiene poca memoria NT podría no ser capaz de apartar suficiente caché, obligando a su sistema a tener acceso a los datos desde el disco duro.

El Monitor de Sistema proporciona varios contadores importantes para medir la efectividad de su caché. En particular deseará usar los siguientes contadores: caché: Lecturas de copia/seg (Cache: Copy Reads/sec), caché: % Aciertos de lecturas de copia (Cache: Copy Read Hits %), caché: Lecturas anticipadas/seg (Cache: Read Ahead/sec), memoria: Bytes de caché (Memory: Cache Bytes) y memoria: Fallos de caché/seg (Memory: Cache Faults/sec).

Resumen

Esta hora explicó varias formas en las que puede obtener más información sobre su computadora y la manera en que usa sus recursos. A este respecto, NT es más complejo debido a que ofrece mucho mejores herramientas incorporadas que las que Microsoft ha ofrecido en el pasado. Deberá percatarse de que ajustar la manera en que su computadora usa sus recursos puede tener efectos importantes —tanto positivos como negativos. Por consiguiente, es una buena idea usar primero el Monitor de Sistema para ver simplemente cómo son usados los recursos y luego hacer ajustes menores para mejorar la forma en que el sistema usa los recursos. Los parámetros predeterminados de NT a menudo funcionarán bien, pero la única manera de estar seguro de esto es usar las utilerías para verificar.

Taller

El taller le ayuda a solidificar las habilidades que aprendió en esta hora.

Glosario

caché Sistema especial de memoria que almacena el contenido de las posiciones de RAM a las que se accede con frecuencia y las direcciones en que se encuentran almacenados dichos elementos de datos. En Windows NT, por ejemplo, los perfiles de usuario tienen una copia de parte del registro de configuración en la caché.

contadores (counters) El Monitor de sistema usa unidades llamadas contadores, para desplegar la actividad. Objetos diferentes tienen su conjunto particular de contadores.

Instancia (instance) En el Monitor de sistema, una instancia representa el seguimiento de un objeto. Usted podrá rastrear instancias múltiples de algunos objetos.

disco lógico (logical disk) Particiones en una unidad. Un solo disco duro puede ser dividido con particiones usando FDISK para crear varias áreas distintas conocidas como discos lógicos, a cada uno de los cuales se le asignará su propia letra de unidad. Aunque por lo normal asumimos que cada designación de letra de unidad se refiere a un disco duro separado, esto no siempre es así.

objeto (object) Cuando al inicio abre el Monitor de Sistema, obtiene una gráfica en blanco y necesita agregar objetos; un objeto puede ser un hilo o proceso, una sección asignada de la memoria o un dispositivo físico en su computadora. El Monitor de Sistema puede rastrear la forma en que objetos diferentes usan los recursos. Puede desear revisar su Panel de Control | Servicios para ver cuáles servicios se están ejecutando; algunos objetos no aparecerán en la utilería a menos que se estén ejecutando, mientras que otros objetos siempre están en la lista.

Archivo de paginación (Paging File) El Archivo de paginación es usado por el Administrador de Memoria Virtual para intercambiar información de la RAM a la unidad de disco duro, para permitirle simular RAM a la unidad de disco duro de su computadora.

proceso Representación de una aplicación que está ejecutando la computadora. Por consiguiente, un proceso representa algo como una tarea o aplicación que se están ejecutando.

procesador (processor) El dispositivo físico o unidad de procesamiento central que ejecuta el código.

hilo (thread) Como un proceso tiene varias partes, un hilo es la parte que ejecuta el procesador. De manera más específica, los hilos son partes del código de computadora que son responsables de hacer que sucedan las cosas. Por ejemplo, cuando envía un trabajo a la impresora, se genera o se pasa un hilo al procesador para conseguir que se haga el trabajo.

Ejercicios

1. Abra el Monitor de sistema y agregue el procesador como su objeto. Ahora, seleccione varios contadores que le proporcionarán un panorama general del rendimiento de su procesador. ¿Puede detectar si hay un cuello de botella ahí o no?
2. Abra el Monitor de sistema y agregue el disco lógico como su objeto. Ahora, seleccione varios contadores que le ayudarán a determinar el rendimiento de su disco duro.
3. Realice tareas similares para los objetos caché y memoria. Ahora, después de que haya recopilado datos de cada uno de estos objetos, exporte los datos a una hoja de cálculo y compare las gráficas. Trate de determinar los componentes más débiles de su sistema.

PARTE II

La tarde

Hora

PARTE

II

Hora 7

Configuración de impresoras con NT Workstation

por Martin Kenley

Esta hora trata de la configuración de las impresoras bajo Windows NT 4 y la solución de los problemas que puedan ocurrir. Podemos estar agradecidos que los programadores en Microsoft hayan realizado un trabajo mucho mejor para crear una interfaz en realidad fácil en el sistema operativo, lo cual hace que la instalación de impresoras sea una tarea simple. Con la disminución de los precios, ahora la mayoría de las personas poseen algún tipo de impresora conectada en forma directa a su computadora. Pero esta hora le muestra además cómo instalar una impresora conectada por una red de área local (LAN, local area network).

Por lo general, en la actualidad tiene la opción de comprar tres tipos de impresoras: de matriz de puntos, de inyección de tinta y láser. Las impresoras de matriz de puntos son las más antiguas y tienen la calidad de impresión más baja, y las impresoras láser son las más costosas.

Las impresoras de matriz de puntos trabajan en una forma simple: como el nombre lo indica, producen una imagen imprimiendo un conjunto de puntos pequeños que se unen entre sí para formar ya sea una imagen gráfica o una letra.

Las impresoras de inyección de tinta, por otra parte, rocían tinta sobre la página. Al controlar la forma en que se rocía la tinta, la impresora puede formar imágenes y caracteres. Por suerte, esta tecnología ha permitido reducir el precio de una impresión de buena calidad y ahora puede obtener una magnífica impresión por menos dinero.

Las impresoras láser usan la tecnología más costosa de los tres tipos de impresoras expuestos aquí (hay tecnología de impresión más costosa, pero está fuera del alcance de este libro). Funcionan usando un rayo láser para quemar imágenes de tinta en el papel.

Configuración de impresoras

La interfaz Explorador (Explorer) hace que la configuración de impresoras sea una tarea relativamente fácil. Para configurar una impresora, use el asistente Agregar Impresora (Add Printer) y siga estos pasos:

1. Vaya al menú Inicio (Start) y seleccione Configuración (Settings).
2. Haga clic en la carpeta Impresoras (Printers).
3. Haga clic en Agregar Impresora (Add Printer).
4. Aparecerá una ventana preguntándole si está conectando la impresora en forma directa a su computadora (Mi equipo) o está conectándola en forma remota (Servidor de impresora de red)(véase la figura 7.1).

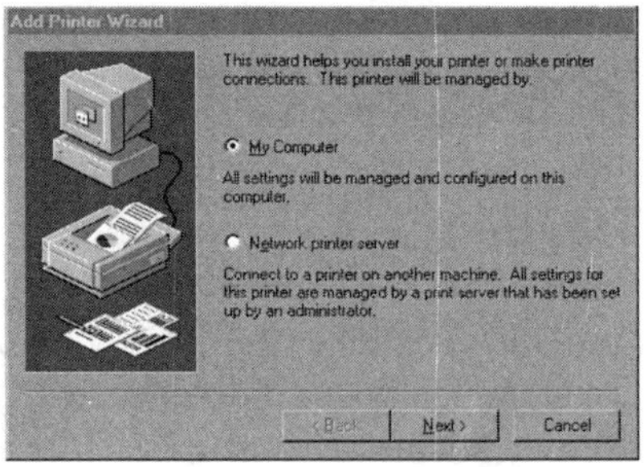

Figura 7.1.
NT facilita la instalación de impresoras remotas y locales.

5. Si está instalando una impresora local, verá una ventana parecida a la que se muestra en la figura 7.2. Por lo general seleccionará LPT1. Si se desplaza hacia abajo en la lista de puertos, encontrará una opción llamada ARCHIVO (FILE). Ésta es la opción que usará si no desea enviar la impresión a una impresora, sino más bien desea enviarla a un archivo en la unidad de disco duro.
6. Si está instalando una impresora de red en su computadora, verá una ventana parecida a la que se muestra en la figura 7.3; navegue a la impresora remota y haga clic en ella.

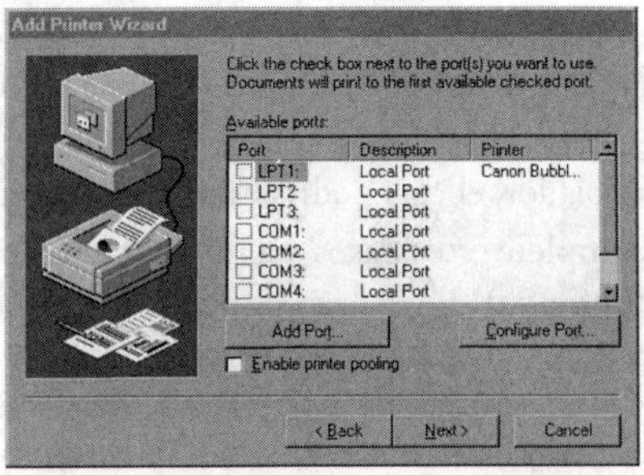

Figura 7.2.
El asistente Agregar Impresora le pide que seleccione un puerto si es una impresora local.

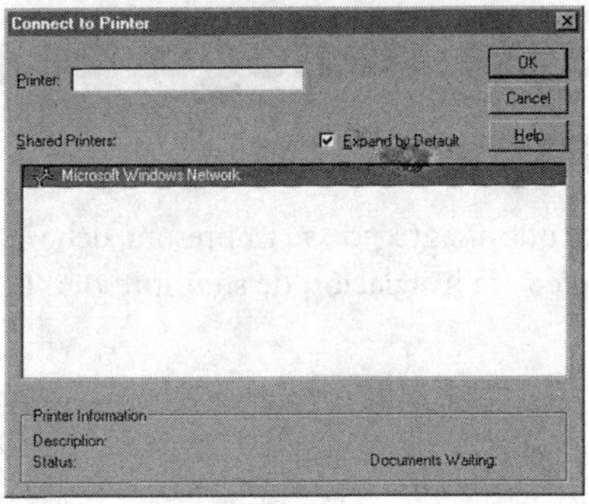

Figura 7.3.
Si está instalando una impresora de red en su computadora, debe usar esta ventana para localizar la impresora de red.

7. A continuación, seleccione el tipo de impresora que está instalando. Se le presenta una lista de impresoras entre las que puede escoger. Si su impresora no está en la lista, instale el controlador desde un disco o desde la red (si tiene una en la red). Si el archivo está en su red, use el botón Navegar (Browse) para navegar hasta donde está el controlador.

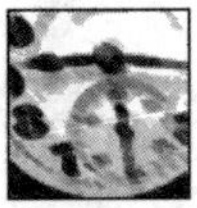

AHORRE TIEMPO

> Usted puede navegar más rápido a lo largo de la lista de fabricantes si teclea la primera letra de la compañía. Por ejemplo, si está instalando una impresora fabricada por Hewlett Packard, simplemente escriba h y el asistente Agregar Impresoras (Add Printers) lo llevará hasta donde se encuentran los fabricantes cuyos nombres comienzan con la letra h. La misma regla se aplica a la lista de impresoras.

8. Usted tiene la opción de elegir si desea que esta impresora nueva sea la predeterminada. Si es así, entonces todas sus aplicaciones Windows imprimirán en ella de forma automática, a menos que se indique de otra manera. Haga clic en Siguiente (Next).
9. Si está instalando una impresora local, la siguiente ventana investiga si desea compartir esta impresora en su red. Si decide compartirla, debe darle un nombre y luego seleccionar con qué sistemas operativos imprimirán las computadoras en la nueva impresora.

7

10. Se le pregunta si desea imprimir una página de prueba. Le recomiendo hacerlo de inmediato para que pueda ver si la impresora está configurada en forma correcta.
11. Después de hacer clic en Terminar (Finish), Windows NT le solicitará que le indique el controlador, el cual podría estar en el directorio i386 del CD de NT o en su red.

Cuando complete estos pasos, su impresora estará conectada en forma correcta, pero todavía hay más que configurar. En el paso siguiente el asistente Agregar Impresora (Add Printer) abre la hoja de propiedades Impresoras (Printers) de modo que pueda completar la configuración. Si no lo hace, vaya a la carpeta de impresoras, haga clic con el botón derecho del ratón en la nueva impresora y seleccione Propiedades (Properties).

Cuadro de diálogo de propiedades de la impresora

Después de que ha agregado su impresora, debe ir al cuadro de diálogo de propiedades de la impresora para completar la instalación de su impresora. La figura 7.4 le muestra cómo se ve dicho cuadro.

Figura 7.4.
El cuadro de diálogo de propiedades de la impresora le proporciona múltiples opciones. Tómese tiempo para seleccionarlas en cada ficha.

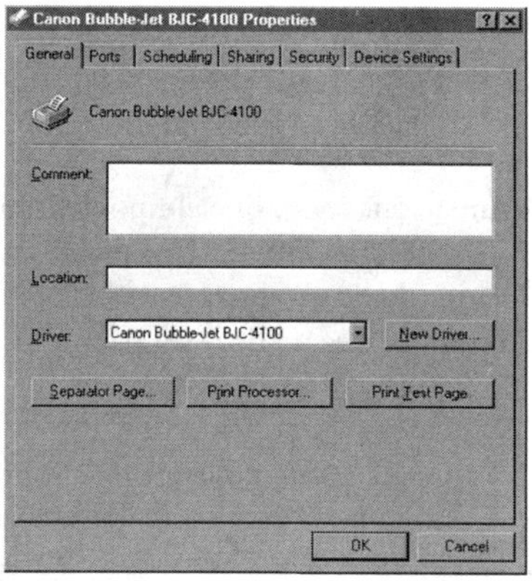

La ficha General

La primera que verá cuando vaya al cuadro de diálogo de propiedades es la ficha General. La mayor parte de los elementos que hay en esta página no necesitan explicación, pero vea los tres botones que se encuentran cerca de la parte inferior de la página:

- Página separadora (Separator Page): este botón le permite modificar lo que aparece en el separador de páginas que se imprime entre cada documento enviado a la impresora. Si esta página no ha sido modificada, aparecerá el nombre del usuario que está conectado. Si su impresora no está siendo compartida, entonces es probable que no desee una página separadora. Debido a que las páginas separadoras también se usan para cambiar a una impresora entre diferentes lenguajes de impresora, podría necesitar una si usa más de un lenguaje con su impresora.

- Procesador de impresión (Print Processor): haga clic en este botón para configurar un procesador de impresión diferente que maneje la rasterización (la conversión de imágenes o fuentes a imágenes de mapas de bits para imprimir) del trabajo de impresión. Pruebe a seleccionar cada uno de los procesadores y verá que cada uno tiene diferentes tipos de datos. De manera predeterminada, NT selecciona winprint como el procesador de impresión debido a que es capaz de manejar numerosos tipos de datos.
- Nuevo controlador (New Driver): ésta es una opción importante. Si el controlador que ha escogido no funciona o sus trabajos de impresión salen con caracteres truncados, intente usar otro controlador de impresión. Muchos dispositivos de impresión (a los que la mayoría de las personas se refieren como impresoras) son compatibles con un controlador de impresión Hewlett Packard (HP). Pruebe varios de ellos si no tiene el controlador para su dispositivo de impresión. NT suministra, además, un controlador genérico sólo de texto, el cual funciona con muchas impresoras. Note que NT proporciona aquí, además, una opción Imprimir página de prueba (Print Test Page). Después de cambiar el controlador, trate de imprimir una página de prueba.

La ficha Puertos

La siguiente ficha en la parte superior de la hoja de propiedades Impresora (véase la figura 7.5). Esta ficha le permite seleccionar el puerto en el que desea imprimir. Es similar a la que se le presenta cuando está agregando inicialmente una impresora mediante el asistente Configuración de Impresora (Print Setup). Esta ficha le da una opción que antes no se encontraba disponible: ahora puede activar un soporte bidireccional. Por lo general, deberá seleccionar esta opción a menos que esté en gris (lo que significa que su puerto no soporta una comunicación bidireccional o que ya está usando esta capacidad al máximo).

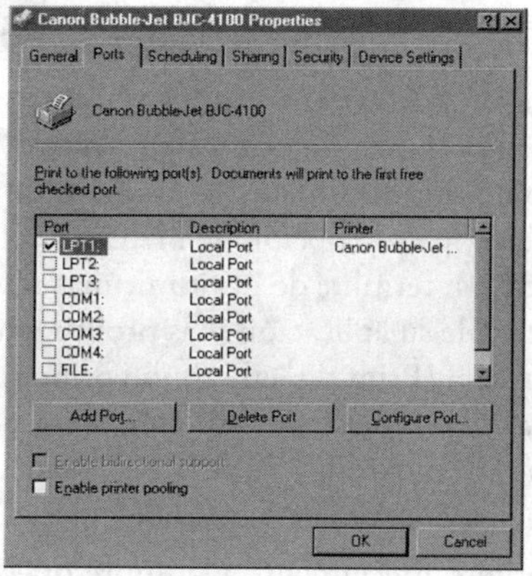

Figura 7.5.
La ficha Puertos le permite configurar puertos para impresión.

También se puede volver a configurar el puerto que está usando su computadora. Aquí también puede eliminar o agregar un puerto.

La ficha Plan

La ficha Plan (Scheduling) le permite establecer las prioridades para sus trabajos de impresión y configurar las opciones de cola de impresión (vea la figura 7.6). Además, puede establecer el tiempo en el que está disponible el dispositivo de impresión. Esto es útil si el dispositivo de impresión está en la red y usted desea restringir el tiempo en que está disponible. De otra manera, deberá seleccionar Siempre (Always) para que no haya límite. Otros elementos que se encuentran en esta página incluyen los siguientes:

- Prioridad (Priority): NT clasificará los trabajos de impresión que envía tanto con base en el orden en que los envía como por la prioridad que haya usado para ese trabajo de impresión o para esa computadora. Si los trabajos que vienen de determinada computadora deben tener una prioridad superior a otros, entonces mueva la barra deslizante sobre Máxima (Highest) en esa computadora en particular.

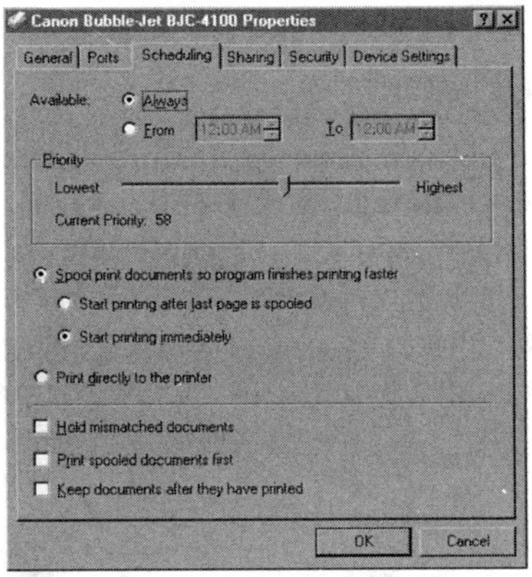

Figura 7.6.
Use la ficha Plan para establecer las características de prioridades en la cola para el trabajo de impresión.

- Imprimir poniendo en cola para que el programa termine de imprimir más rápido (Spool print documents so program finishes printing faster): la página Programación también le da la opción de meter en cola el trabajo de impresión, de modo que la aplicación termine de imprimir más rápido. Si selecciona esta opción, recupera el control de su aplicación más pronto que si seleccionara Imprimir de forma directa a la impresora (Print directly to the printer). Al organizar en la cola, NT toma todo el trabajo de impresión de su aplicación y lo envía al dispositivo de impresión en segundo plano. Es mejor dejar que NT se preocupe por esto en vez de la aplicación, pues lo hace en una manera menos molesta.
- Imprimir directamente a la impresora (Print directly to the printer): si selecciona esta opción, NT no pondrá en cola el trabajo y permitirá a su aplicación dirigir la salida hacia el dispositivo de impresión. Un momento práctico para seleccionar esta opción es cuando usa aplicaciones que tienen sus propias capacidades de cola de impresión.

- Dejar pendientes documentos incorrectos (Hold mismatched documents): seleccione esta opción si desea que NT pueda demorar un trabajo de impresión si es interrumpido durante el proceso de impresión. Puede ser interrumpido por varias razones: por ejemplo, si el trabajo de impresión no corresponde con la configuración actual de la impresora, entonces el trabajo podría ser conservado para usted.
- Imprimir primero los documentos de la cola de impresión (Print spooled documents first): cuando ha seleccionado esta opción, los trabajos de impresión que se envían directamente al dispositivo de impresión se imprimirán después de los trabajos puestos en la cola de impresión.
- Conservar los documentos después de que se hayan impreso (Keep documents after they have printed): si necesita un registro de lo que se ha impreso, utilice esta opción. Asegúrese de que la casilla junto a esta línea está seleccionada; si lo hace, tendrá que eliminar manualmente los trabajos de la cola luego de impresos.

La ficha Compartir

Si está conectado a una red y desea compartir su impresora con otros usuarios, debe usar las opciones presentadas en la ficha Compartir (Sharing) (vea la figura 7.7).

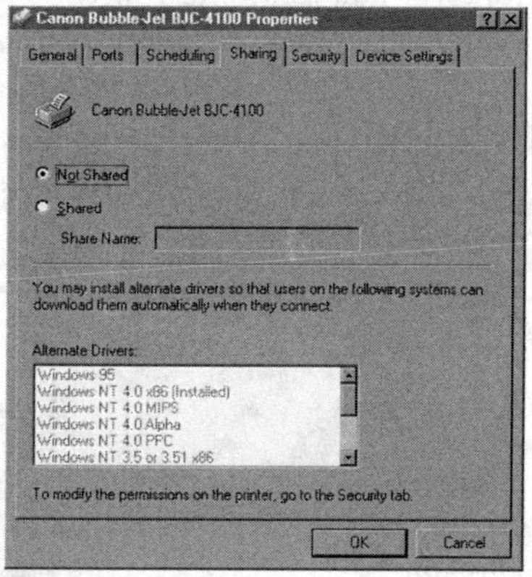

Figura 7.7.
Para compartir su impresora a través de la red se requiere que configure las opciones presentadas en la ficha Compartir.

Haga clic en el botón de opción Compartido (Shared) y teclee un nombre para la impresora; asegúrese de que el nombre no se está usando en alguna otra computadora de la red. Si otras computadoras estarán ejecutando otros sistemas operativos (Windows 95, Windows NT 4.0 o 3.51), deberá instalar controladores para ellas de modo que cuando intenten hacer uso de su impresora, el controlador sea transferido en forma automática a la computadora remota.

La ficha Seguridad

La ficha Seguridad (Security), mostrada en la figura 7.8, le permite configurar la seguridad de impresoras compartidas en su red: autorizaciones, auditoría y propiedad. Para hacer un uso completo de estas opciones, entre en NT con privilegios de administrador.

Figura 7.8.
La página Seguridad le permite conceder acceso a personas individuales y grupos al dispositivo de impresión, auditar su uso y establecer la propiedad.

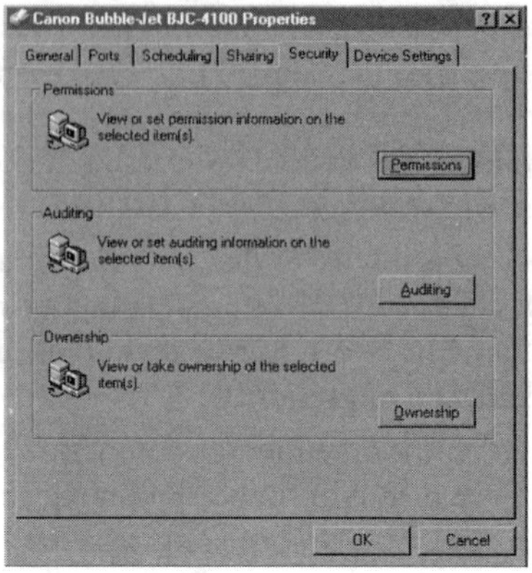

Permisos

La sección Permisos (Permissions) de la página Seguridad le permite establecer qué tipos de usuarios pueden utilizar la impresora (vea la figura 7.9), haciendo clic en el botón Permisos; entonces los puede agregar o quitar. Es posible asignar diferentes niveles de acceso:

1. Control total (Full control) le concede a una persona o grupo la capacidad de imprimir, detener un trabajo, cambiar prioridades, etcétera.
2. Administración de documentos (Manage documents) permite a los usuarios enviar y eliminar trabajos, pero no pueden configurar los parámetros de ninguna manera.
3. Imprimir (Print permission) permite a los usuarios imprimir pero no les da autorización para cancelar un trabajo.
4. Sin acceso (No access permission) no permitirá a los usuarios usar la impresora de ninguna manera.

Figura 7.9.
Para agregar o eliminar permisos al dispositivo de impresión para usuarios o grupos, use el cuadro de diálogo Permisos de impresora.

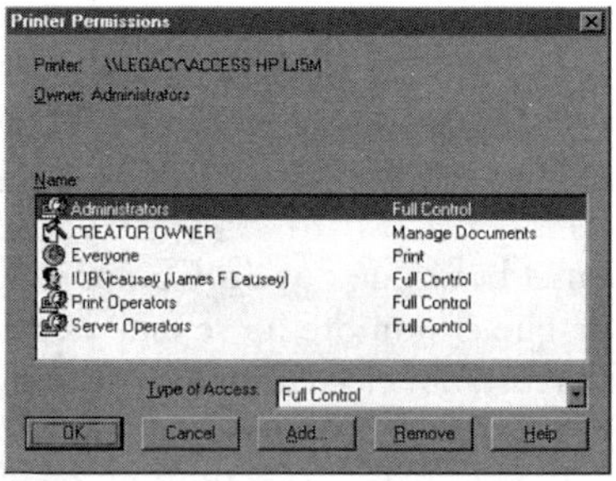

Auditoría

La característica Auditoría (Auditing) de la página Seguridad le permite supervisar el dispositivo de impresión. Usted puede auditar trabajos de impresión, cambiar controles, eliminar, cambiar autorizaciones y cambiar la propiedad. Para usar estas características, asegúrese de que primero ha activado Auditoría para cada persona o grupo al que desea auditar (vea la figura 7.10).

Figura 7.10.
El cuadro Permisos de Impresora le permite conceder a usuarios o grupos el derecho de imprimir en una impresora específica.

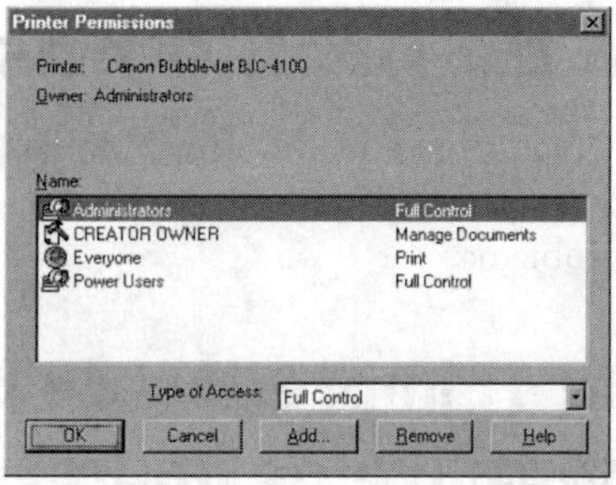

Propiedad

Por último, use el botón Propiedad (Ownership) de la página Seguridad (Security) para determinar la propiedad de la impresora. Tome en cuenta que necesitará ser un administrador a fin de poder asignar la propiedad de una impresora. De hecho, nada cambia desde el punto de vista administrativo cuando se toma la propiedad de una impresora —los asuntos administrativos son manejados en formas que ya se han expuesto. Sin embargo, este botón es útil para asignar responsabilidad.

Configuración de dispositivo

Cada impresora presentará una lista de su propio conjunto de opciones de acuerdo con sus capacidades. Por ejemplo, las impresoras de color ofrecerán opciones sobre el establecimiento de balance de color y otros parámetros (vea el ejemplo mostrado en la figura 7.11).

Figura 7.11.
La hoja de propiedades mostrada aquí indica la configuración del dispositivo para una impresora Cannon Bubble-Jet.

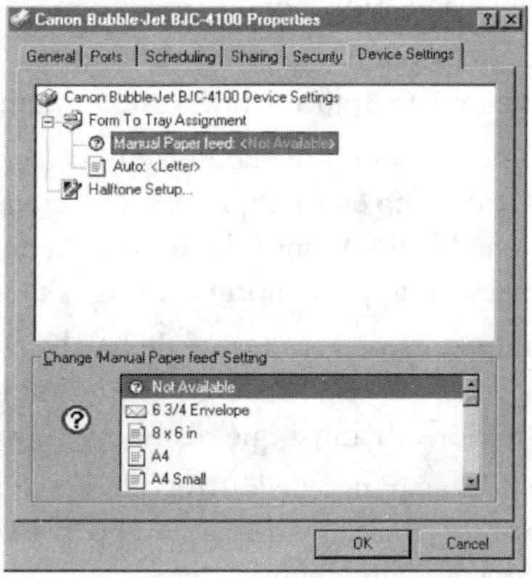

La configuración de medios tonos (Halftone Setup) le permite configurar cómo dibuja los puntos la impresora usando escalas de gris o colores. Se puede ajustar el tamaño de los puntos, colocar puntos de colores cercanos entre sí para producir otros colores y ajustar la intensidad del color.

Solución de problemas de las impresoras

Cuando esté solucionando problemas de las impresoras, hay varias formas para resolverlos. Asegúrese de escribir cualquier mensaje de error que le presente NT. Esto puede ayudarle a corregir el problema.

Problema 1: impresión de basura en el dispositivo de impresión

Si su dispositivo de impresión imprime basura, el problema más común es que tiene un controlador de impresión malo o corrupto o puede haber instalado el controlador equivocado. Siga los pasos para reinstalar el controlador y cuando NT le pregunte si conserva el controlador existente, seleccione No.

Si su dispositivo de impresión está imprimiendo las fuentes incorrectas, la tabla de fuentes de su impresora (suponiendo que tenga una) podría estar incorrecta. Vea esta tabla para determinar qué fuente de la impresora seleccionar si la fuente que aparece en la pantalla no está disponible.

Problema 2: la velocidad de impresión es demasiado lenta

Hay varias formas de acelerar los trabajos de impresión. Vea la siguiente lista y determine cuáles puntos podría aplicar en su situación actual:

1. Use el color sólo cuando sea absolutamente necesario. Si puede arreglárselas con tinta negra, selecciónela, debido a que es mucho más rápida.
2. Si está preparando una presentación, trate de usar colores primarios (negro, cian, amarillo, magenta, verde, rojo y azul). Se necesita menos información para imprimir estos colores.
3. Si su impresora permite la difusión, desactívela. Vaya a la carpeta de impresoras, haga clic con el botón derecho en su impresora, seleccione Configuración del dispositivo (Device Settings) y seleccione Medios tonos (Halftones). Por lo general, deseará activar Difusión (Difussion) sólo cuando esté listo para imprimir trabajos finales de alta calidad o imágenes fotográficas.
4. Si su impresora tiene la opción de Igualar el ajuste de color (Match as the Color Adjustment), desactívela y su dispositivo de impresión imprimirá más rápido. Este proceso requiere información adicional que disminuye la velocidad del proceso de impresión.
5. Trate de liberar algo de la RAM de su computadora. Para hacer esto, trate de cerrar otras aplicaciones abiertas y descargar el papel tapiz y los protectores de pantalla para reducir la memoria usada por ellos.
6. Seleccione Calidad de borrador (Draft quality) para su trabajo de impresión, a menos que sea la impresión final y necesite un resultado de calidad superior.
7. Agregue RAM a su computadora. Los trabajos de impresión y sus aplicaciones serán manejados con mayor rapidez.

Problema 3: la impresora no responde

Si su impresora no responde, trate de usar un cable diferente, en especial si obtiene un mensaje que dice que la impresora está apagada. Un cable defectuoso puede hacer que la computadora piense que su impresora no está encendida.

Trate de sustituir por una impresora en buen estado a la que está funcionando mal. Si la impresora en buen estado funciona en esa computadora, entonces se sabrá que el problema se centra en la impresora, eliminando así a la computadora como fuente de problemas.

A la inversa, trate de usar la impresora existente que está teniendo problemas en otra computadora. Si funciona en otra computadora, es probable que haya un problema en la computadora original.

Pruebe el puerto paralelo con un enchufe loop-back y una aplicación de diagnóstico como AmiDiag.

Resumen

Esta hora proporcionó información sobre cómo configurar impresoras tanto de red como locales. También le proporcionó información sobre la manera de solucionar problemas cuando una impresora no está funcionando. Además, ha aprendido cómo configurar la impresora de modo que sea compartida en su LAN. Después de que haya configurado compartir, asegúrese de que ha limitado el acceso a los grupos y personas necesarios de manera que no reciba trabajos de impresión de terceros no autorizados.

Taller

El taller le ayuda a solidificar las habilidades que aprendió en esta hora.

Glosario

EMF Mejorado es el formato que usa la interfaz gráfica de dispositivos de NT cuando envía datos al controlador de la impresora.

cliente de impresión (print client) Cualquier computadora que envía un trabajo a un servidor de impresión NT es un cliente de impresión. Este concepto puede ser confuso; como NT define al cliente, puede ser una máquina o una LAN, o simplemente la computadora que está conectada en forma directa al dispositivo de impresión.

dispositivo de impresión (print device) Como lo define NT, un dispositivo de impresión es la pieza de hardware real a la que se hace referencia por lo general como impresora. Usted la carga con papel y le entrega sus documentos.

trabajo de impresión (print job) En NT, un trabajo de impresión es el lenguaje de programación de la computadora que contiene los datos que se están enviando a la impresora así como el código que le dice qué hacer.

servidor de impresión (print server) Una computadora usada para administrar la impresora o impresoras y los trabajos de impresión. Todas las computadoras en la red pueden enviar sus trabajos al servidor de impresión, el cual luego maneja el resto del trabajo.

cola de impresión (print spooler) Este es un conjunto de bibliotecas de vínculos dinámicos (DLL; dynamic-link libraries) responsables de manejar los trabajos de impresión. Las DLL manejan el procesamiento, programación y enrutamiento de los trabajos. La cola también escribe el archivo de impresión en el disco; el archivo entonces se convierte en un archivo de cola.

controlador de la impresora (printer driver) Software específico para el dispositivo de impresión y que permite a las aplicaciones hablar con éxito con él.

impresora (Logical printer) La impresora es una interfaz de software que permite al sistema operativo (NT) enviar señales y datos con éxito al dispositivo de impresión. Por lo normal, puede configurar varios parámetros en la impresora —por ejemplo, especificar un puerto. Usted puede tener más de una impresora instalada; por el contrario, puede tener a una impresora lógica controlando varias impresoras físicas.

PSCRIPT1 Un formato de datos que indica a la cola de impresión que los datos vienen de una computadora Macintosh que usa PostScript y la impresora no tiene capacidad para PostScript. La cola de impresión creará un mapa de bits para imprimir el documento en forma correcta.

cola (queue) Un grupo de documentos que están en línea para ser impresos.

RAW Este es un tipo de datos, como EMF. Mientras Windows NT usa EMF, la mayor parte de otros clientes usan el formato RAW. El formato RAW no es alterado por la cola de impresión, debido a que el formato RAW en sí es imprimible.

interpretación (rendering) El proceso de interpretar un documento implica procesar en verdad el documento. Por ejemplo, cuando su procesador de palabras envía un trabajo de impresión, es interceptado por una interfaz de dispositivo gráfica, la cual habla luego con la impresora (no con el dispositivo de impresión) para que se cree un trabajo de impresión. Cuando el trabajo llega al dispositivo de impresión, es interpretado y traducido como un mapa de bits.

TEXT El formato de datos TEXT envía texto ANSI (American National Standards Institute [Instituto Nacional Estadounidense de Normas]; el conjunto de caracteres ANSI define 256 caracteres) a la cola de impresión, el cual usa el controlador de la impresora para manejar los elementos de impresión tales como una fuente predeterminada. Un archivo TEXT usa números que van de 0 a 255, donde cada número se correlaciona con un carácter o símbolo específicos. Cuando se imprime desde una aplicación que no usa el conjunto de caracteres ANSI, algunos caracteres pueden ser impresos en forma incorrecta. Otro conjunto de caracteres, PC-437, es usado a menudo en aplicaciones MS-DOS.

Ejercicios

1. Vaya a la hoja de propiedades de Impresora (Printer) en su sistema y observe cómo su impresora está siendo compartida. Note los parámetros actuales. ¿La impresora está siendo compartida por las personas y grupos apropiados?
2. Vaya a la hoja de propiedades de Impresora y vea las opciones que se encuentran en Configuración de dispositivo. Note los parámetros actuales. ¿Todos los parámetros están configurados de acuerdo con sus preferencias?
3. Vaya a la hoja de propiedades Impresora y vea las opciones bajo el parámetro Seguridad (Security). Note los parámetros actuales. ¿Todos los parámetros están configurados de acuerdo con sus preferencias?

Parte

II

Hora 8

Acceso remoto a su trabajo y configuración de computadoras portátiles

por Martin Kenley

La cuestión de cómo coordinar archivos entre su trabajo en la oficina y en el hogar, ha llegado a ser más importante en épocas recientes. En estos días el trabajo requiere que usemos computadoras tanto que ahora llevamos archivos a la casa o en el camino con nosotros, para no mencionar tener necesidades tales como revisar el correo electrónico y obtener la información más reciente de la base de datos de la compañía. La necesidad de tener acceso a tales recursos ha sido reconocida por los desarrolladores de software, quienes han proporcionado una variedad de soluciones. Esta hora se enfoca sólo en lo que está incorporado en Windows NT —de manera específica, el Maletín (Briefcase) y el acceso telefónico a redes. Estos dos productos ayudan a aliviar el problema de tener que transportar archivos (y coordinarlos) desde la computadora de su oficina, así como poder tener acceso a los archivos en la red de la compañía o en su estación de trabajo.

Para entender a Mi Maletín (Briefcase) y al acceso telefónico a redes, tiene sentido ver estos dos productos en dos formas, dependiendo de sus necesidades: ambos pueden llevar a cabo una tarea similar o uno puede complementar al otro. Ambos implican la computación remota. Mi Maletín le permite coordinar archivos que toma desde su computadora de escritorio.

Para entender Mi Maletín

Mi Maletín, que fue introducido primero en la interfaz del Explorador (Explorer) de Windows 95, es una herramienta potente para sincronizar los archivos entre dos o más computadoras. Fue desarrollado pensando en especial en las computadoras portátiles, de modo que los usuarios de portátiles pudieran llevarse Mi Maletín con ellos y no tuvieran que preocuparse respecto al lugar en que se encontraban los archivos actualizados en fechas más recientes (en Mi Maletín o en la computadora de escritorio). De hecho, el nombre de esta utilidad es muy apropiado, porque la carpeta Mi Maletín, en efecto, se comporta como un portafolios. Usted copia Mi Maletín mismo al disco flexible o a otra computadora en la red. En esencia, se lo lleva consigo, como si fuera un maletín real.

Uso de Mi Maletín

Utilizar Mi Maletín es fácil. Lo primero es decidir qué archivos le gustaría coordinar entre las dos computadoras. Tenga en cuenta que tiene varias limitaciones internas para trabajar. Por desgracia, Mi Maletín sólo funcionará en computadoras que corran Windows NT 4 o Windows 95; no es compatible con Windows 3.1, Windows NT 3.51 o anteriores. Además, si ha de transferir los archivos por medio de un disco flexible, no deben exceder la memoria de un disco flexible de alta densidad; Mi Maletín es incapaz de dividir archivos a lo largo de varios discos.

Después de que haya seleccionado los archivos, abra el destino (ya sea su disco flexible o la computadora de red a la que los esté transfiriendo). Asegúrese de que puede ver tanto Mi Maletín como el destino.

Verificación del estado de los archivos en Mi Maletín

Si no está seguro respecto a un archivo en Mi Maletín —por ejemplo, dónde se localiza el archivo original al que está vinculado—, puede averiguarlo con facilidad siguiendo estos pasos:

1. Vaya a Mi Maletín y haga doble clic en él para abrirlo.
2. Encuentre el archivo del que desea verificar el estado y haga clic en él una vez para seleccionarlo.
3. Haga clic con el botón derecho y desplace hacia abajo el menú desplegable; vaya a Propiedades (Properties).
4. Seleccione la ficha Actualizar estado (Update Status), como se muestra en la figura 8.1. Ahora verá dos archivos que se muestran en medio de la hoja de propiedades; un archivo, por lo general el de la izquierda, representa el archivo adentro de Mi Maletín; y el otro, el archivo al que está vinculado.

Si sostiene el ratón sobre cualquier archivo, aparece una ventana pequeña que indica la ruta al archivo. Si la opción para Actualizar (Update) los archivos está en gris, esto significa que los archivos han sido sincronizados y no necesita actualizarlos ahora.

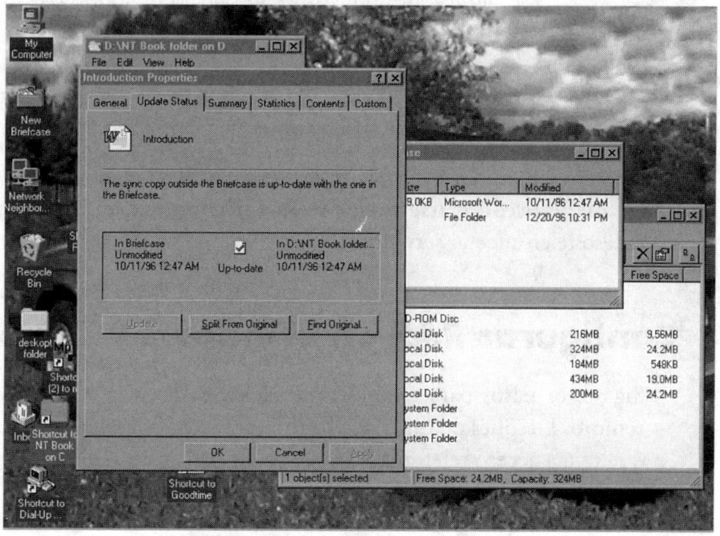

Figura 8.1.
El cuadro de diálogo de propiedades de los elementos dentro de Mi Maletín muestra información detallada sobre los archivos, incluyendo con qué archivo están vinculados, como se aprecia aquí.

Servicios de acceso remoto: uso de un módem para tener acceso telefónico a su estación de trabajo NT

Los Servicios de acceso remoto (RAS, Remote Access Services) le permiten tener acceso a todos sus archivos en su estación de trabajo de la oficina desde una ubicación remota con otra computadora. NT tiene los RAS incorporados; para usar este servicio, sólo necesita configurarlo en forma apropiada. Si la máquina de su oficina tiene una conexión con Internet, es posible configurar los RAS para tener acceso a ellos en forma remota al igual que a los archivos en la computadora de su oficina.

Preparación para configurar RAS

Antes de comenzar, necesitará dos piezas de información: qué tipo de módem tiene y a qué puerto de comunicaciones está conectado. Si no está seguro del puerto en que está conectado, siga adelante; usted puede hacer que Windows NT o 95 detecten el puerto automáticamente.

Además, si está planeando tener acceso telefónico a la computadora de su oficina y desea ver toda su red, necesitará saber otro número IP que no esté en uso y que la computadora de su oficina pueda asignar a la de su casa. En la mayoría de los casos, usted puede obtener este número IP con la persona encargada de las computadoras en su oficina.

TÓMESE UN MINUTO

Tenga en cuenta que establecer de RAS no le permitirá ejecutar aplicaciones de su oficina mientras está en casa. La conexión es demasiado lenta para hacer que esto sea práctico. Sin embargo, para tener acceso a archivos y transferir archivos de la oficina al hogar y viceversa, RAS es una buena solución. Otras razones válidas para usar RAS son para aplicaciones IP como Telnet y FTP y para navegar en Web con Netscape u otros navegadores Web.

Primero, aprenderá a establecer los servicios RAS en el servidor que contendrá los documentos a los que desea conectarse desde su casa. Luego aprenderá a configurar la computadora que va a tener acceso telefónico al servidor.

Configurar RAS en Windows NT Workstation 4

Siga estos pasos para establecer servicios RAS en la computadora a la que desea tener acceso remoto. Después de que haya hecho esto, sólo necesita configurar la computadora remota para que tenga acceso telefónico a la estación RAS para tener acceso a sus archivos o a Internet.

1. Un usuario debe entrar como administrador o como usuario con privilegios administrativos para establecer RAS.
2. Para instalar RAS, vaya al Panel de Control (Control Panel) y seleccione el icono Red (Network).
3. Seleccione Servicios (Services) y haga clic en Agregar (Add). A continuación, desplácese hasta el Servicio de Acceso Remoto (RAS) y haga clic en él. NT ahora necesitará saber la ubicación de los archivos de instalación. En la mayoría de los casos, éste será el archivo I386 en el CD-ROM NT (`D:\I386`). Haga clic en Aceptar (OK).
4. Luego NT le preguntará si desea iniciar el instalador del Módem, si todavía no tiene instalado un módem. Responda que sí a esto. Permita que NT detecte de forma automática su módem y su puerto de comunicaciones. Si no lo encuentra en la lista, seleccione Módem Estándar (Standard Modem) y luego seleccione la velocidad apropiada. Haga clic en Terminar (Finish).
5. A continuación, NT le pedirá que seleccione un dispositivo RAS para preseleccionar su módem. Seleccione Aceptar. Esto lo lleva al cuadro de diálogo de configuración RAS. Aquí, seleccione Red y, en el nuevo cuadro de diálogo, seleccione TCP/IP (e IPX si necesita conectarse a cualesquier servidores NetWare). Anule la selección NetBEUI y haga clic en Aceptar.
6. Esto lo regresa de nuevo al cuadro de configuración RAS. Seleccione Configurar | Sólo para hacer llamadas (Configure Dial Out only). Haga clic en Aceptar. Luego haga clic en continuar para seguir con la configuración RAS.

Conceder autorizaciones para acceso de entrada

Ya ha establecido RAS y ahora debe conceder autorizaciones para usted mismo (y quizá para otros) para que se comuniquen con este servidor. Las autorizaciones proporcionan seguridad de modo que sólo aquellos que están autorizados puedan establecer comunicación con su computadora. Siga estos pasos:

1. Vaya al menú Inicio | Programas | Herramientas administrativas (Start menu | Programs | Administrative Tools) y haga clic en Administrador de Usuarios (User Manager).
2. Seleccione a los usuarios a quienes le gustaría conceder acceso.
3. Abra el menú Usuario (User), seleccione propiedades y haga clic en el botón Marcado (Dial-In).
4. Seleccione No contestar (No Call Back) si desea que un usuario sólo haga una llamada a esta computadora (la computadora a la que se le está marcando).
5. Seleccione Establecer por quien marca (Set by Caller) para permitir que el que llama indique un número telefónico para una llamada de contestación.

Inicie los servicios RAS por primera vez

La primera vez que inicie los servicios RAS, necesitará hacerlo en forma manual siguiendo estos pasos. Al hacerlo, observe que puede configurar RAS para que se inicie de forma automática por sí solo cuando enciende la computadora.

1. Vaya al Panel de Control (Control Panel) y haga clic en Servicios (Services).
2. Seleccione Servidor de Acceso remoto (RAS).
3. En el lado derecho del cuadro de diálogo, haga clic en Iniciar (Start).
4. Haga clic en Cerrar (Close); ahora ha iniciado al Servidor RAS para que acepte llamadas. O haga clic en Inicio (Startup), seleccione Automático (Automatic) y ahora RAS se iniciará en forma automática siempre que arranque la computadora. Sin embargo, si hace esto, RAS intentará contestar el teléfono si éste suena. Si el teléfono de su oficina comparte este mismo número telefónico, es probable que desee iniciar RAS en forma manual cuando se retire en la noche.

Ahora puede establecer una configuración de acceso telefónico en la máquina de su casa. (Vea la sección "Configuración de la computadora de su casa para que tenga acceso telefónico a la computadora de su oficina" para instrucciones respecto a cómo lograr esto.)

Configure un RAS en un Servidor NT 4

Si tiene instalado un Servidor NT (NT Server) en su computadora en el trabajo en lugar de una estación de trabajo (Workstation), siga estas instrucciones para establecer los servicios RAS. Una vez más, estos pasos son para configurar RAS en la computadora a la que quiere tener acceso en forma remota.

1. Un usuario debe entrar como administrador para configurar RAS.
2. Para instalar RAS, haga doble clic en Acceso telefónico a redes (Dial-Up Networking).

3. Haga clic en Instalar (Install) en el nuevo cuadro de diálogo que aparece.
4. A continuación, aparece un cuadro de diálogo nuevo indicándole que seleccione el tipo de módem y el puerto de comunicaciones al que está conectado. Si conoce el puerto de comunicaciones y el tipo de módem, puede seleccionar el elemento "No detectar el módem. Lo seleccionaré de una lista". Haga clic en Siguiente (Next) y seleccione su módem. Si no sabe el tipo de módem, anule la selección "No detectar el módem. Lo seleccionaré de una lista" y haga clic en Siguiente. NT encontrará a cuál puerto de comunicaciones está conectado su módem.
5. Después de que detecte un módem, haga clic en Siguiente para seleccionar el tipo de módem que tiene. Si la marca específica de su módem no está en la lista, entonces seleccione el Módem estándar (Standard Modem) en la lista que sea igual a la velocidad de su módem. Por ejemplo, si tiene uno de 28.8 que tenga una marca inusual que no está en la lista, seleccione Estándar 28.8.
6. Haga clic en Siguiente después de que haya seleccionado su tipo de módem, haga clic en Terminar (Finish) y luego haga clic en Aceptar (OK). La computadora agregará los servicios RAS.
7. Para configurar parámetros de red, en el cuadro Configuración de Acceso Remoto (Remote Access Setup), haga clic en Red (Network), seleccione TCP/IP y haga clic en Configurar (Configure). Necesita decidir si su oficina usa DHCP (el cual le permite a un servidor asignarle de manera automática su número IP). Si lo tiene, seleccione DHCP. Si no, debe seleccionar Usar direcciones estáticas (Use Static Address) de reserva y teclear un rango de números IP válido de modo que el servidor pueda asignar un número a la computadora que se está comunicando con ella (por lo general la computadora de su casa). Los números IP pueden obtenerse con su proveedor de soporte para computadoras local. Si necesita conectarse a servidores NetWare, asegúrese de que tiene seleccionada la casilla IPX, además de TCP/IP. A continuación de IPX, haga clic en Configurar (Configure) y conserve los parámetros predeterminados, asegurándose de que está seleccionado Asignar números de red de forma automática (Allocate network numbers automatically).
8. Haga clic en Aceptar hasta que regrese a la ventana Configuración del Acceso Remoto. Luego haga clic en Configurar y seleccione Recibir llamadas (Receive Calls). Esto le permitirá a su computadora aceptar llamadas. Si le indica que instale NetBIOS, haga clic en No y luego en Terminar. Ahora ha configurado en forma exitosa los servicios RAS en su computadora.

Conceder autorizaciones para acceso telefónico

Todavía hay algunos pasos más. Debe conceder a una persona o a un grupo acceso para que se comuniquen por vía telefónica con su computadora; de otro modo, cuando se le solicite un nombre de usuario y contraseña, la persona que esté comunicándose con su computadora no será autentificada (conceder autorización) para tener acceso a la computadora. Siga estos pasos:

1. Vaya al menú Inicio | Programas | Herramientas administrativas (Start | Programs | Administrative Tools) y haga clic en el Administrador de Usuarios (User Manager).
2. Seleccione a los usuarios a quienes le gustaría conceder acceso.
3. Abra el menú Usuario (User), seleccione Propiedades y haga clic en el botón Marcado (Dial-In).

4. Seleccione No contestar (No Call Back) si desea que un usuario sólo haga una llamada a esta computadora (la computadora a la que se le está marcando).
5. Seleccione Establecer por quien marca (Set by Caller) para permitir que el que llama indique un número telefónico para una llamada de contestación.
6. Seleccione Preestablecer a (Preset) para indicar a la computadora que llame a una computadora en un número en particular.
7. Haga clic en Aceptar (OK).

Iniciar los servicios RAS

Ahora que ha dado permiso a una persona o a un grupo para que tengan acceso telefónico, debe iniciar los servicios RAS de modo que la computadora esté lista para aceptar la señal cuando suene el teléfono. Para hacer esto, siga estos pasos:

1. Vaya al Panel de Control (Control Panel) y haga clic en Servicios (Services).
2. Seleccione Servicio de acceso remoto (RAS).
3. En el lado derecho del cuadro de diálogo, haga clic en Iniciar (Start).
4. Haga clic en Cerrar (Close); ahora ha iniciado al Servidor RAS para que acepte llamadas. O haga clic en Inicio | Automático (Startup | Automatic) y ahora RAS se iniciará en forma automática siempre que sea arrancada la computadora. Sin embargo, si hace esto, RAS intentará contestar el teléfono si éste suena. Si el teléfono de su oficina comparte este mismo número telefónico, es probable que desee iniciar RAS en forma manual cuando se vaya en la noche.

Ahora ha configurado con éxito los RAS en el servidor. Ahora pase a la sección "Configuración de la computadora de su casa para que tenga acceso telefónico a la computadora de su oficina".

Configuración de Windows 95 para que actúe como un servidor de acceso telefónico

Por último, si la computadora de su oficina está ejecutando Windows 95, siga estos pasos para configurarlo para que acepte llamadas de acceso telefónico de una computadora remota —la computadora de su casa, una portátil que use mientras viaja o la de un colega. La siguiente información asume que usted ha instalado el paquete Microsoft Plus!, que proporciona la capacidad de servidor de Acceso Telefónico.

1. Seleccione el menú de conexiones en Acceso telefónico a redes (Dial-Up Networking) y luego seleccione Servidor de acceso telefónico (Dial-Up Server). Aparece un cuadro de diálogo en el que puede elegir Permitir acceso al que llama (Allow Caller Access).
2. Haga clic en el botón Tipo de Servidor (Server Type); esto le permite seleccionar un tipo de servidor. Seleccionar el tipo de servidor Predeterminado (Default) causa que la computadora inicie en modo PPP para las llamadas que entran, pero que cambie a RAS para NT 3.1 y Windows para Trabajo en Grupo si falla el PPP. Haga clic en la casilla Aceptar (OK) y el servidor está listo para las llamadas.

Configure su computadora en casa para acceso telefónico a la de su oficina

Para usar Windows NT Workstation 4 en su casa, siga estas instrucciones:

1. Un usuario debe entrar como administrador o como un usuario con privilegios administrativos para establecer los RAS.
2. Para instalar RAS, vaya al Panel de Control (Control Panel) y seleccione el icono Red (Network).
3. Seleccione Servicio de Acceso Remoto (Remote Access Service) y luego seleccione cómo desearía usar el módem: Sólo para hacer llamadas, Sólo para recibir llamadas o Hacer y recibir llamadas. En este caso, deseará usarlo Sólo para hacer llamadas (Dial out) (a la computadora de su oficina).
4. Seleccione TCP/IP como protocolo. TCP/IP debe ser el protocolo tanto en la computadora de su casa como en la computadora de su oficina a la que le está marcando. No seleccione NetBEUI y use IPX sólo si su estación de trabajo tiene IPX y usted necesita acceso a NetWare.

Directorio de acceso telefónico a redes

Antes de hacer una conexión a la computadora de su oficina por primera vez, debe crear un registro en el directorio para la conexión.

1. Seleccione el icono del grupo de Accesorios (Accessories) y seleccione Acceso telefónico a redes (Dial-Up Networking). Obtendrá un mensaje indicándole que el directorio está vacío; haga clic en Aceptar (OK). Esto le presentará un asistente Directorio Nuevo (New Phonebook).
2. Introduzca un nombre para el registro.
3. En la casilla servidor, haga una selección apropiada y haga clic en Siguiente (Next).
4. Seleccione Use las propiedades de marcado de Telefonía (Use Telephony).
5. Ponga el código de área, el número y el país y haga clic en Siguiente. Luego haga clic en Finalizar.

Haga una conexión

Ahora que ha establecido el acceso telefónico a redes, está listo para marcarle en realidad a la computadora de su oficina. Para hacerlo, siga estos pasos:

1. Haga clic en Acceso telefónico a redes.
2. Haga clic en Marcar (Dial).

Configure RAS bajo Windows NT 3.51

Si está usando NT 3.51 en su casa en lugar de NT 4 o Windows 95, entonces necesitará seguir estas instrucciones para configurar la computadora de su casa para que marque a la computadora de su oficina:

1. Vaya al icono del grupo Principal (Main).
2. Haga doble clic en el icono Panel de Control (Control Panel).
3. Haga doble clic en el icono Red (Network).
4. Haga clic en Agregar software (Add Software).
5. Seleccione RAS.
6. NT deseará saber entonces dónde están los archivos para que pueda instalar los servicios RAS. Por lo general, éstos se encontrarán en el CD-ROM, el cual está en la unidad D:, así que tecleará `D:\I386`. (`I386` es el directorio en el CD-ROM donde están almacenados los archivos de configuración de NT.)
7. Entonces NT instalará el software y le pedirá que escoja un módem y un puerto de comunicaciones al que esté conectado.
8. Seleccione el botón Red y seleccione TCP/IP y anule la selección de NetBEUI e IPX.

Use el programa de acceso remoto

Ahora que ha configurado su estación de trabajo 3.51 en su casa, está listo para usarla. Siga estos pasos para agregar el número telefónico apropiado y marcarlo:

1. Entre a la computadora. Inicie el programa de Acceso Remoto (Remote Access), el cual se encuentra en el icono del grupo RAS. Si no hay registros en el directorio, obtendrá un mensaje informándole de esto.
2. Seleccione Aceptar (OK), lo cual abre otro cuadro en el que puede agregar un nombre y un número.
3. Después de agregar el nombre y el número, seleccione Aceptar. En el programa Acceso Remoto, seleccione el botón Marcar (Dial) en la parte superior de la ventana de Acceso Remoto. La computadora le marcara ahora al servidor RAS y usted puede conectarse y hacer su trabajo.

Configure Windows 95 para acceso a un servidor RAS

Siga estos pasos si está ejecutando Windows 95 y desea tener acceso a la computadora de su oficina:

1. Vaya a Mi PC (My Computer), haga doble clic en Acceso telefónico a redes (Dial-Up Networking) y luego haga doble clic en Hacer conexión nueva (Make New Connection). Teclee un número telefónico y haga clic en Terminar (Finish). Ahora haga clic con el botón derecho del ratón en el icono de conexión que acaba de crear. Desplácese hacia abajo en el menú desplegable y seleccione Propiedades (Properties).

2. Aparece un cuadro de diálogo que le permitirá seleccionar el tipo de servidor. El tipo de servidor es un menú desplegable; seleccione PPP; Windows 95, Windows NT 3.5, Internet.
3. Debajo del tipo de servidor hay más opciones. Deberá preocuparse por la opción Conexión a red (Log on to Network), la cual está seleccionada en forma predeterminada. Esto permitirá al usuario que marca conectarse al servidor y ver otras máquinas en la red a la que está conectado el servidor (en este caso, la red IU e Internet). Si no necesitará ver la red y simplemente desea conectarse a la computadora (para recuperar archivos y transmitir archivos), anule la selección Conexión a red.
4. La otra opción que debe interesarle es TCP/IP e IPX/SPX. Si sólo necesita tener acceso a archivos desde la máquina local, no necesita seleccionar ningún protocolo aparte de NetBEUI. Sin embargo, si desea ver la red IU o usar Netscape, deseará activar TCP/IP seleccionando la casilla que se encuentra junto a él.

Resumen

En esta hora, usted ha aprendido a configurar los servicios de acceso remoto de Windows NT. Los servicios RAS han llenado una brecha importante en la conectividad, ya que mucha gente ahora necesita tener acceso a archivos de su oficina desde el camino o en su casa. Si siguió las instrucciones de esta lección y aún tiene problemas para hacer una conexión, revise los pasos e inténtelos de nuevo. Si los problemas persisten, vea la Hora 24, "Uso de Internet para mantener su sistema", el cual describe cómo obtener información en World Wide Web. También pruebe el sitio Web de Microsoft, al igual que el sitio de la compañía que fabricó su módem.

Taller

El taller le ayuda a solidificar las habilidades que aprendió en esta hora.

Glosario

Acceso telefónico a redes (Dial-Up Networking) Una utilidad incorporada a Windows NT y Windows 95 que le permite tener acceso a su servidor de acceso remoto o proveedor de servicios de Internet y ejecutar aplicaciones TCP/IP como Telnet, FTP y Netscape o Internet Explorer.

dirección IP (Internet protocol address) Un número asignado a cada computadora en Internet. Es configurado por el administrador de red de su LAN.

autorizaciones (permissions) Windows NT le permite establecer diferentes niveles de acceso a los recursos de su computadora, ya sea una unidad, archivo, directorio o impresora. A los usuarios que se conecten a su computadora se les pueden asignar privilegios de lectura, privilegios de lectura y escritura, y así en forma sucesiva.

servicios de acceso remoto (RAS, remote access services) Un servicio en Windows NT que permite a otras computadoras comunicarse y tener acceso a los servicios de esa máquina o, si es una red, tener acceso a recursos de Internet.

TCP/IP (Transmission Control Protocol/Internet Protocol) Grupo de protocolos de más uso en Internet. Telnet y Netscape son dos aplicaciones que usan TCP/IP.

Ejercicios

1. Siguiendo las instrucciones de esta lección, establezca los servicios RAS en su computadora (suponiendo que tiene un módem) y conéctese con ella desde una máquina remota con un módem que use conectividad de acceso telefónico.
2. Seleccione dos o tres documentos en los que esté trabajando en la actualidad y, siguiendo las instrucciones de este capítulo, use Mi Maletín (Briefcase) para llevarse consigo esos archivos. Puede colocarlos en un disco flexible o usar la red para transferirlos a otra máquina. Después de revisar los archivos en Mi Maletín, use la característica Actualizar (Update) para ver cómo funciona.

PARTE

II

Hora 9

Cómo trabajar con discos duros

by Martin Kenley

Esta lección y la Hora 10, “Volúmenes y el Administrador de Discos”, implican a las unidades de disco duro; esta lección abarca consideraciones básicas de configuración de una o más unidades de disco duro y la Hora 10 entra en detalles de elementos más complejos de dichas unidades. En este punto examinaremos problemas fundamentales de las unidades de disco duro, cómo funcionan, mejoramiento e instalación de una unidad de disco duro, volúmenes, etiquetas y cómo manejar las particiones. La Hora 10 examina los niveles RAID.

Para entender los discos duros

Las unidades de disco duro son uno de los componentes más importantes dentro de su computadora. Son el lugar donde se almacenan sus valiosos datos (a menos que los esté almacenando en un servidor remoto —entonces están en la unidad de disco duro de alguien más), junto con sus aplicaciones. Comprender cómo administrar este espacio es crítico y Windows NT ofrece formas de administrar volúmenes diferentes de Windows 3.1, o Windows 95.

Primero verá cómo funcionan las unidades de disco duro y luego aprenderá cómo se almacena la información en el disco. A principios de los noventas, cuando empezaron a aparecer las unidades de disco duro en las PC, su capacidad era de 10 a 20MB y solían tener tiempos de acceso mayores a los 80 milisegundos. Es más, estas unidades eran muy costosas: una unidad de 5MB costaba casi 2,000 dólares. Las unidades rápidas de la actualidad tienen tiempos de acceso menores a los 10 milisegundos, por lo normal son de más de 1,000MB (1GB o 1 gigabyte) y cuestan alrededor de 200 dólares. Además, la mayor parte de las unidades usan técnicas complejas para transferir datos, como el acceso directo a memoria (DMA, direct memory access), el cual les permite transferir datos en forma directa a la RAM sin interrumpir a la CPU.

Los componentes de un disco duro

Las unidades de disco duro constan de varios platos giratorios de metal, con una cabeza de lectura/escritura para cada lado de cada plato. Cada plato está recubierto con un material magnético que permite que las cabezas lean y escriban datos en la unidad de disco. Cada plato está dividido en círculos concéntricos llamados *pistas* (similares a las pistas en un disco fonográfico), las cuales se subdividen en *unidades de asignación.* Un cilindro consiste en las correspondientes pistas de las diferentes unidades (vea la figura 9.1). Cuando el plato se mueve en un círculo debajo de la cabeza de lectura/escritura, el paso de una revolución completa define una pista. La cabeza se puede mover, o "saltar", a lo largo de la superficie del disco para llegar a diferentes pistas, permitiendo el acceso rápido a los datos. Cuando llega a la pista correcta, tiene que permitir que el disco gire hasta que las unidades de asignación correctas estén debajo de ella. Entonces la cabeza puede cambiar el bit que está debajo de ella con lo que sería un equivalente magnético al encendido o apagado (1 o 0). Otros dispositivos como las cintas son secuenciales en virtud de que todos los datos deben ser leídos de modo lineal, desde el principio hasta el fin, en tanto que un disco duro puede saltar en un modo no lineal y, por lo mismo, se le llama *medio de acceso aleatorio.*

Figura 9.1.
Los cilindros en cada pista corresponden a la misma pista en otros platos.

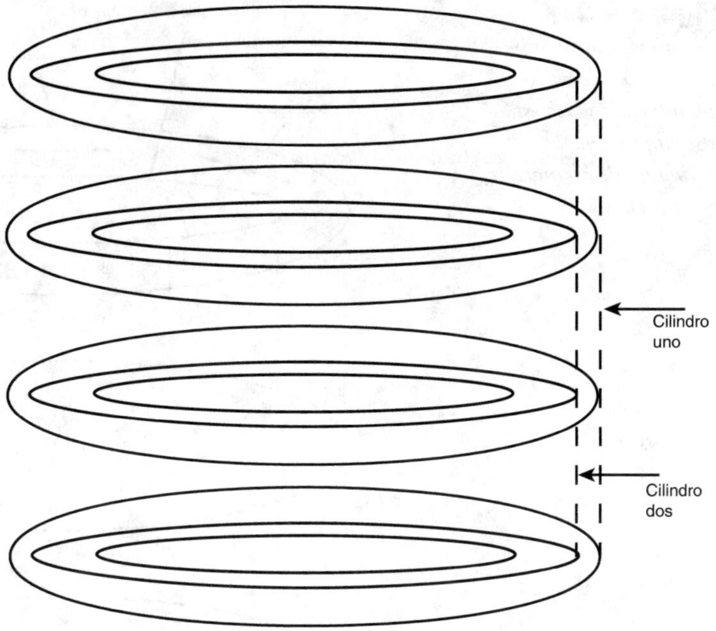

Una unidad de asignación (o cluster) es la unidad más pequeña en que se puede almacenar un archivo. Cada unidad de asignación está compuesta de unidades aún más pequeñas llamadas *sectores,* creados al formatear el disco (vea la figura 9.2). El tamaño de cada unidad de asignación depende del tamaño de la unidad de disco, la forma en que está formateada y el sistema operativo que está usando su computadora. (Vea la Hora 13, "Sistemas de archivo y Windows NT 4", para información más general sobre los tamaños de las unidades de asignación en discos de diferentes tamaños.)

Las unidades de asignación consisten en un grupo de sectores creados cuando se formatea el disco duro (o el disco flexible). La cabeza de lectura/escritura puede encontrar el principio de los sectores debido a que están marcados por un espacio seguido de un valor numérico, lo que indica el principio o el final de un sector. Las unidades de disco duro más recientes por lo general tienen 51 sectores o más por pista, siendo capaz cada sector de contener 512 bytes.

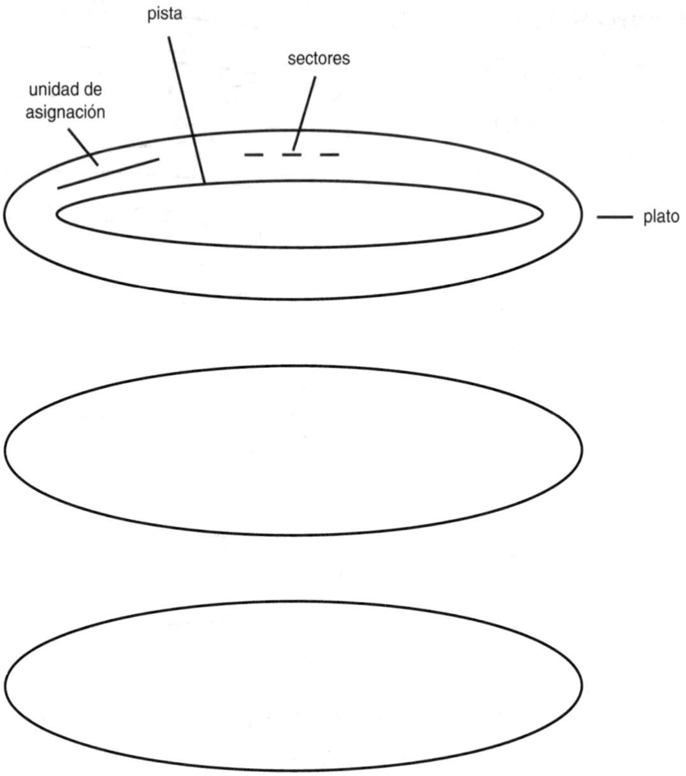

Figura 9.2.
Los discos duros están compuestos de varios platos; cada plato está dividido en pistas, unidades de asignación y sectores.

Preparación de un disco duro nuevo para su uso

La necesidad de unidades de disco duro más grandes ha existido desde que se introdujeron las primeras PC, que no tenían ningún disco duro y el sistema operativo se cargaba desde un disco flexible de 5 1/4" (con una capacidad de 360KB). Los sistemas operativos de la actualidad son tan grandes como las unidades de disco duro enteras que venían con las computadoras hace apenas algunos años. Con NT, usted deseará tener al menos 125MB de espacio libre. Las aplicaciones nuevas que están lanzando los fabricantes requieren más espacio que nunca. Si usted instala Microsoft Office 95, por ejemplo, una instalación típica requiere 55MB, en tanto que una instalación completa ocupa unos 90MB. Microsoft Word Versión 7 (la versión de Office 95) requiere casi 25MB (esto incluye las aplicaciones auxiliares). Por consiguiente, si usted no tiene una computadora relativamente nueva, deberá considerar mejorarla con un disco duro más grande.

Mejore su disco duro: algunas consideraciones

Mejorar su disco duro supone que tiene suficiente potencia en el resto de la computadora para garantizar la mejora. En la actualidad, no recomendaría mejorar cualquier cosa más antigua que una computadora 486DX2 de 66 mhz o más. Si usted todavía trabaja en una computadora más lenta que una 486DX2/66, sería preferible que mejor invirtiera su dinero en remplazar la computadora que en mejorar los componentes. La razón por la que digo esto es que aun después de que haya mejorado la RAM, la unidad de disco duro y quizá su tarjeta de video o procesador, todavía estará limitado por la velocidad del bus a que puede operar su computadora. Por otra parte, si tiene una Pentium y sus demandas no son excesivas —usted no está programando, usándola como servidor o editando gráficos de calidad superior—, es probable que valga la pena mejorar el disco duro con uno de mayor capacidad y rapidez.

Cómo seleccionar una unidad de disco duro

Si está remplazando la unidad antigua en vez de dejarla como una segunda unidad, cuando haya respaldado todo, entonces puede sacar el disco duro antiguo y cambiarlo por la unidad nueva. Cuando haga esto, recuerde que debe remplazarlo con una unidad de disco del mismo tipo (Electrónica Integrada a la Unidad [IDE, Integrated Drive Electronics], EIDE [IDE Mejorada, Enhanced IDE] o Interfaz de un Pequeño Sistema de Computadora [SCSI, Small Computer System Interface], a menos que desee agregar una tarjeta adaptadora. Por ejemplo, si su computadora usa tecnología IDE y decide que desea remplazarla con una unidad SCSI, entonces debe poner una tarjeta adaptadora SCSI en su computadora (a menos que ya tenga instalada una). Una posible excepción es que si tiene una computadora que usa IDE y desea remplazarla con una unidad EIDE, debe asegurarse de que su ROM BIOS (sistema básico de entrada/salida, basic input/output system) en la tarjeta madre es capaz de ser mejorado. La mayor parte del tiempo necesitará usar una tarjeta de interfaz EIDE en la que se conectará la unidad nueva, en vez de usar el conector IDE existente. Otra forma de solucionar el problema de un ROM BIOS antiguo es usar un software controlador que le permita a NT ver la unidad completa. El controlador deberá estar escrito para NT 4, por supuesto. Sin una tarjeta de interfaz EIDE o una mejora del BIOS, la unidad EIDE podría funcionar, pero comprometiendo el rendimiento.

Medición de la velocidad de las unidades de disco duro

Cuando vaya a comprar una unidad de disco duro, será bombardeado con diferentes especificaciones sobre el rendimiento de la unidad. Los factores más importantes son el MTBF (tiempo medio entre fallas [mean time between failures] —medido por la cantidad de tiempo entre fallas) y la velocidad. Medir la velocidad es un poco más complicado. La cuestión respecto a la velocidad es qué tan rápido puede proporcionar la unidad la información a la CPU. En esta medición están implicados varios componentes. Uno es el tiempo de acceso promedio, el cual es una combinación del tiempo del tamaño del buffer de datos (tamaño del caché en la misma unidad), la latencia (el tiempo transcurrido entre que ocurrió la solicitud de datos y comenzó la transferencia de datos) y búsqueda (la cantidad de tiempo requerida para mover las cabezas de lectura/escritura del disco a la ubicación apropiada). Por consiguiente, cuando vea el tiempo de acceso del fabricante de una unidad, esta cifra está basada en la cantidad de tiempo que requiere la unidad para encontrar el sector apropiado que contiene los datos, además del tiempo necesario para que la cabeza de lectura/escritura se estabilice sobre el sector y el tiempo que le toma a la unidad girar debajo de la cabeza de modo que puedan leerse todas las unidades de asignación necesarias.

Otro elemento es el índice de transferencia de la unidad, el cual viene a ser la rapidez con que la unidad puede alimentar información al bus de la computadora. Sin importar el tiempo de acceso, si la unidad no puede transferir los datos con rapidez, tendrá un cuello de botella que en efecto degrada el rendimiento de todo el sistema.

Ahora, demos un vistazo rápido a los tres tipos de unidades comunes en la actualidad: IDE, EIDE y SCSI.

IDE

Las unidades de disco duro con electrónica integrada a la unidad son con mucho las interfaces de disco duro más comunes disponibles en la actualidad. Estas unidades son conocidas como unidades integradas debido a que el hardware que se comunica con la computadora y manipula los datos —el controlador— es parte de la unidad de disco duro misma. Así, no hay necesidad de una tarjeta controladora separada. Una especificación de unidad IDE no soporta unidades más grandes que 504MB. Tenga en cuenta que IDE puede soportar dos unidades (ambas deben ser unidades de discos duros —no, por ejemplo, una unidad de disco duro y una unidad de CD-ROM). Una de las unidades es designada, colocándole jumpers como en la unidad maestra; la otra, también con jumpers, se designa como la unidad esclava. La unidad maestra en realidad no controla a la otra como implica la terminología; sólo que es la primera en ejecutar sus pruebas diagnósticas y en la mayoría de las circunstancias se conoce como unidad C:. La unidad esclava, por lo general, recibe la designación D:. Si no coloca estos jumpers en forma correcta, lo más probable es que su computadora falle al arrancar. Asegúrese de revisar sus manuales o las unidades mismas para ver las instrucciones sobre la manera en que se deben colocar los jumpers.

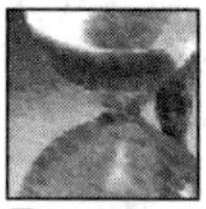

PRECAUCIÓN

No se puede hacer funcionar una unidad de CD-ROM desde un conector IDE; esto sólo es posible con EIDE y SCSI. Sin embargo, se puede usar un adaptador anfitrión IDE que permitirá a su PC usar cuatro unidades, colocando dos cadenas en un solo adaptador.

También se hace referencia comúnmente a la IDE como unidades de acoplamiento ATA o AT, debido a que fue introducida primero a mediados de la década de los ochenta para trabajar con las computadoras IBM AT.

El rendimiento de la mayor parte de las unidades IDE es aproximadamente de 3 a 8MB por segundo. Sin embargo, las especificaciones han sido mejoradas por Seagate Technology para permitir un mejor rendimiento en unidades Fast ATA capaces de rendimientos efectivos que se aproximan a los 13MB por segundo.

EIDE

IDE Mejorado es otro enfoque para solucionar las velocidades de transferencia lentas de la IDE estándar. La puesta en práctica de la nueva especificación por el fabricante de unidades de disco duro Western Digital permitió que las unidades pudieran ser más grandes que 504MB; la velocidad y la transferencia fueron aumentadas, permitiendo un máximo de cuatro unidades en lugar de dos; y, por último, los usuarios podían conectar dispositivos de CD-ROM al igual que unidades de disco duro. EIDE, parecida a Fast ATA, no usa la CPU para controlar la transferencia de datos; en su lugar, el controlador en la unidad de disco controla el bus de expansión usando una forma de I/O programada (PIO, programmed I/O) conocida como canal I/O Listo (I/O channel Ready). Es más, se han realizado mejoras en el acceso directo a la memoria (DMA, direct memory access), permitiendo transferencias directas a la RAM de la computadora sin interrumpir a la CPU; éstos han contribuido a ganancias en el rendimiento.

EIDE puede solucionar el tamaño limitado de la unidad de IDE cambiando los datos del cilindro, el sector y la cabeza en elementos virtuales; es decir, asignándoles nuevos valores que no corresponden con el número real de cilindros, sectores y cabezas. La unidad en verdad engaña a la computadora para que piense que tiene una cantidad más pequeña de elementos (que está dentro de los límites antiguos).

Debido a que EIDE debe ser soportado por el BIOS de su computadora, usted debe verificar determinados parámetros (la mayor parte de los BIOS producidos después de 1994 pueden usar unidades EIDE) para asegurarse de que funcionarán en forma apropiada. Si ve parámetros como CHS, ECHS y LBA, el BIOS de su computadora podría soportar EIDE. Si no, verifique con su fabricante si puede obtener una actualización del BIOS.

Con estos cambios, EIDE o ATA-2 puede lograr rendimientos efectivos de más de 11MB por segundo.

SCSI

La Interfaz de un Pequeño Sistema de Computadora (SCSI, Small Computer System Interface) también incorpora la tecnología de controlador directamente en la unidad y puede soportar hasta siete dispositivos en una cadena SCSI externa, donde el primer elemento en la cadena está conectado en forma directa a una tarjeta adaptadora SCSI, el segundo elemento está conectado a un puerto en el primer elemento, el tercer elemento está conectado al segundo elemento, y así en forma sucesiva. Cada elemento en la cadena, —ya sea una unidad de disco duro, un escáner, una unidad de CD-ROM, Zip Iomega o unidades Jazz, u otros dispositivos como una unidad de respaldo de cinta— opera en forma independiente de los otros. Además, no necesita una tarjeta de interfaz separada para cada dispositivo; una tarjeta adaptadora le permite controlar una variedad de dispositivos periféricos, conservando abiertas, por consiguiente, otras ranuras de expansión para otros usos. En forma interna, los dispositivos SCSI usarían el mismo cable, como los IDE, pero el cable tendría más conectores.

Windows NT 4 tiene una gran cantidad de controladores para la mayor parte de las tarjetas adaptadoras SCSI comunes. Si usted o su oficina tiene varias plataformas (por ejemplo, PC, Macintosh, Alpha, PowerPC), la ventaja de SCSI es que el mismo dispositivo SCSI puede funcionar en todas las plataformas.

En lo que se refiere al rendimiento, SCSI y estándares SCSI más nuevos son bastante rápidos. La especificación SCSI-1, la cual fue aprobada en 1986, tiene una velocidad de transferencia de 5MB por segundo. En 1994 fue aprobado el estándar SCSI-2; su velocidad de transferencia es de hasta 10MB por segundo en un bus de 8 bits. El SCSI rápido y ancho tiene una velocidad de transferencia de 20MB por segundo en buses de 16 y 32 bits. El SCSI-3 es capaz de velocidades que se aproximan a los 40MB por segundo en buses de 16 y 32 bits, 20MB en un bus de 8 bits.

Conexión de los cables de la unidad de disco duro

Al conectar los cables de la unidad de disco duro, tenga presente algunas consideraciones. Hay dos cables que se conectan a la unidad de disco duro: un cable de energía eléctrica y un cable plano y ancho para los datos. Todos los cables de datos para unidades de disco duro están marcados con una franja roja en uno de los bordes, lo que indica que los conectores en este borde del cable tienen localizada ahí la clavija 1. En la unidad de disco duro misma, la clavija 1 por lo general está localizada en el extremo más cercano al conector para el cable de energía eléctrica (el cable con cuatro clavijas que suministra electricidad a la unidad). Para encontrar el otro extremo del cable que se conecta ya sea en la tarjeta madre o en la tarjeta adaptadora, debe buscar el número 1 en el área alrededor del conector y hacer que este extremo corresponda con la clavija 1 del cable. El cable que proporciona electricidad a la unidad es un cable pequeño de cuatro hilos, con cada uno de los hilos de diferente color. El conector sólo entrará en su unidad de disco duro si está colocado del lado apropiado, de modo que es difícil conectarlo mal. Asegúrese siempre de usar el cable propio para el trabajo (vea la figura 9.3) y nunca fuerce un cable si éste parece no entrar en forma adecuada.

Uso de unidades alternativas: unidades removibles

Para algunas personas, agregar otra unidad no es la mejor solución. Si quiere poder respaldar archivos de datos, entonces lo exhorto a considerar dispositivos de respaldo de cinta o las nuevas unidades de disquete de alto nivel de almacenamiento para necesidades de respaldo más tradicionales. En otras situaciones, de nuevo, otra unidad de disco duro podría no ser la respuesta. Si debe hacer archivos de datos permanentes, entonces podría desear considerar ya sea una cinta, una grabadora de discos compactos o una unidad óptica.

Si, por otra parte, no necesita archivos permanentes pero debe respaldar y compartir archivos grandes, entonces un medio removible podría ser la respuesta. Iomega hace dos productos que han introducido almacenamiento removible de tamaño mediano a un precio muy competitivo. La unidad Jazz de Iomega contiene 1 gigabyte (1,000MB) de datos y tiene un costo de menos de 500 dólares. Iomega también hace una versión de escala reducida, la unidad Zip; cada disco contiene 100MB de datos. Iomega hace versiones SCSI y de puerto paralelo. Con el dispositivo de puerto paralelo, se conecta la unidad Zip al puerto paralelo de su computadora. La versión SCSI de Iomega necesita una tarjeta adaptadora SCSI, la cual se coloca adentro de su computadora en una de las ranuras de expansión ISA/VESA/o PCI. Después de instalar y colocar de nuevo la tapa en la computadora, tendrá un puerto nuevo en la parte trasera de la computadora (de la tarjeta SCSI) que le permite conectar dispositivos SCSI (unidades de disco duro, escáner, unidades de CD-ROM, unidades de cinta y cosas por el estilo). Las tarjetas SCSI vienen en una amplia variedad de opciones, de modo que debe seleccionar una tarjeta con cuidado dependiendo de la velocidad y los tipos de características que necesite usted. Otras compañías que hacen medios removibles incluyen Syquest, MicroSolutions, Toray y Pinnacle Micro.

Figura 9.3.
Este diagrama muestra los tipos de cable comunes para las unidades de disco duro.

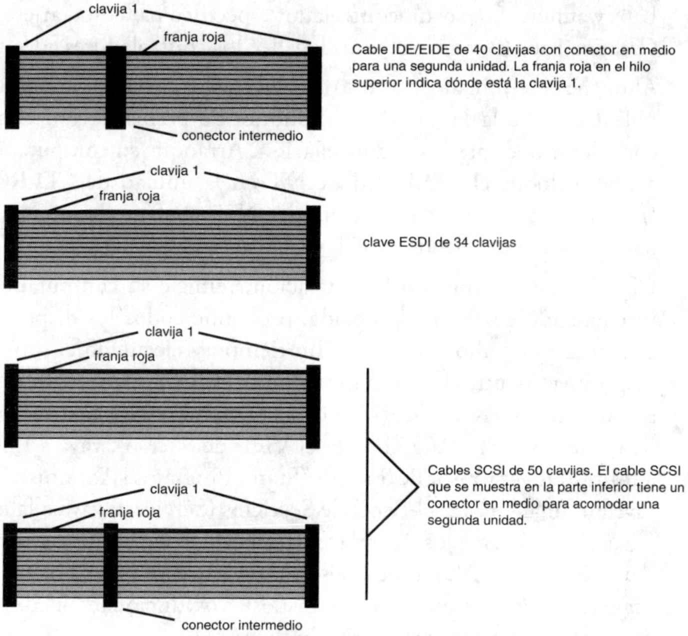

Cómo mejorar su unidad de disco duro: instalación

Instalar una unidad de disco duro nueva no es difícil, pero requiere alguna planeación. Tómese tiempo para considerar los siguientes puntos.

Remplazar su unidad existente

Asegúrese de respaldar todos los archivos de datos y controladores del disco antes de reformatearlo. Por ejemplo, si tiene controladores para su unidad de CD-ROM, adaptador SCSI o tarjeta de sonido, grábelos en un disco flexible.

A continuación, decida si desea configurar un solo sistema operativo o una computadora de arranque múltiple. Si va a tener una computadora con un solo sistema operativo y ya tiene un sistema operativo en ella, entonces debe revisar la lista de compatibilidad de hardware (HCL, hardware compatibility list) en el sitio Web de Microsoft para asegurarse de que todo el hardware de su PC está soportado. El problema aquí es si hay controladores NT para cada uno de los dispositivos que tiene usted.

Si no encuentra los dispositivos enlistados en la HCL, podría verificar con el fabricante del dispositivo para ver si tiene controladores para NT 4. No puede usar controladores de NT 3.51 o anteriores. Simplemente no funcionarán. Sin embargo, podría usar controladores compatibles para su dispositivo. Por ejemplo, compré una tarjeta de sonido Soundblaster 32AWE de Creative Labs y aunque no hay un controlador específico para esta tarjeta en el CD-ROM, al ir al sitio de Creative Labs (www.creaf.com) localicé los controladores adecuados.

Ahora ha determinado que sólo desea NT en su computadora y que el hardware es soportado bajo NT. Consulte la Hora 14, "Cuestiones de preinstalación con Windows NT 4", para otras consideraciones previas a la instalación. Arranque su computadora usando el sistema operativo actual, coloque el CD-ROM de NT en la unidad de CD-ROM y comience la instalación. Instrucciones completas para instalar NT pueden encontrarse en la Hora 15, "Instalación y configuración de Windows NT 4".

Cuando haya terminado la instalación, reinicie su computadora y asegúrese de que NT está funcionando en forma apropiada, probando todos los dispositivos. Después de haber tenido encendida su computadora por un tiempo y ejecutado el software que controla los diferentes dispositivos dentro de su computadora (el software que maneja sus dispositivos SCSI, tarjeta de sonido, etc.), revise el Visor de Sucesos (Event Viewer) para ver si NT tiene problemas con alguno de los subsistemas. Para obtener el Visor de Sucesos, vaya a Inicio | Programas | Herramientas administrativas | Visor de Sucesos (Start | Programs | Administrative Tools | Event Viewer). Una revisión final será ver el Panel de Servicios (Services); vaya a la carpeta Panel de Control, ábrala y haga clic en Servicios. Desplácese hacia abajo en la lista para asegurarse de que ningún servicio dejó de cargarse. Ahora, después de asegurarse de que su nueva instalación de NT funciona de manera apropiada y que todos sus dispositivos funcionan, puede eliminar el otro sistema operativo que está en su computadora si sólo desea NT.

Cómo agregar una segunda unidad

Si desea conservar su actual unidad de disco duro y agregarle una segunda unidad tiene sentido, pero el procedimiento es algo diferente y lo importante es la manera de hacerlo. Por lo normal, la unidad nueva va a ser la unidad más rápida y en ésta es donde querrá que esté su sistema operativo, pero enfrentará una trampa: cuando agregue una segunda unidad, debe configurar cada unidad para que sea esclava o maestra. La unidad que está instalando debe ser la esclava y la unidad que ya está en su computadora deberá ser establecida como la maestra. La maestra será asignada como la unidad C:, y la esclava será asignada como la unidad D:. Si ocurre que la primera unidad tiene una partición extendida, entonces DOS denominará a la primera unidad C:, a la segunda D: y a la partición E:. NT también lo hará de esta manera. Con NT, las dos unidades son denominadas C: y D:, respectivamente, y la partición extendida en la primera unidad será denominada E:. Con NT, usted puede cambiar estas asignaciones en el Administrador de Disco (Disk Administrator); usted verá esta utilidad en la siguiente hora.

No importa cuál unidad sea la primera o la segunda en la cadena; muchos libros le dirán lo contrario, pero están equivocados. Algunas personas están confundidas respecto a esto debido a que con los cables de las unidades de disco flexible no importa en qué parte del cable esté localizada la unidad de disco flexible. Con las unidades de disco duro es mejor pensar en el cable como un bus (en una forma tosca similar a un bus SCSI) por el que pasan los datos —que a fin de cuentas es lo que hace el cable.

Formateo y partición de una unidad de disco duro nueva

Si tiene una computadora fabricada antes de 1994, es probable que su BIOS no reconozca en forma automática a la nueva unidad; por consiguiente, necesita entrar al CMOS o programa de Configuración (Setup). Si no está seguro, continúe, reinicie y verifique si su computadora encontró la unidad. Si no la encontró, después de que la unidad de disco duro ha sido instalada, reinicie la computadora y entre al CMOS o programa de Configuración (Setup de la máquina) oprimiendo las teclas apropiadas durante las etapas iniciales del proceso de arranque. En este punto, deberá localizar los parámetros de configuración para la segunda unidad. Tendrá que consultar la literatura que viene con la unidad para escribir parámetros como Landing, Cylinders, Heads, Precomp y Sect. Si su BIOS es capaz de autoconfigurarse, entonces usted no tendrá que escribir estos parámetros.

Debe formatear una unidad de disco duro nueva de modo que su computadora la reconozca y le asigne una letra de unidad. Use su sistema operativo para formatear la unidad. Sin embargo, antes de formatear su unidad de disco duro necesitará hacerle una partición con FDISK (remítase a la sección "Formateo con DOS"). Si va contar con una computadora con arranque dual (una computadora con dos o más sistemas operativos como DOS o Windows 95) use la Tabla de Asignación de Archivos (FAT, File Allocation Table) como el sistema de archivo; con NT puede usar FAT o NTFS (Sistema de Archivos de Tecnología Nueva, New Technology File System). (Las ventajas y desventajas de NTFS son exploradas en la Hora 13, "Sistemas de archivo y Windows NT 4".) Si elige FAT, el disco será dividido en cuatro áreas, aunque para usted pueda parecer un área. Aquí no me refiero a particiones; suponga que usa NT para formatear una unidad de 1GB y no le hace partición. Aun así, FAT creará cuatro áreas para uso especial como sigue:

- La primera área es un área de reserva que consiste de uno o más sectores. El primer sector es el sector de arranque, el cual contiene la tabla de partición y el programa bootstrap. La tabla de partición le proporciona a la FAT información sobre el número de particiones (si hay alguna), de qué tipo es cada partición (partición primaria, lógica extendida, etcétera), dónde comienza y termina cada partición (sector inicial y final), cuál partición está activa y otra información. El programa bootstrap maneja la carga del sistema operativo, de modo que cuando enciende su computadora, esta aplicación se ejecuta conforme carga el sistema operativo.
- La segunda área de la unidad es la Tabla de Asignación de Archivos, la cual contiene una tabla de referencia que muestra cada unidad de asignación en el disco duro. Por

ejemplo, O en una unidad de asignación significa que está disponible; BAD significa que la unidad de asignación tiene uno o más sectores malos y está marcado como no disponible; Reservado (Reserved) significa que la unidad de asignación es usada por el sistema operativo y por ninguna otra aplicación; y EOF (fin de archivo, end of file) le dice al sistema operativo que ésta es la última unidad de asignación de un archivo. En realidad DOS almacena una segunda copia de la Tabla de Asignación de Archivos en caso de que se corrompa la original.

- La tercera área que crea FAT es una Tabla de Directorio Raíz (Root Directory Table); esta área es usada junto con la FAT. La Tabla de Directorio almacena los nombres de los archivos en el directorio raíz, al igual que en los subdirectorios. También observa las ubicaciones de la primera unidad de asignación de todos los archivos.
- La cuarta área es la más grande; es el área que en realidad verá y donde puede almacenar aplicaciones y datos.

Formateo con Windows NT

Si está usando NT para formatear el disco, siga estos pasos. Si está usando DOS para formatear el disco, sáltese estos pasos y pase a la siguiente sección, “Formateo con DOS”. Si es una unidad nueva, y es su única unidad, tendrá que arrancar con un disco DOS y formatearla. Si está instalando una segunda unidad y NT está en la primera unidad, puede usar DOS o NT; NT es más rápido.

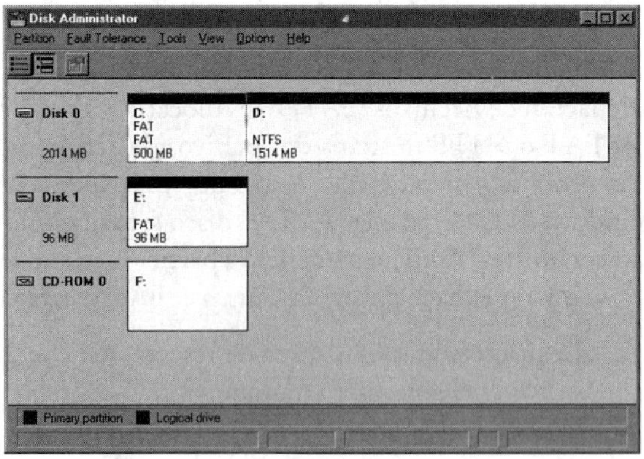

Figura 9.4.
Para llevar a cabo una operación en cualquier disco con el Administrador de Disco, haga clic primero en el disco.

1. Vaya a Inicio | Programas | Herramientas administrativas | Administrador de Discos (Start | Programs | Administrative Tools | Disk Administrator) (vea la figura 9.4).
2. Seleccione el disco que desea formatear haciendo clic en él. Asegúrese de que está en la vista Configuración de Disco (Disk Configuration) (vaya a Ver [View] y seleccione Configuración de Disco; vea la figura 9.5).

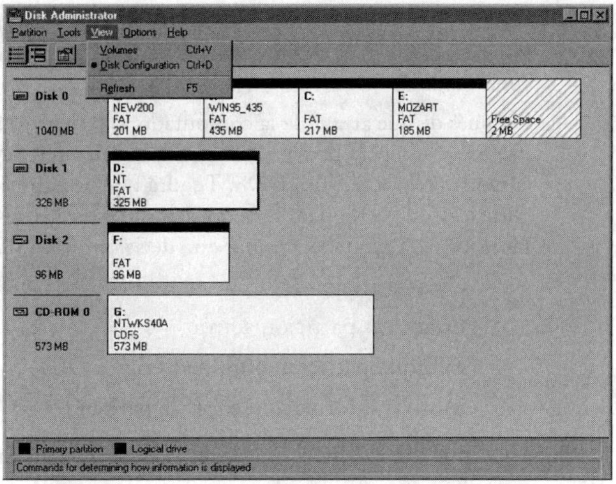

Figura 9.5.
Usted tiene dos opciones diferentes en el Administrador de Disco para ver sus volúmenes.

3. Vaya al menú Herramientas (Tools) y haga clic en Formatear (Format) (vea la figura 9.6). Asegúrese de que ha seleccionado la unidad apropiada, ya que el formateo destruye todos los datos que hay en la unidad.

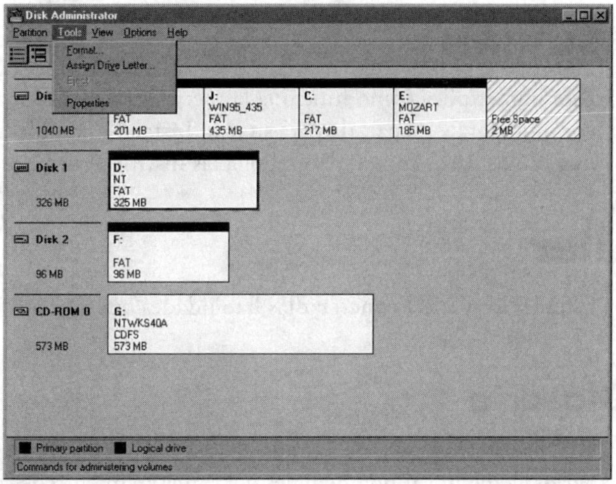

Figura 9.6.
La utilidad de formateo del Administrador de Disco está bajo el menú Herramientas.

Formateo con DOS

Si instala una unidad de disco duro nueva y necesita arrancar desde un disco flexible para formatearla, siga estos pasos:

1. Prepare un disco de DOS desde el cual pueda arrancar la computadora. Vaya a otra computadora que tenga DOS instalado y escriba `SYS a:`. Esto transferirá los archivos necesarios para arrancar la computadora.

2. Copie en el disco FDISK.COM y FORMAT.COM del directorio de DOS.
3. Ponga el disco en la computadora que tiene la unidad de disco duro nueva y encienda la computadora.
4. Después de que arranque la computadora, teclee `FDISK` cuando aparezca el indicador. FDISK se usa para preparar una o más particiones de DOS estableciendo la información de la unidad lógica que usa DOS. Tendrá que decidir cómo desea que se establezcan las particiones de la unidad. Ésta no siempre es una decisión fácil. (Vea los volúmenes en la Hora 10 para ayudarle a tomar esta decisión.) FDISK le dará las siguientes opciones:
   - Crear partición DOS o Unidad Lógica DOS
   - Establecer partición activa
   - Eliminar partición o unidad Lógica DOS
   - Mostrar información sobre la partición

Si tiene dos unidades de disco duro, debe seleccionar con cuál unidad trabajará.

5. Para preparar el disco, seleccione la opción 1 y cree una partición DOS primaria. Seleccione el tamaño máximo.
6. Cree una partición DOS extendida seleccionando de nuevo la opción 1 y luego la opción 2: Crear partición extendida DOS.

Resumen

Esta hora explica cómo funciona la mecánica de las unidades y cómo colocar una unidad en su computadora y prepararla para su uso. Instalar una unidad puede ser un asunto complicado, así que lea los pasos con cuidado y siga las instrucciones que vienen con la unidad.

Taller

El taller le ayuda a concretar las habilidades que aprendió en esta hora.

Glosario

BIOS (sistema básico de entrada/salida, basic input/output system) El programa que controla varios elementos fundamentales del funcionamiento de su computadora. El código en el BIOS activa dispositivos periféricos en su PC y prueba el sistema al encenderse. El OS a veces hará llamadas al BIOS mientras que en otras ocasiones lo pasará por alto y hará las llamadas en forma directa al hardware.

unidad de asignación (cluster) Las unidades de disco duro que usan la Tabla de Asignación de Archivos (FAT, File Allocation Table) como DOS, Windows 3.*x* y Windows 95, FAT32 (Windows 95b u OSR2.x), NTFS (Windows NT) o HPFS (Windows NT y OS/2) dividen el disco duro en unidades llamadas unidades de asignación. FAT usa una unidad pequeña llamada sectores, pero la unidad más pequeña que FAT puede usar para almacenamiento es una unidad de asignación. Aquí es donde podría estar desperdiciando espacio debido a que un archivo pequeño podría usar sólo un porcentaje pequeño del unidad de asignación. La forma en que formatee la unidad y sus particiones determinará qué tan grande es cada unidad de asignación.

ranuras de expansión (expansion slots) Dentro de su computadora, en la tarjeta madre (la tarjeta del sistema principal que contiene los chips que hacen funcionar su computadora), hay ranuras de expansión que le permiten expandir la capacidad de su PC. Las tarjetas de expansión que van en las ranuras incluyen módem, tarjetas de sonido, tarjetas de video, tarjetas de televisión, tarjetas adaptadoras SCSI y cosas por el estilo. Dependiendo del tipo de tarjeta madre que tenga, podría tener ranuras de expansión ISA, VESA, EISA o PCI. Las tarjetas que planea usar deben corresponder a sus ranuras. Casi todas las tarjetas madre modernas usan una combinación de ranuras ISA y PCI.

gigabyte Cantidad de espacio de almacenamiento igual a 1,000MB.

disco duro (hard disk) Hay diferentes estándares de interfaz para conectar unidades de disco duro a la computadora. Las unidades IDE son un estándar antiguo y lento; EIDE es una versión más reciente de IDE que trasciende algunas de las limitaciones de IDE. SCSI es una tecnología diferente que requiere de una tarjeta de interfaz SCSI. Las unidades SCSI más recientes son las más rápidas disponibles.

megabyte Unidad de almacenamiento equivalente a 1,024KB, o a 1,048,576 bytes. Un KB es igual a 1,024 bytes.

milisegundo (milisecond) Medida de tiempo que equivale a una milésima de segundo.

plato (platter) Dentro de una unidad de disco, los discos de metal que giran y contienen los datos son llamados platos. Cada plato está recubierto con un material magnéticamente sensible.

servidor remoto (remote server) Si su computadora está conectada a un servidor de red por medio de una conexión remota como un módem, entonces el servidor se llama servidor remoto. Por ejemplo, si las computadoras de su oficina están corriendo NT 4, pueden ser establecidas como un servidor de acceso remoto para que pueda tener acceso telefónico a ellas desde su casa.

medios removibles (removable media) Dispositivos de hardware como unidades de disco flexible y tipos específicos de "unidades de disco duro" son removibles en virtud de que los medios de almacenamiento pueden ser removidos y colocados de nuevo en otro disco. La unidad Iomega Zip es un ejemplo.

sector Cuando se formatea un disco duro, la unidad más pequeña que una computadora puede leer es un sector. Un grupo de sectores componen una unidad de asignación o cluster.

Pista (track) Cuando se formatea una unidad de disco duro, contiene una unidad conocida como pista, que es un anillo concéntrico alrededor de la unidad, que consta de varias unidades de asignación (la cantidad exacta de unidades de asignación depende del tamaño de la unidad, de cómo se haya formateado y se le hayan hecho las particiones). Cada plato está dividido en muchos círculos concéntricos o pistas.

Ejercicios

1. Arranque su computadora, entre al BIOS y observe los parámetros de su unidad de disco duro. ¿Cuántos cilindros, pistas y sectores tiene?
2. Usando la información de esta hora y de la Hora 13, determine el tamaño de las unidades de asignación en su disco. ¿Puede calcular cuál es la cantidad potencial de espacio desperdiciado en la unidad?
3. En un intento por calcular cuellos de botella potenciales, determine las velocidades de acceso y transferencia de su unidad de disco duro.

PARTE

II

Hora 10

Volúmenes y el Administrador de Discos

por Martin Kenley

Mientras la hora 9, "Cómo trabajar con discos duros", le enseñó algunos de los aspectos fundamentales de las unidades de disco duro, esta hora cubre material más avanzado. Por ejemplo, muchos usuarios podrían no crear jamás un conjunto de volúmenes, pero para quienes sí necesiten saber cómo hacerlo, aquí encontrarán la información. Todos se beneficiarán con la sección sobre volúmenes y particiones, así como con la de cómo utilizar el Administrador de Discos (Disk Administrator).

Entender los volúmenes: estrategias para hacer las particiones de la unidad de disco duro

Comencemos por ver las diferencias entre particiones y volúmenes. Para muchas personas es lo mismo, pero desde el punto de vista técnico hay diferencias importantes. Una *partición* es una porción de la unidad de disco duro que, si se formatea, se puede convertir en un volumen. De hecho, toda la unidad de disco duro se puede considerar como una partición que usa todo el espacio disponible en la unidad. Por ejemplo, si tiene un disco duro de 500MB puede crear una partición primaria que sea de 500MB.

Esta partición primaria puede contener a NT y sus datos y aplicaciones (vea la figura 10.1). Pongamos otro ejemplo, esta vez con una unidad de 1 gigabyte (1,000 megabytes) (vea la figura 10.2). En vez de tener sólo una partición, usted puede elegir la creación de una partición primaria de 200MB para NT y una partición extendida que contenga dos unidades lógicas de 400MB cada una.

Figura 10.1.
Por lo general la gente no crea más que una partición.

Figura 10.2.
Otra estrategia para hacer particiones en una unidad es crear particiones separadas para los datos, el sistema operativo y las aplicaciones.

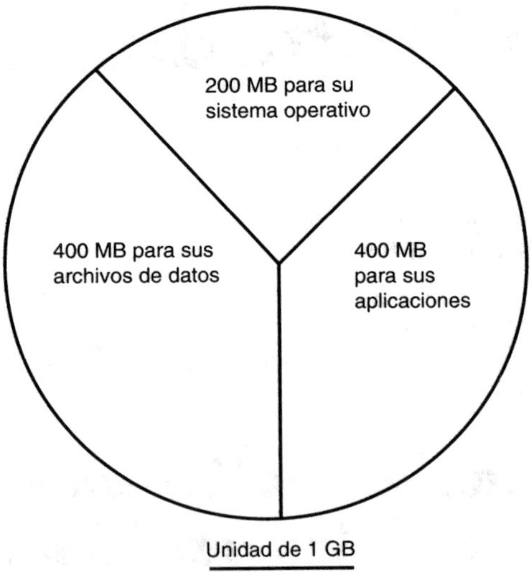

Una partición de 400MB puede ser para las aplicaciones y otra para datos. No tiene que separar el área de aplicaciones del área de datos, y tampoco el área de datos y aplicaciones de la que contiene al sistema operativo (en este caso, Windows NT). Hay quienes sostienen que hacerlo así facilita la recuperación de datos después de una falla; otras personas lo hacen para poder respaldar con mayor facilidad la partición de datos. De hecho, la figura 10.3 muestra otro esquema de partición posible. Aquí hay una unidad de 2GB que está dividida en dos partes iguales. El primer gigabyte de espacio es para el sistema operativo y las aplicaciones, y el segundo es exclusivo para archivos de datos personales. Si tiene una unidad Iomega Jazz, en la que cada disco contiene 1GB de datos, podría realizar respaldos simples arrastrando en forma periódica el volumen de datos al disco Jazz. Ésta no es una estrategia de respaldo convencional de acuerdo con los estándares actuales, pero se está haciendo más común conforme baja el precio de los dispositivos de almacenamiento removibles.

Figura 10.3.
Un esquema de partición simple que divide la unidad en dos partes: una para archivos de datos y la otra para el sistema operativo y las aplicaciones.

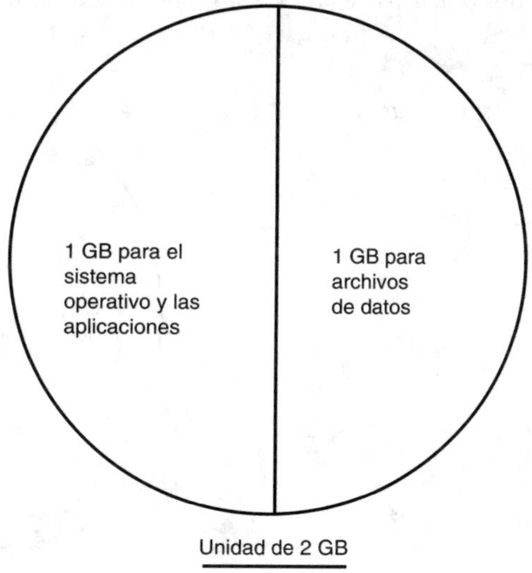

El enfoque más común es instalar un sistema de respaldo en cinta que está programado para hacer respaldos periódicos cuando la computadora no está en uso. Ambos métodos tienen sus propias ventajas y desventajas. La tecnología Jazz más reciente es muy rápida y conveniente, convirtiendo al respaldo en un proceso rápido. Además, Jazz es una tecnología barata. Por otra parte, algunas unidades de cinta pueden almacenar más datos que la unidad Jazz y pueden configurarse con facilidad para hacer respaldos solas.

Un volumen, por otra parte, puede ser una partición única, lo cual sucede por lo general. Sin embargo, un volumen puede consistir en varias particiones. Hay pocas reglas implicadas en las particiones y los volúmenes en las que usted deba pensar y usar para encontrar una configuración que satisfaga sus necesidades.

Razones principales para las particiones

Si está pensando en estrategias para hacer particiones a una unidad de disco duro, hay algunos elementos importantes que debe tener en cuenta. Hay muchas razones para hacen particiones en unidades de disco duro, pero sólo hay dos razones fundamentales que atraen a muchos usuarios de computadoras:

- La instalación de dos o más sistemas operativos que requieren particiones separadas para cada uno (vea la figura 10.4). No todos los sistemas operativos requieren su propia partición. Todos los sistemas operativos de Microsoft pueden estar en la misma partición, excepto Windows NT si usted escoge el sistema de archivos NTFS, o Windows 95 si elige el sistema de archivos FAT32. Además, si está pensando en instalar otro sistema operativo en el futuro, una buena idea es hacer espacio ahora, ya que es muy probable que el segundo sistema operativo necesite una partición separada. Y no se puede crear una segunda partición sin eliminar la partición única actual y luego crear dos o más particiones. Esto significa borrar por completo la unidad.

Figura 10.4.
Si desea tener dos sistemas operativos que usen formatos de archivo diferentes, necesitará hacer particiones a su unidad.

- Tratar de reducir el tamaño de las unidades de asignación de la unidad de disco duro. El cuadro 10.1 ilustra que diferentes tamaños de las particiones le dan diferentes tamaños de unidad de asignación en su unidad de disco duro.

En el primer caso, si quisiera instalar dos sistemas operativos que requieren sus propias particiones, digamos Linux y NT, tendría que crear particiones separadas para cada uno, ya que usan distintos sistemas de archivo. En un caso como éste no tiene otra opción más que crear particiones para cada uno de estos sistemas operativos. El OS/2 de IBM es otro ejemplo de un sistema operativo que tiene su propio sistema de archivo, HPFS, y, por consiguiente, requiere su propia partición. Por otra parte, si planea tener Microsoft Windows NT junto con Windows 95 o Windows 3.*x*, entonces no necesita particiones separadas puesto que usan el mismo sistema de archivos (FAT). La única excepción aquí sería si eligiera NTFS como sistema de archivo para Windows NT, lo que lo haría incompatible con Windows 95 y Windows 3.*x*.

Respecto a la segunda consideración, la reducción del tamaño de las unidades de asignación por las particiones, vale la pena considerar varios puntos. Como se mencionó en la hora 9, si selecciona el sistema de archivos de Tabla de Asignación de Archivos (FAT, File Allocation Table), entonces la unidad más pequeña de almacenamiento por archivo (sin importar su tamaño) es una unidad de asignación —aun cuando el archivo no necesite toda una unidad de asignación. Si selecciona formatear un volumen desde el indicador de comandos, se puede especificar el tamaño de la unidad de asignación, pero el mínimo para diferentes tamaños de unidad se muestra en la tabla 10.1.

Tabla 10.1. Tamaños mínimos de particiones.

Partición	Tamaño de la unidad de asignación
Para FAT:	
0 a 32MB	512 bytes
33 a 64MB	1KB
65 a 128MB	2KB
129 a 255MB	4KB
256 a 511MB	8KB
512 a 1023MB	16KB
1024 a 2047MB	32KB
2048 a 4095MB	64KB (Sólo Windows NT)
Para NTFS:	
0 a 512MB	512 bytes
513 a 1024MB	1KB
1025 a 2048MB	2KB
2049 a 4096MB	4KB
4097 a 8192MB	8KB

La unidad o tamaño de la partición máxima para FAT es 4GB, pero sólo en Windows NT. Cuando la unidad es más grande que 200MB, recomiendo usar un sistema de archivos diferente o hacer particiones para prevenir que se desperdicie mucho espacio.

El Administrador de Discos

En la hora 9 usted vio brevemente la utilería del Administrador de Discos (Disk Administrator) para aprender a formatear una unidad de disco duro. La utilería del Administrador de Discos es lo bastante accesible para administrar sus unidades de disco duro. Con ella usted puede realizar las siguientes funciones:

- Formatear y etiquetar volúmenes
- Crear y eliminar particiones
- Crear y extender conjuntos de volúmenes (que aprenderá en la sección "La barra de herramientas del Administrador de Disco")

- Tener acceso a la hoja de propiedades para un volumen, la cual le muestra una presentación gráfica del espacio utilizado y libre, y le permite verificar el disco en busca de errores y su configuración para compartirlo y establecer autorizaciones
- Establecer la letra de unidad que corresponde a cada volumen

Primero, vea las opciones presentadas en la ventana del Administrador de Discos (Disk Administrator). Vea la figura 10.5, que muestra la ventana de la utilería. Se le dan cinco opciones de menú: Partición (Partitions), Herramientas (Tools), Ver (View), Opciones (Options) y Ayuda (Help). Verá las opciones que se enlistan bajo estos menús en la sección "La barra de herramientas del Administrador de Disco".

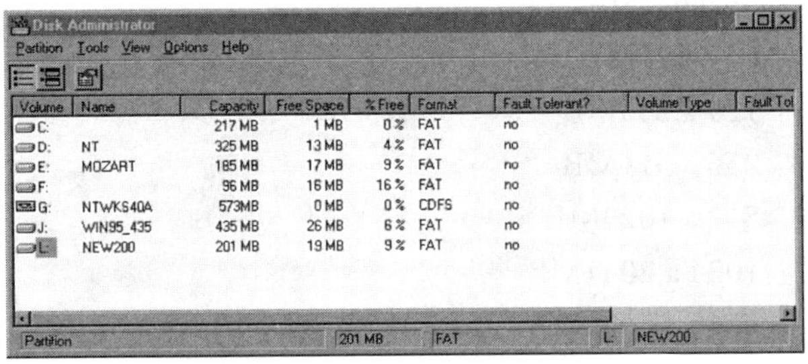

Figura 10.5.
El Administrador de Disco le permite administrar sus unidades de disco duro. Aquí está una vista de Volúmenes de sus unidades de disco duro.

La barra de herramientas del Administrador de Disco

Debajo de los menús encontrará una barra de herramientas con tres iconos (vea la figura 10.6). Cada uno de ellos le da una vista diferente de la configuración de la unidad en su computadora.

Figura 10.6.
Debajo de los menús del Administrador de Disco está la barra de herramientas, la cual contiene tres iconos que le permiten seleccionar diferentes formas de presentar información acerca de sus volúmenes.

Vista Volúmenes

Hacer clic en el primer icono de la barra de herramientas le proporciona la vista de Volúmenes de sus unidades de disco duro (remítase a la figura 10.5). El Administrador de Disco muestra la información en la parte inferior de la pantalla al seleccionar un volumen particular. Observe en la figura 10.5 que la unidad L: está seleccionada (puede decirlo ya que la letra L está resaltada). Por el hecho de estar seleccionada, la información en la parte inferior de la ventana le dice a usted que tiene particiones, que su tamaño es de 201MB, que usa el sistema de archivos FAT, que está designada como la unidad L: y que su nombre es New200. Si selecciona otro volumen, esta información cambiará para reflejar las características del volumen.

También puede hacer clic con el botón derecho en cualquiera de los volúmenes mostrados para obtener el menú desplegable. Este menú le permite formatear, asignar una letra de unidad, eliminar u obtener la hoja de propiedades del volumen (vea la figura 10.7).

Figura 10.7.
El Administrador de Disco le permite hacer clic con el botón derecho en los volúmenes para abrir el menú que se muestra aquí.

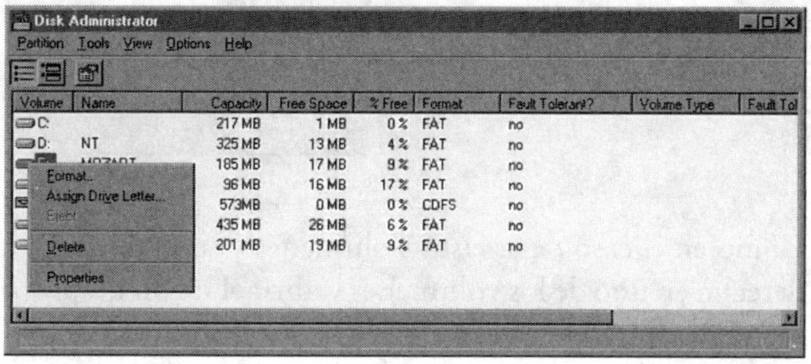

Cuando esté usando la vista Volumen, notará debajo de la barra de herramientas la barra de descripción que contiene los siguientes descriptores: Volumen (Volume), Nombre (Name), Capacidad (Capacity), Espacio disponible (Free Space), % disponible (% Free), Formato (Format), ¿Tolerancia a fallos? (Fault Tolerant?), Tipo de Volumen (Volume Type), Tiempo adicional por tolerancia a fallos (Fault Tolerance Overhead) y Estado (Status). Estos descriptores son importantes porque le permiten ver los datos en formas diferentes. Observe en la figura 10.8, por ejemplo, el descriptor Espacio disponible en la barra de descripción. Si hace clic en este descriptor, reconocerá los volúmenes de modo que el volumen con la cantidad más grande de espacio libre será enlistado al principio, seguido del volumen con la segunda cantidad más grande de espacio disponible, y así sucesivamente. Si hace clic en el descriptor Espacio disponible una segunda vez, invertirá el orden de las unidades, de modo que se encuentre primero la unidad con la cantidad más pequeña de espacio libre. Del mismo modo, hacer clic en otros descriptores también reorganizará los volúmenes, dependiendo del descriptor que haya seleccionado.

Vista Configuración de Disco

El segundo icono le dará una vista de Configuración de Disco de sus unidades de disco duro (vea la figura 10.8). Si hace clic en uno de los volúmenes, la parte inferior de la pantalla le dirá si es una partición, una partición activa, una unidad lógica o una unidad de CD-ROM. En la figura 10.8 notará que la L: está resaltada y la parte inferior de la ventana le informa que es la partición lógica. Puesto que la figura 10.8 está en blanco y negro, no puede ver esto, pero la parte inferior de la ventana tiene una diferenciación de colores para volúmenes que son de diferentes tipos. Usted puede ver dos designaciones: partición primaria y unidad lógica. Puede seleccionar la designación de color para cada tipo de volumen. Vaya al menú Opciones y seleccione colores y patrones, y escoja un color de su elección junto con un patrón.

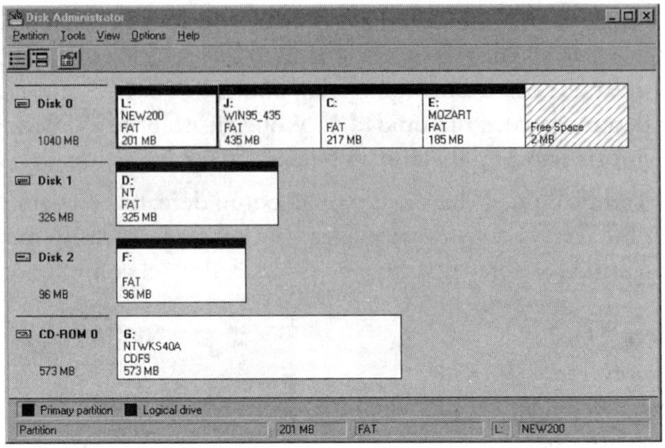

Figura 10.8.
La vista Configuración de Disco le permite ver los volúmenes en forma gráfica, en vez del cuadro basado en texto que proporciona la vista Volúmenes.

Como en el caso de la vista Volúmenes (Volume), aquí también puede hacer clic con el botón derecho en uno de los volúmenes y abrir el menú desplegable, como se muestra en la figura 10.9. Una nueva opción que notará es la opción Marcar como activa (Mark Active). Ésta se usa para seleccionar la partición primaria (la unidad C:), que contiene el sistema operativo. Al activarla, se iniciará el sistema operativo en la partición primaria cuando arranque su computadora.

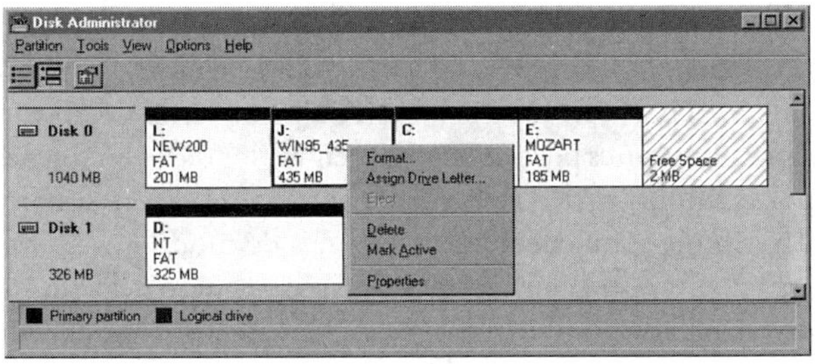

Figura 10.9.
En la vista Disco puede abrir el menú desplegable, el cual le permite realizar varias funciones en el volumen.

Vista Propiedades

El último botón en la barra de herramientas le permite ver el cuadro de diálogo de propiedades para cualquier volumen que esté seleccionado en el momento (vea la figura 10.10). Este cuadro de diálogo para un volumen muestra alguna información redundante; por ejemplo, puede ver la cantidad de espacio en el disco que ya está utilizada y la que está libre, así como la etiqueta de volumen. Pero aquí puede cambiar la etiqueta de volumen, configurarlo para compartir y establecer autorizaciones en el volumen.

La vista cuadro de diálogo de Propiedades (Property Sheet), además, tiene una ficha de herramientas. Si la selecciona encontrará herramientas para revisar su unidad de disco duro en busca de errores, hacer un respaldo de la unidad de disco duro a una unidad de cinta, y una herramienta defragmentadora sin funcionar (que no podrá usar ya que no estaba disponible cuando Microsoft lanzó Windows NT 4 Workstation. Sin embargo, usted puede encontrar una utilería para este fin en www.diskeeper.com). El botón Revisar Ahora (Check Now) ejecutará una utilería para verificar sus archivos de sistema y también revisará la unidad de disco duro para detectar errores. El botón Hacer copias de seguridad ahora (Back Up Now) iniciará la utilería que verifica la presencia de un sistema de respaldo de cinta y le permite respaldar archivos ahí.

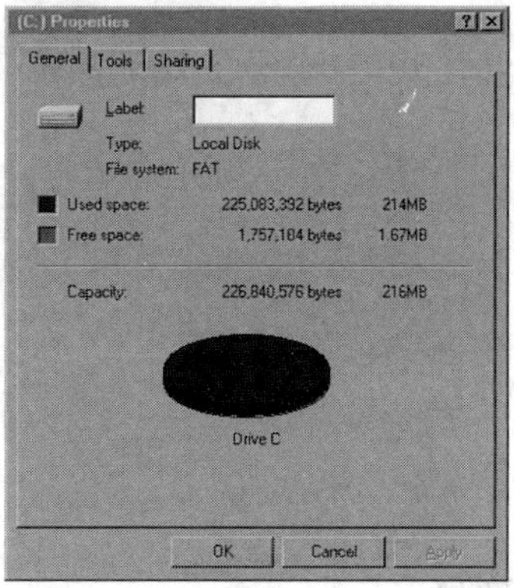

Figura 10.10.
La hoja de propiedades para un volumen le proporciona capacidades adicionales.

Cómo administrar las particiones

El Administrador de Discos (Disk Administrator) le permite formatear una partición, usando ya sea FAT o NTFS, que se exponen en la hora 9 y la hora 13, "Sistemas de archivos y Windows NT 4". El Administrador de Discos también le permite asignar una letra a cada volumen creado. La mayor parte del tiempo, su disco ya tendrá particiones, y si desea crear particiones adicionales, necesitará software especializado, como Partition Magic, o deberá reformatear la unidad. (Si reformatea la unidad, todo lo que hay en ella se perderá.) Por consiguiente, saber cuántas particiones necesita es una de las primeras cosas que tiene que determinar después de recibir su computadora (o de colocar una unidad nueva en su computadora actual).

Creación de una partición nueva

Suponiendo que ya tiene una partición primaria que contiene a Windows NT, entonces puede crear particiones adicionales en la unidad. Sin embargo, esto supone que no usará todo el espacio en la unidad para su partición primaria. Si éste es el caso, entonces, como se mencionó en la sección "Administración de las particiones", necesitará software especial para hacer otra partición en la unidad. Si hay espacio sin formatear en la unidad, entonces selecciónelo haciendo clic en él (será denominado "espacio libre", lo que significa que el espacio no está formateado). Luego siga estos pasos:

1. Abra el Administrador de Disco y seleccione la vista Configuración de Disco en la barra de herramientas.
2. Usando el ratón, seleccione el espacio libre en la unidad apropiada.
3. Si está creando una partición extendida, seleccione Crear Extendida (Create Extended). Aparece el cuadro de diálogo Crear Partición Extendida (Create Extended Partition)

mostrando el tamaño máximo y mínimo para la partición. Seleccione el tamaño apropiado para la partición.

4. Por otra parte, si está creando una partición primaria y pueden haber un máximo de sólo cuatro particiones primarias en cualquier unidad, seleccione Crear (Create). Ahora verá el cuadro de diálogo Crear Partición Primaria (Create Primary Partition). Se desplegarán los tamaños máximo y mínimo de la partición y le permitirán seleccionar el tamaño (en megabytes) para la nueva partición (vea la figura 10.11).

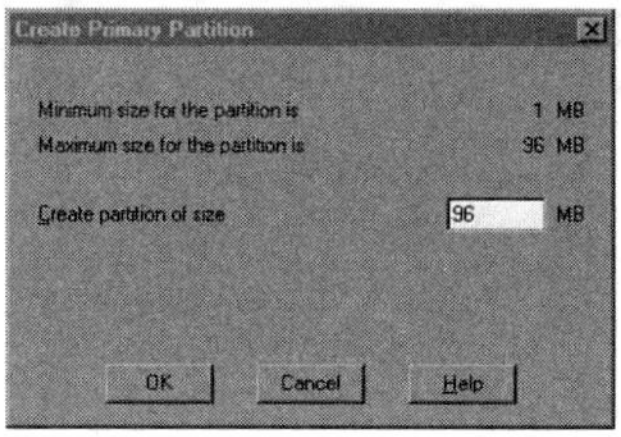

Figura 10.11.
Cuando use el Administrador de Discos para crear particiones, obtendrá este cuadro de diálogo. En forma predeterminada, selecciona el espacio máximo disponible para la nueva partición.

5. A continuación, seleccione el tamaño para la partición y luego seleccione Aceptar (OK). Ahora ha creado la partición; el paso final es formatearla, lo cual aprenderá en la sección "Formateo de particiones".

Creación de unidades lógicas

Se puede crear una unidad lógica, además de las particiones primaria y extendida, usando el Administrador de Discos. Sin embargo, una unidad lógica (aquí *lógica* es sinónimo de *virtual*, debido a que no puede "crear" una unidad) sólo puede hacerse desde dentro de una partición extendida. Para crear una unidad lógica, siga estos pasos:

1. Abra el Administrador de Disco y, usando el ratón, seleccione el área en la partición extendida. Ésta área no puede estar formateada todavía.
2. Vaya al menú Partición y seleccione Crear. Ahora se le presentará el cuadro de diálogo Crear Unidad Lógica (Create Logical Drive), el cual es parecido al de la figura 10.11.
3. Seleccione el tamaño deseado para la unidad lógica, el cual debe estar dentro del mínimo y máximo mostrados.
4. Seleccione Aceptar y ahora tiene una unidad lógica en el espacio de la partición extendida, la cual puede usar ahora como lo haría con cualquier otro volumen.

Guardado (grabación) de los cambios: se deben registrar

Ahora debe registrar los cambios que ha hecho a la estructura de la partición de su disco antes de poder formatear los nuevos volúmenes que ha creado. Si decide saltarse este paso, entonces sus cambios no serán grabados.

Para registrar los cambios, vaya al menú Particiones (Partition) del Administrador de Discos (Disk Administrator) y seleccione el segundo elemento de la parte inferior: Registrar los cambios ahora (Commit Changes Now). Después de seleccionar esto, los cambios son escritos en el Registro (Registry).

Formateo de las particiones

Ahora que ha creado los tipos de particiones que necesita y la cantidad correcta de particiones, el paso final es formatearlas para que puedan ser usadas. Durante el proceso de formateo, debe decidir cuál sistema de archivo usará (ya sea FAT o NTFS). (Si no está seguro, consulte la hora 13.)

También se le presentará la opción de etiquetar el volumen. Este último paso no es crucial y se puede omitir, pero le puede ayudar a identificar para qué se ha usado el volumen o cuál es su contenido.

Para formatear su partición recién creada, seleccione primero la partición haciendo clic en ella. Esto permite al Administrador de Disco saber que desea ejecutar una acción en esta partición particular. Vaya al menú Herramientas (Tools) y seleccione Formatear (Format). Esta acción le mostrará un cuadro de diálogo en el que puede seleccionar la etiqueta para la partición y el tipo de sistema de archivos (vea la figura 10.12). Ahora siga estos pasos:

1. Después de seleccionar el sistema de archivos y la etiqueta para el volumen, haga clic en Iniciar (Start) y comenzará el proceso de formateo. Si selecciona la casilla de verificación Formateo Rápido (Quick Format), el Administrador de Disco no examinará el volumen para detectar sectores dañados. Es una buena idea hacer que se ejecute el examen, debido a que la utilería marcará los sectores dañados de modo que no puedan usarse. Este proceso podría salvar datos, debido a que el almacenamiento de datos en un área de la unidad que contiene sectores dañados puede originar la pérdida de información.

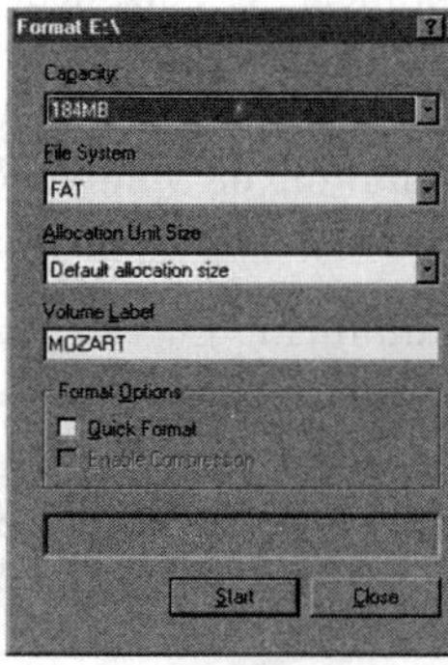

Figura 10.12.
El cuadro de diálogo Formatear del Administrador de Discos le permite introducir un nombre para el volumen y seleccionar un tipo de sistema de archivos.

2. Después de seleccionar Iniciar, aparece un cuadro de diálogo de confirmación. Si está seguro de que desea continuar, haga clic en Aceptar.
3. Cuando el proceso esté terminado, aparecerá un cuadro de diálogo final informándole que el formateo está completo y cuánto espacio fue formateado.

Eliminación de una partición

El Administrador de Discos le permite eliminar particiones y unidades lógicas para permitirle crear una nueva estrategia de particiones. Si elimina una partición, se convertirá en espacio libre y deberá hacérsele particiones y volverse a formatear antes de que pueda ser usado.

PRECAUCIÓN

> No confunda eliminar una partición con la idea de eliminar los datos en una partición. Si desea eliminar los datos en una partición, simplemente seleccione todos los elementos en el volumen y arrástrelos al cesto de basura. Ahora tendrá un volumen en blanco que está listo para contener datos nuevos. Contraste esto con el proceso de eliminar una partición descrito en esta sección.

Para eliminar una partición o unidad lógica, siga estos pasos:

1. Use el Administrador de Discos y seleccione el área que le gustaría eliminar.
2. Vaya al menú Particiones (Partitions) y seleccione Eliminar (Delete). NT le pedirá ahora que confirme su elección. Una vez más, toda la información en este volumen será eliminada. Seleccione Sí (Yes) si está seguro de que quiere eliminar la partición o volumen.

El área se convierte ahora en espacio libre y puede volver a hacerle particiones. Siga los pasos presentados en esta lección para hacer particiones y poder usar esta área de su unidad.

Creación de un conjunto de volúmenes

Un conjunto de volúmenes se crea usando espacio libre en múltiples unidades. La ventaja de usar un conjunto de volúmenes es que puede encontrar que tiene áreas pequeñas de espacio libre, las cuales podrían ser menos útiles en forma individual, pero si las combina en un solo volumen más grande son más fáciles de usar. Además, en vez de hacerle particiones y formatearlo, creando, por consiguiente, un montón de volúmenes más pequeños, puede crear un volumen adicional haciendo un conjunto de volúmenes. Siga estos pasos para hacerlo:

1. Usando el Administrador de Disco, seleccione áreas múltiples de espacio libre. Para ello, mantenga oprimida la tecla Ctrl después de haber seleccionado la primer área de espacio libre.
2. A continuación, seleccione el menú Particiones y seleccione Crear Conjunto de Volúmenes (Create Volume Set). Esto le presenta un cuadro de diálogo en el que puede seleccionar el tamaño del nuevo volumen. Es probable que quiera seleccionar el tamaño máximo para usar todo el espacio en cada área libre.
3. Seleccione Aceptar. Se crea un volumen nuevo y se le asigna la siguiente letra de unidad no usada.

Resumen

Esta hora le ha enseñado cómo planear y administrar volúmenes, y aprendió diferentes estrategias para usar los volúmenes. Aprendió, además, a usar la utilería del Administrador de Disco para administrar particiones y recuperar datos sobre los volúmenes. El Administrador de Disco es útil durante y después de la etapa de creación del volumen.

Taller

El taller le ayuda a solidificar las habilidades que aprendió en esta hora.

Glosario

conjunto de volúmenes (volume set) Áreas no usadas de particiones combinadas en un solo volumen.

unidad de disco duro (hard drive) El mecanismo físico que almacena sus datos y aplicaciones aunque la computadora esté apagada.

unidad lógica (logical drive) Vea *partición extendida.*

partición (partition) Partes o áreas en las que se puede dividir una unidad de disco duro.

partición extendida (extended partition) Área de su unidad de disco duro que está más allá de la partición primaria. Dentro de este espacio, usted puede crear particiones adicionales, llamadas unidades lógicas.

volumen (volume) Partición que ha sido formateada; en este punto se le asigna una letra de unidad.

Ejercicios

1. Abra el Administrador de Discos, examine su unidad de disco duro y note la estrategia de partición actual.
2. ¿Puede pensar en estrategias de partición alternativas?
3. Usando otra vez el Administrador de Discos, utilice las diferentes opciones de la barra de herramientas para ver sus volúmenes en las diversas formas suministradas por la utilería.

PARTE II

Hora 11

Seguridad: planeación de un sistema seguro

por Robert Bogue

Usted ha llegado a la hora 11. En esta lección aprenderá lo que es la seguridad para Windows NT Workstation y lo que necesita saber sobre ella. Aquí aprenderá lo siguiente:

- ☐ Crear, cambiar de nombre y eliminar usuarios
- ☐ Crear y eliminar grupos
- ☐ Establecer políticas de contraseñas
- ☐ Configurar auditorías

Una de las mejores formas de entender la seguridad es pensar en ella como las cerraduras que tiene en su hogar, su automóvil e incluso en los cajones de su escritorio. Algunas personas nunca cierran nada; no se preocupan porque llegue alguien y tome lo que han ganado. Otras personas cierran todo: cierran sus hogares —a veces con más de un candado—, cierran sus automóviles y cierran sus guanteras.

La seguridad en NT es muy parecida a esto. Todos los candados están ahí; la pregunta es: ¿cuáles cree necesario usar?

TÓMESE UN MINUTO

> Si está usando NT Workstation en su hogar en una red local o sin conectividad y no comparte su computadora con alguien en quien no confíe por completo, podría saltarse esta hora por el momento y volver a ella posteriormente. En forma predeterminada, la cuenta de Administrador tiene acceso completo. Usted puede usar esta cuenta para entrar en NT Workstation y dejar atrás todas las preocupaciones respecto a la seguridad.

Seguridad para el hogar y la empresa

Hay algunos elementos básicos para la estrategia de seguridad de NT que necesita conocer, ya sea que esté tratando de establecer una pequeña red casera con algunas limitaciones para niños o trabaje en una compañía con 1,000 empleados. Debe saber cómo identificar a los usuarios y qué seguridad deben tener. También necesitará comprender cómo usa NT los grupos para simplificar la administración de usuarios y la seguridad.

Usuarios

El sistema de seguridad de Windows NT se basa en los usuarios y por la identificación de quién tiene autoridad para qué recurso. En NT a cada usuario se le asigna una identificación de usuario y una contraseña, las cuales se usan para tener acceso al sistema. La combinación de la identificación de usuario y la contraseña significa para NT quién afirma ser usted y que usted es esa persona. Este tipo de sistema de seguridad supone que sólo el usuario conoce su contraseña.

TÓMESE UN MINUTO

> Aunque se puede usar una sola identificación de usuario para más de un usuario, no lo recomiendo debido a que dificulta otorgar a cada persona la seguridad exacta que necesita y reduce su capacidad para auditar lo que ha sucedido en su sistema.

NT administra a los usuarios por medio del programa Administrador de Usuarios (User Manager). Este programa se localiza en Inicio | Programas | Herramientas Administrativas (Start | Programs | Administrative Tools).

Cuando abra por primera vez el Administrador de Usuarios se abrirá con dos secciones, como se muestra en la figura 11.1. La sección superior es la de Usuario, que presenta una lista de todos los usuarios que NT conoce.

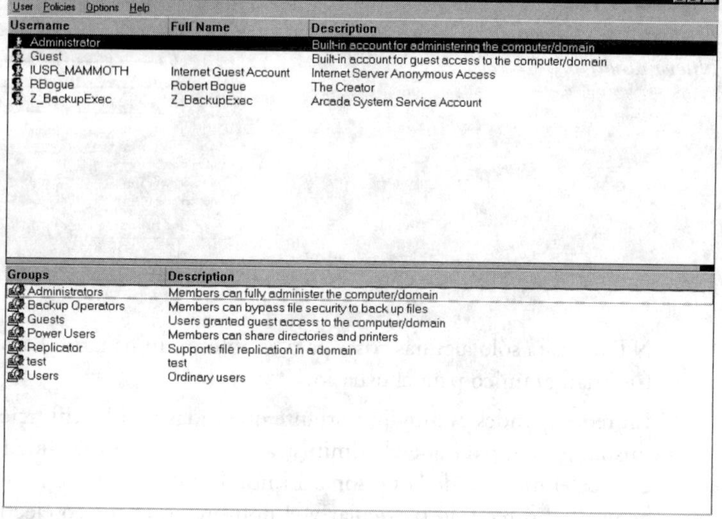

Figura 11.1.
El Administrador de Usuarios enlista a todos los usuarios y grupos definidos en el sistema.

Usted verá que NT ha creado algunos usuarios para usted. Éstos no deben ser eliminados (aunque algunos sí se puedan eliminar), pues son especiales para NT y forman parte de la operación del sistema. Se explican en la tabla 11.1.

Tabla 11.1. Usuarios especiales y sus usos.

Nombre del usuario (Username)	Propósito
Administrador (Administrator)	Puede hacer todo en el sistema. Esta cuenta ha sido creada para que usted administre el sistema.
Invitado (Guest)	Permite que personas que no tienen cuentas de usuario tengan acceso al sistema. En forma predeterminada, esta cuenta está desactivada.
IUSR_*	La utilizan el Peer Web Server (Servidor Web de Iguales) y servicios relacionados para determinar qué acceso a Internet deben tener los usuarios. Usted podría no tener una cuenta IUSR_*. Esta cuenta aparece sólo si usted instaló Microsoft Peer Web Server.

Creación de un usuario nuevo

Crear cuentas de usuario en NT es muy fácil. Para hacerlo, seleccione Usuario | Usuario Nuevo (User | New User). NT abre el cuadro de diálogo Nuevo Usuario que se muestra en la figura 11.2.

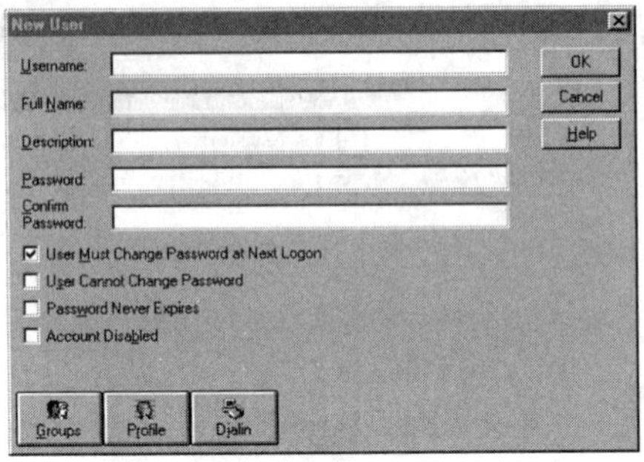

Figura 11.2.
El cuadro de diálogo Nuevo Usuario.

NT necesita sólo algunas cosas para establecer un usuario. La primera es un nombre de usuario (username) único para el usuario.

En redes grandes es muy importante que todas las identificaciones de usuarios se generen de la misma forma, para que el administrador adivine con facilidad cuál es el nombre de usuario si conoce el nombre de la persona. El nombre de usuario también es importante porque, por lo general, el directorio particular y el nombre en el correo electrónico son iguales al nombre de usuario. Algunos ejemplos de convenciones para nombrar aparecen en el cuadro 11.2.

Tabla 11.2. Convenciones para nombrar.

OJO: FALTA TRADUCCION?

Nombre	Primera letra del nombre más el apellido	Nombre más la primera letra del apellido	Primeras tres letras del nombre más primeras tres letras del apellido
Cindy Morrow	cmorrow	cindym	cinmor
Kim Spliker	kspilker	kims	kimspi
Lynette Quinn	Iquinn	linetteq	lynqui
Jane Doe	jdoe	janed	jandoe
John Doe	jdoel	johnd	johdoe
John Denver	jdenver	johnd1	johden

El primer estándar (primera letra del nombre más el apellido) es el más común en ambientes corporativos, ya que por lo común es única y fácil. En este esquema, tendrá un problema si dos personas tienen el mismo apellido y su nombre empieza con la misma letra, como en el ejemplo de Jane Doe y John Doe en el cuadro 11.2. Esto siempre es posible; la clave es minimizarlo.

El segundo estándar (nombre más la primera letra del apellido) es popular en ambientes UNIX pero tiende a tener más problemas por no generar identificaciones de usuario únicas, ya que los nombres de las personas por lo general son menos únicos que sus apellidos. En la tabla 11.2, el problema se muestra con John Doe y John Denver.

Sólo he visto usado una vez el estándar final (las primeras tres letras del nombre y del apellido), pero parece proporcionar más identificaciones únicas que cualquiera de los otros dos métodos. Probablemente no sea lo que usted quiere en su convención para nombrar. (Por lo general, se hace una interesante combinación en cuanto a nombres en la red. Se sigue la primera norma [inicial del nombre más apellido] para los varones y la segunda [nombre más inicial del apellido] para las damas, pues permite identificar el género de las personas más fácilmente. Nótese que se deben evitar acentos y eñes.)

Recuerde que no es forzoso usar alguno de estos estándares para nombrar; puede hacerlo como desee. A Windows NT no le importa.

Tómese un Minuto

> Si está en un ambiente de alta seguridad, tal vez no desee que los nombres de usuario sean adivinados conociendo el nombre de una persona. En situaciones como ésta, lo mejor que puede hacer es asignar identificaciones de usuario al azar.

Después de seleccionado un nombre de usuario, NT solicita el nombre completo y una descripción, los cuales aparecen en la ventana del Administrador de Usuarios (User Manager), como se muestra en la figura 11.1. Normalmente, la descripción es el cargo y departamento de una persona. En un ambiente particular podría ser su relación con usted o un apodo.

A continuación, NT proporciona un cuadro de texto de Contraseña (Password) y uno de Repetir Contraseña (Confirm Password). Ésta es la contraseña asignada a un usuario. Como aprenderá en la tabla 11.3, ésta puede ser una contraseña temporal que el usuario usa sólo una vez para entrar en NT. La contraseña que introduce aquí no tiene que conformarse con las reglas que aprenderá en la sección "Configuración de contraseñas de seguridad", excepto que debe cumplir con el requisito de longitud mínima.

A continuación, NT tiene una serie de casillas de verificación relacionadas con las contraseñas y si la cuenta está desactivada. Estas opciones se describen en la tabla 11.3.

Tabla 11.3. Opciones de usuario.

Opción	Descripción
El usuario debe cambiar la contraseña en el siguiente inicio de sesión (User Must Change Password at Next Logon)	Determina si el usuario será obligado a establecer su propia contraseña cuando se conecte la próxima vez. Útil cuando los administradores desean asegurarse de que los usuarios establecen sus propias contraseñas únicas. Cuando se establece esta opción, la contraseña que se introduce en los cuadros de texto de contraseña y confirmación de contraseña es una contraseña temporal.

continúa

Tabla 11.3. continuación

Opción	Descripción
El usuario no puede cambiar la contraseña (User Cannot Change Password)	Impide que un usuario cambie su contraseña. Útil cuando muchos usuarios comparten la misma cuenta y usted necesita prevenir que un solo usuario cambie la contraseña.
La contraseña nunca expira (Password Never Expires)	Esto anula la política de Cuenta descrita en la sección "Configuración de contraseñas de seguridad" y permite que una cuenta use la misma contraseña en forma indefinida. Útil para cuentas de servicio necesarias para software que no se usa. Si no se especifica, algunos servicios podrían fallar de manera misteriosa al expirar su contraseña.
Cuenta desactivada (Account Disabled)	Esto desactiva la cuenta. La cuenta todavía está en el sistema, pero si esta opción está seleccionada, el usuario no podrá entrar. Útil cuando desea eliminar una cuenta, como se explica en la sección "Eliminar a un usuario". También es útil para asesores o empleados temporales si desea que sólo tengan acceso en forma ocasional, pero no quiere crear la cuenta en cada ocasión.

NT presenta tres botones en la parte inferior del cuadro de diálogo de usuario nuevo, los cuales lo llevan a otros cuadros de diálogo, de modo que pueda proporcionar información adicional. El primero de éstos es el botón Grupos (Groups).

Al oprimir el botón Grupos se le presenta un cuadro de diálogo que contiene una lista de todos los grupos actuales en el sistema, como se muestra en la figura 11.3.

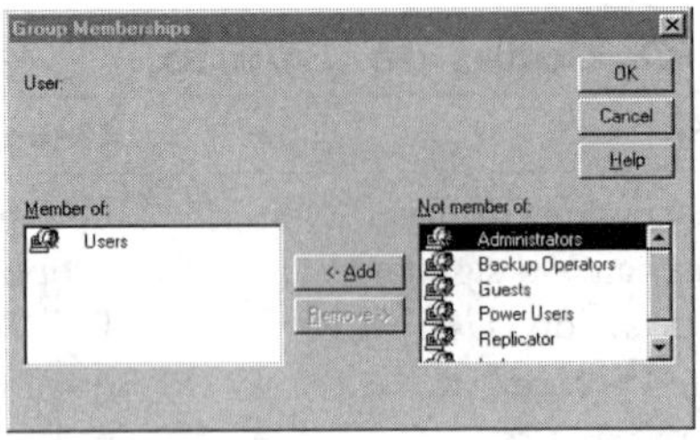

Figura 11.3.
Grupos es una forma rápida de añadir autoridad a un usuario.

NT le permite crear grupos y asignar usuarios a esos grupos. En la sección "Añadir acceso" verá que NT le permite asignar autorizaciones para dar acceso a los recursos a grupos en lugar de a usuarios. Los usuarios heredan del grupo la autorización para usar un recurso.

Los grupos son útiles cuando se tiene un conjunto de recursos que deben estar disponibles para un grupo de personas. Por ejemplo, podría otorgársele acceso a los registros contables al departamento de Contabilidad, pero a otros grupos no se les permitiría verlos. Si hay 15 personas en Contabilidad y no puede crear un grupo, tendría que asignarles a las 15 personas el mismo conjunto de autorizaciones.

Sin embargo, con un grupo usted asigna esas autorizaciones una vez al grupo para luego hacer a los usuarios miembros del grupo. Esto simplifica la administración y hace mucho más fácil crear una nueva cuenta de usuario.

Esto se hace aún más complicado cuando se considera a alguien que pertenece a varios grupos, como un asistente administrativo compartido. Con la capacidad de crear grupos, el administrador sólo necesita agregar al asistente administrativo a los grupos apropiados en vez de tratar de seguirle la pista a todos los parámetros de seguridad que pueda tener cada uno de estos grupos.

Para agregar un nuevo usuario a un grupo, seleccione el grupo a la derecha y oprima el botón Agregar (Add). Repita esto tantas veces cuantas sea necesario. Cuando haya terminado, haga clic en Aceptar (OK) para regresar al cuadro de diálogo Nuevo Usuario (New User).

Oprimir el botón Perfil (Profile) despliega el cuadro de diálogo que se muestra en la figura 11.4. Este formulario le permite establecer perfiles y parámetros de directorios particulares.

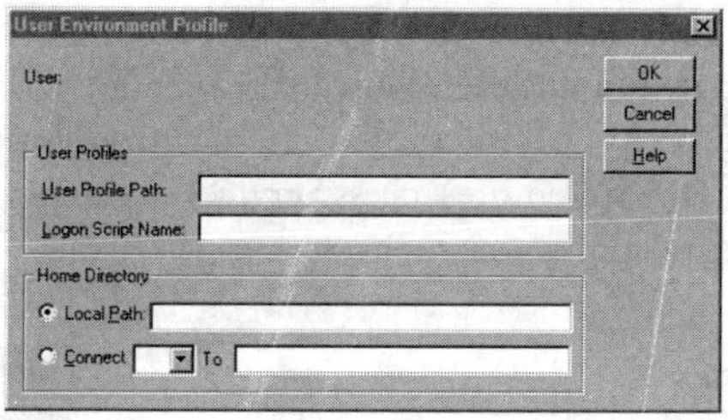

Figura 11.4.
Perfiles especifica el ambiente que obtendrá el usuario cuando se conecte.

Un *perfil* es un grupo de parámetros que determinan cómo se ve la interfaz de usuario y restringe potencialmente las opciones del usuario. Por lo general, éste se deja en blanco para las cuentas de NT Workstation.

El Archivo de comandos de inicio de sesión (Logon Script Name) es el nombre de un archivo de procesamiento por lotes (.BAT o .CMD), el cual se ejecuta cada vez que usted se conecta. Este archivo de procesamiento por lotes puede ejecutar cualesquiera programas de recordatorio, poner la hora en un reloj atómico o cualquier otra cosa que usted quiera que suceda cuando el usuario se conecte.

A continuación, NT le permite especificar un directorio particular, que es donde será colocado en forma predeterminada si abre una interfaz de comandos o trata de grabar un archivo. Esto es importante porque NT le permite pasar de una computadora a otra y conservar el acceso a sus archivos sin importar en qué computadora se encuentre. Esto requiere alguna instalación en red, pero es muy útil en ambientes computarizados grandes.

Si se encuentra en una computadora que no está conectada a una red, sólo seleccione Ruta de acceso local (Local Path) e indique un directorio donde este usuario conservará sus archivos. Este directorio puede ser cualquiera, pero por lo general es algo como `C:\USERS\%USERNAME%`.

AHORRE TIEMPO

> Usted puede usar `%USERNAME%` para introducir el nombre de usuario del usuario que está agregando. Esto puede ser útil cuando usted está agregando muchos usuarios nuevos o retrocediendo y estableciendo directorios caseros para usuarios que ya había creado antes.

Si está en una red, especifique conectar a una unidad y la ruta para conectarse. Recomiendo la unidad H: como la unidad a la que se conectará; es fácil para los usuarios recordar que su directorio particular es la unidad H:. La ruta de conexión deberá darse usando el formato de la Convención Universal de nombres (UNC, Universal Naming Convention). Éste deberá verse parecido a `\\BEAST\USERS\RBOGUE`.

Cuando haya introducido un argumento para conexión y un directorio particular, seleccione Aceptar (OK) para regresar al cuadro de diálogo Nuevo Usuario (New User).

El tercer y último botón en el cuadro de diálogo Nuevo Usuario es Marcado (Dialin). Oprima este botón para mostrar el cuadro de diálogo mostrado en la figura 11.5. Este cuadro de diálogo le permite determinar si el usuario podrá llamar a su computadora y obtener acceso a sus recursos a través de una línea telefónica. En la Hora 8, "Acceso remoto a su trabajo y configuración de computadoras portátiles", vio este cuadro de diálogo y cómo establecer el Servicio de Acceso Remoto (RAS, Remote Access Service) para tener acceso telefónico. Revisaremos en forma rápida esta información aquí.

Figura 11.5.
Información de marcado.

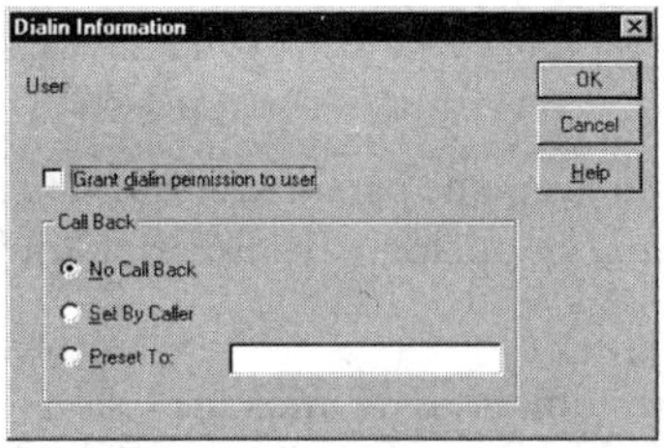

Para refrescar su memoria, la casilla de verificación Conceder permiso de llamar al usuario (Grant dialin permission to user) le permite decir que el usuario puede tener acceso telefónico. Si ésta no está seleccionada, el usuario no podrá llamar en forma remota a pesar de la manera en que usted establezca los parámetros de responder a la llamada, que se exponen a continuación.

Los parámetros de Contestar (Call Back) están diseñados para añadir seguridad, debido a que alguien podría llamar y robar su información o año desde cualquier parte. Sin el acceso remoto, todos los usuarios de su sistema deben estar al alcance de la mano —donde puedan discutir el problema si hacen algo mal. Con el acceso remoto, es posible que ni siquiera sepa quién es el usuario.

Responder a la llamada pone en contacto al usuario una vez que se conecta al sistema y es verificado como un usuario.

Establecer Responder a la llamada en No contestar (No Call Back) significa que usted está diciendo que no necesita esta característica de seguridad adicional o que no puede usarla debido a su ambiente.

La opción Establecer por quien marca (Set By Caller) permite al usuario estar en cualquier parte al llamar. Esto tiene la ventaja de transferir el costo de la llamada telefónica al RAS. También proporciona una conexión de auditoría del lugar en que estaba el usuario. De esta forma, si surge un problema, usted sabe de dónde vino la llamada.

La opción final, Preestablecer a (Preset To), requiere que la persona esté en una ubicación específica. Esto es bueno cuando quiere permitir a los usuarios tener acceso al sistema, pero sólo desea que puedan llamar desde su casa. Otra opción es que pueda permitir acceso telefónico al administrador, pero sólo desde su casa.

Tómese un Minuto

El problema con Regresar la llamada es que por lo general no funciona si el usuario se encuentra en un hotel, ya que muy pocos hoteles ofrecen operadores automáticos; no hay forma de hacer que RAS marque directo a la habitación del usuario.

Haga clic en Aceptar (OK) en el cuadro de diálogo Información de marcado (Dialin Information) y luego de nuevo en el cuadro de diálogo Nuevo Usuario (New User) para terminar de configurar al usuario.

Eliminar a un usuario

A veces es necesario eliminar a un usuario: alguien que ha dejado la compañía, o usted ha sacado a patadas al tío Juan de la casa. (En lo personal, creo que esto es un poco extremo.)

Pero antes de ir y eliminar a un usuario, considere que podría desear tan sólo desactivar su acceso, al menos a corto plazo. Si hay oportunidad de que el tío Juan regrese con la tía Silvia, podría tan sólo desactivar su cuenta por el momento.

Una de las conveniencias fuertes de NT es su capacidad para elaborar un rastreo de auditoría de lo que sucede en el sistema. Este rastreo de auditoría puede decirle a usted qué archivos abrió alguien, cuándo se conectó y qué autorizaciones usó, entre otras cosas. Una cosa un poco desafortunada respecto a los rastreos de auditoría es que a veces le muestran el Identificador de Seguridad (SID, Security Identifier) del usuario en vez del nombre de usuario, de modo que necesita saber qué nombre de usuario corresponde al SID. Si elimina el registro del tío Juan, no podrá comparar su nombre de usuario con el SID y no podrá determinar con precisión si él le escribió la carta de amor a... bueno, no importa.

La otra razón para dejar a un usuario en el sistema se debe a que podría regresar. A cada usuario en el sistema se le asigna un SID único. Por consiguiente, si elimina a un usuario y crea otro con el mismo nombre de usuario, los SID serán diferentes y por tanto el usuario no podrá abrir los archivos como antes lo hacía.

Si decide que aún desea eliminar a un usuario, aquí está cómo hacerlo:

1. Seleccione al usuario en la ventana del usuario del Administrador de Usuarios (User Manager).
2. Oprima la tecla Supr (Delete) o seleccione Usuario | Eliminar (User | Delete).
3. Lea el mensaje de advertencia de NT, que se muestra en la figura 11.6, y oprima Aceptar (OK).

Figura 11.6.
NT le advierte que no podrá volver a crear a este usuario.

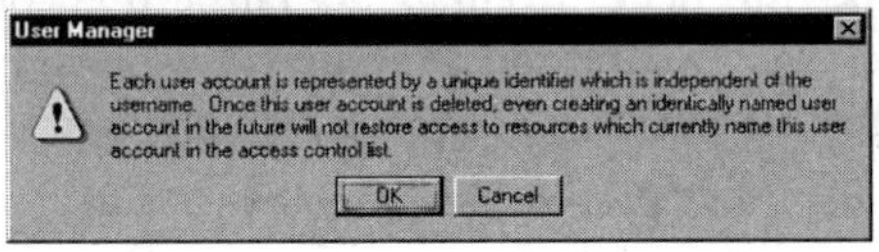

4. Haga clic Sí (Yes) en el cuadro de diálogo mostrado en la figura 11.7 para eliminar al usuario.

Figura 11.7.
Su última oportunidad para cancelar la eliminación del usuario.

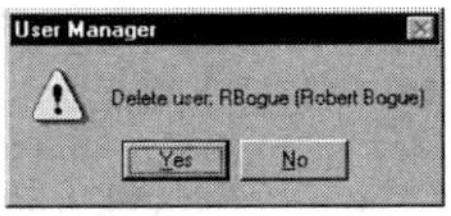

Aquí se muestra cómo desactivar la cuenta en vez de eliminarla:

1. Seleccione al usuario en la ventana del Administrador de Usuarios y oprima la tecla Enter o haga doble clic en el usuario.
2. Seleccione la casilla de verificación Cuenta Desactivada (Account Disabled) como se muestra en la figura 11.8.

Figura 11.8.
Una cuenta desactivada.

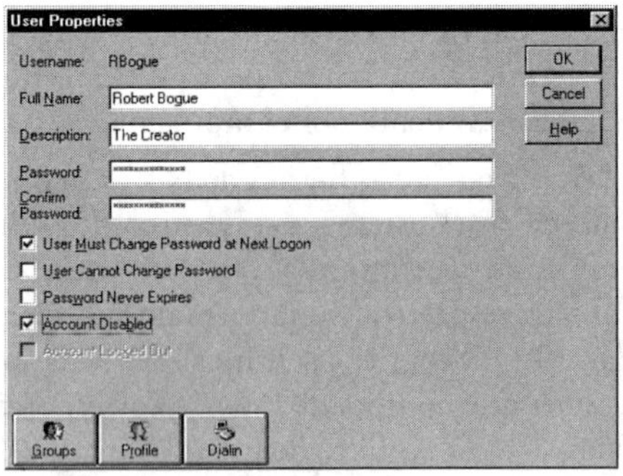

Cambio de nombre de un usuario

De vez en cuando las personas cambian de nombre, a veces porque se casan o se divorcian. Y la mayoría de las personas desean que sus nombres de usuario sean cambiados cuando cambian sus nombres para que coincidan.

Cambiar el nombre de un usuario en NT no tiene dificultades en absoluto. Cambiar el nombre de un usuario en programas de aplicación puede ser muy complicado. En NT, algunos pasos simples lo harán, pero a veces hay docenas de aplicaciones que el usuario utiliza que también necesitan algunos cambios. He aquí cómo cambiar el nombre del usuario en NT:

1. Seleccione al usuario en la ventana del Administrador de Usuarios (User Manager).
2. Seleccione Usuario | Cambiar nombre (User | Rename).
3. Introduzca el nombre de usuario nuevo en el cuadro de texto Cambiar a (Change to) del cuadro de diálogo como se muestra en la figura 11.9.

Figura 11.9.
Cambiar el nombre de usuarios; no los elimine e intente volver a crearlos.

4. Oprima Aceptar (OK).

Una trampa en esto es que si especificó que el usuario tiene un directorio particular con su nombre de usuario como parte del nombre del directorio, todavía tendrá el nombre antiguo. Para cambiarlo, siga estos pasos:

1. Seleccione al usuario en el Administrador de Usuarios y oprima la tecla Enter o haga doble clic en el usuario.
2. Oprima el botón Perfil (Profile).
3. Cambie el directorio particular del usuario para especificar el nombre de usuario correcto.
4. Oprima Aceptar para cerrar el cuadro de diálogo Perfil.
5. Oprima Aceptar para actualizar al usuario.
6. Abra el Explorador (Explorer) de Windows NT.
7. Seleccione el directorio en el que se localiza el directorio del usuario. Por ejemplo, si el directorio particular del usuario es `C:\USERS\JSMITH`, seleccione el directorio `C:\USERS`.
8. Haga clic con el botón derecho en la carpeta del usuario, en el lado derecho de la pantalla; por ejemplo, el directorio `JSMITH`.
9. Seleccione Cambiar nombre (Rename) en el menú contextual.
10. Introduzca el nuevo nombre del usuario y oprima la tecla Enter.

Grupos

Cuando usted vio la configuración de un usuario en la sección "Creación de un usuario nuevo", aprendió un poco sobre los grupos y cómo puede usarlos para simplificar la administración.

NT viene con cinco grupos predefinidos para usted. También tiene un grupo definido para una función del sistema. Cada uno de estos grupos representa un tipo específico de usuario que Microsoft piensa que usted podría tener en la computadora. Se explican en la tabla 11.4.

Tabla 11.4. Grupos incorporados.

Nombre del grupo	Propósito
Administradores (Administrators)	Le permite crear con facilidad usuarios administrativos. Los usuarios que son miembros de este grupo pueden hacer cualquier cosa.
Operadores de copia (Backup Operators)	Este grupo está diseñado para cuentas de usuario especiales que se usan para realizar respaldos. Los usuarios de Workstation rara vez usan este grupo.
Invitados (Guests)	Este grupo es para usuarios sin cuentas en el sistema NT y por lo general no se usará.
Usuarios avanzados (Power Users)	Este grupo es para aquellos usuarios que saben mucho sobre el sistema y arreglan cosas como problemas con la impresora, pero no necesitan tener acceso completo a todo.
Duplicadores (Replicator)	Usado en forma interna por NT para proporcionar servicios de réplica entre un servidor NT y una estación de trabajo NT. Nunca deberá agregar usuarios a este grupo.
Usuarios (Users)	Éstos son los usuarios normales del sistema. Reciben más acceso que un invitado, pero por lo general ningún acceso adicional.

Creación de grupos

Como se mencionó en la sección "Creación de un usuario nuevo", usted puede crear sus propios grupos para facilitar la procuración de seguridad. Puede agrupar a las personas por departamentos en el trabajo, adultos/niños en el hogar o cualquier forma que tenga sentido para usted. Hágase las siguientes preguntas antes de crear sus grupos:

- ¿Cuántas personas estarán en el grupo? Si sólo va a tener un integrante el grupo, no se moleste en crear un grupo; sólo asigne derechos al usuario. Hay algunas excepciones en las que de cualquier manera deseará crear un grupo, pero considere que a veces no tiene sentido crear un grupo.
- ¿Necesito ser más específico? Si su departamento de Contabilidad hace la nómina en forma interna, podría desear crear un grupo de nóminas separado de los grupos de contabilidad.
- ¿Necesito asignar recursos al grupo? Si tiene un grupo para el que no necesita asignar recursos, podría esperar hasta más tarde para establecer el grupo.

Cuando ha decidido los grupos que necesita hacer, puede crearlos siguiendo estos pasos:

1. Seleccione el menú Usuarios (Users), luego la opción Grupo Local Nuevo (New Local Group). Esto mostrará el formulario Grupo Local Nuevo como en la figura 11.10. Si selecciona usuarios antes de seleccionar Nuevo Grupo Local, los usuarios serán enlistados automáticamente como miembros de su nuevo grupo.

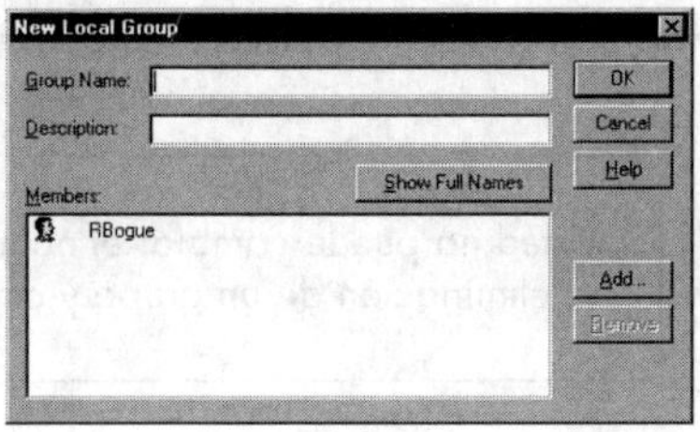

Figura 11.10.
El cuadro de diálogo Nuevo Grupo Local.

2. Introduzca el nombre del grupo y una descripción.
3. Haga clic en el botón Agregar (Add) para mostrar el formulario Agregar Usuarios y Grupos (Add Users and Groups), como se muestra en la figura 11.11.

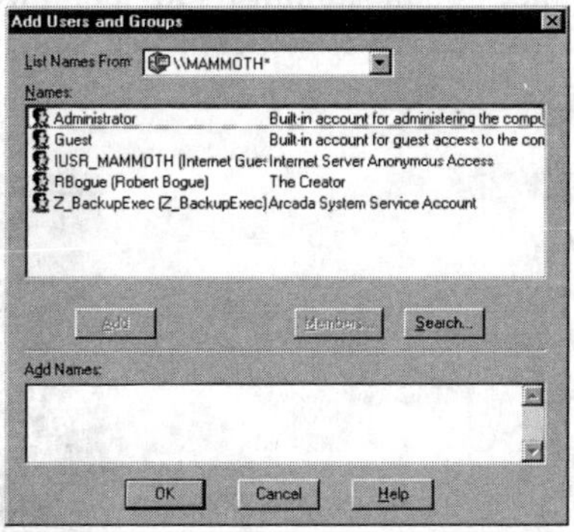

Figura 11.11.
Agregar usuarios al grupo.

4. Seleccione al usuario que desea que sea miembro del grupo y oprima Agregar. Repita para cada usuario que desee sea miembro del grupo.
5. Oprima Aceptar (OK) para regresar al cuadro de diálogo Grupo Local Nuevo.
6. Oprima Aceptar para crear el grupo.

Eliminación de grupos

Cuando elimina a un grupo, tendrá las mismas consideraciones que tiene cuando elimina a un usuario. Hay un SID único asignado a cada grupo. Si elimina al grupo y crea otro grupo con el mismo nombre, NT no restablece las autorizaciones debido a que los SID no son los mismos.

Esto no es de gran importancia cuando tiene que ver con grupos debido a que las conexiones de auditoría se hacen siempre en un nivel de usuario, no en un nivel de grupo. No es posible desactivar a un grupo, de modo que su única opción podría ser eliminar al grupo. Lo conseguirá siguiendo estos pasos:

1. Seleccione al grupo en el Administrador de Usuarios (User Manager).
2. Oprima Supr (Delete) o seleccione Usuario | Eliminar.

TÓMESE UN MINUTO

> Usted no puede cambiar el nombre a los grupos; en cambio, podría necesitar la eliminación de un grupo y crear otro grupo nuevo.

Políticas del sistema

NT tiene algunos parámetros de seguridad de usuario que tienen efecto para todos los usuarios del sistema. Estos parámetros definen, en gran medida, qué tan seguro será su sistema.

Estos parámetros son administrados por medio del menú Directivas | Cuentas (Policies | Account). Si selecciona esta opción, verá un cuadro de diálogo como el de la figura 11.12.

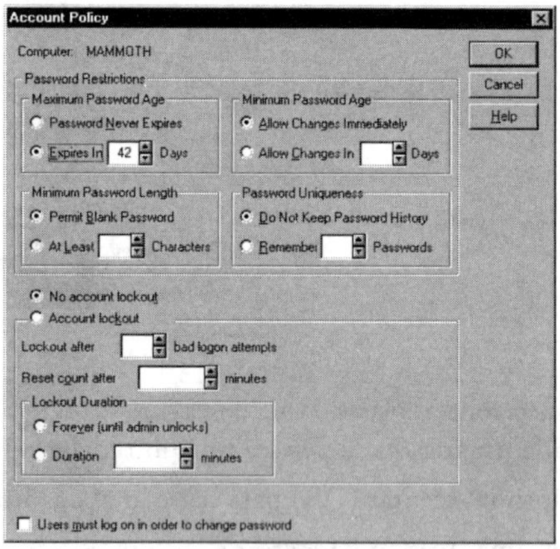

Figura 11.12.
Las Directivas de la cuenta determinan qué tan seguro será su sistema.

Configuración de la seguridad de las contraseñas

La primera parte de la pantalla le permite cambiar parámetros sobre cómo trata NT a las contraseñas. La tabla 11.5 explica qué hace cada uno de estos parámetros.

Tabla 11.5. Opciones de restricción de las contraseñas.

Opción	Función
Duración máxima de la contraseña (Maximum Password Age)	Requiere que un usuario cambie su contraseña después de un número especificado de días. Por lo general, se usa para asegurarse de que alguien no puede continuar usando una contraseña que ha encontrado o ha robado.
Duración mínima de la contraseña (Minimum Password Age)	Impide que el usuario cambie su contraseña demasiadas veces. Esto se usa por lo general para impedir que los usuarios traten de anular la opción de Carácter Único de la Contraseña (Password Uniqueness).
Longitud mínima contraseña (Minimum Password Lenght)	Requiere que todas las contraseñas tengan al menos cierta de la longitud. Entre más larga sea la contraseña, más difícil será de adivinar. Al requerir determinada longitud, previene que los usuarios seleccionen contraseñas que son muy fáciles de adivinar.
Historia de la contraseña (Password Uniqueness)	Ésta impide que el usuario anule la Duración de la Contraseña al requerir que establezca una contraseña diferente que la última. Algunos usuarios tratan de anular este parámetro cambiando su contraseña varias veces seguidas para exceder de la cantidad de contraseñas grabadas allí. Establecer una Duración Mínima de la Contraseña impide esto.

Ahora que tiene todas las opciones, ¿cómo se deben establecer? Esto depende de cuán consciente de la seguridad sea usted. Mis recomendaciones para un ambiente ligeramente seguro son requerir que las contraseñas expiren cada 180 días, las contraseñas tengan una longitud de seis caracteres, las contraseñas tengan un día de antigüedad antes de que puedan ser cambiadas y que se conserven 24 contraseñas.

En un ambiente muy seguro, deberá reducir la cantidad de días antes de que las contraseñas expiren y aumentar el requisito de longitud mínima.

Bloqueo de cuenta

Ahora definiremos cómo responde NT a los intentos de conexión no válidos. Esto determina lo que le hace NT a una cuenta si alguien trata de conectarse a ella con la contraseña equivocada. Le recomiendo encarecidamente que active esta opción.

Una de las formas más fáciles de que un hacker obtenga acceso al sistema es establecer un programa para probar una base de datos de palabras en cada cuenta. Este método de fuerza bruta genera varios intentos de conexión inválidos, pero con el tiempo podría dar con una contraseña correcta. La mejor forma de enfrentar estos ataques de fuerza bruta es bloquear la cuenta después de que se hayan dado determinado número de intentos de conexión inválidos.

Cuando usted selecciona el botón de opción Cuenta bloqueada (Account Lockout), se le dará la oportunidad de establecer la cantidad de intentos que se aceptarán en un periodo antes de bloquear la cuenta y cuánto tiempo permanecerá bloqueada.

Mi recomendación solía ser establecer de cinco a diez los intentos de conexión inválidos. Esto era normalmente más que suficiente para que un usuario se diera cuenta de que había olvidado su contraseña y fuera por ayuda.

Por desgracia, Microsoft hizo algunos cambios en la forma de tratar a sus contraseñas cuando sacó Windows 95. Windows 95 prueba una serie de contraseñas que tiene antes de pedirle al usuario una contraseña. Se probaba la contraseña que el usuario solía usar para conectarse con Windows 95, al igual que una contraseña en blanco y cualquier contraseña que pudiera haber estado en la lista de contraseñas. Como resultado, Windows ha probado conectarse de tres a cinco veces antes de que el usuario se entere de que algo anda mal. Si el usuario no introduce la contraseña correcta en el primer intento terminará bloqueado.

La solución es establecer la cuenta con un número mucho más alto, como 20 o 25, antes de que una cuenta sea bloqueada. Esto no es una gran amenaza en realidad, ya que un programa para adivinar contraseñas por lo general necesitará muchos más intentos (cientos o miles) antes de poder encontrar una que concuerde.

Las siguientes cuestiones son qué tan cercanos deben ser los intentos para ser considerados fallas de conexión múltiples y cuánto tiempo bloquear la cuenta. Mi recomendación es establecer cada una de éstas en cinco minutos. Esto es lo bastante largo como para desalentar a un hacker y no demasiado como para que un usuario espere.

La razón de que quiera establecer este número bajo en vez de establecer el bloque para siempre se debe a que, si usted es como yo, como administrador no deseará ser llamado a menos que sea necesario. Un tiempo de bloqueo bajo alentará al usuario a tratar de nuevo antes de llamarlo.

La casilla de verificación final en este formulario: Los usuarios deben iniciar la sesión para cambiar sus contraseñas. Seleccionar esta casilla impide que los usuarios cambien sus contraseñas expiradas ellos mismos. Debido a que por lo normal no me gusta ser molestado, nunca selecciono esta casilla; es probable que usted tampoco quiera seleccionarla.

Cuando haya terminado de establecer el Plan de Cuentas (Account Policies), haga clic en Aceptar (OK). Sus cambios tendrán efecto de inmediato.

Derechos de los usuarios

En su mayor parte, no tendrá que preocuparse por los derechos de los usuarios en NT Workstation. NT asigna estos derechos a los grupos predefinidos que aprendió en la sección "Grupos".

Lo que debe saber es que puede prevenir que los usuarios se conecten en forma directa en su estación de trabajo eliminando los grupos Todos (Everyone), Invitados (Guests) y Usuarios (Users) del Derecho de Conexión Local (Log on Locally Right).

Tómese un Minuto

> NT Server, en forma predeterminada, sólo permite conectarse a los Administradores y Operadores de Servidor. Esto impide que los usuarios traten de utilizar el servidor como una estación de trabajo.

Auditoría

Las personas a veces asocian la auditoría con la oficina de recaudación de impuestos. Esto le da a la auditoría un mal nombre, pero no se lo merece. Auditar puede ayudarle a determinar lo que está sucediendo y cuándo, y, de mayor importancia, quién lo está haciendo.

Auditar es sólo seguir la pista a todo lo que sucede. Si tiene un guardia de seguridad en su trabajo que hace firmar a los visitantes, tiene una forma de auditar que no es diferente a la auditoría que realizará NT si usted quiere. Otra forma de pensar al respecto es que la seguridad tradicional en NT es como la puerta y la cerradura sobre las que aprendió al principio de esta hora. La auditoría es el sistema de tarjetas que proporciona acceso pero lo conecta de modo que las personas pueden ser interrogadas más tarde si surge algún problema.

Tómese un Minuto

> Sólo en caso de que no lo sepa, cada vez que usa una tarjeta de acceso es conectado a una computadora central. Quienquiera que administre esto en su lugar de trabajo sabe que usted vino a las 2 a.m. del domingo para conseguir un poco de paz y tranquilidad.

Para activar la auditoría, seleccione Directivas | Auditoría (Policies | Audit). Esto desplegará el formulario mostrado en la figura 11.13.

Figura 11.13.
Las opciones de auditoría envían sus resultados al Registro de Seguridad.

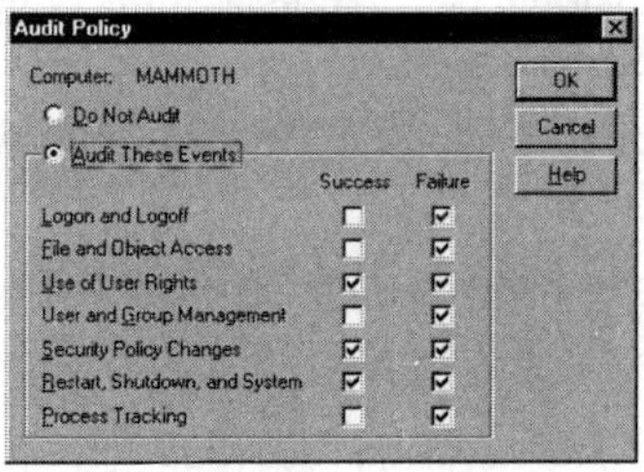

Usted puede escoger auditar todo en esta lista, pero creará un archivo de conexión enorme. Sugiero que se limite a auditar las cosas que crea que son en realidad importantes.

Por lo general, audito todas las fallas y los éxitos de Reinicio, apagado y sistema (Restart, Shutdown, and System), así como los Cambios en el plan de seguridad (Security Policy Changes).

Esto produce un archivo de registro para la seguridad que es manejable pero proporciona suficiente información para identificar quién está haciendo cosas que no debería. Cuando usted active la auditoría de conexiones podrá ver eventos en el archivo de registro para la seguridad. La figura 11.14 muestra unos cuantos eventos en mi archivo de registro para la seguridad.

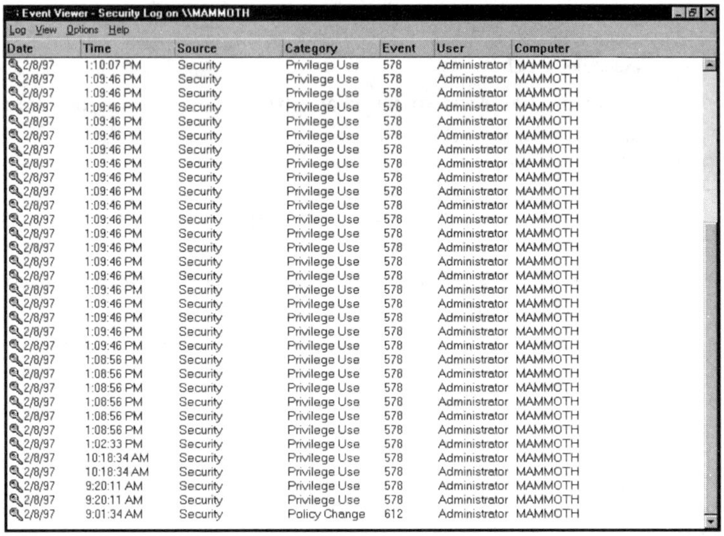

Date	Time	Source	Category	Event	User	Computer
2/8/97	1:10:07 PM	Security	Privilege Use	578	Administrator	MAMMOTH
2/8/97	1:09:46 PM	Security	Privilege Use	578	Administrator	MAMMOTH
2/8/97	1:09:46 PM	Security	Privilege Use	578	Administrator	MAMMOTH
2/8/97	1:09:46 PM	Security	Privilege Use	578	Administrator	MAMMOTH
2/8/97	1:09:46 PM	Security	Privilege Use	578	Administrator	MAMMOTH
2/8/97	1:09:46 PM	Security	Privilege Use	578	Administrator	MAMMOTH
2/8/97	1:09:46 PM	Security	Privilege Use	578	Administrator	MAMMOTH
2/8/97	1:09:46 PM	Security	Privilege Use	578	Administrator	MAMMOTH
2/8/97	1:09:46 PM	Security	Privilege Use	578	Administrator	MAMMOTH
2/8/97	1:09:46 PM	Security	Privilege Use	578	Administrator	MAMMOTH
2/8/97	1:09:46 PM	Security	Privilege Use	578	Administrator	MAMMOTH
2/8/97	1:09:46 PM	Security	Privilege Use	578	Administrator	MAMMOTH
2/8/97	1:09:46 PM	Security	Privilege Use	578	Administrator	MAMMOTH
2/8/97	1:09:46 PM	Security	Privilege Use	578	Administrator	MAMMOTH
2/8/97	1:09:46 PM	Security	Privilege Use	578	Administrator	MAMMOTH
2/8/97	1:09:46 PM	Security	Privilege Use	578	Administrator	MAMMOTH
2/8/97	1:09:46 PM	Security	Privilege Use	578	Administrator	MAMMOTH
2/8/97	1:09:46 PM	Security	Privilege Use	578	Administrator	MAMMOTH
2/8/97	1:09:46 PM	Security	Privilege Use	578	Administrator	MAMMOTH
2/8/97	1:09:46 PM	Security	Privilege Use	578	Administrator	MAMMOTH
2/8/97	1:09:46 PM	Security	Privilege Use	578	Administrator	MAMMOTH
2/8/97	1:08:56 PM	Security	Privilege Use	578	Administrator	MAMMOTH
2/8/97	1:08:56 PM	Security	Privilege Use	578	Administrator	MAMMOTH
2/8/97	1:08:56 PM	Security	Privilege Use	578	Administrator	MAMMOTH
2/8/97	1:08:56 PM	Security	Privilege Use	578	Administrator	MAMMOTH
2/8/97	1:08:56 PM	Security	Privilege Use	578	Administrator	MAMMOTH
2/8/97	1:08:56 PM	Security	Privilege Use	578	Administrator	MAMMOTH
2/8/97	1:02:33 PM	Security	Privilege Use	578	Administrator	MAMMOTH
2/8/97	10:18:34 AM	Security	Privilege Use	578	Administrator	MAMMOTH
2/8/97	10:18:34 AM	Security	Privilege Use	578	Administrator	MAMMOTH
2/8/97	9:20:11 AM	Security	Privilege Use	578	Administrator	MAMMOTH
2/8/97	9:20:11 AM	Security	Privilege Use	578	Administrator	MAMMOTH
2/8/97	9:01:34 AM	Security	Policy Change	612	Administrator	MAMMOTH

Figura 11.14.
Un ejemplo de un archivo de registro para la seguridad.

Autorizaciones de archivo y de carpeta

Ahora que ha configurado a NT para que sepa quiénes son los usuarios, a qué grupos pertenecen y cómo auditar sus acciones, le apuesto a que estará ansioso de comenzar a establecer algunas autorizaciones de modo que los usuarios que establezca no hagan algo que se supone no deberían.

Ésta es la tradicional historia de la noticia buena y la mala. La buena noticia es que todo esto es posible, y ahora hay algunas formas bastante fáciles de hacer que suceda con la nueva interfaz del Explorador (Explorer). La mala noticia es que no podrá aprovechar esto si está usando una partición formateada con FAT.

Recordará de la Hora 9, "Trabajo con discos duros", que NT soporta dos tipos diferentes de formatos para el disco duro. Uno es el antiguo sistema FAT que fue usado en DOS. Este sistema de archivos no soporta información de seguridad. El otro sistema de archivos es NTFS (Sistema de Archivos de NT, NT File System), el cual soporta información de seguridad, además de otros beneficios. Todo lo que aprendió en esta sección se aplica a aquellas unidades que haya formateado como NTFS; no funcionará en unidades formateadas con FAT.

Establecer autorizaciones para archivos es muy fácil. Puede hacerlo por medio de Mi PC (My Computer) o el Explorador (Explorer). El primer paso es desplegar la ficha Seguridad (Security) de las propiedades del archivo. Esto puede hacerse como sigue:

1. Seleccione la carpeta que contiene el archivo o carpeta que desea cambiar.
2. Haga clic con el botón derecho en el archivo o carpeta para desplegar el menú contextual. Si está en el Explorador, asegúrese de que hace clic con el botón derecho en el archivo o carpeta en la parte derecha de la ventana, no en la vista de árbol de la izquierda.
3. Seleccione Propiedades (Properties); aparecerá el cuadro de diálogo que se muestra en la figura 11.15.

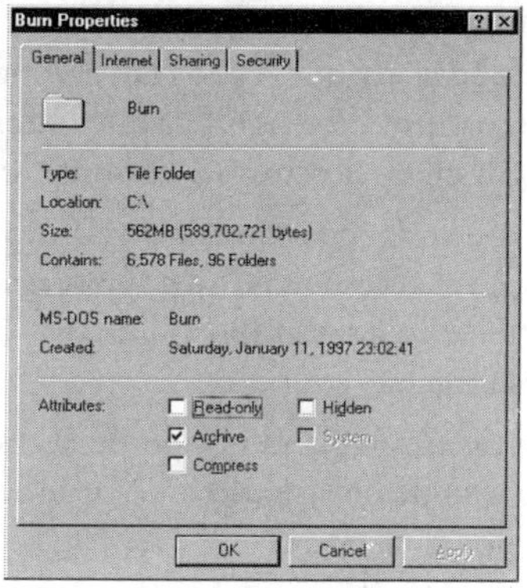

Figura 11.15.
Las propiedades de una carpeta le dicen cuánto espacio está ocupado por los archivos que contiene.

4. Seleccione la ficha Seguridad (Security) (véase la figura 11.16).

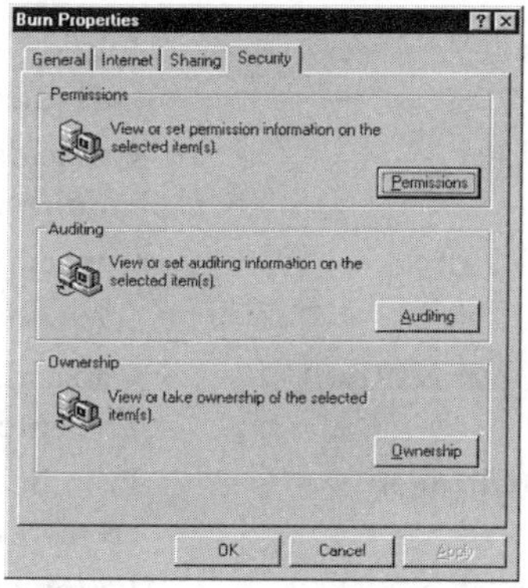

Figura 11.16.
La ficha Seguridad le permite establecer autorizaciones, configurar la auditoría o tomar la propiedad.

Autorizaciones

Si oprime el botón Permisos (Permissions) en el formulario mostrado en la figura 11.16, obtendrá un cuadro de diálogo, mostrado en la figura 11.17, el cual le presenta los permisos actuales para el archivo o carpeta que seleccionó.

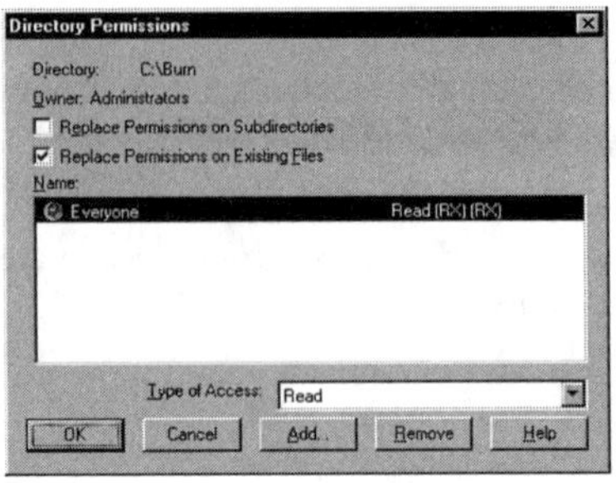

Figura 11.17.
Todos los usuarios con autorización para el archivo o carpeta actual se muestran aquí.

En este caso, puede ver que Todos (Everyone) tienen control total de la carpeta `C:\Burn` en mi unidad de disco duro. Esto significa que todos pueden tener acceso a esos archivos. Pueden crear nuevos archivos en el directorio y eliminar archivos existentes.

Algo que debe recordar cuando esté revisando el tipo de acceso que tiene una persona a un archivo o carpeta es que el acceso es aditivo. Con esto quiero decir que si les da a los usuarios acceso de lectura, y pertenecen a un grupo al que se le ha asignado un acceso de control total, los usuarios tendrán acceso total.

La excepción de esta regla es el tipo de acceso No Acceso (No Access). Éste elimina en forma explícita el acceso de un usuario o un grupo. Ninguna de las demás autorizaciones de acceso es seleccionada por el usuario.

Si despliega el cuadro de lista Tipo de Acceso (Type of Access) verá una lista de opciones posibles, que se explican en la tabla 11.6.

Tabla 11.6. Tipos de acceso.

Acceso	Resultado
Sin Acceso (No Access)	Impide el acceso a un archivo o carpeta, anulando cualquiera otra configuración.
Listado (List)	Capacidad de enlistar subdirectorios y archivos dentro de un directorio.
Lectura (Read)	Capacidad para ver directorios y ver y leer archivos.
Agregar (Add)	Capacidad para crear archivos nuevos en un directorio.
Agregar y leer & Read)	Capacidad para crear archivos nuevos y leer archivos (Add existentes.
Cambio (Change)	Permite todo lo que hace Agregar y Leer y permite que un archivo sea cambiado o eliminado.
Control total (Full Control)	Permite todo lo que hace Cambiar además de permitir al usuario cambiar las autorizaciones o tomar la propiedad (esto se expone en la sección "Propiedad").
Acceso especial a directorios (Special Directory Access)	Le permite establecer accesos a directorios específicos.
Acceso especial a archivos (Special File Access)	Le permite establecer accesos a archivos específicos.

Cambiar accesos existentes

Cambiar el acceso de algunos usuarios, o grupos, a un archivo o un directorio es muy fácil. Siga estos pasos:

1. Seleccione el usuario o grupo al que desea cambiarle el acceso.
2. Seleccione el nuevo tipo de acceso en el cuadro combinado desplegable Tipo de Acceso (Type of Access).

Eliminar el acceso

Eliminar el acceso es tan fácil como cambiar el acceso existente. Siga estos pasos:

1. Seleccione el usuario o grupo que desea eliminar.
2. Oprima el botón Quitar (Remove).

Agregar acceso

Agregar acceso nuevo es sólo un poco más complicado.

1. Oprima el botón Agregar (Add). Aparecerá el cuadro de diálogo mostrado en la figura 11.18.

Figura 11.18.
Agregar acceso nuevo para un usuario o un grupo también es fácil.

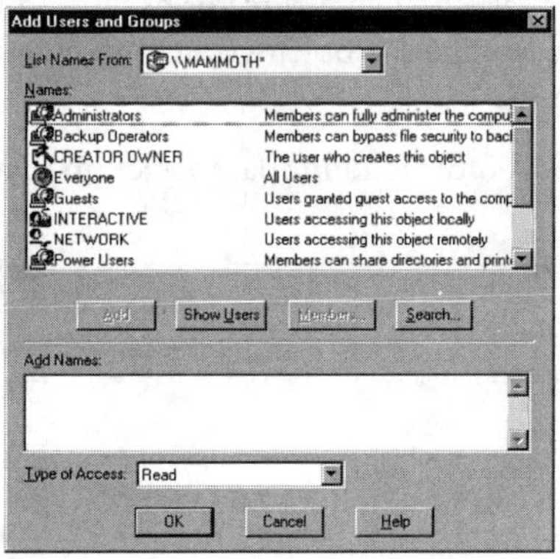

2. Oprima el botón Mostrar Usuarios (Show Users) si desea agregar acceso para un usuario en lugar de un grupo.
3. Seleccione el grupo o usuario al que desea agregar acceso haciendo doble clic o haciendo clic una vez y oprimiendo Agregar.
4. Repita el paso 3 para cualesquier otros usuarios o grupos a los que quiera darles el mismo acceso.
5. Seleccione el tipo de acceso que va a dar en el cuadro de lista desplegable Tipo de Acceso.
6. Oprima Aceptar (OK) para regresar al cuadro Permisos (Permissions).

Opciones para directorios

Si está trabajando en un directorio, hay dos casillas de verificación desplegadas que debe considerar antes de oprimir Aceptar.

- Remplazar permisos en subdirectorios (Replace Permissions on Subdirectories): Esta casilla de verificación es una opción muy peligrosa. Si se hace en el directorio raíz de la unidad de su sistema, remplaza todas las autorizaciones en la unidad —incluyendo aquellas que NT estableció para su uso en los directorios de sistema.

  Esta opción es conveniente si desea remplazar las autorizaciones en un conjunto de directorios de usuario, pero recuerde que remplaza las autorizaciones; no agrega a los nuevos usuarios que haya seleccionado, trata de hacer una correspondencia exacta de las autorizaciones que haya listado.

- Remplazar permisos en archivos existentes (Replace Permissions on Existing Files): Esta casilla normalmente deberá estar seleccionada. Esto toma sus parámetros actuales y hace que todos los archivos en el directorio concuerden con ellos.

  Cuando haya terminado con estas dos opciones, o si ha modificado las autorizaciones en un archivo, oprima Aceptar (OK) para salir del cuadro de diálogo y regresar a la ficha Seguridad (Security) del archivo o la carpeta.

Auditoría

El siguiente elemento desplegado en la ficha Seguridad es Auditoría (Auditing). Esto le permite controlar cuáles archivos y directorios son auditados. Estos parámetros toman efecto sólo si activa Auditoría de archivos y objetos (File and Object Auditing) en el Administrador de Usuarios (User Manager).

Si oprime el botón de auditoría, aparece un cuadro de diálogo como se muestra en la figura 11.19.

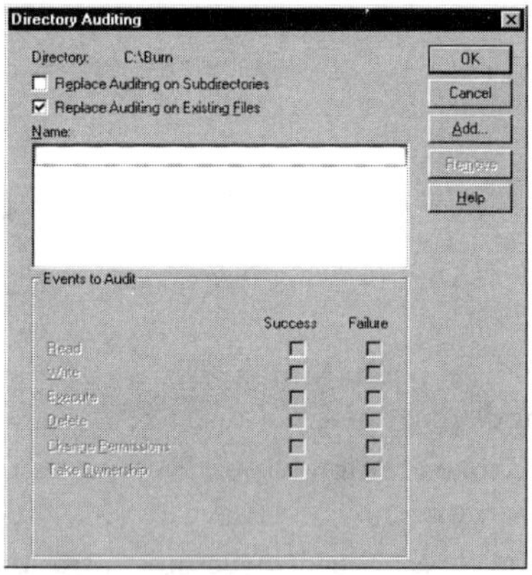

Figura 11.19.
Determina los usuarios que se auditarán en este directorio.

Para activar auditoría para este archivo o directorio, debe agregar primero un usuario o grupo para auditar.

1. Oprima el botón Agregar (Add); aparece un cuadro de diálogo como el de la figura 11.20.
2. Oprima el botón Mostrar Usuarios (Show Users) si desea agregar auditoría sólo para un usuario.
3. Seleccione el grupo o usuario ya sea con un doble clic o haciendo clic una sola vez y luego oprimiendo el botón Agregar.

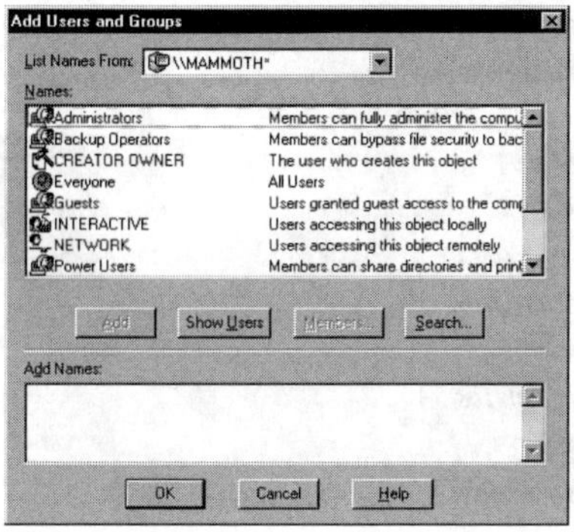

Figura 11.20.
Agregar usuarios a auditoría.

4. Haga clic en Aceptar (OK) para regresar al cuadro de diálogo auditoría.
5. A continuación, debe seleccionar qué actividades desea auditar. Recuerde mantener al mínimo lo que audita, de modo que su archivo de conexión de seguridad no se llene demasiado rápido.
6. Oprima Aceptar para regresar a la ficha Seguridad (Security) del cuadro de diálogo Propiedades de Archivo o de Directorio (File or Directory Properties).

Propiedad

La opción final en la ficha Seguridad es Propietario (Ownership). Cada archivo es propiedad de un usuario. El usuario que posee un archivo tiene control completo sobre él, sin importar cuáles autorizaciones se hayan establecido.

Como administrador, usted tendrá el derecho de tomar la propiedad, lo cual le permite tener acceso a un archivo para el que no tiene autorizaciones. Cuando lo haya hecho, obtendrá la capacidad de cambiar las autorizaciones del archivo de modo que tenga acceso al mismo.

TÓMESE UN MINUTO

> NT requiere que tome la propiedad de modo que el usuario original pueda determinar si usted ha estado hurgando en sus archivos. Ésta es un área en la que NT protege a los usuarios del administrador.

Para tomar la propiedad de un archivo, siga estos pasos:

1. Oprima el botón Propietario (Ownership) en la ficha Seguridad (Security). Aparece un cuadro de diálogo como el que se muestra en la figura 11.21.

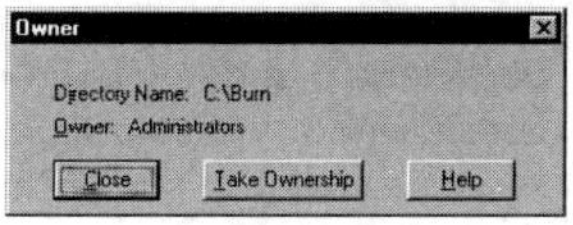

Figura 11.21.
El cuadro de diálogo Propietario (Owner) le muestra tanto el nombre del archivo o carpeta y su propietario actual.

2. Oprima el botón Toma de posesión (Take Ownership). Esto despliega una advertencia, como en la figura 11.22.

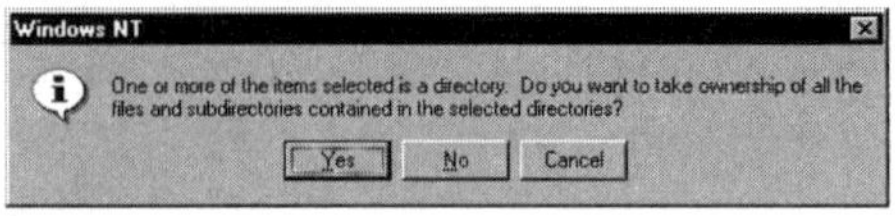

Figura 11.22.
Uno o más de los elementos seleccionados es un directorio ¿Desea tomar posesión de todos los archivos y subdirectorios contenidos en los directorios seleccionados?

3. Normalmente oprimirá Sí (Yes) para tener acceso a todos los archivos y subdirectorios.

Seguridad para la empresa

Hasta este punto, usted ha aprendido cosas que se aplican al usar NT en casa o en una empresa. En esta sección va a dar una vuelta a la izquierda y aprenderá las cosas únicas que se aplican a un usuario empresarial.

El dominio NT

Lo definitorio que tienen las grandes empresas que la mayoría de los usuarios caseros no tienen es un *dominio* de NT. Éste es un arreglo especial de los servidores NT que funcionan como una unidad.

Un dominio usa una base de datos de seguridad para múltiples computadoras. El beneficio de esto es que no tiene que configurar a cada usuario en cada computadora. Usted define al usuario en el dominio y todas las computadoras en el dominio reconocen a ese usuario.

En una red pequeña, o en una sin un servidor NT, no se tienen dominios; tiene grupos de trabajo. En un grupo de trabajo, cada máquina debe conocer a todos los usuarios que tendrán acceso a ellas. Esto representa un montón de trabajo administrativo si tiene que establecer a cada usuario nuevo en 10 máquinas.

La clave para ser parte de un dominio es la acreditación (Trusting) —acreditarse en otros dominios y, en el caso de una estación de trabajo, acreditarse en el dominio para identificar a los usuarios.

Tómese un Minuto

NT describe la relación entre dos dominios como una acreditación. La pertenencia al dominio de una estación de trabajo o servidor no es considerada una acreditación por NT. Sin embargo, la estación de trabajo o servidor miembro acepta la información de seguridad que le proporciona el dominio.

Preocupaciones de seguridad para NT en un dominio

Cuando su máquina es unida a un dominio, agrega nuevos miembros a su grupo de Administradores (Administrators) y a su grupo de Usuarios (Users). Éstos se encuentran en los grupos globales Administradores del Dominio (Domain Admins) y Usuarios del Dominio (Domain Users). La figura 11.23 muestra el grupo Usuarios con el grupo de usuarios del dominio (THORPROJ).

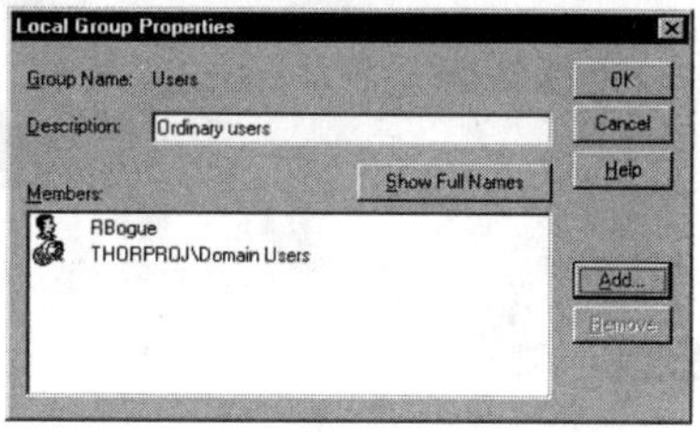

Figura 11.23.
El grupo de usuarios del dominio se agrega de manera automática al grupo de usuarios de NT Workstation cuando se une al dominio.

Éstos son grupos globales, en oposición a los grupos locales que estableció antes. Estos grupos se definen automáticamente cuando NT Server se instala como un servidor de dominio. Están diseñados para permitir al administrador del dominio manejar todos los sistemas en el dominio y para que un usuario en el dominio sea capaz de tener acceso a recursos en todos los sistemas en forma transparente.

La mayor parte del tiempo, es bueno conservar estos grupos de dominio en sus grupos de administrador y usuarios locales. Los administradores de dominio son confiables y los usuarios apreciarán el acceso que obtendrán a su sistema (si usted comparte recursos). Sin embargo, puede haber ocasiones en que no puede confiar en los usuarios o administradores en su compañía.

Usted puede interrumpir la conexión desde su computadora eliminando los grupos del dominio de sus grupos locales. Esto impedirá que los usuarios o administradores no puedan controlar o usar su computadora.

Configurar la seguridad o añadir usuarios a grupos en un ambiente de dominio

Otra cosa cambia cuando su computadora es parte de un dominio. En vez de sólo ver a los usuarios desde su máquina al establecer seguridad o crear grupos, también tiene la opción de seleccionar a los usuarios del dominio del que es parte su computadora. La figura 11.24 muestra un cuadro de diálogo Agregar Usuarios y Grupos (Add Users and Groups) mostrando los usuarios del dominio.

Cuando su computadora es parte de un dominio, es normal para los usuarios ser establecidos en el dominio en lugar de en forma local. Por consiguiente, es importante que usted pueda asignar acceso a archivos y carpetas en su sistema a los usuarios del dominio.

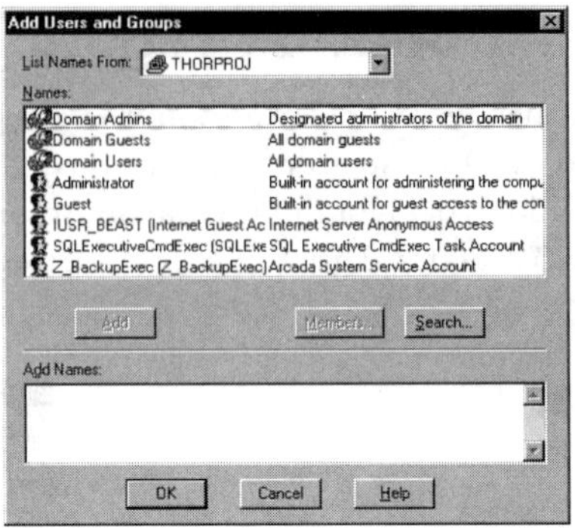

Figura 11.24.
Agrega un usuario de dominio a un grupo local.

Resumen

Hasta aquí usted ha cubierto mucho terreno en esta hora. Ha aprendido cómo establecer usuarios, grupos y autorizaciones. También ha aprendido cómo hacer cambios al sistema para hacerlo requerir contraseñas y auditar aquellos acontecimientos que desee conocer.

Taller

El taller le ayuda a concretar las habilidades que aprendió en esta hora.

Glosario

bloqueo de cuenta (account lockout) Bloqueo temporal usado por NT para impedir ataques de fuerza bruta. Una cuenta se bloquea durante el tiempo definido en Administrador de Usuarios | Directivas | Cuenta (User | Manager Policies | Account).

auditoría (auditing) El proceso de rastrear actividades de conexión, de modo que las acciones se puedan asociar a la identificación del usuario que la ejecutó.

posesión (ownership) Cada archivo en NT tiene un propietario específico, por lo general el creador del archivo. La posesión puede ser tomada por quienes tienen el derecho de usuario Tomar posesión (Take Ownership). Los administradores tienen este derecho en forma predeterminada.

identificador de seguridad (SID, security identifier) Identificación única que usa NT para identificar a un usuario o grupo. Siempre es único.

Ejercicios

1. Cree un usuario nuevo.
2. Cree un grupo nuevo y haga miembro de él al usuario del ejercicio 1.
3. Cree un directorio y establezca la seguridad, de modo que su grupo del ejercicio 2 no tenga acceso.
4. Conéctese como su usuario del ejercicio 1 y trate de tener acceso al archivo del ejercicio 3. Usted no podrá abrir el directorio.

PARTE III

La noche

Hora

PARTE

III

Hora 12

Consideraciones para la migración

por Jeff Perkins

Migrar a NT Workstation es una decisión complicada. Esta hora cubre las siguientes rutas de migración:

- Desde DOS/Windows
- Desde Windows 95
- Desde Windows NT versión 3.51
- Desde OS/2

Cada sección abarca consideraciones de hardware, software, instalación y sistema operativo. Las secciones de hardware y software muestran el hardware y el software necesarios para una ruta de migración particular. La sección de instalación contiene sugerencias y trampas que se encuentran en su ruta de migración. Dentro de cada ruta, en la sección "Consideraciones del sistema operativo", aprenderá todas las demás consideraciones que necesita para completar con éxito su migración a NT 4. Cada ruta es independiente.

Migración a Windows NT Workstation: un panorama general

La primera pregunta que necesita hacer es: "¿Por qué migrar a NT?" Las horas 11, "Seguridad: planeación de un sistema seguro", y 13, "Sistemas de archivo y Windows NT 4", describen lo que hace NT 4. También es importante en este punto considerar algunas de las cosas que NT no hace.

Comparado con DOS, Windows 3.1 y Windows 95, que cuentan a sus usuarios por cientos de millones, en el caso de Windows NT Workstation ascienden a cientos de miles. Esto significa que hay una reserva menor de usuarios que encuentran errores, además de que hay una cantidad menor de desarrolladores de software trabajando en programas específicos para Windows NT Workstation.

Por el lado positivo, el número de instancias de NT Workstation está creciendo y NT es uno de los cimientos principales de la estrategia comercial a corto y a largo plazo de Microsoft. El hecho de que Microsoft haya fusionado a sus grupos de desarrollo de Windows 95 y de Windows NT en un solo grupo de Sistemas Operativos, promete además un nivel elevado de soporte para NT a corto y a largo plazo.

También hay que considerar algunas incompatibilidades específicas de hardware y software (que se cubren en detalle durante la sección dedicada a cada una de las rutas de actualización).

TÓMESE UN MINUTO

> Cada una de las rutas de migración cubiertas en las siguientes secciones es independiente. Por ejemplo, toda la información sobre la migración desde Windows 3.*x* se encuentra en la sección "Migración desde DOS y Windows 3.*x*". Cuando haya leído la sección que cubre su reto de migración, puede pasar a la siguiente hora sin perderse ningún dato adicional.

Migración desde DOS y Windows 3.x

Esta sección cubre las consideraciones de hardware, software, instalación y sistema operativo para migrar desde DOS y Windows 3.*x* a Windows NT 4. Ésta es la ruta de migración más común y presenta varios retos.

Consideraciones de hardware

La configuración de hardware para Windows NT Workstation se enlista en `http://www.microsoft.com/ntworkstation/Datasht.htm`. En resumen, Microsoft dice que el mínimo es el siguiente:

12

- 486/25 MHz (o superior) o sistemas basados en Pentium (sistema Intel) o compatibles.
- 12MB de memoria de acceso aleatorio (RAM, random access memory) (sistemas Intel); 16MB todos los demás.
- 110MB de espacio disponible en la unidad de disco duro.
- Unidad de CD-ROM o acceso a un CD-ROM a través de una red de computadoras.
- Adaptador de monitor VGA o de resolución superior.
- Microsoft Mouse o un dispositivo apuntador compatible.

Estos recursos mínimos ejecutarán NT pero no proporcionarán un rendimiento aceptable del sistema. La experiencia muestra que lo siguiente proporcionará un rendimiento promedio del sistema:

- Al menos una Pentium o compatible a 100 MHz.
- 32MB de RAM
- 2GB de espacio en el disco duro
- Unidad de CD-ROM 6X o superior
- Adaptador de monitor SVGA con hardware acelerador de gráficos y un monitor de 17"

Al cambiar de DOS/Windows 3.*x* a Windows NT, podría encontrarse con que su base de hardware existente es inadecuada. Estará tentado a mejorar sus computadoras comprando más RAM, unidades de procesamiento central (CPU, central processing units) más rápidas y unidades de disco duro más grandes. Esto lucirá mejor en el papel que remplazar sus PC existentes, pero sólo será un arreglo a corto plazo. Los sistemas nuevos también incluirán chips BIOS de sistema nuevos, una arquitectura de bus mejorada, software preinstalado y garantía. (Las ventajas del software preinstalado se discuten en la sección "Consideraciones de software".) Las otras características relacionadas con el hardware redituarán por sí mismas durante la configuración y el mantenimiento. Si, por alguna razón, no puede comprar sistemas nuevos, al menos considere remplazar las tarjetas o placas madre. Remplazarlas le proporcionará un BIOS y un bus actuales. Una tarjeta madre nueva tendrá un controlador incorporado mejorado, capaz de manejar hasta cuatro unidades de 2GB+ o una combinación de unidades y CD-ROM.

Si decide que quiere un arranque doble de su instalación DOS/Windows 3.*x* con Windows NT (los detalles de la creación de una instalación de arranque doble se encuentran en la hora 15, "Instalación y configuración de Windows NT 4"; las consideraciones de software que conducirán a que tenga un arranque doble están en la sección "Consideraciones de software"), entonces debe decidir cómo configurar sus discos. Si ha decidido instalar NT, es probable que decida instalar NTFS (Sistema de Archivos de NT; NT File System, que se detalla en la hora 13). Su instalación DOS/Windows 3.*x* no podrá leer el disco o particiones que formatee con NTFS. Esto significa que necesita colocar sus archivos DOS/Windows 3.*x* en una partición separada o en un disco separado. Podrá leer esta partición o disco desde la instalación de NT (a menos que estén comprimidos), pero no podrá usar la seguridad de NTFS, la compresión y los nombres de archivo largos en la partición o disco de DOS/Windows 3.*x*.

Consideraciones de software

El software de Windows 3.*x* y DOS es de 16 bits. La industria del software gastó mucho tiempo y dinero en desarrollar miles de títulos para DOS y Windows 3.*x*. Pero el dinero y el tiempo invertidos en el desarrollo de software de corriente principal ha cambiado ahora al software de 32 bits, soportado por sistemas operativos como Windows NT. Por fortuna, la mayor parte de su software DOS y Windows se ejecutará bajo NT. Por desgracia, algunos de sus software más vitales o interesantes no lo harán.

Cualquier software que intente tener acceso en forma directa al hardware no se ejecutará bajo Windows NT. Por ejemplo, muchos programas de juegos basados en DOS leen y escriben en forma directa a la tarjeta de video para mejorar la velocidad de los gráficos. Windows NT no permitirá esta clase de acceso al hardware.

Si tiene programas DOS/Windows 3.*x* que son de misión crítica (o tan sólo demasiado interesantes para perderlos), deberá crear un arranque doble. (Las limitaciones físicas de un arranque doble se bosquejan en la sección "Consideraciones de hardware".) Desde el lado de DOS/Windows, el lado NT (suponiendo que use NTFS) será invisible. El lado NT (suponiendo que su partición DOS/Windows 3.*x* no está comprimida) mostrará sus archivos DOS/Windows, pero sólo podrá ejecutar los que no tengan interfaz directa con el hardware.

Instalación

La parte más difícil de cambiar de DOS/Windows 3.1 a NT Workstation es la instalación. La hora 15 cubre la instalación en detalle; esta sección abarca la instalación en lo que se aplica a la migración de DOS/Windows 3.*x* a Windows NT.

Cómo hacer un disco de arranque

El proceso de instalación de Windows NT se centra en el CD. Una de las cosas más sensatas que puede hacer antes de comenzar el proceso de instalación es hacer un disco de arranque que le dé acceso al CD-ROM. Este disco deberá incluir `himem.sys`, controladores para el CD-ROM (normalmente llamado algo así como `mydrive.sys`), `mscdex` (las extensiones de Microsoft para el CD-ROM), un archivo `autoexec.bat` y un archivo `config.sys`. Su `autoexec.bat` deberá verse como lo siguiente:

```
mscdex.exe /d:mvcd001 /m:10 /v
```

Su archivo `config.sys` deberá verse de la siguiente forma:

```
DEVICE=HIMEM.SYS
DOS=HIGH
devicehigh=slcd.sys /D:mvcd001 /B:1F88 /M:P /v /c
```

Observe el uso de `loadhigh` y `devicehigh` para liberar lo más posible de los 640KB de memoria base. El programa de configuración en el CD Windows NT requiere al menos 428KB para correr.

A pesar de todo usted puede usar este disco para iniciar una instalación desde el CD-ROM —incluso si su instalación de NT no arranca o usted no puede encontrar los discos de arranque que creó.

Creación de los discos de arranque en la máquina objetivo

En cuanto se reconozca el CD, cámbiese a él y al directorio apropiado para su hardware (Por ejemplo: d:\i386) y escriba `winnt`. Esto creará los tres discos de arranque (detallados en la hora 15) en la máquina que es el objetivo y comenzará el proceso de instalación. Se recomienda sobremanera cargar en el disco de arranque referido a SMARTDRV, si no quiere esperar demasiado tiempo a que se hagan las copias en esta parte del proceso de instalación.

Creación de los discos de arranque en otra máquina

Para crear los discos de arranque en otra máquina, cambie al directorio apropiado en el CD-ROM para su hardware y escriba `winnt /ox`. Esto creará los discos sin ejecutar el programa de instalación.

Instalación sin discos de arranque

Establezca una conexión con el CD-ROM y teclee `winnt /b`. Esto omitirá la creación de los discos de arranque, copiará su información a la unidad de disco duro y comenzará el proceso de instalación. O bien, inserte el disquete 1 creado en el paso anterior y lleve a cabo la instalación desde el CD. Sin embargo, esto funcionará sólo si tiene un controlador de CD compatible con NT (como Sony) o una unidad de CD IDE.

Alternativa en el proceso de instalación

Usted podría encontrar que el disco de instalación actual no incluye los mismos controladores de almacenamiento en masa que tenía el anterior. Podría ser que tuviera que cambiar el nombre a su dispositivo, volver a escribirlo, o que sólo se hubiera pasado por alto. Si le sucede esto y no puede conseguir que la instalación perciba su unidad de disco duro o CD-ROM particulares, entonces podría copiar su controlador de los discos antiguos al nuevo. Examine el archivo `txtsetup.sif` del primer disco de instalación en el listado 12.1.

12

Listado 12.1. Extracto del archivo `txtsetup.sif` del primer disco de instalación de NT.

```
atapi.sys    = 1,,,,,,_3,4,0,0
atdisk.sys   = 1,,,,,,_3,4,0,0
atkctrs.dll = 1,,,,,,,2,1
atsvc.exe    = 1,,,,,,,2,1,0
attrib.exe   = 1,,,,,,,2,1,0
audiocdc.hlp = 1,,,,,,,2,0,0
autochk.exe  = 1,,,,,,_x,2,0,0
autoconv.exe = 1,,,,,,,2,1,0
```

Para incluir su archivo desde el disco antiguo, copie los archivos `.sys` apropiados a los discos nuevos y haga una entrada en el archivo `txtsetup.sif` nuevo que sea igual a la entrada en el archivo `txtsetup.sif` antiguo.

PRECAUCIÓN

> Use este procedimiento como último recurso. Si tiene acceso a Internet, el archivo correcto podría estar ya en la página principal de Windows NT.

Controladores de dispositivo comunes para almacenamiento en masa

La mayor parte de las tarjetas madre actuales e instalaciones de CD-ROM son cubiertas por el controlador ATAPI. Este controlador abarca el estándar usado por la interfaz IDE Extendida, la cual controla al CD y a las unidades de disco duro. Si tiene un hardware más antiguo en el que el CD-ROM tiene su propio controlador y no puede recordar o descubrir desde el exterior del CD-ROM de qué marca es (lo que ocurre con no poca frecuencia), entonces seleccione el controlador Panasonic durante la Fase de Detección de Almacenamiento en Masa (Mass Storage Detection Phase) de la instalación. Si esto no funciona, elija el Sony. Si ninguna opción funciona, puede ser más económico y efectivo comprar un CD-ROM compatible con ATAPI más reciente que tratar de encontrar un controlador compatible.

Consideraciones del sistema operativo

Si ha elegido migrar sus aplicaciones Windows 3.*x* a su instalación NT, entonces instale Windows NT en el mismo directorio en que residen sus archivos Windows actuales. Este directorio por lo general se llama Windows. Eso no afecta a sus programas DOS.

Si instala Windows NT en el mismo directorio de su Windows 3.*x* actual, entonces Windows NT podrá soportar muchas de las características de sus aplicaciones actuales (con las restricciones que ya se han visto que implican a NT y la escritura directa en el hardware).

La primera vez que usted se conecta a Windows NT después de instalarlo en el mismo directorio de su instalación actual de Windows 3.*x*, NT migrará partes de los muchos archivos `*.ini` que son tan comunes en Windows 3.*x* al Registro Windows NT (Windows NT Registry) (vea la hora 21, "El Registro Windows NT", para ver el funcionamiento detallado del Registro). Cuando ocurra esta primera conexión, se le preguntará si desea migrar los archivos `*.ini` y `*.grp` (archivos de grupos de programas) al Registro. Windows NT configurará los archivos `win.ini` y `system.ini` para facilitar sus programas Windows de 16 bits. El archivo `win.ini` será similar al listado 12.2.

Listado 12.2. Un archivo `win.ini` de Windows NT.

```
; for 16-bit app support
[fonts]
[extensions]
[mci extensions]
[files]
```

```
[Mail]
MAPI=1
MAPIX=1
OLEMessaging=1
CMC=1
CMCDLLNAME=mapi.dll
CMCDLLNAME32=MAPI32.DLL
Exchange=C:\Program Files\Windows NT\Windows Messaging\exchng32.exe
MAPIXVER=1.0.0.1
[WinZip]
win32_version=6.1-6.2
Name=Jeff Perkins
SN=12307597
[WINFAX]
ExePath=C:\WINFAX\
Fax Path=C:\WINFAX\DATA\
PhoneBook=Default
Cover Path=C:\WINFAX\COVER\
VERSION=3.0
imodemclass=Class2
imodemdesc=Generic CLASS 2 Send/Receive Fax/modem
imodeminit=AT&F&C1&D2\
Paper Format=Letter (8.5 x 11 inches)
Orientation=Portrait
Resolution=Standard
Registered=Yes
[AnyFax]
OP30=C:\WINFAX\
FileView=C:\WINFAX\ocrlink.dll
Autoloadocr=NEVER
Memsize_200=1000
Memsize_300=1800
Memsize_400=2800
[mciwave.dll]
WaveAudio=4
[Solitaire]
Options=69
Back=11
[IDAPI]
DLLPATH=C:\DELPHI16\IDAPI
CONFIGFILE01=C:\DELPHI16\IDAPI\IDAPI.CFG
[Borland Language Drivers]
LDPath=C:\DELPHI16\IDAPI\LANGDRV
[BWCC]
BitmapLibrary=BWCC.DLL
[Interbase]
RootDirectory=C:\DELPHI16\IBLOCAL
[Paradox Engine]
UserName=PxEngine
NetNamePath=C:\
MaxTables=64
RecBufs=64
MaxLocks=64
MaxFiles=64
SwapSize=64
```

continúa

Listado 12.2. continuación

```
[DDE Servers]
DBD=C:\DELPHI16\DBD\DBD
[DBD]
WORKDIR=C:\DELPHI16\DBD
PRIVDIR=C:\DELPHI16\DBD\DBDPRIV
[Collage Capture]
Save On Exit=1
Prompt On Entry=0
Collage Capture Settings File=C:\COLLWIN\ORIGINAL.SET
[programs]
Winword.exe="C:\Program Files\Microsoft Office\Office\Winword.exe"
[Oracle]
ORA_CONFIG=C:\WINNT\ORACLE.INI
[Btrieve]
Options=/m:40 /p:4096 /f:16 /l:20 /t:btrieve.trn
[MAPI 1.0 Time Zone]
Bias=168
StandardName=Central Standard Time
StandardBias=0
StandardStart=00000A00050002000000000000000000
DaylightName=Central Daylight Time
DaylightBias=ffffffc4
DaylightStart=00000400010002000000000000000000
ActiveTimeBias=168
```

Su archivo `system.ini` se verá como el listado 12.3.

Listado 12.3. Un archivo `system.ini` de Windows NT.

```
; for 16-bit app support

[drivers]
wave=mmdrv.dll
timer=timer.drv

[mci]
[386enh]
woafont=dosapp.FON
EGA80WOA.FON=EGA80WOA.FON
EGA40WOA.FON=EGA40WOA.FON
CGA80WOA.FON=CGA80WOA.FON
CGA40WOA.FON=CGA40WOA.FON
device=dva.386
```

Observe en el listado 12.2 las entradas Delphi y Oracle de 16 bits. Estas entradas están reflejadas en el registro. Durante su primera conexión a Windows NT se hacen entradas en la conexión del sistema que muestran lo que se cambió a los archivos `system.ini` y `win.ini`. Estas entradas pueden leerse usando el visor de eventos. Después de su conexión inicial, `system.ini` y `win.ini` son actualizados cada vez que se desconecta de Windows NT.

Si no especifica que los archivos `.ini` y `.grp` serán migrados durante la conexión inicial pero que desea migrarlos después, elimine las dos claves siguientes del registro:

```
HKEY_CURRENT_USER\Windows 3.1 Migration Status
HKEY_LOCAL_MACHINE\SOFTWARE\Windows 3.1 Migration Status
```

Cuando se vuelva a conectar, el sistema pensará que es su primera conexión y le preguntará si desea migrar los archivos `.ini` y `.grp`.

Si elige no instalar Windows NT en el mismo directorio que su instalación de Windows 3.*x*, entonces no tendrá una relación automatizada entre los archivos `.ini` de Windows 3.*x* y el Registro Windows NT. Instalar Windows 3.*x* después de instalar Windows NT también hará que se ejecuten de manera independiente los dos sistemas, sin darse cuenta uno del otro.

Si instala Windows NT en el mismo directorio que Windows 3.*x* y luego instala un programa mientras ejecuta Windows 3.*x*, el nuevo programa no será instalado bajo Windows NT. Si necesita que aparezca en Windows NT, puede eliminar las dos claves del registro expuestas antes y NT incorporará el nuevo programa durante la siguiente conexión, o puede reinstalar el programa mientras ejecuta Windows NT.

Sin importar dónde esté instalado Windows NT, los cambios hechos al Escritorio o al arreglo de los grupos de programas no estará sincronizado con la versión previa de Windows.

Tómese un Minuto

> Windows NT usa un directorio común para almacenar los archivos de fuentes TrueType y los encabezados de fuente tanto para las aplicaciones de 32 bits como para las de 16 bits. Este directorio es `%SystemRoot%SYSTEM\FONTS`, donde `SystemRoot` por lo general es nombrado `winnt` o `windows`. No elimine los archivos de este directorio.

Migración desde Windows 95

Esta sección cubre las consideraciones de hardware, software, instalación y sistema operativo para migrar desde Windows 95 a Windows NT 4. Éstos dos sistemas operativos podrían parecer iguales, pero hay unas cuantas cosas que deberían considerarse.

Consideraciones de hardware

La configuración del hardware requerido para Windows NT Workstation se lista en `http://www.microsoft.com/ntworkstation/Datasht.htm`. En resumen, Microsoft dice que los mínimos son como sigue:

- 486/25 MHz (o superior) o un sistema basado en Pentium (sistema Intel) o compatible
- 12MB de RAM (sistemas Intel); 16MB todos los demás

- 110MB de espacio disponible en la unidad de disco duro
- Unidad de CD-ROM o acceso a un CD-ROM a través de una red de computadoras
- Adaptador de monitor VGA o de resolución superior
- Microsoft Mouse o un dispositivo apuntador compatible

Estos recursos mínimos ejecutarán NT pero no proporcionarán un rendimiento aceptable del sistema. La experiencia muestra que lo siguiente proporcionará un rendimiento promedio del sistema:

- Al menos una Pentium o compatible a 100mhz o superior
- 32MB de RAM
- 2GB de espacio en el disco duro
- Unidad de CD-ROM 6X o superior
- Adaptador de monitor SVGA con hardware acelerador de gráficos y un monitor de 17"

Si está migrando desde una configuración típica de Windows 95, es probable que tenga todos los elementos recomendados aquí excepto la memoria. La mayoría de los usuarios de Windows 95 encuentran aceptables 16MB. Los 16MB extras de RAM le costarán alrededor de 100 dólares.

Si obtuvo su hardware para Windows 95 mejorando una máquina antigua, entonces deberá considerar seriamente remplazar el hardware cuando migre a Windows NT. El aumento de RAM, las CPU más rápidas y las unidades de disco duro más grandes que compró al mejorar su sistema para Windows 95 podrían ya estar obsoletos, a menos que haya hecho la adquisición de su computadora a mediados de 1996. Mejorar de nuevo podría lucir mejor en el papel que remplazar sus PC existentes, pero sólo sería un arreglo a corto plazo. Los sistemas nuevos incluirán además chips BIOS de sistema nuevos, una arquitectura de bus mejorada, software preinstalado y garantía. Podría no necesitar el software preinstalado (debido a que ya mejoró su software a versiones de 32 bits), pero a la larga remplazar en lugar de mejorar redituará por sí mismo durante la configuración y el mantenimiento. Si, por alguna razón, no puede comprar sistemas nuevos, al menos considere remplazar las tarjetas madre. Remplazar las tarjetas madre le proporcionará un BIOS y un bus actuales. Una tarjeta madre nueva por lo normal también tendrá un controlador incorporado mejorado capaz de manejar hasta cuatro unidades de 2GB+ o una combinación de unidades y CD-ROM.

Windows 95 y Windows NT 4 podrían parecer similares, pero son por completo diferentes bajo la superficie. Debido a estas diferencias, Microsoft no soporta una opción de arranque doble para Windows 95 y NT.

Otra consideración de hardware es cuáles tarjetas instaladas en su máquina Windows 95 serán soportadas por Windows NT. Windows NT no soporta todavía plug-and-play (conectar y utilizar) en puertos ISA (a menos que use `pnpisa` en su computadora) , así que la nueva tarjeta de sonido de 32 bits plug-and-play que compró con parte de la renta del mes pasado puede darle algunos problemas tanto a su tarjeta de red como a su unidad de disco flexible (ya me sucedió) y dejarlo mudo y desconectado. Sin embargo, agregando `pnpisa` el problema se podría solucionar. (Siga estos pasos: Introduzca el CD de NT. Entre al directorio Drvlib. Entre al directorio `Pnpisa`. Entre al directorio que corresponda a la arquitectura de su hardware [por ejemplo, X86]. Allí encontrará un archivo llamado `Pnpisa.inf`; haga clic en él con el botón derecho del ratón y seleccione la opción Instalar [Install]. El sistema se reiniciará. Con esto, sus tarjetas plug-and-play podrían ser reconocidas sin problemas.)

Consideraciones de software

Si aún conserva esa tarjeta de sonido de 16 bits y la tiene en su computadora como parte de su nueva instalación de NT, podría tener problemas para encontrar un controlador para NT que soporte todas las campanas y silbatos de su tarjeta —o soporte su tarjeta por completo. Desde el punto de vista del desarrollador del software, el problema es que una compañía puede escribir un controlador para Windows 95, haciendo accesible su hardware a millones de instalaciones de software, o bien desviar sus esfuerzos hacia la manufactura de un controlador de NT que hará accesible su hardware para cientos de miles de instalaciones de software. La economía ha dictado que la probabilidad de encontrar controladores NT de otras marcas es pequeña. Apéguese a marcas reconocidas o tarjetas que soporten estándares de software de marcas reconocidas. Si no cuenta con un controlador para algún dispositivo de su computadora, pruebe entrar al sitio `www.windows95.com`. Aunque es un sitio dedicado a Windows 95, es muy probable que desde allí tenga acceso a una miríada de controladores creados para Windows NT.

Instalación

La parte más difícil de cambiar de Windows 95 a Windows NT es la instalación. (La hora 15 cubre la instalación con detalle.) Esta sección abarca la instalación en lo que se aplica a la migración de Windows 95 a Windows NT.

Para hacer un disco de arranque

12

El proceso de instalación de Windows NT se centra en el CD. Una de las cosas más sensatas que puede hacer antes de comenzar el proceso de instalación es hacer un disco de arranque que le dé acceso al CD-ROM. Este disco deberá incluir `himem.sys`, controladores para el CD-ROM (normalmente llamado algo así como `mydrive.sys`), `mscdex` (las extensiones de Microsoft CD-ROM), un archivo `autoexec.bat` y un archivo `config.sys`. Su `autoexec.bat` se debería ver como lo siguiente:

```
mscdex.exe /d:mvcd001 /m:10 /v
```

Su archivo `config,sys` debería verse de la siguiente forma:

```
DEVICE=HIMEM.SYS
DOS=HIGH
devicehigh=slcd.sys /D:mvcd001 /B:1F88 /M:P /v /c
```

Note el uso de `loadhigh` y `devicehigh` para liberar la mayorcantidad de los 640KB de memoria primaria. El programa de configuración en el CD Windows NT requiere al menos 428KB para correr.

Windows 95 y DOS/Windows 3.*x* son muy similares cuando se trata de discos de arranque. Este disco se podría hacer usando un disco de arranque de DOS o de Windows 95. Cualquiera que use, asegúrese de que los archivos de sistema provienen del mismo sistema operativo. En una configuración DOS, los archivos de sistema a menudo están en un directorio llamado `bin` o `DOS`. En una configuración Windows 95, los archivos de sistema se localizan en los directorios `windows`, `windows/system` y `windows/command`.

A pesar de todo puede usar este disco para iniciar una instalación desde el CD-ROM —incluso si su instalación de NT no arrancara o usted no puede encontrar los discos de arranque que creó.

Creación de los discos de arranque en la máquina objetivo

Al reconocer el CD, cambie a él y al directorio apropiado desde su hardware (Por ejemplo: D:\I386) y escriba `winnt32` si usó Windows 95 para arrancar su máquina o `winnt` si usó DOS. Esto creará los tres discos de arranque detallados en la hora 15 y empezará el proceso de instalación.

Creación de los discos de arranque en otra máquina

Para crear los discos de arranque en otra máquina, cambie al directorio apropiado en el CD-ROM para su hardware y escriba `winnt32 /x` para plataformas de 32 bits como NT o Windows 95, o `winnt` para plataformas de 16 bits como Windows 3.*x* o DOS. Esto creará los discos sin ejecutar el programa de instalación.

Instalación sin discos de arranque

Establezca una conexión con el CD-ROM y escriba `winnt32 /b` si arrancó por medio de Windows 95 o `winnt /b` si arrancó por medio de DOS. Esto omitirá la creación de los discos de arranque, copiará su información a la unidad de disco duro y comenzará el proceso de instalación.

Alternativa en el proceso de instalación

Usted podría encontrar que el disco de instalación actual no incluye los mismos controladores de almacenamiento en masa que tenía el anterior. Podría ser que tuviera que cambiar el nombre a su dispositivo o escribirlo de nuevo, o tan sólo que se hubiera pasado por alto. Si le sucede esto y no puede conseguir que la instalación perciba su unidad de disco duro o CD-ROM particulares, entonces se podría copiar su controlador desde los discos antiguos al nuevo. Examine el archivo `txtsetup.sif` del primer disco de instalación que se muestra en el listado 12.4.

Listado 12.4. El archivo `txtsetup.sif` del primer disco de instalación de NT.

```
atapi.sys    = 1,,,,,,_3,4,0,0
atdisk.sys   = 1,,,,,,_3,4,0,0
atkctrs.dll  = 1,,,,,,,2,1
atsvc.exe    = 1,,,,,,,2,1,0
attrib.exe   = 1,,,,,,,2,1,0
audiocdc.hlp = 1,,,,,,,2,0,0
autochk.exe  = 1,,,,,,_x,2,0,0
autoconv.exe = 1,,,,,,,2,1,0
```

Para incluir su archivo desde el disco antiguo, copie los archivos `.sys` apropiados a los discos nuevos y haga una entrada en el archivo `txtsetup.sif` nuevo que sea igual a la entrada en el archivo `txtsetup.sif` antiguo.

PRECAUCIÓN

> Use este procedimiento como último recurso. Si tiene acceso a Internet, el archivo correcto podría estar ya en la página principal de Windows NT.

Controladores de dispositivo comunes para almacenamiento en masa

La mayoría de las tarjetas madre actuales e instalaciones de CD-ROM están cubiertas por el controlador ATAPI. Este controlador abarca el estándar usado por la interfaz IDE Extendida, la cual controla al CD y a las unidades de disco duro. Si tiene un conjunto de hardware más antiguo en el que el CD-ROM tiene su propio controlador y no puede recordar o descubrir desde fuera del CD-ROM de qué marca es (lo que ocurre con no poca frecuencia), entonces seleccione el controlador Panasonic durante la Fase de Detección de Almacenamiento en masa (Mass Storage Detection Phase) de la instalación. Si esto no funciona, elija el Sony. Si ninguna opción funciona, es probable que resulte más económico y efectivo comprar un CD-ROM compatible con ATAPI más reciente, que tratar de encontrar un controlador compatible.

Consideraciones del sistema operativo

El hecho de que Windows 95 y Windows NT se parezcan en la superficie, oculta cuán diferentes son estos dos sistemas por debajo. Su migración de Windows 95 a Windows NT resaltará estas diferencias.

Ya ha visto que no hay opción de arranque doble para Windows 95 y Windows NT. Esto se debe a las diferentes estructuras de sus registros y enfoques para soportar el hardware.

Por esta causa, su migración a Windows NT deberá ser manual. Ningún programa ni valor de registro será transferido en forma automática. Cuando instale Windows NT, lo instalará en un directorio diferente; `winnt` es el predeterminado. Después de la instalación, necesitará reinstalar todo su demás software, y luego será eliminado el antiguo directorio de Windows 95. Microsoft está trabajando en una migración más automatizada, pero no ha establecido una fecha de lanzamiento para una migración automatizada.

Casi la única característica común de Windows 95 y Windows NT, aparte de algunos elementos de interfaz comunes, es que ambos soportan nombres de archivo largos; cuando haga la transición a Windows NT no perderá los nombres de archivos descriptivos que había dado a sus documentos bajo Windows 95.

Lo que ganará al migrar a NT:

- Mayor seguridad. Por ejemplo, no puede conectarse a una estación de trabajo NT sin una cuenta en la máquina. Windows 95 le permite conectarse a cualquiera.
- El sistema de archivos NTFS. No sólo soporta nombres de archivo largos, sino que además soporta características de acceso, conexión y compresión hasta el nivel de archivo. Por ejemplo, al establecer que un atributo de archivo sea comprimido, puede comprimir ese archivo solo y dejar los demás archivos en el directorio sin comprimir.
- Soporta el modelo de objeto basado en componentes distribuidos (DCOM, distributed component object model). El soporte de modelo de objetos basado en componentes (COM, component object model) es crítico para la comunicación y manipulación de aplicaciones internas que hace posible la vinculación e incrustación de objetos (OLE, object linking and embedding). Windows 95 soporta en la actualidad el modelo COM en la máquina local, y el soporte DCOM agregado para Windows 95 está disponible en el sitio Web de Microsoft. Windows NT soporta DCOM. Esto permite que haya objetos OLE en diferentes máquinas. La siguiente versión de Windows está programada para soportar DCOM.
- Interfaz de programación de aplicaciones (API, application programming interface) para multimedia. Windows NT proporciona una ruta para uso de los desarrolladores de software multimedia y que les auxilie a alejarse de los programas para hardware específico. DirectX, que se lleva a la práctica tanto en Windows 95 como en Windows NT, es el API Multimedia principal. Revise la realización de Doom en Windows para ver lo bien que funciona este enfoque. (¡Convenza a su jefe de que necesita esto en su máquina para evaluar las tendencias en el software gráfico independiente del hardware!)
- Soporte de múltiples procesadores. Windows NT soporta más de un procesador por tarjeta madre, una ventaja si su aplicación se presta a una ejecución más rápida al usar más de un procesador.

Ésta es la ruta de migración que requiere mayor deliberación por la naturaleza diversa de ambos sistemas operativos.

Migración desde NT 3.51

Esta sección cubre las consideraciones de hardware, software, instalación y sistema operativo para migrar desde Windows NT 3.51 a Windows NT 4. Las interfaces de usuario de estos dos sistemas operativos se ven por completo diferentes, pero por debajo son el mismo sistema. Esto hace de la migración de NT 3.51 a NT 4 más una actualización que una migración.

Consideraciones de hardware

La configuración de hardware requerida para Windows NT Workstation se enlista en `http://www.microsoft.com/ntworkstation/Datasht.htm`.

En resumen, Microsoft dice que el mínimo es el siguiente:

- 486/25 MHz (o superior) o sistemas basados en Pentium (sistema Intel) o compatibles
- 12MB de RAM (sistemas Intel); 16MB todos los demás
- 110MB de espacio disponible en la unidad de disco duro
- Unidad de CD-ROM o acceso a un CD-ROM a través de una red de computadoras
- Adaptador de monitor VGA o de resolución superior
- Microsoft Mouse o un dispositivo apuntador compatible

Estos recursos mínimos ejecutarán NT pero no proporcionarán un rendimiento aceptable del sistema. La experiencia muestra que lo siguiente proporcionará un rendimiento promedio del sistema:

- Al menos una Pentium o equivalente a 100 MHz o superior
- 32MB de RAM
- 2GB de espacio en el disco duro
- Unidad de CD-ROM 6X o superior
- Adaptador de monitor SVGA con hardware acelerador de gráficos y un monitor de 17"

Si está migrando desde una configuración Windows NT 3.51 típica, es probable que tenga todos los elementos recomendados.

Si obtuvo su hardware para Windows NT 3.51 mejorando una máquina más antigua, entonces deberá considerar seriamente remplazar el hardware cuando migre a Windows NT 4. El aumento en RAM, las CPU más rápidas y las unidades de disco duro más grandes que compró para mejorar sus sistemas para Windows NT 3.51 podrían ser obsoletos. Mejorar de nuevo podría lucir mejor en el papel que remplazar sus PC existentes, pero sólo será un arreglo a corto plazo. Los sistemas nuevos también incluirán chips BIOS de sistema nuevos, una arquitectura de bus mejorada, software preinstalado y garantía. Podría no necesitar el software preinstalado (puesto que ya mejoró su software a versiones de 32 bits), pero a la larga, remplazar en lugar de mejorar le redituará por sí misma durante la configuración y el mantenimiento. Si, por alguna razón, no puede comprar sistemas nuevos, al menos considere remplazar las tarjetas madre, lo que le proporcionará un BIOS y un bus actuales. Una tarjeta madre nueva por lo general también tendrá un controlador incorporado mejorado capaz de manejar hasta cuatro unidades de 2GB+ o una combinación de unidades y CD-ROM.

Como esto es más una actualización que una migración, no hay necesidad de un arranque doble. Además, todas sus tarjetas existentes deberán funcionar sin problemas de NT 3.51 a NT 4.

Consideraciones de software

El software será la menor de sus preocupaciones durante la actualización de NT 3.51 a NT 4. El cambio más grande es la interfaz de NT 4; el alma del sistema operativo no ha cambiado.

Instalación

Ésta es la más simple de todas las instalaciones. Esta sección cubre la instalación en lo que se aplica a la actualización de Windows NT 3.51 a Windows NT 4.

Para hacer un disco de arranque

El proceso de instalación de Windows NT se centra en el CD. Puesto que Windows NT no hace un disco de sistema de arranque, hay ventajas en crear un disco de arranque que le dé acceso al CD-ROM. Este disco le permitirá instalar desde el CD-ROM si el arranque se sale de lo rutinario. Este disco deberá incluir `himem.sys`, controladores para el CD-ROM (normalmente llamado algo así como `mydrive.sys`), `mscdex` (las extensiones de Microsoft CD-ROM), un archivo `autoexec.bat` y un archivo `config.sys`. Su `autoexec.bat` deberá verse como lo siguiente:

Su archivo `config.sys` deberá verse de la siguiente forma:

Note el uso de `loadhigh` y `devicehigh` para liberar la mayor cantidad posible de los 640KB de memoria primaria. El programa de configuración en el CD Windows NT requiere al menos 428KB para correr.

Windows 95 y DOS/Windows 3.*x* son muy parecidos cuando se trata de discos de arranque. Hacer este disco con cualquier sistema operativo —un disco de arranque DOS o un disco de arranque Windows 95— es conveniente para usted. Cualquiera que use, asegúrese de que los archivos de sistema provienen del mismo sistema operativo. En una configuración DOS, los archivos de sistema a menudo están en un directorio llamado `bin` o `DOS`. En una configuración Windows 95, los archivos de sistema se localizan en los directorios `windows`, `windows/system` y `windows/command`.

Creación de los discos de arranque en la máquina objetivo

Al reconocer al CD, cambie a él y al directorio apropiado para su hardware (V.gr.: D:\I386) y escriba `winnt32` si usó Windows 95 para arrancar su máquina o `winnt` si usó DOS. Esto creará los tres discos de arranque detallados en la hora 15 "Instalación y configuración de Windows NT 4" y comenzará el proceso de instalación.

Creación de los discos de arranque en otra máquina

Para crear los discos de arranque en otra máquina, cambie al directorio apropiado en el CD-ROM para su hardware y escriba `winnt32 /x` para plataformas de 32 bits como NT o Windows 95, o `winnt` para plataformas de 16 bits como Windows 3.*x* o DOS. Esto creará los discos sin ejecutar el programa de instalación.

Instalación sin discos de arranque

Establezca una conexión con el CD-ROM y escriba `winnt32 /b` si arrancó por medio de Windows 95 o `winnt /b` si arrancó por medio de DOS. Esto omitirá la creación de los discos de arranque, copiará su información a la unidad de disco duro y comenzará el proceso de instalación.

Alternativa al proceso de instalación

Usted podría encontrar que el disco de instalación actual no incluye los mismos controladores de almacenamiento en masa que tenía el anterior. Podría ser que tuviera que cambiarse el nombre a su dispositivo o escribirlo de nuevo, o que sólo se hubiera pasado por alto. Si le sucede esto y no puede conseguir que la instalación perciba su unidad de disco duro o CD-ROM particulares, entonces podría copiar su controlador desde los discos antiguos al nuevo. Examine el archivo `txtsetup.sif` del primer disco de instalación que se muestra en el listado 12.5.

Listado 12.5. El archivo `txtsetup.sif` del primer disco de instalación de NT.

```
atapi.sys    = 1,,,,,,_3,4,0,0
atdisk.sys   = 1,,,,,,_3,4,0,0
atkctrs.dll  = 1,,,,,,,2,1
atsvc.exe    = 1,,,,,,,2,1,0
attrib.exe   = 1,,,,,,,2,1,0
audiocdc.hlp = 1,,,,,,,2,0,0
autochk.exe  = 1,,,,,,_x,2,0,0
autoconv.exe = 1,,,,,,,2,1,0
```

Para incluir su archivo desde el disco antiguo, copie los archivos `.sys` apropiados a los discos nuevos y haga una entrada en el archivo `txtsetup.sif` nuevo que sea igual a la entrada en el archivo `txtsetup.sif` antiguo.

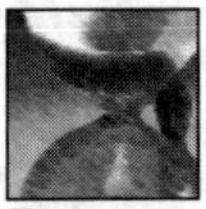

PRECAUCIÓN

> Use este procedimiento como último recurso. Si tiene acceso a Internet, el archivo correcto podría estar ya en la página principal de Windows NT.

Controladores de dispositivo comunes para almacenamiento en masa

La mayoría de las tarjetas madre actuales e instalaciones de CD-ROM son cubiertas por el controlador ATAPI. Este controlador abarca el estándar usado por la interfaz IDE Extendida, la cual controla al CD y a las unidades de disco duro. Si tiene un conjunto de hardware más antiguo en el que el CD-ROM tiene su propio controlador y no puede recordar o descubrir desde afuera del CD-ROM de qué marca es (lo que ocurre con no poca frecuencia), entonces seleccione el controlador Panasonic durante la Fase de Detección de Almacenamiento en masa (Mass Storage Detection Phase) de la instalación. Si esto no funciona, elija el Sony. Si ninguna opción funciona, es probable que le sea más económico y efectivo comprar un CD-ROM compatible con ATAPI más reciente que tratar de encontrar un controlador compatible.

Consideraciones del sistema operativo

Esta actualización hará que toda su información de registro sea colocada en el Registro (Registry) nuevo. Como la interfaz de usuario ha cambiado, perderá algunos de los valores que contenían la información de la interfaz de usuario del 3.51, pero no las extrañará porque no contribuyen a la nueva interfaz.

Migración desde OS/2

Esta sección cubre las consideraciones de hardware, software, instalación y sistema operativo para migrar desde OS/2 a Windows NT 4. Dados los fanatismos que pueblan todos los aspectos de las guerras de los sistemas operativos, migrar de OS/2 a Windows NT es más una conversión religiosa que una migración de software. Las conversiones religiosas están fuera del alcance de este libro, así que sólo abordaremos los aspectos de la migración.

Consideraciones de hardware

La configuración de hardware requerida para Windows NT Workstation se enlista en `http://www.microsoft.com/ntworkstation/Datasht.htm`. En resumen, Microsoft dice que el mínimo es el siguiente:

- 486/25 MHz (o superior) o sistemas basados en Pentium (sistema Intel) o compatibles
- 12MB de RAM (sistemas Intel); 16MB todos los demás
- 110MB de espacio disponible en la unidad de disco duro
- Unidad de CD-ROM o acceso a un CD-ROM a través de una red de computadoras
- Adaptador de monitor VGA o de resolucion superior
- Microsoft Mouse o un dispositivo apuntador compatible

Estos recursos mínimos ejecutarán NT pero no proporcionarán un rendimiento aceptable del sistema. La experiencia muestra que lo siguiente proporcionará un rendimiento promedio del sistema:

- Al menos una Pentium o compatible a 100 MHz o superior
- 32MB de RAM
- 2GB de espacio en el disco duro
- Unidad de CD-ROM 6X o superior
- Adaptador de monitor SVGA con hardware acelerador de gráficos y un monitor de 17"

Si está migrando desde una configuración OS/2 típica es probable que tenga todos los elementos recomendados excepto los 32MB de memoria. Comprar memoria adicional le costará alrededor de 100 dólares.

Si obtuvo su máquina OS/2 mejorando una máquina más antigua, entonces deberá considerar seriamente remplazar el hardware cuando migre a Windows NT 4. El aumento en RAM, las CPU más rápidas y las unidades de disco duro más grandes que compró para mejorar sus sistemas para OS/2 podrían ser ya obsoletos. Mejorar de nuevo podría lucir mejor en el papel que remplazar sus PC existentes, pero sólo será un arreglo a corto plazo. Los sistemas nuevos también incluirán chips BIOS de sistema nuevos, una arquitectura de bus mejorada, software preinstalado y garantía. Podría no necesitar todo el software preinstalado. A la larga, remplazar en lugar de mejorar le redituará por sí misma durante la configuración y el mantenimiento. Si, por alguna razón, no puede comprar sistemas nuevos, al menos considere remplazar las tarjetas madre, lo que le proporcionará un BIOS y un bus actuales. Una tarjeta madre nueva por lo general también tendrá incorporado un controlador mejorado capaz de manejar hasta cuatro unidades de 2GB+ o una combinación de unidades y CD-ROM.

Debido a los sistemas de archivo implicados, HPFS contra NTFS, cualquier esquema de arranque doble implicará particiones o unidades de disco duro separados. A menos que esté configurando la máquina como una plataforma de prueba para uno o ambos sistemas operativos, el almacenamiento separado no será muy efectivo en cuanto a costos. También tendrá que considerar remplazar cualquier tarjeta plug-and-play (no contemplada con `pnpisa`) o específica para OS/2.

Consideraciones de software

El único software que podrá migrar de su configuración OS/2 será el software Windows de 16 bits y un pequeño subconjunto de su software para OS/2 (vea la sección "Consideraciones del sistema operativo" para detalles sobre el software del OS/2). No hay migración automatizada. Tendrá que volver a sus discos originales e instalar el software en su máquina Windows NT.

Instalación

Es probable que su instalación consistirá en respaldar su software para Windows de 16 bits y los pocos programas OS/2 que puede ejecutar bajo Windows NT 4, reformatear su unidad de disco duro e instalar Windows NT. Esto podría sonar un poco severo, pero a la larga es la manera menos dolorosa de proceder. Si tiene un NT versión 3.51 por ahí, podría tratar de instalar el 3.51 (el cual lee HPFS) y luego actualizar a 4, pero sus programas OS/2 específicos no funcionaran aún.

Para hacer un disco de arranque

El proceso de instalación de Windows NT se centra en el CD. Debido a que Windows NT no hace un disco de sistema de arranque, hay ventajas en crear un disco de arranque que le dé acceso al CD-ROM. Este disco le permitirá instalar desde el CD-ROM si el arranque sale de lo común.

Este disco deberá incluir `himem.sys`, controladores para el CD-ROM (normalmente llamado algo así como `mydrive.sys`), `mscdex` (las extensiones de Microsoft CD-ROM), un archivo `autoexec.bat` y un archivo `config.sys`. Su `autoexec.bat` deberá verse como lo siguiente:

```
mscdex.exe /d:mvcd001 /m:10 /v
```

Su archivo `config.sys` deberá verse de la siguiente forma:

```
DEVICE=HIMEM.SYS
DOS=HIGH
devicehigh=slcd.sys /D:mvcd001 /B:1F88 /M:P /v /c
```

Note el uso de `loadhigh` y `devicehigh` para liberar la mayor cantidad posible de los 640KB de memoria primaria. El programa de configuración en el CD Windows NT requiere al menos 428KB para correr.

Deberá generar un disco de arranque desde una máquina que ejecute ya sea Windows 95 o DOS (en especial si reformatea su unidad de disco duro). Windows 95 y DOS/Windows 3.*x* son muy parecidos cuando se trata de discos de arranque. Hacer este disco usando cualquier sistema operativo —ya sea un disco de arranque DOS o un disco de arranque Windows 95— es conveniente para usted. Cualquiera que sea el que use, asegúrese de que los archivos de sistema provienen del mismo sistema operativo. En una configuración DOS, los archivos de sistema a menudo están en un directorio llamado `bin` o `DOS`. En una configuración Windows 95, los archivos de sistema se encuentran en los directorios `windows, windows/system y windows/command`.

Creación de los discos de arranque en la máquina objetivo

Al reconocer el CD, cambie a éste y al directorio apropiado desde su hardware y escriba `winnt32` si usó Windows 95 para arrancar su máquina o `winnt` si usó DOS. Esto creará los tres discos de arranque detallados en la hora 15 y empezará el proceso de instalación.

Creación de los discos de arranque en otra máquina

Para crear los discos de arranque en otra máquina, cambie al directorio apropiado en el CD-ROM para su hardware y escriba `winnt32 /x` para plataformas de 32 bits como NT o Windows 95, o `winnt` para plataformas de 16 bits como Windows 3.*x* o DOS. Esto creará los discos sin ejecutar el programa de instalación.

Instalación sin discos de arranque

Establezca una conexión con el CD-ROM y escriba `winnt32 /b` si arrancó por medio de Windows 95 o `winnt /b` si arrancó por medio de DOS. Esto omitirá la creación de los discos de arranque, copiará su información a la unidad de disco duro y empezará el proceso de instalación.

Alternativa al proceso de instalación

Usted podría encontrar que el disco de instalación actual no incluye los mismos controladores de almacenamiento en masa que el anterior. Tal vez tenga que cambiar el nombre a su dispositivo o escribirlo de nuevo, o bien sólo podría haberse pasado por alto. Si le sucede esto y no puede conseguir que la instalación perciba su unidad de disco duro o CD-ROM particulares, entonces podría copiar su controlador desde los discos antiguos al nuevo. Examine el archivo `txtsetup.sif` del primer disco de instalación que se muestra en el listado 12.6.

Listado 12.6. El archivo `txtsetup.sif` del primer disco de instalación de NT.

```
atapi.sys    = 1,,,,,,_3,4,0,0
atdisk.sys   = 1,,,,,,_3,4,0,0
atkctrs.dll  = 1,,,,,,,2,1
atsvc.exe    = 1,,,,,,,2,1,0
attrib.exe   = 1,,,,,,,2,1,0
audiocdc.hlp = 1,,,,,,,2,0,0
autochk.exe  = 1,,,,,,_x,2,0,0
autoconv.exe = 1,,,,,,,2,1,0
```

Para incluir su archivo desde el disco antiguo, copie los archivos `.sys` apropiados a los discos nuevos y haga una entrada en el archivo `txtsetup.sif` nuevo que sea igual a la entrada en el archivo `txtsetup.sif` antiguo.

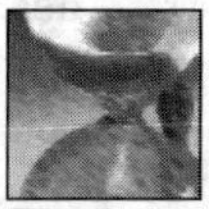

PRECAUCIÓN

> Use este procedimiento como último recurso. Si tiene acceso a Internet, el archivo correcto podría estar ya en la página principal de Windows NT.

Controladores de dispositivo comunes para almacenamiento en masa

La mayoría de las tarjetas madre actuales e instalaciones de CD-ROM son cubiertas por el controlador ATAPI. Este controlador abarca el estándar usado por la interfaz IDE Extendida, la cual controla al CD y a las unidades de disco duro. Si tiene un conjunto de hardware más antiguo en el que el CD-ROM tiene su propio controlador y no puede recordar o descubrir desde afuera del CD-ROM de qué marca es (lo que ocurre con no poca frecuencia), entonces seleccione el controlador Panasonic durante la Fase de Detección de Masa de Almacenamiento (Mass Storage Detection Phase) de la instalación. Si esto no funciona, elija el Sony. Si ninguna opción funciona, le puede resultar más económico y efectivo comprar un CD-ROM compatible con ATAPI más reciente que tratar de encontrar un controlador compatible.

Consideraciones del sistema operativo

Hay una serie de programas OS/2 que puede ejecutar bajo Windows NT 4:

- Aplicaciones OS/2 1.*x* de 16 bits sólo en computadoras *x*86
- Aplicaciones basadas en caracteres

Usted no podrá ejecutar lo siguiente:

- Aplicaciones OS/2 2.*x o superiores.*
- Aplicaciones del Administrador de Presentaciones (PM, Presentation Manager) (a menos que instale el Subsistema Agregado para Administrador de Presentaciones de Windows NT (Windows NT Add-On Subsystem for Presentation Manager), el cual puede ser ordenado por separado de Microsoft)
- Aplicaciones de video I/O (AVIO) avanzadas (a menos que instale el Subsistema Agregado para Administrador de Presentaciones de Windows NT)
- Aplicaciones OS/2 en computadoras basadas en RISC
- Aplicaciones que tengan acceso directo a la memoria del hardware o a los puertos I/O como Ring 2 o inferior

Recursos adicionales

Los siguientes son algunos recursos adicionales que podrían ayudarle a vencer en su reto de la migración:

- `http://www.microsoft.com/NTWksSupport/`: página Internet de Microsoft para NT Workstation
- `http://www.microsoft.com/NTWksSupport/content/faq/`: preguntas frecuentes sobre NT Workstation
- `http://www.microsoft.com/windows/common/aa2692.htm`: URL para comparación de Windows 95 con Windows NT Workstation

Resumen

En esta hora usted ha aprendido cuatro rutas de migración a Windows NT 4: de DOS/Windows 3.*x* , Windows 95, Windows NT versión 3.51 y OS/2. Ahora deberá estar consciente de las consideraciones de hardware, software, instalación y sistema operativo para cada ruta. Esta información le ayudará a planear y realizar su migración a Windows NT 4.

Taller

El taller le ayuda a concretar las habilidades que aprendió en esta hora.

Glosario

Sistema de Archivos de Alto Rendimiento (HPFS, High Performance File System) El sistema de archivos nativo para OS/2. Soportado en versiones de NT anteriores a NT 4. No compatible con NT 4.

Sistema de Archivos de NT (NTFS, New Technology File System) El sistema de archivo nativo de Windows NT que proporciona seguridad, conectividad y compresión para usuarios de NT.

`winnt` y `winnt32` Los programas de instalación de Windows NT.

Ejercicio

Elabore un disco de arranque que le proporcione acceso al CD-ROM de su máquina. Use DOS o Windows 95.

PARTE III

Hora 13

Sistemas de archivos y Windows NT 4

Por Gary Neely

NT tiene una verdadera fuerza irresistible sobre otros sistemas operativos: puede soportar más de un tipo de *sistemas de archivos.* NT lleva a cabo los sistemas de archivos como módulos similares a los controladores de dispositivos usados para tarjetas de video o sistemas de sonido. El módulo que usará NT es determinado por su elección de sistema de archivos al instalar NT. Seleccionar qué sistema de archivos usará es una de las elecciones más importantes que deberá tomar cuando instale NT. Para estar preparado en cuanto a la mejor selección, usted necesita entender qué es un sistema de archivos y qué pueden hacer por usted las opciones.

Discos y volúmenes

Para entender los sistemas de archivos, es útil comprender cómo un sistema operativo como NT o DOS ven un disco duro. Los discos duros son separados en divisiones llamadas *particiones.* Hay dos clases de particiones: primaria y extendida.

La partición primaria siempre es la ubicación de los archivos necesarios para iniciar la computadora y por lo general se denomina C:. Los discos duros comunes tienen una partición primaria y, posiblemente, una extendida. Una partición extendida puede dividirse, además, en múltiples unidades llamadas *unidades lógicas*, teniendo cada una su propia letra de unidad como D:, E:, y así en forma sucesiva. Es posible tener muchas unidades lógicas en un disco duro.

Tómese un Minuto

> Algunas veces un disco duro está configurado con una sola partición (la partición primaria) que ocupa toda la unidad y se denomina C:. Esto es muy común con máquinas adquiridas en tiendas departamentales o supermercados de electrónica. Como verá en la sección "Desventajas del FAT", esta no suele ser la mejor solución.

La cantidad de espacio que se asignará a cada partición o unidad lógica se determina cuando las particiones y unidades lógicas son creadas por el propietario o el administrador del sistema. Por ejemplo, un disco duro de 1GB podría ser dividido como un dispositivo lógico sencillo (la partición primaria) y llamado C:. El mismo disco duro podría ser dividido también en una partición primaria de 256MB y una partición extendida de 768MB. La partición extendida podría ser dividida entonces en tres unidades lógicas de 256MB cada una. El disco duro tendría entonces cuatro unidades lógicas: C: (la partición primaria) y D:, E: y F: (las unidades lógicas de la partición extendida). Hay otras combinaciones posibles; vea la hora 9, "Cómo trabajar con discos duros," para más información sobre estrategias para hacer las particiones.

La partición primaria y todas las unidades lógicas se deben formatear individualmente para aceptar datos. Cuando una partición o unidad lógica está formateada, y lista para ser usada para almacenamiento de archivos, se llama *volumen.*

Precaución

> Experimentar con particiones de disco y formateo de volúmenes no es una buena idea a menos que sea un usuario experimentado. Es muy fácil cometer una equivocación y de repente y en forma irrevocable perder toda la información en su disco duro. Debe estar muy seguro de lo que está haciendo y, como siempre, respalde, respalde, respalde. Para más información sobre los detalles de la forma de hacer particiones y formatear, vea las exposiciones relacionadas en la hora 9 y en la hora 10, "Volúmenes y el Administrador de discos".

Particiones especiales

Dos volúmenes formateados son particularmente importantes para NT: la *partición del sistema* y la *partición de arranque.* La partición del sistema debe contener los archivos necesarios para arrancar la computadora. Para NT estos incluyen `BOOT.INI`, `NTDETECT.COM`, `NTLDR` y el administrador de arranque NT. En muchos casos, esta partición también contendrá los archivos de sistema de NT. La partición de arranque contendrá los archivos de sistema requeridos para iniciar NT. El nombre es un poco incorrecto hasta que nos percatamos de que "arranque" en este caso se refiere a iniciar NT, no la computadora. Observe que el sistema y la partición de arranque podrían ser lo mismo, pero no tienen que serlo. La partición del sistema podría ser C: y el arranque podría estar en la unidad lógica F:. Usted seleccionará dónde desea que estén sus archivos de sistema de NT durante el proceso de configuración de NT, y esto determina su partición de arranque. El proceso de configuración establecerá en forma automática la partición de su sistema.

El concepto de la partición de arranque llega a ser importante si decide tener NT coexistiendo con otros sistemas operativos en la misma maquina (vea la hora 15, "Instalación y configuración de Windows NT 4"). Si NT será el único sistema operativo en su máquina, entonces probablemente resida en su partición del sistema y usted podrá ignorar con toda seguridad la distinción.

Sistemas de archivos

Ahora usted sabe acerca de unidades y volúmenes, pero ¿qué tal de sistemas de archivos? Un sistema de archivos es simplemente un método para organizar información en una partición o unidad lógica para almacenamiento o recuperación. La idea es similar al sistema de catalogar libros en una biblioteca o al método de organización del servicio postal para su entrega del correo. Cuando la unidad lógica o partición es formateada, ésta ha sido preparada con un sistema para aceptar archivos en una forma estructurada. Todos los volúmenes tienen un sistema de archivos, incluyendo volúmenes en disco duro, discos flexibles o CD-ROM. Un sistema de archivos no sólo permite al sistema operativo responder la pregunta "¿Dónde diablos pongo este archivo?", sino también determina cómo se puede llamar a ese archivo o qué programas o usuarios tienen acceso al mismo.

En la sección "Discos y Volúmenes" usted aprendió que cada volumen está formateado individualmente con un sistema de archivo para prepararlo para aceptar datos. Si usted es rápido (o si ha visto esta materia antes), es posible que haya deducido una de las ventajas de dividir su disco duro en múltiples unidades lógicas: puede tener diferentes sistemas de archivos en el mismo disco duro. Conforme avance esta lección usted aprenderá algunas de estas ventajas.

Hay cuatro sistemas de archivos que abarca Windows NT 4:

- Tabla de Asignación de Archivos (File Allocation Table, FAT): el sistema de archivo más simple y menos poderoso disponible para usar con NT 4. FAT es el sistema de archivos nativo para DOS. Notará que Windows 95 usa una versión mejorara de FAT conocida como VFAT y Windows 95b (OSR2x) utiliza FAT32.
- Sistema de Archivos de Nueva Tecnología (New Technology File System, NTFS): el sistema de archivos nativo para NT diseñado para volúmenes extensos, alta confiabilidad, seguridad y rendimiento. Éste es el sistema de archivos de elección para la versión de servidor de Windows NT.
- Sistema de Archivos de Alto Rendimiento (High Performance File System, HPFS): el primo más viejo de NTFS, nativo para el sistema operativo OS/2 de IBM.
- Sistema de Archivos de CD-ROM (CD-ROM File System, CDFS): un sistema de archivos diseñado para usarse con dispositivos de CD-ROM de sólo lectura.

Sólo los primeros dos sistemas de archivos serán importantes para la mayoría de los lectores. CDFS se usa sólo para acceso de CD-ROM; no hay decisiones que deban tomar los usuarios de NT, así que no lo aprenderá aquí. Tocaremos el HPFS, pero no dedicaré mucho tiempo a este tema, pues intuyo que la mayoría de los lectores no estarán interesados en él.

FAT: el venerable sistema de archivos para PC

En 1976, un joven llamado Bill Gates diseñó un sistema de archivos que permitía a un lenguaje de programación llamado BASIC almacenar datos en discos flexibles. Este sistema de archivos llegó a ser conocido como FAT por su característica principal: la Tabla de Asignación de Archivos (File Allocation Table). En los primeros días de la FAT, un disco flexible de 360KB era considerado como de enorme capacidad de almacenamiento para una computadora pequeña. Aun Bill Gates nunca podría haber imaginado que la FAT se usaría para administrar información en los discos duros compactos y rápidos de muchos gigabytes de hoy en día; sin embargo, ha sobrevivido por muchos años como el sistema de archivo nativo para DOS.

La tabla de asignación de archivos de la FAT se almacena al comienzo del volumen para seguirle la pista a los archivos y directorios. El formato de la tabla es muy sencillo: sus entradas son simplemente indicadores en secuencia del lugar donde se almacenan los archivos y directorios en el volumen. FAT mantiene una copia redundante de esta tabla como una protección contra la corrupción de la tabla primaria. La tabla se actualiza con frecuencia, de modo que las cabezas de la unidad de disco duro rebotan constantemente de un lado para otro desde dondequiera que estén hasta el comienzo del volumen del disco. En volúmenes grandes, esto puede incrementar mucho el tiempo requerido para leer y escribir archivos.

Ventajas del FAT

A pesar de la edad de FAT, todavía hay buenas razones para pensar en usarla incluso cuando se da la alternativa de un sistema operativo moderno como es NT 4. No se apresure demasiado a desechar el uso de FAT en los volúmenes de NT. Considere sus ventajas:

- Compatibilidad: NT, DOS, Windows 95, Windows 3.*x* y OS/2 pueden usar volúmenes FAT. Aun si decide hacer de NT su único sistema operativo, usando FAT dará la posibilidad para iniciar DOS desde un disco flexible y tener acceso a sus archivos. Además, puede tener la posibilidad de usar utilidades DOS comunes para examinar y manipular el volumen. Si su computadora va a tener otros sistemas operativos disponibles y la partición con NT deja mucho espacio disponible, puede usar ese espacio para otras aplicaciones que no sean de NT en vez de desperdiciarlo.
- Sencillez: el sistema FAT es simple y confiable. No utilizará mucho espacio de disco para su propio consumo, y no requiere de mucha memoria. FAT tiene más de 20 años de confiabilidad comprobada tras él.

- Acceso de archivos en volúmenes pequeños: ya que FAT es bastante sencillo, tiene un consumo bajo para sus operaciones. No es el sistema de archivos óptimo para volúmenes extensos, pero para volúmenes pequeños en verdad se desempeña bastante bien, en muchos casos mejor que los sistemas de archivos modernos ricos en características.

El punto principal para recordar es la compatibilidad. Tenga en cuenta esta ventaja mientras continúa leyendo.

Desventajas del FAT

FAT muestra su edad en contraste con sistemas de archivos ricos en características como NTFS. He aquí las desventajas del FAT que probablemente sean la causa de la mayoría de sus pesares:

- Convención de denominación limitada: FAT es responsable de la convención de denominación de DOS de 8+3 caracteres. A pesar de que la versión de la FAT de NT es capaz de dar nombres más largos a archivos y directorios, DOS continuará viendo sólo 8+3 caracteres. Mucha gente encuentra molesta esta convención. Además, no hay soporte para caracteres mayúscula/minúscula o *Unicode*, una convención de 16 bits útil para soportar caracteres de idiomas diferentes al inglés.
- Seguridad deficiente: no tiene disposiciones incorporadas para controlar el acceso a los archivos de un volumen. Si requiere esta clase de protección para ciertos archivos o directorios, FAT no es la solución. Si tiene un sistema multiusuario, tenga en cuenta que FAT no ofrece una gran seguridad.
- Ineficiente en volúmenes extensos: FAT no fue diseñado para administrar las grandes unidades de disco duro de hoy en día, así que el uso del espacio de disco en volúmenes extensos puede causar desperdicio. El acceso a los archivos en volúmenes extensos con muchos archivos puede ser muy lento, ya que FAT usa un procedimiento simple para la búsqueda de archivos.

Dado el tamaño cada vez mayor de las unidades de disco duro, la última desventaja de la FAT es una de las mayores. Esto es particularmente cierto en aquellas unidades de disco duro de particiones simples que provienen de supertiendas electrónicas. Para ver por qué, debe entender cómo se graban los archivos en un volumen. (Sí, prepárese para otra definición más.)

Unidades de asignación y sistemas de archivos

La mayoría de los usuarios de computadoras están familiarizados con la parte de la lista de un directorio que da el tamaño de un archivo en bytes o kilobytes, esto es cuánto espacio ocupa el archivo en la unidad, ¿correcto? No necesariamente. De hecho, es muy probable que ni siquiera se acerque. Pruebe esto: en una máquina que tenga acceso a DOS, haga un pequeño archivo de texto y grábelo en el disco. Escriba un DIR en el directorio donde grabó el archivo y anote el tamaño del archivo y el número de bytes disponibles en el disco duro. Ahora, elimine el archivo de texto pequeño. ¿Cuántos bytes más esperaría que estuvieran disponibles en el disco? Escriba de nuevo DIR. ¡Sorpresa!

Acaba de descubrir el efecto de las *cluster o unidades de asignación.* Una unidad de asignación es la menor unidad de espacio que se puede asignar para almacenamiento de archivos. El tamaño de una unidad de asignación se mide en bytes y varía con el sistema de archivos y el tamaño del volumen. Observe la tabla 13.1 y note cómo el tamaño de las unidades de asignación de la FAT aumenta conforme se hace mayor el tamaño del volumen.

Tabla 13.1. Comparaciones del tamaño de las unidades de asignación.

Tamaño del volumen FAT (MB)	Tamaño de la unidad de asignación (bytes)	Tamaño del volumen NTFS (MB)	Tamaño de la unidad de asignación (bytes)
0-15	4096	Hasta 511	512
16-127	2048	512-1023	1024
128-255	4096	1024-2047	2048
256-511	8192	2048 en adelante	4096
512-1023	16384		
1024-2047	32768		
2048 en adelante (Sólo WinNT)	65536		

Si ve con atención el cuadro, podrá notar una interrupción extraña en la secuencia de tamaño de la unidad de asignación de un volumen FAT con un tamaño de 0-15MB. Esto no es un error; en volúmenes pequeños, la FAT usa direccionamiento de 12 bits en vez de 16 bits, lo que significa que hay menos unidades de asignación posibles, de modo que cada unidad de asignación debe ser mayor.

Cada archivo requiere al menos una unidad de asignación de espacio de disco y con mucha frecuencia más de una. Si un archivo no usa todo el espacio de disco de una unidad de asignación, ese espacio se desperdicia. Por ejemplo, si graba un archivo de texto pequeño de 400 bytes en un volumen FAT relativamente pequeño de 240MB, el archivo ocupará 4096 bytes de espacio físico real del disco. El mismo archivo en una unidad de 1.2GB con una sola partición acaparará un espacio de disco enorme de 32768 bytes. Imagine tener muchos archivos pequeños como los mensajes de correo electrónico en una unidad así. El espacio de disco comienza a desaparecer con rapidez.

Tiene dos opciones para abordar esta situación: hacer particiones en una unidad de disco grande para dividirla en volúmenes pequeños, o usar un sistema de archivo que tenga tamaños de unidad de asignación más eficientes para volúmenes grandes. No tiene nada de malo crear volúmenes menores, y hacerlo puede ayudarle a organizar su computadora. Si tiene un disco duro grande y tendrá un solo volumen, entonces usar un sistema de archivo como NTFS tiene más sentido.

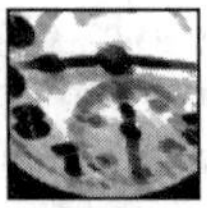

Ahorre Tiempo

Crear volúmenes FAT que le den tamaños de unidad de asignación de 4096 es un buen compromiso para reducir al mínimo el número de volúmenes en su disco duro al igual que el tamaño de las unidades de asignación. Yo tengo varios discos duros de 1GB que he dividido en cuatro particiones de 255MB.

13

> Decida lo que decida, no haga volúmenes que usen tamaños de unidad de asignación de 16384 o más. Está comprobado que la cantidad de espacio de disco que desperdiciará será monstruosa.

NTFS: respuesta de la nueva tecnología de Microsoft

En cuanto la familia de ambientes de operación Windows 3.*x* de Microsoft se hizo cada vez más popular en la solución de negocios por computadora, la comunidad de negocios empezó a requerir un mejor soporte para conectividad y seguridad. De este modo Microsoft se vio motivado a implementar un sistema de archivo que ofreciera estas características y más.

NTFS fue diseñado para soportar los grandes volúmenes típicos de las aplicaciones de negocios. En tanto que FAT es un sistema de archivos de 16 bits, NTFS es un sistema de archivo de 32 bits. Esto significa que puede soportar volúmenes mayores con tamaños de unidad de asignación menores. Observe de nuevo el cuadro 13.1 y compare NTFS con FAT usando el mismo tamaño de volumen. FAT puede usar un tamaño de volumen de hasta 16GB, el cual es bastante grande –pero no lo hace de manera muy eficiente. NTFS puede apoyar un tamaño de volumen máximo de 16 exabytes, o 232 veces el tamaño de volumen máximo de FAT. (Un *exabyte* es 260, un número que simplemente es enorme.)

El sistema de archivo NTFS puede tener acceso a archivos en un volumen grande con mucha mayor rapidez que FAT, debido a que usa un algoritmo de búsqueda más avanzado en una lista clasificada de nombres de archivo en vez de la búsqueda simple de FAT en una lista de nombres de archivo sin clasificar. La diferencia es igual a usar un directorio telefónico como se pretende en vez de comenzar por el primer nombre y avanzar por todo el directorio en secuencia hasta encontrar el nombre que desea.

Con NTFS, usted puede asignar características de seguridad a archivos y directorios, y tiene una capacidad aumentada para recuperarse de las fallas del sistema sin perder datos. NTFS es el sistema que usa la versión de Servidor de Windows NT –cualquier otra opción sería ridícula.

Ventajas de NTFS

He aquí un panorama general de los principales beneficios de usar NTFS con Windows NT 4.

- ☐ Soporte eficiente de grandes volúmenes. Como aprendió en la sección “NTFS: respuesta de la nueva tecnología de Microsoft”, NTFS administra archivos en particiones grandes de disco duro de manera muy eficiente, lo que da como resultado un acceso rápido al archivo.
- ☐ Uso eficiente del espacio de disco: NTFS usa tamaños de unidad de asignación relativamente pequeños de modo que se desperdicia menos espacio de disco cuando se almacenan archivos.

- Seguridad: NTFS le permite establecer autorizaciones en archivos y directorios y no permite a los usuarios traspasar las características de seguridad al iniciar desde un disco flexible o desde otro sistema operativo. Además, NTFS le permite mantener una conexión de acceso a archivos que registra quién ha tenido acceso (o ha intentado tener acceso) a un archivo o directorio. NTFS se jacta de cumplir con los estándares de seguridad C-2 oficiales.
- Robustez: NTFS hace un registro de las transacciones de archivo para ayudar a protegerlo contra la pérdida de datos en caso de una falla del sistema o del hardware. Si una transacción falla antes de poder ser completada, NT se dará cuenta del problema al reiniciar el sistema y hará las correcciones necesarias. NTFS presenta, además, tolerancia a las fallas de disco, lo que protege los datos contra la pérdida de un disco duro o de un sistema de discos múltiples, pero esta característica por lo normal sólo está disponible en la versión de servidor de NT 4.
- Compresión automática: NTFS le permite activar la compresión automática de un archivo específico o incluso un directorio de archivos. (Con otros sistemas de archivo usted debe ejecutar una utilidad cada vez que desea comprimir o descomprimir un archivo.)
- Soporte avanzado de nombres de archivo: NTFS soporta el uso de caracteres en mayúsculas y minúsculas, Unicode (un formato que permite caracteres de 16 bits y es útil para soportar idiomas extranjeros) y nombres de archivo largos de hasta 254 caracteres.

Desventajas de NTFS

Hay algunos escollos en el uso de NTFS para sus volúmenes. NTFS consume alrededor de 4MB en cualquier volumen que se use. Debido a todas las actividades que realiza para usted, no es muy rápido cuando se usa con volúmenes pequeños, en particular con aquellos que tienen menos de 400MB. Debe recordar, además, que no se puede tener acceso a los volúmenes NTFS desde otros sistemas operativos. Esto último es una consideración muy importante, en especial si planea usar una configuración de arranque doble en el que varios sistemas operativos compartirán su computadora.

HPFS y Windows NT 4

HPFS fue desarrollado originalmente por Microsoft para OS/2 versión 1.2. HPFS es optimizado para volúmenes de tamaño moderado, 256MB-512MB. Presenta una caché de disco automático y el tamaño de la unidad de asignación siempre es de 512 bytes, sin importar el tamaño del volumen. Es un buen sistema de archivos por derecho propio y los desarrolladores de Microsoft incorporaron muchas de sus características al NTFS más avanzado.

Versiones anteriores de Windows NT vienen equipadas con soporte para HPFS, pero con el lanzamiento de NT 4 los desarrolladores de Microsoft decidieron descontinuar esta práctica. Esta es una decisión intrigante, pues dificulta a los usuarios de OS/2 cambiarse a NT y, de otra manera, HPFS sería una buena opción como sistema de archivos para los usuarios de NT 4 con volúmenes de tamaño intermedio. Por desgracia, HPFS no es una opción en el paquete normal de NT 4.

Tómese un Minuto

¡Tomen nota los fanáticos de OS/2 y HPFS! Aunque NT 4 no soporta HPFS salido de su caja, se puede usar HPFS con NT 4. La solución implica importar algunos archivos HPFS de NT 3.51 y modificar su registro NT 4. Esto se encuentra fuera del alcance de este libro introductorio, pero (sigue la publicidad descarada) se anima a los lectores interesados a buscar obras de referencia más detalladas sobre NT 4 de Sams, como *Windows NT 4 Workstation Unleashed* y *Peter Norton's Complete Guide to Windows NT 4 Workstation*. Una solución paso a paso para el soporte de HPFS se puede encontrar en el número de octubre de 1996 de *Windows NT Magazine*.

Conversión de volúmenes FAT a NTFS

Microsoft proporciona un programa de utilidad con NT 4 que le permite convertir sus volúmenes FAT a NTFS sin dificultad –en otras palabras, sin perder sus datos. Puede hacer esto después de haber instalado NT. Cuando termina, todos sus archivos y estructuras de directorio están convertidos. No se requiere respaldar sus datos, pero siempre es una buena idea cuando se hace este tipo de operación.

Tómese un Minuto

NT no le permitirá cambiar el sistema de archivo de un volumen que contenga los archivos de sistema de Windows NT 4.

El proceso de conversión de un volumen FAT a NTFS sin pérdida de datos debe realizarse desde el indicador de comandos:

1. Entre al indicador de comandos desde el menú Programas (Programs) del botón Inicio (Start).
2. En el indicador de comandos introduzca lo siguiente, donde *unidad:* (*drive:*) indica el volumen que desea convertir. Deberá ver algo como el ejemplo de la figura 13.1.

```
convert unidad: /fs:ntfs
```

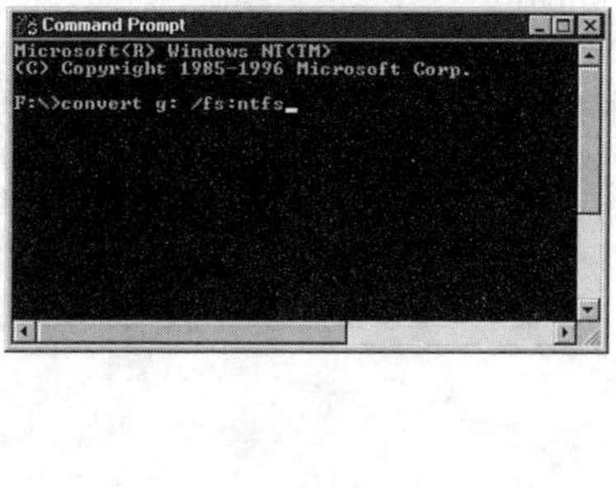

Figura 13.1.
El indicador de comandos con un ejemplo del comando de conversión.

3. Oprima la tecla Enter o Intro. Sucederá una de dos cosas: la unidad será convertida de inmediato o se le informará que la unidad está en uso y se le preguntará si desea convertir la unidad la próxima vez que el sistema inicie. Una unidad podría estar en uso por diversas razones: una aplicación podría tener un archivo abierto en esa unidad o un archivo de paginación de NT en esa unidad. Si está de acuerdo, entonces la próxima vez que inicie el sistema verá un mensaje que le indica que el volumen está siendo convertido.

También puede convertir un volumen a NTFS usando la opción Administrador de discos | Herramientas | Formatear (Disk Administrator | Tools | Format).

1. Entre al Administrador de discos desde el submenú Herramientas Administrativas (Administration Tools) del menú Programas del botón Inicio (Start).
2. En el Administrador de discos, seleccione el volumen que desea formatear haciendo clic en el desplegado apropiado del volumen.
3. Seleccione la opción Formatear bajo Herramientas. Aparecerá un cuadro de diálogo similar al que se muestra en la figura 13.2.

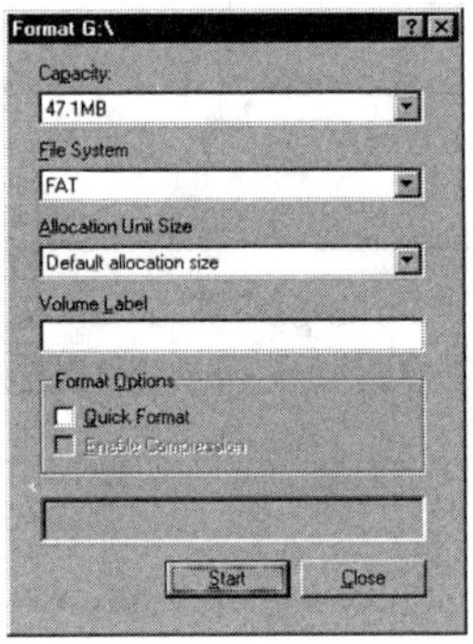

Figura 13.2.
La utilería de conversión incorporada en el Administrador de discos. Éste no es el mismo programa que se ejecuta desde el indicador de comandos.

4. Haga clic en la casilla Sistema de Archivos (File System) y cámbielo a NTFS. Verá también una opción para especificar el Tamaño de la Unidad de Asignación (Allocation Unit Size). Esto le permite cambiar el tamaño predeterminado del unidad de asignación para NTFS. Aunque es interesante que Microsoft le permita jugar con esto, en realidad no tiene caso cambiarlo. Se recomienda el tamaño predeterminado.
5. Haga clic en Iniciar (Start). Se mostrará una advertencia de que el volumen está a punto de ser reformateado y todos los datos se perderán. En este punto puede abortar la operación o continuar.

PRECAUCIÓN

El programa de conversión invocado por el Administrador de discos en realidad formatea el disco para hacer la conversión, de modo que perderá todos sus datos en ese volumen.

La utilería formatear del Administrador de discos (Disk Administrator) es un programa diferente por completo del que se usa desde el indicador de comandos. Es más flexible y poderoso, pero no tiene la capacidad de cambiar un volumen FAT a NTFS sin perder todo lo que se encuentra en el volumen. Use este programa con mucho cuidado. Si se está preguntando por qué Microsoft incluyó dos programas para tareas muy parecidas, usted no es el único.

Temas adicionales del sistema de archivo

Esta sección responde algunas de las preguntas más comunes relacionadas con los sistemas de archivos y Windows NT.

Si decido usar NTFS para un volumen pero cambio de opinión después de la instalación, ¿qué puedo hacer al respecto?

Por desgracia, no hay forma de cambiar de nuevo a otro sistema de archivos sin dificultades. Su única solución es respaldar los archivos y las aplicaciones que desea conservar y reformatear el volumen. Hay una buena probabilidad de que esto implique reinstalar muchas aplicaciones. Recuerde que cuando reformatea un volumen, pierde toda la información de ese volumen.

¿Qué hay con los discos flexibles? ¿Tengo que elegir FAT o NTFS cada vez que deseo usar un disco flexible nuevo?

No. NT usa FAT para los discos flexibles. Como ha visto, NTFS fue diseñado para dispositivos de almacenamiento a gran escala, en tanto que FAT fue diseñado originalmente para discos flexibles. FAT es más sencillo y más eficiente para usarlo con medios de capacidad relativamente pequeña como los discos flexibles. De hecho, el espacio de disco requerido para el consumo del sistema NTFS excede la capacidad de un disco flexible de 1.44MB.

He escuchado acerca de algo llamado "fragmentación del disco". ¿Qué es esto y es acaso un problema con NT?

Sí, por desgracia es un problema. La fragmentación del disco es un efecto colateral de escribir y eliminar archivos en su disco. Cuando se borra un archivo, el espacio que libera podría ser demasiado pequeño para el siguiente archivo que se escriba en el disco, de modo que el sistema operativo busca un espacio mayor y puede ser forzado a usar muchos espacios pequeños vinculados en vez de un espacio continuo grande. Como resultado, muchos archivos son divididos en fragmentos pequeños dispersos por todo el disco. Las cabezas de la unidad de disco se ven obligadas a saltar por todo el lugar para leer un solo archivo (lo cual toma tiempo) en vez de leer en forma directa la información contigua. Esto puede hacer considerablemente más lenta la lectura de archivos, a veces en forma drástica. La mayoría de los sistemas operativos no supervisan o corrigen este problema, pero hay programas de utilidad disponibles que le permiten reorganizar en forma periódica su disco.

AHORRE TIEMPO

> La fragmentación del disco no se limita a los discos duros. El efecto puede causar problemas también en discos flexibles que se usan con frecuencia. Si tiene una utilería de desfragmentación que funciona con FAT, podría considerar usarla en forma ocasional con sus discos flexibles de más uso.

NTFS es más inteligente al escribir archivos en un disco que FAT. NTFS examina el espacio de disco disponible para seleccionar una forma razonablemente eficiente de almacenar un archivo, en tanto que FAT toma el espacio disponible sobre una base de servir primero al que llegue primero, sin ver más adelante. Como tal, la fragmentación del disco es menos problema con NTFS que con FAT, pero no obstante sigue siendo un problema.

Ahora vienen más malas noticias. Hasta el momento de escribir esto, Microsoft (por razones que sólo conoce Microsoft) no ha proporcionado una utilería de defragmentación para NTFS con cualquier versión de NT. (Si curiosea por la sección del Administrador de discos de los programas de administración de NT, verá que Microsoft proporcionó un lugar para instalar una utilidad de defragmentación. Usted tiene que preguntarse qué hacen los desarrolladores de Microsoft cuando sus discos quedan fragmentados.) Por suerte, hay soluciones de terceros para llenar este agujero en el mantenimiento de disco de NTFS. Una ventaja de usar FAT con NT 4 es que puede usar el programa DEFRAG.EXE proporcionado con DOS para defragmentar su disco duro. No se puede usar DEFRAG.EXE en una partición NTFS ya que DOS no puede leer esta partición. Microsoft ya está trabajando en una utilería [consulte el sitio de Microsoft en http://www.microsoft.com/winnt]. Mientras, vea una utilería de Executive Software llamada Diskeeper [http://www.diskeeper.com] que realiza un buen trabajo.

¿Cómo verá DOS un volumen formateado con NTFS

No lo hará. Si arranca DOS en un sistema con uno de sus volúmenes formateado con NTFS, DOS simplemente se saltará ese volumen cuando asigne letras de unidades. Nunca lo verá como cualquiera de sus opciones de unidad lógica.

Resumen

Así que, ¿cuál sistema de archivo usará? Ningún libro puede tomar esta decisión por usted, debido a que sólo usted conoce sus requerimientos y la configuración de su sistema. En el momento de escribir esto, ningún sistema de archivo hace todo, así que cualquier opción que elija será un compromiso. La tabla 13.2 resume lo básico y podría ayudarle a tomar una decisión.

Tabla 13.2. Cuando un sistema de archivo es evidentemente superior.

Situación	La mejor opción
Necesita compartir el volumen con DOS, Windows 3.*x* o Windows 95	FAT

Situación	La mejor opción
Su volumen de disco es relativamente pequeño (menos de 512MB, en especial aquellos de 200MB o menos)	FAT
El volumen es grande (más de 512MB)	NTFS
Necesita controlar el acceso a los archivos o directorios	NTFS
Necesita compartir el volumen en una red	NTFS
NT es el único sistema operativo que usará	NTFS
Está usando un NT Server	NTFS
Su computadora tiene una CPU tipo RISC	FAT

Tómese un Minuto

> Una máquina RISC en realidad necesita sólo una partición FAT de 2MB para arrancar. Otras particiones se pueden formatear aplicando los mismos criterios que en una máquina Intel.

Taller

El taller le ayuda a concretar las habilidades que aprendió en esta hora.

Glosario

partición (partition) Divisiones estructuradas de una unidad de disco duro. Hay dos tipos: primaria y extendida. Una partición extendida puede ser subdividida más en unidades lógicas.

sistema de archivo (file system) Método para organizar información en una partición o unidad lógica para almacenamiento y recuperación.

unidad de asignación (cluster) La unidad menor de espacio de disco que se puede asignar para almacenamiento de archivos. El tamaño de la unidad de asignación depende del tamaño del volumen y el sistema de archivos usado. En general, cuanto mayor es el tamaño del volumen, mayor será el tamaño de la unidad de asignación. A veces a una unidad de asignación se le llama "cluster".

unidad lógica (logical drive) Subdivisión de una partición extendida. Cada unidad lógica es identificada por una letra de unidad.

volumen (volume) Partición o unidad lógica que ha sido formateada con un sistema de archivo y que está lista para aceptar datos.

Ejercicios

1. Busque una computadora que use FAT e intente el experimento descrito en el primer párrafo de "Unidades de asignación y sistemas de archivo" que se expuso durante esta hora. ¿Cuánto espacio está desperdiciando su sistema con su estructura actual de particiones?
2. Si su sistema va a usar FAT o pretende tener una configuración de sistemas operativos múltiples, ¿qué cantidad de particiones será la mejor solución para su disco o discos duros? Es como hacer un compromiso de mantener pequeño el tamaño de la unidad de asignación mientras minimiza la cantidad de particiones del disco duro.

PARTE

III

Hora 14

Cuestiones de preinstalación con Windows NT 4

por Gary Neely

Quizás usted ha escuchado cosas espantosas sobre la instalación de NT. La verdad es que Windows NT Workstation 4 no es difícil de instalar si lo enfoca de manera sistemática y hace algunas investigaciones antes de comenzar. NT 4 es grande y tiene muchas opciones, pero si ha pasado por la instalación de un paquete de software grande como Microsoft Office, NT no es mucho más difícil. De hecho, es probable que haga funcionar NT en su primer intento. Tendrá que tomar algunas decisiones más y podría necesitar conocer más sobre su sistema, pero para la mayoría de los usuarios potenciales de NT esto no deberá ser un desafío.

Cuando se prepare para instalar NT, deberá hacer dos cosas cuando menos. La primera es asegurarse de que satisface los requerimientos mínimos absolutos del sistema para instalar NT. Hay pocas cosas más frustrantes que adquirir un maravilloso programa nuevo sólo para enterarse de que requiere más RAM de la que hay en su sistema. Para prevenir esta situación, Microsoft proporciona la siguiente lista de sus requerimientos mínimos recomendados:

- Plataforma: un procesador 486 tipo Intel o superior, o un procesador basado en RISC, como un sistema basado en Digital Alpha, una PowerPC o una MIPS R4x00. (Observe que Windows NT Workstation 4 soporta hasta dos procesadores.)
- RAM: NT 4 en una plataforma Intel *x*86 requiere al menos 12MB de RAM. Las máquinas basadas en RISC como la PowerPC, los sistemas basados en Digital Alpha y los sistemas MIPS R4x00 requieren un mínimo de 16MB de RAM.
- Adaptador de video: necesitará un adaptador VGA o superior.
- Unidad de CD-ROM: se requiere un CD-ROM para instalar NT a menos que esté instalando NT a través de una conexión de red.
- Unidad de disco flexible de alta densidad de 3Ω": necesitará entonces una unidad de disco flexible de 3Ω" de alta densidad. No soporta discos flexibles de 5º" de alta densidad.
- Dispositivo apuntador: aunque opcional, un ratón u otro dispositivo apuntador es muy recomendable.
- Espacio libre en disco: las plataformas tipo Intel requerirán un mínimo de 117MB de espacio disponible en el disco duro para los archivos de sistema de NT. Los sistemas basados en RISC requerirán un mínimo de 148MB de espacio libre en disco.
- Tarjeta adaptadora de red: si va a usar Windows NT con una red, necesitará una tarjeta adaptadora de red.

Debe tener en cuenta que las ideas de Microsoft para los requerimientos mínimos no son del todo realistas. Sí, usted puede correr NT 4 en un sistema así, pero usarlo en forma productiva es otro asunto. Conforme progrese esta hora aprenderá estos requerimientos con mayor detalle y al final de ella estará mejor equipado para emitir su propio juicio.

Afirmé que hay dos cosas que debe estar absolutamente seguro de hacer. La segunda es una simple recomendación, pero que se suele pasar por alto: tómese el tiempo para leer la literatura de instalación. Lea la sección "Fundamentos e instalación" ("Basics and Installation") del manual de instalación *Comience aquí* (*Start Here*) que acompaña a su ejemplar de NT 4; cualquier nota de última hora que se hubiera proporcionado y cualesquier archivos `READ.ME` u otros archivos de texto que vengan en su disco de distribución.

Algunas personas adoran abrir una caja nueva de software, lanzar la literatura adjunta a un rincón, meter de golpe el disco en la unidad, escribir SETUP.EXE y lanzarse. (Por supuesto, este autor *nunca* ha hecho algo así...) Con un sistema como NT, ésta no es una buena idea. La instalación de NT requiere que usted prepare con anticipación varias cosas y tomar algunas decisiones importantes durante el proceso de configuración. El resto de esta hora le ayudará a estar listo para esas decisiones y le facilitará su instalación de NT.

AHORRE TIEMPO

> En Internet hay mucha información sobre cómo configurar NT. Si tiene acceso a Internet, busque cualquier documento al respecto y encontrará muchas referencias, ejemplos de configuraciones de NT y recomendaciones de otras personas que han instalado NT, así como actualizaciones (al momento de escribir este libro, ya había aparecido el Service Pack 3, incluso para la versión en español).

Consideraciones respecto al hardware

Antes de instalar NT, necesitará saber qué hardware requiere y cuál puede usar, además de conocer razonablemente el funcionamiento de las computadoras personales, aunque sólo sea para hacer las preguntas correctas en caso de tener problemas. El propietario de un automóvil, por ejemplo, no requiere conocer el funcionamiento del motor pero necesita saber que el automóvil tiene un motor, que éste usa gasolina y que necesita mantenerse frío. Lo mismo sucede con una computadora personal: usted no necesita conocer todos los detalles de la computadora, pero al instalar un sistema operativo, que es una pieza compleja de software, le ayuda conocer los fundamentos. Si no está interesado en esto, podría buscar un amigo erudito para que le ayude a pasar por el proceso de configuración.

Para preparar su sistema para NT, tenga a la mano toda la documentación del mismo, incluyendo cualquier documento y archivos que vengan con sus dispositivos de hardware. Configurar un sistema operativo implica cada aspecto de su computadora. Las probabilidades indican que en su computadora habrá algún dispositivo del que usted necesitará saber más antes de terminar su instalación. Muchos componentes, como las tarjetas de red y de sonido, tendrán parámetros que usted necesitará conocer al instalar NT. Si recopila esta información antes de comenzar la instalación, evitará demoras frustrantes cuando ya esté en marcha.

TÓMESE UN MINUTO

> Podría sorprenderle saber que la capacidad de Windows NT para detectar y configurar en forma automática el hardware no es tan buena como la de Windows 95. Windows NT todavía no soporta el estándar de plug-and-play (conectar y usar), pero es probable que ésta sea una opción para versiones futuras de NT. (Algunos lectores familiarizados con los defectos del plug-and-play podrían no estar tan felices de oír esto.) Debido a que NT no hace tanta autodetección y configuración por usted, usted tendría que aprender un poco más sobre su hardware y familiarizarse con cosas como los parámetros de los cables de conexión (jumper settings) y las solicitudes de interrupción (IRQ).

Si su computadora va a ser parte de una red, entonces familiarícese con sus requerimientos de conectividad. NT le dará la opción de instalar y configurar opciones de red durante el proceso de instalación, pero puede saltarse con tranquilidad este paso y regresar a él una vez instalado NT. Este sería un buen momento para tener una charla con su administrador de red si nunca antes ha enfrentado esta situación.

Tómese un minuto

> Otra dificultad que podría enfrentar con los dispositivos de hardware y NT es que Windows NT no soporta el uso de controladores de dispositivo de modo real y de 16 bits. Si tiene un dispositivo antiguo del que no pueda prescindir, trate de encontrar un controlador de dispositivo que sea compatible con NT. Ante la creciente popularidad de NT, muchos fabricantes de hardware están cada vez más motivados para proporcionar dichos controladores.

La lista de compatibilidad del hardware

Los desarrolladores de Microsoft dedican gran cantidad de recursos a probar varios dispositivos de hardware para ver su compatibilidad con NT. Como no pueden probar todo y ni siquiera se molestan en verificar algunos dispositivos, mantienen un documento que describe todos los dispositivos que se ha certificado están de acuerdo con NT. A esto se le llama Lista de Compatibilidad de Hardware (*Hardware Compatibility List, HCL*). Si un dispositivo está en la HCL, usted puede estar seguro de que Microsoft lo soporta y tiene un controlador de dispositivo escrito específicamente para Windows NT.

Su paquete de Windows NT deberá contar con una copia impresa de la HCL. También hay una copia en el disco de distribución en el directorio SUPPORT. La copia más reciente se distribuye en formato .HLP de Windows NT, así que es probable que no la pueda ver hasta después de haber instalado NT. (Ésta parece ser una decisión un poco extraña de parte de Microsoft. ¿Cómo va a ver un usuario de DOS la HCL antes de instalar NT?) Un usuario de Windows 95 podría ver el archivo, ya que Windows 95 y NT comparten el mismo formato de archivo de ayuda. La HCL se actualiza con frecuencia debido a que Microsoft hace un esfuerzo por probar dispositivos nuevos en cuanto salen al mercado.

Tómese un minuto

> La HCL más reciente y más grande está disponible en el sitio Internet de Microsoft. Puede encontrarla en la dirección Web `http://www.microsoft.com/isapi/hwtest/hsearchn4.idc`. Una versión autoextraíble está disponible en el servidor FTP de Microsoft en `ftp://microsoft.com/services/whql/hclnt4.exe`.

Cuando compre hardware, verifique antes si el dispositivo está en la HCL. Esto reducirá su riesgo de pasar una noche de frustración tratando de hacer que un dispositivo funcione con NT, pues tendrá garantizado un dispositivo certificado que funciona con NT. Sin embargo, si un dispositivo no está en la lista de la HCL, no significa que el dispositivo no funcionará con NT –sólo que no habrá soporte y posiblemente no habrá controlador para ese dispositivo. Si está considerando un dispositivo que no está en la HCL, al menos revise la literatura o las páginas Web del fabricante para ver si ha salido un controlador NT para ese dispositivo. Podría ser que el dispositivo funcione con NT pero sea demasiado reciente para haber sido probado por Microsoft.

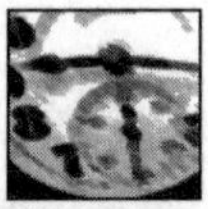

AHORRE TIEMPO

Microsoft proporciona un programa gratuito que le puede ayudar a determinar si los componentes de su computadora son compatibles con NT Workstation. Se llama "The Microsoft Compatibility Tool Version 1.0 for Windows NT Workstation". Según Microsoft, el programa examinará el hardware de su computadora y le dará un reporte de la compatibilidad con NT Workstation. Podría encontrar útil esta herramienta si tiene problemas para instalar NT. El programa puede ser transferido del sitio Web de Microsoft en `http://www.microsoft.com/windows/common/ntcompto.htm`.

La capa de abstracción del hardware

Una de las grandes ventajas de NT es la capacidad para correr en varios tipos de CPU. Microsoft diseñó NT para ser independiente de la plataforma del sistema. NT 4 es NT 4 en una 486 o en una PowerPC. Microsoft logró esto aislando las partes específicas del motor de NT en módulos que pueden ser conectados en el cuerpo principal del sistema operativo con base en la plataforma que se esté usando. Es más fácil reescribir partes pequeñas del sistema operativo que tener un sistema operativo diferente para cada plataforma. (¡Y también más fácil para el personal de apoyo saturado de trabajo de Microsoft!) Este aislamiento de los componentes específicos para el hardware se llama *Capa de Abstracción del Hardware* (*Hardware Abstraction Layer, HAL*).

Es evidente que la HAL es algo bueno, pero tiene su lado malo. (¿Le sorprende?) Los programas que corren en NT deben pasar por la interfaz HAL para tener acceso a dispositivos como tarjetas de video y tarjetas de sonido en vez de hablar en forma directa con el dispositivo. Esto es bueno y malo. La HAL protege a su sistema contra una aplicación que haga algo torpe con un dispositivo. ¿Con cuánta frecuencia ha visto a DOS o Windows bloquearse o fallar mientras ejecuta un programa? Este tipo de incidente es raro cuando se trabaja con NT. (¡No, en verdad! ¡Hablo en serio!) Recuerde que NT está diseñado principalmente para ambientes empresariales que demandan confiabilidad (confiabilidad = dinero). La desventaja del enfoque HAL es el aumento del consumo general del sistema requerido en las llamadas para usar un dispositivo. Esto puede dar como resultado la respuesta lenta de algunas aplicaciones que de otra manera se beneficiarían del acceso directo al hardware. Los juegos son quizá el ejemplo más notable de tales aplicaciones, debido a que se suelen mover por el mismo límite de capacidad de las computadoras de escritorio.

La HAL es una gran razón detrás del NT HCL de Microsoft. Los desarrolladores de aplicaciones ya no necesitan incluir controladores en sus programas. La responsabilidad de los *controladores de dispositivos* (programas que le dan a un sistema operativo la capacidad de hablar el lenguaje del dispositivo) cae sobre los hombros de los desarrolladores de Microsoft y los fabricantes de hardware. Microsoft prueba con cuidado estos controladores antes de distribuirlos con NT o recomendar de alguna otra manera su uso. Con NT, podría renunciar un poco al límite, pero ganará robustez y confiabilidad.

Requerimientos de hardware

Antes les prometí observar con más detenimiento los requerimientos mínimos recomendados de Microsoft para Windows NT Workstation 4. Aquí se presenta un panorama más realista de lo que necesita para que corra.

CPU

Microsoft dice que puede usar cualquier procesador Intel *x*86 de 32 bits (como 386 o superior) o Pentium con Windows NT 4. En el mundo real, ni siquiera intente usar NT Workstation con nada que sea menor que un 486DX2 de 66MHz. Probablemente se decepcione con los resultados de un procesador más lento. Yo he tenido a NT 4 Workstation corriendo en un 100MHz DX4 con buenos resultados, pero si usted va a ejecutar cualquier aplicación intensiva para el procesador en su computadora, entonces para NT deberá pensar en un Pentium de 90MHz o superior.

Tómese un Minuto

Tenga presente que con la versión 4 de Windows NT, Microsoft descontinuó el soporte del procesador 386. Aun si pudiera ejecutar NT 4 en un 386, el rendimiento sería demasiado lento como para hacer algún trabajo real.

RAM

La recomendación de Microsoft de un mínimo de 12MB para una máquina basada en Intel simplemente no es suficiente. Se puede correr NT 4 con 12MB, pero no me sorprendería demasiado si su disco duro comenzara a pedir misericordia.

NT 4 está bien diseñado con una gran cantidad de atención a la optimización, pero aún es un sistema grande que hace mucho tras bambalinas. NT usa un archivo especial en su disco duro como una especie de sustituto para la memoria (una especie en verdad lenta de sustituto): un archivo de intercambio. (NT se refiere a éste como un *archivo de paginación* [*pagefile* o *pagingfile*].) También se conoce esto como *memoria virtual.* La suma de su memoria real y el tamaño del archivo de intercambio da la memoria de sistema total que NT piensa que tiene. Cuanta menos memoria real haya en su máquina, más se basa NT en el archivo de intercambio, moviendo constantemente el contenido de la "memoria" de la memoria real al archivo de intercambio, de acuerdo con un algoritmo que maximiza el uso eficiente de la memoria. En sistemas con poca memoria, el disco duro trabajará duro en verdad.

Para situaciones en que no se espera que NT ejecute muchas aplicaciones o servicios, 16MB de RAM es suficiente, pero deberá pensar seriamente en adecuarse al menos a 24 MB. NT se siente muy cómodo con 32MB, en particular en situaciones en que abre tres o cuatro aplicaciones grandes al mismo tiempo.

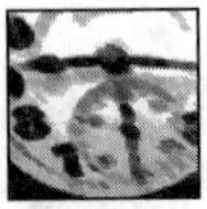

AHORRE TIEMPO

> Una manera de arreglárselas si su sistema está escaso de RAM es minimizar el uso de aquellos "adornos" que le permiten personalizar su copia de NT. El papel tapiz de fondo, los iconos de acceso directo, los sonidos y las fuentes consumen preciosos recursos de memoria, aun cuando no estén en uso en el momento. Considere las siguientes ideas: No ejecute aplicaciones o servicios innecesarios, use una imagen pequeña para papel tapiz o no use ninguna en absoluto, desactive el soporte de sonido y reduzca la cantidad de fuentes instaladas a aquellas que en realidad use.

Disco duro

NT soporta la mayoría de los discos duros modernos. Asegúrese de revisar la HCL si tiene alguna duda. Si su disco duro actual es muy antiguo, sería bueno pensar en uno nuevo. Los discos modernos son considerablemente más rápidos y dan mucho más espacio de disco por su dinero, y el espacio de disco puede ser muy solicitado con sistemas operativos grandes como NT.

TÓMESE UN MINUTO

> Windows NT no detectará en forma apropiada la mayoría de los tipos de disco duro antiguos como MFM, RLL y ESDI, pues son de capacidad pequeña y muy lentos para los estándares actuales.

Windows NT tiene buen soporte para unidades de Interfaz para Pequeños Sistemas de Computación (Small Computer System Interface, SCSI). Aunque los dispositivos SCSI se encuentran por lo normal en los servidores, no hay razón para que no puedan ser usados con NT 4. Usar discos duros SCSI requiere un adaptador acorde, el cual puede costar tanto como un disco duro pero le proporciona un nivel agregado de rendimiento y versatilidad a su sistema. El SCSI estándar puede tener hasta siete dispositivos adicionales en el bus y el SCSI amplio puede tener hasta 15. Estos son muchos discos duros, unidades de cinta o CD-ROM conectados a su sistema. SCSI es rápido y los dispositivos en el bus SCSI pueden intercambiar datos independientemente de la CPU del sistema. Por estas razones, SCSI está siendo cada vez más común en estaciones de trabajo de fin superior. Asegúrese de revisar la HCL de Microsoft para soporte del disco duro SCSI y de la tarjeta controladora SCSI.

Adaptador de video y monitor

Cualquier combinación de adaptador de video/monitor que le permita trabajar con una resolución de 640X480 con 256 colores está bien. Si necesita un poco más de espacio de trabajo para aplicaciones gráficas u hojas de cálculo, una combinación que permita una resolución de 800X600 o superior puede ser buena. Si usted utiliza mucho aplicaciones gráficas o disfruta ver imágenes con calidad fotográfica por Internet u otros recursos, podría requerir un adaptador capaz de desplegar 64K o incluso 16.7 millones de colores. Tenga en cuenta que cuanta mayor sea la resolución y más colores despliegue, más trabajo realizará su sistema. Con un desplegado de alta resolución, podría notar una disminución significativa en el rendimiento en sistemas más lentos.

CD-ROM

NT 4 requiere que usted tenga un CD-ROM en su máquina. Windows NT tiene un excelente soporte para dispositivos CD-ROM SCSI, pero un soporte algo menor para los CD-ROM que no son SCSI. Asegúrese de revisar que su CD-ROM está en la HCL. Se soportan los dispositivos más comunes. Un CD-ROM relativamente rápido de 4x o mayor le ayudará a acelerar la instalación de NT, pero funcionará con cualquier velocidad del dispositivo. Observe que al instalar NT a través de una red no necesita un CD-ROM.

Dispositivo apuntador

En definitiva deseará un ratón o algún otro dispositivo apuntador cuando use NT. Se puede trabajar con NT sin un ratón, pero es difícil imaginar por qué alguien quisiera hacerlo voluntariamente. Observe que NT no soporta (aún) configuraciones de ratón de tres botones como los distribuidos por Logitech.

Unidad de disco flexible de alta densidad de 3Ω"

Para instalaciones basadas en Intel necesitará una unidad de disco flexible de 3Ω"de alta densidad para los tres discos de arranque requeridos para la instalación. Todos los usuarios de NT desearán tener su unidad de 3Ω" para hacer un disco de recuperación.

Módem

Se requiere un módem si pretende usar NT para conectarse en forma remota a una red o enlazarse en un host remoto. Microsoft está utilizando cada vez más a Internet para dar soporte a sus productos; entonces es una idea muy buena usar un módem con NT Workstation para conectarse a un Proveedor de Servicios de Internet. La mayoría de los módems de marca de 28Kbps o más rápidos deberán funcionar bien con NT. NT 4 tiene un muy buen soporte para módem, pero sería bueno revisar la Lista de Compatibilidad de Hardware para asegurarse que NT soportará su módem.

Fuente de energía ininterrumpible e instalación de NT

Si su computadora tiene la fortuna de estar conectada a una fuente de energía ininterrumpible (UPS, uninterruptible power supply), deberá desconectar la UPS del puerto serial de su computadora. El programa de instalación de NT intenta detectar dispositivos conectados a los puertos de la computadora, pero no reconoce bien a una UPS durante el procedimiento de configuración. Una vez completada la instalación, usted puede conectar de nuevo con seguridad la UPS.

Pruebe su hardware

NT 4 es muy grande y complejo; algo puede resultar mal o configurarse en forma inapropiada con resultados extraños. A veces es difícil rastrear un problema, ya que todo está relacionado. Cuando se instala un sistema operativo nuevo, esta situación se complica debido a que muchas cosas se están configurando dentro de un periodo breve. Para minimizar su potencia para el sufrimiento, hágase un favor y asegúrese de que todos sus dispositivos de hardware están trabajando en forma correcta antes de instalar NT 4.

Puede, por supuesto, saltarse cualquier prueba de hardware, en particular si está familiarizado con su equipo y su máquina no está realizando ninguna operación de misión crítica. Las pruebas pueden ser tediosas, pero cuando se está instalando un sistema operativo nuevo puede ser en extremo frustrante reconocer y resolver un problema que de hecho es causado por un dispositivo peculiar.

Pruebe el hardware bajo DOS

Hay muchos diagnósticos disponibles para probar varios componentes de hardware comunes, pero relativamente pocos diseñados exclusivamente para soportar a NT. Puesto que NT usa HAL para impedir que las aplicaciones manipulen en forma directa un dispositivo, puede ser difícil probar a fondo el hardware dentro de NT. Una manera de solucionar este problema es probar su hardware bajo DOS. Simplemente arranque su máquina desde un disco flexible formateado como un disco de sistema de DOS y ejecute el diagnóstico que viene con el dispositivo de hardware o cualquier otro programa de pruebas que desee usar. Arrancar el sistema con una configuración DOS simple y limpia le da un sistema libre de cualquier programa que, de otra manera, podría interferir con su prueba. Si el dispositivo funciona bien bajo DOS, puede estar seguro razonablemente que funcionará bien bajo NT (suponiendo que puede conseguir el controlador NT apropiado para el dispositivo).

Pruebe discos duros

Si está corriendo NT, hay una buena probabilidad de que lo esté haciendo al menos en parte es debido a que necesita un sistema operativo estable, resistente a los fallos. Un sistema operativo sólo es tan bueno como los dispositivos de los que depende. Si su disco duro es peculiar en cualquier forma, entonces es probable que su puesta en marcha de NT sea peculiar. En más de una ocasión he sido llamado para ayudar a alguien con una computadora que exhibe "errores raros" y al final rastreó el problema hasta regiones malas en su disco duro. Los discos duros se dan por sentados con facilidad mientras zumban calladamente en sus gabinetes, pero gran parte de su tiempo y esfuerzo descansan en esa pequeña caja. (¿Ha realizado un respaldo últimamente?)

Deberá probar en forma periódica y a fondo sus discos si ha de confiar en su computadora para datos críticos. Los programas como `CHKDSK` y `SCANDISK` pueden encontrar problemas importantes y vale la pena ejecutarlos, pero si su operación es en verdad crítica (en particular si su negocio se basa en su computadora o está ejecutando cualquier clase de servidor de archivos), entonces deberá utilizar un programa de prueba de discos más minucioso en sus volúmenes. Yo uso SpinRite de Gibson Research para mis propósitos de prueba. Además de ser una buena utilería, la documentación de SpinRite es excelente y le enseñará casi todo lo que hay que saber sobre discos duros.

El tiempo es la desventaja de probar sus volúmenes con un programa como SpinRite, pues un disco duro grande puede tomar varios días para probarse (¡SpinRite es meticuloso!) Prepárese para prescindir de su sistema por un tiempo.

Pruebe la memoria

Como los errores de disco duro, los errores de memoria también pueden ser responsables de un sistema peculiar. Los errores de memoria pueden ocurrir por una tarjeta de memoria que no está bien asentada en su memoria, por tarjetas de memoria que no corresponden a su velocidad o simplemente porque un chip está mal. Los errores causados por problemas de memoria son difíciles de rastrear, pues se suelen rehusar a cooperar repitiéndose en forma conveniente en la misma manera o momento. El único método seguro para estar cierto de que su memoria está trabajando bien es ejecutar un diagnóstico diseñado para poner su memoria a través de una secuencia de pruebas especiales diseñadas para verificar varios problemas. Hay varios buenos paquetes de prueba de memoria como shareware o con fabricantes comerciales.

Tómese un Minuto

Al encender su computadora, parecería que el sistema está probando la memoria de su sistema. Incluso podría haber este mensaje: "Probando memoria, por favor espere..." El sistema no está probando su memoria, está pasando lista de cuánta memoria hay disponible. Esta "prueba" podría encontrar un problema simple, como una tarjeta de memoria que no está bien asentada en la motherboard, pero no malestares más sutiles.

Dispositivos de hardware e interruptores

Hay 16 canales de interrupción (IRQ) que pueden ser usados por varios dispositivos para llamar la atención de la CPU. La mayor parte de estos IRQ tienen usos predefinidos, ya sea por convención o por los estándares del diseño de la CPU y la motherboard. La tabla 14.1 muestra los usos típicos de los IRQ de una PC. El cuadro muestra la prioridad de cada IRQ como la ve la CPU; primero se ven y manejan los números más bajos.

Tabla 14.1. IRQ y sus asignaciones estándares.

Canal	Prioridad	Asignación estándar
IRQ0	1	Cronometrador del sistema.
IRQ1	2	Teclado.
IRQ2	n/a	Se usa para agregar ocho IRQ adicionales a los ocho originales empleados en las primeras PC. IRQ2 le dice a la CPU que busque un interruptor en el rango IRQ8- IRQ15.

Canal	Prioridad	Asignación estándar
IRQ3	11	COM2.
IRQ4	12	COM1.
IRQ5	13	LPT2; la mayoría de los usuarios no necesita una segunda impresora, así que este IRQ se suele usar para soportar la tarjeta de sonido.
IRQ6	14	Controlador de disco flexible.
IRQ7	15	LPT1.
IRQ8	3	Reloj de tiempo real.
IRQ9	4	Requerido para el esquema IRQ2; no se puede usar por separado.
IRQ10	5	No usado.
IRQ11	6	No usado.
IRQ12	7	Se suele usar para soporte de ratón PS/2.
IRQ13	8	Soporte del coprocesador matemático.
IRQ14	9	Controlador del disco duro.
IRQ15	10	No usado.

El cuadro 14.1 muestra que su curso más seguro es usar los IRQ 5, 10, 11 y 15 para agregar dispositivos para trabajar con NT. Algunos dispositivos son difíciles respecto a qué IRQ desean usar. Por ejemplo, tengo una tarjeta de sonido antigua que se rehusa en absoluto a usar cualquiera que no sea el IRQ5. Consulte la documentación que viene con el dispositivo para información sobre cómo configurar el dispositivo y qué IRQs recomienda el fabricante.

Consideraciones del espacio de disco y del sistema de archivo

Windows NT 4 es mucho más grande que DOS o Windows 3.*x* y en consecuencia necesitará cantidades mayores de espacio de disco. Tendrá que hacer varias elecciones y quizá algunos compromisos antes de completar su instalación de NT.

Requerimientos de espacio en disco

Microsoft recomienda 117MB (148MB para un sistema basado en RISC) como el mínimo disponible de espacio de disco para el volumen donde instalará NT. La cantidad real que necesitará depende mucho de sus opciones de personalización cuando instale NT. He encontrado que una instalación muy modesta de NT en realidad requiere menos de lo que declara Microsoft (menos de 100MB en un caso), pero es probable que esto sea irrelevante si desea un uso productivo de NT. A menos que esté instalando NT nada más para explorar el sistema operativo, deseará mucho más espacio para instalar utilidades, servicios, aplicaciones y datos adicionales. Puede usar otros volúmenes para este propósito, pero en general sería sensato hacer su volumen de sistema NT de 1GB o mayor.

Cómo elegir sistemas de archivos

En la hora 13, "Sistemas de archivos y Windows NT 4", usted aprendió sobre NT y los diversos sistemas de archivos soportados. Deberá tener suficiente información para tomar su decisión respecto al sistema de archivos que desea que use NT. La rutina de instalación de NT le preguntará qué volumen y qué sistema desea usar para los archivos de NT. No es muy divertido cambiar el sistema de archivos de un volumen después de haber instalado NT, así que asegúrese de que su elección sea la mejor.

Compresión de disco

La compresión de disco es un método por medio del cual los archivos se comprimen en forma automática a un tamaño menor al ser escritos en el disco duro y se descomprimen cuando se leen desde el disco. Funcionan tratando un volumen como un archivo gigante comprimido y le muestran un índice de lo que contiene el archivo grande, disfrazado para que lo vea como un directorio normal. La compresión del disco duro fue popular hace algunos años cuando las aplicaciones comenzaron a tener mayores requerimientos de espacio de disco y los discos duros de mayor capacidad todavía eran muy caros. Puede ser que esté familiarizado con Stacker, Drivespace o Doublespace –tres de las utilerías de compresión más populares. Aunque ahora se usan con menos frecuencia, muchos sistemas con unidades de disco pequeñas todavía están configurados con una utilería de compresión de disco.

Windows NT 4 no soporta volúmenes comprimidos; usted no podrá usar un volumen comprimido para ejecutar NT. Si desea usar el volumen para NT, deberá eliminar el sistema de compresión del volumen. Consulte la documentación que viene con su programa de compresión para ver los detalles respecto a la forma de hacerlo.

Debido a que NT no puede tener acceso a volúmenes que usan una de estas utilidades de compresión de disco, no podrá usar archivos o programas en estos volúmenes. Usted puede solucionar esto si usa un ambiente de múltiples sistemas operativos, iniciando un sistema operativo como DOS que pueda tener acceso al volumen comprimido y copiar la información deseada a un volumen que no esté comprimido.

Cuando NT 4 queda instalado le da muchas opciones para la compresión de archivos si está usando el sistema de archivo NTFS. Usted puede establecer que NT comprima y descomprima en forma automática un archivo determinado o incluso carpetas enteras.

Cómo respaldar su información

Lo ha escuchado muchas veces antes: respalde su información. Bueno, escúchelo otra vez: respalde su información. ¿Por qué? Cuando instala un sistema operativo nuevo, en particular un sistema operativo único como NT (que es un sistema operativo que no descansa en otro sistema como DOS), está haciendo cambios importantes en su computadora. El programa de configuración de NT hará muchos de esos cambios sin consultar su opinión. Es probable que a usted no le ocurra algún desastre, pero hágase esta pregunta: ¿qué tal si me sucede?

Si está instalando NT en un sistema fresco con un disco duro libre de cualquier dato, entonces no tiene de qué preocuparse. Si está instalando NT en un sistema que ha tenido otros sistemas operativos, aplicaciones o datos instalados previamente que en definitiva desea conservar, entonces debe considerar cómo restauraría todo si ocurriera algún desastre. No sólo debe pensar en su capacidad de restaurar sus archivos, sino también en el tiempo requerido para hacerlo, en particular si trabaja en un ambiente empresarial.

Dispositivos comunes de respaldo local

Hay cierta variedad de métodos disponibles para realizar respaldos en computadoras personales. Los siguientes son los dispositivos más comunes y sus aplicaciones:

Respaldos en discos flexibles: Es posible que sólo haya algunos archivos que sean críticos para sus necesidades. Una colección de discos flexibles de 3Ω" de alta densidad podría ser suficiente para respaldar elementos como sus documentos del procesador de palabras, los archivos de configuración del sistema, los datos de las hojas de cálculo y copias de su correo electrónico personal. Los respaldos en discos flexibles tienen la ventaja de que casi todas las computadoras personales tienen una unidad de disco flexible –no hay costos agregados para hardware adicional. Sin embargo, para aplicaciones mayores o grandes cantidades de archivos enormes, como los de los gráficos, los discos flexibles podrían no ser prácticos.

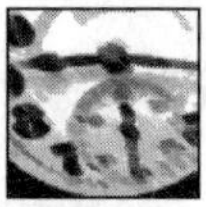

AHORRE TIEMPO

> El uso juicioso de un buen programa de compresión de archivos como PKZIP puede hacer que un disco flexible fuera considerado de nuevo para respaldos. Aprenda a usar las opciones de PKZIP para expansión de discos y compresión de estructuras enteras de directorios y encontrará que incluso aplicaciones muy grandes se pueden apretujar en sólo algunos discos.

Respaldos de cinta: Para requerimientos de respaldo serios, las unidades de cinta son una buena solución. Una sola cinta puede almacenar varios gigabytes de datos. Son pequeñas y fáciles de almacenar, pero el procedimiento de respaldo y restauración puede ser relativamente lento, ya que es un dispositivo de acceso secuencial en vez de ser un dispositivo de acceso aleatorio. Esto significa que el dispositivo tendría que leer una gran cantidad de datos antes de encontrar la información específica que desea recuperar.

Respaldos de disco duro: Si tiene acceso a un segundo disco duro con una gran cantidad de espacio disponible, puede conectar en forma directa el disco duro en su sistema como una segunda unidad o usar un cable y un programa como LapLink o la aplicación DOS `INTERLNK` para conectar su sistema a otra computadora con el segundo disco duro y comenzar a transferir una copia completa de sus volúmenes al segundo disco duro. Una vez más, utilizar un programa de compresión como PKZIP puede acelerar realmente este proceso.

Respaldos de unidad Zip: Los dispositivos como las unidades Zip de Iomega son cada vez más populares. Son muy parecidas a las unidades de disco flexible, pero por lo general se montan en forma externa a través del puerto paralelo de su computadora y sus discos removibles pueden almacenar hasta 100MB de información y programas. Estos dispositivos son una alternativa o una compañía muy buena en unidades de cinta para respaldos profesionales.

Cómo respaldar a través de la red

Si su computadora está en red, entonces podría grabar sus respaldos en un servidor o en otra computadora de la red; consulte con su administrador de red para averiguar si tiene esta opción. Si su red está muy ocupada, es probable que su administrador le pida que realice su respaldo en horas inhábiles a fin de no sobrecargar la red durante las horas críticas.

Resumen

Si se siente cómodo con todos los temas mencionados en esta hora, entonces es probable que esté listo para iniciar la instalación de NT. Antes de continuar, tómese un momento y responda las siguientes preguntas:

- ☐ ¿Ha verificado que su hardware satisfaga los requerimientos de NT?
- ☐ ¿Está preparado con todos los detalles de su computadora y dispositivos periféricos?
- ☐ ¿Ha leído toda la documentación de configuración que viene con NT 4?
- ☐ ¿Ha respaldado todo lo que debía respaldar?

Si puede responder sí a todos estos puntos, ¡entonces está listo para instalar Windows NT Workstation 4!

Taller

El taller le ayuda a concretar las técnicas aprendidas en esta hora.

Glosario

Capa de Abstracción de Hardware (Hardware Abstraction Layer, HAL) Interfaz modular incorporada en NT que maneja todas las actividades específicas del hardware. La HAL permite a NT ser, en gran medida, independiente del hardware usado para ejecutarla.

controlador de dispositivo (Device driver) Programa que le proporciona a un sistema operativo la capacidad para hablar el lenguaje de un determinado dispositivo del hardware. Por ejemplo, un controlador de video le permite a un sistema operativo o programa de aplicación manipular esta tarjeta para desplegar en forma correcta la información en la pantalla.

IRQ (solicitud de interrupción; interrupt request) Señal de prioridad de un dispositivo periférico a la CPU, informándole que el dispositivo requiere atención inmediata.

Lista de Compatibilidad de Hardware (Hardware Compatibility List, HCL) Una lista de todos los dispositivos probados a fondo por Microsoft y que se sabe son compatibles con Windows NT. Los dispositivos que no están en la HCL no son soportados por Microsoft.

memoria virtual (virtual memory) Archivo especial en un disco duro, usado para complementar la memoria cuando la memoria real es insuficiente. Debido a que la memoria virtual se basa en un dispositivo mecánico, es muy lenta respecto de la memoria real. También se le llama archivo de intercambio o archivo de paginación.

modo real (real mode) Este es un modo de operación de Windows 3.0 que es compatible hacia atrás con procesadores Intel más antiguos. El modo real obliga a los programas a operar dentro de la memoria convencional (los primeros 640KB de RAM), lo cual es muy restrictivo para el ambiente operativo. Los sistemas operativos recientes usan modo protegido, el cual permite el acceso a toda la memoria disponible pero renuncia al soporte para procesadores antiguos.

plug-and-play (conectar y usar) Estándar diseñado por un consorcio de vendedores de hardware y software, que permite a un sistema operativo detectar y configurar automáticamente los dispositivos diseñados para conformarse al estándar. En teoría, esto ahorra al usuario la molestia de tener que conocer el dispositivo y configurarlo para que funcione y no afecte en forma adversa a otras partes del sistema.

Ejercicios

1. Ejecute `SCANDISK` (o de preferencia SpinRite) en un disco flexible. Esto le demostrará cómo funciona el programa y qué puede esperar aprender antes de invertir el tiempo, realizando la operación en un disco duro.

2. En una computadora con acceso a Internet, vaya a los sitios enunciados en la sección "La lista de compatibilidad de hardware" y familiarícese con la HCL de Windows NT de Microsoft.
3. Tómese un momento y medite qué respondería si perdiera todos los archivos de su disco duro. Si su respuesta fue algo parecido a "llorar y gritar", entonces tómese otro momento y haga un plan de respaldo para su información antes de instalar Windows NT o hacer cualquier otro cambio importante a su computadora.

PARTE
III

Hora 15

Instalación y configuración de Windows NT 4

por Gary Neely

Si nunca antes ha instalado un sistema operativo, el proceso le podría intimidar un poco. Por fortuna, la instalación de NT está automatizada en gran medida y no deberá presentar ninguna elección difícil suponiendo que haya hecho bien su tarea. Esta hora resume para usted qué esperar, incluyendo cómo ejecutar el programa de instalación, las diversas etapas del proceso, preguntas que necesitará responder y cómo instalar NT, de modo que pueda coexistir con un sistema operativo anterior. Usted va a pasar por todo el proceso, así que no tendrá sorpresas durante la instalación.

La hora 14, "Cuestiones de preinstalación con Windows NT 4", le debe haber preparado para la instalación, pero hay algunos asuntos finales que revisar o tener listos antes de correr el programa:

- Tiempo: asegúrese de que tiene al menos tres horas para dedicarlas a la instalación. Más es mejor.

- Discos: necesitará cuatro discos flexibles. Tres se usarán para hacer los discos de arranque necesarios. El cuarto se usará para hacer un disco de recuperación.
- Espacio libre en disco: se requieren alrededor de 90MB de espacio disponible en el disco duro.
- Parámetros del BIOS: en la rutina de configuración del BIOS de su computadora, desactive el shadow del video, el BIOS y del hardware. Estas características consumen memoria del sistema y puesto que NT no las usará, también podría deshacerse de ellas.

Windows NT y los sistemas de arranque múltiple

Windows NT 4 puede coexistir bien con otros sistemas operativos en la misma máquina. Usar esta característica de NT es una manera excelente de aprender NT en tanto se conserven todas las capacidades de su sistema operativo anterior. Usted puede experimentar con NT y mover sus aplicaciones a su gusto sin preocuparse por la pérdida de productividad mientras aprende a usar un sistema operativo nuevo.

Cuando NT esté instalado, usted tendrá la opción de actualizar una instalación Windows previa o instalar NT en otro directorio o volumen. Si escoge que NT coexista con otro sistema operativo, NT empleará su *boot loader* (cargador de arranque) para manejar un ambiente de arranque múltiple. Esto le permitirá seleccionar desde un menú de opciones de sistemas operativos cuando encienda su computadora. El programa de instalación de NT configurará el boot loader para que NT sea el sistema operativo predeterminado si usted no hace otra elección en una cantidad especificada de segundos; usted puede cambiar esta configuración después del proceso de instalación (vea la sección "Solución de problemas de la instalación").

Tómese un Minuto

> Si sospecha que le gustaría desinstalar NT en algún momento en el futuro, será mucho mejor instalar NT separado de su sistema operativo anterior. Si lo hace así, eliminar NT será relativamente fácil. Si instala NT sobre un sistema operativo Windows existente, tendrá que confiar en una copia completa y respaldo de su Windows original. (Vea la sección "Solución de problemas de la instalación" para saber más sobre el problema de desinstalar NT.)

Si tiene muchos sistemas operativos o simplemente desea un mejor control sobre el proceso de arranque, podría usar un producto como System Commander de V Communications. System Commander le permite integrar con facilidad Windows NT, DOS, Windows 95, OS/2, Linux y muchos otros sistemas operativos en la misma computadora. Si tiene requerimientos de seguridad puede asignar contraseñas a cada sistema operativo para controlar la entrada no autorizada a sistemas operativos que carezcan de esta característica. El boot loader de NT es suficiente para la mayoría de las situaciones, en particular si sólo tiene dos o tres sistemas operativos en su computadora.

15

Cómo pasar por el proceso de configuración

Usted instalará Windows NT 4 en tres etapas:

- La primera es ejecutar el programa WINNT para iniciar el proceso de instalación.
- La segunda reinicia la computadora con el primero de los tres discos de arranque y comienza una secuencia de pasos basados en texto para hacer verificaciones fundamentales de hardware y cargar los archivos NT necesarios.
- La tercera etapa comienza con un segundo reinicio que produce una *interfaz gráfica de usuario* (*graphical user interface*; GUI). Esta etapa final lo guía a través de la configuración de las muchas opciones de NT con un programa fácil de usar que le permite cambiar de opinión en cualquier punto del proceso.

Ejecución de WINNT

WINNT es el programa de instalación basado en DOS que crea los discos de arranque necesarios para la instalación de NT y comienza el proceso de instalación. Para ejecutar WINNT, asegúrese antes que su CD de distribución de NT se encuentre en la unidad. Ante el indicador del DOS, cambie a la letra de unidad de su CD-ROM y luego cambie al directorio correspondiente a la plataforma de su computadora. Para la mayoría de las personas, éste será `i386` para plataformas basadas en Intel. En ese directorio, escriba `WINNT` seguido de cualesquier *conmutadores* de la línea de comandos –opciones que modifican el uso del programa WINNT. La tabla 15.1 da una descripción de los conmutadores más útiles.

Tabla 15.1. Conmutadores de la línea de comandos WINNT.

`/?`	Despliega una lista de conmutadores disponibles.
`/O`	Ejecuta el programa WINNT para crear un conjunto de discos de arranque. Correr WINNT con esta opción no instala NT. Úsela si desea crear discos de arranque adicionales.
`/OX`	Hace que el programa de instalación cree automáticamente discos flexibles de arranque. Observe que a diferencia de `/O`, este conmutador iniciará el proceso de instalación.
`/X`	Comienza la instalación de NT sin crear discos de arranque. Use este conmutador si ya tiene un conjunto de discos de arranque.
`/F`	El proceso de creación de discos de arranque se hace sin verificación de archivos. No use este conmutador si sospecha que sus discos son cuestionables.
`/C`	Omite la verificación del espacio libre en disco para los discos de arranque. Ahorra tiempo.

continúa

Tabla 15.1. continuación

`/T:ruta` (*path*)	Especifica una unidad de destino y ruta alternativa para que WINNT la use para el almacenamiento de archivos temporales necesarios para la instalación. WINNT tendrá predeterminada la unidad actual. Use este conmutador si la unidad actual no está soportada por NT o no tiene los 100MB de espacio libre requeridos para los archivos temporales necesarios para el proceso de instalación.
`/B`	Este conmutador le permite instalar NT sin usar discos flexibles de arranque. La instalación será más rápida, pero necesitará mucho más espacio de disco para la instalación. Se requieren alrededor de 200MB para los archivos de instalación temporales.

Aquí hay un ejemplo de cómo usar WINNT con los conmutadores:

```
WINNT /T:f: /X
```

Esto ejecuta WINNT con dos conmutadores. El primero le dice al programa de instalación que use la unidad F: para los archivos temporales, y el segundo instruye al programa para que omita la creación de discos de arranque.

Tómese un Minuto

> Si está usando una versión anterior de Windows NT, debe usar otra versión de WINNT llamada WINNT32. Este programa está diseñado para operación de 32 bits y usa una interfaz gráfica para el proceso de instalación, pero de otra manera es parecido a WINNT.

Cuando ejecute WINNT, el programa le pedirá primero la ubicación de los archivos fuente de Windows NT 4. Para la mayoría de las personas estarán en el subdirectorio `i386`. El programa comenzará a copiar luego muchos archivos del CD-ROM a un directorio temporal en su disco duro. Si tiene que abortar su instalación por alguna razón, usted puede ver este directorio temporal como `$WIN_NT$.~LS` en su disco duro. Mover todos los archivos necesarios a su disco duro tomará algún tiempo, así que prepárese a esperar. Los archivos temporales serán eliminados al completarse el proceso de instalación. Cuando termine este paso, se le indicará que inserte el primero de los tres discos de arranque en su unidad de disco flexible. Asegúrese de etiquetar cada disco como se le enseñó.

Cuando termine el proceso de creación de los discos de arranque, se le indicará que reinicie su computadora. Con esto comienza la segunda etapa de la instalación de NT 4.

El primer reinicio: la etapa de texto

Esta etapa del proceso de configuración preparará su hardware e instalará NT 4 desde los archivos temporales en su disco duro. Luego que su computadora se reinicie, lo primero que verá es el siguiente mensaje en la parte superior de su pantalla, mientras el programa de configuración determina qué procesador y memoria hay en su sistema:

```
Setup is inspecting your computer's hardware configuration.
```

El programa de instalación está inspeccionando la configuración del hardware de su computadora.

Luego la pantalla se volverá azul y verá el mensaje "Instalación de Windows NT". En la parte inferior de su pantalla empezará a parpadear una serie de mensajes informándole que la instalación está cargando varios archivos. Estos mensajes de texto parecen un poco mensajes de error pero no se preocupe, nada está mal. En pocos momentos se le pedirá que inserte el segundo disco de arranque –más carga de archivos. Al final verá un mensaje en la parte superior de su pantalla, muy parecido al siguiente:

```
Microsoft (R) Windows NT (TM) Version 4.0 (Build 1381).
1 System Processor [16 MB Memory] Multiprocessor Kernel
```

Su hardware podría ser diferente, así que el mensaje sería un poco distinto.

En unos momentos se le mostrará la pantalla "Bienvenido a la instalación". En este paso, se le darán cuatro opciones:

- Para aprender más sobre la instalación de Windows NT antes de continuar, oprima F1.
- Para instalar Windows NT ahora, oprima ENTRAR (ENTER).
- Para reparar una instalación dañada de Windows NT versión 4.0, oprima R.
- Para salir de la instalación sin instalar Windows NT, oprima F3.

Oprima F1 para dedicar unos momentos a leer lo que tiene que decir Microsoft respecto al procedimiento de configuración. F3 es una buena oportunidad para salir del apuro si no está seguro de que desea continuar el proceso de instalación en este momento. Si está listo para continuar, oprima Entrar para continuar el proceso de instalación.

Tómese un Minuto

> Por cierto, tome nota mental de la tercera opción en esta lista, "Reparar una instalación dañada de Windows NT versión 4.0". En la Hora 23 verá ésta de nuevo y aprenderá son los "Consejos de recuperación".

Detección de dispositivos de almacenamiento masivo

La instalación comenzará ahora la fase de Detección de dispositivos de almacenamiento masivo (Mass Storage Device Detection), en la que busca qué clase de unidades de disco flexible, discos duros y unidades de CD-ROM están montados en su sistema. Usted puede oprimir Entrar para comenzar el proceso de autodetección, o bien elegir S para seleccionar manualmente los adaptadores SCSI, las unidades de CD-ROM y otros controladores de disco. Es mejor permitir que la instalación intente detectar su hardware; si no tiene éxito, se le dará otra oportunidad de seleccionar manualmente sus dispositivos.

Después de hacer su selección, la instalación (Setup) le solicitará el tercer disco de arranque (si está trabajando con discos flexibles). La instalación se ejecuta a través de una lista de dispositivos que sabe cómo reconocer hasta que encuentra aquellos que concuerdan con los suyos. Luego despliega una lista de sus dispositivos que ha reconocido con éxito. En este punto usted puede elegir S para seleccionar manualmente otros dispositivos, o bien aceptar el trabajo de la instalación y oprimir Entrar (Enter) para continuar con el siguiente paso de la instalación. Si oprimió S, se le mostrará una lista de dispositivos. Resalte el que desea y oprima Entrar. Seleccione otros o continúe con el proceso de instalación.

El Acuerdo de licencia de Microsoft

Después de cargar una serie de archivos de controladores de dispositivos, la instalación le presentará el Acuerdo de licencia de Microsoft. Al final del acuerdo se le pide que oprima F8 para aceptarlo. Hágalo –no se va a detener ahora, ¿o sí?

Verificación de los componentes de hardware

El siguiente paso de la instalación le presenta una lista de componentes de hardware que han sido detectados para su sistema:

Computadora:	PC Estándar
Video:	Auto Detectar
Teclado:	XT, AT o Teclado Extendido (83-104 teclas)
Presentación del teclado:	Español (US en su caso)
Dispositivo apuntador:	Microsoft mouse o dispositivo compatible

Usted puede cambiar la configuración de cada categoría usando las teclas de cursor y oprimiendo Entrar (Enter) para hacer su selección. He aquí una descripción de las opciones posibles:

- Computadora: la mayoría de los usuarios tendrá un procesador Intel 486 o Pentium, de modo que PC estándar será la elección típica. Si su procesador es raro, necesitará seleccionar una de las otras opciones proporcionadas.
- Video: la opción predeterminada "Auto Detectar" deberá bastar para que detecte su hardware de video. Podría seleccionar "VGA Estándar" (640X480, 16 colores) si no está seguro de que su video será reconocido; es casi seguro que un controlador VGA estándar de video funcionará con casi cualquier tarjeta. También se le da la opción de proporcionar un controlador del fabricante para su tarjeta de video.
- Teclado: probablemente no tenga que cambiar este parámetro predeterminado a menos que esté usando un teclado muy raro o especializado.
- Disposición del teclado: seleccione la disposición que mejor corresponda a su país.
- Dispositivo apuntador: la instalación detectará los dispositivos apuntadores más comunes. Si no tiene un ratón o un dispositivo parecido instalado, verá el mensaje "No hay ratón o algún otro dispositivo apuntador" ("No Mouse or other Pointing Device").

Cuando termine con este menú, seleccione "La lista anterior concuerda con mi computadora" ("The above list matches my computer") y oprima Entrar (Enter) para continuar.

Verificación de una versión de Windows existente

La instalación revisará ahora su disco duro en busca de versiones anteriores de Microsoft Windows. Si no tiene alguna, la instalación continuará con el siguiente paso; de otro modo, verá el siguiente mensaje en la pantalla:

```
Setup has found a previous version of Microsoft Windows on your hard disk
in the directory shown below.
```

Si desea instalar NT en forma separada de su instalación Windows existente, oprima N y especifique el volumen deseado cuando se le pida. Si no hace esto, el programa de instalación instalará NT sobre su versión de Windows anterior. Seleccione esta última opción si pretende actualizar su versión anterior de Windows.

TÓMESE UN MINUTO

> Si decide instalar NT separado de una instalación Windows existente, el programa de instalación de NT construirá una configuración de arranque doble para su máquina. Cuando inicie su computadora, se mostrará un menú dándole la opción de elegir desde qué sistema operativo desea arrancar. Después de instalar NT, usted puede configurar más a fondo este programa de arranque múltiple para predeterminar un sistema operativo de su elección.

Cómo seleccionar un volumen de instalación y un sistema de archivos

Si no está actualizando desde una versión anterior de Windows, la instalación le dará una lista de todos los volúmenes disponibles en su computadora. Se le da la oportunidad de seleccionar el que desee usar para su instalación NT. Si leyó la hora 13. "Sistemas de archivo y Windows NT 4", entonces probablemente esté preparado para tomar su decisión; todo lo que tiene que hacer es resaltar el volumen que desea y oprimir Entrar.

En este punto, se le da la oportunidad de seleccionar un sistema de archivo para el volumen. Una vez más, usted deberá estar preparado con su elección; si no lo está, tómese un momento y regrese a la hora 13 para revisar el material sobre sistemas de archivos.

TÓMESE UN MINUTO

> El curso de acción más seguro en esta etapa es seleccionar FAT. Usted puede cambiar con facilidad un volumen FAT a NTFS después de que NT es instalado. Cambiar de NTFS a FAT después de la instalación es un proceso muy tedioso, así que si tiene dudas, seleccione FAT.

PRECAUCIÓN

> El programa de instalación (Setup) le permite hacer de nuevo las particiones a su disco duro. Tenga cuidado si decide usar esta característica, pues cambiar la estructura de las particiones de su disco duro puede dar como resultado perder todos los datos que hay en la partición. Antes de hacerlo debe saber lo que está haciendo.

Cómo seleccionar un directorio para los archivos NT

Después de haber seleccionado un sistema de archivos para su volumen de NT, la instalación le pedirá ahora un nombre para el directorio donde desea instalar NT:

```
Setup installs Windows NT files onto your hard disk. Choose the location
where you want these files to be installed:
```

La ubicación predeterminada es el directorio `WINNT` en su volumen seleccionado. Para la mayoría de las personas está bien esta ubicación predeterminada recomendada. Oprima Enter para seleccionarla y continuar.

Exploración de la superficie del disco duro

La instalación ahora le dará la opción de verificar su disco duro para detectar problemas:

```
Setup will now examine your hard disk(s) for corruption.
```

Oprima Entrar (Enter) si desea continuar con el proceso de examen o Esc si desea omitirlo.

Si siguió el consejo de la hora 14 y ya realizó un examen a fondo de su disco duro con una utilería como SpinRite, puede omitir con seguridad esta prueba. Si no, sería mejor que dejara al proceso de instalación de NT realizar esta prueba ahora. Tenga en cuenta que podría tomar mucho tiempo.

Instalación de archivos NT

Una vez completado u omitido el paso del examen del disco verá este mensaje:

```
Please wait while Setup copies files to your hard disk.
```

El programa de instalación está copiando archivos de instalación de NT desde los archivos temporales hasta su destino final en el directorio `WINNT` (o cualquier directorio alternativo que haya elegido). Este procedimiento puede llevarse un rato, así que siéntese y relájese algunos minutos. El programa de instalación muestra una barra de progreso en la parte inferior de la pantalla para mantenerlo al tanto de su situación actual.

Cuando termine el proceso de transferencia de archivos, usted deberá ver el siguiente mensaje:

```
This portion of Setup has completed successfully.
```

En este punto, se le pedirá que quite cualquier disco flexible o CD-ROM de la computadora y oprima Entrar (Enter). Su computadora se reiniciará entonces y arrancará la etapa final de la interfaz gráfica de usuario (graphical user interface, GUI) del proceso de instalación y configuración.

El segundo reinicio: la etapa GUI

Cuando su computadora se reinicie, pasará por un breve proceso de detección de hardware y cargará los controladores necesarios. En unos momentos verá la pantalla de Bienvenida a la instalación de Windows. Esta pantalla inicia el asistente de instalación de Microsoft, un programa que lo guiará a través del proceso de configuración de las características de su NT Workstation.

No puede hacer mucho en la pantalla de Bienvenida, así que haga clic en Siguiente (Next) para pasar al primer paso en el proceso. El asistente le permitirá retroceder haciendo clic en Atrás (Back) en cualquier momento, así que no se preocupe demasiado por avanzar muy aprisa.

Cómo personalizar la configuración

Por fin está en la parte más interesante de la configuración de NT 4. Aquí puede comenzar a personalizar su instalación de NT para que se adapte a sus necesidades y requerimientos de espacio. El programa de instalación le da cuatro opciones para cualquier tipo de instalación que desee:

- Típica: ésta es la instalación recomendada por Microsoft. Se instalará una lista estándar de características, haciendo muy pocas preguntas durante la instalación. Ésta es la opción de configuración más fácil y rápida.
- Portátil: esta opción está diseñada en particular para quienes desean instalar NT en una computadora portátil. Se optimizará su configuración de NT para su uso en una computadora portátil.
- Compacta: seleccione esta opción para instalar una configuración NT mínima en su computadora. Sólo se instalarán aquellos archivos y programas absolutamente necesarios para que corra NT. Si está reducido de espacio en disco, sería mejor utilizar esta opción para su instalación inicial y luego agregar otras características de NT más tarde, cuando las necesite. No hay adornos en la opción Compacta. Ésta no es una buena opción para novatos en NT, pues no permite navegar y jugar con todas las características de NT.
- Personalizada: esta opción le permite especificar exactamente qué componentes de NT desea instalar; es parecida a muchos otros paquetes de instalación, como Microsoft Office, en el que puede escoger y seleccionar entre varias opciones del paquete. Le recomiendo mucho esta opción si le gusta explorar esta clase de decisiones y tiene al menos una experiencia promedio en computadoras. Se beneficiará al poder elegir lo que desea instalar en vez de lo que Microsoft cree que desearía instalar. La personalización también le dará la oportunidad de ver muchos de los paquetes de programas que se incluyen en su disco NT.

Las primeras tres opciones están automatizadas en gran medida. Éstos son los procedimientos de instalación más simples, debido a que no se requieren muchas decisiones de su parte. Las personas que no están muy familiarizadas con los productos Microsoft Windows podrían desear seguir adelante y elegir Típica. Sugiero que quienes tengan alguna familiaridad con productos Windows seleccionen Personalizada. En realidad no hay nada desafiante en ella y podría serle interesante.

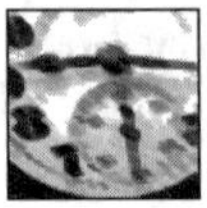

AHORRE TIEMPO

La opción Compacta tiene un atractivo beneficio secundario para quienes tienen el tiempo y los recursos para jugar un poco con NT. Al elegir la instalación Compacta y luego explorar el directorio y la estructura de archivos de NT usted puede aprender bastante acerca de los archivos esenciales para NT. Esto le puede ayudar cuando esté resolviendo problemas o tomando decisiones futuras acerca de instalar NT en un ambiente de sistema pequeño.

No se preocupe demasiado respecto a cuáles opciones elija en este momento, ya que las puede agregar o eliminar con facilidad una vez instalado NT. (Remítase a la sección "Solución de problemas de la instalación" para información sobre cómo hacerlo.) No tiene que pasar otra vez por el proceso de instalación para cambiar sus componentes, cuando haya hecho su elección; para continuar haga clic en Siguiente (Next) .

Nombre y organización

El programa de instalación ahora desea que introduzca su nombre y organización. Use su ratón o la tecla de tabulador para moverse entre los campos de introducción de datos, u oprima Alt+M para seleccionar el campo Nombre o Alt+O para seleccionar el campo Organización. La organización es opcional, pero usted debe introducir un nombre para continuar el proceso de instalación. La instalación usa esta información para crear un número de identificación único para su instalación NT. Cuando haya completado esta información, haga clic en Siguiente para continuar.

Registro

Ahora se le pedirá que introduzca su registro de diez dígitos o "CD Key". Esta clave deberá estar exhibida en forma sobresaliente en su disco de distribución. Introduzca la clave en el espacio proporcionado y haga clic en Siguiente para continuar.

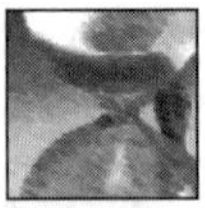

PRECAUCIÓN

Asegúrese de no perder su clave de registro. La necesitará cada vez que deba ejecutar el proceso de instalación. No suponga que hará esto sólo una vez.

Nombre de la computadora

La instalación le pedirá ahora que introduzca un nombre para su computadora. Este nombre se usará para identificar su computadora en una red. Tal vez su administrador de red quiera introducir un nombre específico de acuerdo con algún esquema usado por esa red. Si se le permite escoger el nombre, asegúrese de que sea algo único y descriptivo. El nombre puede tener hasta 15 caracteres alfanuméricos de largo y serán convertidos automáticamente a mayúsculas. Cuando haya introducido el nombre de la computadora, haga clic en Siguiente para continuar.

Cuenta del administrador

Ahora se le pide que introduzca una contraseña para la Cuenta del Administrador (Administrator Account) del sistema. Si su sistema va a ser compartido con otros usuarios, será importante controlar el acceso a varios componentes importantes del sistema. Si no le preocupa la seguridad, puede omitir la contraseña, pero esto no es recomendable. Introduzca en el primer campo la contraseña que ha seleccionado y luego oprima la tecla del tabulador para pasar al segundo campo e introduzca de nuevo la contraseña para confirmarla. Asegúrese de anotar su contraseña en un lugar seguro.

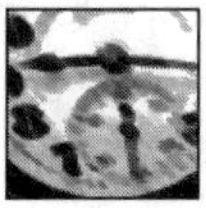

AHORRE TIEMPO

> Si usa NT Workstation en su hogar y está cansado de pasar por la secuencia de conexión cada vez que usa NT, estará feliz de saber que hay un método para automatizar la conexión modificando el Registro (Registry). Aunque no necesita suministrar una contraseña para la cuenta del administrador, sí lo debe hacer para que funcione la conexión automatizada. Si NT no encuentra una contraseña, reajustará el Registro y lo obligará a conectarse la siguiente vez que arranque NT.

Haga clic en Siguiente para continuar con el proceso de instalación. Observe que el asistente de la instalación no le permitirá continuar hasta que las contraseñas en ambos campos coincidan.

Disco de reparación de emergencia

La instalación le preguntará ahora si desea crear un disco de reparación de emergencia. Si lo quiere, puede omitir este proceso y usar la utilería RDISK para hacer un disco de reparación en cualquier momento después de la instalación de NT. Aprenderá esto con mayor profundidad en la hora 23, "Consejos de recuperación", pero es una buena idea continuar e indicar a la instalación que haga el disco de reparación.

Haga clic en Sí (Yes) para el proceso de creación del disco de reparación o No para omitir este paso; necesitará un disco formateado en blanco. En realidad el disco de reparación no se crea en este momento, así que por ahora puede continuar con el proceso de instalación sin tener un disco a la mano. Sin embargo, cuando se complete el asistente de la instalación, se le pedirá que inserte el disco, así que podría seguir adelante y buscar un disco disponible. Asegúrese de etiquetarlo.

Componentes seleccionados

Aquí es donde su selección de la opción de instalación Personalizada hará una gran diferencia. Este paso en el proceso de instalación le permite seleccionar los componentes de NT que desea instalar. Si no seleccionó Personalizada, NT le dará todavía una oportunidad para instalar componentes opcionales. Si decide no instalar ningún componente opcional, omita este paso y pase de inmediato a la sección "Instalación y configuración de red".

La instalación le muestra seis categorías de componentes entre las que puede seleccionar. Use su ratón para seleccionar la casilla junto a cada categoría si desea instalar componentes en ella. Haga clic en la categoría de componentes para seleccionarla y luego haga clic en la casilla de verificación para agregar o quitar esa categoría. La instalación le da una aproximación tosca de cuánto espacio de disco se requiere cuando selecciona instalar una categoría de componentes.

La mayor parte de las categorías en realidad contienen múltiples subcomponentes. Si desea ver y seleccionar cada subcomponente de manera individual, haga clic en la opción Detalles (Details). Si la opción Detalles está en gris, no hay subcomponentes que seleccionar. Haga clic en Detalles en cada categoría para familiarizarse con los componentes que está instalando. Verá una descripción breve (está bien, *muy* breve) de cada subcomponente y un aviso del espacio de disco aproximado requerido si selecciona ese componente. Usted puede agregar o eliminar en forma individual cada subcomponente que desee.

He aquí una lista de los componentes que Microsoft proporciona con la versión actual de NT Workstation 4:

- **Accesibilidad:** este componente incluye opciones para modificar el ratón, la pantalla y el teclado para personas discapacitadas.
- **Accesorios:** esta categoría contiene muchos paquetes estándar que deseará incluir con su instalación NT.

  Calculadora: el paquete ya familiar de calculadora de Windows.

  Mapa de caracteres: una utilería que le permite insertar caracteres especiales y símbolos en sus documentos.

  Visor del portapapeles: el portapapeles es el espacio de almacenamiento temporal para cuando usted corta algo de un documento y lo pega en otra aplicación. Ésta es una utilería práctica que le permite examinar y manipular el contenido del portapapeles.

  Reloj: este paquete le permite mostrar la hora y la fecha ya sea en formato analógico o digital.

  Tapiz para escritorio: varias imágenes que usted puede usar como fondo para su desplegado de escritorio. Las imágenes usadas para tapices pueden consumir mucho espacio de disco. Una solución es cargar estas imágenes, seleccionar las que le gusten y eliminar el resto.

  Plantillas de documentos: plantillas estándar para crear documentos nuevos para muchos programas comunes.

Imaging: un visor básico de imágenes con capacidad para explorar y comentar imágenes. Notará que el visor de imágenes no soporta el muy popular formato de imágenes GIF, lo que reduce su valor considerablemente.

Punteros del ratón: varios esquemas que usted puede usar para cambiar la apariencia de las imágenes pequeñas asociadas con su dispositivo apuntador. Por ejemplo, usted puede agrandar el puntero del ratón o darle una apariencia tridimensional.

Empaquetador de objetos: esta utilería le permite crear objetos que se pueden incrustar en sus documentos.

Paint: el programa simple de Microsoft para trabajar con imágenes gráficas.

Vista rápida: una utilería que le permite abrir un documento para verlo sin abrir la aplicación que creó el documento. Esta característica hace que sea mucho más rápido ver los documentos.

Protectores de pantalla: Windows NT viene con una bonita variedad de protectores de pantalla, muchos de los cuales tienen gran cantidad de opciones de personalización y más divertidos que muchos juegos, incluso algunos utilizan la tecnología OpenGL.

WordPad: más que el antiguo NotePad de Windows, pero menos que un procesador de palabras de características completas. Piense en WordPad como el pariente pobre de Word. Vale la pena cargarlo.

- **Comunicaciones:** esta categoría incluye programas que lo ayudan a usar su módem y computadora para hablar con otras computadoras. Es probable que Hyperterminal sea la utilería más importante de este grupo. Si su computadora no tiene un módem, puede omitir esta categoría.

  Chat: esta utilería está diseñada para permitirle hablar con otros usuarios de NT en una red.

  Hiperterminal: si pretende usar un módem para conectar su computadora con otras computadoras o con servicios en línea, deberá cargar este paquete fácil de usar.

  Marcador telefónico: una libreta telefónica en su computadora. Use este programa para guardar los números que marca más seguido. Con sólo oprimir una tecla, ¡marcará el número telefónico por usted!

- **Juegos:** por supuesto, NT Workstation viene con la colección usual de juegos para matar el tiempo. Curiosamente, Microsoft decidió no distribuir Hearts con NT 4.

  Carta blanca: parte solitario y parte rompecabezas lógico.

  Buscaminas: el juego de estrategia interesante y adictivo de Microsoft. Minas ocultas por todo el mapa se descubren mediante claves que se revelan cuando se limpia cada cuadro.

  Pinball: una interpretación bien hecha de un juego de pinball en la computadora, escrito para Microsoft por la notable compañía de diseño y distribución de juegos Maxis. Pinball pierde mucho de su atractivo sin sonido, así que si su sistema no tiene una tarjeta de sonido, sería mejor omitir este programa, sobre todo porque es muy grande.

  Solitario: el juego de solitario clásico de Windows.

- **Multimedia:** este grupo de accesorios incluye utilerías para agregar sonido y video a su computadora. Necesitará una tarjeta de sonido para beneficiarse de estas aplicaciones y recursos. Si trabaja NT Workstation en un ambiente de negocios puede omitir sin problemas el grupo de multimedia.

  Reproductor de CD: esta utilería le permite reproducir discos compactos musicales en la unidad de CD-ROM de su computadora.

  Combinación de sonidos Jungla: una colección de sonidos orientada temáticamente, que estará asociada con varias actividades de su computadora.

  Reproductor de medios: si pretende reproducir fragmentos de video o de audio usando Windows NT, necesitará este paquete de utilerías.

  Combinación de sonidos Música: otra colección de sonidos orientada en forma temática.

  Combinación de sonidos Robot: otra colección más.

  Sonidos de ejemplo: una colección básica de sonidos cortos que se pueden asociar a varias actividades del sistema.

  Grabadora de sonidos: esta utilería le permite grabar y almacenar sonidos en su computadora. Por supuesto, necesitará una tarjeta de sonido y alguna forma de dispositivo de entrada, como un micrófono.

  Combinación de sonidos Utopía: otro tema de sonidos para probar.

  Control de volumen: Una utilería para ajustar el volumen en tarjetas de sonido que soporten software de control de volumen. Muchas tarjetas antiguas no soportan esta función.

- **Mensajería de Windows:** esta categoría incluye el correo electrónico de Microsoft y aplicaciones de mensajería.

  Internet Mail: aplicación de Microsoft para tener acceso al correo desde Internet. Observe que ésta no es la aplicación Internet Mail and News disponible en forma gratuita en el sitio Web de Microsoft. Es el servicio Internet Mail para Mensajería de Windows, en esencia un cliente de Exchange a escala reducida.

  Microsoft Mail: necesitará este servicio si va a usar los servicios de Mail Post Office de Microsoft.

  Mensajería de Windows: este paquete es el programa de mensajería integrada necesaria para usar las otras aplicaciones relacionadas con mensajes.

Cuando haya completado su selección de componentes, haga clic en Siguiente (Next) para continuar con la instalación.

Instalación y configuración de red

El siguiente paso en el proceso de instalación es configurar NT para trabajar con una red. Éste es un proceso muy complicado y requiere que usted tenga gran cantidad de información y conocimientos previos antes de que lo intente. La configuración de una red se puede hacer ahora o dejarla para después de haber instalado NT.

Si desea instalar componentes de conectividad en este momento, seleccione "Esta computadora participará en una red" y remítase a la hora 16, "Conectividad de NT", para obtener detalles en este paso en el proceso de instalación. Si desea omitir el proceso de configuración de red en este momento o su computadora no estará implicada con una red, seleccione "No conectar esta computadora a una red en este momento". Haga clic en Siguiente para continuar.

Cómo establecer la fecha y la hora

Una vez terminado el proceso de configuración de red (o después de la opción Seleccionar componentes si omitió la configuración de red), la instalación le pedirá que configure las propiedades de fecha y hora para su computadora. Es probable que no necesite cambiar la fecha y la hora para su computadora, pero deseará seleccionar la zona horaria para su región. Haga clic en la ficha Zona Horaria (Time Zone) para abrir la pantalla de selección de Zona Horaria, como se muestra en la figura 15.1.

Figura 15.1.
Seleccione su zona horaria usando la pantalla Propiedades de Hora y fecha.

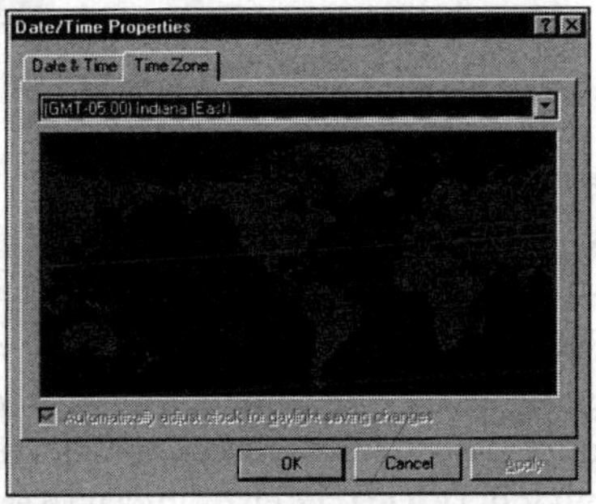

Seleccione la lista de zonas horarias y escoja una que concuerde con su región. El mapa desplegado mostrará entonces su región. Cuando termine de configurar la fecha y la hora, haga clic en el botón Cerrar (Close) para continuar.

Configuración de su pantalla

La instalación le presentará ahora una pantalla de Propiedades de pantalla (Display Properties) parecida a la que se muestra en la figura 15.2.

Esta pantalla le muestra las características seleccionadas para su computadora, incluyendo selecciones para el número de colores desplegados, la resolución de la pantalla y el índice de actualización de la pantalla. Tal vez quiera cambiar algunos de estos parámetros. Haga clic en el parámetro Paleta de Colores (Color Palette) para desplegar una lista de opciones de color soportados por el controlador NT para su tarjeta de video. Para ajustar la resolución de su pantalla, coloque su ratón en la barra de deslizamiento del Área de Escritorio (Desktop Area) y mantenga oprimido el botón para mover la barra. Cambie el índice de actualización del video seleccionando la casilla Frecuencia de actualización (Refresh Frequency) y escogiendo el índice de actualización más alto soportado por el controlador. Este índice controla cuántas veces por segundo se actualiza su pantalla; los índices más altos reducen el parpadeo de la pantalla y son más prácticos para la vista.

Cuando termine con sus selecciones, haga clic en Probar (Test) para asegurarse que sus opciones son soportadas. Si todo funcionó, haga clic en Aceptar (OK) para terminar este paso en el proceso de instalación.

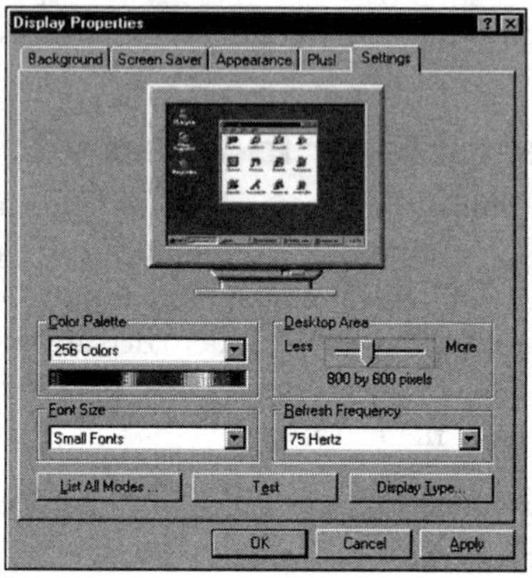

Figura 15.2.
La pantalla Propiedades de pantalla le permite seleccionar los parámetros que mejor concuerden con sus necesidades y con su hardware de video.

Para terminar la instalación

Si ha conseguido llegar hasta aquí, casi ha terminado. Si indicó a la instalación que hiciera un disco de reparación de emergencia, en este momento se le pedirá que inserte el disco y haga clic en Aceptar (OK). Entonces la instalación preparará el disco y copiará los archivos necesarios. Una vez completar la instalación empezará a copiar los restantes archivos NT de los archivos temporales y luego eliminará los archivos temporales de su disco duro. Se le pedirá que quite todos los discos de su computadora y haga clic en Reiniciar (Restart) para que sus cambios de configuración tengan efecto. Su computadora se reiniciará y, en unos cuantos minutos, verá la pantalla de bienvenida de NT. Su instalación de NT está completa.

Instalación de controladores de tarjeta de sonido

Muchos propietarios de NT Workstation, en particular quienes usan NT en casa, desearán instalar una tarjeta de sonido o podrían tener ya una. Habrá notado ya que el programa de instalación de NT lo lleva por los pasos importantes para lograr que NT se instale y corra, pero no le ayuda a instalar tarjetas de sonido o impresoras. La instalación de impresoras se expone en la hora 7, "Configuración de impresoras con NT Workstation". En esta sección abordaremos la instalación de tarjetas de sonido.

Tómese un Minuto

Si compra una tarjeta de sonido para instalarla en una máquina NT, asegúrese de que está en la Lista de Compatibilidad del Hardware (HCL). Algunas tarjetas de sonido ni siquiera tienen controladores para Windows NT 4.

Para instalar una tarjeta de sonido, necesitará tener NT instalada y corriendo, una fuente para los controladores de su tarjeta de sonido (muchos están incluidos en su disco de distribución de Microsoft) y un poco de conocimiento de los recursos requeridos y disponibles para el uso de la tarjeta de sonido.

Antes de tratar de instalar la tarjeta de sonido, ejecute el programa de diagnóstico de Windows NT. Ésta es una utilería buena que se encuentra haciendo clic en Inicio | Programas | Herramientas administrativas | Diagnosis de Windows NT (Start | Programs | Administrative Tools | Windows NT Diagnostics). Haga clic en la ficha Recursos (Resources) del programa Diagnosis (Diagnostic). Los resultados se verán más o menos como en la figura 15.3.

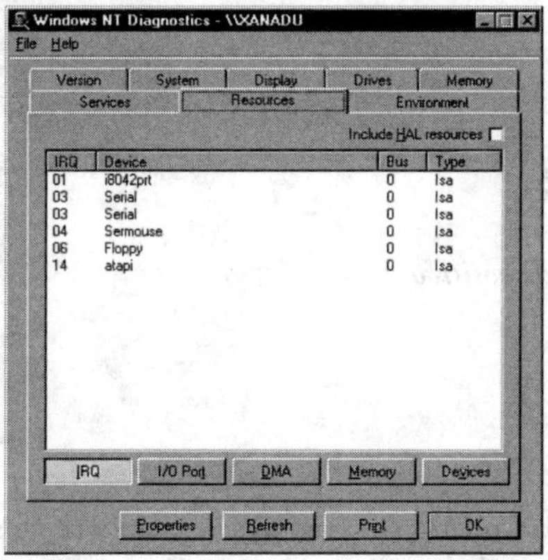

Figura 15.3.
El programa Diagnosis de Windows NT, mostrando el uso de IRQ disponibles para el usuario. Observe que, en este ejemplo, no hay nada usando el IRQ5, así que está disponible.

Usted puede usar el programa de diagnóstico con la documentación de su tarjeta de sonido para averiguar qué recursos del sistema se requieren y están disponibles para ella. Tómese unos minutos y explore el programa de diagnóstico. Es una utilería interesante.

Después de verificar los requerimientos necesarios, asegúrese de que su tarjeta de sonido está instalada físicamente en forma apropiada. Si aún no la ha instalado, apague su máquina ahora e instale la tarjeta de acuerdo con las instrucciones del fabricante.

Cuando esté seguro de que la tarjeta está instalada correctamente, reinicie su máquina en Windows NT. Vaya al Panel de Control y haga clic en el icono Multimedia. En Multimedia, haga clic en la ficha Dispositivos (Devices). Su pantalla le mostrará algo parecido a la figura 15.4.

La pantalla le mostrará una lista de controladores disponibles relacionados con multimedia . A continuación, haga clic en el botón Agregar (Add) para abrir el cuadro de diálogo Agregar (vea la figura 15.5).

Desplácese a lo largo de la lista de controladores disponibles hasta que encuentre uno que corresponda a su tarjeta. Seleccione el controlador y haga clic en Aceptar. Ahora se le preguntará dónde se puede encontrar el software del controlador. Para los controladores suministrados con NT 4, es probable que estén en el directorio `\i386` o `\DRVLIB` de su disco de distribución CD-ROM. Si tiene otro controlador que desee usar, como uno proporcionado con su tarjeta de sonido (asumiendo que esté certificado que funciona con NT), puede proporcionar la letra de unidad y ubicación de ese archivo. NT también

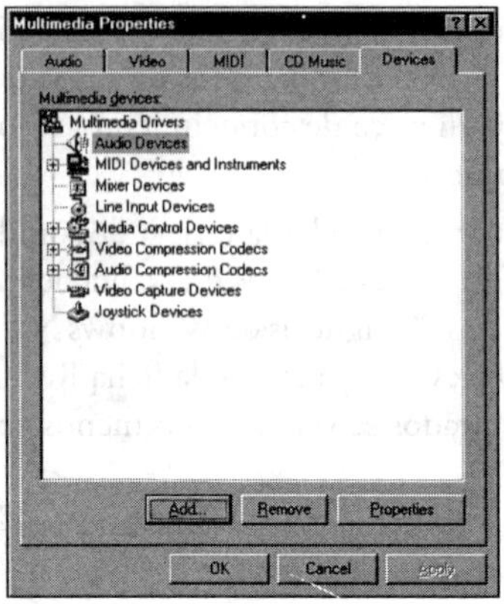

Figura 15.4.
Propiedades multimedia: Para agregar dispositivos multimedia.

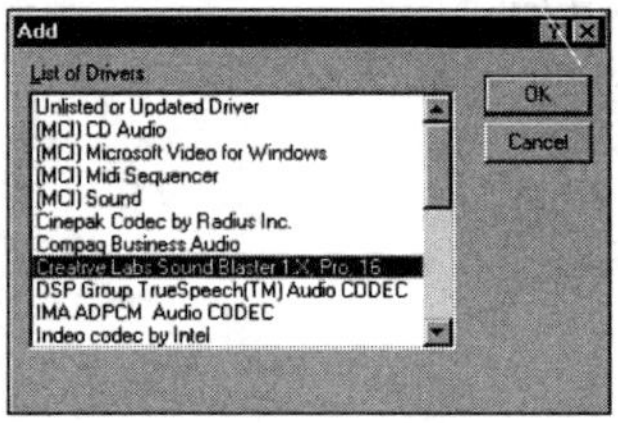

Figura 15.5.
Cómo agregar un controlador de dispositivo de audio.

buscará controladores anteriores instalados en su sistema; si encuentra alguno, le preguntará si desea usar el controlador existente en vez de uno en un disco fuente.

Cuando haya seleccionado su controlador de tarjeta de sonido, NT le preguntará información necesaria para configurar la tarjeta, como la dirección del puerto y el parámetro IRQ. Cuando haya completado esta información, se le preguntará si desea reiniciar Windows NT a fin de que tengan efectos los cambios del controlador. Puede hacerlo ahora o más tarde, pero su tarjeta de sonido no funcionará hasta que lo haga.

Al reiniciar NT, usted puede verificar la instalación del controlador de su tarjeta de sonido, regresando a la pantalla de Propiedades Multimedia y revisar la ficha Dispositivos (Device). Deberá ver un controlador de sonido apropiado bajo la categoría Dispositivos de Audio, similar al de la figura 15.6.

Solución a problemas de la instalación

No toda la instalación va a ser tan sencilla. Esta sección responde algunas de las preguntas más frecuentes y que necesitan los nuevos usuarios de NT.

Mi sistema se bloqueó cuando comencé a instalar NT. ¿Qué puedo hacer?

Es probable que su sistema estuviera en espera durante el proceso de detección de hardware. Trate de quitar cualquier dispositivo no esencial de hardware y corra de nuevo el programa de instalación. Una vez instalado NT usted puede intentar reinstalar sus diversos dispositivos de hardware.

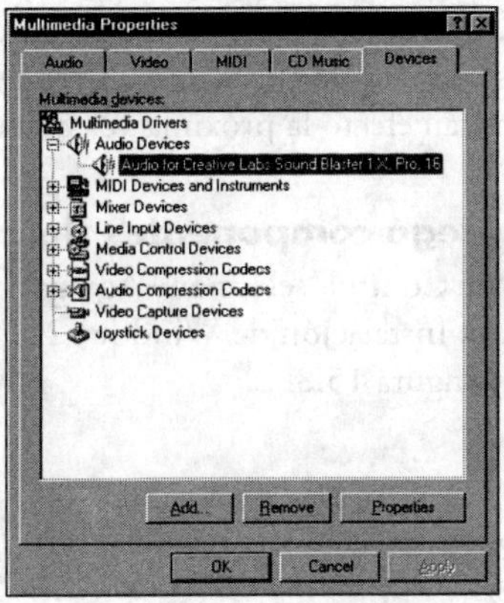

Figura 15.6.
Propiedades Multimedia: verifique que el controlador fue agregado de manera apropiada.

Mis elecciones durante la instalación llevaron a una configuración de arranque doble. La opción de inicio está predeterminada a NT, pero quiero que esté predeterminada a DOS. ¿Cómo puedo cambiar el programa de arranque?

Hay dos formas de hacerlo. Puede editar el archivo `BOOT.INI` en su directorio raíz o bien usar la pantalla Propiedades del sistema (System Properties) y cambiar su configuración de arranque. La edición de los archivos de arranque está fuera del alcance de este libro, así que me concentraré en el método mucho más seguro proporcionado dentro de NT.

En el Panel de Control, seleccione Sistema (System) y luego haga clic en la ficha Inicio/Apagado (Startup/Shutdown). Verá una pantalla como la que se muestra en la figura 15.7.

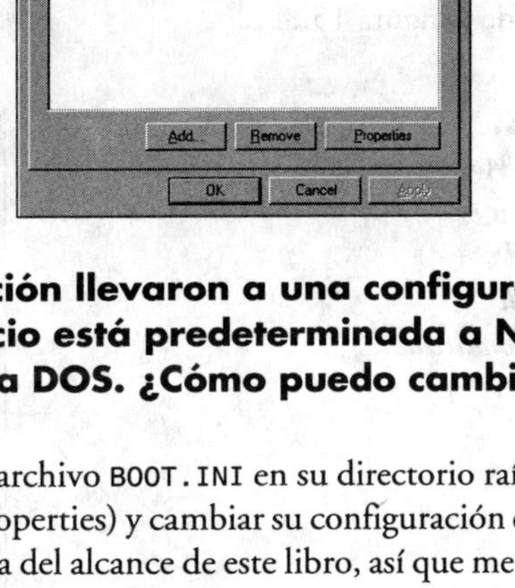

Figura 15.7.
Seleccione la ficha Inicio/Apagado para cambiar las propiedades de inicio de una instalación de arranque múltiple.

La opción Inicio le permite elegir qué sistema operativo será el primero en el menú de inicio y por tanto la opción predeterminada. Haga clic en este cuadro y seleccione de la lista de posibilidades. La opción Mostrar lista durante (Show list for) le permite cambiar la cantidad de tiempo que puede transcurrir antes de que la opción predeterminada de sistema operativo arranque en forma automática. Usted tiene que indicar el número de segundos para hacer su propia selección de la lista. Use las flechas para ajustar el número de segundos deseado. Haga clic en Aceptar (OK) y los cambios tendrán efecto la próxima vez que reinicie su sistema.

¿Cómo agregó componentes después de haber instalado NT?

En el Panel de Control, seleccione Agregar o quitar programas (Add/Remove Programs). Haga clic en la ficha Instalación de Windows NT (Windows NT Setup). Verá un cuadro de diálogo como el de la figura 15.8.

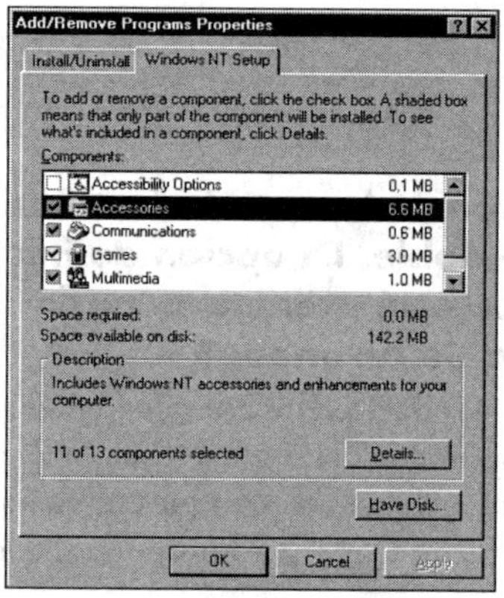

Figura 15.8.
Usar la utilería Agregar o quitar programas es similar a usar el procedimiento de instalación Personalizada.

Usted puede usar este cuadro de diálogo en la misma manera descrita para el proceso de instalación. Cuando haya terminado, haga clic en Aceptar (OK) para que sus cambios tengan efecto.

Mi tarjeta de video soporta más colores, resoluciones e índices de actualización de los que NT me permite seleccionar durante la instalación. ¿Cuál es el problema?

Recuerde que el soporte de hardware de NT es conservador de forma intencional para promover un sistema estable y resistente a las fallas. Los controladores de Microsoft para hardware reflejan esto. Deberá convertir en un hábito revisar el sitio Web de Microsoft en busca de soporte para hardware mejorado. Otra buena idea es revisar con el fabricante de su tarjeta para ver si ha sacado un controlador nuevo escrito específicamente para NT. Muchos fabricantes mantienen una lista de controladores transferibles en su sitio Web. Debido a la creciente popularidad de Windows NT es probable que vea un soporte mucho mejor para NT de los fabricantes de hardware en el futuro cercano.

¿Cómo desinstalo NT?

¡Gulp! Por desgracia, Microsoft no proporciona una forma sencilla de hacerlo. Imagine a la gente de Microsoft rascándose la cabeza y mirándose unos a otros con asombro: ¿*Desinstalar* NT? ¿Por qué alguien querría hacer *eso*?

Si instaló NT sobre una versión anterior de Windows sin hacer un respaldo completo de su sistema original, no está de suerte. No tendrá más opción que reconstruir su sistema desde el principio. Tendrá que iniciar DOS desde un disco flexible de modo que pueda volver a hacer las particiones o reformatear su disco duro y luego copiar los archivos de sistema de nuevo a su disco duro. A continuación, tendrá que regresar a sus discos de instalación de DOS, Windows y de aplicación originales y configurar todo de nuevo. Incluso los veteranos endurecidos de las computadoras se quejan cuando se enfrentan a esta clase de cosas.

Si instaló NT en su propio directorio, dejando todos sus archivos originales intactos, está en buena forma si tiene cuidado. Siga estos pasos:

1. Arranque su sistema desde un disco flexible formateado como un disco de sistema de DOS.
2. Si está usando una configuración de arranque doble, introduzca el siguiente comando cuando aparezca el indicador del DOS: `FDISK /MBR`. Esto restablecerá el Registro de Arranque Maestro (Master Boot Record) de un sistema que está usando una configuración de arranque doble. (Por si lo ha notado, el conmutador `/MBR` no es una característica documentada de FDISK. Es probable que Microsoft no deseara que Fulano o Zutano Usuario juguetearan con el Registro de Arranque Maestro de un disco duro.)
3. Introduzca el siguiente comando ante el indicador del DOS: `SYS C:`. Esto restaurará los archivos de sistema DOS usuales `IO.SYS`, `MSDOS.SYS` y `COMMAND.COM` en su disco duro.
4. Quite el disco flexible de DOS de su computadora y reiníciela. Deberá obtener el familiar indicador de DOS. Ahora puede tener acceso a su sistema y borrar cualesquier archivos relacionados con NT. Además de los archivos instalados en el directorio NT, encontrará alguno o todos los siguientes archivos en el directorio raíz: `BOOT.INI`, `NTDETECT.COM`, `NTLDR` y `BOOTSECT.DOS`. Tal vez tenga que usar el modificador `/AH` con el comando `DIR` para ver algunos de estos archivos, ya que a Microsoft le gusta ocultarlos. Elimine con seguridad estos archivos. También puede encontrar un archivo gigante llamado `PAGEFILE.SYS`, el cual es el archivo de intercambio de NT. También lo puede eliminar.

Si usó NTFS en un volumen NT separado, estará obligado a usar una utilería como FDISK para reformatear ese volumen como FAT para recuperar el uso de este volumen para sistemas operativos que no sean de NT. No reformatee todos sus volúmenes o perderá también su sistema operativo original.

Resumen

Si está seguro de que su hardware soporta NT 4 y está preparado para cada paso antes de encontrarse con él, la instalación de NT Workstation procederá con suavidad. (Creo que esto califica como "famosas últimas palabras".)

Cuando tenga a NT instalado y ejecutándose, deseará personalizar su escritorio e instalar su software favorito. Mientras está en ello, tómese el tiempo para explorar las muchas características de NT 4 Workstation, un sistema grande que le proporciona muchas características y flexibilidad. Consiéntase y aprenda lo que puede hacer por usted.

Taller

El taller le ayuda a concretar las técnicas que aprendió en esta hora.

Glosario

arranque múltiple (multiple boot) También conocido como arranque doble. Éste se refiere a una configuración que permite una elección de sistemas operativos cuando enciende su máquina. Las configuraciones de arranque múltiple le dan la flexibilidad de usar una plataforma de computadora para usar varios sistemas operativos diferentes.

asistente (wizard) Término de Microsoft para designar a un programa GUI que lo guía a través de un proceso, permitiéndole retroceder o avanzar a través del proceso hasta que esté listo para aceptar sus opciones.

cargador de arranque (Boot loader) Programa que controla la carga de un sistema o sistemas operativo al encender o *arrancar* su computadora.

conmutador (switch) Una opción agregada al final de un comando que modifica o controla cómo se ejecuta el comando.

interfaz gráfica de usuario (graphical user interface, GUI) Este término se aplica a un programa que permite a un usuario interactuar con la computadora usando imágenes y un dispositivo apuntador en vez de teclear comandos en una pantalla de sólo texto.

Ejercicios

1. Una vez terminada la instalación, haga clic en todos los iconos en el Escritorio (Desktop) y en toda selección del menú en el botón Inicio (Start). Observe qué programa aparece. Si no está familiarizado con el programa, tómese un momento y lea la Ayuda (Help) disponible o averigüe de alguna otra manera lo que hace. Podría sorprenderle cuántas utilidades le proporciona NT.
2. Use el programa de diagnóstico de Windows NT (Windows NT Disgnostics) para observar la diferencia al usar IRQ con un controlador de tarjeta de sonido instalado y sin algún controlador de tarjeta de sonido instalado. Usted puede usar la función Multimedia del Panel de Control para agregar o quitar con facilidad el controlador de la tarjeta de sonido.
3. Use la función Pantalla (Display) del Panel de Control para cambiar la configuración de su pantalla después de la instalación. Experimente con el Área de Escritorio (Desktop Area) y las opciones de color para encontrar los parámetros que lo hagan sentir más cómodo. Experimente con las muchas opciones gráficas de NT para controlar la apariencia de su escritorio. Pruebe a usar Paint para hacer su propia imagen para el fondo de su escritorio.

Hora 16

Conectividad de NT

por Martin Kenley

Esta hora y las horas 17: "Configuración de componentes de red", y 18: "Conectividad de punto a punto," desarrollan el tema de la conectividad. Esta lección le dará un panorama del concepto de la conectividad y describe la estrategia de conectividad de Microsoft como se empleó en Windows NT. La hora 17 avanza a través de la configuración de los componentes de conectividad, que usted podrá instalar ya sea durante el proceso de instalación o más tarde.

Introducción a la conectividad

Para entender mejor los componentes de conectividad de Windows NT, veamos cómo funciona una red de área local. Una red son, simplemente, varias computadoras conectadas por un cable. A veces hay dispositivos adicionales conectados a la red, como una impresora, que todas las computadoras pueden compartir.

Para que funcione una red sencilla como ésta, usted necesita varios elementos. Primero, necesita el cable que conectará a cada computadora. Actualemnte hay dos tipos generales de cableado: cable coaxial y par trenzado (twisted pair). El primero está hecho con un núcleo sólido de cobre recubierto con un material aislante, un escudo de metal y una cubierta exterior de plástico. Tipos comunes de cable coaxial son el 10Base2 y 10Base5. Cada forma de cable tiene especificaciones que determinan cuán largo puede ser cualquier segmento antes de que la señal que pasa por él sea tan débil (o atenuada) que la siguiente computadora no la pueda interpretar. Con 10Base5, la distancia máxima es de 500 metros; mas con 10Base2 es de 185 metros.

El cable de par trenzado (twisted pair cable) es muy común, y es probable que en su oficina haya de este tipo. Otro es el par trenzado desprotegido (UTP, unshielded twisted pair) y el 10BaseT es una forma sencilla de UTP. La distancia máxima de cualquier segmento es de 100 metros.

Tanto el cable coaxial como el de par trenzado tienen capacidad para que corra por ellos Ethernet, un protocolo desarrollado para transporte de datos por cable entre computadoras.

AHORRE TIEMPO

> Mire la parte trasera de su computadora y determine qué tipo de cableado se usa en su oficina. Si usted ve un conector de metal en forma de "T" que conecta el cable, está usando un cable coaxial.
> Si el conector se parece a un enchufe telefónico, se trata de un cable de par trenzado.

Tarjetas de red

Además del cable que conecta las máquinas, necesitará una tarjeta Ethernet para cada computadora que desee conectar a la red. La tarjeta de interfaz de red (network interface card, NIC), también conocida como tarjeta adaptadora de red, traduce los datos que usted está enviando a través de la red en un formato que le permite manejarlos al cable.

Hay muchos fabricantes que venden NIC; recomiendo conseguir una tarjeta de marca conocida para ahorrarse el tiempo de intentar configurar la tarjeta. Las tarjetas baratas frecuentemente vienen con controladores de software que son menos que confiables.

Usted puede determinar qué tipo de tarjeta Ethernet usa su computadora; para ello, averigüe qué controlador de software está usando, el cual corresponde al tipo de tarjeta que tiene. Luego siga estos pasos:

1. Vaya al menú Inicio | Configuración | Panel de control (Start | Settings | Control Panel).
2. Ahora acceda al icono Red (Network) (vea la figura 16.1).
3. Observará algunas fichas en la parte superior de la ventana del panel de control de Red. Seleccione Adaptadores (Adapters), y podrá ver qué tipo de tarjeta tiene en su computadora, suponiendo que haya sido identificada correctamente (vea la figura 16.2).

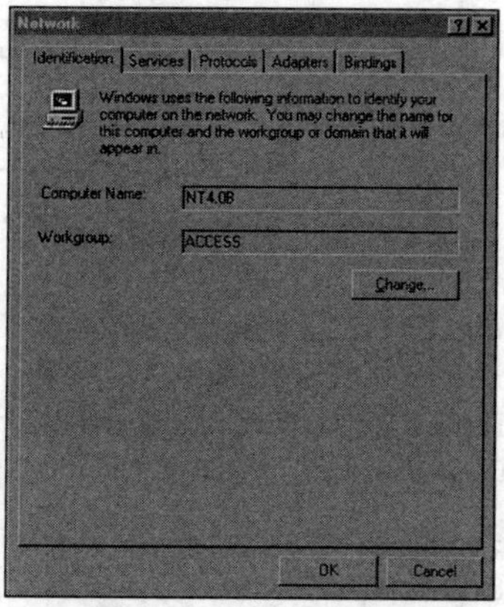

Figura 16.1.
El panel de control de Red le permitirá configurar varios ambientes de red.

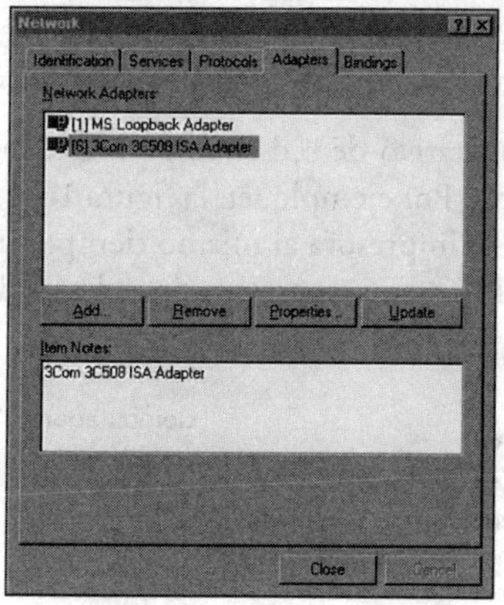

Figura 16.2.
Las diversas fichas en el cuadro de diálogo Red le dan información sobre su adaptador y parámetros de la red.

Modelos de conectividad: punto a punto (peer-to-peer) y cliente/servidor

Hasta ahora, usted ha visto que necesita un cable de red, tarjetas de interfaz de red y un controlador de software que funciona con las tarjetas de red. El siguiente elemento para comprender las redes es el software que hace que todo esto suceda. Vea en la figura 16.3 un ejemplo de varias computadoras conectadas y que comparten una impresora. En este ejemplo, las computadoras comparten sus recursos (archivos en sus unidades de disco duro, espacio en sus unidades de disco duro, unidad de CD-ROM y la impresora conectada a la computadora de Ana) mediante una conectividad de punto a punto. Para hacer una conectividad de punto a punto, cada computadora debe ejecutar software que le permita manejar solicitudes de otras computadoras que deseen usar sus recursos. En la figura 16.3, la impresora está conectada a la computadora de Ana, pero el software de conectividad le permite compartirla con las otras computadoras en la oficina. En esta estructura, ninguna computadora sola controla las solicitudes hechas por las computadoras; por consiguiente, no hay administración central.

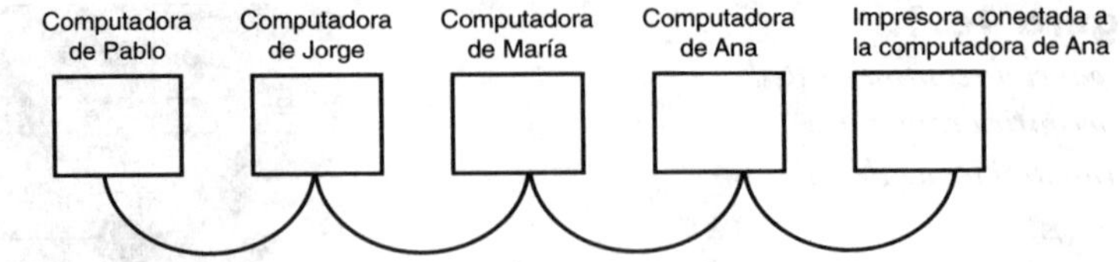

Figura 16.3.
Una configuración básica de red de área local.

La conectividad de punto a punto es menos costosa ya que no se necesita comprar un servidor. Sin embargo, el rendimiento de su red se depreciará porque no tiene un servidor dedicado para archivos e impresión. Es más, una red de punto a punto no tiene la misma seguridad que proporciona una estructura cliente/servidor. (Verá más redes de punto a punto en la hora 18.)

En un modelo cliente/servidor, el servidor, o más bien el software que se ejecuta en él, controla la red. Las dos piezas primarias de software son el sistema operativo de red (software servidor) en el servidor y el software de conectividad (software cliente) en las estaciones de trabajo. Estas dos piezas juntas componen el sistema operativo de red, que es responsable de proporcionar conexiones a todas las computadoras y otros dispositivos (por ejemplo, impresoras).

El sistema operativo de red es responsable también de coordinar las solicitudes de las diversas computadoras. Por ejemplo, en la figura 16.4, ¿qué pasa si la computadora de Pablo desea enviar un trabajo a la impresora al mismo tiempo que la de María quiere tener acceso a un archivo en el servidor? El sistema operativo de red coordinaría esta actividad.

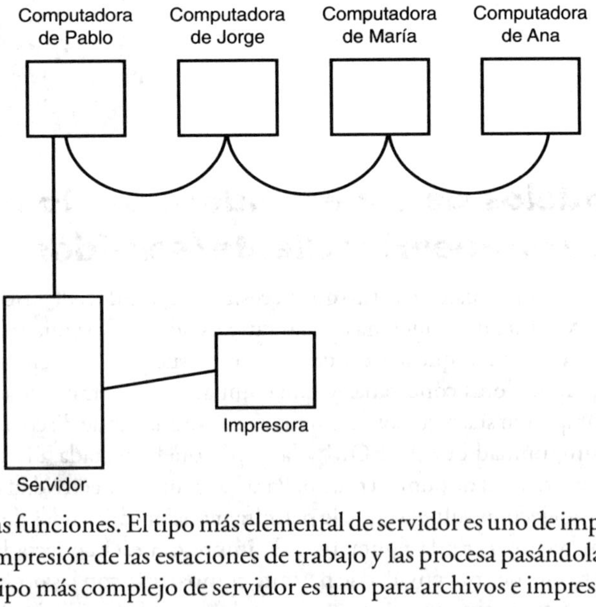

Figura 16.4.
Modelo de una estructura de red cliente/servidor.

El servidor puede ejecutar varias funciones. El tipo más elemental de servidor es uno de impresión, que sólo toma los trabajos de impresión de las estaciones de trabajo y las procesa pasándolas a una impresora conectada a él. Un tipo más complejo de servidor es uno para archivos e impresión. En este caso, el servidor es capaz de almacenar archivos para estaciones de trabajo individuales y permite el acceso a esos archivos cuando se le solicitan. Este tipo de servidor tiene seguridad incorporada, de modo que el administrador del sistema puede determinar quién puede tener acceso a qué archivos y qué tipo de privilegios tendrá cuando accese a diferentes archivos (por ejemplo, si puede cambiar o eliminar un documento o sólo leerlo).

Software de conectividad

Aquí es donde las cosas se empiezan a complicar. En el ejemplo de la figura 16.4 hay varias computadoras, un servidor y una impresora conectados en red. Cuando una de las estaciones de trabajo hace una solicitud, debe ser pasada a una ubicación apropiada para que sea atendida. Vea el ejemplo anterior: Pablo desea enviar a la impresora un memorándum que acaba de mecanografiar y en su procesador de palabras él indica imprimir. Su solicitud es interceptada dentro de su computadora por el redireccionador, el cual determina entonces si esta solicitud puede ser manejada en forma local o si debe ser enrutada a la red.

El modelo OSI de siete capas

El modelo OSI de siete capas es el concepto más importante en la conectividad. Todo el software de conectividad se debe adherir, sin importar cuán vagamente, a este modelo. La Organización Internacional de Normas (ISO) es responsable del desarrollo de normas para la conectividad de los datos. El modelo de siete capas que elaboró describe lo que sucede cuando una computadora intercambia datos con otra (vea la figura 16.5). El modelo fue desarrollado de manera que diferentes tipos de software y hardware se pudieran comunicar entre sí. Siempre que cada computadora (junto con su software de conectividad) siguiera un conjunto de normas, no habría obstáculos para la comunicación.

Cada capa usa *protocolos* para comunicarse con la capa que se encuentra directamente encima o debajo de ella. Un protocolo es un conjunto de normas que describe cómo interactuará la capa con las que están encima y debajo de ella. Si estas otras capas entienden el protocolo, ésta podrá entender los datos que le pasen, y así será en forma sucesiva por las siete capas. Veamos rápidamente el modelo de las siete capas.

Capa 7: la capa de aplicación

La capa superior del modelo, la de aplicación, es con la que usted interactúa en forma directa. La aplicación puede ser un procesador de palabras, aunque por lo general no se piensa en ésta como una aplicación de red; si intenta grabar un archivo de texto en un servidor de archivos, entonces debe interactuar con la red. Por lo general, las aplicaciones que usan funciones de red incluyen su paquete de correo electrónico y aplicaciones de transferencia de archivos. En realidad, a veces la capa de aplicación manejará también funciones de capas inferiores.

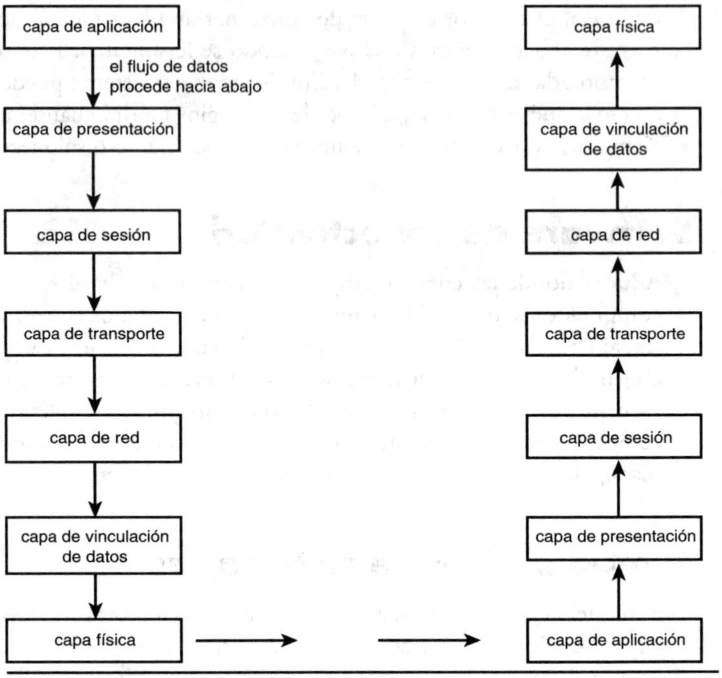

Figura 16.5.
El modelo OSI de siete capas.

Capa 6: la capa de presentación

Como se mencionó en la sección anterior, el usuario no interactuará con ninguna de las capas inferiores, excepto con las capas de red y de transporte, donde se podría requerir alguna configuración. La capa de presentación recibe datos de la capa de aplicación y formatea los datos.

Capa 5: la capa de sesión

El trabajo de la capa de sesión es administrar una conexión con el host remoto. Esta capa está muy vinculada, en la práctica, con la capa 4 debido a que las dos trabajan de la mano. Un ejemplo de un protocolo de capa 5 es NetBIOS.

Capa 4: la capa de transporte

La capa de transporte maneja los paquetes de información para asegurar que el contenido de cada paquete llegue libre de errores. La capa de transporte incorpora un dispositivo verificador de errores en los paquetes; aunque niveles inferiores también tienen verificación de errores, éste es el último lugar en que se pueden revisar y remediar. Esta capa también divide los datos o el archivo que le da la capa superior en paquetes más pequeños; la capa de transporte en la computadora receptora arma de nuevo los paquetes.

Capa 3: la capa de red

La capa de red se basa en la conexión proporcionada por la capa 2. A menudo la capa de red no ocurrirá dentro de su computadora, sino más bien en la red en conmutadores (computadoras que enrutan los datos en Internet). Por consiguiente, la capa de red determina la ruta física que tomarán los paquetes. Un ejemplo de un protocolo de capa 3 es el Protocolo Internet (Internet Protocol, IP).

Capa 2: la capa de vinculación de datos

La capa de vinculación de datos se encarga de manejar el flujo de datos entre la fuente (su computadora) y el destino. Esta capa puede usar varios protocolos para lograr sus objetivos. Se basa en la capacidad de transmisión de la capa 1 agrupando los datos en marcos, los cuales son colocados en un "sobre" marcado con información de encabezado para verificación de errores, información de la dirección (direcciones del remitente y destinatario) y un campo de control (el cual marca tipos diferentes de marcos de vinculación de datos). Los dos protocolos más comunes asociados con este nivel son Ethernet y Token Ring.

Capa 1: la capa de vinculación física

La capa de vinculación física es responsable de la transmisión real de los datos por cable. En esta etapa los datos tienen forma de bits (0 y 1). Esta capa maneja intercambios mecánicos y eléctricos mientras los datos viajan hasta su destino.

Resumen del modelo OSI

La figura 16.5 muestra cómo la información se mueve hacia abajo por las capas, pasa por el cable, regresa hacia arriba por las capas y llega a la aplicación en la computadora receptora. Cada capa añade algún formateo, y a menudo un encabezado, y encapsula su paquete en un sobre, el cual es pasado a la siguiente capa. Cada capa sólo se puede comunicar con la que está encima y debajo de ella y no se percata de las demás.

Veamos un ejemplo de cómo se mueven los datos: he aquí los pasos de la transferencia de un archivo de su computadora a la computadora remota:

1. Comience por abrir la aplicación que le ayudará a realizar la transferencia, como WinFTP. Conéctese a la computadora a que transferirá el archivo usando su aplicación FTP. Cuando esto ocurra, ya han sucedido muchas cosas, pero sólo nos interesa una pequeña parte del panorama. La capa superior, la aplicación, pasa el archivo hacia abajo a la siguiente capa.
2. La capa de presentación se salta debido a que la mayoría de las aplicaciones FTP manejan esta función por sí solas. Por tanto, la capa de sesión recibe el archivo, que es dividido en fragmentos más pequeños; se hace la corrección de errores y se agrega otra información de encabezado. Este paquete o sobre es pasado hacia abajo a la siguiente capa.

3. Esto continúa hasta que el paquete llega a la capa de vinculación de datos, donde es colocado dentro de un sobre aún más grande, un marco Ethernet. Luego pasa por el cable a la computadora receptora.
4. La computadora receptora abre el sobre del marco Ethernet, desecha la información del encabezado, verifica la precisión y otras medidas y la pasa a la siguiente capa.
5. La siguiente capa abre el paquete, verifica la precisión de la información, desecha su información de encabezado y la pasa hacia arriba hasta que llega al protocolo de control de transmisión (TCP, transmission control protocol).
6. El TCP combina los paquetes de nuevo para formar un archivo y lo pasa a la aplicación. Obviamente, los usarios no se percatan de esto, cuya única interacción es con la aplicación FTP.

Actividad

Ahora observe los protocolos instalados en su computadora. Deberá tener al menos una cierta familiaridad con los protocolos que se usan en su oficina o ambiente de trabajo.

1. Vaya a icono Red (Network) y ábralo.
2. Haga clic en la ficha Protocolos (Protocols) y escriba todos los protocolos que está usando su computadora (si está leyendo esto para configurar su conectividad, pase a la hora 17, donde se expone la configuración de su NT Workstation).
3. Con lo que lleva de la lección, ¿cuántos de los protocolos puede definir en este momento?
4. Use el botón Propiedades (Properties) para obtener información sobre los diferentes protocolos y vea cuánta información tiene sentido.

Conectividad estilo NT

Veamos algunas particularidades ahora que ya tiene un marco de referencia general para entender la conectividad. Con Windows NT Workstation, la capacidad para operar como cliente y manejar solicitudes de punto a punto está incorporada en el mismo sistema operativo. Antes de la llegada de Windows para trabajo en grupo, para adquirir capacidades de conectividad los usuarios de computadora tenían que instalar un software aparte, por encima de su sistema operativo.

Otra característica única de la conectividad NT es el hecho de que puede funcionar bien en un ambiente de multirredes, donde hay computadoras Macintosh, UNIX, NetWare 3.*x* y 4.*x*, Servicios de Acceso Remoto, al igual que Windows NT 3.*x* y Windows para Trabajo en Grupo. La conectividad NT está construida de tal forma que un componente puede ser remplazado por una versión más reciente sin afectar a otros. NT es completamente capaz de ejecutar múltiples protocolos al mismo tiempo.

Esta capacidad le da una gran flexibilidad. Al tener varios protocolos ligados entre sí es posible, por ejemplo, conectarse a un servidor Novell y abrir un archivo al mismo tiempo que usar TCP/IP y corre un explorador Web. La conectividad NT también es flexible porque puede funcionar con diferentes sistemas de archivos.

Topologías de red

Actualmente hay dos topologías de red en uso en redes de área local (LAN, local area network): la topología de bus y la topología de estrella (vea las figuras 16.6 y 16.7). Una topología de bus consiste en que cada computadora está conectada a la computadora que está junto a ella, formando una línea con el cable de una computadora a la siguiente. (Por ejemplo, Ethernet usa una topología de bus.) La desventaja de esta topología de red es que si un segmento del cable se rompe, toda la red deja de funcionar.

Figura 16.6.
Una topología típica de bus.

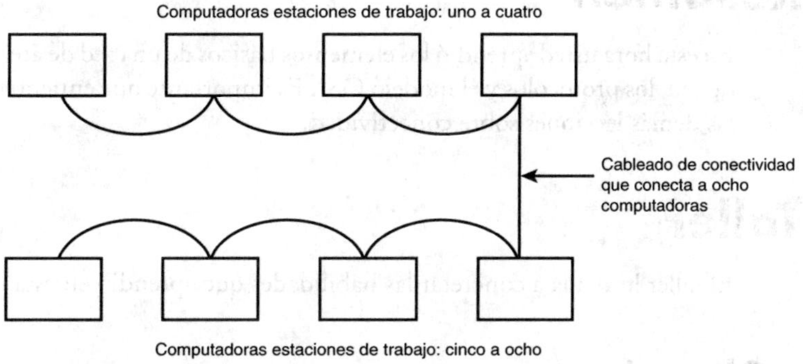

Una topología de estrella tiene una unidad central conocida como *concentrador (Hub)*, a la que están conectadas todas las computadoras. La ventaja de este tipo de red es que si falla una parte de la red —por ejemplo, por la rotura de un segmento del cable— el resto de la red no se verá afectado.

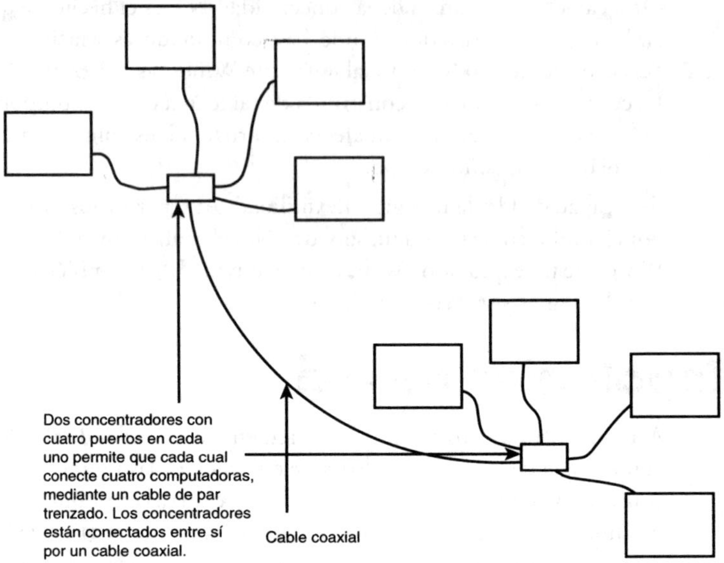

Figura 16.7.
Un segundo ejemplo de una topología de bus. Aunque ésta podría parecer una red en estrella, no es una estrella real porque los concentradores simplemente pasan la señal en un modo tipo transmisión a todas las computadoras conectadas al mismo

Resumen

En esta hora usted aprendió los elementos básicos de una red de área local: el cableado, las tarjetas de red, los protocolos y el modelo OSI. Es importante que entienda estos conceptos antes de leer las demás lecciones sobre conectividad.

Taller

El taller le ayuda a concretar las habilidades que aprendió en esta hora.

Glosario

10Base2 Cable coaxial de red conocido como Ethernet delgado. Usa medios RG-58 y soporta distancias hasta de 185 metros. El 10 en el nombre se refiere a su velocidad de transmisión de 10 megabits por segundo (Mbps). La Base se refiere a que es un medio de banda de base, en oposición a una banda amplia.

10Base5 Cable coaxial de red conocido como Ethernet grueso; soporta distancias hasta de 500 metros.

10BaseT Cable de red conocido como par trenzado o UTP (par trenzado desprotegido).

100BaseFX Cable de red muy parecido al 100BaseT, excepto que éste usa fibra óptica.

100BaseT Cable de red conocido como par trenzado, capaz de velocidades de transmisión hasta de 100 Mbps. También se le llama Ethernet rápido.

atenuación (attenuation) El proceso de una señal electrónica que se debilita conforme viaja por el cable.

cable coaxial (coaxial cable) Un cable de red que consta de un núcleo de cobre con un recubrimiento protector.

cliente (client) En una red, una computadora cliente hace una solicitud a otra computadora, la cual actúa como servidor.

dirección Internet (Internet address) A menudo referido como número IP, es el número de identificación único que debe tener cada computadora o dispositivo en redes del Protocolo Internet.

encabezado (header) Información agregada a un paquete por una de las siete capas del modelo de red OSI.

especificación de la interfaz del controlador de red (NDIS, network driver interface specification) Interfaz de protocolo usada por NT para proporcionar un método estándar para el desarrollo de controladores y protocolos LAN; también permite que varios NIC y protocolos funcionen juntos.

Ethernet Realización de un método de acceso a los medios; está en el nivel 2 del modelo OSI para transmitir bits al cable.

fibra óptica (fiber-optic) Un cable de red que usa vidrio como medio de transmisión y se usa para transmisiones de alta velocidad.

modelo OSI de siete capas (OSI seven-layer model) Modelo de conectividad de siete capas que describe estándares para cada una de las capas implicadas en la conectividad.

Organización Internacional de Normas (International Standards Organization, ISO) La organización responsable del desarrollo del modelo OSI de conectividad.

protocolo (protocol) Conjunto de estándares o reglas que dictan cómo funciona algo. Puesto que TCP es un protocolo, las capas superiores e inferiores que interactúan con él entienden los estándares que gobiernan su forma de operar.

protocolo de control de transmisión (TCP, transmission control protocol) Es el protocolo responsable de tomar información de los protocolos de nivel superior y dividirlos en datagramas y los arma de nuevo en la computadora de destino. TCP es responsable también de la distribución de los paquetes, la verificación de errores y el control del flujo.

Protocolo Internet (IP, Internet Protocol) Protocolo usado en Internet para ayudar a enrutar paquetes de una computadora a otra.

red de área local (LAN, local area network) Una red pequeña de computadoras.

red de punto a punto (peer-to-peer network) Configuración de red en la que no hay servidor; cada computadora puede solicitar recursos de las otras computadoras. Cuando una computadora hace una solicitud se está comportando como cliente, y la computadora de destino se comporta en forma parecida a un servidor mientras atiende la solicitud.

servidor (server) Una computadora en una red que funciona para proporcionar servicios a otras computadoras en la misma red. Los tipos de servicios son variados, como proporcionar acceso a aplicaciones, archivos o a una impresora.

servidor de archivos (file server) Una computadora dedicada a proporcionar y almacenar archivos para las estaciones de trabajo en una red de área local.

tarjeta de interfaz de red (network interface card, NIC) También llamado adaptador de red, se usa en las PC para transferir material de la PC al cable de la red y opera en el nivel físico del modelo OSI.

Ejercicios

1. Aprenda más sobre su red. ¿A qué tipo de servidor está conectada su computadora? ¿Qué tipos de protocolos se requieren para enviar y recibir datos en su servidor?
2. ¿Su computadora está haciendo conectividad de punto a punto?
3. ¿Cuáles son las ventajas y desventajas de la conectividad de punto a punto comparadas con un servidor NT?
4. Respecto al modelo OSI de siete capas, ¿la capa 7 puede comunicarse en forma directa con la capa 3?
5. Una vez más, pensando en el modelo OSI, ¿cuál es la capa responsable del enrutamiento de sus datos en la red?
6. ¿Por qué son tan importantes los protocolos respecto de la conectividad?

Parte

III

Hora 17

Configuración de componentes de red

por Martin Kenley

Si ha instalado Windows NT en una estación de trabajo que no está conectada a una red, entonces puede omitir esta hora. Si planea conectarse a una red con un módem, entonces le convendrá leer la hora 8, "Acceso remoto a su trabajo y configuración de computadoras portátiles".

En este punto, deberá tener un plan para el tipo de ambiente de red que desea crear, ya sea un ambiente mixto de cliente/servidor y de punto a punto, o quizá un ambiente sencillo cliente/servidor usando protocolos de Internet (TCP/IP).

Cuando instale Windows NT puede configurar en ese momento sus componentes de red o esperar hasta después de haber terminado. Esta lección lo guía a través del proceso; aunque supongo que lo está haciendo después de la instalación, las instrucciones de esta lección son adecuadas para configurar sus parámetros de red ya sea durante la instalación o después.

Instalación de componentes de red en múltiples computadoras desatendidas

Si va a configurar varias estaciones de trabajo y desea instalar la conectividad durante la instalación de Windows NT, sin tener que responder todas las preguntas del proceso de instalación, usted puede crear un *archivo de respuestas.* Éste es simplemente un archivo de texto que proporciona respuestas automatizadas para el asistente de Instalación durante la misma y es una excelente forma de que un especialista en computadoras ahorre tiempo, pero sólo se beneficiará si tiene varias y bastantes computadoras por configurar.

Usar un archivo de respuestas le permitirá instalar controladores de dispositivos y una tarjeta de interfaz de red e incluso unirse a un dominio si existe alguno en su red. Para crear un archivo de respuestas, siga estas instrucciones:

1. Use cualquier editor de texto y grabe el resultado como un archivo de texto.
2. Use la información de la sección "Archivos de respuestas", que divide en partes al archivo de respuestas.
3. Debajo de cada sección introduzca claves, o líneas de código que indiquen al programa de instalación que debe introducir los valores que usted especifique.

Un archivo de base de datos única (UDF, uniqueness database file) funciona junto con un archivo de respuestas, tiene una estructura similar y se usa para manejar características únicas de una computadora particular. Los elementos o valores que contiene anulan los del archivo de respuestas. Por tanto, el UDF le permite personalizar el proceso de instalación desatendido automático que le proporciona el archivo de respuesta, personalizándolo para las necesidades particulares de cada computadora. Por ejemplo, sería posible especificar un nombre de usuario y un nombre para la computadora en un UDF. Vea la sección "Archivos de respuesta".

Lista de verificación de preconfiguración

Antes de comenzar, hay varias piezas de información que necesitará para que la instalación de red proceda sin tropiezos (la siguiente información asume que está usando TCP/IP y Ethernet):

- ☐ Número de protocolo Internet (IP): un número de identificación único asignado a toda computadora en Internet o en una red basada en IP
- ☐ Números de dirección DNS y WINS: servidores que lo asisten en la actividad de Internet
- ☐ El tipo de conectividad: punto a punto o cliente/servidor
- ☐ El tipo de servidores a los que necesitará conectarse
- ☐ Cuáles protocolos prefiere su administrador del sistema que use usted
- ☐ El tipo de tarjeta de interfaz de red que está instalado en su computadora

☐ Qué recursos usa su tarjeta Ethernet

☐ Qué recursos tiene libres su computadora

Si no está seguro de lo que son los recursos y cuáles tiene abiertos y libres su computadora, podría desear leer esta lección antes de comenzar la instalación. Cuando entienda más sobre recursos, podría ser capaz de revisar su sistema operativo actual, si ya tiene instalado uno en su computadora, para determinar qué se está usando. Si no tiene un sistema operativo en su computadora, deseará leer primero esta lección, instalar NT y seguir estas instrucciones mientras configura sus componentes de conectividad.

Si está haciendo la configuración de red durante el proceso de instalación, el asistente de la instalación de NT le pedirá cierta información; las ventanas que se mostrarán son idénticas a aquellas que aparecerían si eligiera hacer la configuración después.

Archivos de respuestas

Como se mencionó en la sección "Instalación de componentes de red en múltiples computadoras desatendidas", los archivos de respuestas le permiten realizar instalaciones desatendidas de NT y son relevantes aquí, ya que a usted le gustaría tener información mecanografiada sobre la configuración de red y alguna otra información apropiada para efectuar la instalación desatendida. He presentado suficiente información para que pueda continuar. Para información adicional, consulte el *Microsoft Windows NT Workstation Resource Kit* (Microsoft, 1996).

Las secciones de un archivo de respuesta, mostradas entre corchetes, se presentan en el código siguiente. Debajo de cada sección está una clave o línea de código que le indica al programa de instalación qué hacer. Puede escribir comentarios en las líneas anteponiendo un punto y coma. Los UDF usan las mismas secciones y claves que los archivos de respuestas, excepto los desatendidos `OEMBootFiles`, `MassStorageDrivers`, `KeyboardDrivers`, `PointingDeviceDrivers` y `DetectedMassStorage`, que se usan sólo en archivos de respuesta.

```
[unattended]
OemPreinstall = no
ConfirmHardware = no
NtUpgrade = no
Win31Upgrade = no
TargetPath = WINNT
OverwriteOemFilesOnUpgrade = no
[OEMBootFiles]
; para computadoras x86; si esta sección se incluye, $OEM$\OEMFILES\TXTSETUP.OEM
➥ y todos los archivos ahí adentro deben ser incluidos en esta sección.
[MassStorageDrivers]
; aquí puede indicar qué controladores SCSI son usados.
[KeyboardDrivers]
; si necesita indicar un controlador de teclado especial, hágalo aquí.
[PointingDeviceDrivers]
; si necesita indicar un controlador de dispositivo apuntador especial, hágalo aquí.
[DisplayDrivers]
; si necesita indicar un controlador de pantalla especial, hágalo aquí.
```

```
[Display]
; aquí puede indicar parámetros para su video.
ConfigureAtLogon = 1
; en vista de que está establecido en 1, no ocurre ningún parámetro de video hasta que
➥ la instalación está terminada y es arrancado por 1ª vez.
; si desea configurar el video, podría usar la siguiente sintaxis:
BitsPerPel = 16
XResolution = 800
YResolution = 600
VRefresh = 70
AutoConfirm = 1
; la última línea instruye al instalador para que grabe los parámetros en forma
automática.
; Un valor cero pregunta al usuario antes de continuar.
[DetectedMassStorage]
; indique aquí qué dispositivo de almacenamiento masivo se va a reconocer.
[GuiUnattended]
; indica cualesquiera claves que se usen durante la porción GUI de la instalación
TimeZone = "(GMT-07:00) Arizona"
[UserData]
FullName = "BJones"
OrgName = "ABC Company"
ComputerName = Bob's Computer
ProductID = "19955999569884383"
[network]
; aquí es donde puede indicar parámetros de configuración de red.
Attend = yes
; la línea anterior especifica que le gustaría que esta sección fuera interactiva;
; de lo contrario, deje esta clave fuera.
DetectAdapters = DetectParams
;InstallAdapters = AdaptersList
InstallProtocols = ProtocolsSection
;InstallServices = ServiceList
JoinDomain = Accounting
CreateComputerAccount = BobJ, GreenEggs
[DetectParams]
DetectCount = 1
LimitTo = ELNKIII
[AdaptersList]
ELNKIII = 3comParams
[ProtocolsSection]
TC = TCPIPParameters
[TCPIPParameters]
DHCP = NO
IPAddress = 129.79.110.23
Subnet = 255.0.0.0.
Gateway = 129.79.110.254
DNSServer = 198.56.43.1
WINSPrimary = 179.43.2.34
WINSSecondary = 179.43.2.35
[3ComParams]
interrupt = 5
IoChannelReady = 4
IoAddress = 500
[Modem]
; indica si desea o no que la instalación instale un módem.
```

Tarjetas adaptadoras de red: parte I

Uno de los primeros elementos que encontrará durante su configuración de red es su tarjeta de red (vea la figura 17.1). Las tarjetas de interfaz de red (network interface cards, NIC) se introducen en una ranura de expansión en el bus de su computadora. Se venden tarjetas de red de muchos fabricantes, y la mayoría viene con su propio controlador especial de software, el cual interactúa con el sistema operativo; de hecho, ayuda al sistema operativo a "hablar" con la tarjeta de red. El adaptador de red traduce o convierte las señales de bus de la PC en un formato que el cable de la red pueda entender, y el adaptador en la computadora receptora convierte los datos de nuevo a su formato original. Tan sólo unos cuantos de la gran cantidad de fabricantes incluyen a Western Digital, 3Com, Intel, SMC, Gateway Communications, Eagle/Novell, D-Link y National Semiconductor.

Figura 17.1.
Una tarjeta Ethernet, que se puede insertar en una ranura de expansión dentro de su PC.

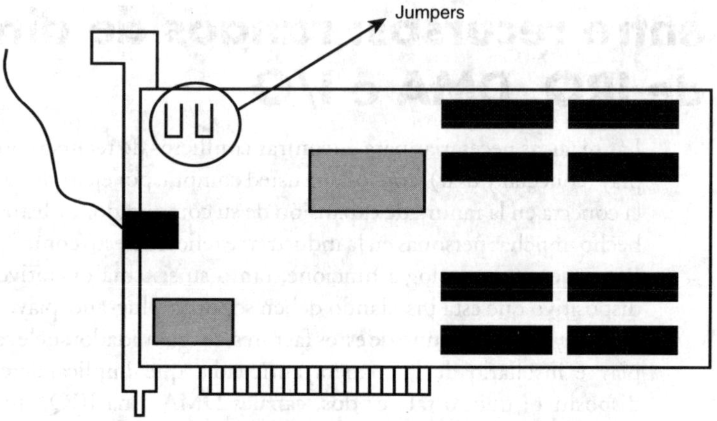

Si es una tarjeta buena, debe poder configurar los parámetros por medio del software en vez de tener que colocar manualmente los jumpers (vea la figura 17.2). ¿De qué parámetros estamos hablando? Toda tarjeta de interfaz de red necesitará una interrupción (interrupt request, IRQ), una asignación de acceso directo a memoria (direct memory access, DMA) y un rango de entrada/salida (es decir, un rango de dirección de memoria de entrada/salida). Aprenderá cómo resolver estos conflictos, los cuales funcionan para todos los dispositivos que hay en su computadora, y luego regresaremos a la configuración de la tarjeta de red.

Figura 17.2.
Jumpers como éstos son comunes en muchos dispositivos dentro de su PC.

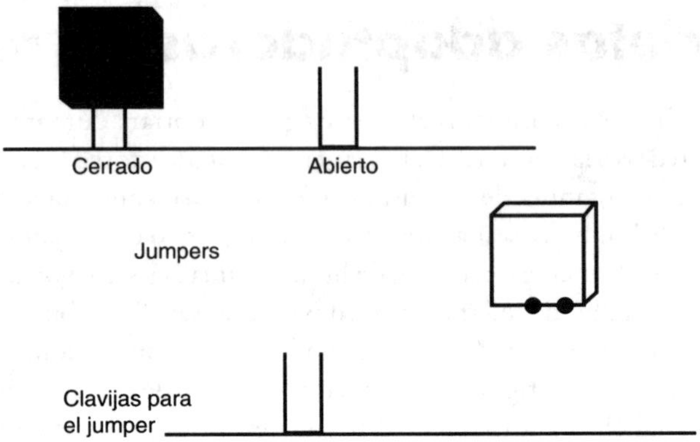

Resolución de problemas de conflictos entre recursos: rangos de dirección de IRQ, DMA e I/O

Las técnicas necesarias para encontrar conflictos de recursos no han desaparecido con plug-and-play (conectar y usar), con los que usted compra, por ejemplo, una tarjeta de sonido, la lleva a casa, la conecta en la ranura de expansión de su computadora y listo: ahora está listo para "usarla". De hecho, muchas personas en la industria se refieren a esto como "plug-and-pray" (conectar y rezar). Para que esta tecnología funcione, tanto su sistema operativo, la tarjeta madre, su BIOS y el dispositivo que está instalando deben soportar plug-and-play. Windows NT 4 no soporta plug-and-play. Si falta alguno de estos factores, tenga cuidado: suele ser más fácil desactivar el plug-and-play e instalarlo de la manera anticuada, que implica determinar qué recursos necesita el dispositivo: uno, o tal vez dos, canales DMA; una IRQ; uno o más rangos de dirección de memoria I/O. Luego tiene que saber cuáles de estos recursos están libres de modo que los pueda asignár a su dispositivo nuevo.

TÓMESE UN MINUTO

Mientras aprende a resolver problemas de su hardware, prepárese para la inevitable resolución de conflictos de recursos para su computadora:

1. Haga una lista de todos los dispositivos que hay en su computadora. Éstos pueden incluir tarjetas de sonido, módems, tarjetas de video, tarjetas adaptadoras de red, tarjetas SCSI, etcétera.
2. Revise cualquier documentación de estos dispositivos para ayudarse a determinar los recursos que usan.
3. Si los dispositivos vienen con alguna utilería, ejecútela para ver si mostrarán qué recursos del sistema están usando. Si ahora no es un buen momento para ejecutar estos diagnósticos, al menos téngalos a la mano para que pueda hacerlo cuando tenga tiempo.

IRQ: solicitud de interrupción

La IRQ, o Solicitud de interrupción (interrupt request line), es un método de los dispositivos de hardware para obtener la atención de la unidad de procesamiento central (CPU). Chips especiales manejan las IRQ y las pasan al procesador, de modo que mantiene los datos fluyendo en la mejor manera posible.

Lo importante es que su PC tiene 16 IRQ, de las cuales a usted sólo se le permite usar las que queden libres. Observe la tabla 17.1, que muestra cómo usan la mayoría de las computadoras las IRQ.

Tabla 17.1. Cómo usan las IRQ la mayoría de las computadoras.

IRQ#	Componente que usa la IRQ
0	Para el sistema
1	Para el teclado
2	Conecta a la IRQ 9
3	Está dedicada a los puertos COM 2 y 4
4	Está dedicada a los puertos COM 1 y 3
5	A menudo es usada por una tarjeta de sonido
6	Para el controlador de discos flexibles
7	Para el LPT1
8	Para el reloj de tiempo real
9	Está conectado a la IRQ 2
10	Para uso general
11	Para uso general (puede ser la predeterminada para el adaptador SCSI)
12	Para uso general (a menos que esté usando un puerto de ratón PS/2)
13	Para el coprocesador matemático
14	Para el controlador de la unidad de disco duro
15	Para uso general (pero se puede usar por un adaptador SCSI)

Por lo general las tarjetas de interfaz de red son felices con la IRQ 5 o 10, siempre que no haya otro dispositivo tratando de usarlas.

Aunque estas designaciones de líneas de IRQ son ciertas para la mayoría de las computadoras, usted puede confirmar que también son válidas para su PC. Familiarícese con los trucos de la solución de problemas de conflictos con los controladores de dispositivos. Primero, vea los DMA y los rangos de dirección I/O, y luego verá cómo averiguar lo que está sucediendo con los recursos de su computadora. Tenga en cuenta que algunas tarjetas controladoras Adaptec SCSI usan la IRQ 11 como predeterminada.

Ahorre Tiempo

> Cree un cuadro que le permita determinar qué dispositivos están usando determinados recursos del sistema. Un lado del cuadro listará los nombres de los dispositivos: tarjeta de sonido, tarjeta de red, módem, y así en forma sucesiva. En la parte superior del cuadro, enliste sus recursos de sistema: IRQ, DMA, I/O y puerto COM. Llene tanto del cuadro como sea posible. Podrá llenarlo más luego de leer la siguiente sección.

DMA: acceso directo a memoria

En la tarjeta madre (la tarjeta de circuitos principal) dentro de su PC hay hardware especial que da a algunos dispositivos la capacidad de transferir datos desde ellos directamente a la memoria de la computadora, saltándose la CPU. Esta es una ventaja pues la CPU puede continuar traqueteando para completar sus tareas sin ser interrumpida. Las PC tienen ocho canales DMA y uno de ellos puede ser asignado sólo a un dispositivo o —ahí está— tiene un conflicto de dispositivos. Observe la tabla 17.2, que muestra los ocho canales DMA que hay dentro de la PC y los recursos que normalmente usa cada línea.

Tabla 17.2. Cómo usan los canales DMA la mayoría de las computadoras.

Línea DMA	Recurso que es probable que use esa línea
0	Usada para actualizar la memoria
1	Usada para transferencia de 8 bits (a menudo usada para tarjetas de sonido)
2	Para el controlador del disco flexible
3	Para transferencia de 8 bits
4	Usada por el sistema
5	Para transferencia de 16 bits
6	Para transferencia de 16 bits
7	Para transferencia de 16 bits

A partir de esto usted puede ver que los que se usan para transferencias están libres. Si tiene una tarjeta de sonido, es probable que esté usando el canal DMA 1. Así que para su NIC puede probar los canales 3, 5, 6 y 7. Sin embargo, su tarjeta podría venir con software de diagnóstico que puede ejecutar para que le diga para qué recursos está configurada. Otra advertencia: el canal DMA 5 es el predeterminado para algunas tarjetas adaptadoras Adaptec SCSI o algunas de sonido de 16 bits.

Direcciones I/O

Una dirección I/O es un número hexadecimal (que usa el sistema de numeración con base 16) de tres dígitos que indica la dirección que se le señaló a un dispositivo. Cada dispositivo necesita su propia dirección única. En definitiva usted está viendo aquí un patrón: la mejor forma de configurar su PC es asignar recursos únicos (en cuanto sea posible) a cada dispositivo.

La mayoría de las tarjetas adaptadoras de red usará una de las siguientes direcciones de memoria: 280h, 300h, 320h, 340h y 360h. No es poco común que los dispositivos SCSI usen 300h, 320h, 330h o 340h, así que, de ser posible, evite estas direcciones.

Verificación de los recursos libres

Armado con este conocimiento de lo que son las IRQ, los DMA y las direcciones I/O, ahora está listo para determinar cómo se están usando los recursos de su sistema. Si ya había instalado NT 4, está de suerte, ya que cuenta con un programa incorporado bastante confiable para verificar el uso de los recursos: Diagnosis de Windows NT (Win NT Diagnostics) (vea la figura 17.3). Sin embargo, es raro pero posible que un controlador para un dispositivo específico podría no reportar con precisión qué recursos usa y, por consiguiente, hacer que Diagnosis de Windows NT reporte en forma incorrecta qué recursos está usando ese dispositivo. Por consiguiente, instale sólo un dispositivo a la vez y asegúrese de que está funcionando de manera apropiada antes de instalar otro componente. Para abrir Diagnosis Windows NT, siga estos pasos:

1. Vaya a Inicio | Programas | Herramientas administrativas | Diagnosis de Windows NT (Start | Programs | Administrative Tools | Win NT Diagnostics).

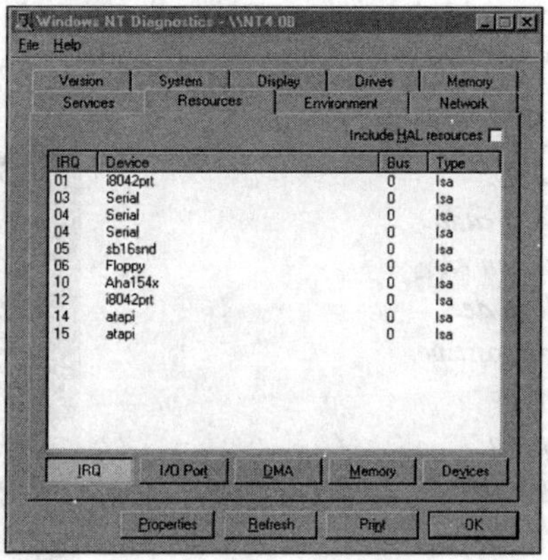

Figura 17.3.
La utilidad Diagnosis de Windows NT muestra el uso de IRQ.

2. Seleccione la ficha Recursos (Resources) en la parte superior de la pantalla.
3. Seleccione el botón IRQ en la parte inferior de la pantalla. Ahora puede ver cómo se están usando sus 16 IRQ y cuáles están libres todavía.

4. Ahora llene la porción del cuadro que comenzó antes. Cuando haya llenado la parte de las IRQ, continúe con el paso 5.
5. Ahora, seleccione el botón DMA en la parte inferior de la pantalla y note cómo se están usando sus ocho canales DMA. La pantalla que verá se debe parecer a la de la figura 17.4. Una vez más, llene la parte correspondiente de su cuadro.

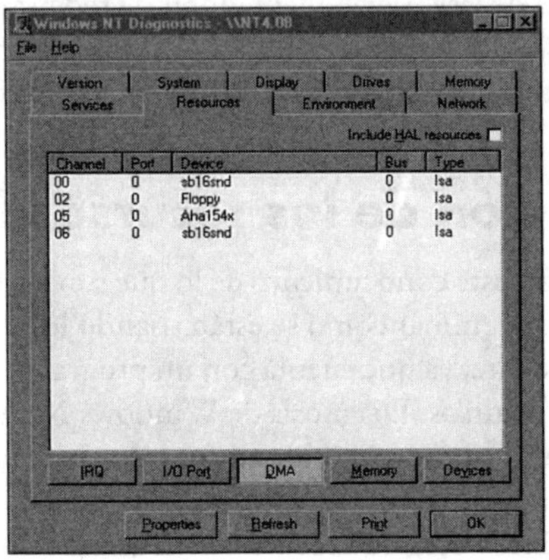

Figura 17.4.
La utilería Diagnosis también muestra el uso de los DMA y de las direcciones I/O.

6. Ahora, haga clic en el botón Dispositivos (Devices) en la parte inferior derecha de la pantalla. El Administrador de Dispositivos (Device Manager) le proporcionará una lista completa de los recursos usados por cada dispositivo en su PC. La pantalla que verá deberá parecerse a la que se muestra en la figura 17.5. Ésta es una gran forma de averiguar pronto gran cantidad de información sobre un solo dispositivo. Puede ver qué recursos está usando mi tarjeta de sonido.

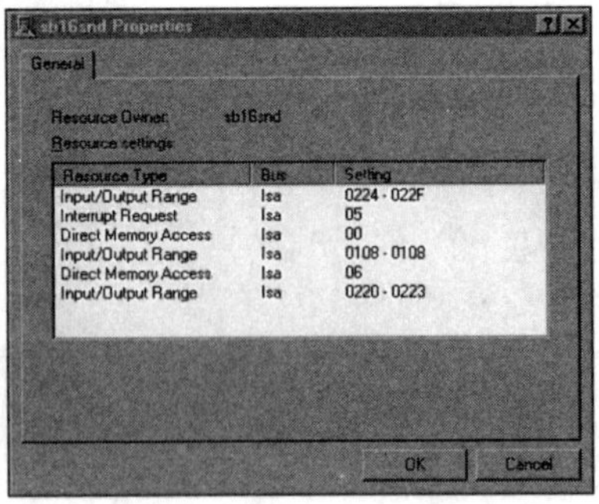

Figura 17.5.
Los recursos que usa cada dispositivo se resumen en el cuadro de diálogo de propiedades del dispositivo. Aquí se muestran los recursos que uso para mi tarjeta SoundBlaster.

7. Termine de llenar su cuadro, el cual deberá verse como el de la figura 17.6.

Figura 17.6.
Para organizar los recursos que usan sus dispositivos, construya un cuadro como este.

DISPOSITIVOS \ RECURSOS	IRQ	DMA	I/O
Tarjeta de sonido			
Tarjeta adaptadora de red			
Módem			
Tarjeta de video			

Tarjetas adaptadoras de red: parte II

Instalar tarjetas adaptadoras de red no es difícil, y si se ha tomado el tiempo para considerar su compra y ha seleccionado una tarjeta que tenga un buen soporte de controlador, no deberá experimentar ningún problema. La siguiente lista le ayudará durante la instalación:

1. Para instalar una tarjeta adaptadora de red, usted puede dejar que el instalador de NT intente detectar en forma automática la tarjeta durante el proceso de instalación o, si ya está instalado NT, vaya a la carpeta Panel de Control (Control Panel) y haga doble clic en el icono de Red (Network). Verá algo parecido a la figura 17.7.

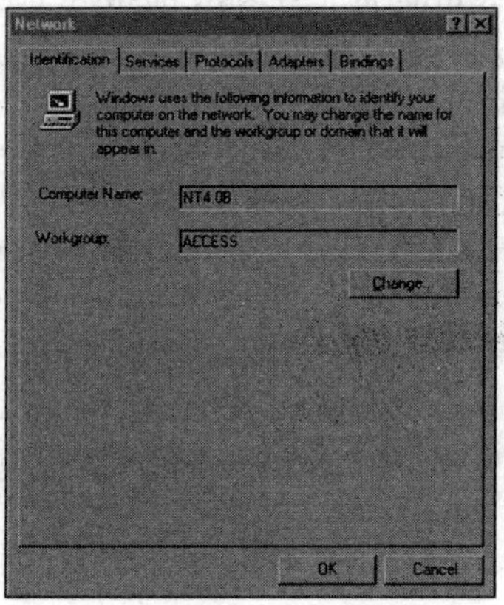

Figura 17.7.
El cuadro de diálogo Red le permite configurar sus parámetros de red.

2. Seleccione la ficha Adaptadores (Adapters) en la parte superior de la ventana.
3. Ahora agregue un adaptador a menos que sea reconocido en forma automática (vea la figura 17.8). Haga clic en Agregar (Add) si no fue detectado.

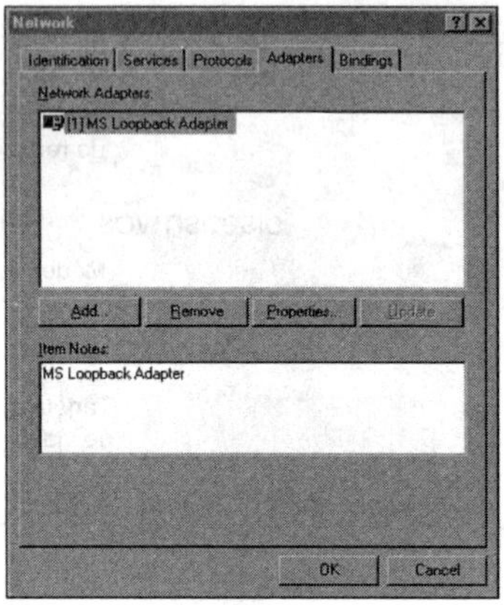

Figura 17.8.
El panel de control Red le facilita instalar el controlador para su tarjeta adaptadora de red.

4. NT presentará ahora una lista de NIC. Desplácese por la lista, la cual está en orden alfabético, y haga clic en su NIC. Si no lo ve y tiene un controlador compatible con NT 4 (esto es muy, pero muy importante) para él en un disco, inserte el disco y haga clic en Utilizar disco (Have Disk).
5. Si está usando controladores NT nativos (los que vienen con NT), el asistente de instalación le preguntará dónde están los controladores. Señale el archivo i386, que por lo general está en la unidad de CD-ROM. Por lo tanto, la ruta sería `D:\i386`.
6. Haga clic en la tarjeta; luego haga clic en Propiedades (Properties) para ver qué recursos está usando la tarjeta. Si la tarjeta viene con una utilería de diagnóstico, ejecútela ahora para verificar los recursos que está usando la tarjeta (debe saber que la mayor parte de estas utilerías no funcionará con NT, pero los fabricantes de tarjetas están desarrollando nuevas utilerías). Si estos recursos están libres, puede continuar.
7. Seleccione la ficha Protocolos (Protocols) en la parte superior de la ventana. En este punto, podría necesitar alguna asistencia de su administrador del sistema. Si está conectado a Internet, definitivamente necesitará agregar algunos protocolos.
8. Haga clic en Agregar y seleccione TCP/IP. Ahora necesitará la dirección IP que se mencionó en la sección "Lista de verificación de preconfiguración". Además, necesitará conocer los números de su servidor DNS y servidores WINS si tiene alguno.
9. Ahora, si se va a conectar con cualquier servidor Novell NetWare, deseará agregar IPX/SPX.
10. Si planea compartir archivos de punto a punto, tal vez quiera hacer clic en la ficha Servicios (Services) y agregar Servidor (Server) y Estación de trabajo (Workstation).

Taller

El taller le ayuda a concretar las técnicas que aprendió en esta hora.

Glosario

acceso directo a memoria (direct memory access, DMA) Permite a un componente enviar y recibir datos en forma directa a la RAM sin interrumpir a la CPU (unidad de procesamiento central). Las PC tienen un total de ocho canales DMA.

archivo de base de datos única (uniqueness database file, UDF) Este tipo de archivo funciona junto con un archivo de respuesta y le permite personalizar la instalación de NT en múltiples máquinas, especificando elementos únicos en una máquina particular.

archivo de respuestas (answer file) Le permite hacer una instalación desatendida de NT proporcionándole a NT las respuestas para el proceso de instalación.

direcciones I/O (I/O addresses) Muchos dispositivos periféricos requerirán su propia dirección I/O única, un número hexadecimal que señala un área en la memoria de la computadora usada por el dispositivo.

línea de solicitud de interrupción (interrupt request line, IRQ) También llamada interruptor de hardware, se usa en forma interna por una computadora para obtener la atención del procesador. Todas las PC tienen 16, numeradas del 0 al 15.

plug-and-play (conectar y usar) Un nuevo estándar para hardware que permite al hardware usar tecnología especial para configurar sus parámetros de recursos sin la ayuda de un usuario. Hasta el momento todavía hay problemas con esta tecnología.

Ejercicios

1. Complete el cuadro que muestra los recursos que usan todos sus dispositivos. Ahora podrá llenar los datos para la tarjeta adaptadora de red.
2. Busque el libro *NT Workstation Resource Kit*, publicado por Microsoft, y aprenda más sobre protocolos. Esta obra se encuentra en la mayoría de las librerías. Los protocolos importantes de los que oirá son, por lo común, TCP/IP, IPX/SPX, NetBIOS y NetBEUI.
3. De nuevo, leyendo el *Resource Kit*, aprenderá más sobre los servicios que puede instalar en el panel de control Red.

Parte IV

La sesión de medianoche

Hora

PARTE

IV

Hora 18

Conectividad de punto a punto

por Martin Kenley

Esta lección trata acerca de la conectividad de punto a punto, consideraciones para el uso de este tipo de plan de red y el establecimiento de una red de punto a punto. También revisa las ventajas y desventajas de éstas en contraste con las redes cliente/servidor. Por último, en esta lección le explicaré cómo compartir directorios de modo que otros usuarios puedan tener acceso a ellos.

Fundamentos de la red de punto a punto

Esta red no soluciona las necesidades de organizaciones grandes por las limitaciones inherentes a este paradigma de conectividad. Sin embargo, muchas oficinas pequeñas con necesidades de conectividad y de mínima seguridad la encontrarán suficiente y barata. De todos modos necesita tarjetas adaptadoras de red y cables, pero no es necesario un servidor. Las redes de punto a punto funcionan teniendo un sistema operativo competente para ellas como Windows 95, Windows NT o Windows para trabajo en grupo, en todas las computadoras. Estos sistemas operativos tienen la capacidad de permitir que todas las computadoras en la red de punto a punto compartan archivos, impresoras y otros recursos.

Antecedentes

Las redes de punto a punto han estado en escena por un buen rato. Un comienzo lento tuvo lugar, de hecho, con las primeras versiones de DOS, las cuales permitían unir archivos. Microsoft vio la necesidad de algo más potente y sacó MS-NET en 1984, un producto que pronto se desvaneció y fue remplazado con LAN Manager de Microsoft, un producto más consistente.

Al mismo tiempo, Apple introdujo Apple Talk. No sólo era un sistema operativo de red de punto a punto bastante completo, sino que, además, estaba incorporado justo en el sistema operativo Macintosh. En su instalación no se necesitaba ningún hardware adicional aparte de los cables, pues Apple Talk podía usar el puerto de impresora incorporado para enlazar por cable las Macs y las impresoras.

Sin embargo, la conectividad cliente/servidor dominó al modelo de redes. Aun cuando entraron nuevos productos de punto a punto al mercado, NetWare de Novell, basado en el modelo cliente/servidor, fue el líder del mercado.

Una compañía de nombre Artisoft sacó un producto con el nombre de LANtastic, el cual fue una de las alternativas para Novell en el pequeño y limitado mercado de las redes. LANtastic es un sistema operativo para redes de punto a punto basado en DOS. Novell incluso creó su propia versión cuando lanzó NetWare Lite a principios de los noventas. Poco después, Microsoft publicó Windows para Trabajo en Grupo, el cual ponía en práctica tecnología de punto a punto. Los productos de Novell y Microsoft ayudaron a legitimar esta estrategia de conectividad.

El producto de Microsoft tenía la ventaja sobre otros productos de que estaba diseñado para Windows y como tal daba a los usuarios una GUI que no estaba disponible en otros paquetes. De hecho, Windows para Trabajo en Grupo simplemente era una versión mejorada de Microsoft Windows que incorporaba algunas funciones de conectividad. Al Administrador de Archivos se le daban capacidades adicionales que ayudaban a administrar unidades remotas. El Administrador de Impresión también recibió una modernización para que pudiera manejar impresoras en red.

AHORRE TIEMPO

> Si está pensando en establecer algún tipo de red en su organización, el punto de partida es determinar cuáles son sus necesidades: compartir archivos, compartir una impresora o dos, compartir un dispositivo de CD-ROM, ejecutar aplicaciones desde una computadora central, correo electrónico, y así sucesivamente.
>
> Haga una lista específica de necesidades a corto y a largo plazo.
>
> Reúnase con el especialista en computadoras de su compañía o una empresa asesora confiable, para saber acerca del hardware y software que se requeriría para satisfacer sus necesidades actuales.

Haga una lista de gastos.

Asegúrese de tener un presupuesto para personal de apoyo en computación si es necesario. Muchas empresas gastan grandes cantidades de dinero en tecnología y tienen que desperdiciarla debido a que nadie en la empresa la puede usar en forma eficiente o siquiera darle mantenimiento. Los sistemas nuevos necesitan mantenimiento y por lo general usted tiene que entrenar a otros para maximizar sus beneficios.

Un panorama general de las redes de punto a punto

Si usted forma parte de una empresa pequeña y en la actualidad no cuentan con una red, y no está seguro de qué tipo de red necesita, en esta sección aparecen algunas consideraciones básicas que le ayudarán a decidir. Quizá es parte de una empresa grande, pero su departamento no está en red y hay muy poco dinero en el presupuesto para equipo. En una situación así, podría considerar mejor al principio una red de punto a punto y más adelante, si necesita crecer, moverse a una solución de red más completa.

En una red de este tipo, cada estación de trabajo tiene la capacidad de comportarse como un servidor o como un cliente. Veamos un ejemplo. En la figura 18.1 hay 10 estaciones de trabajo y una impresora. Si la estación de trabajo 2 solicita un archivo de la estación de trabajo 9, un redirector toma la solicitud de la estación de trabajo número 2, la cual está actuando como cliente, y la pasa a la red. La estación de trabajo número 9, actuando como un servidor (ya que servirá el archivo a la computadora solicitante), recibe la solicitud y un controlador de servidor virtual (SVR.SYS) concederá el acceso a los recursos locales.

Figura 18.1.
Una red de punto a punto; cada estación de trabajo está corriendo NT 4.

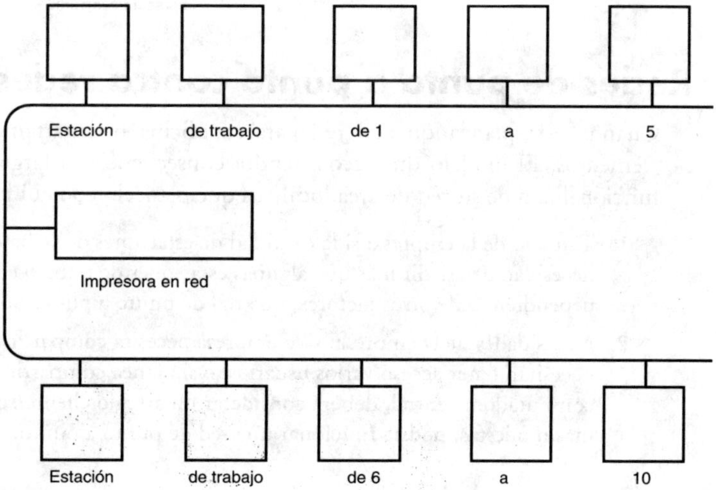

El servidor virtual es el primer elemento y el más importante en el conjunto de funciones de servidor de NT Workstation.

Tenga en cuenta que algunas computadoras podrían tener funciones especiales y aún desempeñar el papel de una estación de trabajo de punto a punto. Como puede ver en la figura 18.2, una estación de trabajo puede actuar como un servidor de correo; un Servidor de Acceso Remoto (Remote Access Server) (el cual permitiría a las personas marcar desde su casa y conectarse a la red o a Internet, si su red está conectada a Internet), o incluso un servidor Web. Con estos ejemplos usted puede ver que la flexibilidad de la conectividad de punto a punto ha aumentado en forma dramática con el lanzamiento de NT 4.

Figura 18.2.
NT Workstation permite mejoras significativas de las capacidades que tenían antes las redes de punto a punto.

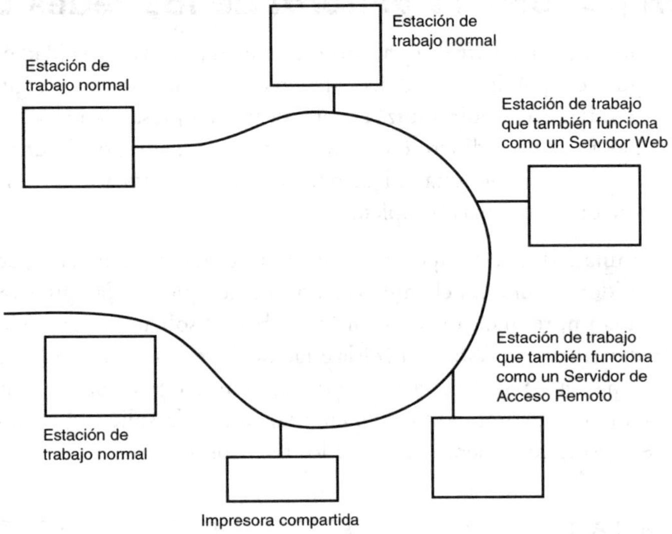

Redes de punto a punto contra redes cliente/servidor

Cuando esté planeando una red para su oficina o departamento, deberá considerar varios elementos. El modelo que escoja tendrá consecuencias a largo plazo sobre las capacidades y funcionalidad de su red de área local, así que planéelo con cuidado.

1. Tamaño de la empresa: si la cantidad de estaciones de trabajo es limitada y no prevé la necesidad de añadir más que algunas estaciones de trabajo en un futuro inmediato, entonces, dependiendo de otros factores, una red de punto a punto podría ser factible.
2. Necesidades de la empresa: si la empresa necesita compartir una base de datos a la que necesitan tener acceso varios usuarios, o si planea compartir aplicaciones desde una computadora central, deberá considerar un arreglo cliente/servidor. Si las necesidades son más modestas, podría funcionar una red de punto a punto.

3. Consideraciones de seguridad: si va a compartir datos sensibles de naturaleza confidencial, una red cliente/servidor puede cumplir mejor sus objetivos. Por tanto, si comparte datos con otros departamentos de su empresa, entonces casi con toda certeza buscará establecer un servidor verdadero para que realice estas funciones.
4. Tipo de negocio: si su empresa tiene necesidades especiales, quizá una fuerza de ventas que se deba conectar en forma remota y recuperar información actualizada, de nuevo podría imponerse un servidor si la fuerza de ventas es grande. No deseará sobrecargar una red de punto a punto y, por desgracia, las empresas en crecimiento pueden hacerlo sin demasiado esfuerzo.
5. Patrones de uso de la red: una vez más, esto se refiere al volumen de tráfico en la red. Una red de punto a punto en la que las estaciones de trabajo envían correo electrónico, comparten algunos archivos y comparten la impresora, es razonable para las computadoras modernas, pero cuando empieza a añadir deberes y computadoras adicionales a la red, o a incrementar la carga de trabajo actual, la productividad podría disminuir ya que puede saturar la red con demasiado tráfico.
6. Presupuesto para la red: una preocupación enorme para todas las empresas es cuánto dinero pueden dedicar a su sistema de computación. La buena noticia es que el equipo potente está bajando de precio considerablemente debido en gran medida a la disminución en el precio de componentes como RAM, unidades de disco duro, CPU y tarjetas madre. No dude en cotizar al menos lo que piense que necesitará. Podría sorprenderle lo que puede comprar con un gasto modesto.
7. Nivel de soporte para las computadoras: si su empresa no tiene una persona cuya única función sea mantener su sistema de cómputo, y quiere evitar la necesidad de contratar a alguien, entonces no deseará tener un servidor con datos críticos en él en su oficina. La razón es simple. Sin un "experto" para mantenerlo, respaldarlo, solucionar problemas y cosas por el estilo, está al borde de un dolor de cabeza gigante. Cuando el servidor tiene algún problema, como todos los equipos están propensos a hacerlo, y no tiene usted a alguien familiarizado con él por dentro y por fuera (no alguien que conozca sólo lo suficiente como para ser peligroso), deseará haber contratado a un "experto en computadoras". Los servidores son bestias complicadas; es tan simple como eso.

Las redes de punto a punto, por otra parte, tienen la ventaja decidida de ser mucho más simples de mantener. Cuando los usuarios de las computadoras se familiarizan con compartir directorios y conceder a las personas o grupos permisos para sus recursos, ya están del otro lado. El tema de compartir recursos se cubre en la sección "Compartir recursos".

Vale la pena mencionar, sin embargo, que con la facilidad de uso, relativamente hablando, que viene con las redes de punto a punto, sacrifica el control centralizado que proporciona un servidor.

Aquí tiene un resumen de los beneficios de esta topología de conectividad:

- Es más fácil de administrar.
- No requiere de servidor.
- Los usuarios reciben más control sobre los recursos.
- Son menos costosas.
- Pueden manejar más funciones que en el pasado.

Sin embargo, la conectividad de punto a punto también tiene algunas desventajas:

- No proporciona control alguno centralizado sobre la seguridad.
- Las medidas de seguridad son menos generales.
- El tamaño de la red debe ser limitado.
- Carece de la flexibilidad que proporciona un servidor.
- No puede instalar aplicaciones en forma remota.
- Es más problemático respaldar los datos.

Cómo establecer una red de punto a punto

A fin de que esta red funcione aún necesitará tarjetas adaptadoras de red, cables y protocolos (los protocolos se describieron en la hora 17, "Configuración de componentes de red"). Los protocolos funcionan de un modo parecido: preparan los datos, los dirigen y los pasan hacia abajo por las capas de la red hasta que llegan al cable.

Cuando establezca una red de punto a punto con Windows NT, aquí tiene seis pasos primarios a seguir antes de empezar a compartir recursos.

1. Primero, asegúrese de que NT ha detectado correctamente su tarjeta adaptadora de red. Para hacerlo, vaya a la carpeta Panel de Control y abra la ventana de la configuración de red haciendo doble clic en el icono Red (Network). Esto abre una ventana (en la hora 17 puede ver los detalles de la instalación de un NIC).
2. Conecte los cables a cada tarjeta adaptadora de red de las PC. En general, el tipo de cable que necesita usar es determinado por el tipo de adaptador en el NIC. Tenga cuidado de planear con anticipación para que concuerden las tarjetas de red y el cableado. Si esto le parece algo confuso, usted puede comprar equipos de red para principiantes, que incluyen cables y tarjetas de red concordantes y por lo general tienen capacidad de conectar de dos a cuatro computadoras.
3. A continuación, una vez más vaya al cuadro de diálogo Red y haga clic en la ficha Servicios (Services) en la parte superior de la ventana de configuración. Asegúrese de ver aquí los servicios tanto Server como Workstation (como se muestra en la figura 18.3).

Figura 18.3.
El cuadro de diálogo de Red le proporciona todos los elementos necesarios para instalar una red de punto a punto.

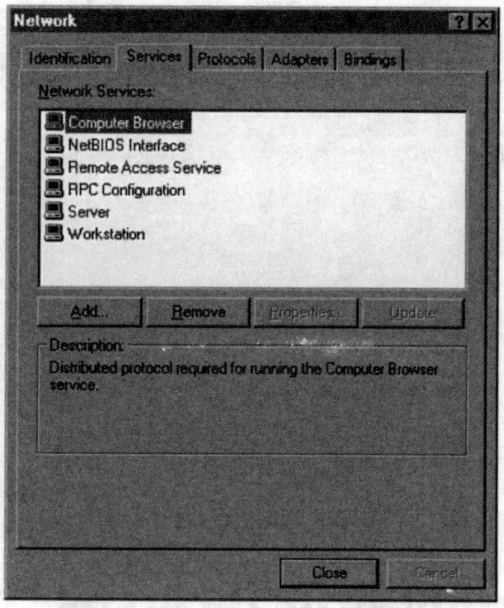

4. Si no ve Workstation y Server, haga clic en el botón Agregar (Add), el cual abre una ventana parecida a la que se muestra en la figura 18.4. Desplácese hacia abajo hasta que vea Server. Haga clic en él y luego haga clic en Aceptar (OK). Repítalo de nuevo para agregar Workstation.

Figura 18.4.
Es fácil agregar servicios adicionales a NT 4.

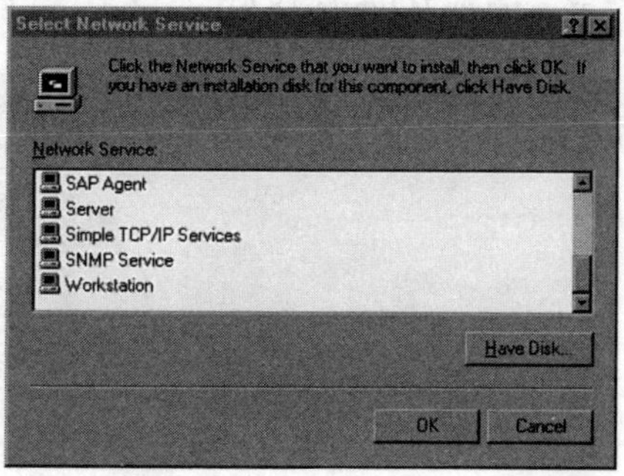

5. Ahora puede establecer un grupo de trabajo yendo al cuadro de diálogo Red y seleccionando la ficha Identification en la parte superior de la ventana. Esto presenta el cuadro de diálogo Red que se muestra en la figura 18.5. Escriba el nombre para su grupo de trabajo y asegúrese de que todas las demás computadoras que son parte del grupo de trabajo tengan el mismo nombre exacto escrito en este lugar.
6. Si su grupo de trabajo está conectado a Internet, agregue el protocolo TCP/IP.

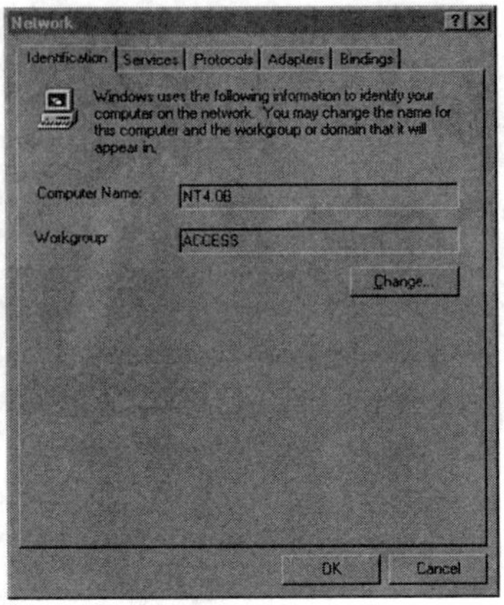

Figura 18.5.
Establecer un grupo de trabajo con NT 4 es sencillo.

Para compartir recursos

Compartir en un ambiente de punto a punto es muy parecido a compartir en un ambiente cliente/ servidor.

1. Para compartir un elemento como un subdirectorio, haga clic con el botón derecho en él. Esta acción presenta el menú desplegable. Mueva su cursor hasta seleccionar Sharing (Compartir) y luego haga clic en el botón del ratón. Ahora verá la ficha Sharing que se muestra en la figura 18.6.

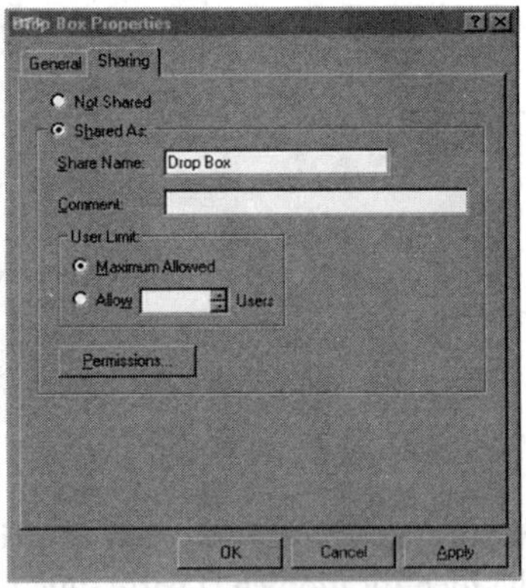

Figura 18.6.
La ficha Sharing.

2. Seleccione el botón Compartido como (Shared As) usando su ratón o la tecla Tab.
3. Escriba un nombre para compartir o acepte el nombre predeterminado.
4. Escoja limitar el número de usuarios que pueden usar el elemento compartido en forma simultánea o acepte el máximo permitido predeterminado. Lo importante aquí es que si muchos usuarios están conectados al mismo tiempo, su rendimiento disminuirá, al igual que el rendimiento de su computadora.

5. Haga clic en el botón Permisos (Permissions). Ahora verá el cuadro de diálogo mostrado en la figura 18.7.

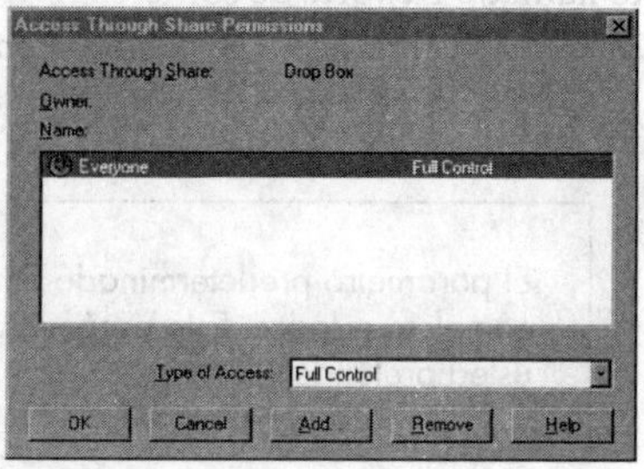

Figura 18.7.
Establecer permisos para compartir implica usar el cuadro de diálogo Permisos.

6. Observe que lo predeterminado es dar a todos el control completo. Usted puede cambiar esto dependiendo de qué esté compartiendo. Si necesita agregar un grupo o individuo, haga clic en Agregar (Add). (En la siguiente hora se proporciona más información sobre cómo establecer compartir.) Si es necesario, y no representa un problema de seguridad, puede compartir toda una unidad de disco duro siguiendo estos pasos.

Ahora está listo para conectarse a los elementos compartidos.

1. Usted se puede conectar a un recurso compartido navegando por el Entorno de Red (Network Neighborhood) o usando la UNC (Universal Naming Convention; convención universal para nombrar) que proporciona el nombre completo del recurso. Una UNC se parece a lo siguiente:

   `\\servername\sharename`

   o

   `\\servername\sharename\directory\filename`

   `Servername` es lo que usted espera: el nombre del servidor (en el contexto de la conectividad de punto a punto, sería el nombre de la estación de trabajo). `Sharename` puede ser el nombre de la unidad de disco duro o el directorio compartido.

   Por supuesto, para que pueda conectarse o localizar cualquier recurso compartido, el elemento compartido debe estar configurado de modo que usted tenga permiso de usarlo.

2. Si no ve un elemento al que desee conectarse, asegúrese de que la computadora que posee el elemento compartido está encendida y conectada con Windows NT. Si es así, el elemento compartido podría estar apagado.

TÓMESE UN MINUTO

Tenga en cuenta que si está compartiendo carpetas con usuarios con DOS o Windows para Trabajo en Grupo, debe tener cuidado con los nombres de archivo y directorio que elija. Aunque los sistemas operativos Windows NT y 95 pueden manejar nombres de archivo largos (y espacios en los nombres), Windows 3.11 y DOS no pueden. De hecho, el nombre de archivo máximo en NT es de 155 caracteres, incluyendo puntos. Con los sistemas de archivo NTFS puede tener nombres de archivo con una longitud hasta de 255 caracteres.

Los sistemas Windows para Trabajo en Grupo y DOS están limitados por la convención 8.3: ocho letras o números, sin espacios, seguidos por un punto y tres caracteres más. Por ejemplo, un documento llamado Reporte de comercialización semestre 1 97 que sería un nombre válido bajo NT, tendría que ser cambiado a algo como `Reco1_97.xls` bajo DOS o Windows para Trabajo en Grupo.

PRECAUCIÓN

> El parámetro predeterminado en NT para las carpetas compartidas es dar control completo a todos. Este parámetro suele dar más control a más usuarios del que usted pretende.

Controle la capacidad de compartir recursos

Como administrador, usted puede controlar lo que se comparte.

1. Conéctese a la computadora que necesita establecer elementos compartidos. Asegúrese de conectarse como administrador.
2. Establezca compartir para cualesquier directorios que necesite.
3. Desconéctese. Aun después de que se desconecta, los elementos serán compartidos mientras la computadora esté funcionando. Sin embargo, nadie más puede modificar los elementos compartidos o añadir nuevos elementos compartidos a menos que usted les dé permiso para hacerlo. (Vea la siguiente lección para saber cómo hacerlo.)

Supervise el rendimiento de su red de punto a punto

Como se mencionó antes en esta lección, cuando su red de punto a punto crece a 15 usuarios o más y el tráfico de la red se incrementa en forma considerable, usted se podría encontrar con que sus recursos están sobrepasando sus límites. Es posible supervisar el tráfico y predecir cuándo la red está llegando a sus límites superiores.

1. Abra el Monitor de sistema (Performance Monitor) yendo al grupo Herramientas administrativas (Administrative Tools) y haga clic en Monitor de sistema. Verá una ventana similar a la que se muestra en la figura 18.8.
2. Vaya al menú Edición (Edit) y seleccione Agregar al gráfico (Add to Chart). Ahora deberá ver algo parecido a la figura 18.9.
3. Despliegue el cuadro combinado Objeto (Object) haciendo clic en él. Usted selecciona Servidor (Server).
4. En la lista Contador (Counter), seleccione Total de bytes/seg (Bytes Total/Sec). Esto medirá la cantidad (en bytes) de datos que el servidor envía y recibe por la red. Saber cuán ocupado está el servidor en las computadoras que hacen la mayor conectividad le da un buen indicio del uso de recursos.

Figura 18.8.
El Monitor de sistema le permite revisar incluso el tráfico de la red.

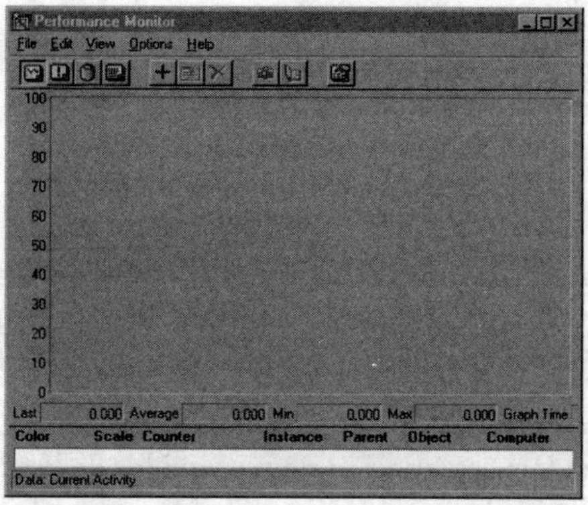

Figura 18.9.
El cuadro de diálogo Agregar al gráfico.

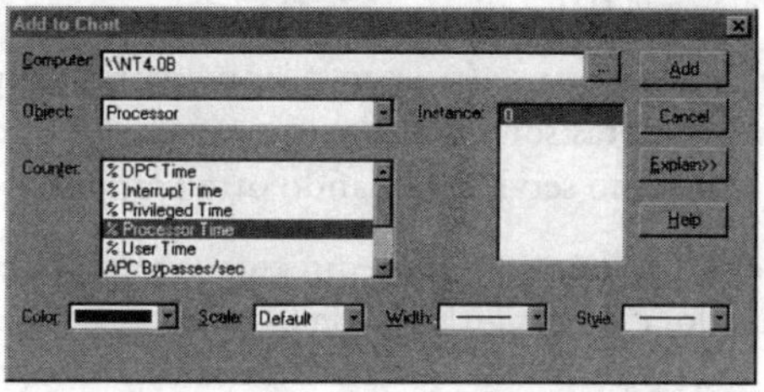

5. Haga clic en Agregar (Add).
6. Ahora, agregue Bytes transmitidos/seg (Bytes Transmitted/Sec), que es otro contador. Esto mide la cantidad de datos que el servidor ha enviado a la red.
7. Puede medir también otros objetos: Sesión de servidor (Server Session) y Redirector (Redirector). Sesión de servidor puede mostrar el número de sesiones activas, mientras que el objeto Redirector puede medir su actividad. Si recuerda, el redirector es responsable de vigilar el bus de su computadora y tomar los datos que están dirigidos a alguna computadora remota, o impresora, y los redirige a la red.

Resumen

En esta hora usted aprendió acerca de los elementos que necesita considerar cuando planee una red y trate de determinar una estrategia para la red de su oficina. Es importante considerar sus necesidades a corto y a largo plazos cuando planifique. Las elecciones que haga tendrán consecuencias a largo plazo.

Taller

El taller le ayuda a concretar las técnicas aprendidas en esta hora.

18

Glosario

elemento compartido (shares) Bajo Windows NT, cuando un recurso es compartido, se conoce como elemento compartido.

GUI Interfaz gráfica del usuario.

NIC Tarjeta de interfaz de red (network interface card, NIC) Tarjeta de expansión electrónica que se coloca dentro de la computadora. Proporciona un puerto en la parte posterior de la computadora en el que se conecta un cable de red.

red cliente/servidor (client/server network) En una red cliente/servidor, usted tiene una computadora actuando como un servidor dedicado, el cual "sirve" a las estaciones de trabajo de la red. El servidor proporciona seguridad de modo que sólo aquellos que estén autorizados pueden conectarse a la red.

red de punto a punto (peer-to-peer network) En esta estructura de red no hay servidor: todas las computadoras son iguales y son capaces de comportarse como cliente (cuando solicitan un servicio) o como servidor (cuando otra computadora solicita un servicio de ella).

redirector (redirector) El redirector es responsable de tomar las solicitudes de red del bus de su computadora y redirigirlas hacia la red.

servidor de acceso remoto (remote access server) Un servicio bajo Windows NT que permite que su NT se comporte como un servidor, usando su módem de manera que computadoras remotas puedan conectarse y tener acceso a archivos y a otros recursos.

Ejercicios

1. Si está en una red de área local y tiene permiso del administrador del sistema para experimentar con algunos conceptos de la conectividad de punto a punto, comparta una carpeta que se encuentre en su unidad de disco duro con todos los miembros de su grupo de trabajo o dominio (cualquiera de los dos que haya establecido su administrador para usted y sus colegas). Cree una carpeta y llámela Buzón de Pendientes. Ésta será una carpeta en la que sus colegas pueden tomar y dejar documentos para usted. Establezca los privilegios de modo que todos tengan control completo. Esto asume que nadie dejará ahí material confidencial o sensible, debido a que cualquiera que sea miembro del dominio o grupo de trabajo tendrá acceso a él.
2. Cree otra carpeta en su unidad de disco duro y llámela Documentos: SÓLO LECTURA. Dé a sus colegas permiso de leer cosas almacenadas ahí. Éste será un lugar en el que puede poner documentos que otros podrían necesitar leer, pero que no necesitan cambiar.
3. Cree una carpeta en su unidad de disco duro y establezca que sea compartida. ¿Cuáles son los parámetros predeterminados que proporciona NT para los elementos compartidos?

Parte IV

Hora 19

Utilización de los recursos de red

por Martin Kenley

Usted ya ha visto cuán flexible es la conectividad Microsoft puesta en práctica en Windows NT Workstation 4. Puede ejecutar varios protocolos al mismo tiempo y enrutar con éxito la información por medio de ellos. En las redes actuales, los protocolos más comunes que probablemente vea incluyen TCP/IP e IPX/SPX.

Esta lección está pensada para quienes están integrando NT 4 en un ambiente Novell NetWare. Le agradará saber que el proceso de integración de máquinas NT es muy fácil. De hecho, si actualiza a partir de una versión anterior de NT o Windows 3.*x*, NT detectará la configuración de la red e instalará el Servicio de Cliente (Client Service) para NetWare. Si ha instalado NT Workstation desde cero y no hay protocolos de red establecidos, puede establecerlos con facilidad.

Las redes Novell son más numerosas que cualquier otro sistema operativo de red. El núcleo del ambiente NetWare, en función de los protocolos de transporte, ha sido IPX/SPX. Esta lección examina algunas de las características de NetWare.

Las capas de NetWare

En la hora 17, "Configuración de componentes de red", se vio el modelo de conectividad de siete capas OSI. Comenzando por la parte inferior del modelo OSI, las siete capas son física, vinculación de datos, red, transporte, sesión, presentación y aplicación. Ahora, compárela con la forma en que la implementa realmente Novell . En la figura 19.1, usted puede ver que NetWare sigue el modelo OSI en forma vaga, lo cual no es raro. Observe las capas más importantes.

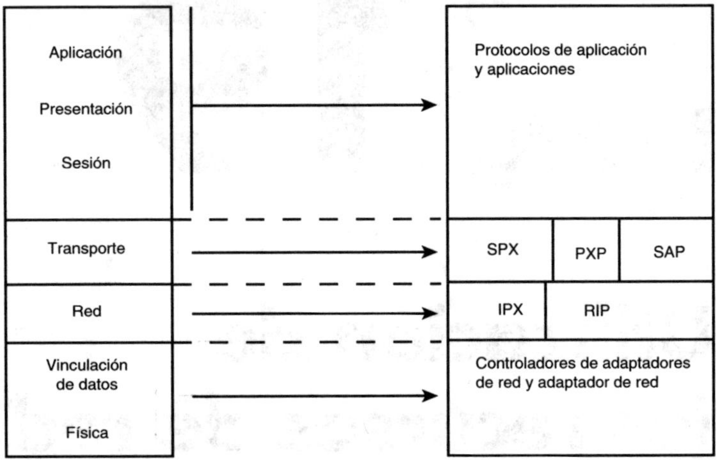

Figura 19.1.
Observe la comparación del modelo OSI de siete capas con la implementación de las capas de conectividad de Novell.

La capa de aplicación

Bajo Netware, incorpora las tres capas superiores del modelo OSI: sesión, presentación y aplicación. Ejemplos de servicios de aplicación de NetWare incluyen compartir archivos y aplicaciones, compartir impresoras y administración de la red.

La capa de transporte

Esta capa de transporte de NetWare se aproxima a la del modelo OSI. Soporta un vínculo orientado a la conexión entre las dos computadoras. Los protocolos adicionales que funcionan en esta capa incluyen los siguientes:

- SPX, o protocolo de Intercambio de Paquetes Secuenciados (Sequenced Packet Exchange), establece una conexión antes de que los paquetes sean enviados y asiste en la verificación de errores. Este protocolo también numera los paquetes y agrega información de "encabezado" adicional que permite que los paquetes sean armados de nuevo por la computadora de destino.

- SAP, o Protocolo de Publicidad de Servicio (Service Advertising Protocol), utiliza un esquema de transmisión para indicar a las estaciones de trabajo clientes que el servidor está ahí y que tiene los servicios X, Y y Z. Las transmisiones se hacen en forma periódica a los enrutadores y estaciones de trabajo.
- Eco (Echo) y Protocolo de Error (Error Protocol) asisten en el enrutamiento de los paquetes a su destino y reportan errores cuando los encuentran.

La capa de red

En el mundo NetWare, las funciones de la capa de red son manejadas por dos protocolos: IPX y RIP. IPX, o protocolo de Intercambio de Paquetes Internet (Internet Packet Exchange), asisten en la transmisión de datos y en el enrutamiento de los datos. RIP, o Protocolo de Información de Enrutamiento (Routing Information Protocol), es usado para comunicarse con los enrutadores, los cuales son computadoras en Internet que toman decisiones sobre cómo enrutar o enviar los paquetes –ellas deciden qué rutas son las mejores.

Cómo conectarse a un servidor NetWare

Pasemos del mundo de la teoría a la realidad al conectarnos con un servidor NetWare con Windows NT Workstation 4.

1. Vaya al cuadro de diálogo Red (Network). Observe las fichas en la parte superior de la ventana.
2. Haga clic en la ficha Servicios (Services).
3. Ahora seleccione Servicio de cliente para NetWare (Client Service for NetWare). La ventana que aparecerá será como la que se muestra en la figura 19.2. Haga clic en Aceptar (OK).

19

Figura 19.2.
NT elabora una lista de servicios entre los que usted puede elegir.

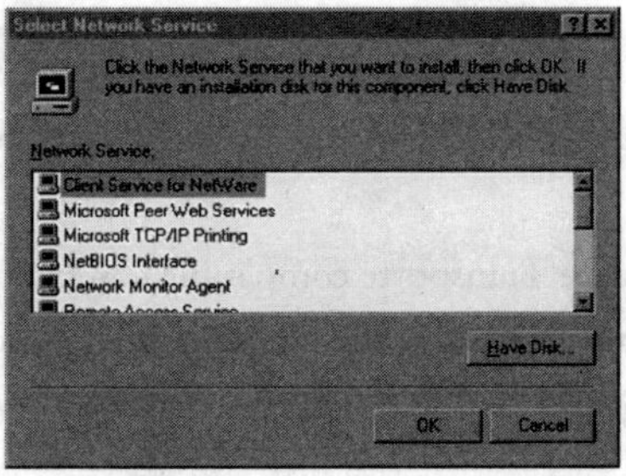

4. Ahora NT necesita saber dónde se localizan los archivos de instalación. Para la mayoría de la gente estarán en el CD-ROM, así que introduzca una ruta similar a la siguiente:

   ```
   D:\i386
   ```

   Si sus archivos de instalación están en su unidad de disco duro, señale su ubicación.

5. Si tiene otros protocolos o servicios instalados, podría obtener un mensaje similar al de la figura 19.3. La respuesta correcta depende de cómo esté configurada la red de su oficina.

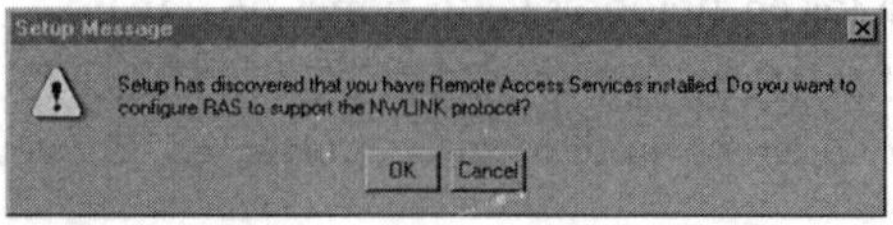

Figura 19.3.
Instalar protocolos cuando otros servicios están cargados podría invocar preguntas como esta.

Ahora ha cargado con éxito el Servicio de cliente para NetWare . Al seguir los pasos que se acaban de delinear se instalan otros diversos elementos al mismo tiempo para que el cliente funcione adecuadamente: el protocolo de Transporte compatible con NWLink IPX/SPX (NWLink IPX/SPX Compatible Transport) junto con NWLink NetBIOS. Sin embargo, asegúrese de que sí se instalaron. Vaya al cuadro de diálogo Red y haga clic en Protocolos (Protocols). Si ve ambos, entonces todo está bien. Si no, siga estas instrucciones:

1. Abra el cuadro de diálogo Red.
2. Haga clic en la ficha Protocolos en la parte superior de la ventana.
3. Haga clic en el botón Agregar (Add). Verá una ventana que se parece a la de la figura 19.4.

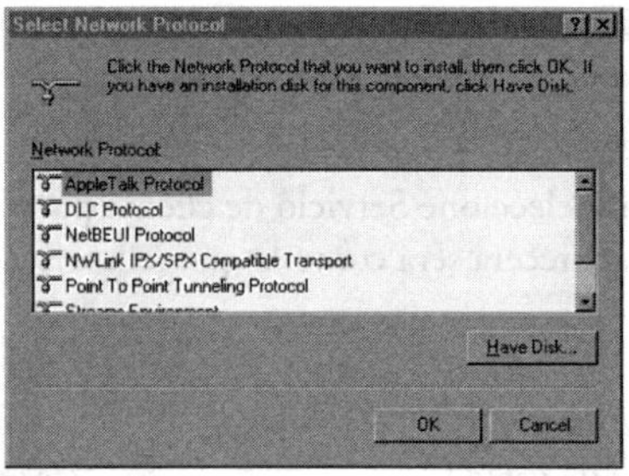

Figura 19.4.
Agregar protocolos es fácil con Windows NT.

4. Localice Transporte compatible con NWLink IPX/SPX, haga clic en él y luego en Agregar.
5. Señale al instalador la ubicación de los archivos de instalación `(i386)`.
6. Haga clic en Continuar (Continue).

Enlaces de red

Ahora que ha instalado el servicio y los protocolos, vea cómo se establecen los enlaces. Cuando usted establece enlaces de hecho le está diciendo a NT qué protocolos y servicios se deben unir o vincular con cuáles otros. Siga estos cuatro pasos para establecer los enlaces para NetWare:

1. Vaya al cuadro de diálogo Red (Network).
2. Seleccione la ficha Enlaces (Bindings) en la parte superior de la ventana (vea la figura 19.5).

Figura 19.5.
Cuando establezca los enlaces tendrá que usar este cuadro de configuración.

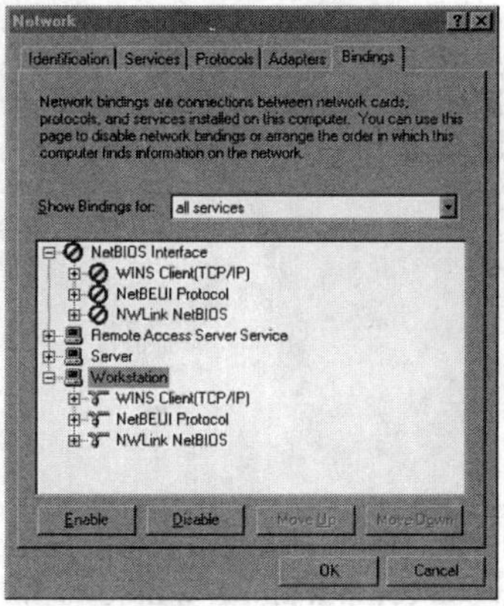

3. Asegúrese de que la lista Mostrar enlaces de: (Show Bindings for:) muestra "Todos los servicios" (All Services).
4. Observe el Servicio de cliente para NetWare y asegúrese de que no tiene un círculo cruzado por una línea junto a él. Esto indicaría que el servicio fue desactivado. Si está desactivado, haga clic en Activar (Enable) en la parte inferior de la ventana.

Ahora NT tiene establecidos en forma correcta tanto sus protocolos como sus enlaces y usted puede identificar su computadora. Siga estos pasos:

1. Abra el cuadro de diálogo Red.
2. Seleccione la ficha Identificación (Identification) en la parte superior. Deberá ver una ventana parecida a la que se muestra en la figura 19.6.

Figura 19.6.
Identificar su computadora es muy fácil.

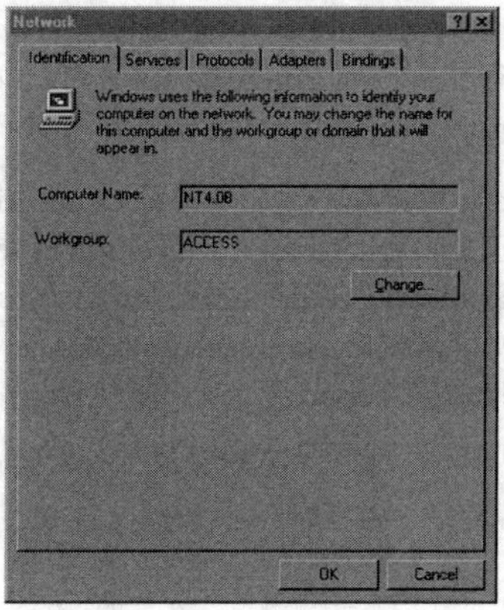

3. Seleccione el botón Cambiar (Change) y verá algo parecido a la figura 19.7.

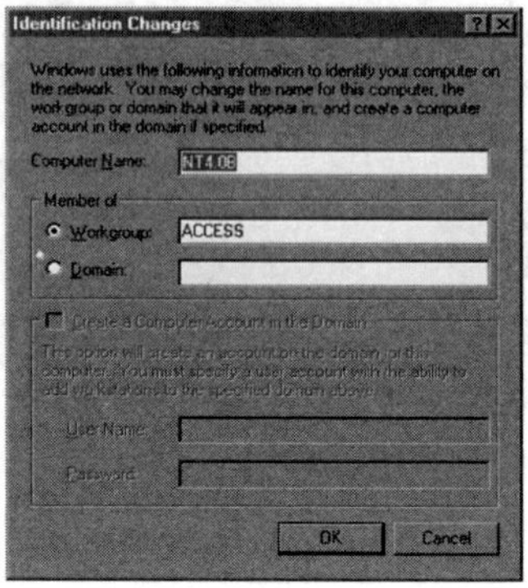

Figura 19.7.
Al mismo tiempo que asigna un nombre a su computadora, usted se puede unir a un grupo de trabajo o dominio.

4. Escriba un nombre para su computadora. Si está planeando compartir también de punto a punto con computadoras Windows 3.*x*, Windows 95 o NT, entonces necesitará unirse ya sea a un grupo de trabajo o a un dominio.
5. Seleccione Aceptar (OK). Ahora ha terminado con la parte principal de la configuración de sus parámetros de red.
6. Reinicie su computadora.

Selección de un servidor preferido

Ahora, cuando se conecte con NT se le pedirá que establezca un servidor preferido. Sus opciones son seleccionar un servidor preferido (un servidor NetWare que autentificará su nombre de usuario y contraseña) o puede elegir un Árbol y contexto predeterminados (Default Tree and Context).

El servidor preferido le permitirá autentificarse con un servidor NetWare 3.*x* usando emulación de enlace (éste es un archivo usado por servidores NetWare 3.*x* y 2.*x* y para autentificar a los usuarios). Si selecciona Ninguno (None) en el área de servidor preferido, NT seguirá adelante y usará el servidor NetWare más cercano para autentificarlo.

En un servidor NetWare que está ejecutando 4.*x* y ha sido configurado para ejecutar NDS (una especie paralela al enlazador), seleccione la segunda opción: Árbol y contexto predeterminados. Pregunte a su administrador del sistema acerca de esta parte de la configuración. La primera parte de éste, el árbol, localizará al servidor en la jerarquía de su empresa y el contexto determina cómo interactuará con el servidor.

Cómo utilizar el cliente Microsoft para conectarse a los recursos

Por fortuna, conectarse a los servidores de archivos y de impresión NetWare no es muy diferente que conectarse a otros servidores. Esta sección expone la conexión a unidades de red y otras formas de conectarse.

1. Abra el Entorno de red (Network Neighborhood) haciendo doble clic en el icono correspondiente.
2. Verá dos conjuntos de iconos: uno para redes Microsoft y otro para redes NetWare.
3. Al hacer doble clic en el icono Red de Microsoft Windows (Microsoft Windows Network), usted puede ver todos los servidores y estaciones de trabajo bajo esa categoría. La Red Microsoft Windows incluye computadoras de Windows para Trabajo en Grupo, Windows 95 y Windows NT.

Si desea ver lo que está disponible en un servidor Microsoft particular, haga doble clic en él y verá qué volúmenes e impresoras está compartiendo. Por supuesto, necesitará permisos para ver qué hay disponible.

Después de hacer doble clic en el icono del servidor, también verá que la barra de título de la nueva ventana le informa qué servidor está viendo. Esto es muy útil debido a que es fácil tener su pantalla tan atestada de ventanas que es difícil decir dónde se encuentra.

Para copiar archivos a su máquina local desde una computadora remota, siga estos pasos:

1. Al hacer doble clic en el icono NetWare o red compatible (NetWare or Compatible Network), usted puede ver todos los servidores y estaciones de trabajo bajo esta categoría. Para averiguar qué está disponible en cualquier elemento, haga doble clic en él.
2. Para copiar un archivo a su máquina local, acomode las ventanas de manera que pueda ver el archivo que desea copiar y que pueda ver el destino en la unidad de disco duro de su computadora. Luego, simplemente arrastre el archivo hasta su destino.
3. Otro método para copiar archivos es colocar el puntero del ratón encima del archivo y luego hacer clic con el botón *derecho* del ratón y seleccione la opción Enviar a (Send To). De hecho, puede usar este mismo método para copiar cualquier archivo, sea éste local o remoto.

Para agregar ubicaciones adicionales en la carpeta Enviar a, siga estos pasos:

1. Encuentre la carpeta Enviar a yendo al menú Inicio (Start), a Buscar (Find) y luego a Archivos o carpetas (Files or Folders). Cuando se abra el cuadro de diálogo, teclee `Enviar a.` Haga clic en Buscar ahora (Find Now).
2. Haga un acceso directo a cualesquiera lugares comunes a los que envíe archivos. Por ejemplo, una carpeta temporal en su unidad C: sería una posibilidad.

3. Arrastre estos accesos directos a la carpeta Enviar a.
4. Asegúrese de que los nuevos elementos aparecen haciendo clic con el botón derecho en un objeto y luego yendo a la opción Enviar a para ver si están ahí.

Cuando se conecte a un volumen NetWare, su nombre de usuario y contraseña debe ser autentificada por el servidor de ese volumen.

1. Para conectar una unidad, abra el Entorno de red (Network Neighborhood) y localice el directorio al que se desea conectar.
2. Vaya al menú Archivo (File) y seleccione Conectar a unidad de red (Map Network Drive).
3. Aparece un cuadro de diálogo y si hace clic en el cuadro Unidad (Drive), puede seleccionar una letra de unidad. Asegúrese de que selecciona una letra que no está ya en uso (lo cual significa que no puede seleccionar A:, C: o D: si tiene una segunda unidad o una unidad de CD-ROM).
4. Escriba su nombre de usuario en la casilla Conectar como (Connect As). Dé un nombre aquí sólo si desea conectarse como un usuario diferente de aquel con que se conectó con el servidor; de otra manera, puede dejar este campo en blanco.
5. Si quisiera ser reconectado automáticamente la próxima vez que se conecte con esta estación de trabajo, asegúrese de que ha seleccionado Volver a conectar en el inicio de sesión (Reconnect at Logon). De lo contrario, haga clic en él para quitar la marca de selección.
6. Por último, seleccione Aceptar (OK) y ahora la unidad se conecta a la letra de unidad que usted le asignó.

Taller

El taller le ayuda a concretar las técnicas que usted aprendió en esta hora.

Glosario

capa de aplicación (application layer) En referencia al modelo OSI de siete capas, la capa de aplicación es la superior, la siete. Ésta es con la que usted interactúa en forma directa. Podría ser WordPerfect (grabar un archivo en un servidor remoto), FTP, Telnet o un navegador Web, y así sucesivamente.

capa de red (network layer) La tercera capa en el modelo OSI de siete capas. Ejemplos de protocolos de la capa tres incluyen a Protocolo Internet (IP, Internet Protocol) y a Intercambio de paquetes Internet (IPX, Internet Packet Exchange).

capa de transporte (transport layer) Es la capa cuatro del modelo OSI y es responsable de la división de los datos (o de armarlos de nuevo en el extremo receptor), la verificación de errores y el manejo de algunos aspectos de la conexión entre las dos computadoras.

IPX Es un protocolo usado en el modelo de siete capas. Significa Intercambio de paquetes Internet (Internet Packet Exchange) y opera en la capa de red, que es la capa tres. Es responsable de la transmisión y enrutamiento de los datos.

modelo OSI (OSI model) Modelo desarrollado por el grupo ISO para desarrollar normas a las que se deben adherir los protocolos en cada una de las diferentes capas de red.

NDS Servicio de Directorios de NetWare (NetWare Directory Service), o SDN, es un servicio de denominación usado por NetWare 4 y servidores superiores. Está basado en X.500, lo que le permite ser compatible con otros directorios. Esta base de datos contiene información sobre usuarios, grupos, servidores, impresoras, etc. En oposición al enlazador, usado por sistemas NetWare anteriores, NDS le permite conectarse a una red en vez de a un servidor determinado.

NetWare Es el nombre que dio Novell a su familia de sistemas operativos de red.

protocolos (protocols) En cada capa del modelo OSI, los protocolos manejan diferentes funciones. Se han establecido normas para el funcionamiento correcto de cada una de estas capas y que sean compatibles con otros protocolos.

SPX Intercambio de paquetes secuenciado (SPX Sequenced Packet Exchange) es un protocolo usado en las redes NetWare. Opera en la cuarta capa, la de transporte.

Ejercicios

1. Si está en una red que contiene tanto máquinas Microsoft como NetWare, haga clic en el Entorno de red (Network Neighborhood). ¿Puede decir al ver los iconos qué computadoras están ejecutando software de Microsoft y cuáles software de Novell?
2. Practique a compartir un directorio en su computadora, utilizando la información de esta lección y de la hora 11, "Seguridad: planeación de un sistema seguro". ¿Qué cuestiones importantes debe tener en cuenta cuando comparte un recurso?
3. Si hay algunos servidores Novell que use regularmente, conecte una unidad hasta ellos. ¿Sabe cómo hacer una conexión permanente?

PARTE IV

Hora 20

Servicios del Examinador

por Darren Schubert

Cuando algunos de los recursos (directorios de archivos e impresoras) son compartidos para que los otros usuarios en su red los utilicen, ¿cómo puede usted estar seguro de que sabrán que los recursos existen o cómo hacer una conexión hacia ellos? ¿Cómo, de hecho, sabrá usted qué otras computadoras y recursos hay en la red y están accesibles para su computadora Windows NT Workstation?

Suponga por un momento que su red se compone de cientos de computadoras. Si tiene una lista de todas estas computadoras, incluyendo sus recursos compartidos y descripciones, para revisarlas (o *examinarlas*), entonces podría ver qué hay disponible y decidir lo que desea utilizar. Sin embargo, si cada computadora intentara crear su propia lista, habría una gran ineficiencia, pues cada computadora tendría que hacer el mismo trabajo que todas las demás ya realizaron. Por suerte, Windows NT Workstation (e incluso la arquitectura Microsoft Windows Network en general) proporciona un método para recopilar y distribuir una lista centralizada de computadoras y recursos compartidos conocida como *lista de examen.* En otras palabras, sólo a una computadora o a algunas en una red se les asignan las tareas de recolectar y distribuir la lista de examen. Las computadoras que realizan estas tareas de recopilación y distribución son conocidas como *servidores de examen.* Las computadoras que no recopilan o distribuyen la lista de examen son simplemente *clientes de Examinador.* Cuando un cliente de Examinador necesita esa lista, sólo envía una solicitud a las computadoras que mantienen la lista de examen.

Una realidad sobre las computadoras y las redes es que las computadoras pueden estar apagadas, los recursos compartidos pueden ser cambiados o dejarse de compartir y les pueden suceder muchas cosas inesperadas a los enrutadores, puentes y concentradores –todo lo cual podría hacer que algunos de los recursos compartidos en una red no estuvieran disponibles para quienes quisieran usarlos. Por consiguiente, usted desearía que cualquier cambio se reflejara en esa lista de examen, y que se hiciera oportunamente.

Otra realidad implica la forma de desplegar y agrupar las computadoras a lo largo de una organización. Algunas computadoras son integrantes de un dominio NT, en tanto que otras son parte de un grupo de trabajo. Para usted como usuario no debería ser importante si una organización está centralizada en un dominio o descentralizada en múltiples grupos de trabajo y dominios; si necesita usar un recurso de una computadora en otro grupo de trabajo, entonces necesitará ver esa computadora en la lista de examen.

Los usuarios de computadoras deben colocar demandas altas en esta lista de examen de modo que las realidades anteriores no obstaculicen su trabajo. Éstas son demandas muy rigurosas, y no siempre se cumplen, pero la lista de examen se deberá conformar de acuerdo con los siguientes requerimientos:

- Precisión y oportunidad. La lista de examen debe incluir sólo aquellas computadoras y recursos compartidos que haya y que estén disponibles para su uso en el momento.
- Estar completa. La lista de examen debe incluir otros dominios y grupos de trabajo (de hecho, todos los dominios y grupos de trabajo de los que esté enterada la red).
- Redundancia. El almacenamiento y réplica de la lista deben ser tales que usted pueda ver un listado preciso aun cuando algunas computadoras estuvieran apagadas o fallara un dispositivo de hardware de la red.
- Consumo bajo. La recopilación, mantenimiento y distribución de la lista de examen no deberá afectar en forma adversa el rendimiento de la computadora del usuario o de la red.
- Ser escalables y adaptables. Los servicios de examen deben funcionar sin importar la complejidad de la red o los protocolos de red que se utilicen.

Con esta lista de examen, usted puede ver todos los recursos que están disponibles en su red. En vez de mostrar los recursos compartidos en una lista plana, cada recurso individual (sea una impresora, directorio o cosas por el estilo) se agrupa en forma lógica bajo la computadora que lo comparte. Además, cada computadora está agrupada bajo el dominio o grupo de trabajo a que pertenece.

AHORRE TIEMPO

> Si desea que se omita un recurso compartido de la lista de examen, añada el carácter $ al nombre compartido cuando la cree por primera vez. Cuando cualquier recurso termina con $, es un recurso compartido oculto. Todavía se puede conectar a él y usarlo, pero debe conocer la computadora en la que está el recurso y el nombre compartido.

La lista de examen se usa cuando se realiza una acción en la que usted quiere usar un recurso de red compartido pero no sabe cómo referirse a él, como en las funciones de la lista siguiente. En otras palabras, no sabe el nombre del recurso compartido o qué computadora está compartiendo el recurso.

- Entorno de red (Network Neighborhood). Si hace doble clic en este icono, aparecerá una ventana como la de la figura 20.1 en la que puede ver las otras computadoras que hay en su grupo de trabajo o dominio.

Figura 20.1.
La lista local de examen en la ventana Entorno de red.

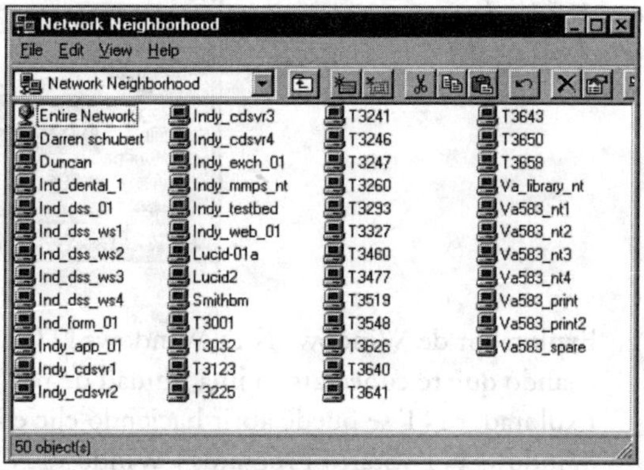

Al hacer doble clic en el icono Toda la red (Entire Network), verá todos los dominios y grupos de trabajo (como en la figura 20.2). Si hace clic en el icono de un dominio o grupo de trabajo diferente, puede ver sus computadoras y recursos. Este ejemplo asume que usted no tiene instalado otro cliente de red. Si también tiene instalado el servicio de red Servicio de cliente para NetWare (Client Service for NetWare), la ventana contendrá dos listados o iconos: Red Microsoft Windows (Microsoft Windows Network) y Red NetWare o compatible (NetWare or Compatible Network). Los dominios y grupos de trabajo —y sus miembros— se encuentran dentro de la Red Microsoft Windows en tanto que los servidores NetWare están dentro de Red NetWare o compatible.

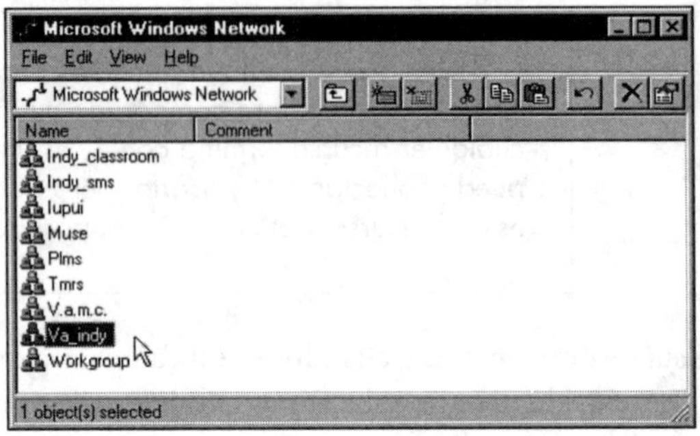

Figura 20.2.
La lista de todos los dominios y grupos de trabajo en la ventana Red Microsoft Windows.

Si hace clic en el icono de una computadora, aparece una ventana como la de la figura 20.3 en la que puede ver qué recursos está compartiendo.

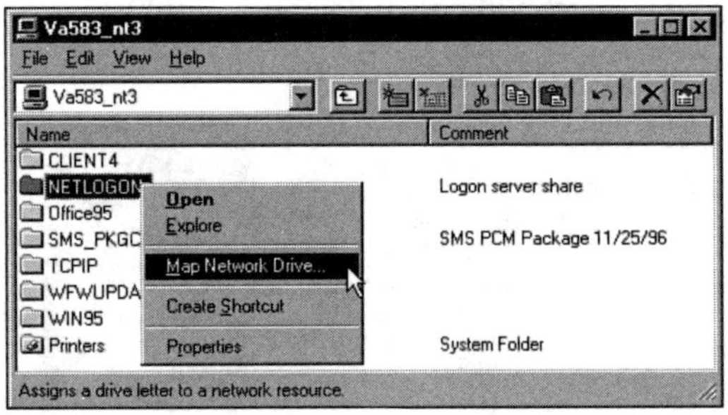

Figura 20.3.
Ventana de la lista de recursos compartidos de una computadora.

- Explorador de Windows NT (Windows NT Explorer). La lista de examen se usa cuando quiere conectarse a una unidad de red usando el Explorador NT. Primero, el Explorador NT se puede abrir haciendo clic en Inicio | Programas | Explorador de Windows NT (Start | Programs | Windows NT Explorer). Hay dos métodos para conectarse a una unidad de red usando el Explorador NT. En el primero (mostrado en la figura 20.4), se hace clic en Herramientas (Tools) en la barra de menú, y luego se selecciona Conectar a unidad de red (Map Network Drive). En el segundo, se hace doble clic en el icono Mi PC (My Computer) y luego se selecciona Conectar a unidad de red. Con cualquier método puede ver los directorios compartidos de cada computadora en la lista de examen (como en la figura 20.5).

AHORRE TIEMPO

> Los elementos compartidos ocultos (a veces conocidos como elementos compartidos administrativos) no serán visibles en la lista de examen –incluso para usuarios con privilegios de Administrador de Dominio (Domain Administrator). Si desea que un recurso sea mostrado en la lista de examen, no lo haga un elemento compartido oculto.

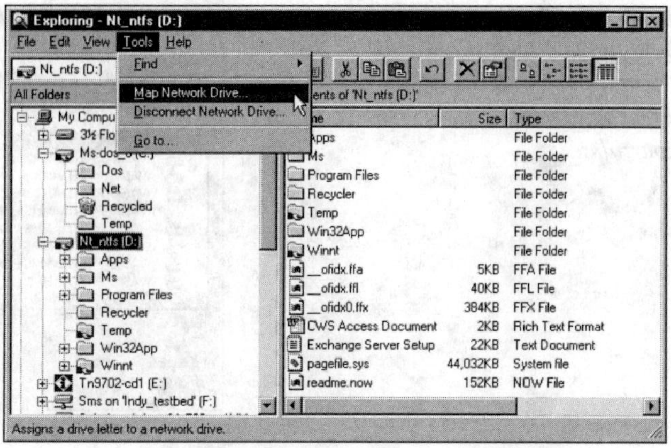

Figura 20.4.
Cómo conectarse a unidad de red desde la ventana del Explorador NT.

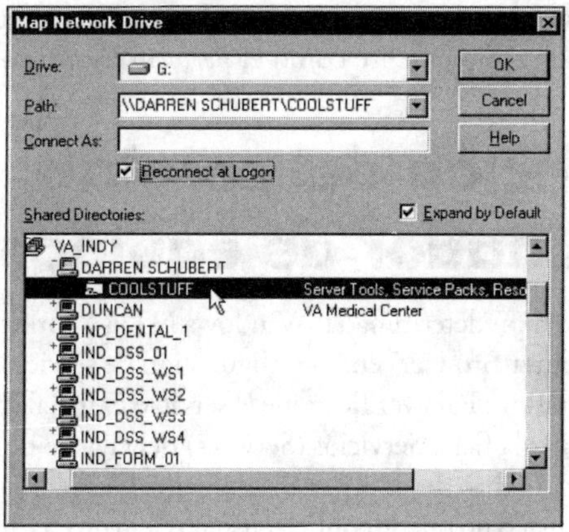

Figura 20.5.
La ventana Conectar a unidad de red.

- Asistente Agregar impresora (Add Printer wizard). La manera más fácil de agregar una impresora es usar este asistente. Para configurar una impresora, seleccione Inicio | Configuración | Impresoras | Agregar impresora (Start | Settings | Printers | Add Printer). En este punto, tiene dos opciones: Mi PC (My Computer) o Servidor de impresión de red (Network Print Server). Seleccione la opción Mi PC sólo si tiene una impresora conectada directamente a su computadora. Si seleccionó la opción Servidor de impresión de red, verá la lista de examen de la red entera, modificada de modo que verá primero todas las impresoras compartidas (como en la figura 20.6) seguidas de las computadoras en la lista de examen.
- Indicador de comandos (Command prompt). Si usted es anticuado, puede salir a un indicador de comandos DOS y ejecutar un comando `net view`, que le dará como resultado la exhibición de las computadoras en la lista de examen. Para ver los elementos compartidos disponibles, debe ejecutar luego otro comando, `net view \\computer_name`.

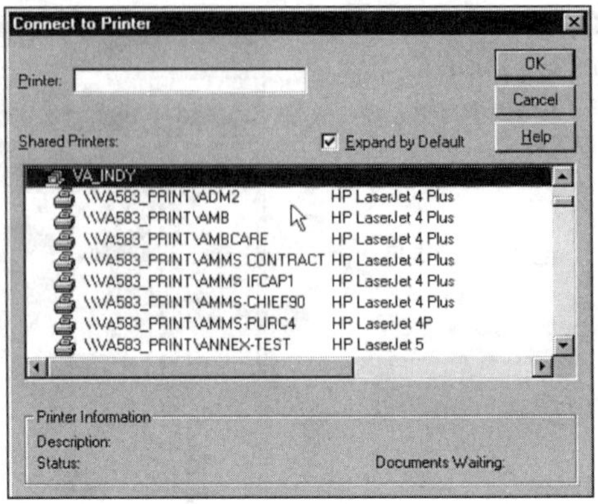

Figura 20.6.
La ventana Conectar a impresora, mostrando todas las impresoras compartidas.

Tanto Windows NT Workstation como Server son capaces de mantener esta lista de examen (de todos los dominios, grupos de trabajo y computadoras disponibles) ejecutando el servicio NT conocido simplemente como el *Servicio Examinador de equipos.*

Instalación del servicio Examinador de equipos

En forma predeterminada, Windows NT 4 Workstation instala el servicio Examinador de equipos (Computer Browser) en la configuración de servicios de red durante la instalación de Windows NT Workstation. Para verificar que el servicio es instalado (o para instalarlo, desinstalarlo o reinstalarlo), puede ir a la ficha Servicios (Services) del cuadro de diálogo de configuración de Red (Network), el cual puede abrir desde el panel de control. Desde ahí puede agregar o eliminar el servicio. De cualquier modo, usted no puede configurar el servicio de Examinador de equipos desde esta ubicación. El único método para hacerlo es modificar el Registro NT (NT Registry) (vea “Configuración del Servicio Examinador de equipos” más adelante en esta hora).

Tómese un Minuto

Para instalar un servicio (como el Examinador de equipos), debe estar conectado NT Workstation en su computadora, con una cuenta que tenga privilegios administrativos (como miembro del grupo local de Administradores).

Tómese un Minuto

Bajo Windows NT Server, usted puede configurar el servicio Examinador de equipos desde las ventanas de configuración de Servicios de Red haciendo doble clic en el servicio. La única funcionalidad agregada desde esta ubicación es la capacidad de agregar otros dominios (y grupos de trabajo) específicos para que los rastree el servicio Examinador de equipos.

Papeles y funciones del Examinador

¿Alguna vez ha escuchado el dicho "Nada es fácil"? Bueno, para estar a tono, entender los conceptos y los nombres relacionados con el examinador no es la excepción. Como se explicó antes, hay algunas computadoras que deben crear la lista de examen y enviarla a otras cuando se les solicite. La mejor forma de entender lo que está ocurriendo es saber de lo que es capaz su computadora en contraposición con lo que se le asignó hacer a su computadora en este preciso momento. Por ejemplo, su computadora Windows NT Workstation es capaz de hacerlo todo: puede ser el cuidador primario de la lista de examen, puede desempeñar un papel secundario sólo en la distribución de la lista y puede hacer tan poco como solicitar la lista de examen de otros. A fin de satisfacer los requerimientos de adaptabilidad y redundancia, a las computadoras se les asignan papeles y responsabilidades basadas en los resultados de las *Elecciones de Examinador* (Browser Elections) (vea "Elecciones de Examinador" más adelante en esta lección). La siguiente es una lista de la clasificación en la que se pueden dividir las computadoras con base en sus papeles y acciones:

- No examinadores
- Examinadores potenciales
- Examinadores de respaldo
- Examinador maestro
- Examinador maestro preferido
- Examinador maestro de dominio

Las siguientes secciones explican las responsabilidades que tiene cada uno de estos tipos de computadoras y las acciones que realizan.

No examinadores

Los no examinadores son computadoras que no mantienen, ni almacenan, la lista de examen. También son conocidas como *clientes de examinador* debido a que emiten solicitudes a otras computadoras que entonces les sirven a ellas la lista de examen. Cuando el cliente de examinador recibe la lista de examen, el cliente puede ver los recursos de red disponibles. Todas las computadoras que corren Windows (Windows para Trabajo en Grupo, Windows 95, Windows NT Workstation o Server) tienen capacidad de ser clientes de examinador. Una computadora se considera como no examinador cuando está configurada en forma específica para no desempeñar el papel de *servidor de examinador*. (Vea "Configuración del servicio Examinador de equipos" más adelante en esta lección.) Las funciones de los no examinadores incluyen lo siguiente:

- Anuncios: a intervalos regulares, todas las computadoras se anuncian al Examinador maestro de modo que se incluyan en la lista de examen. El mensaje al Examinador maestro incluye el nombre de la computadora y sus recursos compartidos. Cada computadora, sin importar cuál sea su papel, hará estos anuncios al Examinador maestro.

- Solicitudes de examen: cuando un usuario de computadora realiza una acción que depende del contenido de la lista de examen, entonces la computadora envía un mensaje solicitándolo.

AHORRE TIEMPO

> Si no tiene una red pequeña, asegúrese de que sus máquinas más lentas sean configuradas específicamente para que sean No examinadores. Si una máquina de baja potencia fuera elegida alguna vez como Examinador maestro, el rendimiento de examen de toda la red podría sufrir seriamente, si no es que quedara fuera de disposición por completo.

Examinadores potenciales

Los Examinadores potenciales son computadoras capaces de mantener y distribuir la lista de examen, pero sólo cuando sea necesario. Si no hay computadoras "mejores" que estén configuradas para ser Examinadores de respaldo, una computadora que está configurada para ser un Examinador potencial puede ser promovida por la computadora Examinador maestro para ser un Examinador de respaldo. Siguiendo la misma lógica, si no hay "mejor" computadora para ser el Examinador maestro, entonces la computadora Examinador potencial asumirá esa responsabilidad. Por ejemplo, si su computadora Windows NT Workstation es parte de un grupo de trabajo pequeño que conste de computadoras Windows para Trabajo en Grupo y Windows 95, es más probable que su computadora se convierta en el Examinador maestro.

TÓMESE UN MINUTO

> Si un Examinador potencial no es asignado para ser un Examinador de respaldo o un Examinador maestro, entonces no mantiene su propia lista de examen. En su lugar, funciona como un cliente de examinador.

TÓMESE UN MINUTO

> En forma predeterminada, una computadora Windows NT Workstation es configurada para ser un Examinador Maestro Potencial.

Examinadores de respaldo

Aunque su nombre podría implicar un papel secundario, los Examinadores de respaldo desempeñan una parte activa en la distribución de la lista de examen a los clientes de examinador que emiten solicitudes. Los Examinadores de respaldo reciben y almacenan la lista de examen después de solicitarla al Examinador maestro. En otras palabras, no desempeñan un papel activo en la recopilación de información de cada computadora. Periódicamente el Examinador Maestro envía una lista de examen actualizada a los Examinadores de respaldo. Esta lista actualizada es *mantenida*, o almacenada, hasta que llega la siguiente. Cuando el Examinador de respaldo recibe una solicitud de un cliente de examinador, envía la lista de examen, o la sirve, al cliente de examinador.

Examinador maestro

El Examinador maestro es la computadora que recopila y mantiene la lista de examen centralizada y la distribuye a los Examinadores de respaldo. Esta computadora es responsable de recopilar información de todas las computadoras en su dominio o grupo de trabajo, así como de recopilar una lista de todos los otros dominios y grupos de trabajo que pudieran existir en la red. Con esta información, forma la lista de examen que contiene los recursos disponibles. Dependiendo de las características de la red (vea la sección "Cantidad de examinadores en un dominio o grupo de trabajo"), la computadora Examinador maestro puede servir la lista de examen directamente a los clientes de examinador o de manera indirecta a través de examinadores de respaldo. De manera simplificada, las funciones de un Examinador maestro incluyen:

- Recibir anuncios.
- Elaborar la lista de examen, utilizando la información recibida en los anuncios.
- Distribuir la lista de examen a sus Examinadores de respaldo, si es que hay alguno.
- Responder a los clientes que soliciten la lista de examen o la lista de examen de respaldo.
- Promover a los Examinadores potenciales a Examinadores de respaldo, cuando sea necesario.
- Si el Examinador maestro es también el Examinador Maestro de Dominio, se anunciará a sí mismo a los Examinadores Maestros de otros dominios y grupos de trabajo.
- Si el Examinador maestro es también el Examinador maestro de dominio, recibirá anuncios (y listas de examen) de otros dominios y grupos de trabajo e incorporará aquellas listas de examen remotas en la propia.

20

Examinador maestro preferido

Este Examinador es una computadora configurada de modo que se le dé tratamiento preferencial al elegir Examinador maestro (vea "Elecciones de Examinador" más adelante en esta hora). Hacer que una computadora sea un Examinador maestro preferido no significa que se convertirá necesariamente en el Examinador maestro. De manera predeterminada, cuando se configura un NT Server para ser el Controlador de dominio primario de un dominio NT, también se configura para que sea el Examinador maestro preferido. Lo predeterminado para todas las demás computadoras, incluyendo a Windows NT Workstation, es que no son el Examinador maestro preferido.

Examinador maestro de dominio

En un dominio Windows NT siempre hay una computadora, el Controlador de dominio primario, que será responsable de la lista de examen centralizada de todas las computadoras de ese dominio, en especial para usarla cuando las computadoras en su dominio están en subredes TCP/IP diferentes (vea "Examen WAN y consideraciones de protocolo de red" más adelante en esta lección). Para los dominios NT que están en redes "simples", el Examinador maestro de dominio y el Examinador maestro serán el mismo: el Controlador de dominio primario.

TÓMESE UN MINUTO

Nunca habrá un caso en el que el Controlador de dominio primario no sea el Examinador maestro de dominio. Si el Controlador de dominio primario se apagara o desactivara de la red de alguna otra forma, habrá problemas (vea "Fallas del servicio Examinador" más adelante en esta lección).

AHORRE TIEMPO

Si falla el Controlador de dominio primario de su dominio (o de alguna otra forma no estuviera disponible durante un lapso de tiempo apreciable), un administrador deberá promover un Controlador de dominio de respaldo (CDR) para que sea el Controlador de dominio primario. No sólo continuará la administración del dominio, sino que el CDP nuevo también se convertirá en el nuevo Examinador maestro de dominio, y las funciones de examen del dominio no se verán afectadas.

Operaciones con Examinador

El Servicio de Examinador funciona por medio de elecciones, anuncios, solicitudes, distribución y cierres. También ocurren fallas. A continuación se explica cada caso en detalle.

Anuncios

Para que el Examinador maestro cree una lista de equipos, debe saber qué computadoras hay en la red. Este conocimiento ocurre cuando una computadora (activada en la red) envía un mensaje, conocido como *anuncio,* al Examinador maestro. Las computadoras Windows NT Server, Windows NT Workstation, Windows 95, Windows para Trabajo en Grupos o LAN Manager son capaces de enviar estos anuncios. Cuando el Examinador maestro recibe el anuncio, el cual contiene el nombre de la computadora e información de los recursos compartidos, agrega esa computadora a la lista de examen.

Los No examinadores, Examinadores potenciales y Examinadores de respaldo se anuncian todos a sí mismos del mismo modo. Una computadora se anunciará al Examinador maestro al principio cada minuto durante los primeros cinco minutos, pero luego extiende ese intervalo a una vez cada dos minutos, luego a cuatro, después a ocho y por último a una vez cada 12 minutos. Si el Examinador maestro no oye de la computadora durante tres periodos de anuncio consecutivos, eliminará a la computadora de la lista.

Solicitudes de Examinador

En algún punto del uso de una computadora, es probable que usted realice alguna acción que requiera que su computadora vea la lista de examen. La primera vez que esto ocurra, su computadora no sabrá a quién dirigirse. Sabe lo suficiente para enviar una solicitud muy general al Examinador maestro, pero no para la lista de examen. En vez de ello, la solicitud (llamada solicitud *GetBackupList*) es para una lista de equipos a las cuales enviar una solicitud de examen. Aquí es donde se complica. Si no hay ningún Examinador de respaldo para el grupo de trabajo o dominio, el Examinador maestro responderá sólo con el nombre de sí mismo. Su computadora almacenará el nombre del Examinador maestro y le hará todas sus solicitudes de examen a él.

Si hay uno o más Examinadores de respaldo en un grupo de trabajo o dominio, el Examinador maestro responderá a la solicitud con la lista de todos los Examinadores de respaldo existentes. El cliente de examinador solicitante escogerá hasta tres de estas computadoras para almacenarlas en su memoria. Luego emitirá una solicitud a uno de los tres Examinadores de respaldo para la lista de examen. De ahí en adelante, en cualquier momento que el cliente necesite una lista de examen actualizada, ni siquiera se molestará en preguntarle al Examinador maestro. Simplemente enviará su solicitud a uno de los Examinadores de respaldo, elegido al azar. Al delegar alguna responsabilidad (la de enviar la lista de examen a los clientes) a los Examinadores de respaldo, la computadora Examinador maestro se asegura de no sobrecargarse al tratar de servir a todos los clientes del Examinador. Si el papel actual de su computadora NT Workstation es de cliente de Examinador y no recibe una respuesta a su solicitud, registrará un Suceso de Advertencia (Warning Event) en el registro de sucesos de su computadora. El siguiente es un Detalle de Suceso (Event Detail) de tipo Advertencia del registro de Sucesos del Sistema (System Event) del NT 4 Workstation del autor: "El Examinador no pudo recuperar una lista de servidores del Examinador maestro\\INDY_TESTBED en la red\Device\NetBT. Los datos son el código de error."

TÓMESE UN MINUTO

NetBT = NetBIOS sobre TCP/IP. Esto se refiere al protocolo de red de esa lista de examen en particular. Vea "Examen WAN y consideraciones de protocolo de red" más adelante en esta lección.

Distribución de la lista de examen

Para proporcionar la redundancia, precisión y lo completo que se requiere del servicio de Examinación de Computadora, se les debe recordar a los Examinadores Maestros que envíen una lista de examen actualizada a sus Examinadores de Respaldo. Cada 15 minutos (pero no todos al mismo tiempo), un Examinador de Respaldo enviará una solicitud al Examinador Maestro declarando que desea la lista de examen actual del Examinador Maestro, cuyo contenido incluirá no sólo su propio dominio o grupo de trabajo sino también aquellas computadoras y recursos de otros dominios y grupos de trabajo en la red.

Cierres del servicio Examinador

Cuando se cierra una computadora Examinador de respaldo, envía un anuncio al Examinador maestro declarando que ya no estará disponible. Del mismo modo, al cerrarse una computadora Examinador maestro, deberá transmitir un mensaje datagrama de elección de modo que se elija un nuevo Examinador maestro. Además, se registrará un suceso de sistema en su registro de sucesos. Por ejemplo, en el CDP del dominio del autor (el Examinador maestro de dominio), un comando de Cierre y Reinicio (Shutdown and Restart) dará como resultado dos entradas en el registro de Sucesos del Sistema de tipo información: una durante el cierre y una durante el reinicio. El primero será "El Examinador ha forzado una elección en la red\Device\NetBT porque el Examinador maestro fue detenido". De hecho, el CDP fue ese Examinador de Dominio. La segunda entrada en el registro será "El Examinador ha forzado una elección en la red\Device\NetBT debido a que se ha iniciado un Windows NT Server" (o maestro de dominio). Una vez más, el CDP se refiere a sí mismo.

Incluso en las peores circunstancias, una computadora Windows NT Server o Workstation se cerrará sin problemas y se eliminará con éxito a sí misma de la lista de examen. Hay "rumores" de que Windows 95 también hace esto, pero respire tranquilo. Los "sistemas operativos" Windows para Trabajo en Grupo y Windows 95 no son Windows NT. Baste decir esto.

Fallas del servicio Examinador

Una falla ocurre cuando una computadora en la red no realiza una acción de la que dependen otras computadoras. Cuando un cliente solicita una lista de Examinadores de respaldo de un Examinador maestro, espera una respuesta. Si no la recibe, entonces el Examinador maestro ha "fallado" y el cliente forzará la elección de un nuevo Examinador maestro. Cuando falla una computadora que no es Examinador maestro (incluyendo clientes de Examinador, Examinadores potenciales y Examinadores de respaldo), ya no envía anuncios al Examinador maestro. Cuando éste no recibe un anuncio de una computadora durante tres periodos consecutivos de anuncio, eliminará a la computadora de la lista de examen.

Si un Examinador de respaldo falla y su nombre ha sido dado a cualesquiera otros clientes, cualquier intento subsecuente de un cliente para hacer contacto con éste fallará al no recibir el cliente una respuesta. Entonces el cliente elegirá al azar alguno de los restantes en su lista y reintentará la solicitud. Si todos los Examinadores de respaldo en la lista de un cliente han fallado, entonces el cliente emitirá otra solicitud GetBackupList al Examinador maestro para obtener una lista actual de Examinadores de respaldo.

Como los Examinadores de respaldo solicitan la lista de examen cada 15 minutos al Examinador maestro, notarán su falla dentro de ese lapso. Cuando un Examinador de respaldo no recibe la lista de examen después de solicitarla, emitirá un datagrama de elección para forzar una elección.

Tómese un Minuto

Para propósitos de prueba, desactive la funcionalidad de red de mi Examinador maestro, un NT 4 Server llamado INDY_TESTBED. Al inspeccionar el registro de sucesos de mi computadora NT Workstation 4 (la cual había estado funcionando como Examinador de respaldo), encontré que mi computadora en realidad había emitido un total de diez solicitudes (dos solicitudes cada dos minutos durante un periodo de ocho minutos –sí, esto da diez solicitudes) y registrado diez Advertencias de Suceso del Sistema (System Event Warnings): "El Examinador no pudo recuperar una lista de servidores del Examinador maestro\\INDY_TESTBED en la red\Device\NetBT. Los datos son el código de error." Sólo después del último par de solicitudes fallidas (ocho minutos completos después de la primera) mi NT Workstation registró el Suceso del Sistema de tipo Error: "El servicio de Examinador ha fallado en recuperar la lista de respaldo demasiadas veces en transporte\Device\NetBT. El Examinador de respaldo está detenido."

Precaución

Si un Examinador maestro falla en una red sin Examinador de respaldo (y sin Examinadores potenciales), entonces los servicios de examen en el dominio o grupo de trabajo no estarán disponibles. Si el examen tiene al menos alguna importancia, deberá asegurarse de que su red tiene un Examinador de Respaldo o unos cuantos Examinadores Potenciales.

Precaución

En una red TCP/IP subredes múltiples, la falla de un Examinador maestro de dominio efectivamente cortará el examen entre subredes debido a que cada Examinador maestro de subred no podrá ver ningún otro Examinador maestro de subred y no podrá distribuir la lista de examen. El Examinador maestro de cada subred sería capaz de ver sólo las computadoras en su propia subred local. Aunque tomaría hasta 15 minutos, todas las computadoras en subredes "remotas" finalmente serían eliminadas de la lista de examen. (Vea, para una explicación detallada, "Examen WAN y consideraciones de protocolo de red" más adelante en esta lección.)

Elecciones de Examinador

Un examen apropiado y eficiente asume que toda computadora en la red conoce su lugar y se comporta adecuadamente. Con cientos de máquinas en una red complicada, tiene que haber un método sencillo y efectivo para asignar un papel a cada computadora. De otra forma todo sería un caos. El método del servicio de Examinador de equipos se denomina *elección*. Las elecciones ocurrirán en las siguientes circunstancias:

- El servicio de Examinador de equipos empieza en una computadora configurada como Examinador maestro preferido.
- El servicio de Examinador de equipos empieza en un controlador de dominio Windows NT.
- El servicio de Examinador de equipos se detiene en un Examinador maestro (como cuando la computadora misma se cierra normalmente).
- Una computadora no puede localizar a un Examinador maestro.

El proceso de elección

Una elección comienza cuando una computadora transmite un *datagrama de elección*. Un datagrama de elección es un mensaje que tiene el nombre de una computadora y los *criterios de elección*. Como todos los servidores de Examinador pueden recibir estos datagramas de elección, cada uno examinará los criterios de elección de la computadora que los emitió. Si una computadora determina que sus propios criterios de elección no son mayores que los del datagrama que recibió, en esencia "renunciará" y esperará hasta que la elección termine antes de intentar determinar cuál computadora es el nuevo Examinador maestro. Todos los servidores de Examinador cuyos criterios de elección son mayores (o mejores) que los de la computadora que emitió el primer datagrama de elección enviarán sus propios datagramas de elección. Esto se denomina como estado de *elección en progreso*.

Por último, habrá una computadora que envíe un datagrama de elección al que ninguna otra computadora será capaz de responder, ya que no tienen criterios de elección más altos. La computadora restante introduce entonces el estado de *elección ejecutándose* en el que envía hasta cuatro datagramas de elección más, sólo para estar segura de que es la verdadera ganadora. Si ninguna otra computadora responde con un datagrama de elección, entonces gana la elección y se convierte en el Examinador maestro.

Los siguientes cuadros muestran las computadoras en el orden de sus criterios de elección (del más alto al menor).

Jerarquía de criterios de elección primarios
Controlador de dominio primario (Windows NT Server)
Windows NT 4 Server
Windows NT 3.51 Server

Jerarquía de criterios de elección primarios

Windows NT 4 Workstation
Windows NT 3.51 Workstation
Windows 95
Windows para Trabajo en Grupo

Jerarquía de criterios de elección secundarios

Examinador maestro preferido
Examinador maestro actual
MaintainServerList=Yes
Examinador de respaldo actual
Cantidad de tiempo en que el Examinador ha estado corriendo
Nombre alfanumérico más bajo

Como usted puede ver, un Controlador de dominio primario tiene los criterios de elección más altos y siempre ganará una elección. Después de éste, el siguiente criterio más alto es el tipo y versión del sistema operativo que esté corriendo una computadora. El único propósito de los criterios de elección secundarios es para casos en que los criterios de elección primarios de dos o más computadoras están empatados (como en el caso de dos computadoras Windows 95).

TÓMESE UN MINUTO

La versión de un sistema operativo de red no importa para un CDP. Un Windows NT 3.1 Server que es un CDP ganará una elección sobre un Windows NT 4 Server.

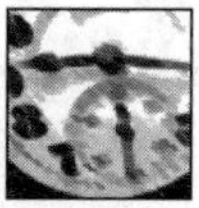

AHORRE TIEMPO

Si cree que los servicios de examen son irracionalmente lentos, use el Visor de Sucesos NT (Event Viewer) para ver sus registros de Sucesos del Sistema (System Event) de Windows NT Workstation y si hay controversia de Examinador. Los registros pueden mostrar que otras computadoras, por lo general aquellas antiguas computadoras con Windows para Trabajo en Grupos, están emitiendo datagramas de elección cuando no deberían. (Vea "Computadoras con Windows para Trabajo en Grupo que actúan como servidores de Examinador" más adelante en esta lección.)

Escenarios de elección de Examinador

Ahora que entiende la teoría de las elecciones de Examinador, veamos cómo podría llevarse a cabo en realidad una elección en algunos supuestos ambientes de computación.

Escenario 1

Su compañero de trabajo tiene una Windows NT Workstation 4 que está funcionando como el Examinador maestro de un grupo de trabajo cuyas otras computadoras consisten en simples máquinas Windows para Trabajo en Grupo. Una vez que haya leído todo este libro, instala Windows NT Workstation 4 en su computadora también, y la configura para ser un Examinador maestro preferido estableciendo IsDomainMaster = Yes (vea "Configuración del servicio de Examinador de equipos" más adelante en esta lección). Cuando su computadora inicia el servicio de Examinador de equipos, se realizará una elección. Ambas computadoras empatarán respecto al sistema operativo de red y versión, pero su computadora ganará por escaso margen la elección, pues un Examinador maestro preferido tiene prioridad sobre un Examinador maestro que se esté ejecutando.

Escenario 2

Lleve el escenario 2 un poco más adelante, suponiendo que su computadora Windows NT Workstation 4, ahora el Examinador maestro actual, tiene un MaintainServerList = Auto. Su compañero de trabajo está celoso y decide modificar su Registro (Registry) de modo que su computadora también sea un Examinador maestro preferido (IsDomainMaster = Yes) y su MaintainServerList = Yes. Su computadora forzará una elección, pero la computadora de usted saldrá todavía a la cabeza y ganará la elección como el Examinador maestro. ¿Por qué? El sistema operativo de red y la versión son las mismas, los parámetros de Examinador maestro preferido son los mismos y aun cuando los parámetros MaintainServerList están a favor de su compañero de trabajo, su computadora es en la actualidad el Examinador maestro y por tanto tiene criterios de elección más altos.

Escenario 3

Por último, suponga que sus dos computadoras NT 4 tienen todos los mismos criterios (excepto por sus nombres). Una se llama Alfa mientras que la otra se llama Bravo; Alfa ganará la elección debido a que A tiene un valor inferior que B.

Problemas de oportunidad

El servicio Examinador de equipos no es perfecto por ningún motivo, y los requerimientos mencionados antes no siempre se cumplen. Por ejemplo, podría haber casos en los cuales un cliente de Examinador intentará conectarse a un recurso compartido desde la lista de examen sólo para encontrar que no está disponible o no existe. Debido a que los cambios no son transferidos en forma instantánea a la lista de examen y la distribución ocurre en forma periódica y se puede llevar casi una hora antes de que se refleje un cambio específico en lo que ve el cliente de Examinador. Usted puede continuar leyendo si desea entender cómo sucede esto; de otra manera, confíe en mi palabra.

Un Examinador maestro no eliminará a una computadora de su propia lista de examen hasta que esta computadora no se haya anunciado durante tres periodos consecutivos. Por ejemplo, si su computadora NT Workstation se anuncia a la 1:00 p.m. y a la 1:12 p.m., el Examinador maestro estará esperando anuncios adicionales una vez cada 12 minutos a la 1:24 p.m., 1:36 p.m. y 1:48 p.m.; si no recibe al menos un anuncio a la 1:48 p.m., eliminará su computadora NT Workstation de su lista de examen. Ahora suponga que un Examinador de respaldo acaba de recibir la lista del Examinador maestro a la 1:47 p.m. Un cliente que solicita la lista de examen de ese Examinador de respaldo (en cualquier momento antes de que éste reciba la lista nueva a la 1:47 p.m. + 15 minutos = 2:02 p.m.) aun ahí vería su NT Workstation en la lista de examen.

Para resumir todo: un cambio podría no verse en forma correcta en la lista de examen durante (3 periodos de anuncio × intervalo de anuncio de 12 minutos) + 15 minutos = 51 minutos.

Configuración del servicio Examinador de equipos

Ahora que sabe cómo instalar el servicio y los detalles del funcionamientoi de examinador, usted puede aprender a modificar su NT Workstation para satisfacer las necesidades de la red. Una vez más, la única manera de configurar el servicio es por medio del Registro NT (NT Registry). Usted puede modificar el Registro escribiendo `REGEDT32.EXE` desde el menú Inicio | Ejecutar (Start | Run).

Las dos entradas del Registro que son, quizá, las más útiles (y las más seguras) para modificar con propósitos de examen son MaintainServerList e IsDomainMaster. Ambas se localizan (como se ve en la figura 20.7) en la siguiente subclave:

`HKEY_LOCAL_Machine\System\CurrentControlSet\Services\Browser\Parameters`

Hay tres valores posibles de escribir REG_SZ para el parámetro MaintainServerList. Hay dos valores posibles de escribir REG_SZ para el parámetro IsDomainMaster. La tabla 20.1 muestra los valores predeterminados para estos parámetros.

Figura 20.7.
Datos de parámetros del Examinador en la ventana del Registro NT.

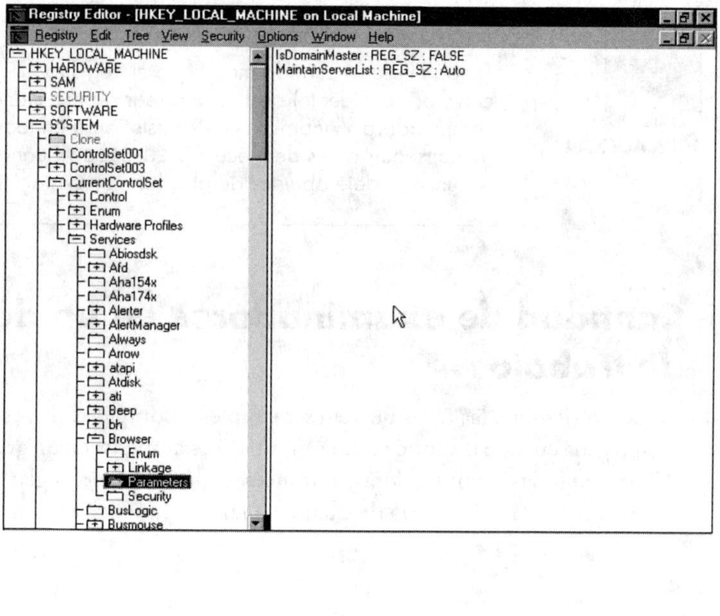

Los valores posibles para el parámetro del Examinador MaintainServerList son:

- FALSO (o NO). Esta computadora nunca funcionará como un servidor de Examinador, sólo como un cliente de Examinador (no Examinador).
- VERDADERO (o SÍ). Esta computadora será un servidor de Examinador, ya como Examinador maestro o como Examinador de respaldo. Mantendrá una lista de examen y la enviará a clientes de Examinador solicitantes.
- AUTO. Esta computadora será un Examinador potencial y se puede convertir o no en un servidor de Examinador, dependiendo del número de computadoras y servidores de Examinador actuales. El Examinador maestro notificará a esta computadora que deberá ser un Examinador de respaldo, si aquél lo considera necesario.

Los valores posibles para el parámetro de examinador IsDomainMaster son

- VERDADERO (o SÍ). Esta computadora es un Examinador maestro preferido, así que recibirá una categoría preferencial sobre otras computadoras durante las elecciones de Examinador maestro.
- FALSO (o NO). Esta computadora no es un Examinador maestro preferido.

Tabla 20.1. Parámetros predeterminados del Registro NT para parámetros de Examinador.

Parámetro	Windows NT Workstation	Windows NT Server
MaintainServerList	Auto	Verdadero/Sí
IsDomainMaster	Falso/No	Falso (Verdadero si es CDP)

PRECAUCIÓN

> Tenga cuidado cuando modifique el Registro NT. Un error (como eliminar una clave por accidente) podría acarrear repercusiones adversas graves en una computadora Windows NT Workstation o en toda la red. Sepa lo que trata de conseguir antes de ejecutar `REGEDT32`. Cuando termine, cierre el Registro —nunca lo deje abierto; de otra forma se estará buscando problemas.

Cantidad de examinadores en un dominio o grupo de trabajo

Como siempre, las redes pueden ser simples o complejas. En este caso, hay alguna complejidad agregada cuando la cantidad de computadoras aumenta en un grupo de trabajo o dominio. Si sólo tiene algunas computadoras, entonces se las puede arreglar bien con una (el Examinador maestro) sirviendo la lista de examen a las que la soliciten. Sin embargo, conforme se agreguen computadoras a un grupo de trabajo o dominio, usted puede esperar que también aumente la cantidad de solicitudes de examen, haciendo que su Examinador maestro realice trabajo adicional. Por esta razón un Examinador maestro necesita Examinadores de respaldo. Juntos pueden equilibrar el exceso de carga (utilización de la CPU) que se necesita para elaborar y mantener la lista.

La cantidad de Examinadores de respaldo que necesita un Examinador maestro está determinado por el total de computadoras en el grupo de trabajo o dominio y se puede simplificar como se muestra en la tabla 20.2.

Tabla 20.2. Número de servidores de Examinador en un dominio o grupo de trabajo.

Cantidad de computadoras	Examinadores maestros	Examinadores de respaldo
1	1	0
2 a 31	1	1
32 a 63	1	2
64 a 95	1	3

Para cada 32 computadoras adicionales agregadas al grupo de trabajo o dominio, el Examinador maestro intentará promover otros Examinadores potenciales al papel de Examinadores de respaldo.

TÓMESE UN MINUTO

La anterior es una guía de la cantidad de Examinadores de respaldo que un Examinador maestro intentará crear, no la cantidad a que estará limitado. Si hay 10 Windows NT Workstation cuyos parámetros MaintainServerList del Registro están establecidos todos en Verdadero, entonces habrá un Examinador maestro y nueve Examinadores de respaldo aun si esas 10 computadoras son las únicas en el grupo de trabajo.

TÓMESE UN MINUTO

La cantidad de Examinadores de respaldo depende de la existencia de computadoras cuyo servicio de Examinador de equipos esté configurado para permitir que la computadora se convierta en un servidor de examen. Por ejemplo, si un grupo de trabajo consta de dos computadoras NT Workstation, la única forma en que podría haber un Examinador maestro y un Examinador de respaldo es que los parámetros MaintainServerList del Registro de ambas computadoras hayan sido establecidos en Sí/Verdadero o Auto.

Problemas técnicos

Si, hasta este punto, solamente quería aprender los conceptos y operaciones generales del examen en red, entonces el resto de esta hora podría ser más técnico de lo que necesita por ahora. Por otra parte, si está ávido de más conocimiento, continúe leyendo.

Computadoras Windows para Trabajo en Grupo que actúan como servidores de examinador

Si tiene máquinas que están corriendo NT Server, NT Workstation o incluso Windows 95, entonces lo más probable es que no necesite que alguna computadora Windows para Trabajo en Grupo sea configurada como servidor de examinador. ¿Considera que no tiene ningún servidor de Examinador Windows para Trabajo en Grupo? No esté tan seguro. A menos que una computadora Windows para Trabajo en Grupo sea establecida específicamente como un No examinador, lo predeterminado parece ser que sea un Examinador potencial. En lo personal he visto casos en los que hubo "tormentas de transmisión de elecciones" en redes (la mía, por desgracia) con una gran cantidad de computadoras Windows para Trabajo en Grupo. Estas "tormentas de transmisión de elecciones" fue el resultado de controversias de múltiples computadoras Windows para Trabajo en Grupo cuando intentaban ganar la elección de Examinador maestro. La única forma de estar seguro de evitar está situación es agregar la línea `MaintainServerList=No` bajo el encabezado `[Network]` en el archivo `SYSTEM.INI` de la computadora Windows para Trabajo en Grupo.

Examen de WAN y consideraciones acerca del protocolo de red

Si los conceptos de esta lección no fueran ya demasiado complicados, sepa que hay una lista de examen separada y distinta por completo para *cada* protocolo en uso en la red. Cada protocolo tiene su propio conjunto de Examinadores maestro y de respaldo. Para grupos de trabajo en redes simples, NetBEUI (NBF) e IPX/SPX podrían funcionar bien. Para grupos de trabajo y dominios más grandes en redes enrutadas complejas, TCP/IP en realidad es la mejor opción.

Si su dominio usa TCP/IP y consta de múltiples subredes IP, cada subred tendrá su propio conjunto de Examinadores maestro y de respaldo. Por consiguiente, el "Examinador maestro de subred" mantendrá la lista de examen de todas las computadoras en su subred local. El examen entre subredes funciona debido al Examinador maestro de dominio (siempre que los archivos `WINS` o `LMHOSTS` estén correctamente configurados), el cual recopila o distribuye todas las listas desde o hasta cada Examinador maestro de subred. El Examinador Maestro de Dominio recopila todas las listas de cada subred para crear la lista de examen de todas las computadoras en el dominio. También es el Examinador maestro de dominio el que comunica e intercambia listas de examen con otros Examinadores maestros de dominio y con Examinadores maestros de otros grupos de trabajo.

TÓMESE UN MINUTO

Si fallara su Examinador maestro de dominio, la lista de examen se volvería localizada pues cada Examinador maestro de subred sólo podría proporcionar una lista de examen conteniendo las computadoras en el segmento de red local. Todas las computadoras en subredes IP remotas desaparecerían al final de la lista de examen.

AHORRE TIEMPO

Ponga en práctica WINS (Windows Internet Naming System, Sistema de denominación Internet de Windows) para los servicios más completos y confiables para su dominio.

AHORRE TIEMPO

Para asegurar la funcionalidad de examinación apropiada cuando use RAS, asegúrese de que su NT Workstation remoto tiene el mismo nombre de grupo de trabajo que el grupo de trabajo o dominio desde el que está marcando.

Debido a que el Examinador Maestro de Dominio es el concentrador de comunicaciones para las subredes TCP/IP múltiples, si su computadora es miembro de un grupo de trabajo que abarca subredes, en realidad tendrá dos grupos distintos funcionando en forma separada que resultan tener el mismo nombre. Los grupos de trabajo no tienen Examinador Maestro de Dominio.

AHORRE TIEMPO

En una configuración de grupo de trabajo, sería sensato configurar una computadora potente para que tenga la categoría de Examinador maestro preferido pues no habría ningún CDP. Esto le daría más control sobre el resultado de las elecciones de Examinador. En una configuración de dominio, sería sensato "extender" la colocación de sus NT Server y NT Workstation para que al menos una computadora NT, si no es que tres, estén corriendo en cada subred TCP/IP.

IPX/SPX y NBF (NetBEUI Frame) no tienen un Examinador maestro de dominio pues sólo necesitan un Examinador maestro para toda la red. IPX/SPX no lo necesita porque no está limitado por segmentación física. En un dominio o grupo de trabajo IPX/SPX sólo habrá un Examinador maestro, aun si abarca múltiples segmentos físicos, ya que sus búsquedas de nombre (mensajes transmitidos) se pueden enviar a través de un enrutador desde un segmento físico a otro. NetBEUI no tiene un Examinador maestro de dominio por la limitación del protocolo. NetBEUI (NBF) no puede enviar mensajes transmitidos a través de enrutadores y, por consiguiente, requiere un Examinador maestro separado por segmento de enrutador físico. NetBEUI no se debe usar en un ambiente de dominio NT de segmentos múltiples grandes.

Resumen

En casi todos los ambientes de red, la configuración apropiada de los servicios de examinador puede ser la diferencia entre una red que comparte recursos fácilmente y una que no los comparte en absoluto. La bondad con el usuario de la lista de examen es su atributo más importante, ya que su diseño técnico y sus funciones de nivel inferior deberán ser invisibles para la mayoría de los usuarios, pues éstos sólo desean ver las computadoras que hay en la red y los recursos que esas computadoras están compartiendo, punto.

Taller

El taller le ayuda a concretar las técnicas aprendidas en esta hora.

Glosario

anuncio (announcement) Paquete de comunicación de red enviado por todas las computadoras para notificar al Examinador maestro de la existencia de la computadora y sus recursos compartidos.

cierre (shutdown) La detención deliberada y ordenada del Servicio Examinador de equipos.

elección (election) Proceso para determinar cuál computadora es más adecuada en la red (o está configurada de manera específica) para ser el Examinador maestro.

elemento compartido oculto (hiden share) Recurso compartido que, por designación, no aparece en la lista de recursos compartidos. El nombre de un elemento compartido oculto termina con `$`.

Examinador de respaldo (Backup Browser) Computadora que recibe y almacena la lista de examen, y luego la envía a los clientes de Examinador que envíen solicitudes de examen.

Examinador Maestro (Master Browser) Recopila y mantiene la lista de examen centralizada y la distribuye a los Examinadores de Respaldo.

Examinador maestro de dominio (Domain Master Browser) Recopila, mantiene y distribuye la lista de examen centralizada para un dominio NT que abarca múltiples subredes TCP/IP.

Examinador Maestro Preferido (Preferred Master Browser) Computadora configurada de modo que tenga tratamiento preferencial en las elecciones de Examinador cuando se está eligiendo Examinador maestro.

Examinador Potencial (Potential Browser) Computadora configurada para ser un Examinador de respaldo (si así se lo indica un Examinador maestro), o un Examinador maestro para tal caso (si no hay una computadora mejor).

examinar (browsing) El acto de buscar a través de la lista de examen para ver qué recursos compartidos están disponibles para ser usados.

falla (failure) La detención o interrupción no intencional del servicio de Examinador de equipos.

IsDomainMaster Clave del Registro NT que es usada para denotar tratamiento preferencial cuando ocurren las elecciones de Examinador.

lista de examen (browse list) Lista centralizada de todas las computadoras y recursos compartidos disponibles en la red.

MaintainServerList Clave del Registro NT que es usada para configurar el papel de examinación de una computadora.

No Examinador (Non-Browser) También conocido como cliente de Examinador, es una computadora que recibe la lista de examen de un servidor de Examinador (por ejemplo, un Examinador de respaldo).

recurso compartido (shared resource) Directorio o impresora que una computadora está "sirviendo" a otros usuarios en la red. Por ejemplo, los usuarios de computadoras pueden imprimir en una impresora que está conectada a su Windows NT Workstation si la tiene "compartida" con ellos.

servicio de Examinador de equipos (Computer Browser service) También conocido como servicio Examinador NT (NT Browser), es un servicio NT que realiza las operaciones tras bambalinas de modo que la lista de examen esté disponible para todas las computadoras en la red.

servidor de examinador (browser sever) Cualquier computadora cuyo papel sea "servir" la lista de examen a otras computadoras (por ejemplo, Examinadores de respaldo, Examinadores maestros y Examinadores maestros de dominio).

solicitud de examen (browse request) Un paquete de comunicación de red enviado por un cliente de Examinador, solicitando la lista de examen.

Ejercicios

1. Si los tiene disponibles, revise cómo está configurado el Servicio de Examinador de equipos en cada uno de los siguientes tipos de máquinas: Windows NT Server, Windows NT Workstation, Windows 95 y Windows para Trabajo en Grupo. Recuerde, la configuración de una computadora Windows para Trabajo en Grupo no siempre es obvia.
2. Cree algunos directorios compartidos y un directorio oculto en su computadora. Vaya a otra máquina y vea qué recursos compartidos muestra bajo su computadora en la lista de examen.
3. Vea los registros en el Registro de sucesos del sistema de su NT Workstation. Revise para ver si hay alguna advertencia o errores en el servicio de Examinador. Verifique la hora para ver cuándo y por qué ocurrieron.

PARTE IV

Hora 21

El Registro Windows NT

por Martin Kenley

El Registro (Registry) es una base central de datos en la cual NT almacena parámetros de configuración que tienen que ver con el hardware y el software. Sin un buen registro en orden de funcionamiento, NT no puede iniciar. En el pasado, con Windows 3.0 y 3.1, los archivos `ini` eran críticos porque los parámetros del sistema se almacenaban en ellos. Sin embargo, es evidente que este método tenía limitaciones inherentes. Los archivos `ini` se solían saturar con entradas de aplicaciones eliminadas de su computadora mucho antes. No había una forma fácil de hacer que estos archivos reflejaran el estado actual de su sistema.

De este modo, nació el Registro. Éste se hizo cargo del trabajo no sólo de todos los archivos `ini` sino también de los archivos `config.sys` y `autoexec.bat`. En ocasiones, NT es lo bastante indulgente como para permitir la existencia de archivos `ini`, pero por lo general cuando los crea una aplicación anterior de 16 bits. Lo más probable es que usted vea un archivo `System.ini` y un archivo `Win.ini` en su sistema NT; siempre que puede, NT copia el contenido de todos los archivos `ini` al Registro.

Con NT 4, usted tiene un nuevo Editor de Registro (Registry Editor), RegEdit. Éste presenta la información en una forma más lógica y le permite ocultar las claves que usted no necesita (las claves son definidas en la primera sección de esta lección). Por desgracia, el Registro aún es una estructura muy complicada.

Tenga en cuenta, sin embargo, que el modo estándar para hacer cambios a su configuración es a través de una utilería regular, con frecuencia una utilería del panel de control. No le recomendamos ir y hacer cambios directamente en el Registro. Es peligroso y puede causar un daño grave —tan grave que ni podría hacer arrancar su sistema.

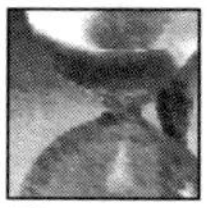

PRECAUCIÓN

Si necesita entrar al Registro por una emergencia, asegúrese de que tiene un respaldo a mano que pueda usar para restablecer la versión actual, si hubiera algún problema. La forma de hacer una copia de respaldo se explica más adelante en la sección "Importación y exportación de archivos del Registro". Más importante aún: antes de hacer cambios sepa lo que está haciendo. Por fortuna, el Registro está protegido contra el acceso no autorizado y los usuarios no pueden siquiera usar los editores del Registro sin la autorización apropiada. En forma predeterminada, únicamente los administradores los pueden usar.

Es más, los archivos están almacenados en un formato encriptado de modo que no puedan ser leídos por ningún editor excepto los diseñados en forma explícita para este propósito. Un procesador de palabras no sabría como tratar los datos encriptados. Como una protección adicional, los archivos están marcados como archivos ocultos de sistema sólo para lectura.

La estructura del Registro

En este punto, podría serle útil observar la estructura del Registro para ver cómo está organizado. La estrategia de organización empleada por los desarrolladores en Microsoft fue dividir el Registro en dos cuerpos principales:

- `USER.DAT`: en esta parte del Registro encontrará información sobre los parámetros que se aplican a la cuenta de cada usuario.
- `SYSTEM.DAT`: aquí conserva NT los parámetros generales del hardware y el software. Esta sección es muy grande e incómoda para navegar.

Cuando abra el Registro con RegEdit se le presentará una ventana como la que se muestra en la figura 21.1. Observe cada clave en la figura para ver qué contiene. Para abrir RegEdit, vaya a Inicio | Ejecutar (Start | Run) y escriba `regedit`.

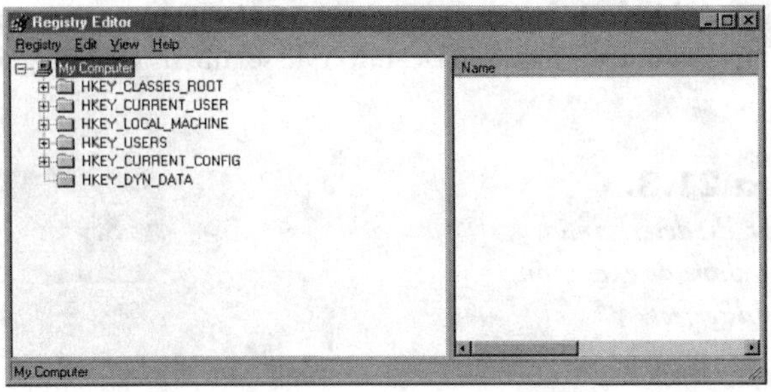

Figura 21.1.
Cuando abra RegEdit verá las claves que se muestran aquí.

HKEY_CLASSES_ROOT

La clave `HKEY_CLASSES_ROOT` contiene información sobre asociaciones de archivo, extensiones y OLE (Vinculación e Incrustación de Objetos, Object Linking and Embedding). Las secciones siguientes cubren las extensiones y descripciones de objetos.

Extensiones de archivo

Haga clic en el signo + junto a la clave para abrirla. La primera lista larga de claves presentada son las claves de extensiones de archivo. Si ha instalado muchas aplicaciones, deberá ver un listado largo y amplio. Esta parte de la base de datos, por ejemplo, conecta la extensión de tres letras .DOC a los archivos de Microsoft Word. Observe que el nombre de cada clave comienza con un punto.

Usted puede usar el Registro para modificar asociaciones de archivo. Normalmente, usted usaría el Explorador (Explorer) para cambiar una asociación de archivo, mas como va a agregar un tipo de extensión a una aplicación, y el Explorador no se lo permite, usará el Registro.

1. Abra la aplicación RegEdit yendo a Inicio | Ejecutar (Start | Run) y escriba `regedit`.
2. Abra la clave `HKEY_CLASSES_ROOT` haciendo clic en el signo + junto a su carpeta. En este ejemplo, usted va a agregar extensiones `.TXT` para WordPerfect. Desplácese hacia abajo por la lista de extensiones hasta que aparezca `.wpd`. Deberá ver una ventana similar a la de la figura 21.2.

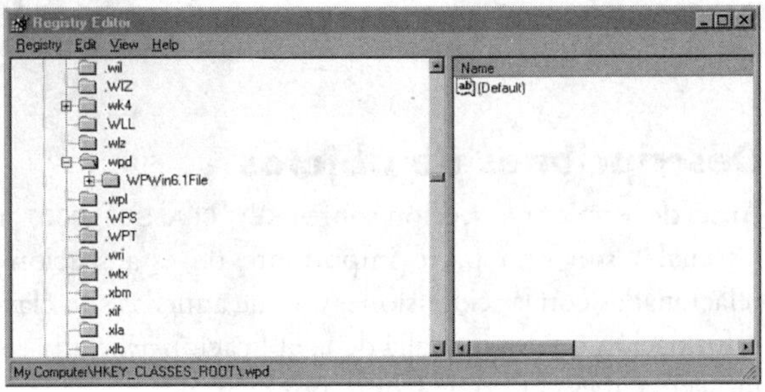

Figura 21.2.
Una clave de extensión típica (ésta es la clave para WordPerfect 6.1).

21

3. Haga clic en `.wpd`. Si desea ver el valor para esta extensión, haga clic en el valor Predeterminado (Default) que se muestra en la figura 21.3.

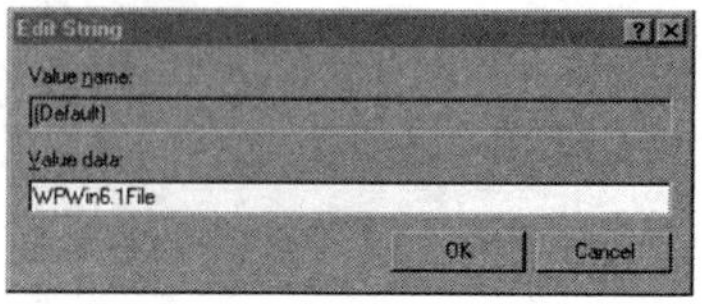

Figura 21.3.
El valor Predeterminado para la clave de extensión de WordPerfect.

4. Desplácese de nuevo hacia la parte superior para que pueda ver `HKEY_CLASSES_ROOT` y haga clic en ella.
5. Vaya al menú Edición (Edit), seleccione Nuevo | Clave (New | Key), lo que agregará una clave nueva. Nómbrela `.TXT`. Abra el valor Predeterminado haciendo doble clic en él y escriba `WPWin6.1File`. Si lo olvida, vea cuál era el tipo Predeterminado para la clave `.wpd`.
6. Cierre la utilería RegEdit. Abra el Explorador y revise para ver si funcionó. Pase a Ver | Opciones (View | Options), que le presenta el cuadro de diálogo de la figura 21.4. Haga clic en la ficha Tipos de archivo (File Types) en la parte superior de la ventana y desplácese por la lista hasta que vea la aplicación WordPerfect. Haga clic en ella y esto le mostrará qué tipos de extensión de archivo puede abrir.

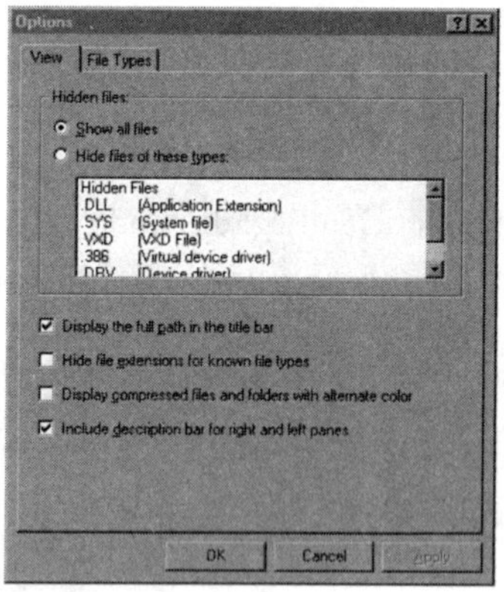

Figura 21.4.
El Explorador es capaz de permitirle cambiar las asociaciones de archivos, pero no de agregar tipos de extensión nuevos para una aplicación.

Descripciones de objetos

Antes de terminar la sección sobre `HKEY_CLASSES_ROOT`, necesita ver las descripciones de objetos, las cuales son otra parte importante de esta sección del Registro. Las descripciones están relacionadas con las extensiones en que aquéllas son claves adicionales que proporciona NT con información que va más allá de la aplicación asociada con la extensión. Esta información puede indicar cuál es el tipo de icono, por ejemplo.

HKEY_LOCAL_MACHINE

Como el nombre implica, la sección `HKEY_LOCAL_MACHINE` contiene claves que informan a NT acerca del hardware, configuraciones del software y seguridad.

Hardware

Esta clave del Registro se compila cada vez que su computadora es iniciada. Vea la figura 21.5 para un ejemplo de la clave de Registro de Hardware (Hardware Registry).

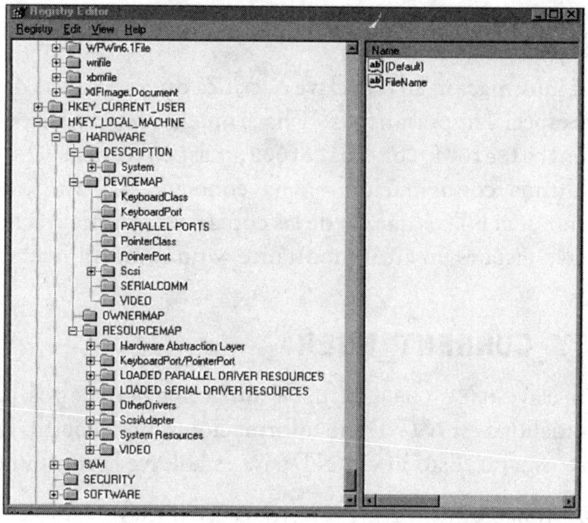

Figura 21.5.
El Registro de Hardware contiene información general acerca del hardware en su computadora.

NT no sólo almacena información acerca del hardware instalado, sino también de los recursos que las piezas de hardware podrían estar usando (vea la figura 21.6). Encontrará tres subtítulos importantes bajo `HARDWARE`: `DESCRIPTION` (DESCRIPCIÓN), `DEVICEMAP` (MAPA DE DISPOSITIVOS) y `RESOURCEMAP` (MAPA DE RECURSOS). El primer elemento, `DESCRIPTION`, será de valor limitado, ya que la mayoría de las entradas no son configurables. Esta clave provee información sobre periféricos y parámetros de dispositivo (en sistema binario). El segundo elemento, `DEVICEMAP`, contiene una entrada por cada periférico que abarque el sistema, como un controlador SCSI. Por último, el `RESOURCEMAP` almacena datos sobre los recursos físicos usados por el hardware.

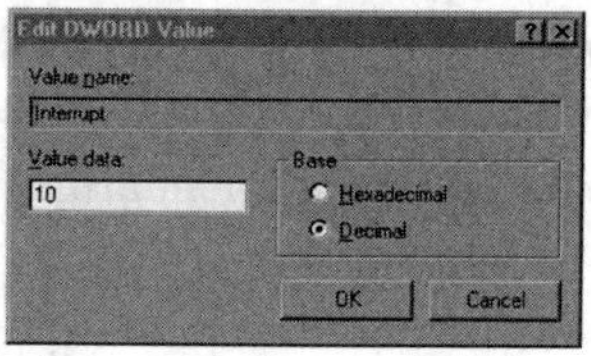

Figura 21.6.
La clave de `HARDWARE` *provee información como la que se muestra aquí en una tarjeta adaptadora SCSI.*

Seguridad

Esta clave, muy importante, contiene información de seguridad. Por ejemplo, aquí se almacenan la información sobre los privilegios de usuario y las contraseñas. Si usted abre esta clave, no aparecerá nada porque esta información no puede ser editada.

Software

La clave de software contiene información acerca del software instalado en la computadora. De nuevo, no hay mucho aquí que pueda ser configurado.

Sistema

La información en esta clave es crítica durante la fase de arranque. En vista de que estos datos son de especial importancia, NT hace muchas copias. Usted las puede encontrar listadas como la clave `ControlSet001`, `ControlSet002`, y así en forma sucesiva. Si usted tiene que elegir alguna vez la "Última configuración buena conocida" ("Last Known Good Configuration") durante el arranque, NT usará una de las copias de la configuración del hardware que se encuentran en esta clave. Ésta es un área importante, y una edición inadecuada puede estropear gravemente a NT.

HKEY_CURRENT_USER

La clave `HKEY_CURRENT_USER` almacena parámetros para el usuario que está registrado en la actualidad en NT. Tiene información sobre el perfil, las preferencias y los parámetros de red de ese usuario. Esto lo usa NT para establecer la computadora para ese usuario.

Es probable que vea que varias de estas subclaves también están enlistadas en `HKEY_LOCAL_MACHINE`. En caso de duplicados, NT usará la subclave en `HKEY_CURRENT_USER`. Siete claves predeterminadas enlistadas en `HKEY_CURRENT_USER` son

- `Console` (Consola): estos parámetros de configuración administran la línea de comandos.
- `Control Panel` (Panel de control): estos parámetros almacenan todos los parámetros personalizados realizados por medio del panel de control. La configuración del Escritorio (Desktop) es un ejemplo.
- `Environment` (Ambiente): estos parámetros están aquí para la compatibilidad con aplicaciones más antiguas que tienen variables de ambiente. Antes, esta información se almacenaba en el archivo `autoexec.bat`.
- `Keyboard Layout` (Disposición de teclado): aquí se almacenan parámetros que indican cuál idioma ha elegido el usuario para el teclado.
- `Printers` (Impresoras): la información sobre cada impresora instalada es conservada aquí. La información está en formato binario.

- `Software`: aquí encontrará parámetros para las diversas aplicaciones instaladas. Antes, esta información se almacenaba en el archivo `Win.ini` o en un archivo de iniciación de una aplicación específica.
- `Windows 3.1 Migration Status` (Estado de migración de Windows 3.1): encontrará esta subclave sólo si se ha actualizado desde Windows 3.1. Ésta puede ser una subclave útil porque le mostrará si sus archivos `.grp e .ini` fueron migrados con éxito.

HKEY_USERS

El Registro almacena los perfiles de usuario en `HKEY_USERS`. Cuando un usuario entra, el Registro mueve el perfil a `HKEY_CURRENT_USER`. NT tendrá siempre aquí al menos dos subclaves: un `.DEFAULT` (`PREDETERMINADO`) así como un perfil para el administrador. La lista `.DEFAULT` contiene los parámetros generales que adquiere un nuevo usuario.

HKEY_CURRENT_CONFIG

La clave `HKEY_CURRENT_CONFIG` contiene información usada por NT que le permite decidir cuál configuración de hardware usar al arrancar. Parece que esta clave apunta al `HKEY_LOCAL_MACHINE\SYSTEM\CURRENTCONTROLSET\HARDWARE PROFILES\CURRENT`.

Modificación del Registro

Microsoft no recomienda modificar el Registro, pero en determinadas ocasiones puede ser necesario; usted ya vio una razón en la sección "`HKEY_CLASSES_ROOT`". Por toda esta sección se han publicado advertencias y precauciones respecto a la modificación del Registro, así que asegúrese de saber lo que está haciendo cuando quiera modificar el Registro. Haga un respaldo de éste antes de modificar partes de él, usando la información que se encuentra en la sección "Importación y exportación de archivos del Registro". Además, pregúntese por qué está haciendo los cambios aquí en vez de hacerlos en la aplicación o en el panel de control.

Aunque la utilería RegEdit de Windows 95 le permite modificar el Registro desde DOS, por razones de seguridad RegEdit de NT no lo permite. Usted debe ejecutar NT para poder modificar el Registro.

TÓMESE UN MINUTO

> Cada usuario tiene su propia copia del Registro en la carpeta del perfil de usuario. Ésta es una buena noticia porque significa que si un usuario estropea su copia del Registro, usted puede recuperarla reiniciando y registrándose como alguien diferente. Para recobrar la cuenta de ese usuario, regístrese como administrador y copie otro archivo de Registro en la carpeta de perfil de ese usuario.

Usted vio antes en la sección "HKEY_CLASSES_ROOT" cómo usar el editor de Registro, RegEdit.exe. Vea cómo hacer más con él.

1. Vaya al menú Inicio (Start) y seleccione Ejecutar (Run).
2. Introduzca la palabra RegEdit y haga clic en Aceptar (OK).

¿Cómo encontraría una clave? Para hacer una búsqueda, siga estos pasos:

1. Abra el editor de Registro.
2. Abra la clave en la que le gustaría buscar: HKEY_CLASSES_ROOT, HKEY_LOCAL_MACHINE, HKEY_CURRENT_USER, HKEY_USERS o HKEY_CURRENT_CONFIG. Tenga en cuenta que una búsqueda sólo verá dentro de la clave abierta. Por ejemplo, si tiene la clave HKEY_CURRENT_CONFIG abierta y realiza una búsqueda, lo hará sólo dentro de esta clave.
3. Vaya al menú Edición (Edit), Buscar (Find).
4. Ahora escriba en su entrada de búsqueda.

Cómo agregar una clave

Usted puede agregar claves nuevas que contengan datos adicionales. Por ejemplo, si tiene un controlador de dispositivo que tiene un programa de instalación, podría agregar una clave a CurrentControlSet\Services que cargará el controlador en forma automática por usted.

1. Seleccione la ubicación en la que le gustaría que se agregara la entrada haciendo clic en la clave o subclave apropiada.
2. Vaya al menú Edición y seleccione Nuevo | Clave (New | Key).
3. Cuando aparezca la clave, escriba un nombre para la nueva clave.
4. Añada un valor seleccionando la subclave.
5. Vaya al menú Edición, Nuevo y seleccione Valor alfanumérico, Valor binario o Valor DWORD (String Value, Binary Value, DWORD Value) de acuerdo con el valor que desee agregar.
6. Ahora aparecerá en el lado derecho de la ventana. Puede cambiar el nombre que le asignó con sólo escribir un nombre nuevo.

Eliminación de una clave

Si alguna vez necesita eliminar una clave, tenga mucho cuidado al abrirla (haciendo clic en el signo + junto a ella) y vea dentro de ella. Asegúrese de que no contiene alguna información aparte de la que desea eliminar.

1. Abra el editor del Registro.
2. Navegue hasta llegar a la subclave que desea eliminar.
3. Haga clic con el botón derecho en la subclave. Aparece un menú desplegable; seleccione Eliminar (Delete).

4. Aparece un cuadro de diálogo preguntándole si está seguro de que desea eliminar esta clave. *Asegúrese de que sabe lo que está haciendo. Eliminar una clave que NT necesita podría inutilizar su sistema.* Seleccione la respuesta apropiada.

Importación y exportación de archivos del Registro

Esta sección ve primero la importación de los archivos del Registro y luego su exportación. NT proporciona a los usuarios varios métodos para importar archivos al Registro. El más fácil es usar el Explorador (Explorer) de Windows NT.

1. Abra el Explorador.
2. Encuentre el archivo del Registro que desea importar.
3. Haga doble clic en el archivo; RegEdit importará automáticamente el archivo.

Otra forma de importar archivos al Registro es con la aplicación RegEdit.

1. Abra RegEdit yendo al menú Inicio (Start) y seleccionando Ejecutar (Run). Escriba `RegEdit` en el cuadro de diálogo. Haga clic en Aceptar (OK).
2. Desde los menús que aparecen en la parte superior, seleccione Registro | Importar archivo del Registro (Registry | Import Registry File).
3. En el cuadro de diálogo que aparece, teclee el nombre del archivo. Haga clic en Abrir (Open) (vea la figura 21.7).

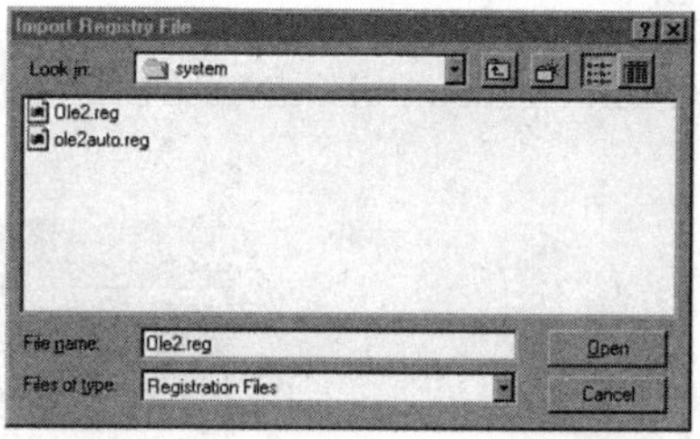

Figura 21.7.
Cuando importe un archivo al Registro con RegEdit, debe seleccionar el archivo apropiado.

Si hay archivos del Registro más antiguos con las mismas claves, se sobreescribirán las entradas antiguas.

Exportación de datos del Registro

NT le da la opción de exportar una porción limitada del Registro, como una clave individual, o el Registro entero.

21

Para exportar una clave individual, siga estas instrucciones:

1. Abra RegEdit.
2. Seleccione una clave del Registro para exportar.
3. Vaya a Registro | Exportar (Registry | Export). Verá una ventana similar a la que se muestra en la figura 21.8.

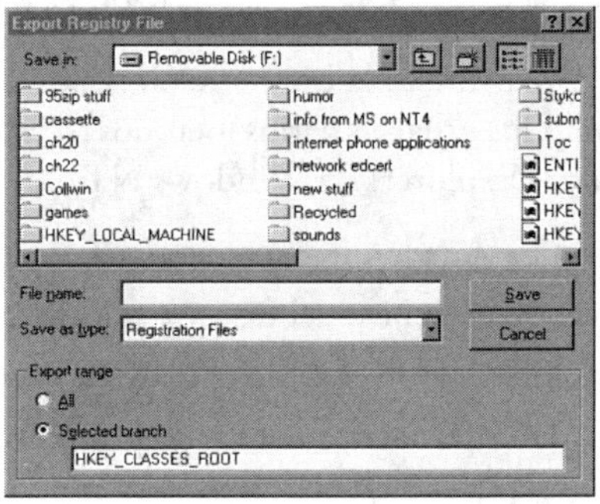

Figura 21.8.
El cuadro de diálogo Exportar archivo del Registro.

4. Asegúrese de que escoge el botón de radio Rama seleccionada (Selected branch) en la parte inferior de la pantalla.
5. Escriba un nombre para el archivo.

Para exportar todo el Registro, siga los mismos pasos que se acaban de delinear. Cuando llegue al paso 4, seleccione Todo (All) en vez de Rama seleccionada.

Todo el Registro ocupará aproximadamente de 2 a 4MB, así que no es posible almacenarlo en un disco flexible. Aun si graba las claves individuales, es probable que `HKEY_LOCAL_MACHINE` sea demasiado grande para un disco (véase la figura 21.9).

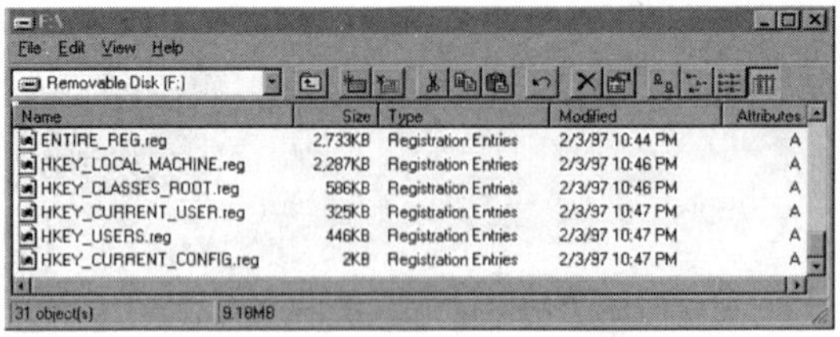

Figura 21.9.
Un ejemplo de todas las claves grabadas en un disco ZIP.

Observe que, en este ejemplo, todas las claves cabrían en un disco flexible con la excepción de `HKEY_LOCAL_MACHINE`. Su única opción, si está determinado a usar discos flexibles, es grabar las subclaves de `HKEY_LOCAL_MACHINE`. En mi computadora personal, todas las subclaves dentro de `HKEY_LOCAL_MACHINE` son lo bastante pequeñas como para que quepan en discos flexibles. Las dos más grandes son las subclaves `Software` y `System`, que tienen poco más de 1MB cada una en mi computadora.

También puede respaldar su Registro haciendo una copia actualizada de su disco de reparación de emergencia.

1. Vaya al menú Inicio (Start) y seleccione Ejecutar (Run).
2. Escriba `RDISK`.
3. Ponga un disco en blanco (todos los datos serán borrados cuando NT reformatee el disco; usted no le puede impedir que lo haga) o su DRE antiguo.
4. Cuando termine la copia, póngale una etiqueta y la fecha al disco.
5. Repita estos pasos después de que se hagan cambios a su sistema o se instale hardware nuevo.

Resumen

El Registro es una parte compleja de NT y los desarrolladores de NT lo han diseñado así para que usted rara vez, si es que alguna, necesite entrar en él y modificarlo. Sin embargo, si tiene que hacerlo, siga las instrucciones indicadas en esta lección. Asegúrese de que tiene un respaldo, de modo que si algo sale mal pueda restablecer su copia de respaldo.

Taller

El taller le ayuda a concretar las técnicas aprendidas en esta hora.

Glosario

`archivos ini` Archivos usados por computadoras Windows 3.*x* y, en menor grado, Windows 95. Almacenan parámetros de hardware y software, que ahora se almacenan en el Registro en Windows NT.

`Autoexec.bat` El archivo `Autoexec.bat` es usado con máquinas DOS, y en menor grado con máquinas Windows 95, para ejecutar instrucciones o llevar a cabo configuraciones necesarias cada vez que usted enciende su computadora. Le permite al usuario agregar líneas a fin de personalizar su configuración.

`Config.sys` Este archivo se usa también con máquinas DOS, y en menor grado con máquinas Windows 95, para afinar las características del equipo necesarias cada vez que se enciende la computadora. El operador de la computadora puede editar el archivo a fin de personalizar la forma de operar de la PC. Las instrucciones en este archivo a menudo cargan controladores de dispositivos.

`RegEdit.exe` RegEdit es una utilería usada para editar el Registro.

Registro (Registry) El Registro es una base de datos general de todos los parámetros de su sistema, hardware y aplicaciones. Por ejemplo, cuando usted cambia el patrón de su Escritorio, el cambio se refleja en un archivo en el Registro.

Ejercicios

1. Actualice su disco de reparación de emergencia siguiendo las instrucciones al final de esta lección.
2. Abra la utilería RegEdit y navegue por las claves `HKEY`. Familiarícese con `HKEY_LOCAL_MACHINE`, en especial la subclave `HARDWARE` de esta sección.
3. Exporte una copia entera del Registro ya sea a una unidad remota (de red), un disco Zip, si tiene una unidad Zip, o a un respaldo de cinta.
4. Exporte `HKEY` individuales a discos flexibles. Etiquete los discos flexibles.

PARTE

IV

Hora 22

Solución de problemas de Windows NT

por Jeff Perkins

Muy pocas cosas en la vida son más frustrantes que un software que no funciona. La mayoría de nosotros ha pasado muchas horas tratando de imaginarse por qué nuestra nueva tarjeta o el nuevo programa no funcionan o no corren. El advenimiento de Windows NT no marcará el fin a los problemas que tenemos que solucionar, pero ofrece algunas buenas herramientas para averiguar lo que anda mal. Esta hora cubre lo siguiente:

- ☐ Errores en el arranque
- ☐ WinMSD
- ☐ Utilerías de diagnóstico
- ☐ El Visor de sucesos
- ☐ Solución de problemas de red

En vez de hacer una gira a través del mundo de los bytes y los registros, esta lección se centra en las técnicas de solución de problemas más eficientes y menos costosas de NT para los problemas más comunes.

Filosofía de la solución de problemas

Antes de estudiar problemas específicos y sus soluciones, usted necesita considerar su filosofía general de la solución de problemas. Muchos ingenieros y usuarios casuales se pasan días tratando de solucionar problemas que se podrían haber solucionado reformateando, reinstalando o pidiendo soporte técnico.

Las primeras dos opciones, reformatear y reinstalar, se suelen evitar porque la víctima no ha hecho respaldos. La siguiente es la primera regla de la solución de problemas:

> Regla #1. Haga respaldos antes de que suceda algo malo. Hay varios tipos de esquemas de respaldo. La frecuencia con que respalde estará determinada por los datos que puede permitirse perder, midiendo el costo en dinero o frustración. Recomiendo un mínimo de una vez al mes. Haga del día de pago su día de respaldo. ¿Cuándo fue la última vez que se le olvidó el día de pago (en oposición al último aniversario o cumpleaños que olvidó)?

Sí, una unidad de cinta u otra unidad de disco duro cuestan varios cientos de dólares, pero compare cuánto vale su tiempo. No se vea a sí mismo buscando en las últimas páginas de una revista de computación tratando de encontrar el número telefónico de un servicio de recuperación de datos (normalmente usaría Internet, pero su computadora no funciona).

La última opción, llamar al soporte técnico, a menudo se evita debido al costo. Pero una vez más, considere el costo de su tiempo contra el costo del soporte técnico. Además, la mayoría de softwares incluye una o más llamadas de soporte gratuitas, por lo común para solucionar problemas de configuración. Microsoft tiene personal de soporte técnico bien entrenado y muy cortés que hace un esfuerzo extraordinario para ayudarle a solucionar problemas. También tienen servicios en línea sin costo y servicios de suscripción gratuita que incluyen cientos de páginas de información sobre solución de problemas de NT. El lugar donde se debe comenzar a buscar esta información es `www.microsoft.com` o, si su computadora no funciona, 1-800-344-2121 (en horas hábiles normales).

Ahora, aprenda cuáles son los problemas más comunes y cómo abordarlos en la forma más adecuada y menos costosa.

Errores de arranque

Quizá los problemas más molestos y consumidores de tiempo con cualquier sistema operativo son los problemas de arranque. Los problemas de arranque quitan tiempo, en especial en Windows NT, por la naturaleza del sistema operativo. Por ejemplo, suponga que tiene un problema durante el proceso de arranque que le impide conectarse con NT. En Windows 3.1 o Windows 95, usted podría insertar un disco de arranque y hurgar en el disco hasta encontrar el problema. Si está usando el sistema de archivo FAT en Windows NT, todavía puede arrancar con un disco flexible DOS o Windows 95 y remplazar cualesquier archivos importantes dañados (recuerde la regla número uno: respaldar las cosas). Pero las probabilidades son que no esté usando el sistema de archivo FAT. Es mucho más probable que esté usando el sistema de archivo NTFS. Si arranca con un disco flexible de DOS o Windows 95, no podrá ver nada en su unidad de disco duro. Esto nos lleva a la regla número dos de la solución de problemas:

Regla #2: cuando tenga duda, reinstale.

Si ha seguido el consejo que se dio en la hora 12, "Consideraciones para la migración", habrá creado un disco de arranque con lo suficiente en él para crear un vínculo con el CD-ROM. Lo maravilloso de un CD-ROM es que puede ser leído casi desde cualquier sistema operativo. Si no leyó o no prestó atención a la hora 12, podría reconsiderarlo ahora y elaborar este disco de arranque. Si puede entrar al archivo `winnt.exe` o al `winnt32` en el disco de instalación, puede comenzar el proceso de instalación.

Si tiene que usar el disco de arranque elaborado en la hora 12, deberá pasar por el proceso de instalación completo. Este proceso por lo general no es destructivo de sus datos y programas existentes y refrescará todos los archivos `DLL` del sistema, detectará el hardware y reconstruirá el Registro. (Más adelante, en esta misma sección, aprenderá sobre algunos archivos que pudiera haber respaldado y algunos números que hubiera escrito y guardado en la caja de su computadora.)

Durante el proceso de configuración, se le ofrece la opción ya sea instalar o usar su disco de recuperación de emergencia. Este disco de recuperación de emergencia se creó durante el proceso de instalación, si usted así lo pidió, o bien puede ser elaborado usando el programa Rdisk.

Para crear un disco de recuperación, vaya al menú Inicio (Start), seleccione Ejecutar (Run) y escriba `Rdisk`. Obtendrá una pantalla parecida a la que se ve en la figura 22.1.

Figura 22.1.
El programa Rdisk.

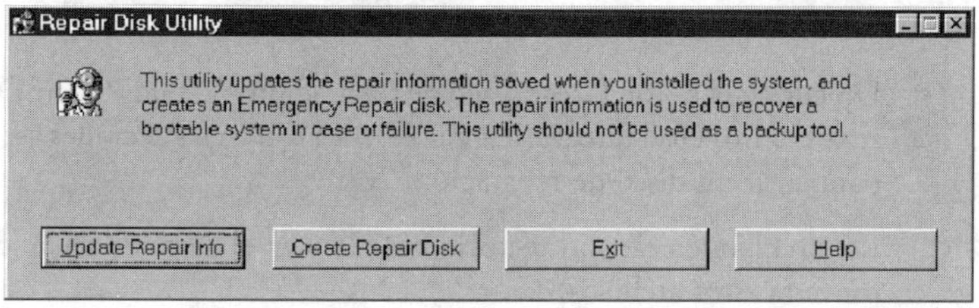

Si ha instalado software o hardware nuevo y desea actualizar su disco existente (si eligió hacer uno), entonces haga clic en el botón Actualizar información de reparación (Update Repair Info). Aparecerá un cuadro de diálogo, como el de la figura 22.2, recordándole que se perderá toda la información anterior.

Figura 22.2.
Grabe los datos en el directorio de reparación.

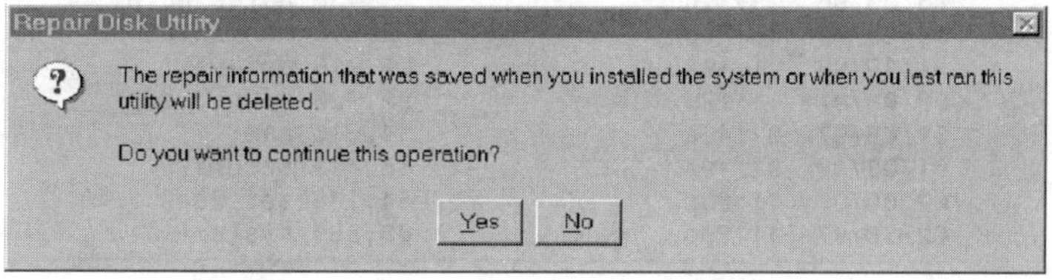

Seleccione Aceptar (OK). Una barra de progreso indicará que su información de configuración se está grabando y será devuelto a la pantalla principal, lo que le puede tomar algunos minutos. Esta información es escrita en su disco duro en archivos que se localizan en el directorio `repair`, un subdirectorio del directorio `winnt`. Luego se le instará a crear un disco de reparación de emergencia, como se muestra en la figura 22.3.

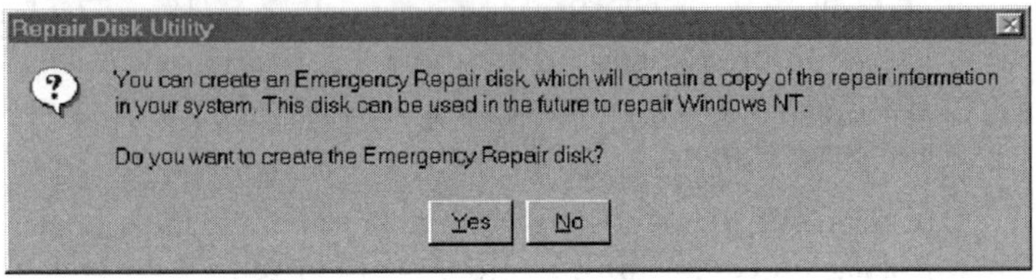

Figura 22.3.
Preparación para crear un disco de reparación de emergencia.

Responder Sí (Yes) lo lleva a la advertencia que aparece en el siguiente cuadro de diálogo, mostrado en la figura 22.4. Este cuadro de diálogo le advierte que su disco será reformateado por completo. ¡No use un disco que esté lleno de archivos de respaldo!

Figura 22.4.
La última oportunidad de grabar sus datos antiguos.

Un clic en el botón Crear disco de reparación (Create Repair Disk) no hace que los nuevos datos sean escritos en el directorio `repair`; sólo realiza las acciones asociadas con las figuras 22.3 y 22.4, para crear un disco de reparación.

Los archivos en el subdirectorio `repair` y en el disco de reparación son idénticos. El listado 22.1 muestra estos archivos.

Listado 22.1. Archivos de reparación.

```
Directory of C:\WINNT\repair

02/08/97  11:23p       <DIR>          .
02/08/97  11:23p       <DIR>          ..
05/05/96  09:14p                  438 autoexec.nt
06/29/96  06:35p                2,510 config.nt
01/05/97  01:49a               22,916 default._
02/08/97  11:23p               22,920 ntuser.da_
01/05/97  01:49a                4,610 sam._
01/05/97  01:49a                6,743 security._
02/08/97  11:23p              954,106 software._
02/08/97  11:20p              205,358 system._
```

22

Los dos archivos con el sufijo `.nt` son copias de `autoexec.nt` y `config.nt` que se usan cuando se crea una sesión en la línea de comandos. El resto de los archivos en el listado 22.1 son versiones comprimidas de varios archivos del Registro y de seguridad. Hay un archivo oculto tanto en el disco como en el directorio, `setup.log`. Una porción de ese archivo se muestra en el listado 22.2.

Listado 22.2. Una porción del archivo `setup.log`.

```
[Paths]
TargetDirectory = "\WINNT"
TargetDevice = "\Device\Harddisk0\partition1"
SystemPartitionDirectory = "\"
SystemPartition = "\Device\Harddisk0\partition1"
[Signature]
Version = "WinNt4.0"
[Files.SystemPartition]
ntldr = "ntldr","2a36b"
NTDETECT.COM = "NTDETECT.COM","b69e"
[Files.WinNt]
\WINNT\System32\drivers\TYNBMNT4.SYS =
➥"tynbmnt4.sys","13eb6","\tyan","Tyan High Performance 32Bit Bus Master
➥Driver","disk1.nt"
\WINNT\system32\drivers\atapi.sys = "atapi.sys","1589b"
\WINNT\Help\31users.hlp = "31users.hlp","12bfc"
\WINNT\Fonts\8514fix.fon = "8514fix.fon","7d29"
\WINNT\Fonts\8514oem.fon = "8514oem.fon","8545"
\WINNT\Fonts\8514sys.fon = "8514sys.fon","c3c2"
...
```

El archivo continúa describiendo todos los archivos críticos para la configuración del sistema. En realidad usted no tiene que cambiar este archivo, debido a las sumas de verificación al final de cada línea, pero este es un archivo para agregar a su lista de archivos importantes que debe guardar.

Hasta ahora, la explicación ha abarcado la situación general de que sucediera algo malo durante el arranque. Veamos situaciones más específicas. Suponga que acaba de cambiar la tarjeta de video, o cambió de monitores. Arranca el sistema, pero en vez de decir Bienvenido a NT (Welcome to NT), ahora hay hileras de Bienvenido a NT desplazándose por la pantalla. Para corregir este tipo de problema, reinicie su máquina y en el indicador inicial NT (donde NT le pregunta si desea entrar a NT 4, NT 4 [VGA] o algún otro sistema operativo), seleccione entrar en la versión VGA de Windows NT. Ésta es como el Modo a prueba de fallos de Windows 95. De igual forma, esto abre Windows NT con un mínimo de controladores. Usar esta opción hace que el sistema arranque con un mínimo de controladores y le permitirá, si ha cambiado algún elemento de hardware, instalar un controlador de video nuevo o cambiar los parámetros del hardware.

Este menú inicial está controlado por el archivo `Boot.ini` que está en su directorio raíz. Un archivo `Boot.ini` es como el del listado 22.3.

Listado 22.3. Contenido de `Boot.ini`.

```
[boot loader]
timeout=30
default=multi(0)disk(0)rdisk(0)partition(1)\WINNT
[operating systems]
multi(0)disk(0)rdisk(0)partition(1)\WINNT="Windows NT Workstation Version 4.00"
multi(0)disk(0)rdisk(0)partition(1)\WINNT=
➥"Windows NT Workstation Version 4.00 [VGA mode]" /basevideo /sos
C:\="MS-DOS"
```

Los modificadores disponibles para usarse en `Boot.ini` se encuentran en la tabla 22.1.

Tabla 22.1. Modificadores de `Boot.ini`.

Modificador	Descripción
`/BASEVIDEO`	Éste arranca la computadora usando el controlador VGA base.
`/BAUDRATE=nnnn`	Para depuración remota, establece la velocidad en baudios que se usará en la depuración remota.
`/CRASHDEBUG`	Inicia la depuración cuando usted arranca Windows NT, pero sólo se activa si hay un error en el núcleo.
`/DEBUG`	Inicia la depuración cuando usted inicia Windows NT y se activa de inmediato.
`/DEBUGPORT=comx`	Para depuración remota, establece el puerto COM que se usará.
`/MAXMEM=n`	Especifica la cantidad máxima de RAM que puede usar Windows NT.
`/NODEBUG`	No se está usando información de depuración.
`/NOSERIALMICE=[COM`*x* ¦ `COM`*x, y, z...*`]`	Para depuración remota; impide que el sistema trate de detectar un ratón serial.
`/SOS`	Muestra los nombres de controlador de dispositivo cuando se cargan.

Si observa el `Boot.ini` en el listado 22.3 verá que la opción denominada "Windows NT Workstation Version 4.00 [VGA mode]" arrancará en el Modo de video básico (Basic Video Mode) y mostrará todos los nombres de controlador de dispositivo cargados durante la secuencia de arranque.

TÓMESE UN MINUTO

> Observe que hay muchas opciones asociadas con la depuración remota, una opción de último recurso. Es mejor que el usuario típico reformatee o reinstale el sistema. Si tiene problemas de recuperación de datos graves, póngase en contacto con el soporte técnico de Microsoft. Por una módica cantidad ellos le ayudarán. Si alguna vez se ve obligado a usar la depuración remota, hay varios archivos localizados bajo el directorio Soporte (Support) que necesitará usar.

Una nota final antes de dejar la sección de problemas de arranque. Tal vez quiera agregar archivos de oficina postal a su lista de archivos como respaldo. Es realmente molesto perder todas las direcciones de correo electrónico que ha recolectado a lo largo de los años. Necesitará conservar una copia de su archivo `*.pab`, el cual es su Libreta de direcciones personal (Personal Address Book). Contiene todas las direcciones e información personal usada por la Bandeja de entrada (Inbox). Si tiene espacio, podría desear respaldar sus archivos `.pst`, los cuales son archivos de oficina postal que contienen toda la correspondencia que no ha eliminado en forma permanente. Estos archivos pueden ser muy grandes, por ejemplo, más de 50MB.

WinMSD

Cuando usted logra que su sistema arranque, su siguiente dolor de cabeza es conseguir que todos los componentes de su máquina funcionen entre sí. DOS y Windows 95 usan una utilería llamada Microsoft Diagnostics (MSD) para ayudar a los usuarios a encontrar y resolver los conflictos de recursos que ocurren de manera invariable. Este programa ha sido rediseñado para Windows NT. Para ejecutar WinMSD, haga clic en el botón Inicio (Start), seleccione Ejecutar (Run), teclee `WinMSD` y oprima Enter. Su pantalla de apertura luce como la figura 22.5.

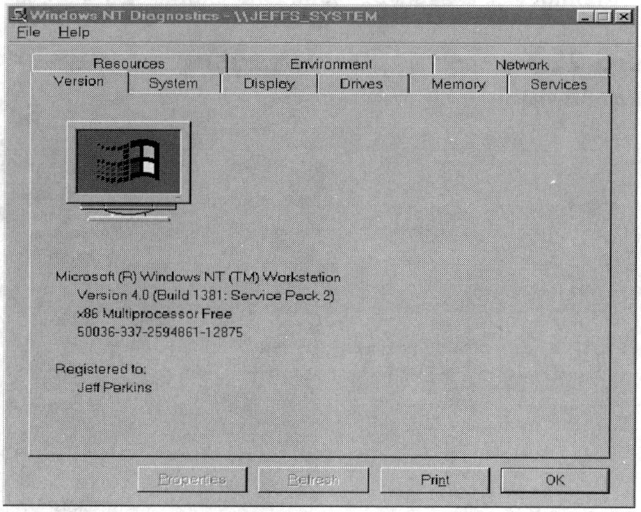

Figura 22.5.
La pantalla de apertura de WinMSD.

Usted ve nueve fichas: Versión (Version), Sistema (System), Monitor (Display), Controladores (Drives), Memoria (Memory), Servicios (Services), Recursos (Resources), Entorno (Environment) y Red (Network). La ficha Versión queda a la vista al abrir el programa. Aquí puede usted revisar qué versión del software está corriendo y los paquetes de servicios que ha cargado.

La ficha Sistema muestra información sobre sus procesadores, BIOS y Capa de Abstracción del Hardware (Hardware Abstraction Layer). Esta ficha se muestra en la figura 22.6.

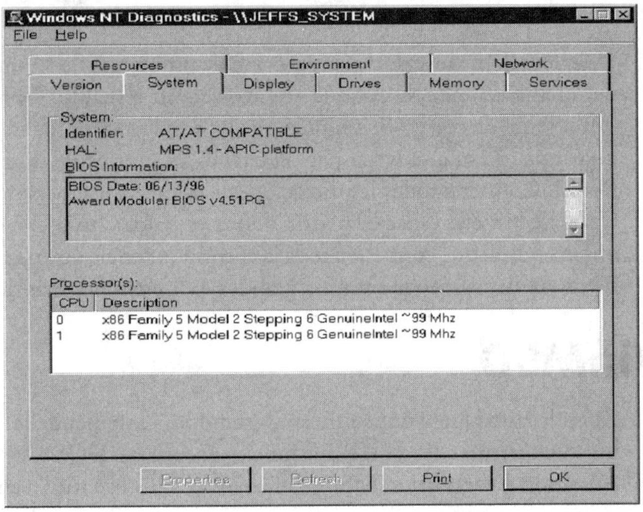

Figura 22.6.
La ficha Sistema en WinMSD.

Este ejemplo presenta un sistema de procesador doble con un BIOS Award. Usted usará esta información cuando describa su máquina y sus problemas al soporte técnico. La siguiente ficha, Monitor (vea la figura 22.7), muestra información sobre su sistema de video.

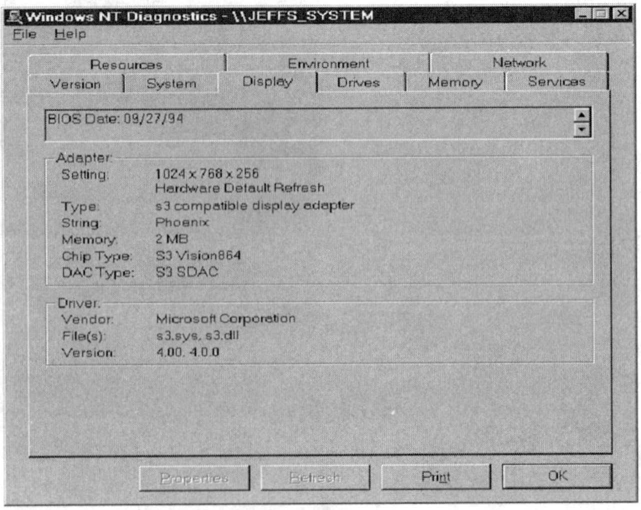

Figura 22.7.
La ficha Monitor.

La ficha Controladores muestra información de las unidades, que puede ser mostrada por tipo, como se describe en la figura 22.8, o por letra de unidad.

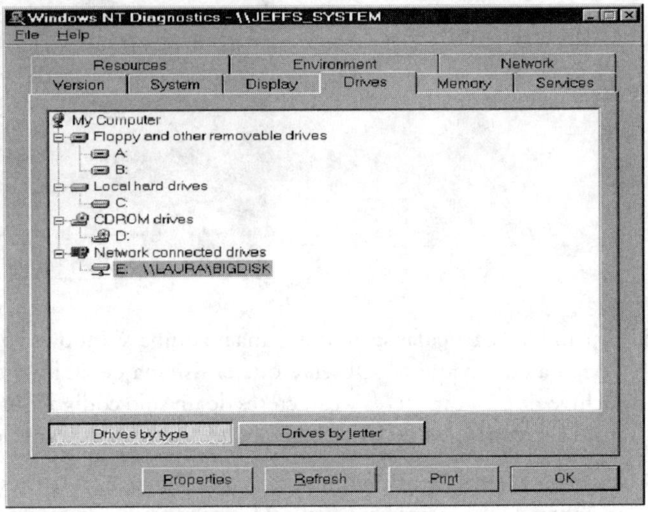

Figura 22.8.
La ficha Controladores.

Hacer doble clic en una unidad presenta información específica de la unidad como se muestra en la figura 22.9. Esta unidad en particular está instalada en la máquina NT. Como usted puede ver, es una unidad NTFS.

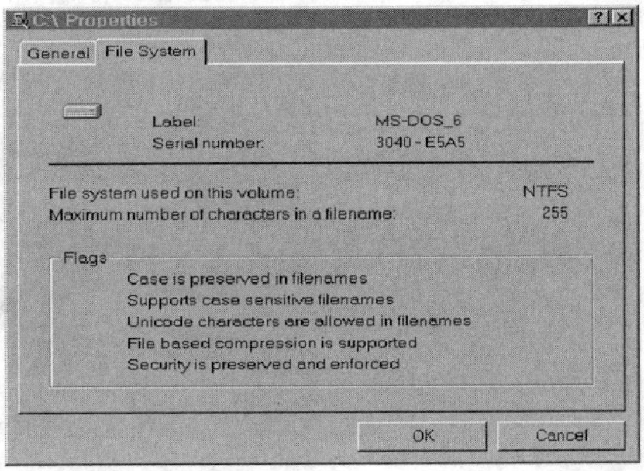

Figura 22.9.
Información específica de unidad.

En la sección Indicadores (Flags) de la figura 22.9, usted puede ver las características soportadas por la unidad (nombres de archivo largos, compresión, seguridad y cosas por el estilo). Seleccionar otra unidad produce una pantalla similar, a la de la figura 22.10.

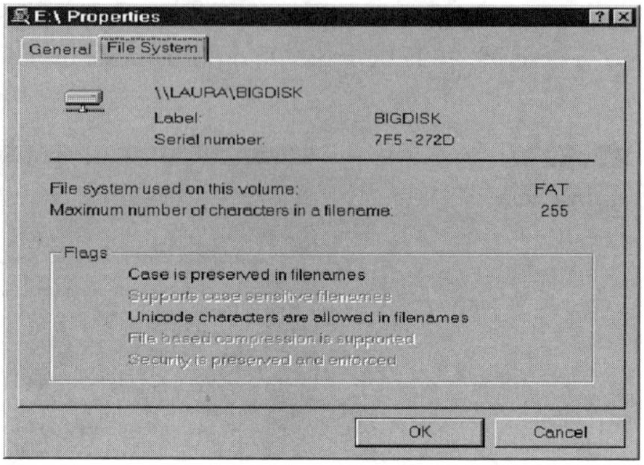

Figura 22.10.
Información de la unidad de red.

Esta unidad particular se ubica en una máquina Windows 95 y está conectada como una unidad de red a esta máquina. Observe que el sistema de archivo es FAT y que soporta nombres de archivo de 255 caracteres y caracteres de un solo código. Sin embargo, la unidad no soporta las otras características de NTFS, las cuales aparecen desvanecidas en la sección Indicadores.

La ficha Memoria, que se muestra en la figura 22.11, presenta información variada sobre la memoria. Un programa más utilizable que muestra la memoria es el Administrador de tareas (Task Manager), el cual se expone en la siguiente sección. La ficha siguiente, Servicios (vea la figura 22.12), es mucho más útil para la solución de problemas.

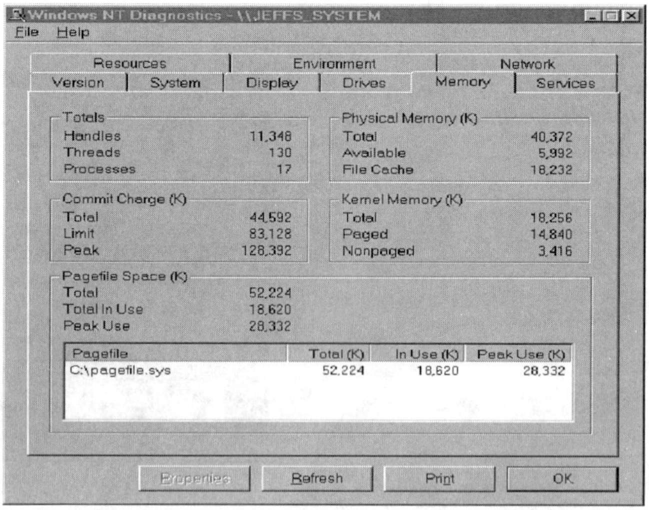

Figura 22.11.
Información de la memoria.

Figura 22.12.
La ficha Servicios.

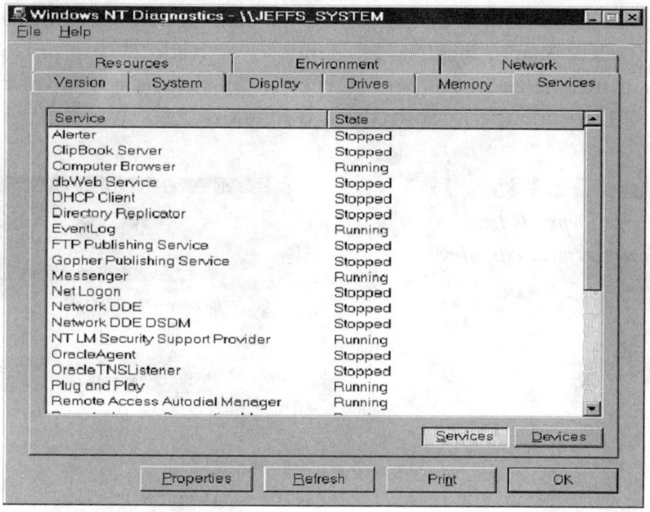

Como aprendió en otras partes de este libro, NT ejecuta varios servicios que hacen cosas como hablar con la unidad de disco duro o el CD-ROM. Estos servicios son proporcionados por dispositivos. La ficha Servicios muestra todos los servicios y dispositivos que hay en la actualidad en su máquina junto con su estado. Desde un punto de vista de solución de problemas, ésta puede ser información valiosa. Suponga que tiene un dispositivo, como un escáner, que no funciona. Antes de explorar otras soluciones, podría desear ir a esta ficha y ver si el dispositivo está cargado y si el servicio se está ejecutando. Hacer doble clic en un dispositivo o servicio produce el cuadro de diálogo mostrado en la figura 22.13.

Figura 22.13.
La ficha General para un dispositivo específico.

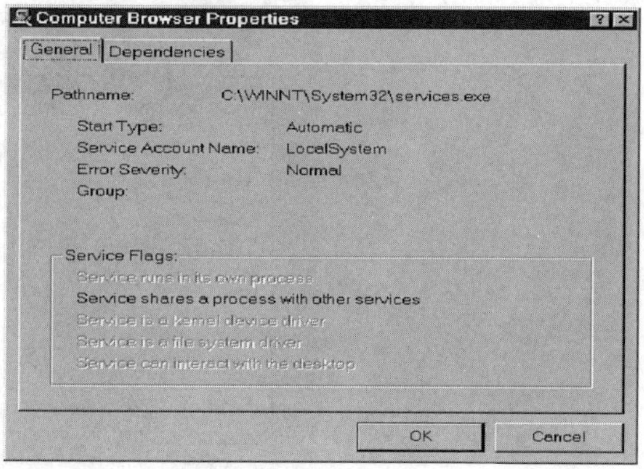

La ficha General en este cuadro de diálogo muestra información sobre el servicio o dispositivo seleccionado, incluyendo cuándo es activado el dispositivo (arranque, manual, etc.) y cómo funciona el dispositivo con el resto del sistema operativo. Haga clic en la ficha Dependencias (Dependencies), mostrada en la figura 22.14.

Figura 22.14.
La ficha Dependencias para un servicio específico.

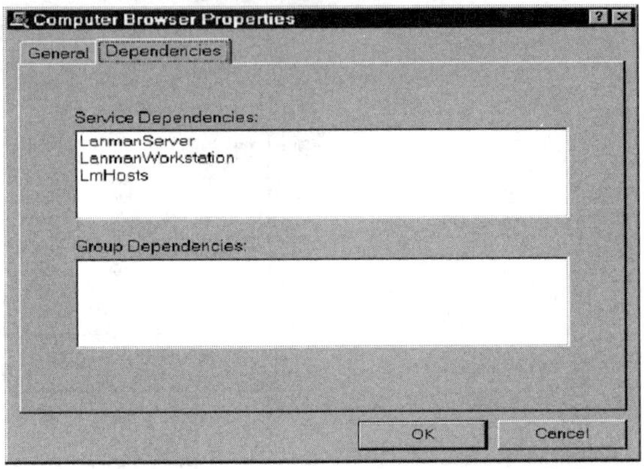

La ficha Dependencias muestra los otros dispositivos y servicios de que depende este servicio. Si este servicio no está corriendo, verifique si hay dependencias y si se están ejecutando.

La ficha Red en WinMSD muestra información general, como la que aparece en la figura 22.15, al igual que Transportes (Transports), Configuración (Settings) y Estadísticas (Statistics). De especial interés para solucionar problemas es la sección de Estadísticas que se muestra en la figura 22.16.

Figura 22.15.
La ficha Red.

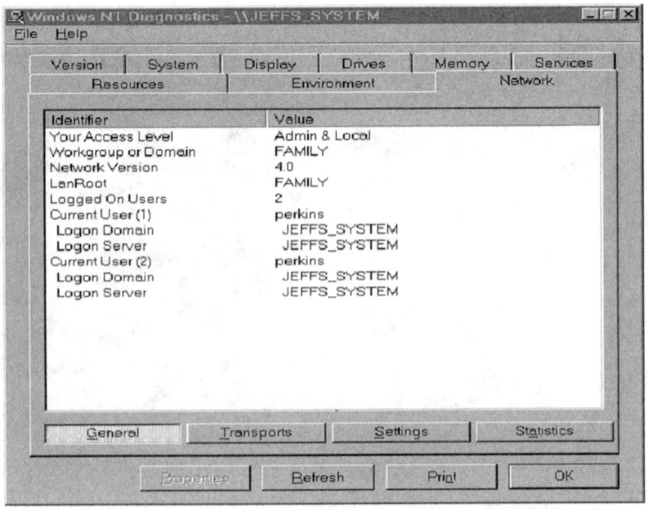

Figura 22.16.
Datos estadísticos de red.

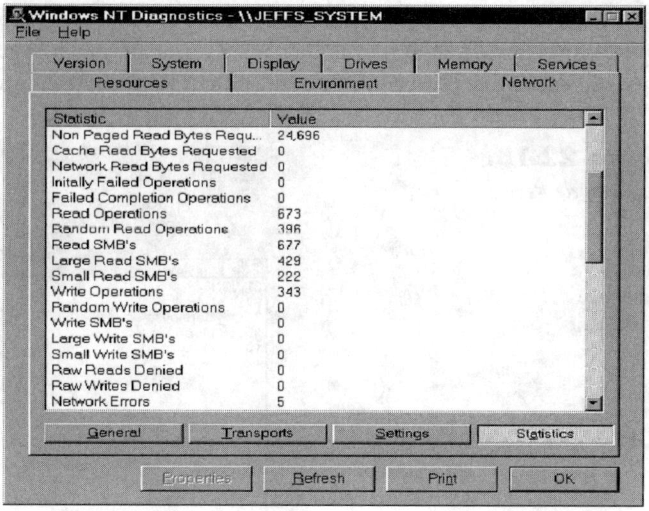

En la ficha Red puede ver hechos sobre problemas de la red como errores de red, operaciones fallidas y sesiones cortadas. Si tiene problemas con un programa que no encuentra sus recursos, entonces necesita revisar la ficha Entorno, como se ve en la figura 22.17.

Figura 22.17.
La ficha Entorno.

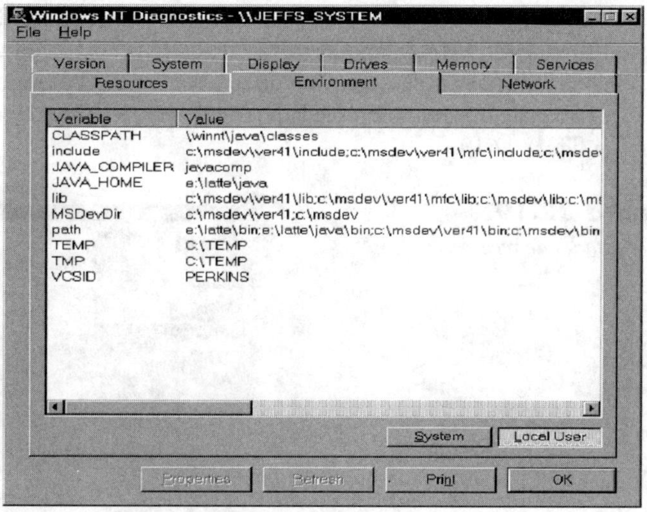

Por ejemplo, si su compilador Java se queja de no hallar archivos, revise si tiene una variable `CLASSPATH` y que esta variable esté establecida al directorio correcto. Esta ficha muestra variables de entorno tanto para el sistema como para el usuario actual.

Todas las fichas que ha visto hasta ahora son valiosas para recopilar información provechosa para resolver problemas de su computadora. Le ayudarán a solucionar alrededor del 10% de los problemas que encuentre. Para el otro 90%, use la ficha Recursos (Resources), que se muestra en la figura 22.18.

Figura 22.18.
Los datos de Recursos.

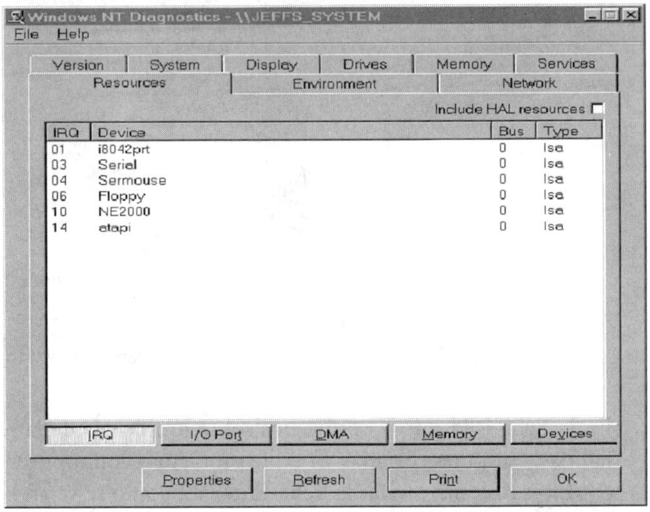

Esta es la pantalla que lo ayudará a encontrar y resolver conflictos de recursos entre IRQ, puertos I/O, canales DMA, memoria y dispositivos. Es probable que use los primeros tres en la mayor parte de sus situaciones de resolución de conflictos a nivel de tarjetas. Hacer doble clic en una entrada o hacer clic en el botón Propiedades (Properties) le proporcionará datos específicos, como presenta la figura 22.19.

Figura 22.19.
Propiedades de recursos.

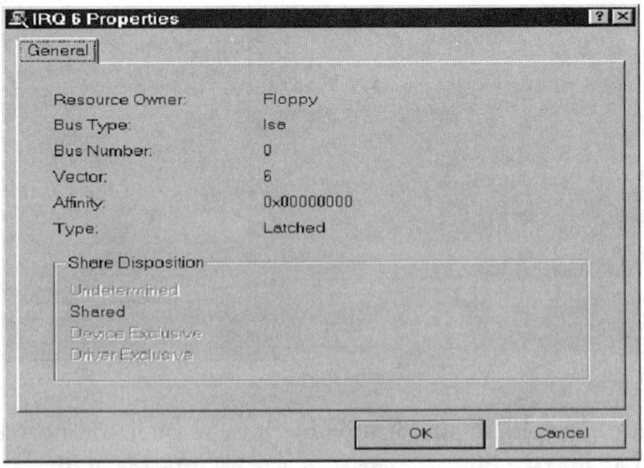

Esta particular hoja de propiedades muestra las propiedades del IRQ 6, el cual, en la máquina ilustrada, está asignado a la unidad de disco flexible.

Usted puede obtener una copia de todo el panorama haciendo clic en el botón Imprimir (Print) en la parte inferior de la pantalla WinMSD. Obtendrá una impresión como la que se ve en el listado 22.4.

Listado 22.4. El gran panorama.

```
Microsoft Diagnostics Report For \\JEFFS_SYSTEM
-----------------------------------

OS Version Report
-----------------------------------
Microsoft (R) Windows NT (TM) Workstation
Version 4.0 (Build 1381: Service Pack 2) x86 Multiprocessor Free
Registered Owner: Jeff Perkins
Product Number: 50036-337-2594861-12875
-----------------------------------

System Report
-----------------------------------
System: AT/AT COMPATIBLE
Hardware Abstraction Layer: MPS 1.4 - APIC platform
BIOS Date: 06/13/96
BIOS Version: Award Modular BIOS v4.51PG

Processor list:
   0:  x86 Family 5 Model 2 Stepping 6 GenuineIntel ~99 Mhz
   1:  x86 Family 5 Model 2 Stepping 6 GenuineIntel ~99 Mhz
-----------------------------------

Video Display Report
-----------------------------------
BIOS Date: 09/27/94
BIOS Version: Phoenix S3 Vision864 (16Bit DAC)
➥Enhanced VGA BIOS. Version 1.03-08

Adapter:
   Setting: 1024 x 768 x 256
            Hardware Default Refresh
   Type: s3 compatible display adapter
   String: Phoenix
   Memory: 2 MB
   Chip Type: S3 Vision864
   DAC Type: S3 SDAC
Driver:
   Vendor: Microsoft Corporation
   File(s): s3.sys, s3.dll
   Version: 4.00, 4.0.0

Drives Report
-----------------------------------
C:\  (Local - NTFS) MS-DOS_6 Total: 0KB, Free: 0KB
D:\  (CDROM - CDFS) NTWKS40A Total: 591,322KB, Free: 0KB
E: (Remote - FAT) \\LAURA\BIGDISK BIGDISK Total: 2,096,320KB, Free: 1,472,192KB
```

continúa

Listado 22.4. continuación

```
Memory Report
-----------------------------------
Handles: 11,349
Threads: 133
Processes: 17

Physical Memory (K)
   Total: 40,372
   Available: 3,808
   File Cache: 16,092


Services Report
-----------------------------------
Computer Browser                                        Running   (Automatic)
EventLog (Event log)                                    Running   (Automatic)
Server                                                  Running   (Automatic)
Workstation (NetworkProvider)                           Running   (Automatic)
TCP/IP NetBIOS Helper                                   Running   (Automatic)
Messenger                                               Running   (Automatic)
NT LM Security Support Provider                         Running   (Manual)
Plug and Play (PlugPlay)                                Running   (Automatic)
Remote Access Autodial Manager                          Running   (Automatic)
Remote Access Connection Manager (Network)              Running   (Manual)
Remote Procedure Call (RPC) Service                     Running   (Automatic)
Spooler (SpoolerGroup)                                  Running   (Automatic)
Telephony Service                                       Running   (Manual)


Drivers Report
-----------------------------------
AFD Networking Support Environment (TDI)                Running   (Automatic)
Remote Access Mac (NDIS)                                Running   (Automatic)
atapi (SCSI miniport)                                   Running   (Boot)
Beep (Base)                                             Running   (System)
Cdfs (File system)                                      Running   (System)
Cdrom (SCSI CDROM Class)                                Running   (System)
Disk (SCSI Class)                                       Running   (Boot)
Fastfat (Boot file system)                              Running   (Disabled)
Floppy (Primary disk)                                   Running   (System)
i8042 Keyboard and PS/2 Mouse Port Driver (Keyboard Port)  Running   (System)
Keyboard Class Driver (Keyboard Class)                  Running   (System)
KSecDD (Base)                                           Running   (System)
Modem (Extended base)                                   Running   (Manual)
Mouse Class Driver (Pointer Class)                      Running   (System)
Msfs (File system)                                      Running   (System)
Mup (Network)                                           Running   (Manual)
```

22

```
NetBEUI Protocol (PNP_TDI)                                            Running   (Automatic)
Microsoft NDIS System Driver (NDIS)                                   Running   (System)
Microsoft NDIS TAPI driver (NDIS)                                     Running   (System)
Remote Access WAN Wrapper (NDISWAN)                                   Running   (Automatic)
Novell NE2000 Adapter Driver (NDIS)                                   Running   (Automatic)
NetBIOS Interface (NetBIOSGroup)                                      Running   (Manual)
WINS Client(TCP/IP) (PNP_TDI)                                         Running   (Automatic)
Npfs (File system)                                                    Running   (System)
Ntfs (File system)                                                    Running   (Disabled)
Null (Base)                                                           Running   (System)
Parallel (Extended base)                                              Running   (Automatic)
Parport (Parallel arbitrator)                                         Running   (Automatic)
ParVdm (Extended base)                                                Running   (Automatic)
Remote Access Auto Connection Driver (Streams Drivers)                Running   (Automatic)
Remote Access ARP Service (PNP_TDI)                                   Running   (Automatic)
Rdr (Network)                                                         Running   (Manual)
s3 (Video)                                                            Running   (System)
Serial (Extended base)                                                Running   (Automatic)
Serial Mouse Driver (Pointer Port)                                    Running   (System)
Srv (Network)                                                         Running   (Manual)
TCP/IP Service (PNP_TDI)                                              Running   (Automatic)
VgaSave (Video Save)                                                  Running   (System)


IRQ and Port Report
-----------------------------------
Devices                        Vector Level  Affinity
-----------------------------------
MPS 1.4 - APIC platform           255   255 0x00000003
i8042prt                            1     1 0xffffffff
Serial                              3     3 0x00000000
Floppy                              6     6 0x00000000
NE2000                             10    10 0x46740843
Sermouse                            4     4 0xffffffff
atapi                               0    14 0x00000000
-----------------------------------
Devices                        Physical Address  Length
-----------------------------------
MPS 1.4 - APIC platform          0x000000f0   0x0000000010
i8042prt                         0x00000060   0x0000000001
i8042prt                         0x00000064   0x0000000001
Parport                          0x00000378   0x0000000003
Serial                           0x000002f8   0x0000000007
Floppy                           0x000003f0   0x0000000006
Floppy                           0x000003f7   0x0000000001
NE2000                           0x00000320   0x0000000020
Sermouse                         0x000003f8   0x0000000007
atapi                            0x000001f0   0x0000000008
atapi                            0x000003f6   0x0000000001
s3                               0x000003c0   0x0000000010
VgaSave                          0x000003b0   0x000000000c
```

continúa

Listado 22.4. continuación

```
DMA and Memory Report
----------------------------------
Devices                         Channel    Port
----------------------------------
Floppy                             2     0
----------------------------------
Devices                         Physical Address  Length
----------------------------------
MPS 1.4 - APIC platform         0xfec00000  0x00000400
MPS 1.4 - APIC platform         0xfee00000  0x00000400
s3                              0x000a0000  0x00010000
s3                              0xe0000000  0x00800000
s3                              0x000c0000  0x00008000
VgaSave                         0x000a0000  0x00020000



Environment Report
----------------------------------




System Environment Variables
   ComSpec=C:\WINNT\system32\cmd.exe
   Cpu=i386
   Include=C:\INetSDK\Include
   INetSDK=C:\INetSDK
   Lib=C:\INetSDK\Lib
   NUMBER_OF_PROCESSORS=2
   OS=Windows_NT
   Os2LibPath=C:\WINNT\system32\os2\dll;
   Path=C:\WINNT\SYSTEM32;C:\WINNT;C:\EBONY\BIN;E:\ORANT\BIN;
   PROCESSOR_ARCHITECTURE=x86
   PROCESSOR_IDENTIFIER=x86 Family 6 Model 2 Stepping 0, GenuineIntel
   PROCESSOR_LEVEL=5
   PROCESSOR_REVISION=0206
   windir=C:\WINNT




Environment Variables for Current User
   CLASSPATH=\winnt\java\classes
   include=c:\msdev\ver41\include;c:\msdev\ver41\mfc\include
   ➥;c:\msdev\include;c:\msdev\mfc\include;c:\msdev\ver41\include
   ➥;c:\msdev\ver41\mfc\include;c:\msdev\include;c:\msdev\mfc\include
   ➥;C:\INetSDK\Include
   JAVA_COMPILER=javacomp
   JAVA_HOME=e:\latte\java
   lib=c:\msdev\ver41\lib;c:\msdev\ver41\mfc\lib
   ➥;c:\msdev\lib;c:\msdev\mfc\lib;c:\msdev\ver41\lib;c:\msdev\ver41\mfc\lib
   ➥;c:\msdev\lib;c:\msdev\mfc\lib;C:\INetSDK\Lib
   MSDevDir=c:\msdev\ver41;c:\msdev
```

```
path=e:\latte\bin;e:\latte\java\bin;c:\msdev\ver41\bin;c:\msdev\bin
TEMP=C:\TEMP
TMP=C:\TEMP
VCSID=PERKINS

Network Report
-----------------------------------
Your Access Level: Admin & Local
Workgroup or Domain: FAMILY
Network Version: 4.0
LanRoot: FAMILY
Logged On Users: 2
Current User (1): perkins
  Logon Domain: JEFFS_SYSTEM
  Logon Server: JEFFS_SYSTEM
Current User (2): perkins
  Logon Domain: JEFFS_SYSTEM
  Logon Server: JEFFS_SYSTEM

Transport: NetBT_NdisWan4, 00-00-00-00-00-00, VC's: 0, Wan: Wan
Transport: NetBT_NE20001, 00-00-B4-72-DC-F7, VC's: 1, Wan: Wan
Transport: Nbf_NE20001, 00-00-B4-72-DC-F7, VC's: 0, Wan: Wan

Character Wait: 3,600
Collection Time: 250
Maximum Collection Count: 16
Keep Connection: 600
Maximum Commands: 5
Session Time Out: 45
Character Buffer Size: 512
Maximum Threads: 17
Lock Quota: 6,144
Lock Increment: 10
Maximum Locks: 500
Pipe Increment: 10
Maximum Pipes: 500
Cache Time Out: 40
Dormant File Limit: 45
Read Ahead Throughput: 4,294,967,295
Mailslot Buffers: 3
Server Announce Buffers: 20
Illegal Datagrams: 5
Datagram Reset Frequency: 60
Bytes Received: 15,584,571
SMB's Received: 11,888
Paged Read Bytes Requested: 15,384,576
Non Paged Read Bytes Requested: 3,075
Server File Opens: 121
```

Guarde una copia impresa de esto. El mejor lugar para almacenar esta copia es pegarla adentro de la caja de la computadora. Sin embargo, no la ponga ahí todavía. Hay unas cuantas cosas que podría querer escribir en ella que se verán en la sección “Solución de problemas de red”.

Otras utilerías de diagnóstico incluidas con NT 4

Vea la ficha Herramientas (Tools) en la página Propiedades (Properties) de cualquiera de sus unidades de disco para averiguar cuáles herramientas están disponibles para su disco y cuándo fue la última vez que las usó. La página se verá como la figura 22.20.

Figura 22.20.
Herramientas de unidad.

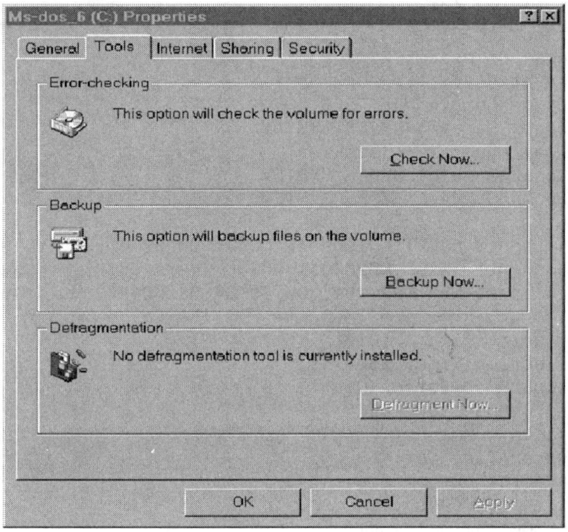

Ya ha aprendido sobre la importancia de respaldar sus datos en cualquier situación de solución de problemas, y la última opción, Desfragmentación (Defragmentation), muestra que no hay desfragmentador de disco instalado. Esto se debe a que NT, a diferencia de versiones anteriores de Windows, no viene con un desfragmentador de disco. Esto no significa que sus discos no se fragmentarán: lo harán. Cuando lo hagan, tendrá dos opciones. Una forma es mover sus archivos de una unidad a otra y luego de vuelta a la unidad original. Esto tendrá el efecto de desfragmentar sus archivos, pero requiere de un disco extra con mucho espacio. La segunda opción es comprar un desfragmentador de otro fabricante. Una edición de un desfragmentador de un tercero, Diskeeper, está en Web en `http://www.execsoft.com`.

La entrada restante mostrada en la figura 22.20 promete revisar el disco en busca de errores. Haga clic en este botón y obtendrá una pantalla parecida a la de la figura 22.21.

Esta figura muestra una interfaz en pequeña escala del descendiente para Windows NT de ScanDisk. Haga clic en la casilla superior, Reparar automáticamente los errores del sistema de archivos (Automatically fix filesystem errors), para hacer que el programa haga justamente eso. Haga clic en la segunda casilla, Examinar e intentar recuperar los sectores defectuosos (Scan for and attempt recovery of bad sectors), si desea que el programa revise la parte física de su unidad de disco duro. Siete de cada diez veces, al hacer clic en el botón Iniciar (Start), se abrirá el cuadro de diálogo de la figura 22.22.

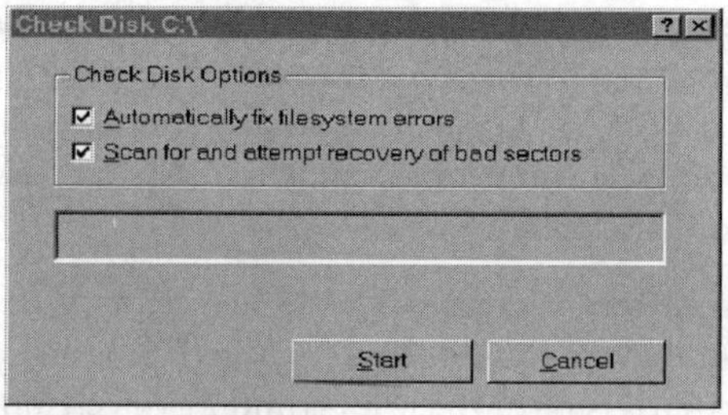

Figura 22.21.
El cuadro de diálogo ScanDisk.

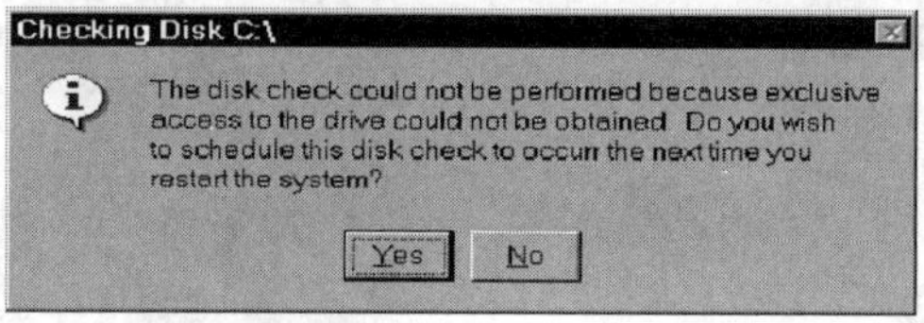

Figura 22.22.
Posponer ScanDisk hasta el siguiente arranque.

Esto sucede porque hay poco que pueda hacer en su computadora que no implique alguna clase de acceso a la unidad de disco duro. Si está usando MS Word, por ejemplo, normalmente está respaldando su documento cada par de minutos y tiene abierto al menos un archivo temporal todo el tiempo. NT quiere acceso exclusivo al disco cuando realiza esta función. Hacer clic en Sí (Yes) hará que esta revisión se realice durante su siguiente arranque.

El Monitor de sistema (Performance Monitor) también puede ser usado en la solución de problemas. Se encuentra en el menú Inicio (Start) bajo Herramientas administrativas (Administrative Tools) y se ve como la figura 22.23.

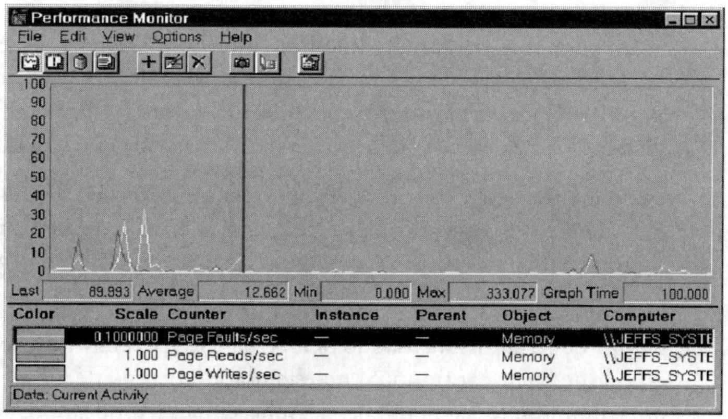

Figura 22.23.
Monitor de sistema.

Usted puede hacer que esta herramienta supervise casi cualquier actividad en su máquina. El gráfico mostrado en la figura 22.23 fue creado haciendo clic en el botón con el signo de más en la barra de herramientas, seleccionando el objeto Memoria (Memory) y luego seleccionando los atributos leer, escribir y error del objeto Memoria. Podría usar este parámetro para verificar su RAM en busca de errores excesivos. Deberá pasar algún tiempo jugando con esta herramienta para familiarizarse con lo que hace. Podría ahorrarle dinero a la larga debido a que puede hacerse que el Monitor de sistema haga muchas cosas que usted podría pensar que necesitaría software de terceros para lograrlo.

Una vista menos complicada de su sistema y sus problemas potenciales está disponible en el Administrador de tareas (Task Manager). Oprimir las teclas Ctrl+Alt+Supr o hacer clic con el botón derecho en la barra de Inicio le permitirá elegir el Administrador de tareas mostrado en la figura 22.24.

Figura 22.24.
El Administrador de tareas.

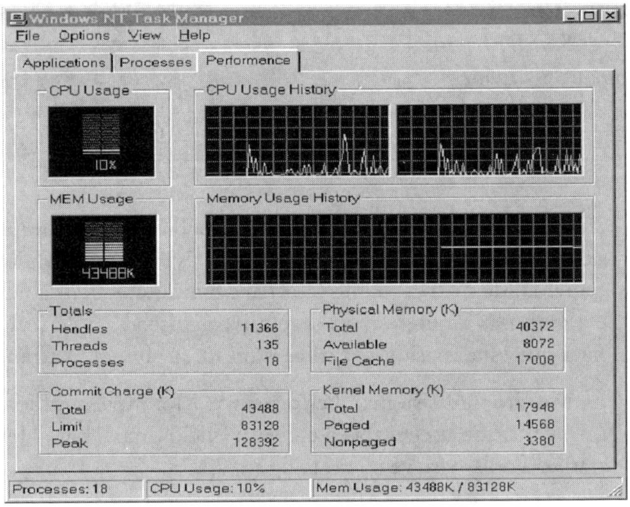

Esta figura muestra la ficha Rendimiento (Performance) del Administrador de tareas. Produce menos detalle sobre el uso de la memoria y la CPU que las otras herramientas expuestas hasta ahora, pero presenta la información que tiene en un formato gráfico fácil de absorber. Por ejemplo, sería fácil ver en esta pantalla que la RAM instalada era demasiado pequeña para la carga actual.

La siguiente ficha, Procesos (Processes), muestra los procesos en ejecución; éstos incluyen operaciones en segundo plano requeridas por las aplicaciones. Esta ficha se describe en la figura 22.25.

Si tiene una aplicación que parece evadirse y ocultarse, venga a esta página y vea si ha usado algún tiempo de CPU. Si está usando tiempo de CPU, o todavía está procesando o ha entrado en alguna especie de bucle continuo. Si no está usando tiempo de CPU, entonces es probable que se haya interrumpido. La siguiente ficha, Aplicaciones (Applications) (vea la figura 22.26), le permitirá cerrar una aplicación que ha dejado de responder.

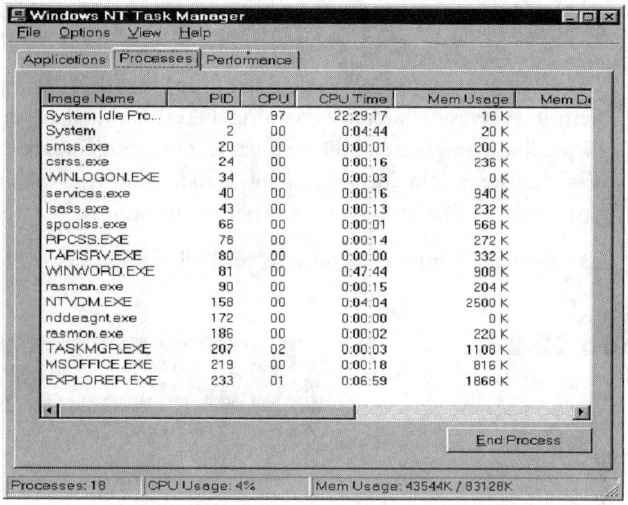

Figura 22.25.
Procesos del Administrador de tareas.

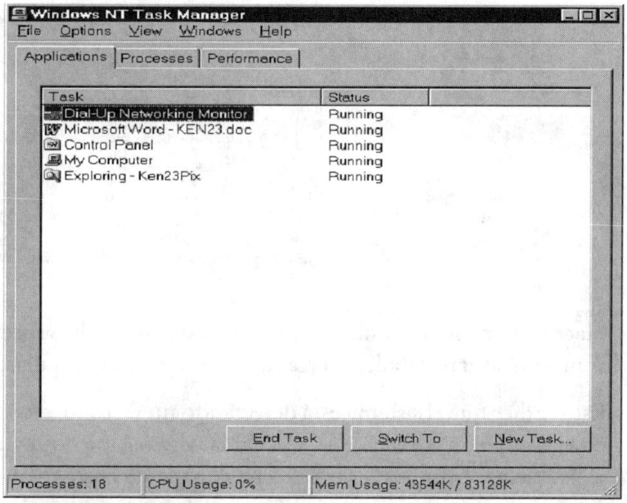

Figura 22.26.
Aplicaciones del Administrador de tareas.

Esta ficha muestra las aplicaciones actuales y su estado. Por lo común, si una aplicación ha dejado de correr, mostrará un estado "no responde". Puede cerrar cualquier aplicación resaltándola y seleccionando Finalizar tarea (End Task). Si la tarea se niega a detenerse por sí misma, entonces se presentará un cuadro de diálogo que le permitirá darle a la aplicación 15 segundos más para cerrarse o cerrarla de inmediato. Cerrar una aplicación de esta manera puede ocasionar la pérdida de datos, pero si la aplicación se ha detenido, es una buena forma de cerrarla.

El Visor de sucesos

La mayoría de lo que le sucede a su computadora Windows NT se anota en un registro. NT le permite ver estos sucesos con una herramienta llamada Visor de sucesos (Event Viewer), disponible a través por medio de la carpeta Herramientas administrativas (Administrative Tools). El Visor de sucesos puede ser útil sobre todo para resolver problemas de arranque no fatales. Los problemas de arranque fatales no le permiten entrar en NT lo suficiente para abrir el Visor de sucesos.

La figura 22.27 muestra cómo se ve el Visor de sucesos.

Figura 22.27.
El Visor de sucesos.

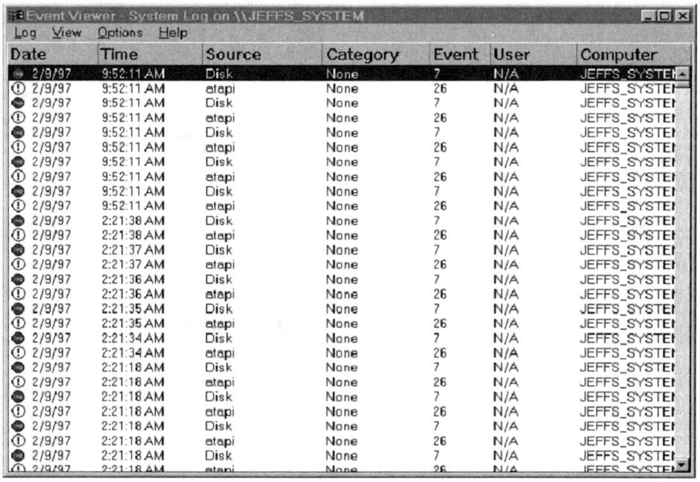

Event Viewer - System Log on \\JEFFS_SYSTEM

Log View Options Help

Date	Time	Source	Category	Event	User	Computer
2/9/97	9:52:11 AM	Disk	None	7	N/A	JEFFS_SYSTE
2/9/97	9:52:11 AM	atapi	None	26	N/A	JEFFS_SYSTE
2/9/97	9:52:11 AM	Disk	None	7	N/A	JEFFS_SYSTE
2/9/97	9:52:11 AM	atapi	None	26	N/A	JEFFS_SYSTE
2/9/97	9:52:11 AM	Disk	None	7	N/A	JEFFS_SYSTE
2/9/97	9:52:11 AM	atapi	None	26	N/A	JEFFS_SYSTE
2/9/97	9:52:11 AM	Disk	None	7	N/A	JEFFS_SYSTE
2/9/97	9:52:11 AM	atapi	None	26	N/A	JEFFS_SYSTE
2/9/97	9:52:11 AM	Disk	None	7	N/A	JEFFS_SYSTE
2/9/97	9:52:11 AM	atapi	None	26	N/A	JEFFS_SYSTE
2/9/97	2:21:38 AM	Disk	None	7	N/A	JEFFS_SYSTE
2/9/97	2:21:38 AM	atapi	None	26	N/A	JEFFS_SYSTE
2/9/97	2:21:37 AM	Disk	None	7	N/A	JEFFS_SYSTE
2/9/97	2:21:37 AM	atapi	None	26	N/A	JEFFS_SYSTE
2/9/97	2:21:36 AM	Disk	None	7	N/A	JEFFS_SYSTE
2/9/97	2:21:36 AM	atapi	None	26	N/A	JEFFS_SYSTE
2/9/97	2:21:35 AM	Disk	None	7	N/A	JEFFS_SYSTE
2/9/97	2:21:35 AM	atapi	None	26	N/A	JEFFS_SYSTE
2/9/97	2:21:34 AM	Disk	None	7	N/A	JEFFS_SYSTE
2/9/97	2:21:34 AM	atapi	None	26	N/A	JEFFS_SYSTE
2/9/97	2:21:18 AM	Disk	None	7	N/A	JEFFS_SYSTE
2/9/97	2:21:18 AM	atapi	None	26	N/A	JEFFS_SYSTE
2/9/97	2:21:18 AM	Disk	None	7	N/A	JEFFS_SYSTE
2/9/97	2:21:18 AM	atapi	None	26	N/A	JEFFS_SYSTE
2/9/97	2:21:18 AM	Disk	None	7	N/A	JEFFS_SYSTE
2/9/97	2:21:18 AM	atapi	None	26	N/A	JEFFS_SYSTE
2/9/97	2:21:18 AM	Disk	None	7	N/A	JEFFS_SYSTE
2/9/97	2:21:18 AM	atapi	None	26	N/A	JEFFS_SYSTE

Hacer doble clic en un suceso, como uno de los muchos sucesos de Disco mostrados en el registro, le proporcionará detalles acerca de ese evento en particular, como se muestra en la figura 22.28.

Esto le dice que el sistema está detectando un sector defectuoso en uno de mis discos. A partir de esta descripción, usted puede seleccionar alguna de las otras herramientas disponibles para arreglar el problema. Esto nos lleva a la tercera regla de la solución de problemas:

Regla #3: lea con frecuencia el registro de sucesos.

No todos los sucesos "malos" que muestra el Visor de sucesos se le reportan a usted, el usuario. Por ejemplo, el error de sector defectuoso no se reportó de ninguna otra forma. Si no lee con regularidad el registro de sucesos, tal vez no pueda prevenir algunos problemas antes de tener que recurrir a su solución.

Figura 22.28.
Vista de un suceso en el Visor de sucesos.

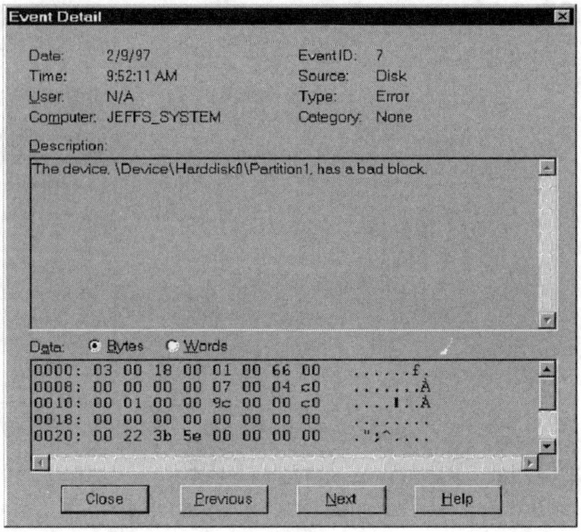

Solución de problemas de red

Por lo general hay dos áreas implicadas en la solución de problemas de red: parámetros de hardware y software.

Si sospecha de un problema de hardware, como no poder hablar con su nueva tarjeta de interfaz de red, revise el Visor de sucesos en busca de cualquier suceso que indique problemas con su tarjeta. Además, use WinMSD para revisar posibles conflictos. Por lo general, su problema implicará parámetros de IRQ, puerto o memoria. La mayor parte de las tarjetas de red vienen con software de diagnóstico que también detecta y muestra los parámetros de IRQ, puerto y memoria para su tarjeta. Por desgracia, NT no le permitirá ejecutar estos programas debido a que tienen acceso directo al hardware. Necesitará reiniciar su sistema con DOS o Windows 95 y ejecutar el programa de diagnóstico de su tarjeta.

Cuando tenga su tarjeta libre de conflictos, escriba los parámetros (un buen lugar es el reporte WinMSD descrito antes). Si todavía tiene problemas, Windows NT tiene un extenso sistema incorporado de solución de problemas de red. Puede iniciar este solucionador de problemas por medio del archivo de Ayuda (Help) de NT. Seleccione Ayuda desde el menú Inicio (Start) y escoja el tema Solución de problemas de red (Network Troubleshooter). Obtendrá una pantalla que se parece a la de la figura 22.29.

Esto lo conducirá, pregunta por pregunta, a través de los problemas de red comunes.

Regla #4: escriba sus parámetros importantes, en especial sus parámetros de red.

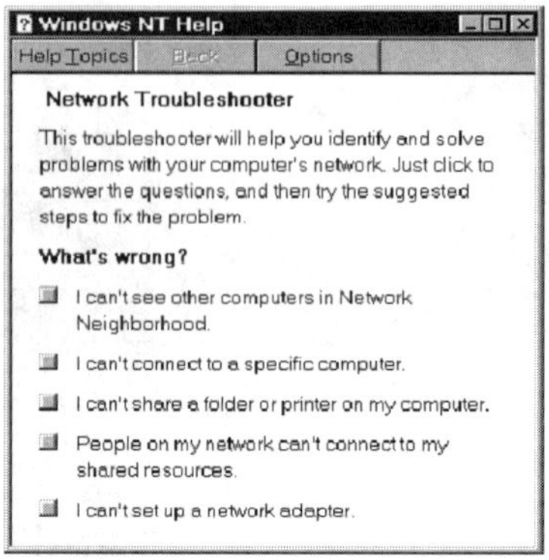

Figura 22.29.
Solución de problemas de red.

Escribir sus parámetros de red suena como sentido común, pero odiaría tener que pagar por todo el tiempo perdido cada día volviendo a ejecutar software para encontrar los parámetros para una tarjeta de red. Y le apuesto que a su administrador de sistema le gustaría que le devolvieran todo el tiempo que ha gastado diciéndoles a los usuarios por tercera o cuarta vez su dirección IP y el Nombre de Dominio del Servidor (Domain Name Server). Teniendo la Solución de problemas de red para solucionar la mayor parte de sus problemas de conectividad comunes, la siguiente cosa buena que puede hacer es escribir y guardar sus parámetros de red.

Resumen

Esta lección cubrió las herramientas y técnicas de que usted dispone para solucionar problemas por medio de una reserva de la configuración de Windows NT. Usted aprendió sobre problemas del arranque, WinMSD y problemas de red, junto con otras herramientas variadas que encontrará en su configuración NT. También aprendió cuatro reglas de la solución de problemas:

1. Haga respaldos antes de que suceda algo malo.
2. Cuando tenga duda, reinstale.
3. Lea con frecuencia el registro de sucesos.
4. Escriba sus parámetros importantes, en especial sus parámetros de red.

Estas herramientas y reglas lo ayudarán a abrirse paso a través de la mayoría de los problemas que encontrará en Windows NT.

Taller

El taller le ayuda a concretar las técnicas que aprendió en esta hora.

Glosario

desfragmentador de disco (disk defragmenter) Programa que reorganiza cada archivo en su disco en un bloque adjunto. Sin un desfragmentador, con el tiempo su unidad de disco duro perderá la pista de la ubicación de todas las piezas de un archivo.

Monitor de sistema (Performance Monitor) Una actividad de su propio monitor de sistema, que permite al usuario supervisar la mayor parte de los aspectos importantes del sistema. El usuario debe definir cuáles detalles mostrará el monitor de sistema. Un buen punto para tener una visión profunda del rendimiento del sistema.

Administrador de tareas (Task Manager) Un programa NT que proporciona una visión tanto gráfica como textual del rendimiento del sistema. Ofrece algunas vistas preestablecidas del rendimiento del sistema en oposición a las muchas vistas definidas por el usuario que hay en el Monitor de sistema. Una buena forma de obtener una visión general rápida del rendimiento del sistema.

WinMSD Utilería NT que da al usuario una visión panorámica de la asignación de recursos del sistema. Buena en especial para encontrar conflictos de recursos.

Ejercicios

1. Respalde toda la información esencial de su máquina. Haga copias impresas de los parámetros de su sistema.
2. Cree discos de arranque como se describió en la hora 13, "Sistemas de archivo y Windows NT 4", y actualice o cree su disco de reparación de emergencia.

PARTE

IV

Hora 23

Tips de recuperación

por Gary R. Neely

Incluso los mejores diseñadores de sistemas operativos en el mundo no pueden garantizar que su sistema no se corromperá o se estropee de alguna otra forma . Usted puede cometer un error grave al configurar el sistema, eliminar el archivo equivocado, estropear en forma inadvertida el Registro o hacer un cambio equivocado a las configuraciones de su unidad. Una aplicación instalada en forma deficiente puede causar problemas a su sistema; incluso podría encontrarse con un virus de computadora (posiblemente si transfiere muchos archivos ejecutables de Internet o de otras fuentes).

NT es un sistema operativo notablemente estable. Usted no puede esperar que *nunca* va a tener problemas graves, pero puede estar seguro de que los problemas graves son raros con NT. Cuando experimente los efectos de la ley de Murphy, necesitará saber qué puede hacer al respecto. Ese es el tema de esta lección.

Un gramo de prevención

Algunos lectores usan NT en su casa para operaciones no críticas; otros planean usar NT para funciones críticas de negocios. En todo caso, suponga que ocurre un desastre: ¿se puede dar el lujo de tener fuera de servicio su sistema durante mucho tiempo? Repase ese escenario algunas veces y considere cómo sobreviviría. Su mejor defensa es planear para la catástrofe y dar pasos para evitar situaciones problemáticas antes de que éstas ocurran. Esta sección le dice qué puede hacer usted para prevenir un desastre y/o minimizar los efectos de una falla del sistema.

Limite el acceso a su computadora

Puesto que muchos problemas son resultado de errores de un operador, debería limitar el acceso a su estación de trabajo sólo a quienes necesiten utilizar el sistema y sean competentes en su uso. Usted puede limitar el acceso físico a la máquina, o al sistema, creando cuentas de usuario individuales y aplicando las muchas características de seguridad de NT para poner restricciones a lo que el usuario puede hacer y a su acceso. Conozca las capacidades de la cuenta del administrador y manténgalas fuera del alcance de quienes no las necesiten.

Respaldos: el mejor seguro

Nada le protege mejor que un respaldo regular de su sistema y sus datos críticos. Si su estación de trabajo está realizando operaciones críticas de negocios, invierta en alguna forma de dispositivo de respaldo, ya sea una unidad de cinta u otro dispositivo removible. Para este tipo de aplicaciones no se recomiendan los respaldos en una segunda unidad de disco duro, a menos que esté en otra máquina y de preferencia en un sitio físico diferente. Un administrador de sistema debería pensar no sólo en función de una falla del sistema, sino también en la posibilidad de incendio u otras situaciones que pudieran destruir todo el sitio. ¡Conserve copias de sus recursos importantes en lugares diferentes!

Registre los sucesos de fallas

Windows NT le permite registrar fallas críticas del sistema, las cuales le pueden ayudar a reconstruir lo que sucedió, pero debe activar estas características con anticipación a un incidente. Usted puede instruir a NT para que emprenda determinadas acciones en caso de errores fatales para el sistema, configurando las opciones de Recuperación (Recovery). Para entrar a esta característica, abra el panel de control y haga clic en el icono Sistema (System). Seleccione la ficha Inicio/Apagado (Startup/Shutdown). Verá un cuadro de diálogo como el de la figura 23.1.

Figura 23.1.
Configuración de las opciones de Recuperación de NT.

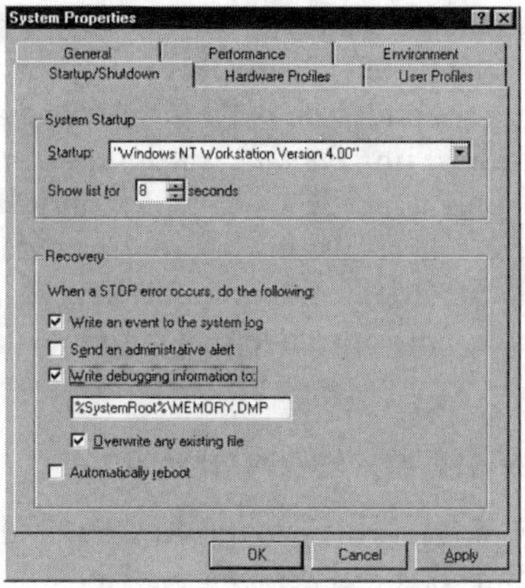

Usted puede hacer un registro de una falla del sistema haciendo que NT escriba una historia de dichos sucesos en el registro del sistema. Probablemente la opción de depurar la información no le sea útil, pero sí lo sería si necesitara llamar a un especialista en problemas de NT. No recomiendo configurar NT para que reinicie automáticamente después de un error, por dos razones: la pantalla de error podría contener información que usted tal vez quiera registrar y así usted estaría reincidiendo en un sistema inestable. La alerta de administrador es útil cuando la máquina está en una red, pues reportará al administrador del sistema que ha ocurrido un problema en esa estación de trabajo.

TÓMESE UN MINUTO

Cambiar los parámetros de recuperación podría dar por resultado tener que cambiar sus parámetros de paginación. Esto es cierto sobre todo si selecciona la casilla Grabar información de depuración en: (Write debugging information to:); de hecho esta opción hace una copia de su archivo de página (pagefile) como aparecía cuando ocurrió el problema con el sistema.

Si su sistema ha sido estable por algún tiempo y no está planeando hacer ningún cambio importante en la configuración del sistema, usted puede desactivar las opciones de recuperación y ahorrarse algunos recursos del sistema.

La "Pantalla azul de la muerte"

Éste es un mensaje del sistema, con un fondo azul, que se presenta cuando un sistema NT experimenta el equivalente de un ataque cardiaco. Puede ser que usted nunca lo vea, pero debe saber qué es y qué puede aprender de él.

Si optó por reiniciar automáticamente después de una falla del sistema (vea la sección anterior), entonces podría no ver la pantalla de la muerte. Una vez más, seleccionar esta opción no es una buena idea ya que podría perder información diagnóstica importante que se presenta en la pantalla de la muerte. Si ve una *Pantalla azul de la muerte,* registre con cuidado cualquier información que le presente, pues le puede ayudar a descubrir la causa del problema. Comúnmente las pantallas de la muerte son resultado de problemas de hardware, como dispositivos estropeados, mal asentados, o SIMMs de memoria defectuosos; conflictos de recursos de controladores, errores (bugs) en el sistema operativo o incluso un virus de computadora.

Registre su experiencia

Lleve su propio registro de lo que sucedió. Podría tener que describir la situación a alguien más. Reportar "Bueno, sólo *se descompuso,* ¿sabe?" no le ayuda en nada a un técnico. Si el suceso ocurrió cuando alguien más estaba usando la máquina, entrevístelo respecto a lo acontecido. Evite acusaciones u otros comportamientos negativos —la mayoría de las personas tratarán de minimizar su participación cuando usted más necesite su ayuda.

Conserve registros que le puedan ayudar en el futuro; usted mismo podría encontrar la solución a algún problema, felicitarse por ser un genio y seguir adelante, sin molestarse en hacer una breve descripción por escrito del incidente (los genios no necesitan escribir las cosas, ¿no es así?). Meses más tarde el problema surge de nuevo, pero el señor Genio no puede recordar lo que hizo para arreglarlo, así que se pierde un tiempo valioso en redescubrir la solución. Moraleja: si vale la pena juguetear con ello, vale la pena registrarlo. Una caja de tarjetas de 3×5 es muy útil para este tipo de cosas.

Diagnostique el desastre

Si se presenta un problema y usted está seguro de que se relaciona con el sistema, comience por recolectar toda la información disponible. Lea los registros de sucesos del sistema, las notas que aparecen en la pantalla de la muerte y detalles señalados por quien haya experimentado la falla. Para ese momento, podría ser evidente qué sucedió. Si no, determine los cambios que se hubieran hecho recientemente al sistema.

- ¿El problema se relaciona con el software? Usted puede obtener buenas pistas recordando qué operaciones precedieron en forma inmediata al problema; utilizar versiones beta de aplicaciones suele causar problemas; correr programas transferidos de Internet o de otras fuentes es un buen punto de entrada para un virus de computadora. Muchos programas de utilería o de juegos distribuidos en forma gratuita están mal escritos o son inestables; éstos pueden causar problemas (NT interceptará muchos de estos problemas). Eliminar el software causante debería eliminar el problema.
- ¿El problema se relaciona con el hardware? Un componente o controlador de hardware nuevo puede ser una buena pista. ¿Ha instalado recientemente una tarjeta de memoria

nueva? Verifique si su computadora tiene un sistema adecuado de enfriamiento –ésta es una fuente común de problemas extraños. ¿Se ha agregado un sistema periférico nuevo? ¿Es estable la energía de su sistema? Asegúrese de que no tiene conflictos de recursos con sus controladores de dispositivos.

Comente con algún amigo lo sucedido, pues ello le podría ayudar a pensar en algo que haya pasado por alto. Probablemente una revisión clara y lógica de los acontecimientos le sugiera una forma de recuperar su sistema.

La última configuración correcta conocida

En caso de que su sistema fallara, NT le proporciona varias soluciones relativamente fáciles que le pueden ayudar a que las cosas funcionen de nuevo. La *Última configuración correcta conocida* (Last Known Good Configuration) es la primera de estas soluciones.

Hasta ahora, usted ha visto el siguiente mensaje al iniciar NT 4:

```
Oprima la barra espaciadora AHORA para ver los perfiles de hardware.
```

Tal vez usted se haya preguntado de qué se trataba esto o incluso haberlo probado. Ésta es la primera línea de defensa de NT contra el desastre.

Considere esto: supongamos que por accidente usted hizo una mala configuración de hardware. Ya sabe que NT es melindroso respecto a la instalación de hardware, un conflicto de dispositivos hace que NT falle al arrancar, lo que podría dar una pantalla azul de la muerte. NT trata por todos los medios de ahorrarle esta clase de problemas. Cada vez que se inicia NT y que usted entra con éxito en el sistema, NT hace una copia de la configuración (exitosa) actual y la llama Última configuración correcta conocida. Si su hardware cambia, puede tener varias configuraciones diferentes grabadas. Tiene una oportunidad de regresar a una configuración anterior que podría no incluir al controlador problemático. (¡Si sólo Windows 3.*x* tuviera esta característica!)

Al oprimir la barra espaciadora cuando vea este mensaje, estará entrando al menú Última configuración correcta conocida, que le da la oportunidad de seleccionar entre una lista de configuraciones históricas. Verá el siguiente mensaje:

```
Este menú le permite seleccionar un perfil de hardware
que será leído cuando se inicie Windows NT
```

Debajo de este mensaje se le presentará una lista de configuraciones. Usted puede usar las teclas de cursor para seleccionar alguna de esta lista y oprimir Entrar (Enter) para invocar su selección. También puede oprimir L para ir directo a la Última configuración correcta conocida u oprimir F3 para abortar el proceso y reiniciar su computadora. Si su hardware y sus controladores de dispositivo han permanecido en su configuración original, puede ser que sólo vea una opción.

La solución de la Última configuración correcta conocida (Last Known Good solution) no siempre funciona. Se basa en gran medida en cambios de hardware, así que podría no resolver situaciones no resultantes de problemas como conflictos de dispositivo. También notará que sólo funciona si no ha entrado con éxito en el sistema desde que se desarrollaron los problemas.

El disco de reparación de emergencia

Un *disco de reparación de emergencia* es la siguiente línea de defensa de NT, pero para aprovecharlo se apoya en usted al menos en parte. Un disco de reparación de emergencia es una grabación de los archivos de configuración crítica de sistema de NT (incluyendo porciones del Registro) grabados en un disco flexible. Esta grabación es en efecto una "instantánea" de archivos de sistema importantes en el momento en que se hizo el disco de reparación. Para que este disco sea útil en verdad, usted se debe hacer al hábito de actualizarlo cada vez que haga un cambio significativo a su sistema o de acuerdo con algún plan, por ejemplo un ciclo de respaldo semanal. Actualice su disco de reparación de emergencia siempre que agregue una pieza de hardware, cambie la configuración de su disco o agregue un usuario nuevo.

TÓMESE UN MINUTO

El disco de reparación de emergencia no hace una copia completa del Registro. El Registro puede ser más grande que la capacidad de un disco flexible, así que NT sólo copia la información necesaria para arrancar el sistema. Debería considerar otras opciones para grabar la información de su Registro, como los programas REGBACK y REGREST que se encuentran en el NT Resource Kit de Microsoft.

Creación del disco de reparación de emergencia

Hay dos formas de crear un disco de reparación de emergencia. Ya vimos una de ellas en la hora 15, "Instalación y configuración de Windows NT 4". La rutina de instalación de NT le pregunta si desea crear un disco de reparación de emergencia. Si procedió correctamente, es que lo hizo bien desde que usted instaló NT . El segundo método es ejecutar un programa de utilería NT llamado RDISK. Este programa se encuentra en el directorio `SYSTEM32` de su directorio de sistema NT (por lo común `WINNT`).

Usted puede correr RDISK desde el indicador de comandos, cambiando al directorio `WINNT\SYSTEM32` e introduciendo `RDISK.EXE`. Verá un cuadro de diálogo como el de la figura 23.2.

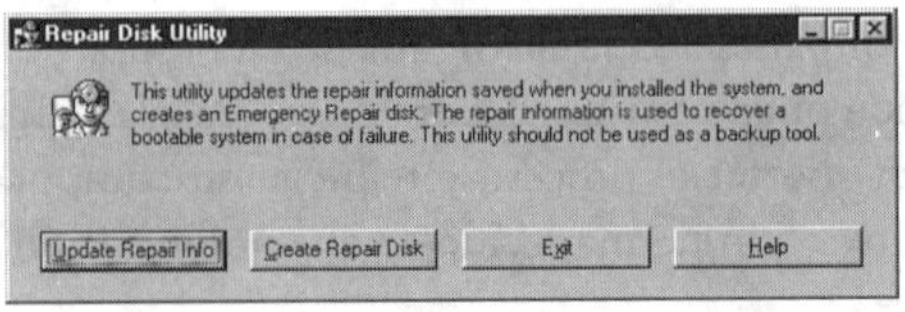

Figura 23.2.
El cuadro de diálogo principal de la utilería de disco de reparación RDISK.

23

La primera opción de la utilería, Actualizar información de reparación (Update Repair Info), explora la configuración de su sistema, actualiza los archivos de respaldo necesarios para una reparación del sistema y (opcionalmente) hace un disco de reparación de emergencia a partir de esta información. Haga clic en el botón Actualizar para actualizar los archivos de reparación de su sistema. Verá la advertencia que se muestra en la figura 23.3.

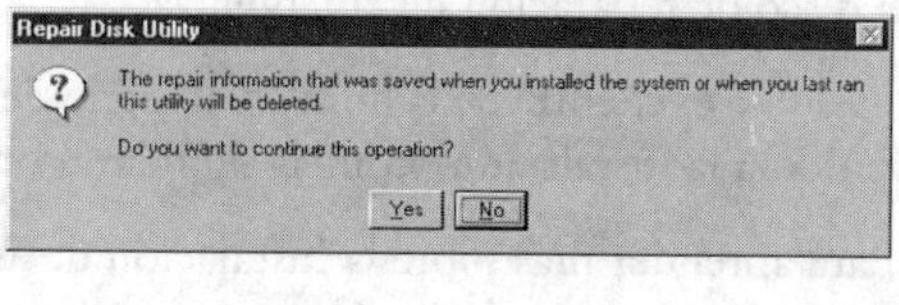

Figura 23.3.
RDISK le advierte que está a punto de borrar su antigua información de reparación de sistema.

Haga clic en Sí (Yes) para continuar. La actualización requerirá un minuto o dos para completarse. Al terminar se le mostrará otro cuadro de diálogo, como el de la figura 23.4.

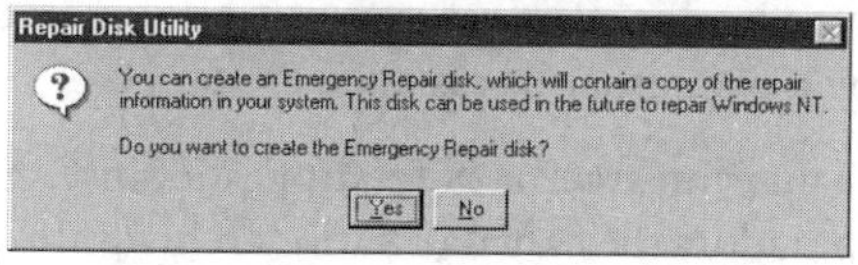

Figura 23.4.
RDISK le pregunta si desea hacer un disco de reparación de emergencia de sus archivos de sistema actualizados.

Haga clic en Sí si desea que RDISK cree el disco de reparación de emergencia. RDISK colocará entonces una copia de los archivos de reparación del sistema en su disco flexible, que se convertirá en el disco de reparación de emergencia. RDISK reformateará el disco flexible y luego copiará los archivos de configuración. (Parece ser que no hay forma de evitar el reformateo del disco.) Cuando esté completo, habrá terminado de hacer un disco de reparación de emergencia. Asegúrese de etiquetar el disco antes de guardarlo.

AHORRE TIEMPO

Una muy buena idea es actualizar su disco de reparación después de instalar un Paquete de Servicio (Service Pack) o parche (Patch). Si no lo hace, obtendrá una gran cantidad de mensajes sobre archivos que no corresponden durante una reparación.

También puede usar el cuadro de diálogo de la otra opción principal de RDISK, Crear disco de reparación (Create Repair Disk), para formatear un disco flexible y copiar los archivos de reparación existentes al disco. Use este botón si desea hacer un disco de reparación de emergencia pero no necesita actualizar sus archivos de sistema.

TÓMESE UN MINUTO

El disco de reparación de emergencia no es un disco de arranque ni un sustituto para un respaldo total del sistema. Simplemente graba aquellos archivos de configuración necesarios para mantener a NT funcionando.

Restaure desde el disco de reparación de emergencia

Muy bien, ya hizo un disco de reparación de emergencia. Se siente en verdad aliviado ahora que lo tiene. Pero espere... ¿cómo lo usará? La documentación de NT no lo explica. Así que, ¿dónde usará el disco de reparación de emergencia?

La respuesta se encuentra en la hora 15 al inicio de la rutina de instalación. ¿Recuerda la pantalla "Bienvenido a la instalación" con las siguientes opciones:

- Para aprender más sobre la instalación de Windows NT antes de continuar, oprima F1.
- Para configurar Windows NT ahora, oprima Entrar (Enter).
- Para reparar una instalación dañada de Windows NT versión 4.0, oprima R.
- Para salir de la instalación sin instalar Windows NT, oprima F3...?

La tercera opción, "Para reparar una instalación dañada de Windows NT...", es la solución –no muy obvia para usuarios casuales.

Para restaurar un sistema NT estropeado, inserte el primero de sus discos de arranque y reinicie su computadora. Se cargarán varios archivos del disco y luego se le pedirá que inserte el disco 2 y se cargarán más archivos. En unos momentos se le mostrará la pantalla "Bienvenido a la instalación" con las cuatro opciones mencionadas. Ahora, en vez de oprimir Entrar para instalar NT, oprima R para comenzar la recuperación del sistema. En un momento se le mostrará una pantalla nueva con las siguientes opciones:

```
[X] Inspeccionar archivos del registro
[X] Inspeccionar entorno de inicio
[X] Verificar los sistemas de archivo de Windows NT
[X] Inspeccionar el sector de arranque
Continuar (realizar tareas seleccionadas)
```

Una X en una casilla indica que el procedimiento de recuperación realizará la tarea. Use las teclas de cursor y Entrar para seleccionar o anular la selección de una casilla. También puede oprimir F1 para ver las pantallas de ayuda para este menú, lo cual es una buena idea. F3 abortará el procedimiento de instalación y Esc lo regresará al menú Bienvenido a la instalación.

La siguiente es una breve descripción de lo que cada categoría puede hacer por usted:

- Inspeccionar archivos del registro. Esta opción revisará su Registro en busca de información corrompida o faltante. Se le dará control sobre qué información es restaurada.
- Inspeccionar entorno de inicio. Esta opción restaurará archivos de arranque del sistema NT corrompidos. Si faltan sus archivos de arranque o están corrompidos, serán remplazados por versiones funcionales de su disco de distribución.

- ☐ Verificar los sistemas de archivos de Windows NT. Esta opción determinará si están presentes todos los archivos de sistema necesarios y corresponden con los originales; los faltantes o alterados pueden ser remplazados con los de su disco de distribución.
- ☐ Inspeccionar el sector de arranque. La opción restaurará los archivos del boot loader.

Cuando se sienta a gusto con sus opciones seleccionadas, escoja "Continuar (realizar tareas seleccionadas)" y oprima Entrar (Enter). Su experiencia con el resto del procedimiento de recuperación podría no coincidir con lo que está escrito en el resto de esta sección si no ha seleccionado las cuatro categorías, pero será bastante claro cuáles procedimientos fueron omitidos.

El procedimiento de recuperación comienza por detectar sus dispositivos de almacenamiento masivo usando la misma rutina descrita en la Hora 15. Cuando esto termina, se le pedirá que inserte el tercer disco de arranque. Después de que algunos archivos son cargados, el programa de recuperación le pedirá que inserte su disco de reparación de emergencia o le permitirá al programa intentar encontrar esta información en su disco duro. (Véase la sección "El directorio `REPAIR`" más adelante en esta lección.) Si tiene un disco de reparación de emergencia, insértelo en la unidad y oprima Entrar. El programa continúa examinando brevemente su disco duro. Si optó por inspeccionar su Registro, entonces se le preguntará si desea reparar su archivo de Registro, mostrándole las siguientes opciones:

```
[ ] SYSTEM (System Configuration)
[ ] SOFTWARE (Software Information)
[ ] DEFAULT (Default User Profile)
[ ] NTUSER (New User Profiles)
[ ] SECURITY (Security Policy) and
SAM (User Accounts Database)
Continuar (realizar las tareas seleccionadas)
```

Como en el menú anterior, usted puede usar las teclas de cursor y Entrar para seleccionar los componentes del Registro que desea reparar. Observe que al principio las casillas se presentan sin marcar.

PRECAUCIÓN

> No se recomienda juguetear con el Registro a menos que sepa absolutamente lo que está haciendo. Puede cambiar o eliminar con facilidad parámetros críticos y hacer peor (o mucho peor) su situación de lo que ya podría ser.

Oprima F1 para leer la ayuda de este menú; es una muy buena idea. Verá la advertencia de Microsoft respecto a desordenar el Registro y aprenderá más sobre los componentes del Registro. F3 le permite abortar el procedimiento de recuperación. Si no tiene que recuperar el Registro, simplemente deje las casillas sin seleccionar, elija "Continuar (realizar tareas seleccionadas)" y oprima Entrar para continuar.

El proceso de recuperación continúa examinando sus archivos de sistema en busca de una posible corrupción. Una barra de estado le mostrará el progreso de este examen. Al terminar este proceso, se le pedirá que reinicie su computadora.

Tómese un Minuto

> Cuando el proceso de recuperación examina sus archivos de sistema, buscará cualquier archivo requerido que no esté presente o que no coincida con los archivos de sistema originales. Algunas de sus aplicaciones o utilerías de apoyo podrían haber modificado o actualizado estos archivos. El examen indicará estos archivos y le dará la oportunidad de restaurar el original u omitir el archivo. Si elige restaurar un original, una o más de sus aplicaciones podría tener que ser reinstalada.

Con un poco de suerte, el proceso de recuperación habrá reconstruido su sistema y podrá arrancar NT con éxito. Cuando reinicie, podría ver algunos nuevos mensajes extraños mientras NT está cargándose. El sistema simplemente se está familiarizando con su nueva configuración; es probable que los mensajes no se repitan la próxima vez que arranque NT. Cuando NT esté cargado, podría notar también que algunas cosas han sido reajustadas, como su modo de video y (con un sistema de arranque múltiple) la configuración de su cargador de arranque (boot loader). Tendrá que ir al Panel de Control (Control Panel) y hacer los cambios necesarios para que las cosas vuelvan a la normalidad.

Ahorre Tiempo

> ¿Olvidó su más reciente contraseña de Administrador? Utilice el disco de reparación de emergencia para tener acceso a su sistema restableciendo la Base de datos de cuentas de usuarios (User Accounts Database) y, con ella, su contraseña original.

El directorio `REPAIR`

Como un seguro adicional contra el desastre, NT graba una copia de la información del disco de reparación en un subdirectorio de `WINNT` llamado `REPAIR`. Ésta es la misma información que está en el disco de reparación y es actualizada cuando usted selecciona Actualizar (Update) usando el programa RDISK. Si no se molestó en hacer un disco de reparación de emergencia, se puede dirigir al programa de recuperación para que trate de usar la información en este directorio para restaurar el sistema.

Configure el disco

Windows NT le permite grabar información acerca de las particiones de su disco en caso de que cometa un error y necesite restablecer su configuración previa.

Grabe la configuración del disco

Grabar la configuración del disco es una función del Administrador de discos (Disk Administrator). Usted puede entrar al Administrador de discos haciendo clic en el menú Programas (Programs) del botón Inicio (Start), luego Herramientas administrativas (Administrative Tools). En el Administrador de discos, haga clic en el menú Partición (Partition), seleccione Configuración (Configuration) y luego seleccione Guardar (Save), como se muestra en la figura 23.5.

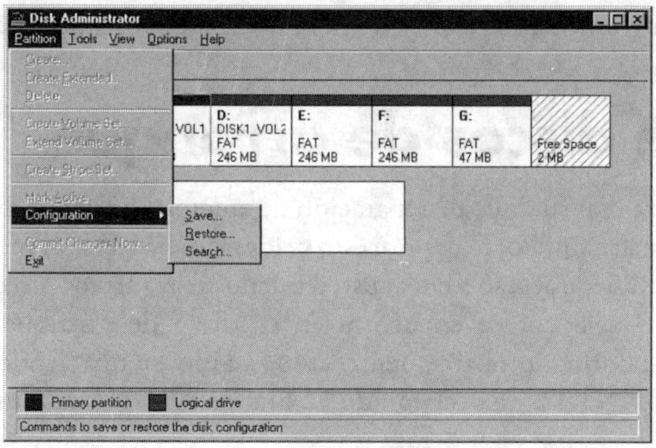

Figura 23.5.
Uso del Administrador de discos para hacer un respaldo de la información de las particiones del disco.

El Administrador de discos le solicitará que inserte un disco flexible, como se muestra en la figura 23.6. El disco debe estar formateado; el programa no lo hará por usted.

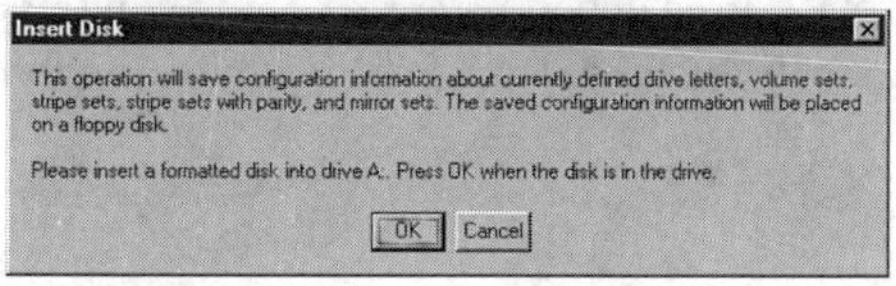

Figura 23.6.
Grabación de la configuración del disco en un disco flexible formateado.

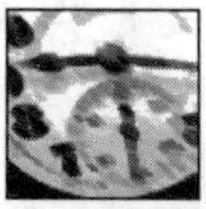

AHORRE TIEMPO

> Usted puede grabar su información de la configuración del disco en el disco de reparación de emergencia además de los datos de reparación normales del disco. Observe que si actualiza su disco de reparación de emergencia, tendrá que grabar de nuevo su configuración de disco debido a que el proceso de actualización reformatea el disco.

Restaure la configuración de un disco

Restaurar la configuración de su disco es muy fácil. En el Administrador de discos, seleccione Partición | Configuración | Restaurar (Partition | Configuration | Restore). Se le pedirá que inserte el disco con su información de restauración. El Administrador de discos le advierte que se sobreescribirá su configuración actual, como se ilustra en la figura 23.7. Asegúrese de que esto es lo que desea hacer.

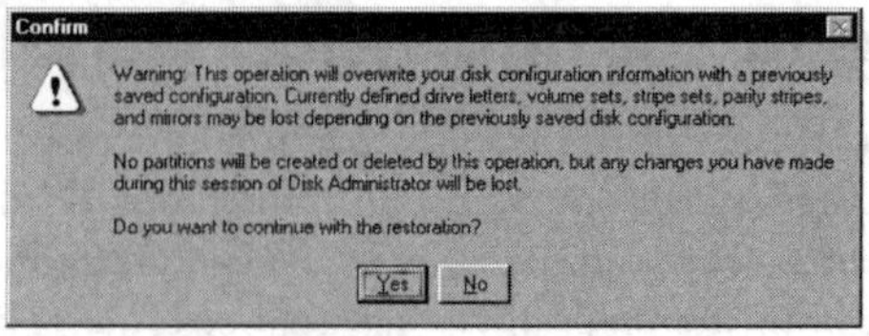

Figura 23.7.
Al restablecer una configuración se sobreescribe la anterior.

Si desea restaurar su configuración de acuerdo con la versión que está en el disco flexible, simplemente haga clic en Sí (Yes). El programa de restauración hará el resto.

Cree discos de arranque

Para usar su disco de reparación de emergencia debe tener acceso a la pantalla de Bienvenido a la instalación. Por lo común esto se logra iniciando con sus tres discos de arranque. Si los ha perdido o no tiene acceso a ellos, usted puede crear nuevos discos ejecutando el programa de instalación WINNT que se encuentra en su disco de distribución bajo el directorio asociado con su plataforma, probablemente `\i386`. Si lo está haciendo bajo Windows NT, corra el programa WINNT32, una versión de 32 bits de WINNT con una interfaz gráfica.

Ejecute el programa WINNT usando el siguiente formato:

```
WINNT /O
```

El conmutador `/O` indica al programa WINNT que haga discos de arranque y luego salga sin instalar NT. Usted deberá estar preparado con tres discos flexibles confiables de 3Ω" e insertarlos conforme se le soliciten. Para más información sobre WINNT y los discos de arranque, vea la hora 15.

Resumen

Hasta aquí deberá tener algunas ideas claras sobre cómo prepararse y recuperarse de los problemas con su sistema. Tómese un momento para revisar las opciones de que dispone:

- Limite el acceso, en particular el acceso a las capacidades de Administrador
- Respalde todos los archivos críticos
- Aprenda a reconocer y entender los problemas potenciales
- Conserve buenos registros
- Entienda y sea capaz de usar la Última configuración correcta conocida
- Haga un disco de reparación de emergencia y manténgalo actualizado
- Respalde la configuración de su disco
- Tenga a mano discos de arranque

Si aprovecha las herramientas de recuperación de NT y se ha protegido con las precauciones apropiadas de respaldo y seguridad, no tendrá que enfrentar la temida Opción Final: instalar NT y todas sus aplicaciones *otra vez.*

Taller

El taller le ayuda a concretar las técnicas que usted aprendió en esta hora.

Glosario

Pantalla azul de la muerte (Blue Screen of Death) Término coloquial aceptado para el reporte de error generado cuando NT experimenta una falla crítica del sistema y no puede continuar. El reporte se presenta sobre un fondo azul.

disco de reparación de emergencia (emergency repair disk) Disco flexible que contiene una copia de archivos críticos de sistema que se pueden usar para reconstruir un sistema NT que ha sufrido daños en el Registro o en archivos de sistema esenciales.

Última configuración correcta conocida (Last Known Good) Copia de los archivos de configuración del sistema de NT, hechos en el momento de la conexión exitosa de un administrador. Usted puede usar esta configuración histórica para arrancar NT si alguna configuración más reciente presenta problemas.

Ejercicios

1. Considere dónde almacenará sus respaldos. ¿Es seguro el lugar? ¿Están seguros contra robo? ¿El lugar está separado de su computadora?
2. La siguiente vez que arranque NT, oprima la barra espaciadora para invocar el menú Última configuración correcta conocida. Tómese el tiempo para familiarizarse con esta parte de NT antes de que la necesite.
3. Use los procedimientos delineados en esta hora y haga un disco de reparación de emergencia. Después que lo tenga, pruebe los procedimientos para usarlo. Una situación de emergencia puede ser mucho menos pavorosa si ya está familiarizado con las soluciones de recuperación.

Parte IV

Hora 24

Recursos de Internet para mantener en forma su sistema

por Gary Neely

Hay muchos recursos para enseñarle más sobre el uso de Windows NT. Usted está leyendo uno de ellos precisamente ahora. Otros recursos van desde las líneas de soporte de Microsoft hasta grupos de usuarios locales de NT, pero y uno de los mejores recursos está tan cerca como el módem de su computadora: Internet. Dedicar algunas horas a aprender una o dos herramientas comunes de Internet le abrirá una vasta riqueza de información y programas disponibles para usted sin más esfuerzo que el requerido para encontrarlos y transferirlos.

En esta hora aprenderá un poco sobre Internet y cómo funciona, y luego será introducido a los programas Windows NT más comunes que se usan para obtener información en Internet. Después de esta lección, usted deberá tener una buena idea de a dónde acudir cuando necesite más información sobre Windows NT 4.

Fundamentos de Internet

Muchos usuarios de computadoras están familiarizados con la idea de una red: un grupo de computadoras conectadas entre sí de modo que puedan compartir información y recursos. A pesar de todo el alboroto y la publicidad, Internet no es nada más que una colección de estas redes que van desde redes pequeñas como las que se usan para administrar empresas pequeñas de poco personal hasta redes muy grandes que abarcan estados o incluso países, como las usadas por Ford, MCI y el gobierno de Estados Unidos. Estas redes tienen dos cosas en común: todas hablan el mismo lenguaje electrónico, llamado protocolo, y todas están conectadas entre sí de alguna manera. No hay computadoras controladoras colosales ni autoridades centrales, aparte de una agencia modesta que administra el equivalente en Internet a un directorio telefónico.

Para la mayoría de la gente, Internet parece ser un invento de la década de los noventas, pero en realidad ha estado por ahí de alguna forma desde mediados de los setentas más o menos. A finales de los sesentas el Departamento de Defensa de Estados Unidos inició un proyecto que pretendía vincular los sitios militares y los de investigación. La idea era crear un medio confiable (es decir, a prueba de fallas) para mejorar las comunicaciones y la transferencia de datos. Esta red era conocida como ARPAnet en honor de la ARPA, Advanced Research Projects Agency (Agencia de Proyectos de Investigación Avanzada), la cual aportó gran parte de su financiamiento.

Con el tiempo se agregaron más instalaciones hasta que la mayor parte de las instituciones conectadas incluso en forma remota con proyectos de defensa o investigación estaban en esta gran red, la cual llegó a ser conocida como "Internet". El reciente crecimiento explosivo de Internet quizá se puede atribuir a tres cosas: la computadora personal cada vez más común y potente, el movimiento de las redes de backbone de Internet del gobierno a proveedores comerciales y World Wide Web. Internet ha tenido un crecimiento exponencial durante varios años, y el índice de crecimiento no da señales de disminución. Nadie puede predecir hacia dónde irá, pero este medio está aquí para quedarse.

Internet tiene algunas cualidades en verdad inspiradoras. Muchas organizaciones donan en forma voluntaria recursos costosos para ayudar a mantener y promover Internet. (Más adelante, en esta hora, se le presentarán algunos de estos recursos.) No hay una autoridad central ni hay forma alguna de facilitar la creación de una autoridad así. No es una moda computarizada sino un medio nuevo que difiere radicalmente de cualquiera otro. No está dirigida por grandes jefes de los medios de comunicación ni es controlada por familias editoriales poderosas. Ninguna computadora en Internet tiene preferencia sobre otra; una PC lenta basada en 486SX tiene los mismos derechos que una supercomputadora del gobierno, espantosamente costosa. En muchos sentidos, Internet es representativa de los ideales del país en que se originó.

Cómo funciona Internet (la versión abreviada)

Todas las computadoras en una red deben hablar el mismo lenguaje. Hay muchos de estos lenguajes de red. El lenguaje de Internet se llama *Protocolo de control de transmisión/Protocolo Internet* (TCP/IP, Transmission Control Protocol/Internet Protocol). TCP/IP fue desarrollado específicamente para el proyecto ARPAnet. Dados los requerimientos del Departamento de Defensa, tenía que ser robusto, confiable, fácil de mantener y que no dependiera de un contratista particular. El hecho de que el crecimiento explosivo de Internet haya empujado a TCP/IP mucho más allá de los objetivos de su diseño da testimonio de sus ventajas. TCP/IP usa todo programa que se base en Internet para cualquier propósito. Para que su computadora use Internet, tiene que hablar su mismo lenguaje.

Para la transmisión de sus mensajes TCP/IP, Internet no usa las líneas telefónicas convencionales, sino que se basa en líneas de telecomunicación de fibra óptica dedicadas de alta velocidad. Las líneas telefónicas convencionales no son adecuadas para transferir grandes cantidades de información digital. Cuando se hace una llamada telefónica, la línea entre el que llama y el receptor está dedicada a esa llamada (lo que se conoce como "conmutación de línea"). Esto es un derroche ya que la línea prácticamente se sienta y da vueltas a sus electrones mientras que quien llama, escribe o habla (relativamente) muy lento. Ésta es una de las razones por las que son tan costosas las llamadas de larga distancia. Las líneas telefónicas también son muy ruidosas. Un ruido o siseo ocasional podría no afectar su conversación de voz, pero sería letal para la transmisión de alta velocidad de datos electrónicos.

Para evitar estos problemas, se usan protocolos de corrección de errores y "conmutación de paquetes" para la mayor parte de las transmisiones de datos dentro de Internet. Los protocolos de corrección de errores se aseguran de que lo que se envió se haya recibido. La conmutación de paquetes divide una llamada en piezas pequeñas, las cuales se vuelven a armar conforme se acumulan en su destino. Con la conmutación de paquetes, una línea puede manejar a muchos que llaman; cuando alguien que llama no está hablando o enviando datos, la línea puede estar ocupada manejando a otros que llaman. Un paquete se parece mucho a una carta; es una unidad independiente con una dirección de destino y un manojo de datos. Computadoras dedicadas de alta velocidad, conocidas como "enrutadores" y distribuidas a lo largo de Internet, actúan como carteros, viendo cada paquete y verificando su dirección. Si la dirección no es para una computadora en la red local, el enrutador manda el paquete a otro enrutador en una red cercana a su destino. Este proceso se repite hasta que el paquete llega a su destino.

IP, dominios y otras criaturas extrañas

A toda computadora en Internet se le asigna un número que la identifica en forma única ante todas las demás. Este número es llamado *dirección IP* por la especificación TCP/IP. Una dirección IP es un número de 32 bits expresado por lo general como cuatro números que van del 0 al 255 y separados por puntos. Por ejemplo, una computadora podría tener como dirección IP 206.31.72.1. Cuando una computadora está conectada en forma permanente a una red TCP/IP, el administrador local le asigna uno de estos números, pero en muchos casos a una computadora se le da una dirección temporal de una reserva de números disponibles. Esto es lo que sucede cuando usted usa su módem para conectarse a una red de ISP para acceso PPP.

Usar números de 32 bits puede estar bien para las computadoras, pero imagínese lo molesto que sería el sistema si tuviera que recordar esos números cada vez que usara Internet. La especificación

TCP/IP nos da a los pobres humanos un método para asignar nombres más significativos a las computadoras en Internet. Éste es el sistema de *nombre de dominio*. Un dominio es como un vecindario donde cada casa es una computadora. Por ejemplo, el dominio de Microsoft es `microsoft.com` y `www.microsoft.com` es una computadora específica en ese dominio, una llamada www que maneja el tráfico de World Wide Web de Microsoft. Los nombres de dominio son categorizados por su uso principal:

- `com` se refiere a usuarios comerciales
- `net` se refiere a redes como las ISP
- `gov` se usa para agencias de gobierno
- `org` se usa para organizaciones (típicamente no lucrativas)
- `mil` se refiere a usuarios militares
- edu se usa para instituciones educativas

Todos los nombres de dominio están registrados en la única agencia central de Internet, InterNIC. La gente de InterNIC conserva registros de todos los nombres de dominio, asegurándose de que todos los nombres cumplen con los estándares TCP/IP y que no hay dos nombres iguales. Cuando una organización registra un dominio, tiene el derecho de nombrar a todas las computadoras que son parte de ese dominio.

Tómese un Minuto

> En Internet la palabra "dominio" no tiene nada que ver con el uso que hace de la palabra Windows NT Server, el cual agrupa a computadoras en una red con propósitos administrativos y de seguridad.

Así que, ¿cómo usa Internet un nombre de dominio para encontrar una computadora identificada por un número? Suponga que quiere usar el navegador Netscape Navigator Web para obtener una página Web del servidor Web del autor en `www.scigate.net`. A un navegador no le importa dónde esté localizado físicamente el examinador, pero se preocupa de la ubicación del servidor en la red. Navigator no tiene idea de en qué parte de Internet esté `scigate.net`, pero InterNIC lo sabe porque esta información es parte del proceso de registro del nombre de dominio. (Observe que InterNIC no sabe dónde está `www.scigate.net`.) El programa Navigator envía un mensaje a uno de los Servidores de Nombre de Dominio Primarios de InterNIC, computadoras con direcciones bien conocidas que contienen información del directorio de todos los nombres de dominio registrados. El mensaje dice, en efecto, ¿dónde está este lugar `scigate.net`? La respuesta es la dirección del servidor del propio nombre de `scigate.net`. Armado con esta información, Navigator envía un nuevo mensaje, esta vez haciendo contacto con una computadora servidora de nombres en la red SCIgate y preguntando: ¿dónde está tu computadora "www"? El servidor de nombres de SCIgate responde con la dirección exacta de la computadora servidor Web. Por último, Navigator tiene suficiente información para establecer contacto con `www.scigate.net` y obtener la página Web que usted deseaba.

Este proceso se llama *resolución de nombre* y se da por toda Internet cada vez que alguien solicita una página Web, envía un correo electrónico o se pone en contacto con un servidor FTP. Es sorprendente que no sólo todo funcione, ¡sino que además funcione tan rápido!

Cómo puede usted entrar en Internet

Muchas personas obtienen acceso a Internet por medio de cuentas universitarias o la red de su oficina. Otros compran acceso a través de empresas comerciales conocidas como *Proveedores de Servicios de Internet* (ISP, Internet Service Providers). Estas compañías mantienen una red que existe sólo para dar un hogar en Internet a las computadoras de sus clientes. Tienen muchos módems para que usted pueda entrar en su red, la cual a su vez está conectada a una red más grande, como un ISP mayor o una compañía de comunicaciones como MCI. Estos no son lo mismo que un Sistema de boletines electrónicos (BBS, bulletin board system), el cual soporta sólo intercambios de archivos y mensajes locales (aunque muchos BBS ofrecen ahora acceso a Internet o se han convertido en ISP de servicios completos). Compañías como America Online y CompuServe son en realidad BBS gigantescos; la mayor parte tienen ahora servicios Internet completos, pero el acceso puede ser lento por la gran cantidad de usuarios que soportan.

El acceso a Internet tiene cuatro formas principales: acceso telefónico simple, PPP (o el antiguo SLIP), PPP dedicado y línea dedicada. Estas formas varían considerablemente en capacidad y precio.

- El acceso telefónico simple le permite llamar a su proveedor y usar algunos de los servicios que se ejecutan en las computadoras del proveedor, pero usted en realidad no es parte de la red del proveedor. Este servicio se usa más bien para cuentas de correo electrónico simples.
- Una cuenta de *Protocolo de Punto a Punto* (PPP, Point-to-Point Protocol) le permite usar su puerto serial y un módem para colocarse en la red del proveedor. Se le da una dirección IP temporal de una reserva de direcciones cada vez que se conecta con su proveedor. Esto le permite ejecutar aplicaciones Internet en su computadora en lugar de tener que basarse en cualesquiera aplicaciones que estén en las computadoras del proveedor.
- Una cuenta PPP dedicada tiene los mismos beneficios que una cuenta PPP, excepto que su proveedor le da una dirección permanente y por lo general dedica un módem para su uso exclusivo. Esto tiene dos beneficios: nunca tiene que esperar para conectarse con su ISP y (de mayor importancia) tiene una porción permanente de bienes raíces de Internet. Con su dirección fija, ahora puede establecer su computadora para albergar sus propios servicios Internet. Esta forma de acceso tiende a ser bastante costosa, pero aún está dentro del alcance de muchos usuarios individuales.
- Usted puede construir su propia red y conectarse directamente con un ISP "de más arriba" usando una línea de red de alta velocidad dedicada. Esto es lo mismo que hace un ISP, pero varía mucho la escala de la operación. Esta forma de conexión de Internet es muy costosa y está mucho más allá del conocimiento y medios de la mayoría de los usuarios de Internet, pero es una opción y muchos ISP están dispuestos a vender este servicio.

TÓMESE UN MINUTO

Se necesita una cuenta PPP si desea usar servicios Internet como World Wide Web y FTP en su estación de trabajo. Su ISP puede necesitar que usted use un SLIP, el cual es un protocolo más antiguo y más simple que el PPP.

Cuando esté buscando un ISP, debe recorrer varios proveedores como lo haría con cualquier servicio. Los precios están entre 5 y 10 dólares al mes por una cuenta de correo electrónico y alrededor de 20 dólares por una cuenta PPP. Algunos servicios basan sus cargos en el tiempo que usted pase usted en línea, en tanto que otros proporcionan uso ilimitado. Unos ISP le permiten colocar una pequeña página principal de World Wide Web como parte de su paquete; otros requieren un cargo adicional. Busque un ISP que no oculte sus tarifas y que tenga un personal amable y cortés. Como con otros servicios, obtendrá aquello por lo que pague. Los ISP baratos a menudo tienen módems insuficientes para manejar el volumen de sus clientes, lo que da como resultado señales de ocupado cuando usted trata de marcar el número de acceso del ISP. No espere una gran cantidad de características o ayuda de los ISP baratos.

AHORRE TIEMPO

Antes de elegir un ISP, considere dónde necesitará el acceso a Internet. Si en gran medida es un usuario doméstico, contratar un servicio local confiable tiene sentido. Sin embargo, si suele viajar y necesita acceso a Internet dondequiera que se encuentre, deberá contar con un ISP que proporcione opciones de acceso en muchas localidades.

Servicios de Internet

Ahora que tiene una idea de lo que es Internet y cómo funciona, ¿qué puede hacer con esto? ¿Cómo lo puede agregar a su capacidad de trabajar con Windows NT?

Hay muchas aplicaciones *cliente* que se usan a través de Internet. Quizá la más conocida de estas aplicaciones sea el correo. Un programa cliente envía y recibe información de otro programa llamado *servidor* que mantiene y distribuye la información. Usted ejecuta una aplicación cliente en su computadora y la usa para solicitar información de otra computadora que está ejecutando un servidor. Es probable que los siguientes programas y servicios cliente resulten ser los más útiles para encontrar más información sobre NT 4:

- Examinador World Wide Web. Programa para solicitar y leer información en World Wide Web. Por lo común ésta es información de servidores Web, pero la mayoría de los examinadores se puede usar para encontrar y ver documentos de otros servidores como FTP y Gopher.
- Protocolo de Transferencia de Archivos (FTP, File Transfer Protocol). Este servicio Internet se usa para mover archivos entre computadoras.

- Telnet. Este servicio le permite conectarse en una computadora remota y usar sus recursos como si fuera un operador local.
- Grupos de noticias Usenet. Usenet es un sistema distribuido de grupos de discusión que abarcan casi cualquier tema imaginable, incluyendo Windows NT.

El resto de esta lección se dedica a explicar el uso de las aplicaciones de examinador Web, FTP y Telnet proporcionadas con Windows NT Workstation 4. Estos programas son muy adecuados para ayudarlo a aprender más sobre NT y las diversas aplicaciones y recursos disponibles para usted en todo el mundo. También se mencionan los grupos de interés y Usenet más importantes para soporte NT.

World Wide Web y Microsoft Internet Explorer

World Wide Web es una de las principales razones para la explosión de Internet en los usuarios en los últimos años. Se puede pensar en Web como el total de recursos a los que se puede tener acceso en Internet. Estos recursos suelen estar vinculados por medio de documentos *HTML* que contienen un vínculo a otros documentos (no necesariamente HTML). Esto no suena tan formidable, pero las ramificaciones son tremendas.

HTML son las siglas de Lenguaje de Marcado de Hipertexto (Hyper Text Markup Language), un estándar de formateo de documentos, diseñado para permitir que los documentos se vean del mismo modo sin importar la computadora o el sistema operativo del lector. El hipertexto permite que otro archivo sea asociado con información contenida dentro de un documento. Para entender el poder de este concepto, imagine que está leyendo un libro con una lista de referencias de otros libros. Para leer un libro de referencia, debe ir físicamente y encontrar el libro. Con el hipertexto, simplemente hace clic en la referencia y de pronto tiene el material referido ante usted. Y el libro referido podría tener referencias, las cuales a su vez contendrían referencias y así en forma sucesiva hasta que, en algún punto, ¡encuentre un artículo que se refiere al libro original! Ésta es la naturaleza de World Wide Web, excepto que Web no se restringe a texto impreso. Sus referencias pueden ser imágenes, sonidos, fragmentos de video y más: información que proviene de computadoras de todo el mundo.

Antes del advenimiento de HTML y Web, la información era vista como un conjunto de archivos; archivos almacenados en varias computadoras a los que se tenía acceso viendo una lista de nombres de archivo aburrida y a menudo poco informativa y luego usando FTP para transferir el archivo que se deseaba. Se desarrollaron métodos de indización como Gopher para catalogar todos estos recursos y, aunque muy útiles, proporcionaban más o menos el mismo grado de emoción que el catálogo de una biblioteca. Con HTML y Web, se puede tener acceso a la misma información en una forma más visual y natural. Es más fácil expresar ideas y hacer asociaciones que de otra manera podrían no haber ocurrido nunca. De pronto, es posible poner cosas en línea que nunca antes se habían considerado.

Si leyó bastante sobre Web y desea experimentarlo por sí mismo, ¿por qué no inicia su NT y comienza a usar su examinador explorador Web incorporado: Microsoft Internet Explorer?

Inicie Internet Explorer

Iniciar Internet Explorer es fácil. Sólo seleccione el icono Internet Explorer desde su Escritorio o elíjalo desde el menú Programas (Programs) bajo el botón Inicio (Start). Si usted todavía no está conectado a una red o a su ISP, NT le pedirá que haga una conexión poco después de iniciar el programa Internet Explorer.

AHORRE TIEMPO

> Un examinador Web como Internet Explorer se puede ejecutar sin una conexión de red. Esto le permite leer documentos en formato HTML o ver imágenes localmente en su computadora. La literatura de ayuda y de información se están proporcionando cada vez más en formato HTML, ya que HTML es fácil de formatear y se presta para la naturaleza estructurada de los documentos guía.

Cuando inicie el programa Internet Explorer, intentará cargar una página informativa del sitio Web de Microsoft. Usted puede esperar a que se transfiera la página o hacer clic en el botón Alto (Stop) para detener el proceso.

Apunte el examinador a un sitio Web

El lema de Microsoft pregunta: "¿Hasta dónde quieres llegar hoy?" Usted tendrá que responder esa pregunta, pero aquí está la manera en que puede llegar ahí. Encontrará un área de texto titulada Dirección: (Address:) en la sección superior de la pantalla de Internet Explorer. En esa casilla es donde usted introduce una dirección conocida como un *Localizador Uniforme de Recursos* (URL, Uniform Resource Locator). Un URL es un método estándar para identificar diversas clases de información en World Wide Web. Un URL describe el protocolo que se va a usar, la computadora donde se puede encontrar la información, la ruta del directorio hasta el archivo deseado y el nombre del archivo. Los documentos Web usan el Protocolo de Transporte de Hipertexto (HyperText Transport Protocol) y por tanto sus URL comienzan con `http:`.

En el siguiente ejemplo se ha introducido `www.yahoo.com` en el cuadro de texto Dirección. Ésta es la dirección Web para "Yahoo!", un sitio de Internet usado comúnmente como directorio. Después de introducir el URL en la casilla de dirección y oprimir Entrar (Enter), el examinador solicitará la página predeterminada o "principal" de Yahoo! Si hizo lo anterior, verá algo parecido a la figura 24.1.

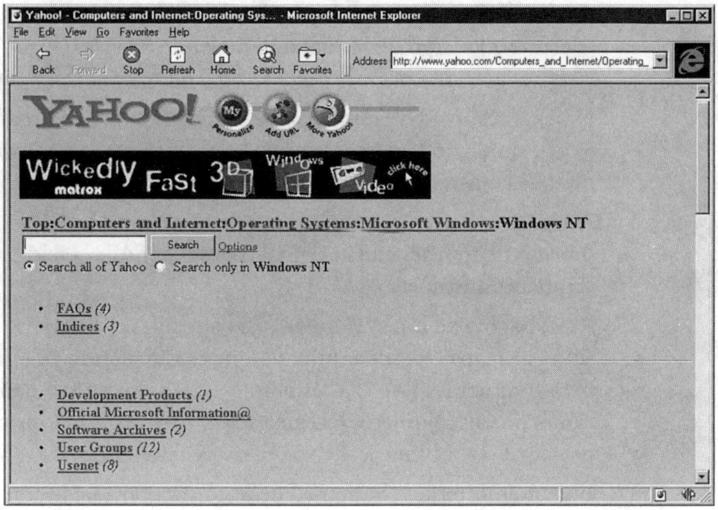

Figura 24.1.
Uso de Internet Explorer para ver recursos de Yahoo!

Puede ser que lo que usted vea sea diferente debido a que muchos sitios Web como Yahoo! cambian a menudo el contenido de sus páginas. En este ejemplo, sólo se introdujeron el nombre de la computadora y del dominio de la página de Yahoo!; no se especificó ningún nombre de archivo, ruta de directorio o protocolo. Al ser omitidas, el examinador asumió el caso predeterminado: el protocolo es `http` y el archivo es un archivo predeterminado llamado `INDEX.HTML` en el directorio raíz de la computadora de Yahoo! Éste es un caso común cuando se desea encontrar la página principal de una empresa, pero para muchas páginas Web tendrá que ser más específico.

Domine Internet Explorer

Para utilizar un examinador Web, casi todo lo que tiene que hacer es introducir un URL, pero hay algunas características que harán un poco más placentero su uso del programa. La mayor parte de estas características son comunes en alguna forma para todos los examinadores populares, así que cuando aprenda uno se sentirá cómodo con todos ellos.

La barra de herramientas de Internet Explorer

En una hilera cercana a la parte superior de la pantalla de Internet Explorer, habrá notado que hay una serie de botones. Estos botones son servicios que le ayudarán a navegar por Web:

- Atrás (Back). Este botón lo regresa al documento visto con anterioridad. Al oprimir este botón en forma repetida puede continuar retrocediendo a lo largo de todos los documentos o sitios Web que ha visto. El botón estará gris y será inoperable si el documento actual es el primero que se ha visto en esa sesión.

- Adelante (Forward). Este botón funciona como el botón Atrás, pero lo mueve hacia adelante a lo largo de los documentos que ha visto. Estará gris y será inoperable si no ha visto todavía una página o está al final de su lista de páginas vistas.
- Detener (Stop). Use este botón para detener una página mientras se está cargando. Esto es útil si solicitó la página equivocada o una página es más grande de lo que esperaba y no desea esperar a que se transfiera.
- Actualizar (Refresh). Este botón vuelve a cargar la página. Use este botón si detuvo el proceso de transferencia original o desea ver una versión actualizada de una página que cambia con frecuencia.
- Abrir página de inicio (Home). Las opciones del navegador le permiten especificar el sitio "principal" predeterminado que es transferido cuando usted inicia el navegador. Con Internet Explorer, al principio está establecido a una página Microsoft, pero puede cambiarlo a cualquier URL que desee. Muchos usuarios cambian ésta a su página principal o a un motor de búsqueda Web favorito.
- Buscar en Internet (Search). Puede configurar este botón para ser enviado en forma automática a su motor de búsqueda Web favorito.
- Abrir Favoritos (Favorites). Este botón le permite seleccionar de una lista de sus sitios Web favoritos, ahorrándole la carga de introducir el URL. Use la opción Agregar (Add) para agregar el URL mostrado en el momento en la casilla Dirección a su lista de sitios favoritos.
- Imprimir (Print). Este botón se usa para hacer una copia impresa de la página que está viendo en ese momento.

Opciones de Internet Explorer

Internet Explorer le da capacidad para personalizar sus características y adecuarlas a sus necesidades. Para entrar al cuadro de diálogo Opciones, haga clic en Ver | Opciones (View | Options). La figura 24.2 muestra este cuadro de diálogo.

Figura 24.2.
El cuadro de diálogo Opciones para personalizar Internet Explorer.

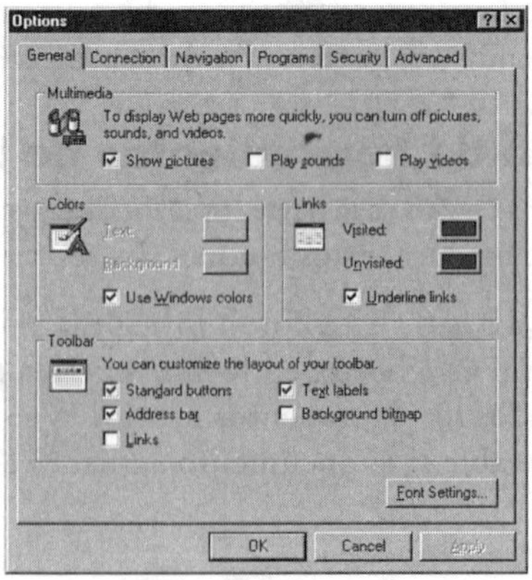

Las características bajo la ficha General (General) le permiten hacer cambios en la apariencia general y funcionamiento del examinador. Desde aquí, usted puede configurar la apariencia y las características de la barra de herramientas y desactivar la capacidad del examinador para mostrar imágenes.

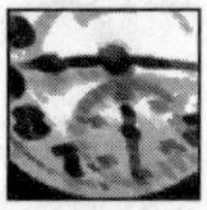

AHORRE TIEMPO

> Si desactiva el despliegue automático de imágenes gráficas usted puede acelerar en gran forma la transferencia de las páginas Web. Usted tal vez no verá todos esos hermosos gráficos, pero ellos son los que dan cuenta de cuánto tiempo se desperdicia esperando a que se cargue una página.

Haga clic en la ficha Exploración (Navigation) para cambiar los parámetros para los botones Abrir página de inicio y Buscar en Internet. Usando esta pantalla usted puede cambiar las páginas Web predeterminadas de Microsoft para estos botones a cualquier página Web que desee. El botón Buscar en Internet no necesariamente tiene que apuntar a una máquina de búsqueda sino que puede apuntar a cualquier página Web.

Las otras fichas muestran opciones para configuraciones más avanzadas de Internet Explorer. No necesitará molestarse con la mayoría de éstas, pero tómese unos minutos para ver qué hay disponible.

Vea el código fuente HTML de un documento

Cuando se muestra una página Web en su explorador, usted no ve el documento real cargado desde un sitio Web; está viendo la interpretación del documento de su explorador. Internet Explorer le da la capacidad para ver el código fuente del documento de una página Web, mostrándole todos los comandos de formateo HTML. Una gran forma de aprender HTML es observando cómo han elaborado sus páginas Web otras personas.

Para ver el código fuente de un documento HTML, haga clic en Ver | Código fuente (View | Source). Internet Explorer usará el Bloc de notas (NotePad) para mostrarle el código fuente HTML de la página Web actual. Usted puede editar y grabar el código fuente del mismo modo que lo haría con cualquier otro documento. Note que esto sólo modifica su copia local de la página Web; no puede cambiar el documento original a menos que tenga acceso al servidor de ese documento.

TÓMESE UN MINUTO

> Si nunca antes ha visto un documento HTML, no se sorprenda la primera vez que vea uno. Muchas páginas Web dan la apariencia de alguna clase de unión extraña entre un archivo de texto y un lenguaje de programación, y de hecho esto se acerca mucho a lo que sucede con páginas Web complicadas. No permita que esto lo desanime de aprender HTML. Es muy fácil aprender suficientes etiquetas HTML básicas para permitirle que pueda hacer su propia página Web.

Grabe documentos

Si encuentra una página Web que desee grabar en forma local en su computadora, haga clic en Archivo | Guardar como archivo (File | Save As File). Se le pedirá la ubicación en la que desea grabar el archivo. Cuando todo el archivo esté grabado, usted tendrá una copia del documento HTML en su disco duro. (Observe que esto no grabará ninguna imagen asociada con el documento, sólo el código fuente HTML del documento.)

AHORRE TIEMPO

> Si una página Web no ofrece una forma conveniente de transferir una imagen, todavía la puede obtener si está dispuesto a aprender un poco de HTML. Vea el código fuente de la página Web que muestra la imagen y curiosee hasta que encuentre algún texto que aparezca cerca de la imagen en la página. Cerca de esto encontrará algo que se parezca a `<img src="path/imagename.gif">`. La etiqueta IMG es la que atrae a una imagen a un documento HTML. Al remplazar la porción del nombre de archivo de su URL mostrado en ese momento con la ruta y el nombre de archivo de la imagen revelados en el código fuente HTML, usted puede conseguir que su examinador explorador muestre sólo la imagen deseada, la cual podrá grabar entonces. Si su examinador la puede mostrar, grábela.

Máquinas de búsqueda Web

Usted se puede encontrar a sí mismo mirando fijamente a la casilla Dirección (Address) en su examinador explorador y no tener ni idea de qué escribir ahí. Hay tanto que ver allá afuera, pero ¿cómo encontrarlo? ¿Dónde buscar?

Por suerte, hay muchas soluciones para este problema. Hay servicios en Web que proporcionan programas llamados "máquinas de búsqueda", que catalogan constantemente los diversos sitios Web en Internet. La gente proporciona voluntariamente los nombres y URL de sus sitios a estos servicios, y los servicios mismos tienen programas automatizados que buscan sitios nuevos.

Los siguientes son algunas máquinas de búsqueda más populares:

```
www.infoseek.com
www.altavista.digital.com
www.lycos.com
www.webcrawler.com
www.excite.com
```

Para usar cualquiera de estos servicios Web, simplemente introduzca uno de estos URL en el área Dirección de su examinador y espere la respuesta. Luego puede usar las características de la máquina de búsqueda, del mismo modo en que buscaría materiales en una biblioteca. La mayor parte tienen buena ayuda en línea si se queda atorado o está confundido.

Además de los motores de búsqueda, hay directorios de Internet que le dan un enfoque tipo menú para encontrar información en la Web. El más popular de éstos es Yahoo!, que se encuentra en `www.yahoo.com`. Yahoo! es fácil de usar y puede permitirle abrirse paso entre miles de sitios Web con rapidez y sin sumergirse en demasiada información.

Muchas corporaciones y universidades grandes mantienen sus propios directorios de información en línea. Para los usuarios de NT, el más importante de éstos es el Microsoft Knowledge Base que se encuentra en `www.microsoft.com/kb`. Este sitio tiene grandes cantidades de material de apoyo para responder preguntas y proporcionar nuevos conocimientos sobre el uso de NT. En definitiva vale la pena investigar.

FTP

El *Protocolo de Transferencia de Archivos* (FTP, File Transfer Protocol) es un procedimiento TCP/IP estándar para mover archivos entre computadoras. El nombre "FTP" se puede referir al protocolo en sí o a un programa cliente que usa el protocolo para realizar transferencias de archivos. FTP es una de las herramientas más antiguas y más útiles de Internet. Hay buenas probabilidades de que lo verá con mucha frecuencia.

En esta sección usted aprenderá a usar el programa FTP proporcionado con NT para transferir archivos desde y hacia otras computadoras en Internet. También aprenderá cómo usar FTP Anónimo (Anonymous FTP) para tener acceso a servidores FTP públicos. Al final de esta sección encontrará una lista de algunos servidores FTP usados comúnmente con valiosos recursos NT.

Uso del programa FTP de NT

Microsoft proporciona un programa FTP básico con NT 4. Se llama simplemente `FTP.EXE` y se encuentra en el directorio `WINNT/SYSTEM32`. Usted puede ejecutar el programa desde la opción Ejecutar (Run) bajo el botón Inicio (Start) o desde el indicador de comandos cambiando al directorio `WINNT32` e introduciendo `FTP` cuando aparezca el indicador. Verá una pantalla básica como la que se muestra en la figura 24.3.

Figura 24.3.
Indicador de comandos del programa FTP.

Inicio de una sesión FTP

Cuando el programa FTP esté cargado y corriendo, indíquele a qué sitio FTP quiere tener acceso. Se hace esto con el comando `OPEN` *`nombre de host`*. Simplemente introduzca el comando `OPEN` seguido del nombre del sitio FTP deseado:

```
OPEN ftp.microsoft.com
```

En este ejemplo, `ftp.microsoft.com` es el nombre del sitio del servidor FTP de Microsoft. El programa intentará hacer contacto con el sitio FTP. El sitio responderá con una solicitud de su identificación de usuario y luego una contraseña. En ocasiones, se le podría decir que la conexión es rechazada, lo cual suele suceder porque el sitio esté inundado de demasiados usuarios tratando de tener acceso al mismo. Espere unos minutos e intente de nuevo.

TÓMESE UN MINUTO

> Usted necesitará usar FTP Anónimo para tener acceso a los sitios FTP públicos, y aunque FTP Anónimo no suena muy emocionante, de hecho es una de las características más maravillosas de Internet. Por medio de FTP Anónimo, muchas compañías y universidades comparten sus recursos con el mundo. A cambio, sólo piden una poca de cortesía por parte de los usuarios públicos, como evitar la ocupación del sitio durante horas hábiles y hacer la sesión lo más breve posible.
>
> Para usar FTP Anónimo, simplemente introduzca la palabra anonymous cuando se le pida que introduzca un nombre de usuario y luego introduzca su dirección de correo electrónico o la palabra `guest` cuando se le solicite una contraseña. La mayor parte de los servidores FTP tienden a pedir una dirección de correo electrónico.

Para demostrar el uso de FTP, aprenderá cómo conectarse con el sitio FTP de Microsoft, evidentemente un lugar muy útil a donde ir si está buscando recursos y ayuda sobre NT. La figura 24.4 muestra un acceso anónimo típico del sitio Microsoft.

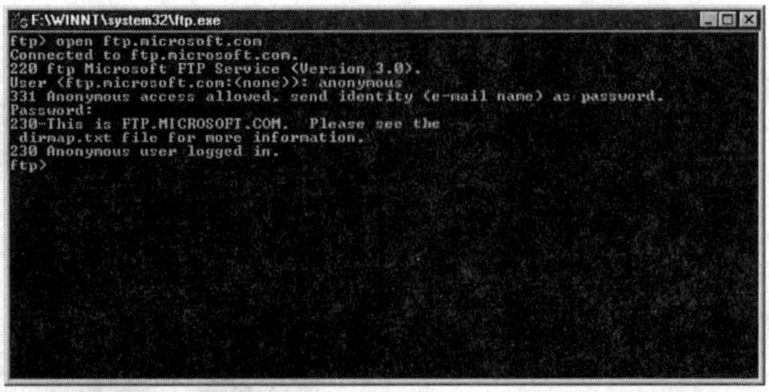

Figura 24.4.
Conexión con el servidor FTP Microsoft usando FTP Anónimo.

AHORRE TIEMPO

> Como una alternativa para iniciar el programa FTP y luego introducir el comando `OPEN` *`hostname`*, usted puede proporcionar una dirección de sitio al iniciar el programa FTP introduciendo `FTP` *`hostname`* ante el indicador de comandos, por ejemplo, `FTP ftp.microsoft.com`.

Es casi seguro que el sitio Microsoft esté accionado por NT, pero la mayor parte de los sitios FTP están operados en sistemas basados en UNIX. La figura 24.5 ilustra la diferencia de vistas. Aun cuando los esquemas de directorios de NT y UNIX aparecen un poco diferentes, para propósitos de FTP son funcionalmente iguales.

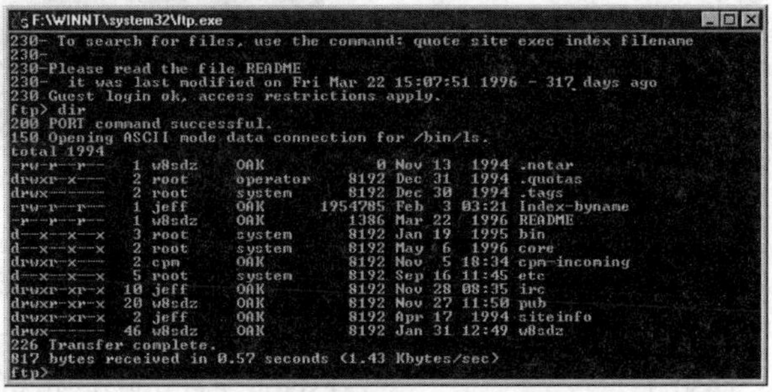

Figura 24.5.
Una sesión con el repositorio de la Universidad de Oakland, sitio basado en UNIX.

Examen de un sitio FTP

Cuando haya establecido una conexión con el host FTP remoto, usted necesitará saber cómo moverse por este sitio. FTP proporciona una forma estándar de examen para todos los hosts FTP. Se usan los siguientes comandos:

`cd` *`nombredeldirectorio`*	Cambia a un nombre de directorio especificado en la computadora host FTP remota.
`lcd` *`nombredeldirectoriolocal`*	Cambia al nombre de directorio especificado en su computadora.
`cd ..`	Regresa al directorio previo en la computadora remota. Observe que, a diferencia de DOS, FTP exige un espacio entre `CD` y los dos puntos cuando usa el comando `CD` ..
`ls` o `dir`	Enlista el contenido del directorio actual de la computadora remota en su pantalla.

Asegúrese de introducir estos comandos usando sólo minúsculas.

Muchos comandos FTP son muy parecidos a sus equivalentes en UNIX o DOS. Si está familiarizado con cualquiera de estos sistemas, no tendrá dificultades con los comandos FTP; no espere que éstos se comporten *exactamente* como sus primos UNIX o DOS.

Cuando se conecte con un host FTP, usted será puesto en el directorio raíz del servidor FTP. La figura 24.6 muestra los resultados de un comando DIR en el sitio FTP Microsoft.

Un prefijo `d` antes de una entrada distingue a los directorios de los archivos. Si puede ver la estructura del directorio, entonces puede usar el comando CD para navegar hasta el directorio que le interese.

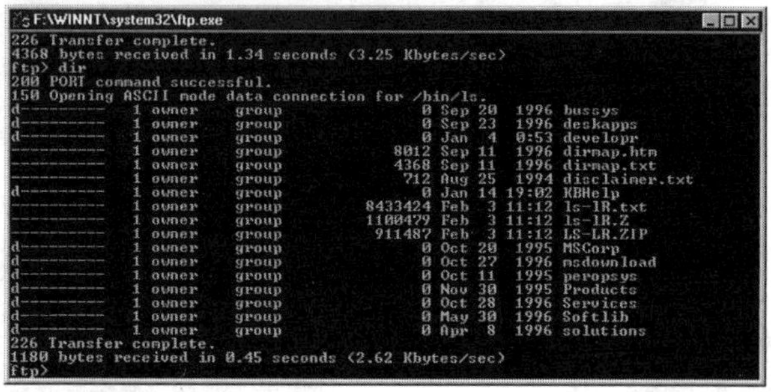

Figura 24.6.
Listado del directorio raíz del sitio FTP Microsoft.

Transferencia de archivos

Cuando usted encuentra un archivo que desea bajar, necesita conocer algunos comandos que le permitan establecer el tipo de archivo para la transferencia y decir a FTP qué hacer:

`ASCII`	Establece el tipo de archivo en ASCII para transferir archivos de texto.
`BINARY`	Establece el tipo de archivo en Binario para transferir archivos de datos.
`GET` *`remote filename`*	Baja un archivo desde una computadora remota hasta su computadora local.
`PUT` *`local filename`*	Sube un archivo desde su computadora local a una computadora remota.

Suponga que usted quiere bajar el archivo `DIRMAP.TXT`, que contiene una descripción de la estructura del directorio del sitio FTP de Microsoft. FTP distingue entre archivos `ASCII` estándares y archivos de datos que no están limitados al conjunto de caracteres ASCII. ASCII es el modo de tipo de archivo predeterminado establecido para FTP, pero si antes había usado el modo `BINARY`, lo podría cambiar de nuevo con sólo introducir `ASCII` ante el indicador FTP, que responderá con lo siguiente:

```
Type set to A
```

A continuación, para transferir el archivo `DIRMAP.TXT`, introduzca `GET DIRMAP.TXT` ante el indicador. La figura 24.7 muestra el procedimiento para transferir un archivo.

Obtener un archivo puede tomar algún tiempo dependiendo del tamaño del archivo y lo ocupado que esté el sitio FTP al momento de la transferencia.

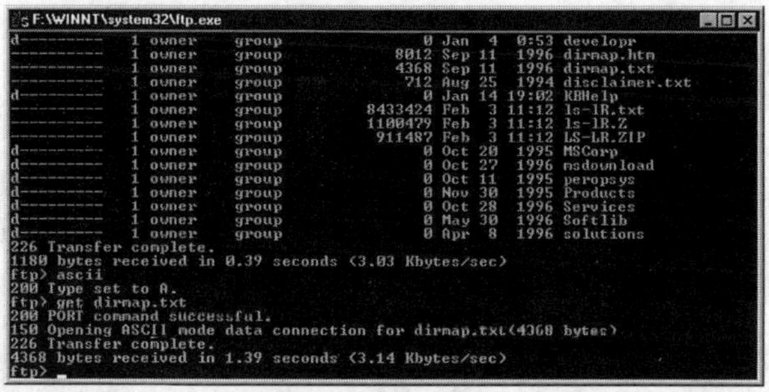

Figura 24.7.
Establezca el tipo de archivo y obtenga el archivo de un servidor FTP.

Usted se podría preguntar, "Muy bien, pero, ¿dónde puso el archivo?" FTP predetermina el directorio en el que ejecutó el programa FTP, en este caso el directorio `WINNT32`. Éste no es un buen lugar para comenzar a verter archivos. Use el comando `LCD` para cambiar su directorio local a alguna ubicación más apropiada para la transferencia de archivos.

TÓMESE UN MINUTO

> La mayoría de los sistemas FTP están basados en UNIX y, por consiguiente, son sensibles a las mayúsculas y minúsculas. No siempre es obvio qué sistema operativo está usando el host, así que tome la ruta segura y escriba siempre un comando o nombre de archivo utilizando los caracteres exactos, como aparecen en el listado.

El uso del comando `PUT` es muy parecido a `GET`. Use `LCD` para cambiar al directorio que contenga el archivo que desee subir y luego introduzca `PUT` seguido del nombre del archivo. Asegúrese de cambiar al tipo de archivo apropiado con el comando `BINARY` o `ASCII` antes de iniciar la transferencia.

Otros comandos FTP

Con los comandos que acaba de ver usted empezará a usar FTP. He aquí algunos más que podría necesitar o encontrar útiles:

`OPEN` *`hostname`*	Abre una nueva conexión con un sitio FTP.
`CLOSE` o `DISCONNECT`	Abandona la sesión FTP con el host FTP actual. Este comando no cierra el programa FTP. Use este comando si desea cambiar de sitios FTP.
`BYE` o `QUIT`	Termina la sesión FTP actual y cierra el programa FTP.
`HELP` *`command name`* `?` *`command name`*	Presenta un breve mensaje de ayuda acerca del comando que especificó. Si omite el nombre del comando, Help da un listado de comandos FTP. No espere una ayuda muy prolija de la mayor parte de los programas FTP de línea de comandos.

HASH	Imprime diéresis o signos de número (#) por cada bloque de 2KB transferido durante el envío o la recepción. Esto es útil para supervisar el progreso de las transferencias de archivo.

También hay comandos FTP adicionales. Le convendría buscar un manual sobre FTP y aprender sus diversas capacidades, en particular si hace alguna administración de sistema.

Programas FTP basados en GUI

¿Encuentra el programa FTP mostrado antes bastante crudo para el mundo actual de programas de apuntar y hacer clic basados en GUI? Si es así, no está solo. El programa FTP estándar es muy útil, pero la interfaz de línea de comandos no es muy amable. Un poco de curioseo en Internet revelará muchos programas cliente FTP basados en GUI que simplifican el proceso FTP. Recomiendo mucho el programa de shareware WS_FTP de Ipswitch. Vea la figura 24.8 y compárela con las anteriores.

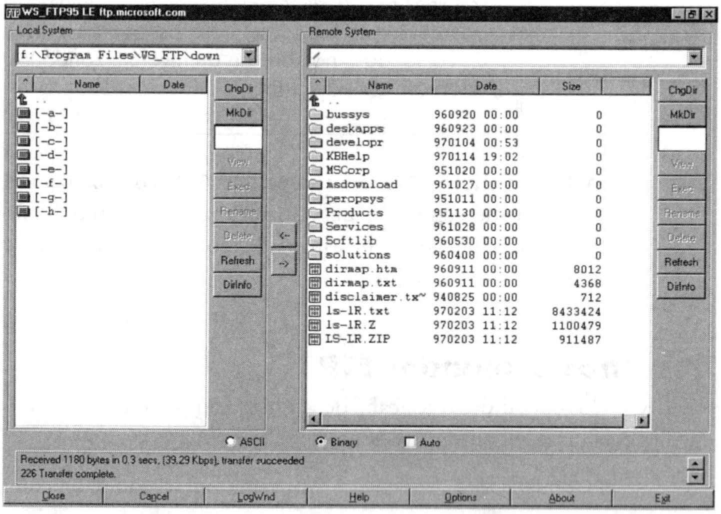

Figura 24.8.
Un programa FTP, basado en GUI –su uso es una mejora considerable sobre la cruda interfaz de línea de comandos de FTP.

A la izquierda usted puede ver un listado de su directorio local actual y a la derecha un listado del directorio remoto. Cambiar directorios sólo es cuestión de hacer clic en el botón apropiado. Se transfieren archivos desde y hacia su computadora resaltando los archivos deseados con el ratón y haciendo clic en las flechas de movimiento apropiadas en el centro de la pantalla. Incluso WS_FTP se puede configurar para detectar automáticamente qué tipo de archivo se requiere. Además de estas características, este programa le permite conservar un registro de sitios FTP incluyendo el nombre de usuario y la contraseña; usted sólo hace clic en CONNECT, selecciona el sitio que desea de la lista y ¡allá va! El programa cuesta muy poco y vale cada centavo si usted administra muchos sitios Web remotos.

AHORRE TIEMPO

> ¿Por qué aprender el programa FTP de línea de comandos cuando hay programas GUI allá afuera? Los programas FTP basados en GUI colocan una interfaz gráfica sobre los mismos comandos usados por el programa FTP de línea de comandos básico —no necesita aprender ningún comando FTP. Pero ahí está el lado malo: *usted no aprende ningún comando FTP*. La gran ventaja de un programa FTP estándar como el que se proporciona con NT 4 es que es común para casi todas las máquinas con acceso serio a Internet. FTP es casi el mismo ya sea que usted use NT 4 o UNIX. Los programas basados en GUI son herramientas maravillosas para la productividad, pero son una muleta. He conocido a especialistas en redes que podían usar un programa FTP basado en GUI, ¡pero no sabían cómo conectarse anónimamente a un sitio FTP!

24

Use un examinador Web como un cliente FTP

Usted puede usar un examinador Web como Internet Explorer de Microsoft o Navigator de Netscape como un programa FTP para pobres. Muchas páginas Web tienen vínculos con sitios FTP, así que los examinadores necesitan esta funcionalidad. Simplemente introduzca la dirección del sitio en la casilla del URL remplazando el prefijo de protocolo usual `http://` con un prefijo de protocolo `ftp://`. La figura 24.9 muestra a Internet Explorer teniendo acceso al directorio de recursos de Windows NT del sitio público `ftp.cdrom.com` de Walnut Creek.

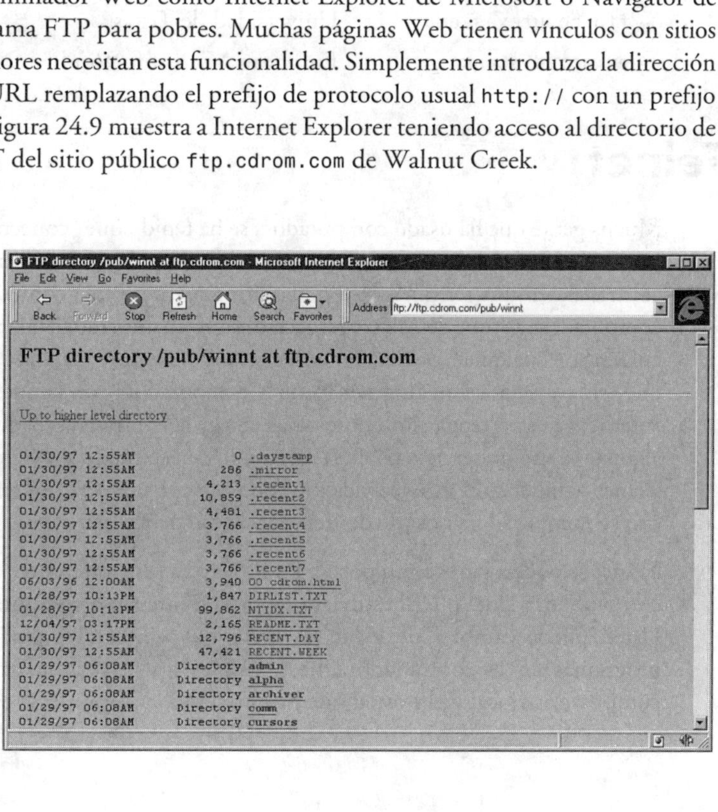

Figura 24.9.
Uso de Internet Explorer para tener acceso a un sitio FTP.

Los examinadores tratan a los archivos y directorios FTP como vínculos Web. Hacer clic en el archivo o directorio deseado comenzará a cargar el archivo o le mostrará el nuevo listado de directorios. Es muy fácil usar un examinador para navegar en forma visual por un sitio FTP, pero no tiene el poder y flexibilidad de un cliente FTP dedicado.

Sitios FTP y Windows NT

Ahora que sabe cómo usar FTP, hay muchos sitios con innumerables recursos NT abiertos para usted. La cantidad de información disponible puede ser muy abrumadora al principio, pero el esfuerzo le redituará.

La siguiente es una lista breve de algunos de los sitios FTP con recursos significativos para soportar Windows NT. La lista de ningún modo es exhaustiva y usted, sin duda, encontrará sus propios sitios favoritos, pero aquí hay algunos lugares para empezar:

`ftp.cdrom.com`	Walnut Creek CD-ROM Publishing
`oak.oakland.edu`	Universidad de Oakland
`ftp.microsoft.com`	Sitio FTP principal de Microsoft
`ftp.cc.utexas.edu`	Universidad de Texas
`emwac.ed.ac.uk`	European Microsoft Windows NT Academic Center

Telnet

Mucha gente que ha usado computadora se ha tenido que "conectar" con otra en algún momento. En los viejos tiempos, si deseaba usar un sistema compartido, introducía su nombre de usuario y contraseña en una terminal conectada directamente con la computadora local. Pero, ¿qué tal si la computadora a la que deseaba tener acceso estaba en una ciudad diferente? Con Telnet, usted se puede enlazar con cualquier computadora en el mundo, siempre y cuando tenga acceso a una computadora que esté conectada con Internet y que la computadora con la que desea hablar también lo esté en Internet (y usted tenga el nombre de usuario y la contraseña requeridos para esa computadora). Si alguna vez usó un servicio en línea marcando con su módem, las probabilidades indican que ya usó Telnet —muchos de estos servicios lo conectan con un "servidor terminal" y desde ahí es conectado con su computadora host de destino por medio de Telnet.

Telnet se podría parecer un poco a FTP, pero es muy diferente. Telnet le permite controlar una computadora igual que si estuviera sentado frente a esa computadora como un operador local. Usted puede cambiar de lugar los archivos, cambiar los parámetros del sistema y ejecutar programas en la computadora host. Telnet no le permite transferir información entre su computadora local y el host al que ha entrado con Telnet. Ese es trabajo para FTP.

Uso del programa Telnet de NT

El programa Telnet de NT se ejecuta en forma muy parecida al programa FTP, pero Telnet tiene una interfaz gráfica. El programa es `TELNET.EXE` y está en el directorio `WINNT/SYSTEM32`. Usted puede ejecutar el programa desde la opción Ejecutar (Run) bajo el botón Inicio (Start) o desde el indicador de comandos, cambiando al directorio `SYSTEM32` e introduciendo `TELNET` ante el indicador. Verá una pantalla en blanco como la que se muestra en la figura 24.10.

Figura 24.10.
El espacio de trabajo del programa Telnet.

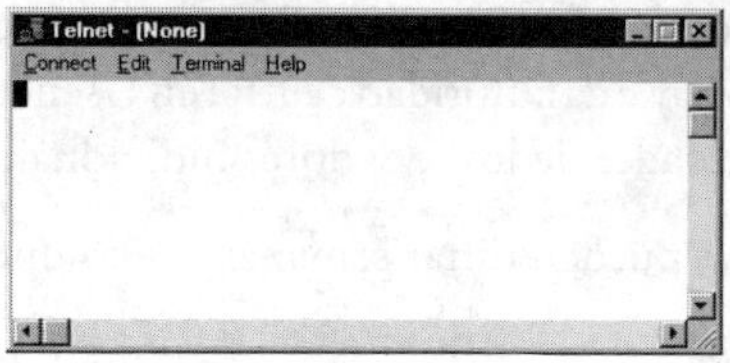

Para iniciar una sesión Telnet con un host remoto, seleccione Conectar | Sistema remoto (Connect | Remote System). El programa Telnet le abrirá entonces un cuadro de diálogo como el que se muestra en la figura 24.11.

Figura 24.11.
El cuadro de diálogo de sistema remoto del programa Telnet.

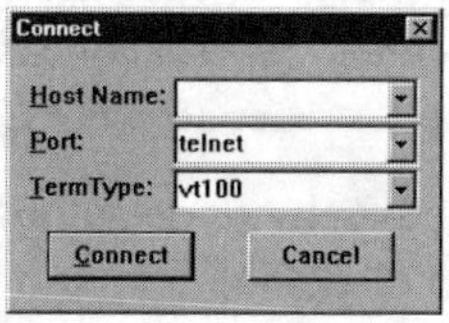

De hecho, todo lo que tiene que hacer es introducir el nombre del host y hacer clic en Conectar (Connect). El programa Telnet recordará nombres de host pasados que usted ha usado. Haga clic en la flecha dirigida hacia abajo para seleccionar de una lista de nombres de host anteriores. Cuando haya hecho clic en Conectar, Telnet hará contacto con el host y luego le pedirá un nombre de usuario y una contraseña. El resto de su sesión tendrá lugar como si estuviera escribiendo localmente en el host remoto. Para terminar su sesión Telnet, haga clic en Desconectar (Disconnect).

Grupos de noticias Usenet

Usenet es una recopilación de grupos dedicados cada uno al debate de un tema. Literalmente hay miles de estos grupos de debate, llamados *grupos de noticias*, y cada grupo puede estar subdividido en temas específicos. Cada grupo consta de la publicación de correo electrónico secuencial de varios lectores. Un lector podrá publicar un comentario sobre un tema y otro más le dará seguimiento; luego alguien contestará esa publicación, y así en forma sucesiva. Una serie de mensajes relacionados con la misma carta original es llamada "cadena". Como Usenet es un foro abierto, puede leer tantos mensajes o tan pocos como desee.

Los grupos de noticias varían tremendamente en el contenido y la calidad de las mismas. Algunos son moderados, lo cual significa que son administrados por alguien que ofrece en forma voluntaria su tiempo para hacerlo. Muchos no lo son y se puede encontrar en ellos cualquier clase de publicación. Los grupos de noticias pueden ser una fuente de información excelente y un gran lugar para colocar sus propias preguntas (y soluciones); sin embargo, espere una cantidad considerable de mensajes basura y comportamiento inmaduro ya que en Usenet no hay responsabilidad sobre los mensajes.

Los mensajes de Usenet se distribuyen a servidores Usenet en varias computadoras en todo el mundo. No hay una autoridad central en Usenet; los mensajes circulan hasta que caducan con base en las capacidades de los servidores individuales y las necesidades del administrador local.

Los mensajes pueden durar semanas o sólo unos días, dependiendo de su servidor local.

Cómo tener acceso a los grupos de noticias

Usted puede tener acceso a Usenet o no, e incluso si su ISP tiene un servidor Usenet, usted podría no tener acceso a todos los grupos de noticias. La cantidad de grupos de noticias es grande y su volumen diario de tráfico es enorme. Muchos ISP más pequeños no tienen los recursos para proporcionar ese servicio. Si está conectado con una universidad o con un ISP entre moderado y grande, deberá poder tener acceso a Usenet y a la mayor parte de dichos grupos.

Para verlos necesitará un lector de grupos de noticias y el nombre de su servidor Usenet local. Hay muchos programas disponibles, y la mayoría de los exploradores Web importantes se pueden adaptar para leer grupos de noticias. Internet Explorer de Microsoft viene con un lector que está más que adecuado para esta tarea. Cualquier programa que use para ver dichos grupos necesitará conocer el nombre del servidor Usenet. Su ISP le podrá proporcionar esta información.

Grupos de noticias dedicados al soporte de NT

Usted encontrará muchos grupos de noticias relacionados con discusiones de sistemas operativos y de sistemas Windows de Microsoft en particular, pero los siguientes son los grupos de noticias principales dedicados a Windows NT:

`comp.os.ms-windows.nt.admin.misc`	Problemas de administración no relacionados con la conectividad
`comp.os.ms-windows.nt.admin.networking`	Problemas de administración de conectividad
`comp.os.ms-windows.nt.admin.security`	Problemas de seguridad
`comp.os.ms-windows.nt.advocacy`	Comparaciones de NT y otros sistemas operativos

`comp.os.ms-windows.nt.announce`	Noticias sobre nuevas aplicaciones, eventos y controladores NT (moderado)
`comp.os.ms-windows.nt.misc`	Problemas misceláneos de NT no cubiertos en alguna otra parte
`comp.os.ms-windows.nt.pre-release`	Debates de versiones futuras de NT
`comp.os.ms-windows.nt.setup.hardware`	Problemas de configuración relacionados con el hardware
`comp.os.ms-windows.nt.setup.misc`	Problemas de configuración que no son del hardware
`comp.os.ms-windows.nt.software.backoffice`	Debates de NT y de la colección de productos BackOffice de Microsoft
`comp.os.ms-windows.nt.software.compatibility`	Problemas de compatibilidad de NT con Win 95, Win 3.*x* y DOS
`comp.os.ms-windows.nt.software.services`	Debates del software de servicio para el sistema de NT
`microsoft.public.es.winnt`	Grupo de noticias en español dedicado a Windows NT que se encuentra en `msnews.microsoft.com`

Tal vez quiera explorar el servidor de noticias de Microsoft en `msnews.microsoft.com`. Hay muchos grupos de debate dedicados al soporte y la retroalimentación de los usuarios sobre productos Microsoft, incluyendo Windows NT Workstation 4.

24

Resumen

Esta lección le dio un panorama general de Internet y de cómo funciona. Hay mucho más por aprender de lo que se puede incluir en este libro, y la mejor forma de aprenderlo es conectarse con Internet y examinarlo usted mismo. El mejor material sobre Internet está en Internet.

Usted también aprendió a usar los programas Internet más comunes para obtener más información sobre Windows NT. Aprendió a usar un explorador Web para transferir páginas Web y otros documentos de World Wide Web, así como a usar FTP para transferencias eficientes y rápidas de archivos. Es muy probable que en el futuro usted usará mucho estos dos programas, conforme descubra cuánto material tiene que ofrecerle Internet a Windows NT.

Taller

El taller le ayuda a concretar las técnicas que aprendió en esta hora.

Glosario

cliente (Client) Programa que envía y recibe información de un servidor. Los clientes suelen ser específicos para una clase de servidor. Un cliente FTP se usa sólo junto con un servidor FTP. Los clientes Web (también llamados exploradores) por lo común se usan para ponerse en contacto con servidores Web, pero también se pueden usar para los servidores Gopher o FTP.

nombre de dominio (domain name) Nombre único que identifica a un grupo de computadoras en Internet. El sistema de nombre de dominio proporciona una forma estructurada de nombrar y agrupar computadoras que evita el uso de números IP poco manejables. Observe que en un nombre de computadora como `www.microsoft.com`, sólo la porción `microsoft.com` es el nombre de dominio.

FTP Protocolo o método estándar para transferir archivos en una red TCP/IP. FTP también se puede referir al programa que cumple esta tarea.

Gopher Cliente Internet usado para explorar un directorio basado en un menú de los recursos de Internet. Gopher fue muy popular, pero ahora está siendo remplazado por servicios de directorio basados en Web. Los servidores Gopher todavía son comunes y se puede tener acceso a ellos usando exploradores Web. El nombre se deriva de la mascota escolar de la Universidad de Minnesota, donde fue desarrollado.

HTML Abreviatura de Lenguaje de Marcado de Hipertexto. Un método en evolución de formateo de información para que pueda ser distribuida por Web y leída independientemente de la clase de plataforma de computadora usada. El código HTML es similar en muchas formas a la antigua composición tipográfica —una sección del texto está agrupada por un conjunto de "etiquetas" HTML que concuerdan, las cuales determinan cómo aparece el texto en un explorador Web. Además de su uso en páginas Web, HTML se está volviendo un estándar para la creación y formateo de documentos de ayuda.

InterNIC La agencia responsable de registrar los nombres de dominio de Internet.

dirección IP (IP Address) Número único asignado a cada computadora que usa TCP/IP. Puesto que los números IP son difíciles de recordar, a la mayoría de las computadoras se les asignan nombres vinculados con el número IP. Para que una computadora esté en Internet, debe tener un número IP, pero no necesita tener un nombre.

grupo de noticias (newsgroup) Un grupo de debate individual en Usenet. Hay muchos de estos grupos, a menudo subdivididos en temas más específicos. El contenido varía desde mensajes interesantes y útiles hasta publicaciones comerciales sin sentido y deficientes.

Protocolo de Punto a Punto (PPP, Point-to-Point Protocol) Método en el que se pueden usar un módem y un puerto serial en vez de una conexión de red verdadera. Así se permite a los usuarios domésticos conectarse en forma temporal a una computadora de Internet.

máquina de búsqueda (search engine) Programa basado en Web que conserva un catálogo de sitios Web y permite a los usuarios buscar en ese catálogo documentos que correspondan con los criterios de búsqueda.

servidor (server) Programa que proporciona un servicio o información específicos a programas clientes. Observe que "servidor" se suele referir a una computadora dedicada que realiza esta función.

TCP/IP "Lenguaje" electrónico usado por todas las computadoras en Internet para la comunicación. Una computadora que esté en Internet debe ser capaz de usar TCP/IP, pero puesto que TCP/IP se usa también para otros propósitos, una computadora que use TCP/IP no necesariamente está en Internet.

Telnet Servicio TCP/IP que le permite tener acceso remoto a una computadora.

URL Localizador Uniforme de Recursos; es un método estándar para identificar muchas clases diferentes de información en World Wide Web. Un URL describe el protocolo que se debe usar, la computadora donde se puede encontrar la información, la ruta del directorio hasta el archivo deseado y el nombre del archivo.

Usenet Un sistema descentralizado de grupos de discusión, diseminados a lo largo de muchas computadoras en Internet. Usenet se divide en varios grupos de noticias que abarcan varios temas. Los grupos de noticias Usenet son parecidos a la colección de mensajes de correo electrónico orientados (sin importar cuán vagamente) alrededor de un tema determinado. Un lector puede seguir la "cadena" de un tema conforme los lectores se responden entre sí a través del tiempo.

World Wide Web El total de todos los recursos a los que se puede tener acceso usando exploradores Web. Estos recursos suelen estar vinculados entre sí por medio de un documento HTML que contiene un URL al otro documento (no necesariamente HTML). Se abrevia Web.

Ejercicios

1. Use Internet Explorer u otro navegador para tener acceso al sitio Web de Microsoft en `www.microsoft.com`. Explore muchos recursos NT en línea de Microsoft como la Microsoft Knowledge Base.
2. Use un explorador Web para tener acceso a una máquina de búsqueda como AltaVista en `www.altavista.digital.com`. Realice una búsqueda de recursos para NT 4. Probablemente quede sepultado por los resultados, así que aprenda cómo afinar sus búsquedas.
3. Trate de usar su navegador para conectarse con un servidor de noticias. Su ISP puede tener acceso o no a grupos de noticias Internet, pero usted siempre puede tener acceso al servidor de noticias de Microsoft en `msnews.microsoft.com`.
4. Use su explorador Web, el cliente FTP de línea de comandos de NT y (si está disponible) un cliente FTP basado en GUI de un tercero para tener acceso a un servidor FTP como `ftp.microsoft.com`. ¿Cuál le parece más fácil de usar?
5. Si tiene una cuenta de acceso telefónico con un ISP, establezca una conexión de red PPP con su ISP y luego use el programa Telnet de NT para conectarse con su cuenta personal en el ISP.

Apéndice A

Referencia del Panel de control

por Thomas Lee

Introducción al Panel de control

Para mucha gente, el Panel de control (Control Panel) sólo es una de esas cosas que rara vez se necesitan. Cuando empecé a escribir este apéndice estaba de acuerdo con esta opinión, mas conforme observé con mayor detenimiento, vi que el Panel de control, en muchos sentidos, es un componente clave de Windows NT Workstation 4. Para obtener lo mejor de Windows NT, en realidad usted necesita saber cómo funciona el Panel de control. Para el usuario capacitado, algunas características ingeniosas están ocultas en sus profundidades, razón por la cual se le proporciona este apéndice como una referencia visual única del corazón de NT Workstation.

Piense en el Panel de control como una interfaz agradable para configurar las preferencias más importantes del sistema y del usuario. La mayoría de los usuarios utilizarán algunas de las opciones, en tanto que el verdadero usuario capacitado deseará enfrentarse con todo su potencial.

Entonces, ¿qué es el Panel de control?

Una colección de objetos –un conjunto de varias aplicaciones más pequeñas, o applets, cada una de las cuales configura alguna parte del entorno de Windows NT. Para configurar una parte del sistema, invoque primero el Panel de control y luego la aplicación.

Cómo tener acceso al Panel de control

Las dos formas principales de tener acceso al Panel de control son desde Mi PC (My Computer) y desde el botón Inicio (Start); haga clic en Inicio, seleccione Configuración (Settings) y luego seleccione Panel de control (Control Panel) como se muestra en la figura A.1.

Figura A.1.
Dos formas de invocar el Panel de control.

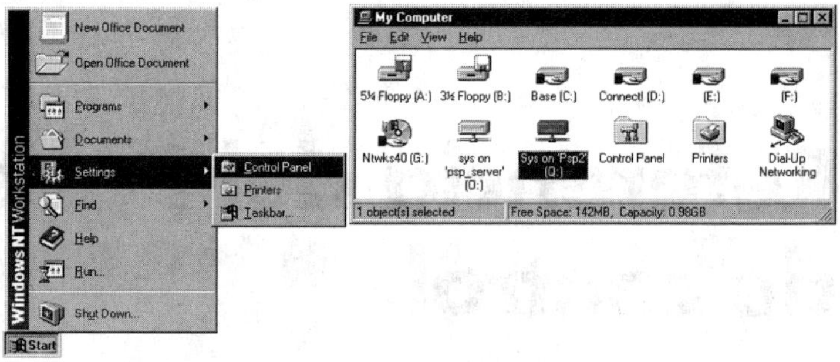

Cuando usted invoca al Panel de control, Windows NT muestra una carpeta que contiene varios iconos, representando cada uno una aplicación. Como con las carpetas en Windows NT, usted tiene la opción de una vista con Iconos grandes (Large Icons), Iconos pequeños (Small Icons) o Detalles (Details). Mi panel de control, seleccionado con iconos grandes, se muestra en la figura A.2; el suyo podría lucir diferente, según el software que haya cargado.

¿Qué son las aplicaciones del Panel de control?

Una aplicación del Panel de control es una Biblioteca de vínculos dinámicos (DLL, Dynamic Link Library) de Windows NT, almacenado con la extensión `.CPL`. Cada aplicación está diseñada para configurar una parte de su sistema Windows NT, como el ratón, la red o el SAI.

Las aplicaciones del Panel de control están en el directorio `%SYSTEMROOT%\System32`. Si usted elimina uno o más de los archivos de aplicaciones del directorio `System32`, no verá el icono de la aplicación la próxima vez que invoque el Panel de control. Del mismo modo, le puede agregar aplicaciones con sólo colocar sus archivos en el directorio `System32`.

Figura A.2.
El Panel de control.

Varias aplicaciones del Panel de control (Control Panel) se cargan desde el principio con Windows NT. Agregar características extra, como el Acceso telefónico a redes (Dial-Up Networking), u otras, como Microsoft Office, dan por resultado que se instalen aplicaciones adicionales en el Panel de control. Instalar Office 95, por ejemplo, configura la aplicación Búsqueda rápida (Find Fast), que hace índices automáticos de los documentos de Office.

Si usted no ve todas las aplicaciones del Panel de control (figura A.2), podría deberse a que no ha cargado todos los componentes relacionados de Windows NT.

Configuración de sistema contra configuración de usuario

Al usar el Panel de control algunos parámetros, como la configuración de red, son establecidos por el sistema como un conjunto, sin importar qué usuario esté registrado. Otros parámetros son específicos del usuario y usted puede establecerlos en forma diferente para cada usuario con una cuenta en el sistema.

Todas las configuraciones controladas por el Panel de control de Windows NT se almacenan en el Registro (Registry).

Los parámetros individuales por usuario se almacenan bajo la clave `HKEY_CURRENT_USER\Control Panel`. Las subclaves para los parámetros de usuario concuerdan con los nombres de las aplicaciones en la mayor parte de los casos. Los parámetros del sistema se almacenan bajo la clave `HKEY_LOCAL_MACHINE` y no son tan fáciles de encontrar.

Seguridad

La mayor parte de las aplicaciones del Panel de control permiten a cualquier usuario invocar la aplicación y modificar los parámetros relacionados. Otras aplicaciones, como Fecha y hora (Date/Time), son consideradas más seguras y no pueden ser cambiadas por usuarios normales. En general, los usuarios no pueden modificar (cambiar, agregar o eliminar) ningún controlador de dispositivo o servicio del sistema. Para usar estas aplicaciones debe ser miembro del grupo local de Administradores en su estación de trabajo. Todo esto es parte del modelo de seguridad normal de NT.

Las aplicaciones del Panel de control (Control Panel) que no están disponibles para todos los usuarios son Fecha y hora, Dispositivos, Teclado, Módems, Multimedia, Red, Puertos, Impresoras, Adaptadores SCSI, Servidor, Servicios, Sistema, Dispositivos de cinta y SAI (Date/Time, Devices, Keyboard, Módems, Multimedia, Network, Ports, Printers, SCSI Adapters, Server, Services, System, Tape Devices, UPS). Las restricciones de seguridad específicas para estas aplicaciones se señalan en las descripciones siguientes.

Opciones de accesibilidad

Microsoft se ha comprometido a hacer que las computadoras sean más fáciles de usar para quienquiera, incluyendo usuarios con desventajas e incapacidades físicas. Windows NT 4 tiene un conjunto de características conocido como Opciones de accesibilidad (Accessibility Options) que permiten al usuario discapacitado usar Windows NT con mayor efectividad. Aunque estas funciones fueron diseñadas en particular para los discapacitados, pueden ser muy útiles para los sanos. ¡Personalmente utilizo varias de ellas con cierta regularidad!

Cuando usted instala Windows NT Workstation también tiene la opción de instalar las opciones de accesibilidad. Si no lo hizo así, puede hacerlo más tarde usando la aplicación Agregar o quitar programas (Add/Remove Programs), el cual se describe más adelante en este apéndice.

Los parámetros de accesibilidad son parámetros por usuario, que se almacenan en el Registro bajo la clave `HKEY_CURRENT_USER\Accessibility`. Aunque la mayoría de los usuarios nunca necesiten, o no quieran usar todas estas características, la aplicación Accesibilidad tiene un total de 10 cuadros de diálogo separados pero interrelacionados.

Seleccionar la aplicación Accesibilidad produce el cuadro de diálogo que se muestra en la figura A.3. Éste contiene cuatro fichas separadas, las cuales controlan aspectos diferentes de los parámetros de accesibilidad.

Figura A.3.
Propiedades de Accesibilidad.

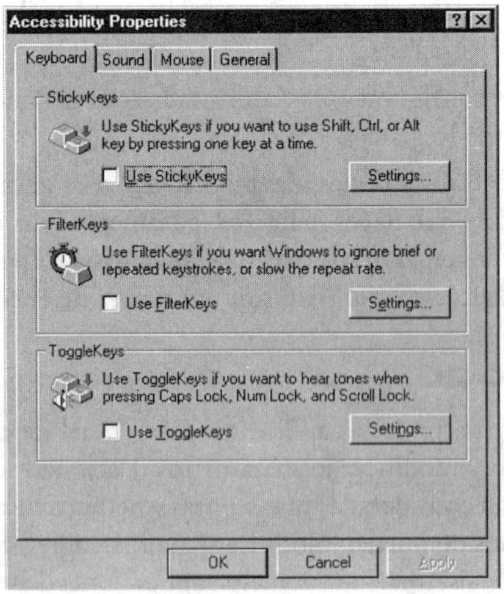

Las funciones de teclado (figura A.3) le permiten modificar el comportamiento del mismo, ofreciéndole StickyKeys, FilterKeys y ToggleKeys.

StickyKeys

Muchas aplicaciones Windows utilizan una de las teclas modificadoras (Mayús, Alt o Ctrl), oprimidas junto con alguna otra clave. Por ejemplo, puede oprimir simultáneamente las teclas Alt y A para abrir el menú Archivo (Alt + F = File) en la mayoría de las aplicaciones Windows.

La función StickyKeys le permite introducir estas teclas modificadas oprimiendo primero el modificador y luego la tecla que se va a modificar –es decir, Alt seguido de A. Las opciones StickyKeys se establecen en el cuadro de diálogo mostrado en la figura A.4.

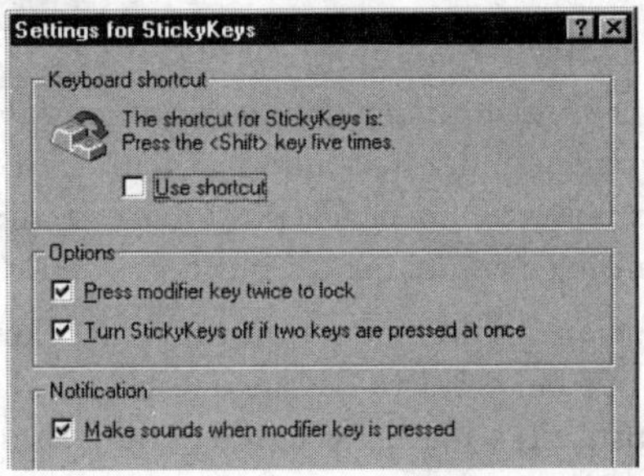

Figura A.4.
Configuración para StickyKeys.

Usted puede activar la función StickyKeys ya sea seleccionando la función StickyKeys en el cuadro de diálogo Teclado (Keyboard) o (en forma opcional) por medio del acceso directo de teclado, oprimiendo la tecla Mayús derecha o izquierda cinco veces. Después de que StickyKeys está activado, lo puede desactivar oprimiendo cualquier tecla modificadora y simultáneamente otra tecla (por ejemplo, Alt y A). Esto puede ser útil si desea usar la función StickyKeys sólo por poco tiempo.

También puede bloquear el modificador oprimiéndolo dos veces, lo cual es muy conveniente cuando se escribe con una sola mano.

La opción Notificación (Notification) especifica si Windows NT debe tocar un sonido al ser oprimidas las teclas de control gobernadas por StickyKeys. El sonido es un bip de timbre agudo al ser activada la opción y uno de timbre grave cuando se desactiva.

FilterKeys

La función FilterKeys instruye a NT para que filtre las teclas que se oprimieron con demasiada rapidez. Las funciones FilterKeys se invocan con el cuadro de diálogo que se muestra en la figura A.5.

Figura A.5.
Configuración para FilterKeys.

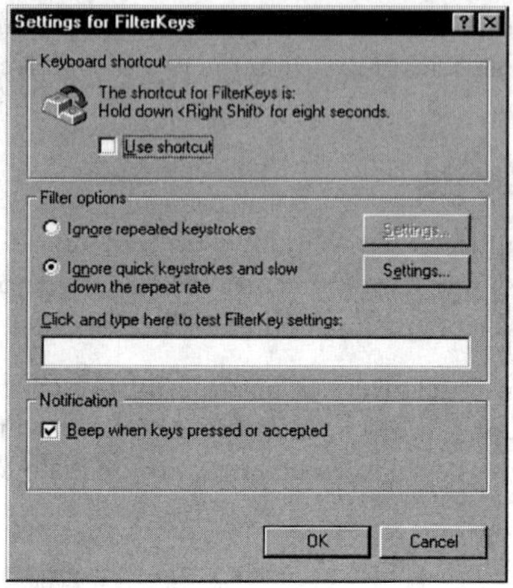

Las opciones Filter dirigen a NT ya sea a ignorar las teclas repetidas o a ignorar las teclas repetidas con demasiada rapidez haciendo más lento el teclado. Como las otras opciones de accesibilidad, FilterKeys puede ser invocado por un acceso directo de teclado, manteniendo oprimida la tecla Mayús derecha durante ocho segundos.

Ambas opciones Filter tienen botones de Configuración (Settings) que permiten al usuario controlar qué tan rápido o despacio responde el teclado. Seleccione el botón Configuración para la característica Ignorar los tecleos repetidos (Ignore Repeated Keystrokes) para invocar el cuadro de diálogo que se muestra en la figura A.6. Este cuadro de diálogo permite al usuario determinar si se han de ignorar los tecleos dentro del rango de medio a dos segundos.

Figura A.6.
Configuración de FilterKeys avanzadas: ignorar tecleos repetidos.

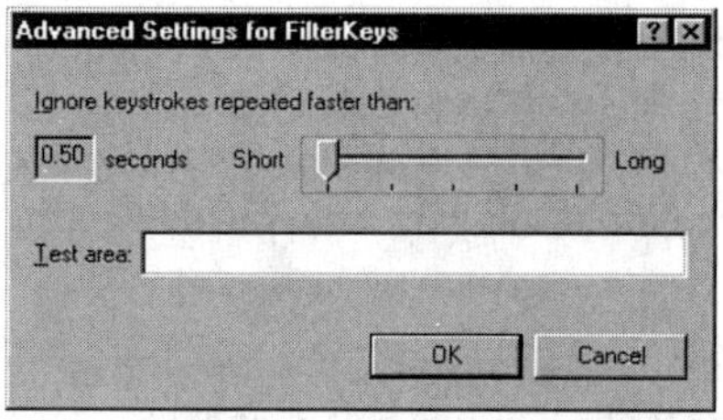

Seleccione el botón Configuración para la opción Ignorar tecleos rápidos y reducir velocidad de repetición (Ignore Quick Keystrokes and Slow Down the Repeat Rate) invoca el cuadro de diálogo mostrado en la figura A.7. Esto permite al usuario invalidar la velocidad del teclado especificada en la aplicación Teclado del Panel de Control (Keyboard Control Panel).

El usuario puede dirigir NT para que no realice repeticiones (es decir, cada tecla debe ser oprimida y luego liberada antes de que se acepte el siguiente tecleo) o disminuir la velocidad de repetición del teclado. Se establece tanto la Demora de repetición (Repeat Delay) como la Velocidad de repetición (Repeat Rate) usando las barras deslizables que se ven en la figura A.7 en un rango de 0.3 a 2 segundos.

Figura A.7.
Configuración de FilterKeys avanzadas: reducción de la velocidad de repetición del teclado.

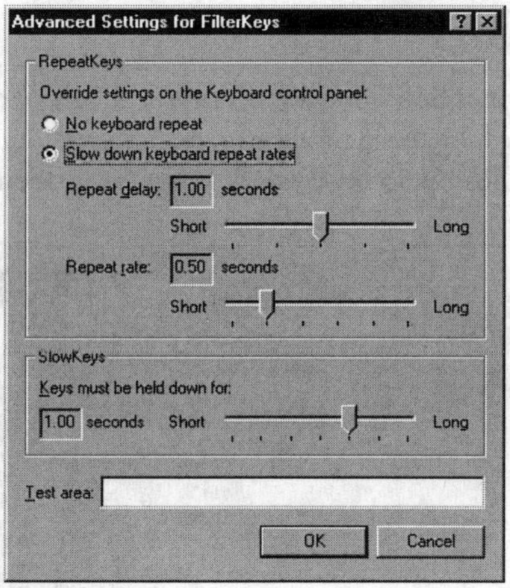

Tanto los cuadros de diálogo de configuración avanzada como el cuadro de diálogo FilterKeys principal ofrecen un área de prueba dentro del cuadro de diálogo de modo que pueda probar la configuración de filtrado específica. Es probable que pruebe cualquier cambio a las configuraciones antes de aplicarlas.

ToggleKeys

La función ToggleKeys (figura A.8) instruye a su sistema para que emita un sonido por medio del altavoz del sistema cuando se oprimen las teclas Bloq Mayús (Caps Lock), Bloq Despl (Scroll Lock) o Bloq Núm (Num Lock). Cuando activa ToggleKeys, el sistema emite un sonido agudo siempre que alguna de estas teclas es activada y un sonido grave al ser desactivada. El acceso directo de teclado se activa seleccionando la opción que se muestra en la figura A.8.

Figura A.8.
Configuración para ToggleKeys.

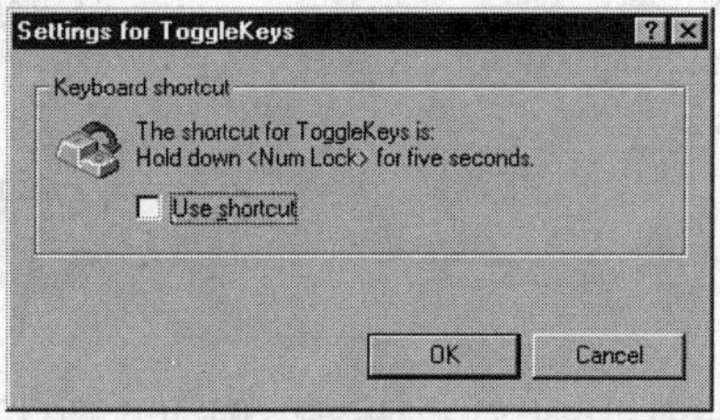

La función ToggleKeys es útil para quienes tecleamos al tacto pero no con precisión. Es tan molesto escuchar estos sonidos que, después de un tiempo, sus dedos dejan de oprimir las teclas por accidente.

Sonidos

Las funciones Sonido (Sound), figura A.9, le permiten controlar cómo informa Windows NT al usuario de la ocurrencia de errores comunes, que por lo general son señalados por un sonido (el bip). Las dos opciones de sonido son SoundSentry y ShowSounds.

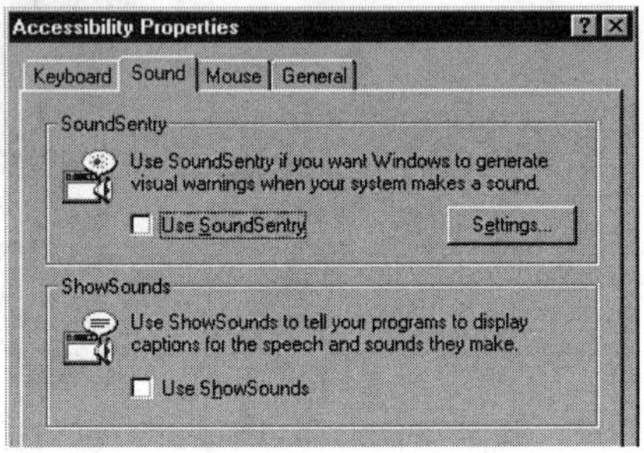

Figura A.9.
Sonidos de accesibilidad.

Cuando Windows NT Workstation o una aplicación que se esté ejecutando detectan un error del usuario, por lo general indican el error con un bip único del altavoz del sistema.

Para asistir a los usuarios con problemas de audición, la función SoundSentry instruye a Windows NT para que parte de la pantalla parpadee en forma intermitente como una alternativa al sonido del altavoz del sistema. Con la aplicación Sonido, descrito en la sección "Sonidos" más adelante en este apéndice, puede hacer que archivos WAV sirvan como estos sonidos.

Usted puede seleccionar no hacer notificación visual (valor predeterminado), barra de título activa intermitente, ventana activa intermitente o Escritorio intermitente (Flash active caption bar, Flas active window, Flas desktope), como se muestra en la figura A.10.

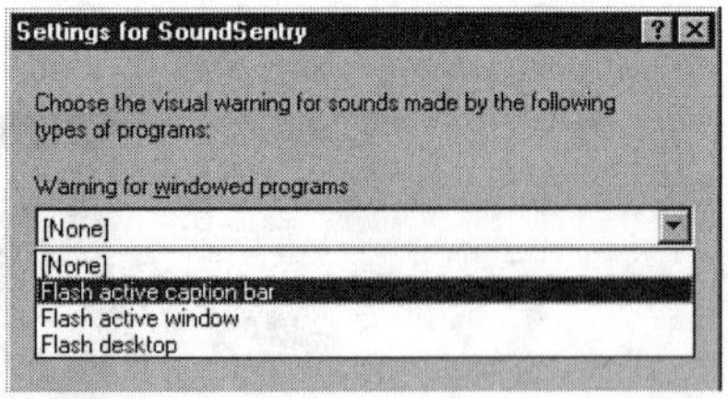

Figura A.10.
Configuración para SoundSentry.

ShowSounds instruye a los programas que por lo general sólo transmiten información por medio de sonidos, para que también proporcionen toda la información de manera visual, mostrando leyendas de texto o iconos informativos. Las aplicaciones deben estar escritas de manera específica para utilizar ShowSounds.

MouseKeys

Seleccionar la ficha Mouse del cuadro de diálogo principal de Accesibilidad invoca las funciones MouseKeys (figura A.11), las cuales le permiten usar el teclado numérico como una alternativa para el ratón.

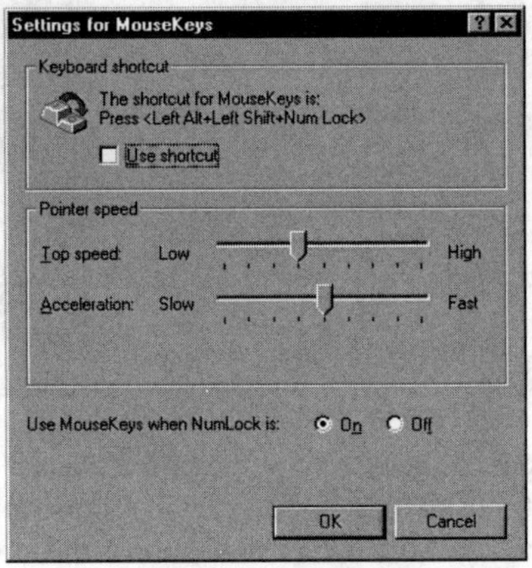

Figura A.11. *Configuración de MouseKeys.*

Como las otras funciones de accesibilidad, la opción MouseKeys tiene un acceso directo de teclado, el cual es Alt izquierda+Mayús izquierda+Bloq Núm. Si selecciona la función ya sea usando la casilla de verificación o el acceso directo de teclado, le permite usar el teclado numérico en teclados de tamaño completo como una alternativa para usar el ratón. Esto puede ser muy práctico para trabajo de precisión donde el ratón podría ser demasiado tosco o en situaciones donde no se tiene un ratón. Las barras deslizables Velocidad del puntero (Pointer Speed) informan a Windows NT qué tan rápido acelerar y mover el ratón cuando seleccione las teclas del teclado numérico.

Características de accesibilidad general

Las funciones de accesibilidad restantes se invocan desde la ficha General (figura A.12).

La función Reinicialización automática (Automatic Reset) hace que NT reinicie todas las opciones de accesibilidad si no se usan dentro de un periodo determinado, el cual puede variar de 5 a 30 minutos.

La opción Notificación (Notification), figura A.12, instruye a Windows NT para que toque un sonido de confirmación cada vez que use cualquier tecla de acceso directo para activar o desactivar una característica de accesibilidad. Esto es muy útil como una manera de alertar a los usuarios que podrían activar una característica por accidente.

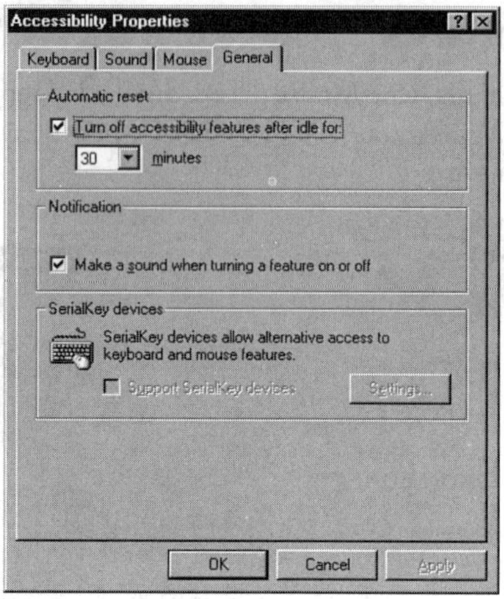

Figura A.12.
Propiedades generales de accesibilidad.

La característica SerialKeys le permite conectar un dispositivo de entrada alternativo (también llamado dispositivo de comunicación aumentativo) en el puerto serial de su computadora. Esta característica está diseñada para personas que no pueden usar el teclado estándar y el ratón de la computadora y tienen hardware adecuado.

Agregue o quite programas

La aplicación Agregar o quitar programas (Add/Remove Programs), figura A.13, proporciona una forma sencilla de agregar o eliminar aplicaciones Windows así como agregar o eliminar opciones de Windows NT.

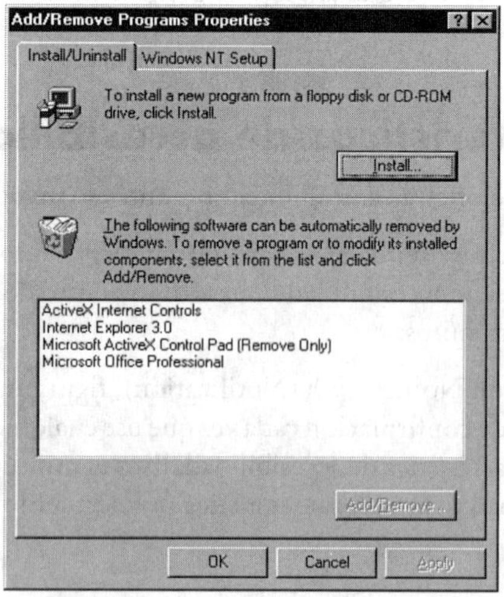

Figura A.13.
Propiedades para Agregar o quitar programas.

El cuadro de diálogo Agregar o quitar programas le permite instalar una aplicación nueva o eliminar una aplicación instalada con anterioridad.

Para instalar o eliminar aplicaciones

Por lo general, usted instala la mayoría de las aplicaciones ejecutando un programa suministrado por un fabricante, y puesto que la mayoría de los fabricantes de aplicaciones utilizan la máquina de configuración genérica de Microsoft, el programa de instalación por lo general es `SETUP.EXE`.

Aunque la mayoría de los usuarios instalan aplicaciones ejecutando el programa de instalación apropiado del CD-ROM o el conjunto de discos suministrados por el fabricante, la aplicación Agregar o quitar programas proporciona un método alternativo. Seleccionar el botón Instalar (Install) inicia el asistente de instalación, el cual explora primero la unidad de discos flexibles y el CD-ROM. Si el asistente no puede encontrar el programa de instalación, otro cuadro de diálogo le permite al usuario explorar el programa de instalación.

La función Agregar o quitar proporciona también una forma consistente de eliminar una aplicación o ejecutar la configuración para agregar componentes nuevos a las aplicaciones. Esta opción está disponible sólo si el programa de instalación de la aplicación está basado en las funciones Install Shield de Microsoft. Debido a que no todas las aplicaciones están instaladas de esta manera, no todas las aplicaciones pueden utilizar la característica Desinstalar (Uninstall) de este cuadro de diálogo. Si su aplicación no está visible en la lista y necesita actualizarla o eliminarla, consulte la documentación del fabricante para determinar la mejor manera de hacerlo.

Para instalar o eliminar componentes centrales de Windows NT

El cuadro de diálogo Instalación de Windows NT (Windows NT Setup) le permite agregar o eliminar varios componentes de Windows NT (figura A.14). Al instalar Windows NT se seleccionaron algunas o todas las opciones instalables. El cuadro de diálogo de la figura A.14, que se parece al que se muestra en el proceso de instalación de Windows NT, le permite agregar o eliminar componentes centrales de Windows NT.

Los componentes que puede instalar o eliminar usando este cuadro de diálogo son Opciones de accesibilidad, Accesorios, Comunicaciones, Juegos, Microsoft Exchange y Multimedia (Accessibility Options, Accessories, Communications, Games). Excepto Opciones de accesibilidad, todos los componentes tienen subcomponentes que usted puede seleccionar en forma individual para instalar o eliminar.

Todos los componentes, excepto Accesorios, tienen una o más aplicaciones asociadas al Panel de control. Si no ve la aplicación relacionada dentro del Panel de control, es probable que el componente apropiado no haya sido instalado. Verifique la instalación Windows NT para asegurarse de que se instaló el componente (o que su permiso de acceso no permite mostrárselo).

Figura A.14.
Para agregar o quitar componentes de Windows NT.

Consola

Aunque la mayoría de las aplicaciones que se ejecutan desde Windows NT son aplicaciones Windows, NT también proporciona un buen soporte para aplicaciones más antiguas basadas en DOS. Windows NT viene con un intérprete de comandos, `CMD.EXE`, el cual se ve y se siente como DOS. El código para el intérprete de comandos está basado en DOS 5; como resultado, `CMD.EXE` deberá ser familiar para quienquiera que conozca DOS. ¡Los dinosaurios de la línea de comandos, yo incluso, pueden usar `EDLIN.COM` para editar archivos de texto si lo desean!

Windows NT, como Windows 3.*x*, puede desplegar aplicaciones que se ejecutan bajo `CMD.EXE` a toda pantalla o en una ventana, a menudo llamada ventana de consola. Una ventana de consola es una ventana normal que contiene sólo el indicador de consola.

La aplicación Propiedades de Consola de Windows (Console Windows Properties), figura A.15, le permite configurar la apariencia y disposición de la consola.

Opciones de consola

El cuadro de diálogo Opciones (Options), figura A.15, le permite especificar lo siguiente:

- Tamaño del cursor (Cursor Size) le permite cambiar el tamaño del cursor a Pequeño (Small) (el cursor tradicional de raya), Mediano (Medium) (un rectángulo sólido de altura media) o Grande (Large) (un rectángulo sólido de altura completa).
- Opciones de pantalla (Display Options) le permite indicar si se mostrará el indicador de comandos en una ventana o en pantalla completa, en forma predeterminada.
- Con Historial de comandos (Command History) puede especificar el tamaño del búfer del historial de comandos, cuántos búferes conservar y si deben descartarse del búfer los comandos duplicados.

- Modalidad de edición rápida (QuickEdit Mode) le permite usar un ratón para realizar operaciones de cortar y pegar sin usar el menú Edición (Edit) de la ventana de comandos. Sin embargo, si se selecciona está opción, no puede usar el ratón para conducir ninguna aplicación DOS, como `EDIT.COM`, iniciada en la ventana del indicador de comandos.
- Modalidad de inserción (Insert Mode) le da la opción de iniciar el indicador de comandos con la inserción activada; como resultado, el texto que teclea es insertado donde esté el cursor. Si ésta no está seleccionada, el texto tecleado donde está el cursor remplaza cualquier texto existente. Después de que el indicador de comandos es iniciado, puede activar y desactivar con facilidad el modo de inserción oprimiendo la tecla Ins.

El intérprete de comandos `CMD.EXE` mantiene un historial de los comandos introducidos y le permite recordarlos esencialmente de la misma manera que el programa `DOSKEY` que viene con DOS 5. `CMD.EXE` establece de manera automática este búfer basado en los parámetros Historial de comandos señalado con anterioridad. Ésta es una característica muy útil si usa a menudo el indicador de comandos.

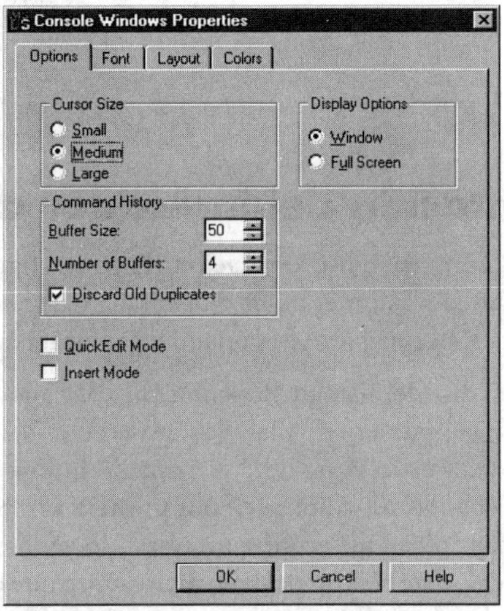

Figura A.15.
Propiedades de la consola de Windows.

Fuentes del indicador de comandos

El cuadro de diálogo Fuente (Font), figura A.16, le permite especificar el tipo y tamaño de la fuente que se usarán cuando se muestre un indicador de comandos dentro de una ventana.

La casilla Fuente lista todas las fuentes en su sistema que Windows NT usa dentro de un indicador de comandos en ventana. El tamaño de las fuentes TrueType se mide usando un tamaño normal en puntos; para fuentes de mapa de bits, la medición en pixeles de pantalla indica la anchura y la altura del carácter que será generado.

La ventana Vista preliminar de ventana (Window Preview) le muestra cuánto de su pantalla física será ocupado por la ventana de la consola y la casilla Fuente seleccionada (Selected Font) en la parte inferior del cuadro de diálogo muestra cómo se verá la fuente seleccionada cuando se despliegue en la ventana.

Figura A.16.
Fuentes de la ventana de la consola.

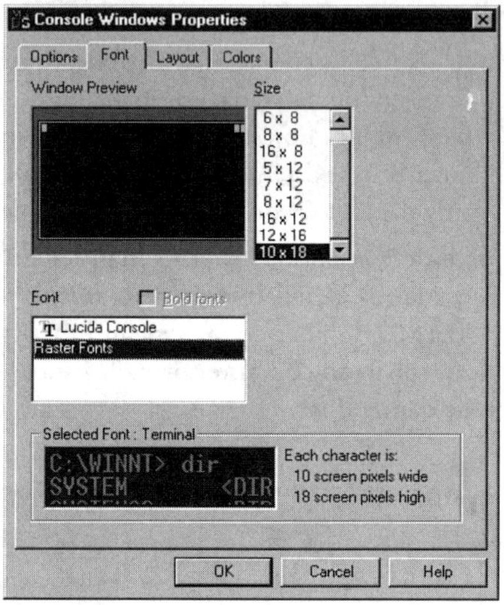

Presentación del indicador de comandos

El cuadro de diálogo Presentación (Layout), figura A.17, le permite configurar cuántas filas y columnas contendrá el búfer de pantalla del indicador de comandos, cuántas filas y columnas mostrará y en qué parte de la pantalla colocará la ventana.

En el cuadro de diálogo Presentación, el Tamaño del búfer de pantalla (Screen Buffer Size) representa el número de filas y columnas que Windows NT Workstation reserva para su sesión de consola, y el Tamaño de la ventana (Window Size) es cuán grande deberá ser la ventana de la consola cuando sea desplegada por primera vez. Si el tamaño del búfer de pantalla es mayor que la pantalla inicial que configure usted, la ventana aparecerá con las barras de desplazamiento apropiadas. Este cuadro de diálogo no le permite configurar un tamaño de ventana menor que el búfer. Además, si aumenta el tamaño de la ventana, Windows NT modifica en forma automática el tamaño de la fuente de la ventana.

La opción Posición de la ventana (Window Position) le permite especificar dónde deberá estar la esquina superior izquierda de la ventana de la consola. Usted puede especificar la posición exacta proporcionando la ordenada relativa a la esquina superior izquierda de la pantalla o permitir que el sistema la ubique por usted seleccionando la casilla de verificación El sistema ubica la ventana (Let system position window).

Como el cuadro de diálogo Fuente, el cuadro de diálogo Presentación tiene una Vista preliminar de ventana para dejarlo ver en forma aproximada cuánto de la pantalla física será ocupado por la ventana de la consola.

Figura A.17.
Presentación de la ventana de la consola.

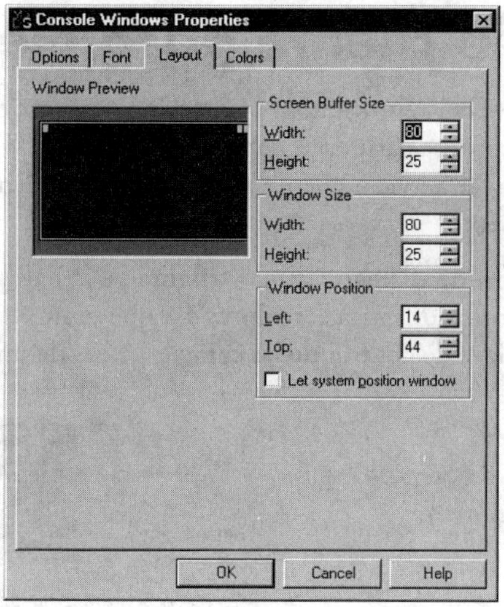

Colores de la ventana de la consola

El cuadro de diálogo Colores (Colors), figura A.18, le permite establecer y revisar los colores del texto y del segundo plano que se despliegan en el indicador de comandos.

Figura A.18.
Colores de la ventana de la consola.

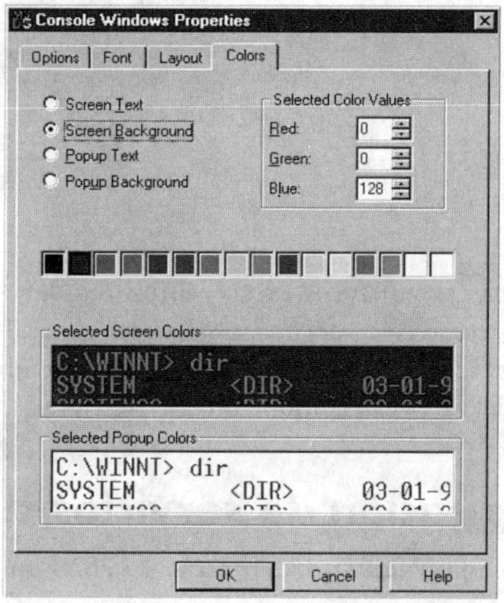

Este cuadro de diálogo le permite especificar por separado los colores usados para la pantalla normal y cualesquiera pantallas desplegables. Para usuarios con adaptadores de video de alta resolución, incluso puede mezclar los colores específicos indicando la mezcla precisa de rojo, verde y azul. Puede ver cualquier selección de color hecha en esta pantalla en los cuadros de diálogo Presentación y Fuente descritos antes.

Servicio cliente para NetWare (CSNW)

Windows NT Workstation proporciona soporte cliente completo para Novell NetWare 2.*x*, 3.*x* y 4.*x* como una parte estándar de Windows NT Workstation. Este soporte cliente se proporciona cargando el Servicio cliente para NetWare (Client Service for NetWare) en la aplicación Red (Network).

El cuadro de diálogo CSNW (figura A.19) le permite especificar su árbol y contexto NDS predeterminado (para servidores 4.*x* que usan NDS) o su servidor preferido (no NDS), al igual que la clave de control de las características de impresión.

Figura A.19.
Configuración del Servicio cliente para NetWare.

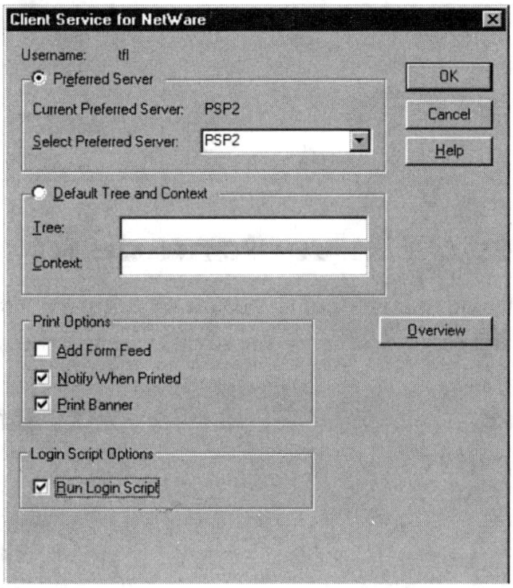

Estos parámetros son específicos para el usuario pero se almacenan en el Registro en `HKEY_LOCAL_MACHINE\SYSTEM\CurrentControlSet\Services\NWCWorkstation\Parameters\Options`. Si observa esta clave, verá una subclave por usuario (identificado por el Windows NT SID), debajo de la cual se ven las opciones CSNW. Esto significa que estos parámetros no son transportables por medio de perfiles ambulantes.

Configuración de servicios cliente para NetWare

Si está usando NetWare 3.*x* o 2.*x* (o 4.*x* con Emulación de Enlaces [Bindery Emulation]), usted especifica un servidor inicial para enlazarse como parte del proceso de conexión de NT. Éste, el Servidor preferido (Preferred Server), se selecciona en el cuadro combinado, mismo que contiene al principio todos los servidores NetWare basados en enlaces descubiertos en la red. También tiene la opción de <Ninguno> (<None>), en cuyo caso no se intenta conexión alguna hasta que usted intente el acceso a un servidor NetWare.

A

Si usted está usando Novell NetWare 4.*xy* NDS, puede especificar tanto el árbol como el contexto NDS. Como en el caso del Servidor preferido, al especificar árbol y contexto predeterminados, Windows NT lo conecta en este contexto como parte del proceso de conexión.

Según las Opciones de impresión (Print Options), usted puede configurar lo siguiente:

- Agregar avance de página (Add Form Feed) causa que la impresora NetWare agregue un avance de página al final de cada documento enviado para impresión.
- Notificar cuando se imprima (Notify When Printed) proporciona mensajes de notificación cuando sus documentos han sido impresos.
- Bandera de impresión (Print Banner) genera una página de bandera de impresión para cada documento enviado a impresión.

Fecha y hora

NT usa la fecha y hora conservada en el reloj de su sistema para varios propósitos, como en archivos que imprimen la hora, verifican la versión más reciente de los archivos y cosas por el estilo. Es importante, por consiguiente, que el reloj de su sistema tenga la fecha y la hora correctas. Una manera de hacer esto es usar la aplicación Fecha y hora (Date/Time) del Panel de control (Control Panel), figura A.20.

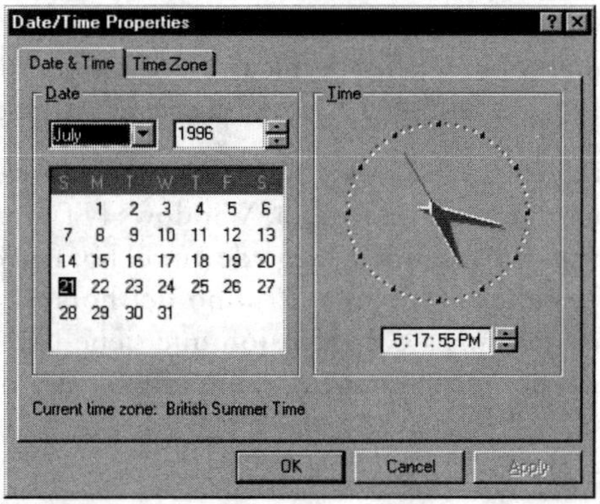

Figura A.20.
Cuadro de diálogo Propiedades de Fecha y hora.

Usted debe ser miembro del grupo Usuarios avanzados o Administradores para cambiar los parámetros de Fecha y hora.

Para configurar fecha y hora

El cuadro de diálogo Propiedades de Fecha y hora (Date/Time Properties) le permite especificar el día, mes y año actuales y la hora del día. Esto se hace con una mezcla de cuadros combinados, varios botones giratorios y un calendario.

Para seleccionar zonas horarias

En la coordinación de la hora en todo el mundo, lo cual es vital en redes globales grandes, Windows NT también necesita conocer su zona horaria, si ésta tiene un horario de verano local y, si es así, las fechas de inicio y término del mismo. Las zonas horarias se seleccionan con el cuadro de diálogo que se muestra en la figura A.21.

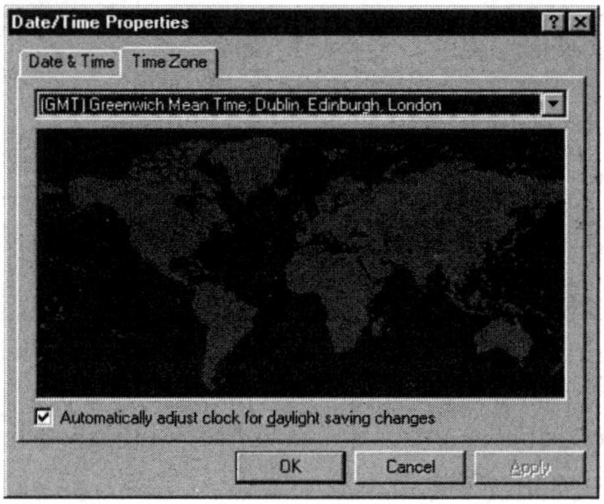

Figura A.21.
Selección de zonas horarias.

Los nombres y detalles de todas las zonas horarias se conservan en el Registro bajo la clave `HKEY_LOCAL_MACHINE\Software\Microsoft\Windows NT\Current Version\Time Zones.`

Si la información de la zona horaria seleccionada incluye detalles de cuándo empieza y termina el horario de verano, Windows NT ajusta su reloj en forma automática la primera vez que usted lo reinicie luego de que el horario de verano empiece o termine. Sin embargo, la definición del inicio y término del horario de verano ha cambiado recientemente en algunos países. La comprensión que tiene NT de estas fechas en la actualidad parece ser correcta, pero usted necesitaría modificar su información de zona horaria si cambian estas fechas.

Dispositivos

Windows NT soporta una gran cantidad de dispositivos de hardware, como tarjetas de red, controladores de dispositivo SCSI, etc. A fin de que se pueda utilizar cualquier dispositivo, usted debe t ner un controlador de dispositivo instalado y corriendo.

El cuadro de diálogo Dispositivos (Devices), figura A.22, le permite administrar los controladores de dispositivo en su sistema si es miembro del grupo local de Administradores. Con este cuadro de diálogo puede empezar y detener controladores de dispositivo individuales, cambiar el tipo de inicio para los dispositivos e incluirlos o excluirlos de un perfil de hardware.

Figura A.22.
El cuadro de diálogo Dispositivos.

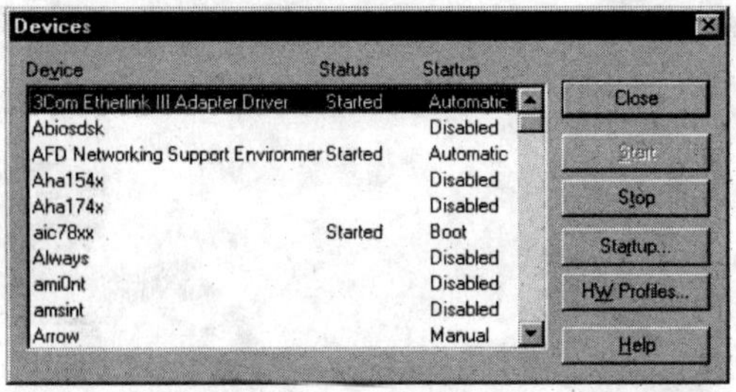

Windows NT inicia en forma automática dispositivos en diferentes momentos mientras se carga el sistema, dependiendo del dispositivo. Los tipos de inicio incluyen lo siguiente:

- Inicio (Boot): los controladores de dispositivo para los tipos inicio son cargados por el cargador inicial e inicializados como parte de la inicialización del núcleo NT. Esta clase incluye un controlador de disco SCSI.
- Sistema (System): estos dispositivos, que son esenciales para la operación del sistema, se inician cada vez que se inicia el sistema, pero después de los dispositivos de inicio. Estos dispositivos incluyen el disco flexible, el altavoz del sistema, el CD-ROM, el controlador universal de disco, el teclado y el ratón.
- Automático (Automatic): estos dispositivos inician cada vez que el sistema lo hace e inician después de los dispositivos de inicio y de sistema. Por lo general, estos dispositivos no son críticos para la operación básica del sistema e incluyen dispositivos como el puerto paralelo y los controladores de red.
- Manual (Manual): estos dispositivos son iniciados ya sea por el usuario o por un dispositivo dependiente.
- Desactivado (Disabled): estos dispositivos no pueden ser iniciados por el usuario (es decir, usando el botón Inicio [Start]), ya que por lo general se relacionan con dispositivos que usted no tiene en su sistema.

Seleccionar un dispositivo y hacer clic en Inicio (Startup) en el cuadro de diálogo Dispositivos invoca el cuadro de diálogo Dispositivo (figura A.23), el cual le permite seleccionar el tipo de inicio.

Otra cosa importante que se debe recordar es que para cambiar la clase de inicio de un controlador de dispositivo o para iniciar o detener un controlador, usted debe ser miembro del grupo de Administradores.

Perfiles de hardware y controladores de dispositivos

Con la aplicación Sistema (System) usted puede crear perfiles de hardware. Estos perfiles le permiten especificar diferentes configuraciones de hardware que usted puede elegir al iniciar Windows NT. Los perfiles de hardware son muy útiles, por ejemplo, para un usuario de computadora portátil que podría tener una estación de acoplamiento; el usuario puede escoger un perfil cuando la portátil está acoplada y el otro cuando el sistema no lo está.

Figura A.23.
Configuración del tipo de inicio de un dispositivo.

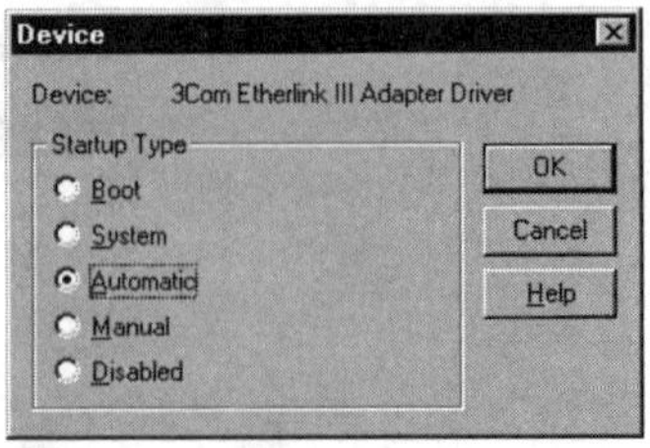

Después de creado el perfil, usted puede decidir qué dispositivos desea activar o desactivar para un perfil determinado. Simplemente selecciona el dispositivo y luego hace clic en el botón Perfiles de HW (HW Profiles) para invocar el cuadro de diálogo que se muestra en la figura A.24. Desde éste usted puede activar o desactivar el dispositivo.

Figura A.24.
Inclusión de dispositivos en un perfil de hardware.

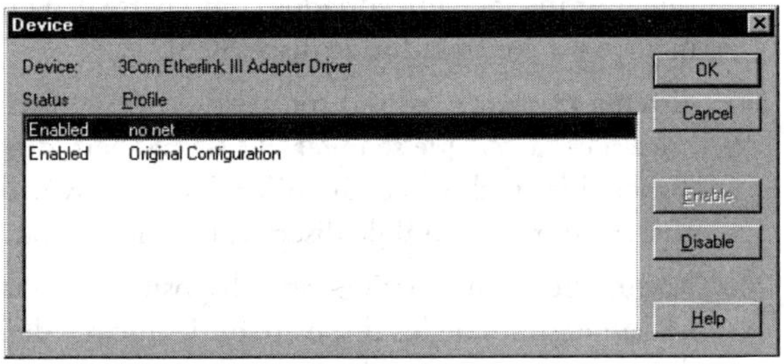

Monitor de acceso telefónico a redes

Windows NT incluye un conjunto poderoso de instalaciones de conectividad por acceso telefónico (DUN, Dial-Up Networking). Con DUN usted puede conectare a su red corporativa o a Internet, vía un proveedor de servicios de Internet. Estas conexiones se obtienen con un módem, el cual se configura usando la aplicación Módems (Modems) del Panel de control (Control Panel).

Tan luego tenga su conexión a un sistema remoto, usted puede usar el Monitor de acceso telefónico a redes para supervisar dicha conexión. Esta aplicación también se usa para establecer determinadas preferencias de supervisión, como hacer un sonido cuando se hace o se pierde una conexión.

Estado de la conexión de acceso telefónico

El Monitor de acceso telefónico a redes, o Monitor de marcado, se muestra en la figura A.25. En este cuadro de diálogo usted ve detalles de la conexión activa. Los contadores en este cuadro de diálogo en su ficha correspondiente se actualizan en tiempo real conforme se transfieren los datos.

Figura A.25.
Monitor de acceso telefónico a redes.

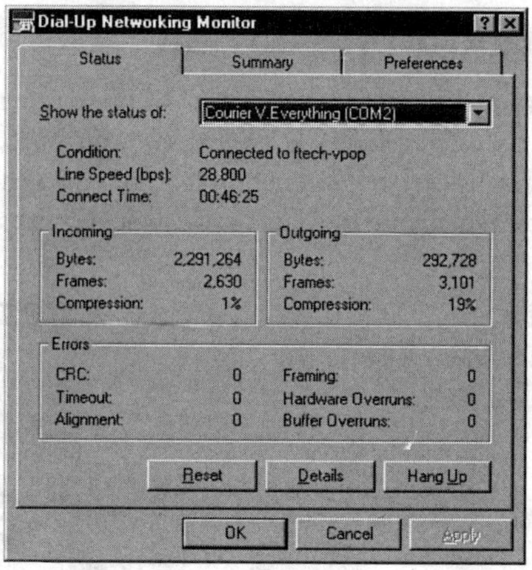

En la parte superior de la ficha, usted puede seleccionar la conexión a supervisar y ver un resumen de su estado actual, el cual muestra la velocidad de la conexión y cuánto tiempo ha estado activa.

En dicho cuadro usted puede ver las estadísticas actuales para las comunicaciones de entrada y de salida (Incoming — Outgoing) junto con un resumen de errores. Tanto para los datos de entrada como para los de salida, el Monitor de acceso telefónico a redes muestra el número de caracteres enviados y recibidos y cuántos marcos de red tomaron los datos, al igual que el nivel de compresión de datos.

El nivel de compresión varía, es posible que de manera significativa, dependiendo de qué datos sean transferidos y qué módem se use para la conexión. Probablemente la transferencia de un archivo binario desde un servidor de archivo remoto no dé como resultado mucha compresión de datos, si es que hay alguna. Incluso la transferencia de un archivo de texto, en particular si está usando el módem correcto, puede dar como resultado una compresión mucho mayor.

La ficha Estado muestra también un conjunto de contadores de errores. En general, cualesquiera errores vistos aquí son malas noticias, sobre todo porque degradan el rendimiento. Aquí se muestran seis tipos de errores: CRC, Tiempo de espera, Alineación, Trama, Sobrecarga de Hardware y Saturación de Búfer (Timeout, Alignment, Framing, Hardware Overrun, Buffer Overrun). Estos errores son causados por diversos factores, incluyendo líneas telefónicas con interferencia, conexiones deficientes del módem y módems que se comportan mal.

Windows NT siempre trata de retransmitir cualquier dato que se haya perdido o transmitido con error. Aunque posiblemente se acepten algunos errores en una conexión larga, cada error reduce su rendimiento efectivo. Si obtiene más errores frecuentes, deberá identificar la causa y, si puede, eliminarla.

La conexión Resumen

El cuadro de diálogo de la figura A.26 da un resumen de cualquier conexión activa, mostrando cuánto tiempo ha estado activa la conexión. Con Windows NT Server usted puede combinar varias conexiones físicas para obtener un rendimiento general superior. Esta característica, con la cual usted supervisará mediante este cuadro de diálogo, no está disponible en Windows NT Workstation.

Figura A.26.
Resumen del Monitor de acceso telefónico a redes.

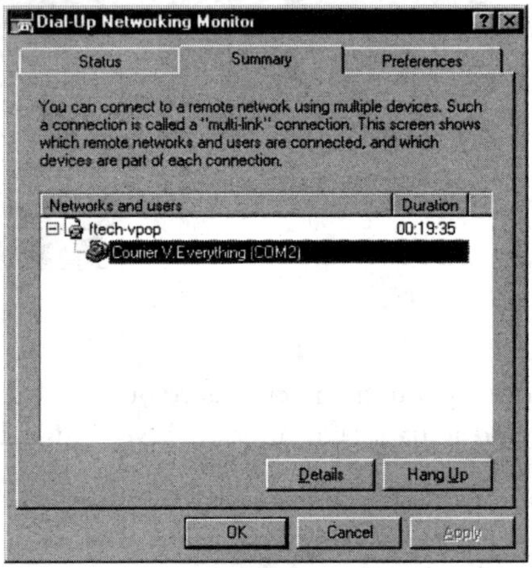

La conexión Preferencias

La ficha Preferencias del cuadro de diálogo monitoreo, mostrado en la figura A.27, le proporciona una forma de configurar algunas características de supervisión relacionadas con el acceso telefónico a redes.

Figura A.27.
Preferencias del Monitor de acceso telefónico a redes.

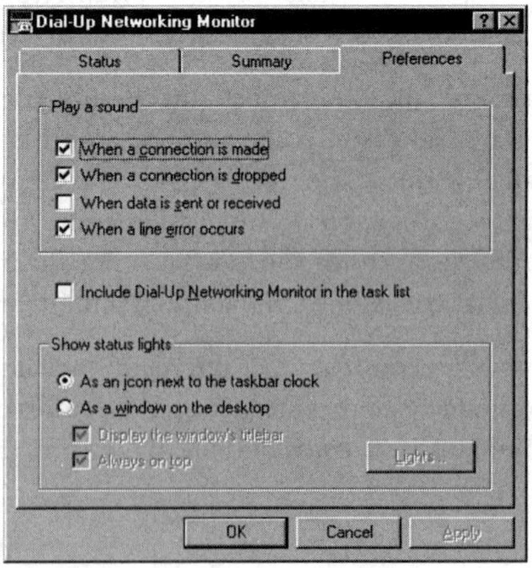

El grupo Reproducir un sonido (Play a Sound) le permite configurar un sonido que se emita al realizar o interrumpir una conexión, cuando se envíen o se reciban datos, o siempre que se detecte un error en la línea. Si usted está experimentando errores de conexión, esto le podría ayudar a detectar y resolver dichos errores.

Si selecciona la opción Incluir en la lista de tareas el Monitor de acceso telefónico a redes (Include Dial-Up Networking Monitor in the task list), cuando se conecte a un servidor remoto, Windows NT inicia el Monitor de acceso telefónico a redes y lo incluye en la barra de tareas. Después de que se muestre en la barra de tareas, usted puede hacer clic con el botón derecho del ratón en la barra de tareas para realizar ciertas funciones administrativas, como cancelar (Cancel) la conexión.

Acceso telefónico a redes también le proporciona una representación visual de los datos que se envían o reciben por medio del módem. La sección Mostrar luces de estado (Show status lights) en la parte inferior le permite elegir si establece las luces de estado como un icono separado en el Escritorio o como un icono pequeño en la barra de tareas junto al reloj. Ambas representaciones proporcionan un buen método para determinar cuántos datos se están enviando y recibiendo.

Pantalla

Para mucha gente, la pantalla es la computadora y es vital para la operación apropiada de sus sistemas. La aplicación Pantalla (Display) configura las propiedades para el Escritorio Windows NT, incluyendo el fondo, el protector de pantalla y cosas por el estilo.

Usted puede seleccionar el cuadro de diálogo Propiedades de Pantalla (Display Properties), figura A.28, ya sea desde el Panel de Control o en forma más directa haciendo clic con el botón derecho del ratón en cualquier parte del Escritorio y seleccionando Propiedades (Properties) en el menú de acceso directo.

Figura A.28.
Propiedades de Pantalla.

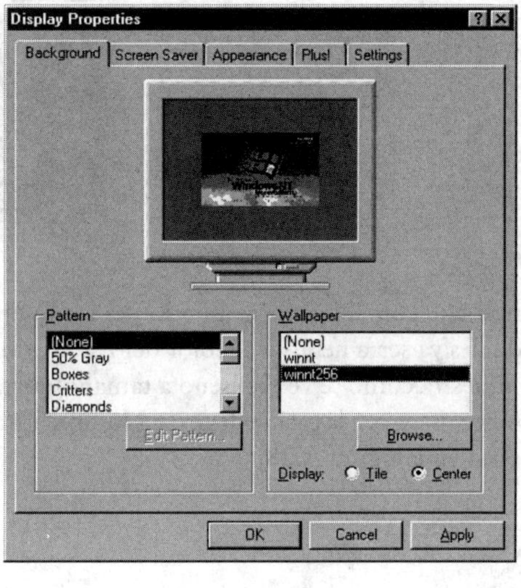

Cómo alterar el fondo del Escritorio

El cuadro de diálogo Fondo (Background) le permite establecer un diseño o papel tapiz de fondo en el Escritorio. La parte superior del cuadro de diálogo muestra una vista minúscula del fondo elegido en ese momento.

El papel tapiz es un mapa de bits, almacenado en un archivo BMP, que usted puede mostrar en el Escritorio. Mi estación de trabajo tiene una imagen maravillosa de una isla tropical –¡perfecta para esos días invernales fríos y lluviosos de Inglaterra! Usted puede usar uno de los BMP que vienen con Windows NT Workstation, transferir imágenes de Internet o usar un paquete gráfico para crear el suyo propio. Puede optar por mostrar el mapa de bits en tamaño normal o extenderlo para llenar la pantalla.

Un diseño de Escritorio es un diseño de ocho por ocho pixeles formado por el color del Escritorio, establecido en la ficha Apariencia (Appearance), o negro. Cada pixel puede ser de cualquiera de estos dos colores. Luego el diseño de ocho por ocho se repite en todo el Escritorio.

Usted puede elegir un diseño, el papel tapiz o ambos desplegados en su Escritorio. Si escoge tener ambos, el papel tapiz aparece encima del diseño. Si el papel tapiz se extiende para llenar el Escritorio (usando el cuadro de diálogo Plus! de la figura A.33) o el papel tapiz está en mosaico para cubrir la pantalla completa, el diseño no será visible más que en los textos de los iconos seleccionados en el Escritorio.

Usted puede añadir diseños nuevos seleccionando antes uno ya existente y haciendo clic en el botón Editar diseño (Edit Pattern). Esta acción invoca al Editor de diseños (Pattern Editor), figura A.29, que usted puede usar para editar el diseño.

Figura A.29.
Editor de diseños del escritorio.

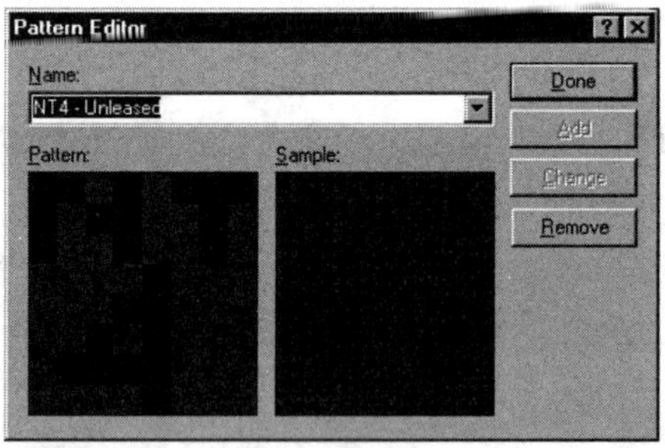

Haciendo clic con el botón izquierdo del ratón en cada pixel, usted puede cambiar los pixeles individuales ya sea a negro o al color del Escritorio. Mientras está editando el diseño, Windows NT le muestra cómo se ve el diseño a tamaño normal en la ventana Ejemplo (Sample). Si teclea un nombre nuevo en la casilla de texto Nombre (Name), puede agregarlo a la lista de diseños que se muestra en la figura A.28.

Protector de pantalla

Un protector de pantalla es un programa que se establece para que se ejecute siempre que el sistema esté ocioso. Los protectores de pantalla se usaban tradicionalmente para evitar que se consumiera el fósforo al mostrarse una sola imagen durante periodos prolongados. También reduce el riesgo de que alguien vea material sensible cuando se deja la pantalla desatendida. ¡Otros protectores de pantalla son mera diversión!

El cuadro de diálogo Protector de pantalla (Screen Saver), que aparece en la figura A.30, le permite designar y configurar un protector de pantalla. Windows NT viene con cinco protectores de pantalla tridimensionales y seis bidimensionales. Los protectores de pantalla tridimensionales están programados usando la biblioteca gráfica OpenGL y están fuera de lo común.

Figura A.30.
Especificaciones de un protector de pantalla.

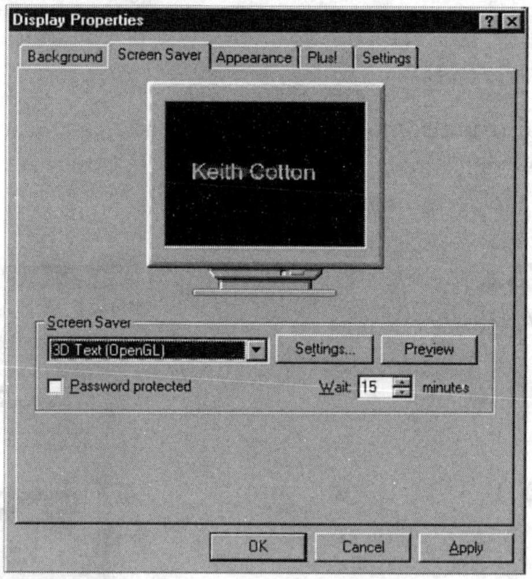

Cada protector de pantalla está almacenado en un archivo con una extensión SCR. Los protectores de pantalla se localizan en el directorio `%SYSTEMROOT%\System32`.

Aunque se almacenan con la extensión SCR, los protectores de pantalla son programas ejecutables. Si ejecuta el archivo iniciándolo desde el indicador de comandos, verá el cuadro de diálogo de configuración. Sin embargo, si ejecuta el protector de pantalla desde el cuadro de diálogo Inicio/Ejecutar (Start/Run), se ejecuta por sí solo. ¿Quién necesita consistencia cuando se tienen protectores de pantalla fantásticos?

La mayoría de los protectores de pantalla tienen opciones de configuración que usted puede establecer seleccionando la casilla Configuración (Settings). Si se puede configurar el protector de pantalla, aparece un cuadro de diálogo (si no, obtiene un cuadro de mensaje de error). En la figura A.31 se muestra el cuadro de diálogo de configuración para el protector de pantalla 3D Text.

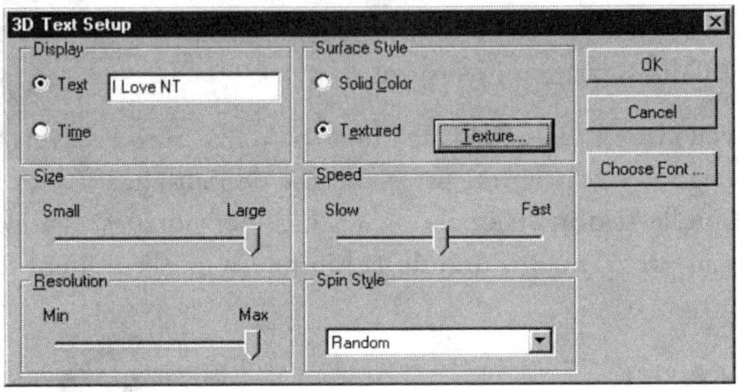

Figura A.31.
Configuración de un protector de pantalla.

Apariencia

El cuadro de diálogo Apariencia (Appearance), figura A.32, le permite configurar los componentes visuales del entorno de Windows NT, como el color del Escritorio, la fuente del menú, el espaciado de los iconos, etcétera.

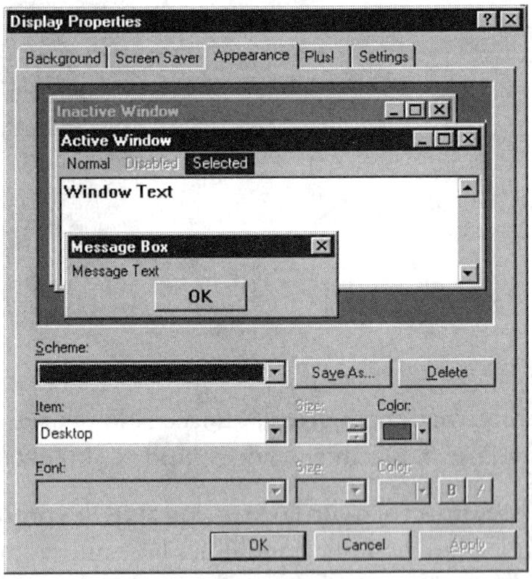

Figura A.32.
Apariencia de la pantalla.

Para configurar un elemento, primero selecciónelo ya sea haciendo clic en la ventana de vista preliminar o desde la lista desplegable Elemento (Item).

Windows NT viene con un conjunto de esquemas de pantalla predeterminados que usted puede seleccionar usando la lista desplegable Combinación (Scheme). Si cambia la configuración de cualquier elemento, usted puede grabar luego la nueva combinación con un nombre de combinación que usted elija.

Las combinaciones de pantalla se almacenan en el Registro bajo `HKEY_CURRENT_USER\Control Panel\Appearance\Schemes`. Las combinaciones individuales se almacenan como valores binarios largos y es probable que se editen mejor utilizando el cuadro de diálogo Pantalla.

Características Plus!

El paquete Plus! es un conjunto de características agregadas a Windows 95, algunas de las cuales están incluidas como una parte integral de Windows NT versión 4. El cuadro de diálogo Plus! (figura A.33) le permite configurar algunos elementos de la pantalla.

Figura A.33.
Características Plus! de Pantalla.

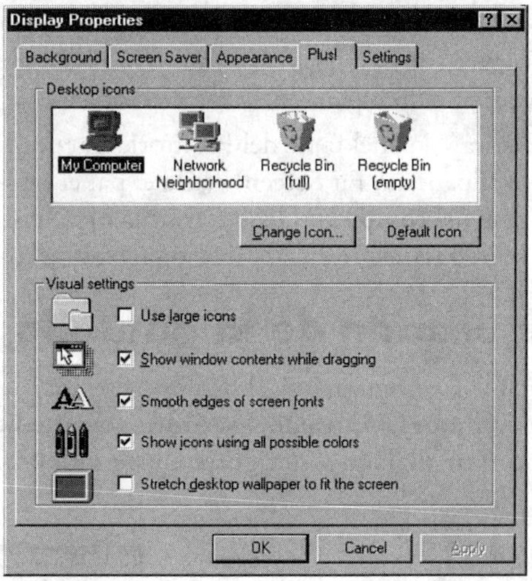

Los Iconos de Escritorio (Desktop Icons) le permiten cambiar los iconos predeterminados para Mi PC (My Computer), Entorno de red (Network Neighborhood) y la papelera de reciclaje llena y vacía. Al seleccionar uno de los cuatro iconos en las ventanas de vista preliminar y luego hacer clic en el botón Cambiar icono (Change Icon), puede seleccionar usar un icono alternativo. Al seleccionar el icono y hacer clic en el botón Icono predeterminado (Default), puede restablecer los iconos predeterminados.

La Configuración visual (Visual Settings) le permite afectar los siguientes aspectos de la pantalla:

- Utilizar iconos grandes (Use Large Icons) instruye a Windows NT Workstation para que despliegue iconos grandes en todas las pantallas que incluyan iconos (por ejemplo, el Escritorio, las vistas de carpetas con iconos, etc.), lo cual puede ser de ayuda para aquellas personas con problemas visuales o para usarse con propósitos de demostración.
- Mostrar contenidos de las ventanas al arrastrar (Show Windows Contents While Dragging), conocido como Arrastrar ventanas completas (Full Windows Drag) en Windows NT Version 3.51, dibuja de nuevo cualquier ventana arrastrada o redimensionada mientras se mueve, en vez de sólo mover o redimensionar el contorno

de la ventana y redibujarla al soltar la ventana al final. Esto facilita ver cómo afecta el arrastre a la ventana. Ya que esta función hace un uso intensivo de gráficos, es probable que sólo la use en sistemas potentes.

- Bordes lisos para fuentes de pantalla (Smooth Edges of Screen Fonts) mejora la apariencia de las fuentes de pantalla al alisar los bordes dentados, en particular con las fuentes grandes. Para usar esta opción, su tarjeta de video y su monitor deben soportar color de 16 bits (High Color).
- Mostrar iconos utilizando todos los colores posibles (Show Icons Using All Possible Colors) asegura que los iconos sean desplegados usando la paleta de colores disponible completa, en lugar de una paleta de 16 colores. De manera discutible, los iconos se ven mejor usando la paleta completa, pero esto requiere una tarjeta gráfica y un monitor capaces de desplegar al menos 65535 colores. Cambiar esta opción requiere reiniciar la computadora para que surta efecto.
- Estirar el papel tapiz del Escritorio para que cubra toda la pantalla (Stretch Desktop Wallpaper to Fit Screen) estira el papel tapiz seleccionado de modo que cubre la pantalla completa. Debe activar la opción Centrado (Center) en el cuadro de diálogo Fondo (Background), mencionado antes, para usar esta opción.

Configuración de la pantalla

La opción Configuración (Display Settings) le permite especificar la profundidad de la paleta de colores, el área del Escritorio, el tamaño de fuente y la frecuencia de actualización. El cuadro de diálogo Configuración se muestra en la figura A.34.

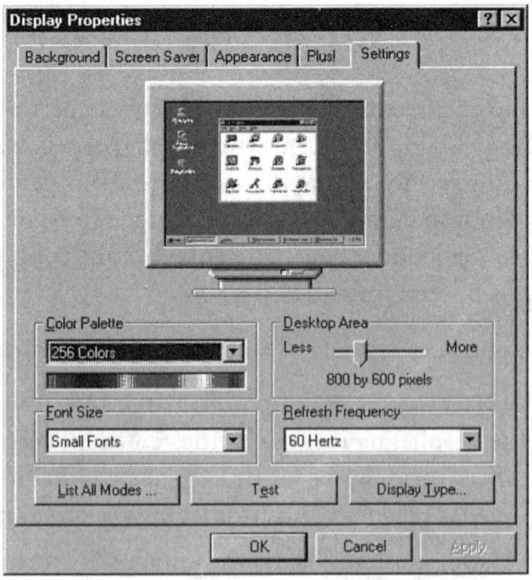

Figura A.34.
Configuración de la pantalla.

La configuración específica disponible varía de acuerdo con la tarjeta de video y el monitor en uso. En mi computadora portátil, por ejemplo, sólo puedo conseguir un máximo de 64KB de colores, un área de Escritorio de 640×480 pixeles y una frecuencia de actualización capaz de sólo 60Hz –pero mi sistema de Escritorio tiene una capacidad de 16 millones de colores, 800×600 pixeles y una frecuencia de actualización de 72Hz.

Después de haber seleccionado la configuración, ¡es sensato probarla para asegurarse de que funciona! Hacer clic en Prueba (Test) despliega un patrón de prueba simple usando su configuración nueva. Después de desplegar el patrón de prueba durante cinco segundos, Windows NT regresa a la configuración anterior y despliega un cuadro de diálogo preguntando si vio el patrón en forma apropiada. Si vio todo el patrón de prueba, la nueva configuración es segura y la puede seleccionar. Si no ve el patrón, seleccione No cuando se le pregunte (lo cual está predeterminado) y puede probar combinaciones diferentes.

Fuentes

El término *fuente* se refiere a cómo se forman los caracteres en un dispositivo de salida. Cualquier fuente determinada tiene varias características específicas, incluyendo grosor (qué tan gruesa es la fuente), inclinación (si es una fuente cursiva o no) y cosas por el estilo.

Con una gran cantidad de fuentes disponibles, usted literalmente puede encontrar miles. Por ejemplo, Microsoft Office carga varias fuentes extra. CorelDRAW! incluye casi 100 fuentes (aunque todavía no he conocido a alguien que le encuentre uso a más de unas pocas).

Las fuentes son importantes ya que pueden reforzar el mensaje escrito. Una fuente cursiva florida probablemente sea mejor para escribir poesía o cartas de agradecimiento que para un aviso de advertencia. Del mismo modo, una fuente de tipo basto en negritas es más útil en un libro para los encabezados de los temas y los capítulos que para el cuerpo del texto.

Windows NT soporta varios tipos diferentes de fuentes:

- Las fuentes de impresora están incorporadas en la impresora y varían según la misma. Casi todas las impresoras PostScript soportan un conjunto básico de 35 fuentes de impresora, en tanto que otras impresoras que no son PostScript varían mucho en lo que soportan.
- Las fuentes de pantalla gobiernan la apariencia de las letras en la pantalla y por lo general vienen en tamaños predefinidos que no se pueden variar.
- Las fuentes TrueType son fuentes que se pueden variar por completo y ser usadas tanto como fuentes de pantalla como de impresora, permitiendo por tanto el WYSIWYG (what you see is what you get, lo que ve es lo que obtiene). Esto es importante si desea probar algo en la pantalla y saber cómo se verá en la página impresa, algo que no siempre es posible con las fuentes de pantalla y de impresora.

- Las fuentes de mapas de bits consisten en mapas de bits para un tamaño y grosor particulares y no se pueden variar. Se les llama fuentes suaves y pueden ser transferidas a la impresora.
- Las fuentes vectoriales contienen instrucciones acerca de cómo se deben trazar, así que pueden ser modificadas. En general, no se ven tan bonitas cuando se les aumenta el tamaño como las fuentes TrueType.

Con Windows NT Workstation, cualesquiera fuentes que usted instale quedarán disponibles automáticamente desde cualquier aplicación Windows, incluyendo al mismo Windows NT. Sin embargo, las aplicaciones DOS no pueden aprovechar estas fuentes y sus fuentes se cargan en una base por aplicación.

Después que una fuente ha sido cargada, usted la puede usar en cualquier aplicación Windows que la soporte. También la puede usar como un elemento de su Escritorio usando la función Apariencia (Appearance) de la aplicación Pantalla (Display).

Carpeta Fuentes

La carpeta Fuentes (Fonts), que se encuentra en `%SYSTEMROOT%\Fonts`, contiene todas las fuentes de la aplicación que se está ejecutando en Windows NT Workstation. La opción Fuentes (Fonts) en el Panel de control (Panel) en realidad sólo es un acceso directo a la carpeta Fuentes; la que está en mi sistema aparece en la figura A.35.

Figura A.35.
Carpeta Fuentes.

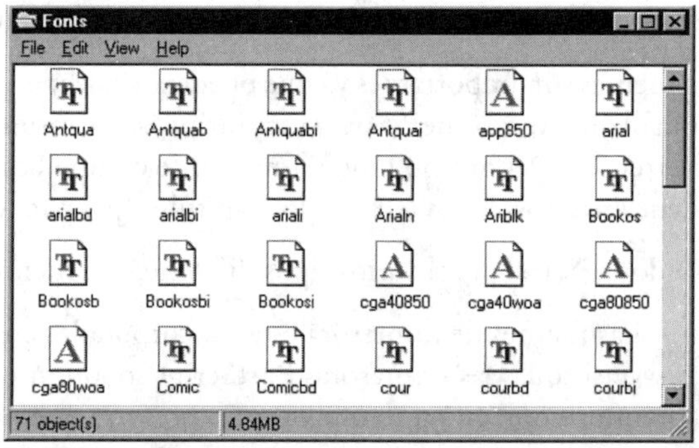

La página muestra de Fuentes

Al seleccionar una de las fuentes que aparecen en la figura A.35 y abrirla, se abre una página muestra de fuente, como la de la figura A.36. Esta página muestra la fuente, cualquier información de derechos reservados y un ejemplo de la fuente. En la parte inferior se despliega una oración de ejemplo usando la fuente elegida, repetida en diferentes tamaños de fuente. Este ejemplo le muestra cómo luce la fuente en tamaños mayores y usted la puede imprimir para ver el resultado posible.

A

Figura A.36.
Muestra de fuente.

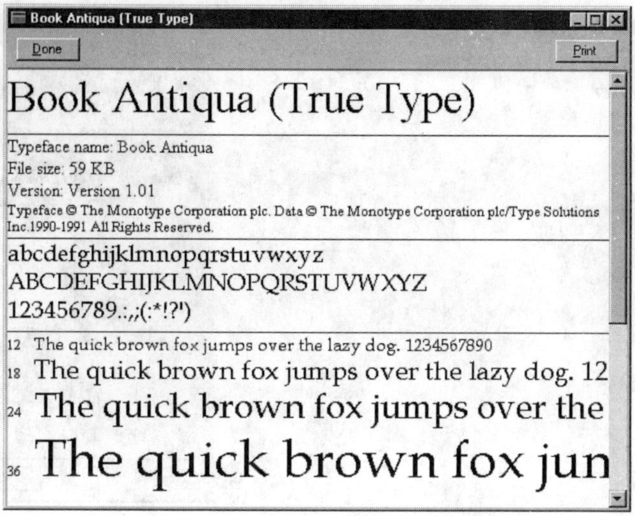

Internet

Windows NT Workstation 4.0 llega a usted listo para Internet, lo cual significa que tiene los componentes esenciales necesarios para la conectividad con Internet. Por supuesto, necesita instalar un módem, instalar y configurar una conexión de acceso telefónico a redes, obtener una cuenta con un proveedor de servicios de Internet (ISP) y luchar para abrirse paso a través de su procedimiento de conexión. El software básico que necesita viene agrupado por completo con NT y una mano experimentada puede conectar todo en cuestión de cinco o diez minutos. Conseguir correo y noticias sólo es un poco más complicado.

Una característica buena de NT Workstation es el examinador Web que viene incluido. Cuando Windows NT Workstation sea empacado (y esta oración fue escrita sólo minutos después de que escuché que NT 4 ofrecería oro), vendrá con Internet Explorer versión 2. Éste es un producto bueno y estable, pero el mercado de examinadores está avanzando a una velocidad sorprendente. Para cuando lea este libro, ¡Internet Explorer versión 3 habrá sido sobrepasado por la versión 4!

La aplicación Internet del Panel de control (figura A.37) configura Internet Explorer, también conocido como IE. En la versión ya empacada de NT Workstation, la aplicación Internet sólo puede configurar servidores proxy para usarlos con IE, como se muestra en la figura. Versiones posteriores de IE usarán más esta aplicación.

Figura A.37.
Configuración de Internet Explorer.

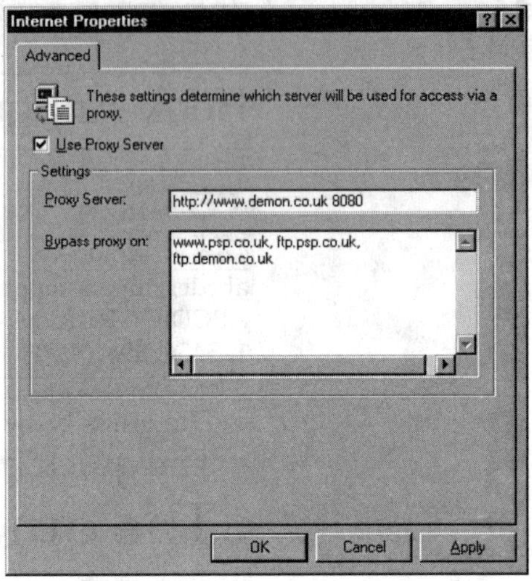

Servidores proxy

Un servidor proxy puede proporcionar dos funciones generales. Primera, puede proporcionar un firewall, permitiéndole ver fuera de su red de área local sin que los usuarios externos puedan ver adentro. Aunque le pida a IE que haga contacto con un servidor remoto, digamos `www.microsoft.com`, IE envía su solicitud a un servidor proxy que hace la solicitud por usted. En estos casos, la solicitud real parece provenir, al menos para el servidor remoto, del servidor proxy y no de su sistema, proporcionando por lo tanto un elemento adicional de seguridad.

La segunda función que algunos servidores proxy pueden proporcionar es el caché. Si muchos usuarios están tratando de conectarse con `http://www.microsoft.com/nt`, la primera persona que solicite esa página hace que el proxy la recupere, en tanto que las llamadas subsecuentes a esa página son satisfechas desde el caché del servidor proxy. Esto puede mejorar de manera significativa el tiempo de acceso para las páginas Web o archivos FTP que tienen accesos populares.

Configuración de un servidor proxy

Usted puede configurar su servidor proxy usando la aplicación Internet del Panel de control (Control Panel). En el ejemplo de la figura A.37, el proxy para mi sistema es `www.demon.co.uk`, port 8080. El servidor específico y el número de puerto difieren de una compañía a otra y de un ISP a otro, así que asegúrese de pedir a su administrador o ISP detalles más completos sobre los nombres de servidor proxy y números de puerto que usted puede utilizar. El ejemplo mostrado aquí es para Demon Internet Systems Limited, un ISP en el Reino Unido.

La opción No usar proxy para las direcciones que comiencen con Bypass proxy on le permite evitar el servidor proxy siempre que trate de tener acceso a determinados servidores. En el cuadro de diálogo mostrado en la figura A.37, los accesos a `ftp.psp.co.uk`, `www.psp.co.uk` y `ftp.demon.co.uk` van directo a esos servidores. Los dos primeros son accesos privados no disponibles en Internet y el segundo es el servidor FTP de mi proveedor local.

Teclado

Como la configuración de pantalla mencionada antes, la configuración del teclado es una cuestión de gusto personal. Algunos usuarios podrían encontrar algunos parámetros más fáciles o más difíciles de usar. La aplicación Teclado (Keyboard) del Panel de control (Control Panel), de la figura A.38, le permite configurar su teclado.

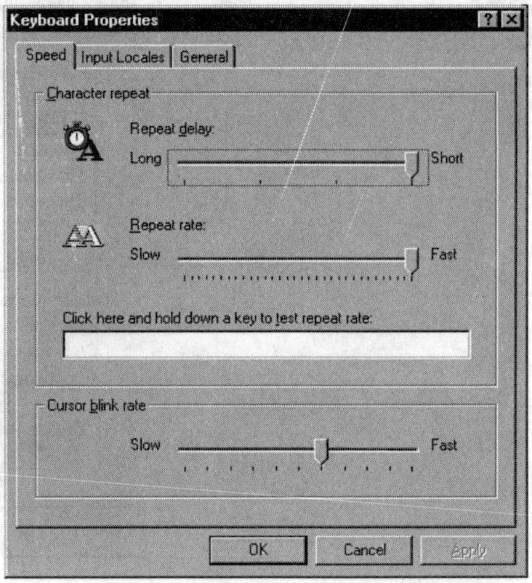

Figura A.38.
Propiedades de teclado.

El cuadro de diálogo Velocidad (Speed), figura A.38, le permite los siguientes tres ajustes:

- Retardo para repetición (Repeat Delay) ajusta la rapidez con que se repite un carácter cuando usted mantiene presionada una tecla.
- Velocidad de repetición (Repeat Rate) ajusta la espera antes de que un carácter se empiece a repetir cuando usted mantiene presionada cualquier tecla.
- Intermitencia del cursor (Cursor Blink Rate) le permite cambiar la velocidad con que parpadea el cursor.

También puede usar la casilla de prueba para verificar si los parámetros de la velocidad y el retardo de la repetición que acaba de establecer son las que deseaba. A la izquierda de la flecha deslizable en el parámetro de Intermitencia del cursor hay un cursor parpadeante que muestra la intermitencia seleccionada. Como con todos los parámetros, pruebe los parámetros del teclado antes de aceptarlos.

Si está usando las opciones de Accesibilidad (Accessibility), la velocidad de repetición establecida en el cuadro de diálogo Propiedades de teclado puede ser anulada por las funciones FilterKey.

Idioma

El idioma define en forma efectiva el lenguaje de su teclado –es decir, el idioma y la distribución de teclas usadas por lo general en las PC en su área geográfica. La mayoría de los usuarios de PC en Latinoamérica sólo establecen un idioma, como español (alfabetización tradicional) o español (mexicano). Sólo el administrador local de servidores puede agregar o eliminar idiomas.

Al seleccionar la ficha Idioma (Input Locale), usted puede establecer configuraciones de teclado diferentes, como la que se muestra en la figura A.39. Este cuadro de diálogo también es parte de la aplicación Configuración regional (Regional Settings).

Figura A.39.
La ficha Idioma y sus variantes.

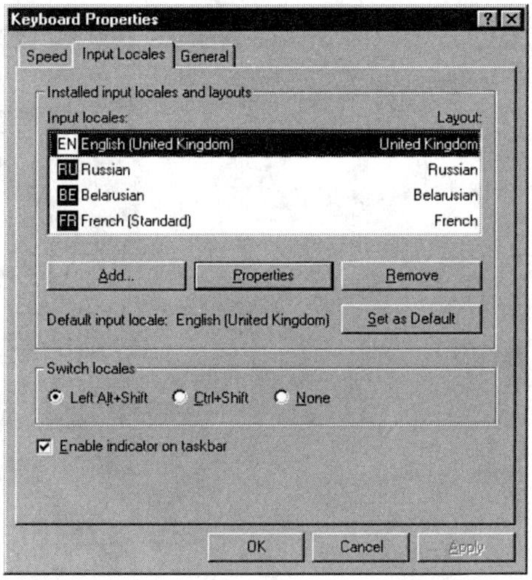

El cuadro de diálogo Idioma le permite agregar o eliminar idiomas y configurar la distribución de teclas a usar. El ejemplo de la figura A.39 presenta cuatro idiomas que se han agregado, cada uno con un teclado diferente.

Tipo de teclado

La ficha General en la aplicación Teclado le permite definir el tipo de teclado que está usando. Esto es distinto de la distribución de teclado definida para usar el idioma, como se describió antes.

La ficha General (figura A.40) le permite seleccionar una lista de teclados. Probablemente la mayoría de los usuarios ya utilicen un Teclado mejorado PC/AT (101/102 teclas), (PC/AT Enhanced Keyboard [101/102 key]), el Teclado estándar de 101/102 teclas o el Microsoft Natural Keyboard (Standard 101/102 key or Microsoft Natural Keyboard).

Figura A.40.
Tipos de teclado.

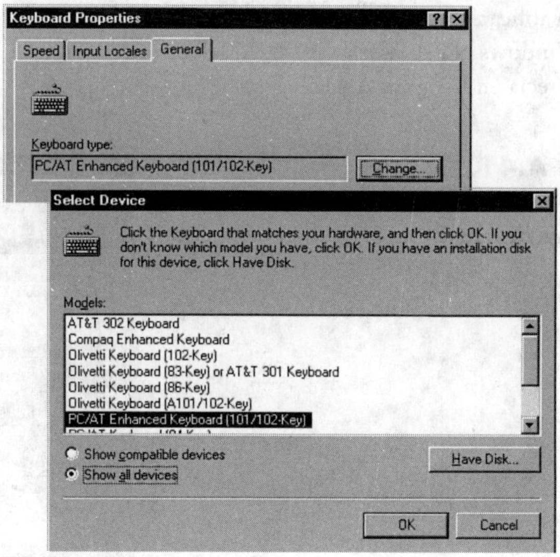

Correo

Para muchos usuarios, el correo electrónico es algo de lo que, simplemente, no pueden prescindir. Una aplicación clave para la mayoría de los usuarios de Internet es su correo electrónico, aunque las opiniones sobre lo que constituye un buen cliente de correo electrónico son muy controvertidas, para decir lo menos.

Microsoft Exchange es un sistema de mensajería potente y tiene dos componentes principales. El servidor Exchange corre en Windows NT Server y conserva y distribuye los mensajes individuales, elementos de correo electrónico, a los clientes Exchange. Los clientes Exchange se utilizan para leer y crear mensajes enviados al servidor Exchange. Usted puede usar Exchange en una empresa casi de cualquier tamaño, desde un negocio pequeño hasta una gran compañía multinacional.

Windows NT 4 tiene un cliente Exchange básico, una versión reducida del cliente Exchange completo que es parte del producto Exchange completo. El cliente Exchange es un lector de correo básico y funciona en conjunto con Microsoft Mail.

De mayor interés para muchos usuarios de NT Workstation, el cliente Exchange también funciona e interopera con Internet. Fuera de la caja, se comunica con cualquier servidor de correo POP3 de Internet, lo cual es una buena opción para usuarios domésticos. Si su proveedor de Internet sólo usa SMTP, usted tiene una variedad de gateways SMTP a POP3 fácilmente disponibles.

La aplicación Correo (Mail) se usa para configurar el cliente Microsoft Exchange empacado con Windows NT 4 Workstation. Al seleccionar el icono Correo aparece el cuadro de diálogo que se aprecia en la figura A.41.

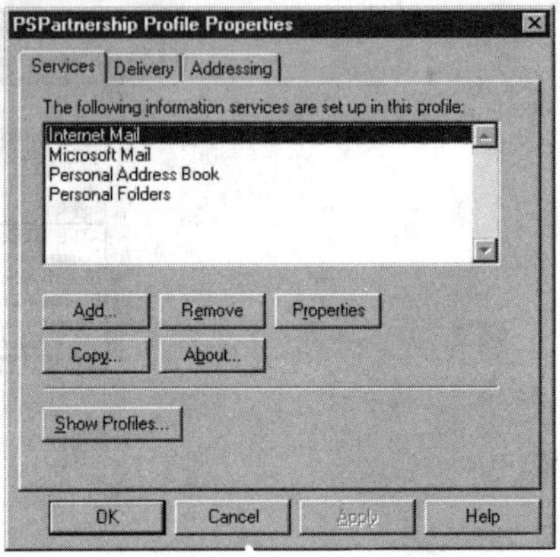

Figura A.41.
Configuración del correo electrónico Exchange.

Este cuadro de diálogo le permite crear perfiles diferentes y ver los componentes principales de un perfil: Servicios (Services), Envío (Delivery) y Dirección (Addressing).

Los detalles completos de la configuración de Microsoft Exchange, tanto cliente como servidor, podrían llenar todo un libro (y probablemente lo haga).

Oficina de correos de Microsoft Mail

Para ayudar a los usuarios en las compañías más pequeñas, Windows NT Workstation también soporta una oficina de correos de Microsoft Mail básica, que usted puede usar junto con el cliente Exchange. La aplicación Oficina Correos Microsoft Mail (Microsoft Mail Post Office) le permite configurar o crear una oficina de correos de Microsoft Mail.

Módems

Un módem es una pequeña pieza de electrónica que permite a su PC llamar a otros sistemas y transferir datos. Es difícil entender, a veces, cómo una pieza de hardware tan pequeña puede causar tantos problemas. Considero cualquier cosa que tenga que ver con la configuración de un módem como magia negra, que es mejor dejar a los sumos sacerdotes que murmuran los encantamientos mágicos de s54=129 y cosas por el estilo. Las buenas noticias son que después de que logre configurar su módem, usted se puede olvidar de él hasta que lo actualice –entonces toda la diversión comienza de nuevo.

Para utilizar las características de acceso telefónico a redes de Windows NT, usted necesita instalar y configurar un módem. Sólo el administrador de servidores puede agregar un módem. La aplicación Módems (Modems), figura A.42, instala y configura un módem.

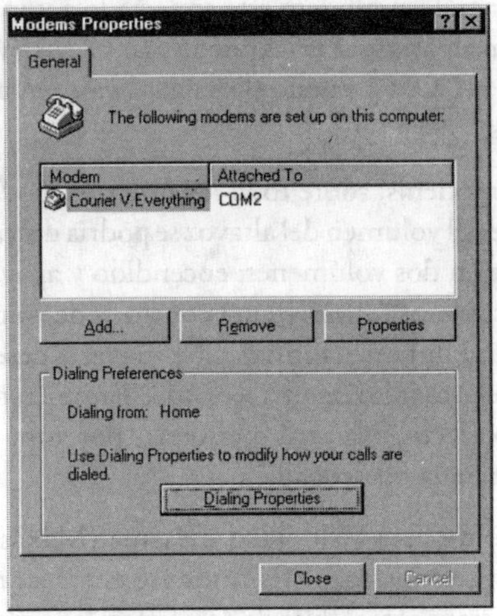

Figura A.42.
Configuración del módem.

Cómo seleccionar y configurar un módem

En la parte superior del cuadro de diálogo de la figura A.42 se pueden ver los módems instalados. El botón Agregar (Add) presenta un asistente de detección de módem que puede detectar su módem o permitirle especificar el modelo y fabricante específicos.

Después de instalar el módem, usted podría necesitar configurarlo. Seleccione el botón Propiedades (Properties), figura A.42, para invocar el cuadro de diálogo Propiedades del Módem (Modem Properties), como se muestra en la figura A.43.

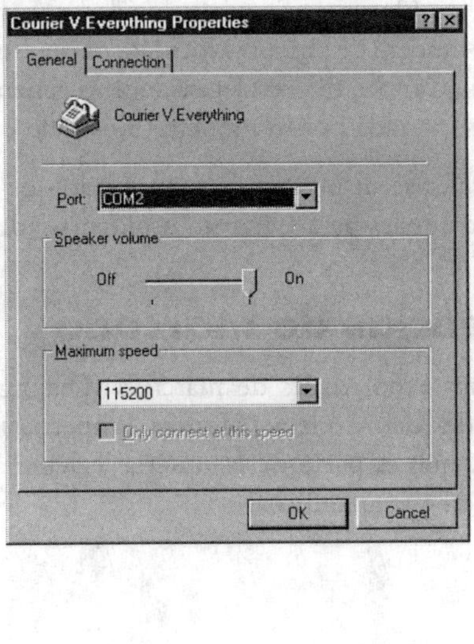

Figura A.43.
Configuración de las propiedades del módem.

Las propiedades del módem incluyen el puerto de comunicaciones al que está conectado físicamente el módem, el volumen del altavoz del módem y la velocidad máxima a que corre el módem.

Por lo general, su módem está conectado a uno de sus puertos seriales, ya sea COM1 o COM2, aunque en algunos sistemas puede usar COM3 y COM4. Tenga cuidado si usa puertos diferentes a COM1 o COM2 ya que algún hardware, en particular algunas tarjetas gráficas, pueden causar conflictos.

Algunos módems, sobre todo los internos, podrían no tener altavoz y, como resultado, la ficha deslizable del volumen del altavoz se podría desvanecer. En algunos módems el altavoz sólo podría funcionar en dos volúmenes: encendido y apagado. Módems externos más complejos (es decir, ¡los más costosos!) suelen tener controles de volumen en el módem. El altavoz del módem puede ser muy útil durante la instalación inicial si desea asegurarse de que marcó el número correcto y observar el progreso de una llamada. También puede ser útil si utiliza un ISP con menos que un equipo perfecto. Algunas personas, por otra parte, encuentran muy irritante el ruido, ¡en particular en la madrugada!

El cuadro de lista Velocidad máxima (Maximum Speed) se refiere al nivel máximo en que se transmiten los datos físicamente entre su módem y la computadora, y no a la velocidad en que se transfiere el flujo de datos entre la computadora remota y la de usted. Cuando transfieren datos entre sistemas, la mayoría de los módems pueden comprimir los datos que se están enviando y descomprimir los que se reciben.

Con la compresión de datos, los datos comprimidos viajarán entre sistemas a la velocidad elegida (por ejemplo, 28.8Kbps), pero el rendimiento efectivo es mayor.

Esto asume, por supuesto, que la compresión de datos es posible –no todos los datos son comprimibles. Si está transfiriendo noticias de red NNTP de Internet, un módem moderno de 28.8Kbps puede lograr velocidades de transferencia efectivas de 5,000 a 6,000 caracteres por segundo (cps) o superiores a veces. Por otra parte, los datos binarios alcanzan un tope de 3,000 cps efectivos. Observe que estas velocidades asumen que usted está usando un módem de 28.8KB. Si usa un módem de menor velocidad, obtiene en correspondencia cifras de rendimiento efectivo más bajas. Con las PC modernas, por lo general, usted puede seleccionar también la velocidad máxima soportada por su módem (mostrado en el cuadro de diálogo).

En general, use su módem lo más rápido que pueda, pero verifique con el monitor de acceso telefónico a redes para evitar un uso demasiado rápido y generar saturación.

Preferencias de marcado

Seleccionar Propiedades de marcado (Dialing Properties) en el cuadro de diálogo principal Propiedades del Módem (Modem Properties) presenta el cuadro de diálogo Propiedades de marcado, que es parte de la utilería Telefonía (Telephony), descrita con mayor detalle más adelante en este apéndice.

El cuadro de diálogo Propiedades de marcado (Dialing Properties), figura A.44, le permite especificar cómo deberá marcar Windows NT, incluyendo cómo obtener una línea exterior, cómo desactivar la llamada en espera y cosas por el estilo.

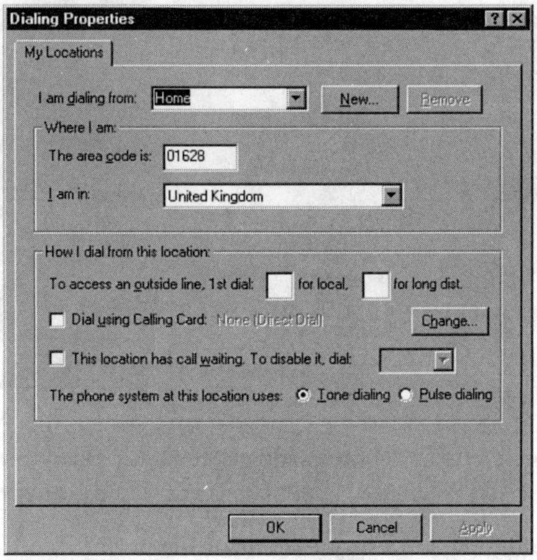

Figura A.44.
Preferencias de marcado.

Al establecer una ubicación usted puede definir cómo marca Windows NT desde una ubicación específica. Los usuarios móviles suelen definir varias ubicaciones diferentes para su uso en el camino.

Antes de que Windows NT marque una conexión de acceso telefónico a redes, determina en qué parte del mundo está usted por referencia de su ubicación actual seleccionada y dónde está marcando. Entonces le puede colocar códigos de país relevantes, códigos de acceso de marcado internacional, etc. Esto le puede ahorrar mucho tiempo, pero sólo si tiene las ubicaciones establecidas con anticipación.

Mouse

Para la mayoría de los usuarios, usar Windows NT significa usar un ratón o algún otro dispositivo apuntador y seleccionador como un trackball, glide pad, etc. NT hace un buen trabajo detectando todos los dispositivos apuntadores soportados, pero tal vez prefiera configurarlos según sus propios gustos personales.

Seleccione la aplicación Mouse en el Panel de control (Control Panel) le presenta el cuadro de diálogo Propiedades de Mouse (Mouse Properties), figura A.45, desde el cual usted puede configurar su ratón.

Figura A.45.
Propiedades de mouse.

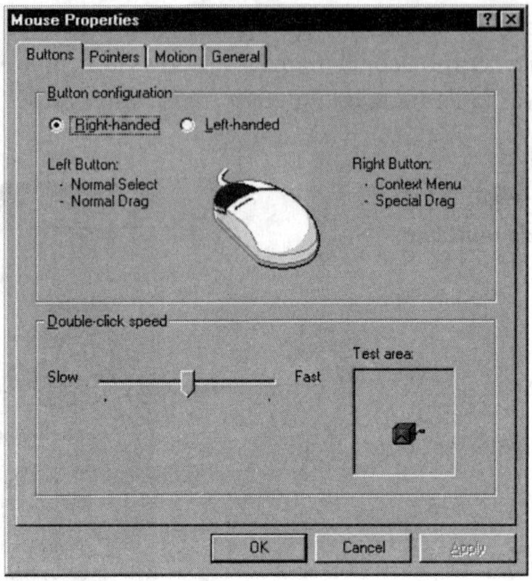

Las preferencias del ratón son específicas para el usuario y están almacenadas en el Registro bajo la clave `HKEY_CURRENT_USER\Control Panel\Mouse`.

La configuración Botones (Button) le permite configurar cuál es el botón primario (usado para seleccionar y arrastrar objetos) y cuál es el botón secundario (usado para producir menús contextuales). Los usuarios zurdos podrían encontrar esto útil, aunque muchos usuarios zurdos saben usar los parámetros de los diestros debido a que muchos libros y artículos (incluyendo este libro) simplemente se refieren a hacer clic con el botón derecho y con el botón izquierdo.

Hacer doble clic implica oprimir uno de los botones del ratón, por lo general el botón izquierdo o primario, dos veces en sucesión rápida. Windows NT interpreta un doble clic de manera diferente de un solo clic y en muchos cuadros de diálogo un doble clic tiene una acción específica. Por ejemplo, hacer doble clic (con el botón izquierdo) en una carpeta en su Escritorio NT Workstation abre la carpeta, en tanto que hacer doble clic en un archivo específico en un cuadro de diálogo Abrir archivo (File Open) estándar selecciona ese archivo. Los clic dobles son una técnica importante que le da poder al usuario.

La opción Velocidad de doble clic (Double-Click Speed) le permite ajustar lo sensible que es Windows NT al doble clic. Si hace clic demasiado lento o la velocidad de doble clic está establecida demasiado alta, Windows NT asume que usted está haciendo un solo clic en el mismo objeto dos veces en vez de hacer un doble clic en él. En general, los usuarios menos experimentados tienden a estar más cómodos con una velocidad de doble clic más lenta. Si pide que sea demasiado rápida, hacer doble clic se vuelve casi imposible.

El área de prueba le permite mover el puntero del ratón en el área para ver el efecto de cambiar la velocidad de doble clic. Cada vez que NT detecta un doble clic, se activa la animación de la caja sorpresa. ¡Los niños de todas las edades adoran la animación!

Punteros del ratón

Las aplicaciones que se ejecutan en Windows NT, incluyendo a NT, pueden usar alguno de los 14 tipos de puntero estándar diferentes para indicar el estado de la aplicación actual. Cuando el sistema o una aplicación están ocupados y no aceptarán ninguna entrada del usuario, el puntero del ratón es un reloj de arena, mientras NT está ocupado en segundo plano; usted podría obtener un puntero con la combinación del puntero y un reloj de arena. La forma del puntero proporciona una retroalimentación útil e importante para el usuario.

Seleccionar la ficha Punteros (Pointers) en el cuadro de diálogo Propiedades de mouse, figura A.46, invoca el cuadro de diálogo Punteros.

Figura A.46.
Punteros del ratón.

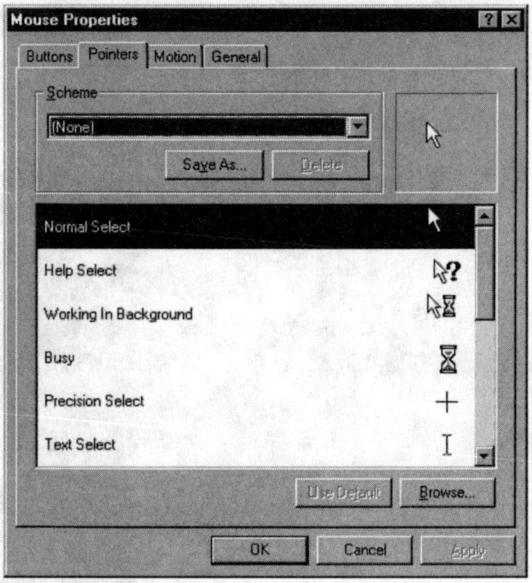

La forma del puntero del ratón es una de esas cuestiones de configuración del Escritorio en la que casi no hay dos usuarios que concuerden. Algunas personas adoran los cursores animados, pero otras los odian. En lo personal, me disgustan intensamente los cursores de dinosaurios, pero otros sienten muy diferente. ¡A cada quien lo suyo!

Microsoft ha agrupado conjuntos de 14 cursores en una combinación de cursores, y 11 combinaciones de cursor vienen con Windows NT Workstation. Por supuesto, usted puede seleccionar diferentes cursores estáticos o animados para cualquiera de los 14 tipos de cursores y grabar sus elecciones como una combinación de cursor nueva.

Además de cambiar las combinaciones de cursor enteras, también puede cambiar un cursor individual. Simplemente seleccione el cursor que quiere cambiar y haga doble clic en él o haga clic en el botón Examinar (Browse). Esto muestra un cuadro de diálogo común para ayudarle a elegir su cursor.

Los cursores están almacenados, en forma predeterminada, en el directorio `SYSTEM32` (`%SYSTEMROOT%\System32`) con una extensión de CUR o ANI. Los cursores ANI son animados y requieren más potencia de la CPU. Por lo general, éstos no se recomiendan para sistemas de baja potencia.

Movimiento

Seleccionar la ficha Movimiento (Motion) en el cuadro de diálogo Propiedades de mouse (Mouse Properties) invoca el cuadro de diálogo mostrado en la figura A.47. Este cuadro le permite establecer la velocidad del puntero, así como activar la característica Ajustar al botón predeterminado (Snap to Default).

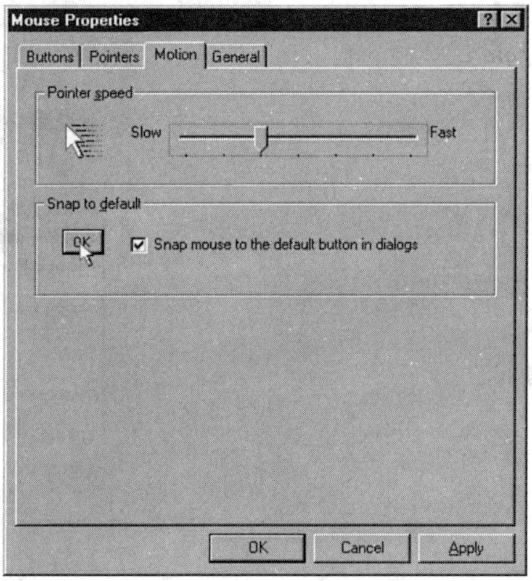

Figura A.47. *Propiedades de mouse: movimiento.*

Al mover la barra deslizante en el cuadro de diálogo se afecta la relación entre lo lejos que mueve usted el ratón real y lo lejos que se mueve el puntero del ratón en la pantalla. Al mover la corredera hacia la derecha hace que el puntero del ratón se mueva más lejos en la pantalla para cualquier movimiento determinado del ratón real. Como en el caso de los parámetros de los cursores, aquí el parámetro es muy individual.

La característica Ajustar al botón predeterminado es otra cosa que usted amará u odiará –parece no haber término medio. Cuando seleccione esta opción, en cualquier momento en que un cuadro de mensaje de Windows NT aparezca en la pantalla, el ratón se mueve en forma automática sobre el botón predeterminado (por ejemplo, Aceptar [OK], Cancelar [Cancel], etc.). A los usuarios con pantallas grandes esto les puede ahorrar gran cantidad de movimientos del ratón.

Selección del hardware correcto de ratón

Seleccionar la ficha General en el cuadro de diálogo Propiedades de mouse le presenta el cuadro de texto de la figura A.48, el cual muestra el tipo de hardware de ratón que está instalado actualmente.

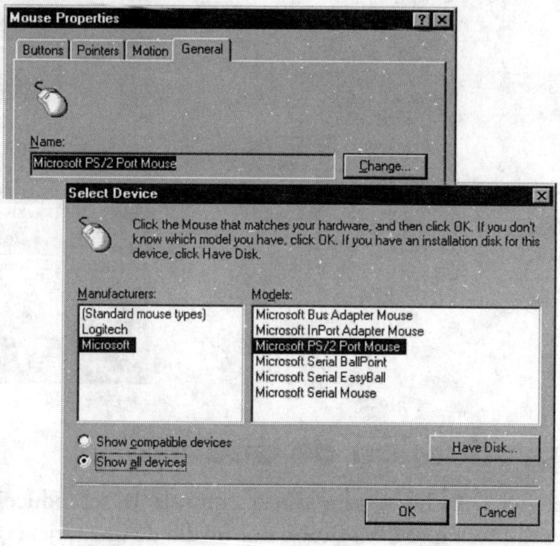

Figura A.48.
Selección del ratón.

Cuando hace clic en el botón Cambiar (Change), obtiene otro cuadro de diálogo en el que puede ver todos los ratones diferentes soportados, fuera de la caja, por Windows NT. Si tiene un ratón no soportado como estándar, usted puede seleccionar el botón Utilizar disco (Have Disk) e instalar el controlador desde un disco flexible.

Multimedia

Las capacidades de multimedia de las computadoras personales han mejorado en forma impresionante durante la década pasada, y las que alguna vez se consideraron características muy complejas ahora han llegado a ser casi un lugar común. Windows NT Workstation viene con un buen nivel de capacidad multimedia, pero Windows 95 y Macintosh posiblemente sean más apropiados para aplicaciones multimedia más complejas.

La aplicación Multimedia en el Panel de control (Control Panel), figura A.49, configura las funciones de multimedia e instala y configura el hardware relacionado.

Figura A.49.
Multimedia.

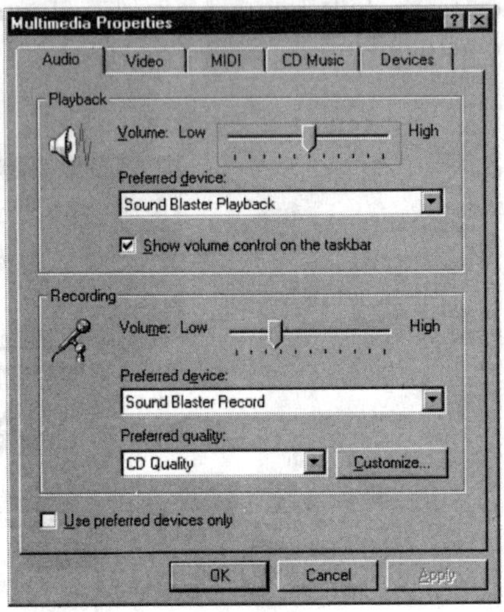

Reproducción de audio

La ficha Audio (figura A.49) controla la reproducción y la grabación. Por lo general, la reproducción se lleva a cabo por medio de una tarjeta de sonido y un par de altavoces externos, y la grabación lo es a través de un micrófono conectado a la tarjeta de sonido. Si tiene muchas tarjetas de sonido, usted puede seleccionar cuál usará Windows NT.

La flecha deslizable de volumen en la sección Reproducción (Playback) es un control de volumen maestro que controla los niveles generales de salida. Muchas tarjetas de sonido tienen controles de volumen adicionales, como los altavoces incluidos en muchos sistemas de computadora. Seleccionar el nivel correcto en los tres le puede tomar algún tiempo, pero una vez establecido, por lo general no tendrá que cambiarlo.

Si selecciona la opción Mostrar control de volumen en la barra de tareas (Show Volume Control on the Taskbar), Windows NT coloca un icono pequeño de un altavoz en el lado derecho de la barra de tareas. Luego usted puede usar este control para cambiar el nivel maestro de salida. Haga doble clic en este control para desplegar un cuadro de diálogo de control de volumen más completo.

Los parámetros de Grabación (Recording) controlan los niveles de entrada del micrófono y la velocidad de muestreo. Si el nivel de grabación es demasiado alto, la calidad del sonido resultante es deficiente, así que necesita realizar algunas pruebas antes de hacer alguna grabación importante.

Toda la grabación se hace usando muestreo digital. Cuando graba desde un micrófono, Windows NT hace un muestreo del puerto de entrada y graba el resultado como datos digitales. Entre más muestras se tomen será mejor la calidad de la grabación resultante –pero se necesitarán más datos para representar el sonido grabado. El cuadro de diálogo específico depende de la tarjeta de sonido.

Video

Windows NT Workstation incluye Video para Windows, lo cual significa que puede reproducir fragmentos de video en su PC. Una pequeña desventaja de esta facilidad por otra parte espléndida es que los fragmentos de video ocupan una cantidad considerable de espacio en el disco. Si empieza a coleccionar fragmentos de video útiles (es decir, largos), prepárese para invertir en grandes cantidades de espacio de almacenamiento.

El accesorio Reproductor de medios (Media Player), `MPLAYER.EXE.`, reproduce los clip de video e incluso usted también puede reproducir clips de audio, discos compactos y MIDI, suponiendo que tiene el soporte del hardware necesario (es decir, una tarjeta de sonido adecuada y una unidad de CD-ROM). En forma predeterminada, el accesorio Reproductor de medios muestra clips de video al tamaño en que fueron grabados (que por lo general es muy pequeño).

La ficha Video en la aplicación de control Multimedia invoca el cuadro de diálogo mostrado en la figura A.50.

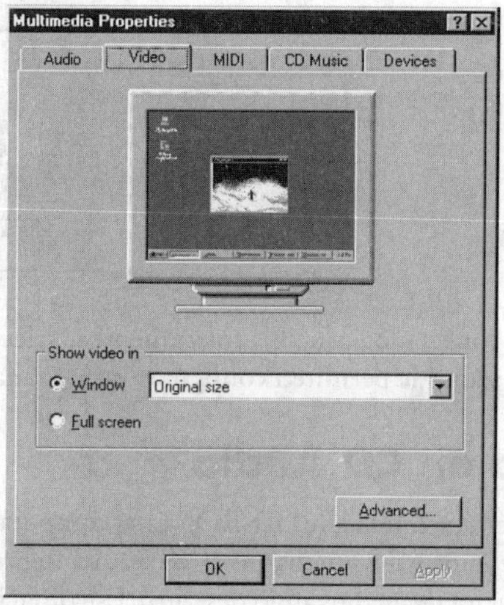

Figura A.50.
Configuración de video en Multimedia.

La ficha Video le permite controlar el tamaño de la reproducción de video, lo cual puede facilitarle la vista de los archivos de video. Sin embargo, al incrementar el tamaño, experimentará alguna pérdida de calidad.

Desde este cuadro de diálogo, además, puede seleccionar el botón Avanzadas (Advanced), que le permite configurar el reproductor de medios para que use algún código de 16 bits más antiguo. Algunos clips antiguos de video podrían no funcionar adecuadamente en Windows NT Workstation, y esta opción le permite usar el código de 16 bits que funcionaría mejor.

MIDI

MIDI (Musical Instrument Digital Interface, Interfaz Digital para Instrumentos Musicales) es una interfaz estándar que le permite usar una gama amplia de instrumentos musicales electrónicos por medio de una computadora digital. La mayoría de los teclados electrónicos modernos, por ejemplo, ofrecen la capacidad de entrada y salida MIDI, y muchos artistas populares usan de manera significativa esta capacidad.

La ficha de configuración de MIDI (figura A.51) le permite seleccionar el instrumento específico conectado a su computadora.

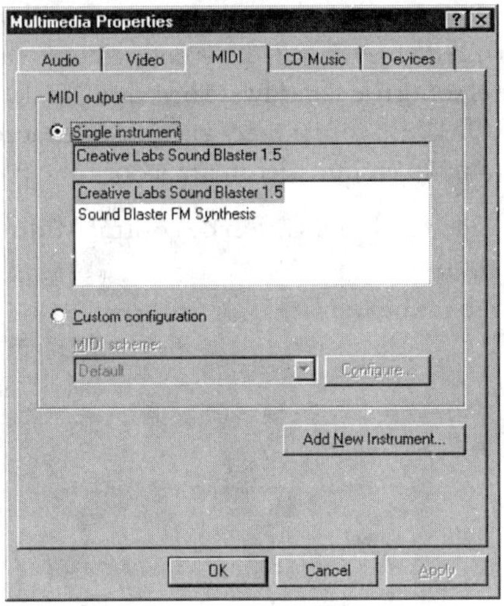

Figura A.51.
Configuración MIDI.

Si tiene conectados muchos instrumentos, seleccione el que desea controlar. Los parámetros personalizados le permiten configurar varios canales MIDI adicionales.

Música en CD Audio

Al agregar una unidad de CD-ROM a su computadora, usted puede reproducir discos compactos musicales normales mediante el accesorio Reproductor de CD (CD Player) (o utilizando el Reproductor de medios antes descrito). Esto le facilita escuchar música mientras trabaja. Si trabaja en una oficina atestada y sus gustos musicales son considerados eclécticos por sus compañeros de trabajo, tal vez le convenga usar unos audífonos (y de preferencia no del tipo de los que quienes estén cerca de usted puedan escuchar lo suficiente como para molestarse).

Seleccionar la ficha Música en CD Audio (CD Music) le presenta el cuadro de diálogo de la figura A.52.

La mayoría de los CD-ROM vienen con una entrada pequeña para audífonos en el frente, que le permite escuchar discos compactos musicales.

A

Figura A.52.
Multimedia: Música en CD Audio.

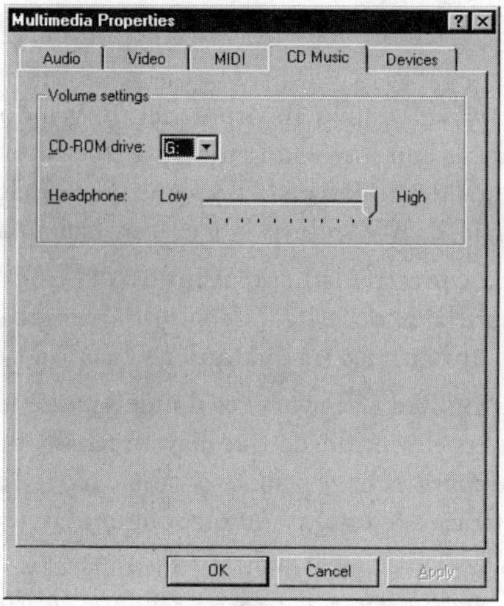

El cuadro de diálogo Música en CD Audio muestra los CD-ROM detectados en su sistema y le permite controlar el volumen de los audífonos para cada uno. De este modo el CD-ROM seleccionado se utiliza como predeterminado para cualquier aplicación multimedia que use un CD-ROM.

Dispositivos

El cuadro de diálogo Dispositivos (Devices), figura A.53, presenta todos los controladores multimedia diferentes cargados en su sistema y le permite especificar sus propiedades.

Figura A.53.
Configuración de dispositivos multimedia.

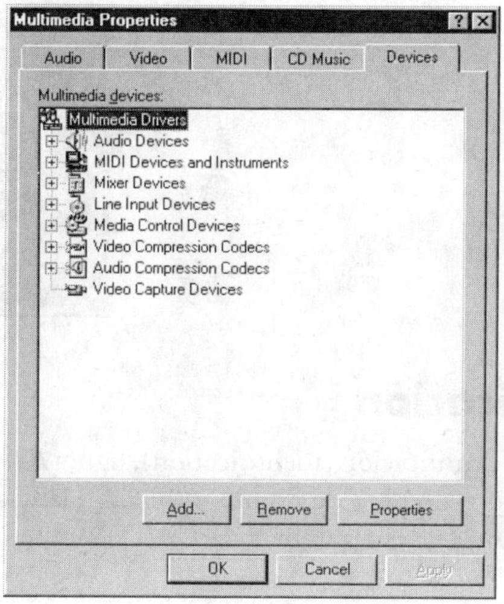

Red

La conectividad estuvo incorporada en Windows NT desde su primer lanzamiento y sus características han mejorado en forma constante desde entonces. La conectividad es una parte fundamental del diseño de NT y sigue un modelo muy estructurado y estratificado. Configurar la conectividad en Windows NT es muy fácil una vez que usted ha asimilado su peculiar léxico.

Aunque la conectividad con Windows NT Workstation es bastante fácil, antes de instalar y configurarla, se necesita una comprensión realmente básica de lo que es y las opciones que necesita configurar para cualquier situación de red.

La aplicación Red (Network) es donde se hace toda la configuración de red. Esta aplicación es compleja en el sentido de que hay muchas opciones interrelacionadas y necesita especificar adecuadamente dichas opciones si quiere tener éxito con la conectividad. Cuando comprenda el impacto de las opciones y cómo configurarlas, le será fácil utilizar los cuadros de diálogo.

La aplicación Red del Panel de control (Network Control Panel), que usted puede invocar haciendo clic con el botón derecho del ratón en el icono Entorno de red (Network Neighborhood) en el Escritorio, y seleccionando el menú Propiedades (Properties), figura A.54, configura toda la conectividad. Sólo un Administrador de servidores puede cambiar los parámetros de conectividad.

Figura A.54.
Configuración de red.

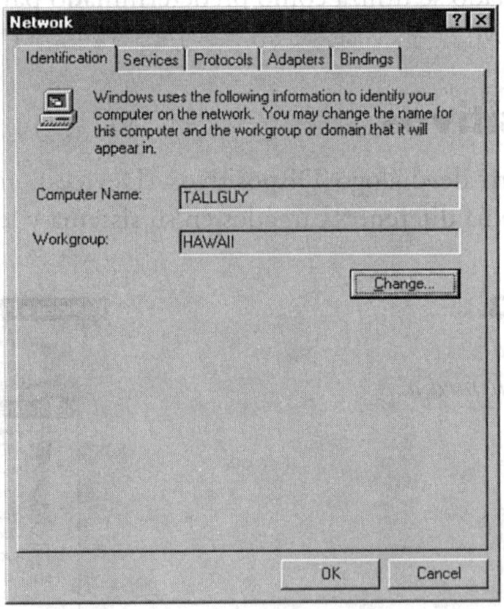

Identificación

La ficha Identificación (Identification), figura A.54, le permite ver y cambiar su máquina y grupo de trabajo o nombre de dominio. Si cambia cualquiera de estos elementos, debe reiniciar su sistema antes de que surtan efecto.

A

A

Servicios

Los servicios de red se sitúan encima de los protocolos y los adaptadores de red. Usan componentes de nivel inferior para llevar a cabo varias funciones relacionadas con la red. Por ejemplo, el servicio servidor le permite compartir archivos y directorios con otros usuarios, en tanto que Workstation le permite conectarse al servicio de servidor en otro sistema para tener acceso a los recursos compartidos en ese sistema.

La ficha Servicios (Services), figura A.55, le permite manejar y controlar los servicios de red cargados en su máquina.

Figura A.55.
Servicios de red.

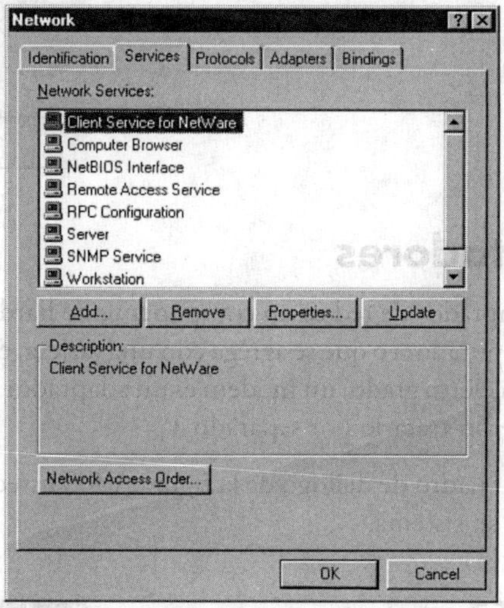

La ficha Servicios le permite agregar y eliminar servicios de red. Además, algunos servicios, pero no todos, pueden ser configurados desde ésta.

Protocolos

Los protocolos de transporte de red permiten la comunicación entre dos sistemas, posiblemente por medio de otros sistemas, usando uno o más de los adaptadores de red configurados. Los protocolos de red se sitúan debajo de los servicios de red y encima de los adaptadores. Ejemplos de protocolos incluyen TCP/IP e IPX/SPX.

Los protocolos de red cargados en su sistema se ven en el cuadro de diálogo Protocolos (Protocols), como en la figura A.56.

Figura A.56.
Protocolos de red.

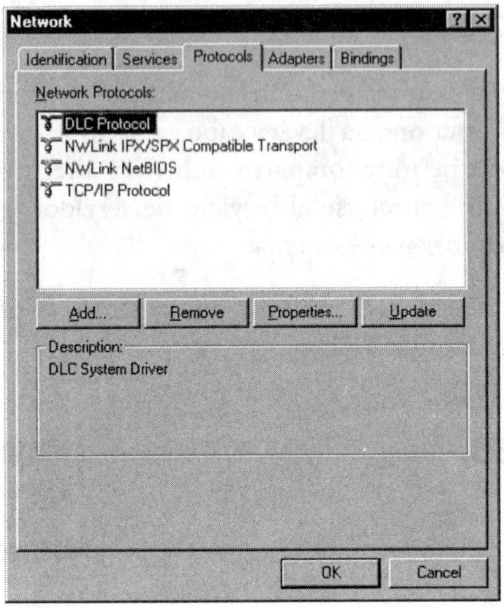

Adaptadores

Un adaptador de red es un componente de hardware que está incorporado a la motherboard de su computadora o que se agrega con una tarjeta, el cual conecta físicamente su computadora a una red. En cierto grado, un módem es un adaptador de red, aunque los diseñadores de Windows NT decidieron tratarlo por separado.

Con el cuadro de diálogo de la figura A.57, usted puede agregar y ver los adaptadores de red que hay en su sistema.

Figura A.57.
Adaptadores de red.

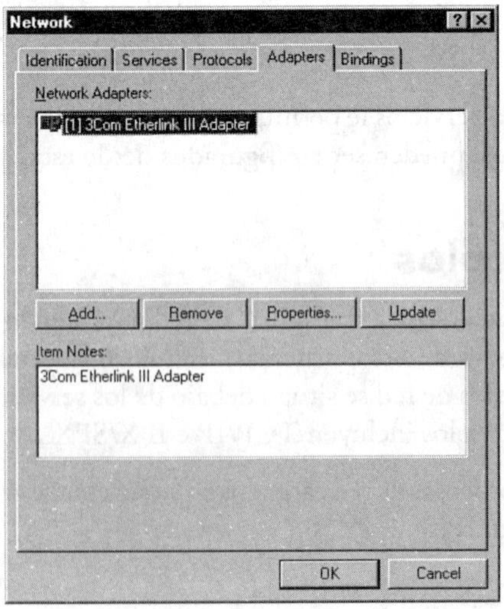

A

Enlaces

Un enlace es una ruta que solicita una aplicación determinada a la red que podría llevarla desde una aplicación a través de los servicios y protocolos y finalmente llegar a la capa del adaptador. Aunque Windows NT por lo general configura todos los servicios enlazados a todos los protocolos y adaptadores, la configuración podría no ser la mejor para el rendimiento debido a que algunos enlaces posibles podrían no ser útiles. Para maximizar el rendimiento, usted necesitaría eliminar o desactivar enlaces.

Por ejemplo, puesto que todo el tráfico relacionado con Novell usa IPX y no TCP/IP, tiene poco sentido enlazar el servicio cliente para NetWare a TCP/IP. (De hecho, la instalación del cliente NetWare sabe esto y es lo bastante inteligente como para establecer el enlace.) Si tiene tarjetas múltiples, transportes múltiples y clientes múltiples, ajustar sus enlaces puede mejorar el rendimiento si puede eliminar rutas inútiles que tal vez nunca se usen en su entorno. La ficha Enlaces (Bindings), figura A.58, le permite modificar las rutas de enlace.

Figura A.58.
Enlaces de red.

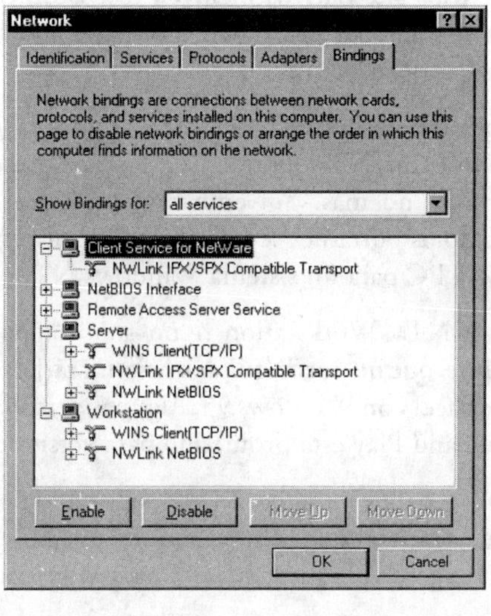

Tarjeta PC (PCMCIA)

El crecimiento en la computación portátil ha sido igualado por el crecimiento en los agregados disponibles para estos sistemas. Con una especificación diseñada por un comité (la Personal Computer Memory Card International Association [Asociación Internacional de la Tarjeta de Memoria para Computadora Personal], o PCMCIA), un nuevo tipo de tarjeta de interfaz, la tarjeta PC, se ha vuelto muy popular. En un principio se les conocía como tarjetas PCMCIA, mas como la mayoría de los usuarios finales no lo podían pronunciar o deletrear, ahora se les llama tarjetas PC.

Son pequeños dispositivos de hardware del tamaño de una tarjeta de crédito, accionadas desde el sistema principal. Los tipos físicos de tarjetas PCMCIA son cuatro: Tipo I, Tipo II, Tipo III y Tipo IV. Todas usan la misma interfaz de 69 clavijas, pero varían en el grosor y en el uso general.

Las tarjetas Tipo I, de 3.3 mm de grosor, se suelen usar para varios tipos de memoria como RAM, Flash ROM, EEPROM, etc. No son ya muy comunes. Las tarjetas Tipo II, que tienen 5 mm de grueso, son muy comunes y tienen varios usos, incluyendo el de adaptadores de red. Las tarjetas Tipo III, que alcanzan un grosor de 11.5 mm, se utilizan con mayor frecuencia para discos duros PCMCIA o dispositivos de comunicación por radio, que requieren más circuitería. Las tarjetas Tipo IV, que no han sido ratificadas por el consorcio PCMCIA, probablemente se usarán en unidades de disco de capacidad superior y se espera que tengan 18 mm de grueso.

La mayor parte de las computadoras portátiles modernas soportan dos tarjetas Tipo II simultáneamente o una tarjeta Tipo III. Las tarjetas Tipo I rara vez se usan y las tarjetas Tipo IV aún no son soportadas.

El uso más popular para las tarjetas PC es en módems y adaptadores de red, aunque una amplia gama de usos alternativos incluyen discos duros, adaptadores SCSI, receptores de radio para Localización Global por Satélite (GPS, Global Positioning by Satellite), ISDN, CD-ROM externos y tarjetas de sonido.

NT Workstation soporta tarjetas PC, aunque la lista de tarjetas soportadas no es tan larga. Como se podría esperar, NT soporta una gran cantidad de módems y una cantidad razonable de tarjetas de red, pero no más. Sin embargo, la lista está aumentando todo el tiempo conforme las computadoras portátiles se hacen más populares. En resumen, tenga cuidado antes de comprar una tarjeta PC para un sistema Windows NT.

Windows NT Workstation 4 no soporta por completo Plug and Play, lo cual significa, tristemente, que no puede quitar o insertar tarjetas PC mientras el sistema está funcionando como se puede hacer con Windows 95. Algunas personas piensan que éste es un descuido de Microsoft, pero Plug and Play está prometido para versiones posteriores de Windows NT.

Debido a que Plug and Play no está soportado por completo, usted debe reiniciar su sistema para cambiar las tarjetas que utilizó. Si quita una tarjeta mientras NT está encendido y funcionando, corre el riesgo de bloquear su sistema, requiriendo un reinicio de hardware.

A pesar de todo este pesimismo, las tarjetas PC soportadas funcionan con gran facilidad. En su mayor parte, se puede tratar a las tarjetas PC como a cualquier otra tarjeta –es decir, configurando una tarjeta PC de adaptador de red con la aplicación Red o una de módem con la aplicación Módems.

Invocar la aplicación Adaptador para PC (PCMCIA) (PC Card [PCMCIA]) en el Panel de control (Control Panel) le presenta el cuadro de diálogo mostrado en la figura A.59. Éste tiene dos fichas: Estado del socket (Socket Status) y Controlador (Controller).

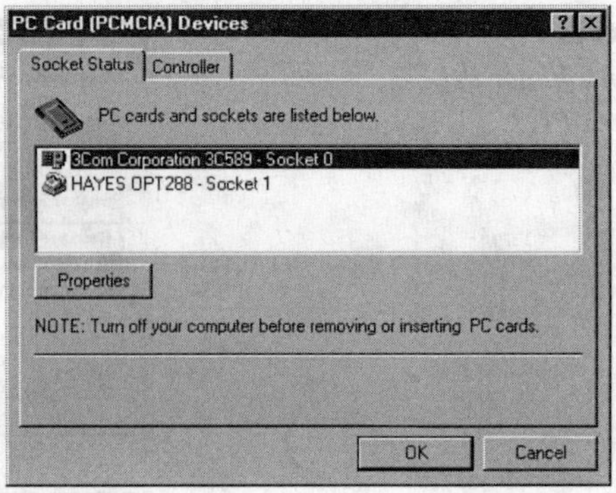

Figura A.59.
Configuración del adaptador para PC (PCMCIA).

La ficha muestra las tarjetas PC que están conectadas actualmente en su computadora. Al seleccionar el botón Propiedades (Properties), usted puede abrir una ficha más que le permita configurar la tarjeta, aunque, como se señaló antes, esto rara vez es necesario. El cuadro de diálogo Configuración (Configuration) es aplicado por el mismo controlador de la tarjeta y por tanto variará con la tarjeta. En la figura A.60 se muestra el cuadro de diálogo Configuración para un adaptador de tarjeta PC de red 3COM 3C589.

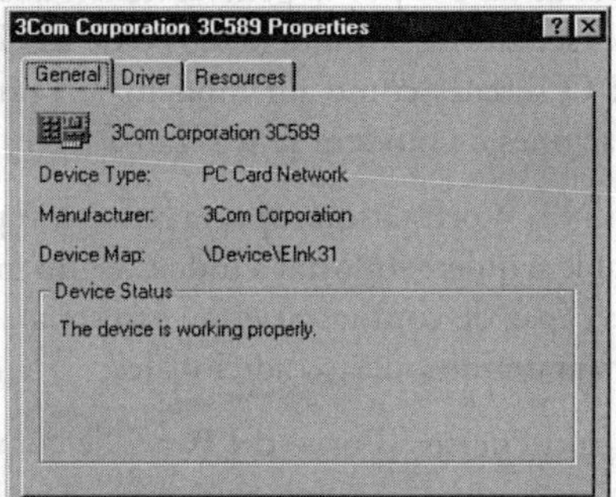

Figura A.60.
Propiedades de una tarjeta PC 3COM.

Controlador

La ficha Controlador (Controller), figura A.61, le permite ver los recursos usados en la actualidad por el controlador PCMCIA. En general, usted no puede cambiar el puerto I/O del rango de memoria convencional en el controlador, ya que se ha asignado automáticamente. En el evento improbable de un conflicto con otro dispositivo, necesita cambiar los recursos del otro dispositivo para resolver el conflicto.

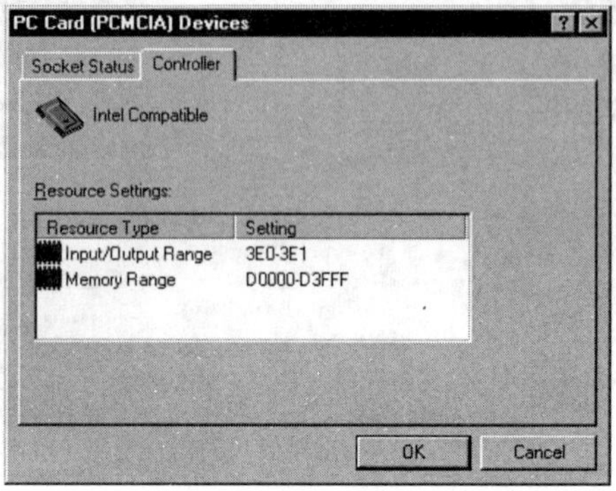

Figura A.61.
Estado del controlador del adaptador para PC.

Puertos

Las computadoras personales se conectan con el mundo exterior mediante uno o más puertos. Un puerto es sólo una conexión entre el sistema y un dispositivo externo. Dos puertos principales suministrados en todas las PC son los puertos seriales, o de comunicaciones, y los puertos paralelos, o de impresoras. Los puertos seriales, como su nombre lo indica, transfieren datos en serie, un bit a la vez, en tanto que los puertos paralelos pueden transferir ocho bits a la vez.

La mayoría de las PC por lo general tienen dos puertos seriales, o de comunicaciones, que usan conectores seriales de 9 pines (DB9) o de 25 (DB25). Usted puede conectar varias cosas a estos puertos I/O seriales como un módem, un ratón o una impresora. Históricamente, todas las comunicaciones de módem se realizan a través del puerto serial.

Windows NT Workstation soporta hasta 256 puertos seriales, ¡aunque se requiere un hardware considerable si quiere soportar a todos! Según mi experiencia, todo el software que usa los puertos seriales es capaz de configurar el puerto serial, así que esta aplicación en realidad no es tan útil excepto para definir puertos adicionales.

La aplicación Puertos (Ports) del Panel de control se muestra en la figura A.62.

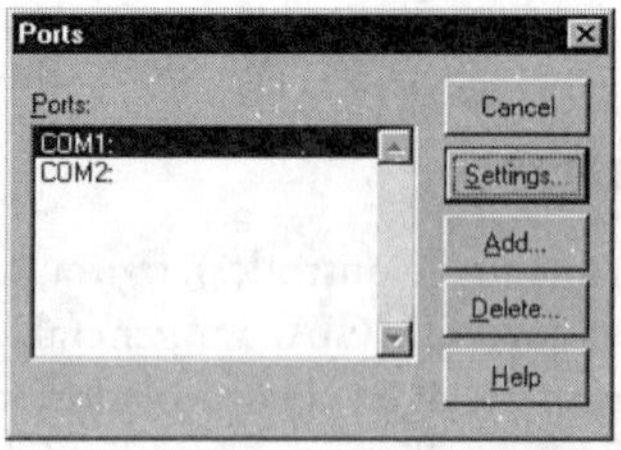

Figura A.62.
La aplicación Puertos.

Seleccionar el cuadro de diálogo le muestra los puertos instalados. Hacer clic en el botón Configurar (Settings) le abre el cuadro de diálogo Configuraciones (Settings), figura A.63, desde el cual usted puede configurar los parámetros clave para su puerto serial. Los parámetros específicos requeridos por lo general son definidos ya sea por el hardware conectado al puerto serial (por ejemplo, el módem, la impresora, etc.) o por el software que use, así que asegúrese de leer el manual correspondiente.

Figura A.63.
Configuración de los puertos seriales.

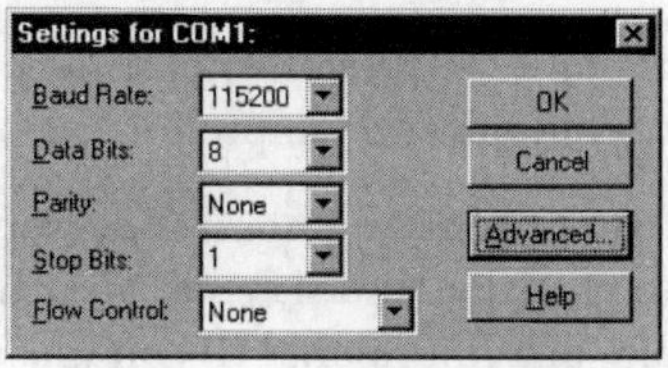

Si está instalando más de cuatro puertos seriales estándar, usted necesita configurar la IRQ y el puerto I/O. Esto se hace usando el cuadro de diálogo Configuraciones avanzadas de puerto (Advanced Port Configuration), figura A.64.

Figura A.64.
Configuraciones avanzadas de los puertos seriales.

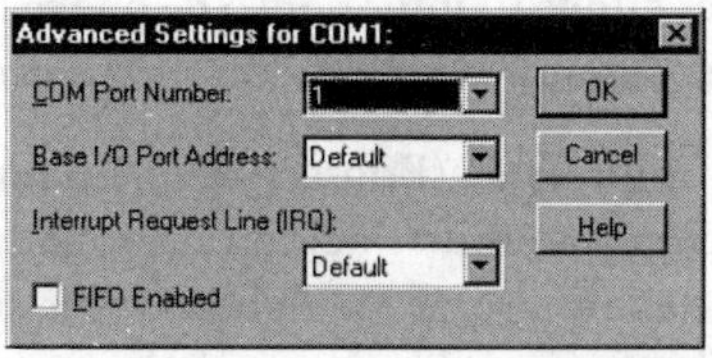

Impresoras

Imprimir en Windows NT siempre ha sido una mezcla de buenas y malas noticias. Las malas noticias son que la arquitectura interna es bastante compleja, pero las buenas noticias son que la impresión funciona. Según mi experiencia con Windows NT, casi todos los problemas de impresión que he encontrado son fáciles: el hardware no estaba conectado a la computadora, a la energía o no estaba encendido, o tenía los controladores equivocados.

Fundamentos de la impresión

Antes de introducir la aplicación Impresoras (Printer), es importante que comprenda los fundamentos de la impresión en NT y las siguientes definiciones específicas de NT:

- El dispositivo de impresión es la pieza de hardware que en realidad pone la tinta (o el toner) en la página.
- La impresora es la interfaz de software entre la aplicación y el dispositivo de impresión. Es decir, la aplicación imprime en una impresora, y NT maneja la transición hacia el dispositivo de impresión.

- La cola de impresión simplemente es la lista de trabajos que esperan para imprimirse en una impresora. El término cola no tiene una significación real (distinto que en Novell).
- El monitor de impresión es el componente de software que enruta la salida final de la impresora al dispositivo de impresión.
- El servidor de impresión es el sistema NT en el que se define la impresora y en el cual se ejecuta el monitor de impresión.
- El puerto es donde el monitor de impresión envía la salida. Por lo general, es el puerto serial o paralelo de su sistema. Sin embargo, también puede ser un puerto de red –por ejemplo, una impresora HP con una tarjeta Jet Direct.

Estas definiciones podrían ser diferentes de las de otros sistemas que haya usado, en particular Novell NetWare, pero son las definiciones usadas con NT, así que necesitará acostumbrarse a ellas.

Antes de que su aplicación pueda imprimir algo, defina antes una impresora en su sistema, ya sea creando una impresora en su máquina o conectándose con una impresora en alguna parte de su red. Una vez creada su impresora o de que se haya conectado a ella, sus aplicaciones pueden usar la impresora, aunque podría desear modificar la configuración de la impresora.

La carpeta Impresoras (Printers) en Windows NT es el lugar donde se lleva a cabo toda la configuración y administración relacionadas con la impresión. Usted puede tener acceso a la carpeta de impresoras en alguna de las siguientes tres formas:

- Abrir la carpeta Mi PC (My Computer)
- Usar Inicio | Configuración | Impresoras (Start | Settings | Printers)
- Seleccionar la carpeta (o hablando en sentido estricto, acceso directo) Impresoras (Printers) desde el Panel de control (Control Panel).

La carpeta de impresoras es la misma, sin importar el método que seleccione para invocarla. La carpeta Impresoras de mi sistema se muestra en la figura A.65.

Figura A.65.
La carpeta Impresoras.

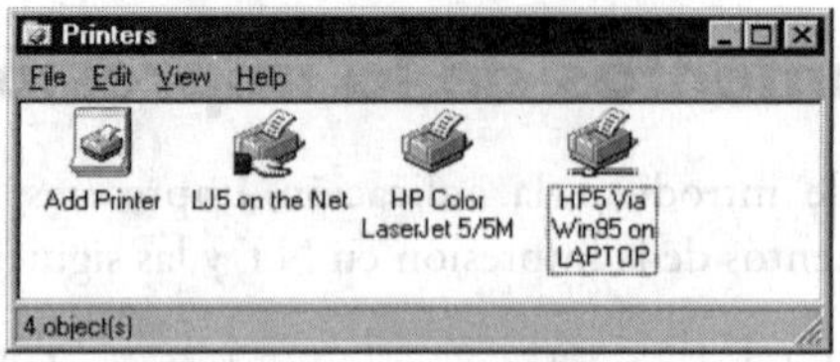

Para establecer una impresora nueva en su sistema o conectarse con una impresora en la red, deberá usar el asistente Agregar impresora (Add Printer), el cual se ha examinado con mayor claridad en la hora 7, "Configuración de impresoras con NT Workstation". Esta es una forma rápida, fácil y casi infalible de definir la impresora.

A

A

Controladores de impresora en red

Como se muestra en la hora 7, configurar cualquier impresora es rápido y fácil. Casi lo escucho preguntar: "¿Qué hay de los controladores de impresora?" Usted necesita de ellos y el proceso de crear una impresora requiere que usted cargue los controladores de impresora. De manera típica, éstos se encuentran en su CD-ROM de Windows NT. Como alternativa, podría obtenerlos en disco con las impresoras nuevas o los puede transferir desde Internet o del boletín electrónico del fabricante.

Cuando crea una impresora local, Windows NT carga los controladores de impresora para impresión local. Para impresión en red, NT se comporta en forma inteligente: cuando usted se conecta con la impresora de red, Windows NT simplemente transfiere el controlador de impresora por usted desde la máquina donde la impresora fue creada inicialmente. ¡Es todo!

NT logra esto compartiendo la carpeta `%SYSTEMROOT%\System32\Spool\Drivers como PRINT$.`

Cuando un sistema remoto desea obtener controladores de impresora de su sistema, simplemente se conecta con `\\`*`SUSISTEMA`*`\PRINT$` (donde *`susistema`* es el nombre de la máquina NetBIOS, definido en la aplicación Red). Directamente debajo de esto, Windows NT crea una carpeta extra para cada plataforma de hardware para las que se conservan los controladores.

El único problema real a resolver es qué controladores de impresora debe conservar. Un controlador de impresora es un programa ejecutable, por lo común un DLL, diseñado para ejecutarse en un sistema operativo y hardware particulares. Si define una impresora para que la utilicen otros usuarios en la red, es importante que conserve todos los controladores de impresora para todas las combinaciones de sistemas que probablemente tengan acceso a ellas. Si Windows NT falla en encontrar los controladores correctos en la máquina remota, simplemente pregunta por una ubicación para encontrarlos, y cuando se alimenta el disco, CD-ROM o punto compartido en la red apropiado, entonces puede cargar los controladores para esta ubicación alternativa.

Con NT Workstation Version 4, usted puede cargar en forma automática controladores de impresión para otros sistemas NT así como para Windows 95.

Si tiene acceso a la impresora por medio de Windows para Trabajo en Grupo, Windows 3.*x* o DOS, tiene que cargar la impresora en forma manual en cada uno de los sistemas cliente. Además, si se conecta desde su sistema con una impresora definida en un sistema que no sea Windows NT (por ejemplo, Windows 95), deberá cargar también manualmente los controladores de impresora.

Impresión desde aplicaciones DOS

Si usted está usando aplicaciones DOS, la impresión se torna un poco más difícil. Primero, las aplicaciones DOS requieren sus propios controladores de impresión; lamentablemente, no pueden usar los controladores de Windows NT. Los controladores de impresora DOS por lo general son específicos para la aplicación y deben ser obtenidos con el fabricante de la aplicación. Esto puede ser un problema para programas muy antiguos.

Las aplicaciones DOS tampoco tienen el concepto de conectividad y tienden a abrir un puerto LPT o COM configurado y verter su salida, lo cual no es de mucha ayuda cuando la impresora es remota.

Para habilitar a las aplicaciones DOS para que impriman en forma exitosa necesita usar el comando NET desde la línea de comandos en el sistema cliente. Vaya a la línea de comandos y utilice la siguiente sintaxis:

```
NET USE LPT2: \\server\remoteprinter
```

`LPT2` es el puerto que usa su aplicación DOS y *`server`* es la máquina en que se localiza la impresora compartida *`remoteprinter`*.

Una vez hecho esto, configure su aplicación DOS para usar el puerto que acaba de indicar. ¡Ahora sí funcionará la impresión a través de la red!

Usted puede ver las impresoras que está usando en la actualidad, con sólo escribir `NET USE` desde la línea de comandos.

Resumen de impresión

Imprimir es muy fácil de configurar y poner a funcionar. Asegurar de manera apropiada la impresora cuesta un poco más de trabajo, pero todos los permisos son consistentes con el modelo de seguridad general de NT.

¡Feliz impresión!

Configuración regional

Como en versiones anteriores de Windows, Windows 95 y Windows NT, Windows NT Workstation 4 fue diseñado como un producto internacional. Esto significa que debería ser fácil para cualquiera personalizarlo, tomando en cuenta preferencias nacionales normales. La aplicación Configuración regional (Regional Settings) configura los parámetros internacionales de Windows NT. Sus aplicaciones, si son programadas en forma apropiada, pueden usar estos parámetros para hacer que su versión de Windows NT Workstation funcione en forma adecuada en diferentes áreas geográficas.

La ficha Configuración regional (Regional Settings) se muestra en la figura A.66. Le permite seleccionar una región específica. Con base en la región elegida, Windows NT puede entonces modificar automáticamente todos los parámetros relacionados, incluyendo los formatos de números, moneda, horario, fechas y teclado.

Las siguientes fichas adicionales en el cuadro de diálogo de la figura A.66 le permiten omitir los parámetros predeterminados basados en la región escogida:

Figura A.66.
Configuración regional.

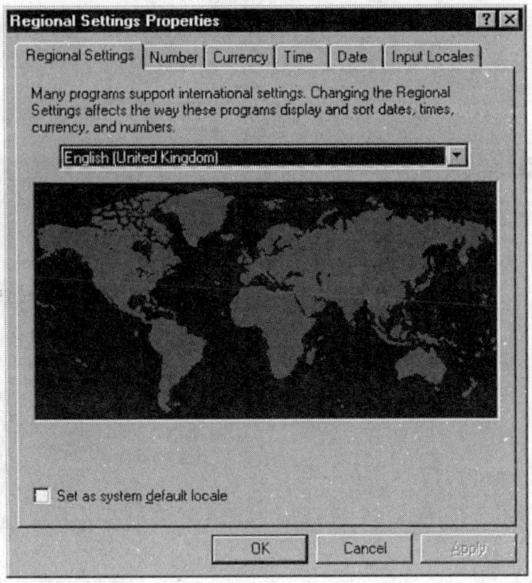

☐ La ficha Número (Number), figura A.67, le permite seleccionar la forma en que se despliegan los valores numéricos.

Figura A.67.
Formato de número.

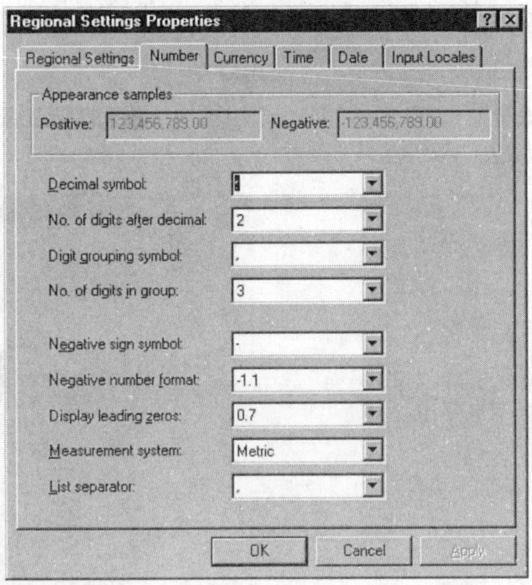

- El cuadro de diálogo Moneda (Currency), figura A.68, le permite cambiar la forma de desplegar los valores monetarios.

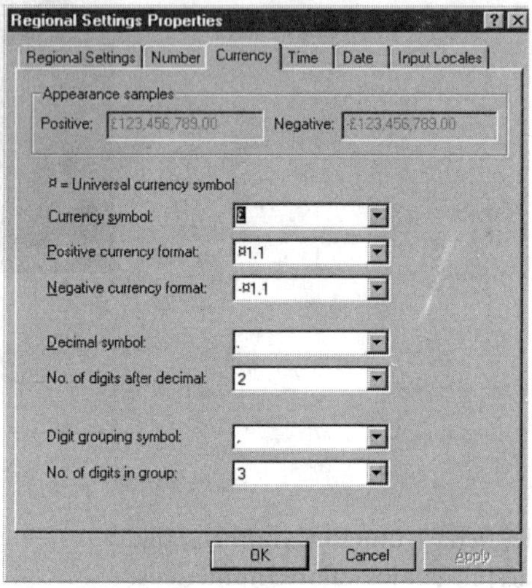

Figura A.68.
Formato de moneda.

- Con el cuadro de diálogo Hora (Time), figura A.69, usted puede cambiar la forma de desplegar los valores de la hora del día.

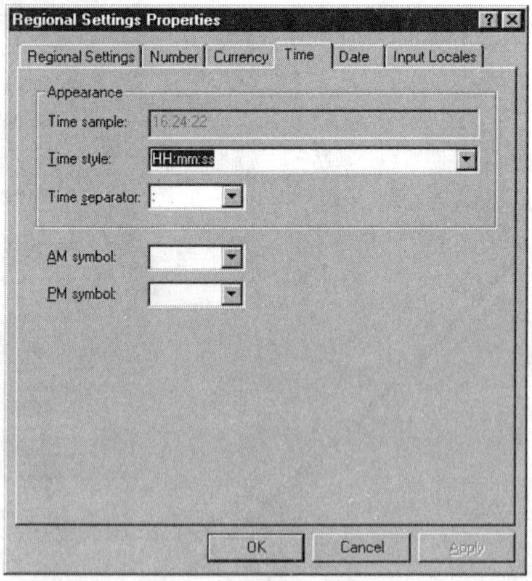

Figura A.69.
Formato de hora.

- Con el cuadro de diálogo Fecha (Date), figura A.70, puede cambiar la forma en que son desplegadas las fechas.

Figura A.70.
Formato de fecha.

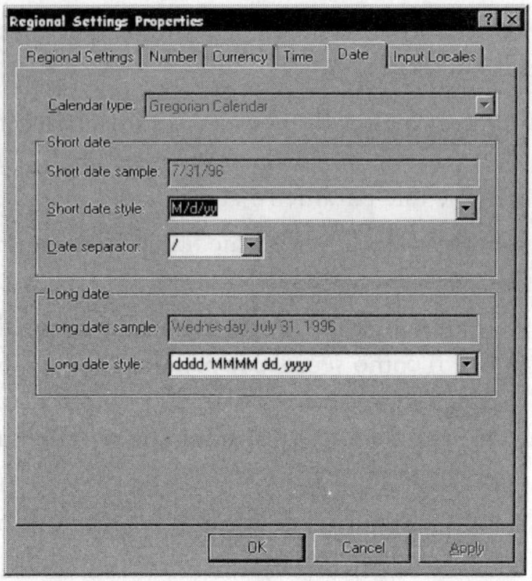

- El cuadro de diálogo Idioma (Input Locales), figura A.71, le permite cambiar la distribución del teclado. Sólo un Administrador de servidores puede usar este cuadro de diálogo.

Figura A.71.
Idioma.

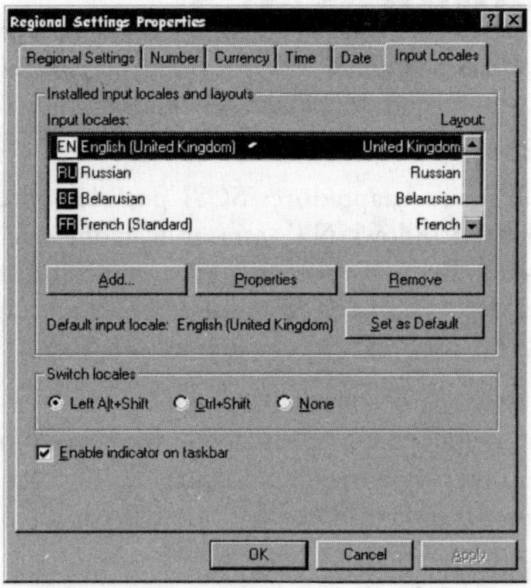

La mayoría de los usuarios no necesitan, o desean, modificar estos parámetros, ya que la aplicación más obvia (Excel 95) no las toma en cuenta. No olvide que elegir la región también modifica todos los parámetros relacionados.

Algunos usuarios, sin embargo, podrían querer hacer algunos cambios específicos, incluyendo los siguientes:

- Agregar dígitos después del decimal: seleccione la ficha Número y escoja No. de dígitos decimales (No of Digits After Decimal). Para hacer esto para los valores monetarios, cambie este parámetro en el cuadro de diálogo Moneda (Currency).
- Cambiar el sistema de medida predeterminado: Seleccione la ficha Número y escoja Sistema de medida (Measurement System).
- Cambiar los separadores de miles y decimales: algunos países, como Francia, usan el . (punto) como separador para los miles y , (coma) como el decimal, así que el número 1,234,345.33 se escribe 1.234.345,33. Para cambiar esto, modifique Símbolo decimal (Decimal Symbol) y Símbolo de separación de miles (Digit Grouping Symbol) ya sea en la ficha Número o en la ficha Moneda (¡o en ambas!).
- Cambiar la forma de mostrar la fecha y la hora: como muchos parámetros, ésta es otra opción muy personal. Use las fichas Hora (Time) y Fecha (Date) para seleccionar la forma de desplegar la hora y la fecha según su preferencia personal.

Los parámetros individuales para números, moneda y cosas por el estilo son específicas para el usuario y están almacenadas en el Registro bajo `HKEY_LOCAL_USER\Control_Panel\International`.

Adaptadores SCSI

SCSI, Small Computer Systems Interface (Interfaz de Sistemas Computarizados Pequeños), es una de dos formas principales de conectar las unidades de disco y otros periféricos a un sistema Windows NT.

La aplicación Adaptadores SCSI posiblemente tiene un nombre erróneo. En la versión inicial de Windows NT, esta aplicación, que entonces formaba parte del programa de instalación de Windows NT, sólo manejaba verdaderos adaptadores SCSI. En versiones posteriores, y ahora en Windows NT Workstation 4, también se usa para instalar ciertos CD-ROM soportados pero que no son SCSI.

En su mayor parte, este cuadro de diálogo rara vez se usa debido a que los dispositivos manejados por esta aplicación son detectados de manera automática en el momento en que se carga el sistema. Usted la usará con mayor frecuencia cuando actualice su sistema, agregue hardware nuevo o actualice sus controladores de dispositivo de disco SCSI.

Seleccionar la aplicación Adaptadores SCSI desde el Panel de control (Control Panel) despliega el cuadro de diálogo como en la figura A.72. Este cuadro de diálogo muestra todos los controladores SCSI instalados y los dispositivos conectados a cada controlador.

Figura A.72.
Adaptadores SCSI.

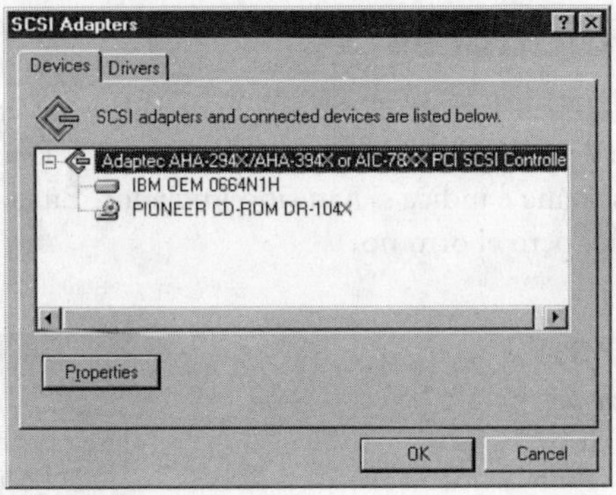

Dispositivos

Al seleccionar el controlador, o un dispositivo, y hacer clic en el botón Propiedades (Properties) se produce información adicional sobre el dispositivo o el controlador, como se muestra en las figuras A.73 y A.74.

Figura A.73.
Propiedades de los adaptadores SCSI.

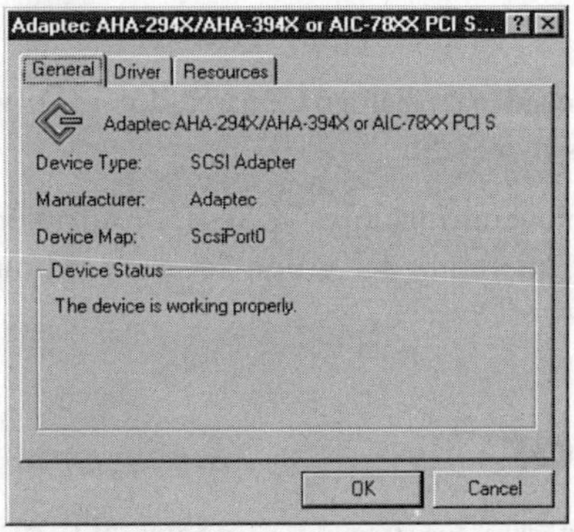

Figura A.74.
Propiedades de periféricos SCSI.

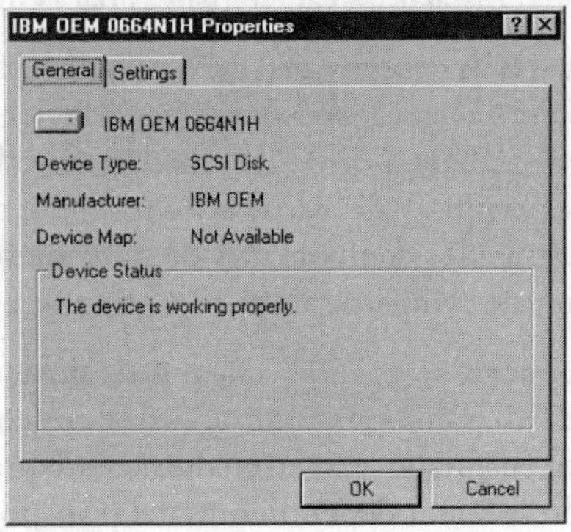

Controladores

Hacer clic en la ficha Controladores (Drivers) en la aplicación Adaptadores SCSI produce el cuadro de diálogo mostrado en la figura A.75. Éste muestra todos los adaptadores SCSI cargados en su sistema e indica si han sido iniciados. En el ejemplo de la figura A.75, un controlador fue iniciado, pero el otro no.

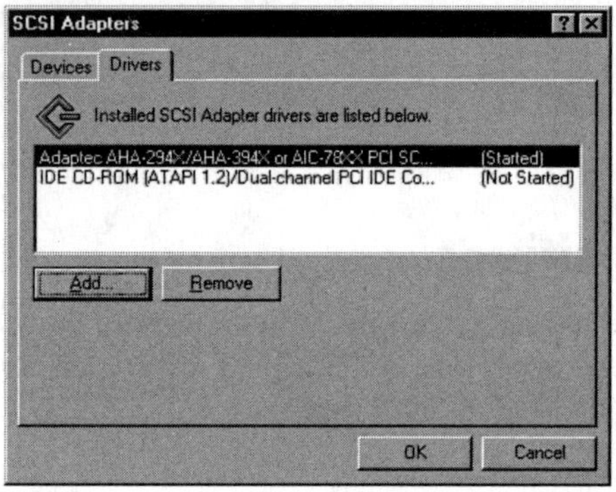

Figura A.75.
Propiedades de los controladores SCSI.

Desde el cuadro de diálogo Controladores (Drivers), usted puede agregar y eliminar controladores de dispositivo SCSI.

Cambiar los controladores SCSI se considera un suceso relativamente seguro; sin embargo, usted debe ser miembro del grupo local de administrdores antes de utilizar las propiedades de Dispositivo (Device).

Servidor

Una gran característica de Windows NT Workstation es la conectividad de punto a punto incorporada. Instalar las características para compartir archivos e impresoras es rápido y fácil.

En el centro de la conectividad de Windows hay dos servicios de red claves: el servicio de estación de trabajo y el servicio de servidor. El servicio de estación de trabajo redirige las solicitudes I/O de su estación de trabajo a otros sistemas en la red, en tanto que el servicio servidor acepta esas solicitudes remotas de otros sistemas, sujeto a la seguridad que usted establezca en su sistema. Estos dos componentes de software funcionan en conjunto con el administrador I/O para permitirle compartir archivos e impresoras de una manera fácil y segura.

Ambos servicios se asientan encima de cualquier infraestructura de conectividad que tenga instalada. Al menos en teoría, usted puede ejecutar éstos en cualquier protocolo de transporte instalado y con cualquier adaptador de conectividad. En esencia, estos dos componentes son independientes del transporte y del hardware (aunque dependen bastante del funcionamiento apropiado de los módulos de nivel inferior).

A

La aplicación Servidor (Server) del Panel de control (Control Panel) le permite examinar y administrar el comportamiento del servicio servidor. Es probable que esto sea más importante si usted está administrando un NT Server grande en vez de un sistema NT Workstation, pero aun así puede ser útil, en particular si otros usuarios en su red tienen acceso a archivos en su sistema.

Seleccionar la aplicación Servidor (Server) del Panel de control invoca el cuadro de diálogo mostrado en la figura A.76. Cuando se invoca la aplicación, ésta resume el estado del servicio servidor; usted debe ser miembro del grupo local de administradores para poder utilizarla.

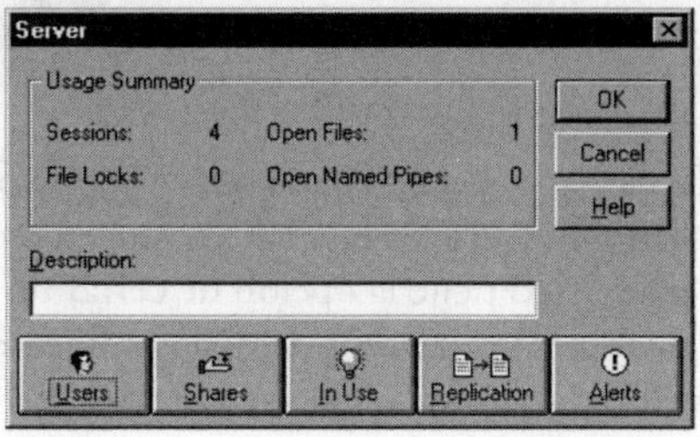

Figura A.76.
El cuadro de diálogo Servidor.

La aplicación Servidor ofrece cinco botones que usted puede usar para desplegar y administrar aspectos del servicio servidor:

- Hacer clic en Usuarios (Users) despliega el cuadro de diálogo (figura A.77), que presenta a los usuarios conectados actualmente en su sistema. Al seleccionar un usuario, usted puede forzar una desconexión de ese usuario o bien desconectar a todos los usuarios; con esta acción usted podría provocar una pérdida de datos, así que tenga cuidado.

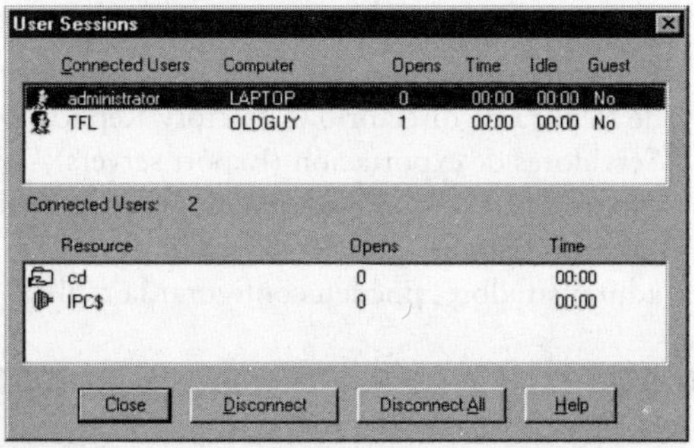

Figura A.77.
Sesiones de usuarios activos.

- Como se muestra en la figura A.78, el cuadro de diálogo Recursos compartidos (Shared Resources) presenta todos los directorios compartidos en su sistema y cuántos usuarios están conectados en la actualidad compartiéndolo. Como en la opción Usuarios descrita antes, usted puede desconectar de manera forzosa a un usuario específico o a todos los usuarios. Sin embargo, no puede desconectar a un solo usuario de un solo recurso compartido.

Figura A.78.
Recursos compartidos.

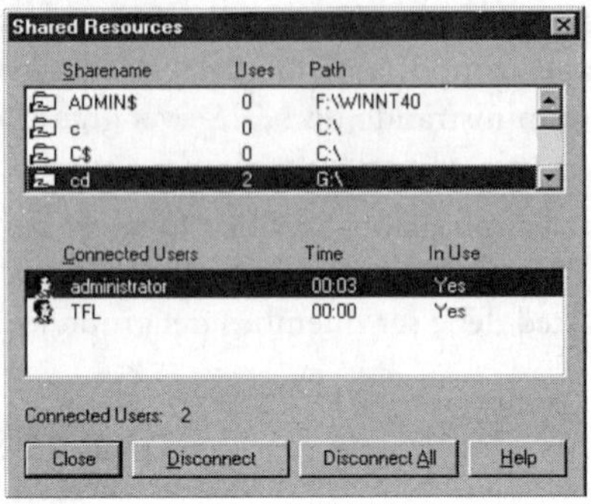

☐ Seleccionar el botón En uso (In Use) invoca el cuadro de diálogo de la figura A.79. Esto muestra los archivos específicos que en ese momento están utilizando otros usuarios en su red. Usted tiene la opción de cerrar un recurso específico o todos. A diferencia de trabajar con los cuadros de diálogo Recursos compartidos y Usuarios, usted puede actualizar esta vista para que muestre cualquier cambio a los recursos abiertos.

Figura A.79.
Recursos abiertos.

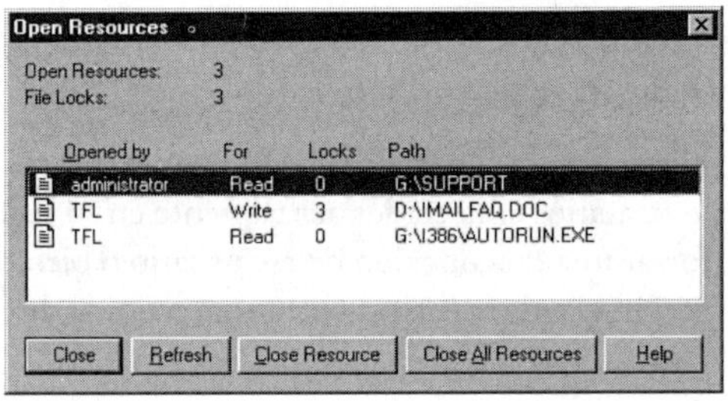

☐ El cuadro de diálogo Réplica (Replication), figura A.80, le permite manejar el servicio de Réplica de directorio (Directory Replication). Réplica de directorio permite a los Servidores de exportación (Export servers) —que deben ser Windows NT Server— exportar directorios a los Servidores de importación (Import servers) (los cuales pueden ser otros sistemas NT Server o Windows NT Workstations). Únicamente los administradores pueden configurar la réplica.

Figura A.80.
Réplica de directorios.

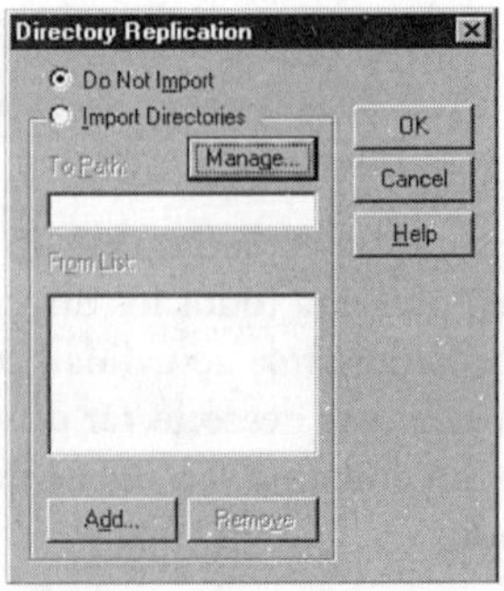

A

El Servidor de exportación (Export server) exporta uno o más directorios a sistemas nombrados en particular. En el Servidor de importación, primero seleccione dónde se localiza la raíz de los directorios importados en la casilla Para la ruta (To Path) en el cuadro de diálogo de la figura A.80. Por lo general, la ruta de importación es `%SYSTEMROOT%\SYSTEM32\REPL\IMPORT`.

Usando el cuadro de diálogo Administrar (Manage), figura A.81, usted puede escoger entre qué sistemas desea aceptar importaciones y cuáles de los directorios exportados desea importar. Cuando Réplica de directorios (Directory Replication) está trabajando a plenitud, este cuadro de diálogo muestra el estado de los directorios importados.

Figura A.81.
Administración de directorios importados.

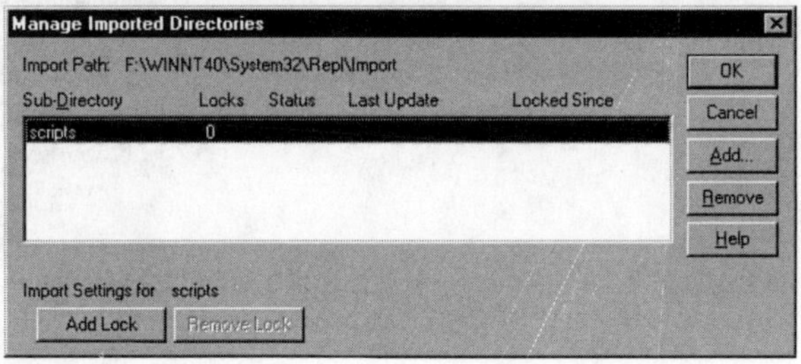

- Cuando un sistema Windows NT Workstation descubre un problema en el entorno —por ejemplo, un SAI que acaba de perder energía—, genera una alerta administrativa. Por lo general, estas alertas son locales para el sistema. Al usar el cuadro de diálogo Alertas (Alerts), figura A.82, usted puede redirigir estas alertas hacia otros sistemas o usuarios en la red. Probablemente esto sea menos útil en NT Workstation que en NT Server. Sólo los administradores pueden manejar las alertas.

Figura A.82.
Alertas administrativas.

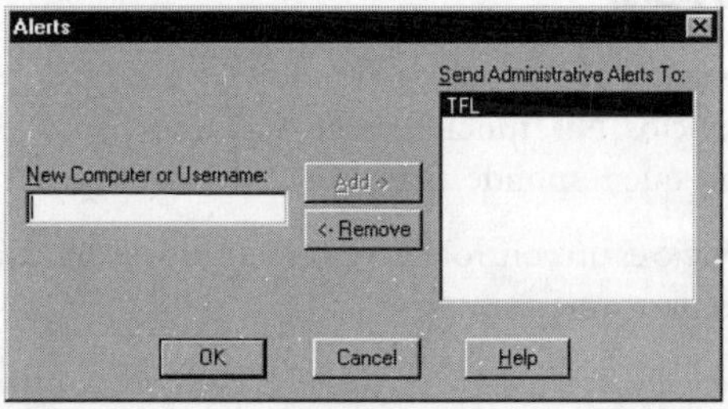

La mayor parte de estas funciones son sencillas, aunque Réplica de directorio puede ser más problemática. Los mensajes de error generados por el servicio Replicador de directorio (Directory Replicator) suelen ser crípticos en extremo y categóricamente engañosos.

La mayoría de los problemas con el proceso de réplica se deben a que el servicio Réplica de directorio no ha iniciado o a problemas de permisos en los directorios importados. En el cuadro de diálogo Servicios (Services) (vea la siguiente sección) debe seleccionar el servicio Réplica de directorio y asegurarse de que ha especificado un usuario válido para que se conecte con el servicio, como se muestra en la figura A.83. El usuario elegido debe tener derecho a conectarse como un servicio y ser miembro del grupo local Replicadores (Replicator) en su sistema. Además, el usuario debe tener acceso a los directorios de importación.

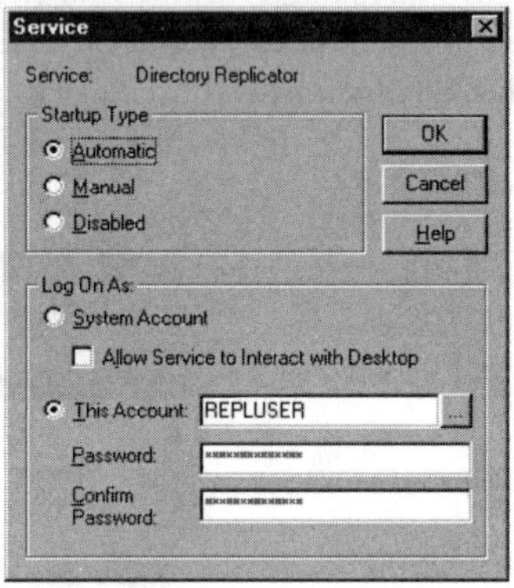

Figura A.83.
Configuración del servicio Replicador de directorio.

Otro problema potencial con la réplica de directorios son las contraseñas. Asegúrese que la contraseña del usuario de Réplica de directorio está establecida en Nunca caduca (Never Expire) y asegúrese que no esté seleccionada la casilla. El usuario debe cambiar la contraseña en el siguiente inicio de sesión (User Must Change Password At Next Logon).

La Réplica de directorio es muy sencilla, pero también es fácil equivocarse y los mensajes de error podrían mejorarse. ¡Que se divierta!

Servicios

Un servicio es un proceso de Windows NT cargado por el sistema operativo al momento del inicio. Los servicios NT funcionan en segundo plano y realizan funciones útiles, como el servicio servidor, que responde a las solicitudes de acceso a archivos e impresoras en su sistema.

Un servicio es un controlador en el sentido de que es parte del sistema operativo, como se describió en la sección anterior.

La aplicación Servicios (Services) del Panel de control (Control Panel), figura A.84, presenta todos los servicios definidos en la actualidad, su estado y cuándo se inicia el servicio. También puede detener, dar pausa o iniciar un servicio desde este cuadro de diálogo; desde luego, usted debe ser miembro del grupo local de administradores para iniciar, detener o configurar servicios.

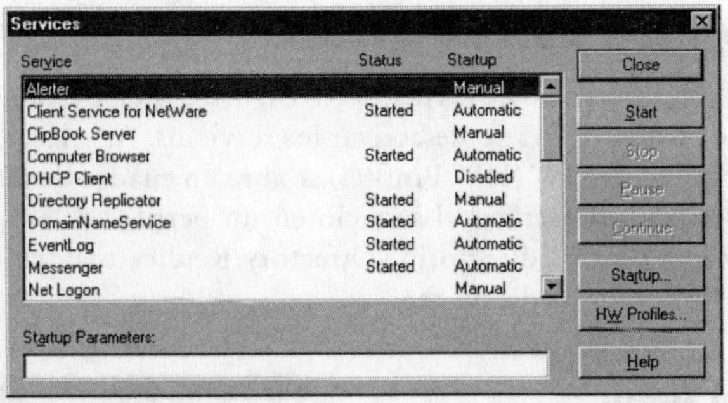

Figura A.84.
El cuadro de diálogo Servicios en el Panel de Control.

En este cuadro de diálogo verá el nombre común del servicio, el cual por lo general es diferente del nombre de archivo del archivo ejecutable que contiene el servicio. La arquitectura de servicio de Windows NT permite que un solo archivo ejecutable contenga uno o más servicios.

En la aplicación Servicios (Services) del Panel de control (Control Panel) verá también los servicios de red, los cuales no se muestran en la lista de tareas (como se señaló en la sugerencia anterior). Éstos se configuran mediante la aplicación Red (Network) y no deberían necesitar configuración adicional alguna.

Al seleccionar el botón Inicio (Startup), produce un subsidiario (figura A.85), el cual le dice a Windows NT cuándo iniciar el servicio. Este cuadro de diálogo le permite también introducir un nombre de usuario bajo el cual debe iniciar el servicio. Esto puede ser útil para negar el acceso a ciertos datos sensibles en el servicio, incrementando por tanto la seguridad en su sistema. Excepto el servicio Réplica del directorio, esta seguridad rara vez se necesita.

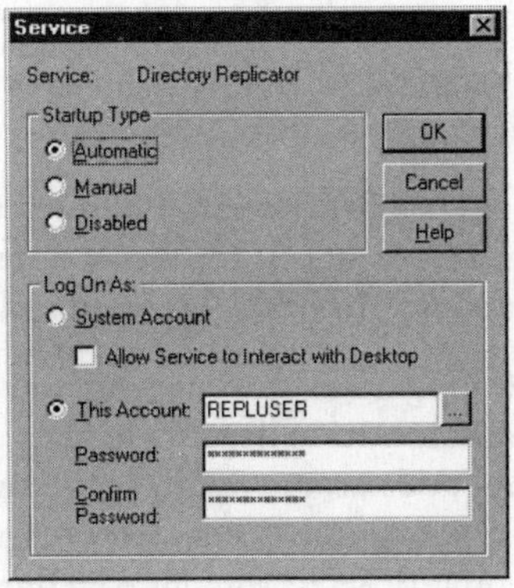

Figura A.85.
Configuración del inicio del servicio.

Perfiles de Hardware

Como en el caso de los dispositivos, usted puede establecer perfiles de hardware en los cuales se pueden activar o desactivar los servicios. Al seleccionar un servicio y luego hacer clic en Perfiles de HW (HW Profiles) se abre un cuadro de diálogo (figura A.86), el cual le permite activar o desactivar el servicio en un perfil. En la figura A.86 he desactivado el servicio Replicador de directorio (Directory Replicator) debido a que no hay nada que replicar si estoy empezando sin red.

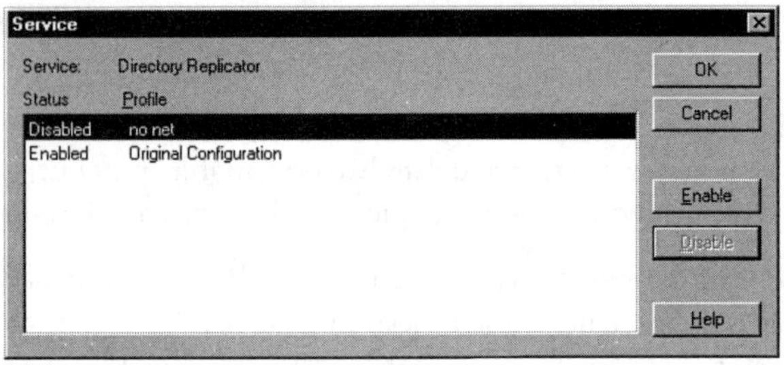

Figura A.86.
Configuración de un perfil de hardware.

Sonidos

En Windows NT, el sonido es una representación digital pregrabada de un sonido. Los sonidos son reproducidos por medio del canal reproductor de audio de una tarjeta de sonido y altavoces o audífonos; pueden ser grabados por medio de su tarjeta de sonido y provenir de un micrófono o cualquier otro medio de entrada. Los sonidos por lo general se almacenan con la extensión `.WAV`.

La aplicación Sonidos (Sounds) del Panel de control (Control Panel) le permite asignar sonidos específicos a diversos eventos de Windows. Siempre que éste ocurre, como al vaciar la Papelera de reciclaje (Recycle Bin), iniciar Windows o desplegar un menú, el sonido asociado se reproduce por medio de su sistema de sonido.

Los sonidos originalmente pretendían auxiliar a las personas con problemas visuales, y los niños por lo general adoran esta característica, en tanto que algunos adultos la odian. El uso juicioso de un sonido puede ser divertido –¡pero su uso exagerado puede resultar molesto para cualquiera!

Usted puede programar cualquier aplicación para que use los sonidos establecidos con la aplicación Sonidos. La aplicación lo hace colocando primero en el Registro una definición de los eventos que dan como resultado la reproducción de un sonido. Luego, cada vez que ocurra el evento, la aplicación lee el Registro y determina el sonido a reproducir. Entonces se invoca la aplicación reproductora de sonidos para que reproduzca el sonido relevante.

Las definiciones de evento con sonido se conservan en el Registro bajo la clave `HKEY_CURRENT_USER\AppEvents\Schemes\Apps`. Cada aplicación que usa sonido coloca una clave adicional para la aplicación bajo esta clave, con más subclaves para cada evento relacionado con el sonido.

El cuadro de diálogo Sonidos (Sounds) se muestra en la figura A.87. Como ve, usted puede asociar cada evento con un clip de sonido. Siempre que ocurre el evento, Windows NT reproduce el sonido asociado.

Figura A.87.
Propiedades de sonidos.

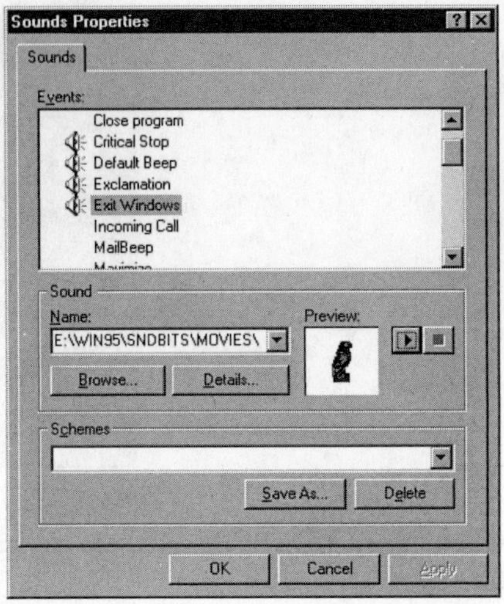

En el ejemplo de la figura A.87, asocie el evento Salir de Windows con la línea de Humphrey Bogart del *Halcón Maltés* donde dice: "Ahora, todo está hecho. Sólo asegúrate de cerrar la puerta tras de ti cuando salgas. Buenas noches". Para mí es un texto excepcional, pero otras personas podrían tener gustos diferentes.

Combinaciones de sonidos

Usted puede coleccionar varias configuraciones de sonido en una sola combinación de sonido. Ésta es una buena forma de minimizar el trabajo necesario para cambiar de configuraciones de sonido.

Para crear una combinación de sonido, establezca los sonidos específicos que desea escuchar para cada evento de la aplicación y luego haga clic en el botón Guardar como (Save As) e introduzca el nombre de su combinación.

Sistema

La aplicación Sistema (System) del Panel de control (Control Panel) se ve en la figura A.88. Esta aplicación muestra información general sobre el sistema y le permite configurar varios parámetros a nivel de sistema. También puede usted invocar este cuadro de diálogo haciendo clic con el botón derecho del ratón en el icono Mi PC (My Computer) en el Escritorio y seleccionando el menú Propiedades (Properties).

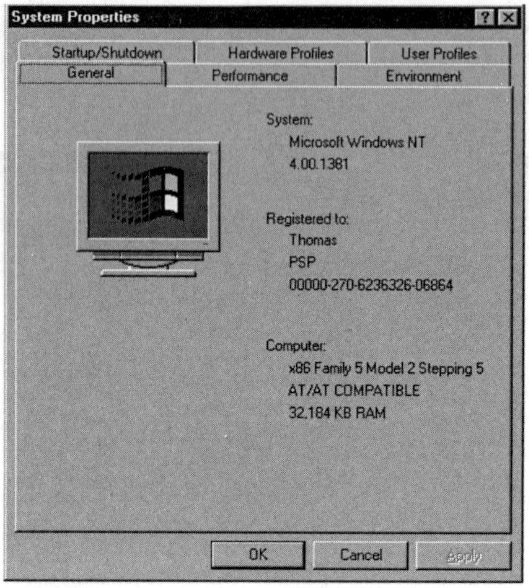

Figura A.88.
Propiedades del sistema NT Workstation.

Esta aplicación tiene seis fichas, cada una de las cuales se describe con mayor detalle en las siguientes secciones.

General

La ficha General (figura A.88) proporciona información básica sobre el sistema, incluyendo lo siguiente:

- Sistema (System) muestra la versión de Windows NT que está instalada en su sistema, junto con el número de construcción interno.
- Registrado en (Registered to) muestra el propietario y la empresa registrados. Por lo general, ésta es la información introducida en el momento de instalar Windows NT Workstation, pero puede cambiarla (vea el tip siguiente).
- Equipo (Computer) le proporciona un resumen del tipo de computadora y cuánta memoria física detectó NT en su sistema.

Usted podría necesitar esta información si hace cualquier llamada de soporte a Microsoft.

Rendimiento

La ficha Rendimiento (Performance), figura A.89, le permite ver y modificar la mejora del rendimiento de la aplicación en primer plano y los detalles del lugar donde Windows NT coloca los archivos de paginación.

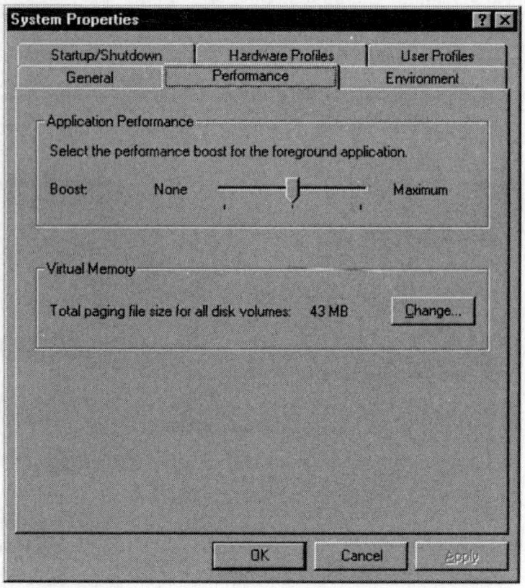

Figura A.89.
Configuración del rendimiento del sistema.

En forma predeterminada, las aplicaciones que se corren en primer plano obtienen una mejora en la programación sobre las aplicaciones en segundo plano. Para la mayoría de los usuarios de Windows NT Workstation, este es el comportamiento correcto, pero en determinadas circunstancias podría no serlo. Si está corriendo una transferencia FTP grande o enviando un mensaje de correo electrónico grande, deseará que su aplicación FTP o de correo electrónico tenga un buen rendimiento, pero es probable que no quiera dejarla en primer plano.

El selector deslizable de rendimiento de la aplicación tiene tres parámetros. Establecer la mejora al Máximo (Maximum) le da a la aplicación en primer plano el mejor tiempo de respuesta. Si establece la mejora en medio, la aplicación en primer plano obtiene un tiempo de respuesta "mejor", mientras que establecer la mejora en Ninguno (None) significa que la aplicación en primer plano no obtiene una mejora de prioridad. Es probable que una mejora de Ninguno sea el parámetro correcto si usa programas de comunicaciones o tiene múltiples aplicaciones que hacen uso intensivo de la CPU ejecutándose en forma concurrente.

Windows NT logra su mejor rendimiento incrementando la prioridad interna de todos los hilos que pertenecen a la aplicación en primer plano. Como resultado, con los parámetros apropiados de Prioridad de la aplicación (Application Priority), las aplicaciones de primer plano por lo general obtienen prioridad sobre las de segundo plano.

La otra función del cuadro de diálogo Rendimiento es configurar sus parámetros de memoria virtual. Windows NT Workstation usa la memoria virtual en forma extensa para permitir el cambio de información entre el disco duro y la memoria física. Estos parámetros pueden tener un impacto significativo en el rendimiento.

La cantidad actual de memoria virtual definida se muestra en el cuadro de diálogo de la figura A.89. Hacer clic en el botón Cambiar (Change) invoca el cuadro de diálogo Memoria virtual (Virtual Memory), figura A.90, el cual le permite hacer cambios a sus asignaciones de memoria virtual.

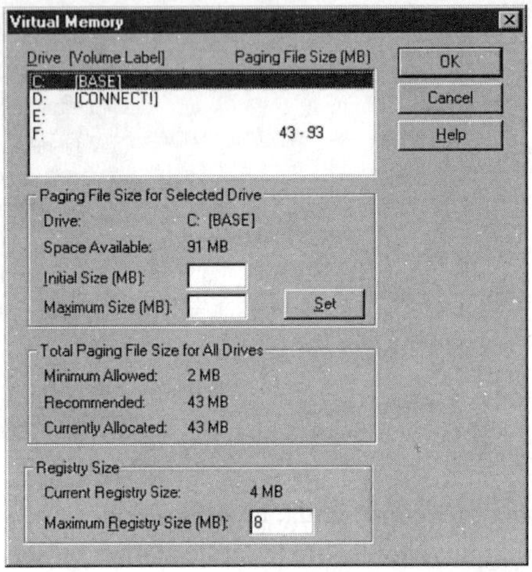

Figura A.90.
Configuración de memoria virtual.

El cuadro de diálogo Memoria virtual le deja modificar cuánta memoria virtual es asignada en cada partición del disco en su sistema. También se usa este cuadro de diálogo para cambiar el tamaño máximo del Registro, lo cual puede ser importante si carga una gran cantidad de aplicaciones y otras cosas en su sistema. Sólo un miembro del grupo local de Administradores puede manejar los parámetros del archivo de paginación.

El archivo de paginación Memoria virtual se denomina `PAGEFILE.SYS`, y al usar el cuadro de diálogo usted puede colocar un archivo de paginación en cada partición en su sistema. No se puede poner un archivo de paginación en un disco flexible o en la red.

El cuadro de diálogo Memoria virtual muestra, en la parte superior, cada partición en su sistema y el tamaño del archivo de paginación que tiene asignado en la actualidad en esa unidad. En Tamaño del archivo de paginación para la unidad seleccionada (Paging File Size for Selected Drive) puede revisar y modificar qué tan grande será su archivo de paginación para cada partición.

Después de hacer cualquier cambio a los parámetros de su Memoria virtual, usted debe hacer clic en el botón Establecer (Set) para que sus cambios queden registrados. Además, necesita reiniciar el equipo antes de que estos nuevos parámetros puedan surtir efecto.

Tamaño total del archivo de paginación para todas las unidades (Total Paging File Size for All Drives) muestra cuánto espacio total le fue asignado al archivo de paginación. Esta sección también da una recomendación sobre la cantidad mínima de espacio que se debe asignar al archivo de paginación.

Memoria virtual también le permite cambiar el tamaño máximo del Registro de su sistema. La mayoría de los usuarios no necesitan hacerlo; sin embargo, si carga una gran cantidad de aplicaciones, tal vez necesite incrementar este tamaño.

Como se señaló antes, si hace cualquier cambio a los parámetros de memoria virtual, incluso modificar el tamaño máximo de su Registro, necesita reiniciar el sistema para que los cambios surtan efecto.

A diferencia de la mayor parte de las aplicaciones del Panel de Control, el cuadro de diálogo Memoria virtual tiene un botón de Ayuda (Help) y alguna buena información de ayuda. Si usted no se considera un genio en memoria virtual, esta información le podría ser útil.

Entorno

Desde los primeros días de MS-DOS, los programas de aplicación han usado variables definidas en el entorno para información de control extra. Aunque las variables del entorno han sido superadas en gran medida por los archivos `.INI` y el Registro para conservar información de configuración clave, Windows NT todavía usa variables de entorno para conservar información extra.

NT usa mucho algunas variables de entorno importantes. La variable `SYSTEMROOT` contiene la ruta completa de dónde está instalado Windows NT Workstation y `USERPROFILE` contiene la ruta hacia el perfil del usuario que está conectado actualmente. Escriba `SET` ante el indicador de comandos para ver todas las variables de que puede disponer. También puede usar estas variables en el indicador de comandos (`CMD.EXE`) y en archivos de procesamiento por lotes, aunque debe bordear el nombre de la variable con `%`. Ante el indicador de comandos, puede introducir el comando `DIR %SYSTEMROOT% /S` para obtener un listado completo de todos los archivos en el directorio de instalación de Windows NT (y en todos los subdirectorios).

Windows NT Workstation tiene dos tipos de variables de entorno: del sistema y del usuario. Las variables de entorno del sistema se establecen en toda la extensión del sistema, por lo general durante la instalación de una aplicación o del sistema operativo mismo. Las variables de entorno del usuario son establecidas con una base por usuario. Ambos conjuntos de variables se almacenan en el Registro. Las variables de entorno del sistema son almacenadas bajo la clave `HKEY_LOCAL_MACHINE\SYSTEM\CurrentControlSet\Control\Session Manager\Environment`. Las variables de entorno del usuario son almacenadas en la clave `HKEY_CURRENT_USER\Environment`.

Seleccionar la ficha Entorno (Environment) produce el cuadro de diálogo Entorno, mostrado en la figura A.91. Este cuadro de diálogo muestra todas las variables de entorno del usuario y del sistema establecidas en la actualidad.

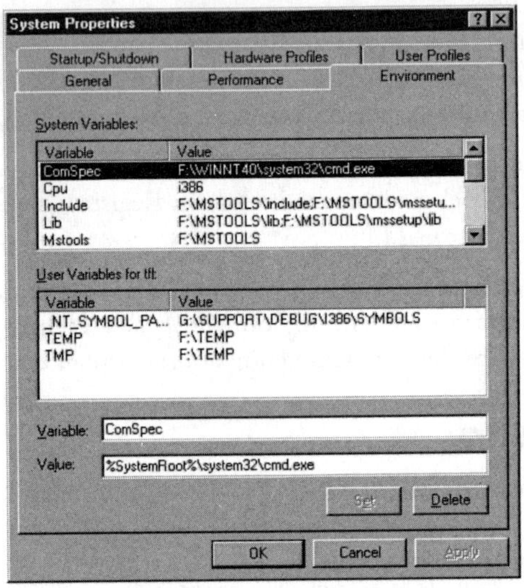

Figura A.91.
Configuración de variables de entorno.

Para establecer una variable de entorno del usuario, sólo introduzca el nombre y el valor de la variable y haga clic en el botón Establecer (Set). Para establecer una variable de entorno del sistema, primero debe hacer clic en el área Variables del sistema (System Variables) y luego introducir el nombre y el valor de la variable. Para eliminar cualquier variable, sólo haga clic en ella y luego haga clic en el botón Eliminar (Delete).

También puede establecer variables de entorno en el indicador de comandos usando el comando `SET` (por ejemplo, `Set MYFILE=c:\myfile.dat`). Sin embargo, cualesquiera variables de entorno establecidas de esta manera se pierden cuando sale del indicador de comandos.

Inicio/Apagado

Cuando inicia Windows NT Workstation, el cargador NT System examina el archivo `BOOT.INI`, localizado en el directorio raíz de su disco de sistema, para elaborar el menú de selección de inicio. El archivo `BOOT.INI` contiene una lista de versiones NT para cargar y desde dónde cargarlas. A este archivo se le dan inicialmente los atributos de archivo de sistema y de sólo lectura, lo cual hace más difícil que sean borrados por accidente.

Mi archivo `BOOT.INI` se parece al siguiente segmento de código:

```
[boot loader]
timeout=30
default=multi(0)disk(0)rdisk(0)partition(2)\WINNT40
[operating systems]
```

A

```
multi(0)disk(0)rdisk(0)partition(2)\WINNT40="Windows NT Workstation
➥Version 4.00" /sos
multi(0)disk(0)rdisk(0)partition(2)\WINNT40="Windows NT Workstation
➥Version 4.00 [VGA mode]" /basevideo /sos
multi(0)disk(0)rdisk(0)partition(2)\WINNT35="Windows NT Workstation
➥Version 3.51"
multi(0)disk(0)rdisk(0)partition(2)\WINNT35="Windows NT Workstation
➥Version 3.51 [VGA mode]" /basevideo /sos
multi(0)disk(0)rdisk(0)partition(3)\WINNT40="Windows NT Server
➥Version 4.00" /sos
multi(0)disk(0)rdisk(0)partition(3)\WINNT40="Windows NT Server
➥Version 4.00 [VGA mode]" /basevideo /sos
multi(0)disk(0)rdisk(0)partition(3)\WINNT35="Windows NT Server Version 3.51"
multi(0)disk(0)rdisk(0)partition(3)\WINNT35="Windows NT Server
➥Version 3.51 [VGA mode]" /basevideo /sos
C:\="Microsoft DOS 6/x and Windows 95"
```

Como puede ver, el archivo `BOOT.INI` tiene dos secciones:

- Boot Loader: le dice al cargador cuánto tiempo esperar para que el usuario haga una selección antes de tomar la predeterminada, la cual también está especificada.
- Operating Systems: contiene todas las diversas copias de Windows NT más una referencia a DOS/Windows 95.

En ambas secciones, cada versión de NT aparece usando la convención de denominación ARC (Advanced RISC Computing, Computación RISC Avanzada). A esto le sigue una cadena entre comillas para construir el menú de inicio y algunas opciones de arranque del sistema (por ejemplo, `/SOS` para desplegar los detalles de controladores cargados durante el proceso de arranque).

Después de analizar el archivo `BOOT.INI`, el NT Loader despliega una pantalla que se deriva del archivo `BOOT.INI`. Con base en el archivo `BOOT.INI` mostrado antes, podría parecerse al siguiente segmento:

```
OS Loader V4.00

Please select the Operating System to Start:

    Windows NT Workstation Version 4.00
    Windows NT Workstation Version 4.00 [VGA mode]
    Windows NT Workstation Version 3.51
    Windows NT Workstation Version 3.51
    Windows NT Server Version 4.00
    Windows NT Server Version 4.00 [VGA mode]
    Windows NT Server Version 3.51
    Windows NT Server Version 3.51 [VGA mode]
    Microsoft DOS 6/x and Windows 95

Use ↑ and ↓ to move the highlight to your choice
Press Enter to Choose

Seconds until highlighted choice will be started automatically: 30
```

En este menú de arranque, el predeterminado, estará resaltada la primera versión de Windows NT Workstation 4. Entonces usted puede usar las flechas de cursor ascendente y descendente para escoger uno de los restantes sistemas operativos y seleccionarlo oprimiendo la tecla Entrar (Enter). O bien, espere el tiempo configurado para que inicie el sistema operativo predeterminado. Si mueve las flechas de cursor ascendente o descendente, la última línea del menú desaparece y, para que cualquier sistema operativo se cargue, usted debe seleccionar el sistema y oprimir la tecla Enter.

Con esta introducción a los nombres ARC y el proceso de arranque fuera, aparece el cuadro de diálogo Inicio/Apagado (Startup/Shutdown) en la figura A.92.

Figura A.92.
Inicio/Apagado de Windows NT.

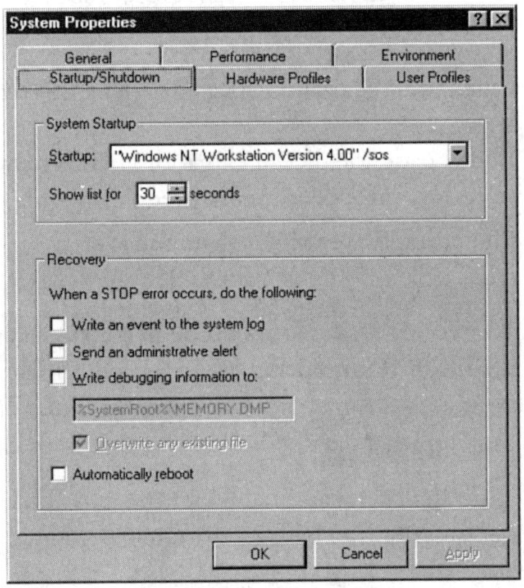

Con las opciones Inicio del sistema (System Startup) usted puede configurar con facilidad la sección `[default]` del archivo `BOOT.INI`, lo cual posiblemente sea la forma más segura para un principiante.

Las opciones Recuperación (Recovery) le indican a Windows NT qué acciones tomar en el evento improbable de una falla del sistema. Éstas, que deberían ser muy raras, también se denominan Pantalla azul de la muerte (Blue Screen of Death), ya que todo lo que usted ve es una pantalla azul con detalles de la falla cuando Windows NT falla en realidad.

Usted tiene varias opciones y puede seleccionar cualquiera, o todas (o ninguna) de ellas:

- Grabar un evento en el registro del sistema (Write an Event to the System Log): cuando NT falla, esta opción graba un evento en el registro de sucesos de NT. Usted puede ver éste después para determinar la causa de la falla.

- Enviar una alerta administrativa (Send an Administrative Alert): esta opción envía una alerta a cualquier usuario o sistema configurado para recibir alertas administrativas. Un ejemplo de una alerta administrativa se muestra en la figura A.93. La información grabada en el registro de sucesos y la información mostrada en este cuadro de diálogo son idénticas.

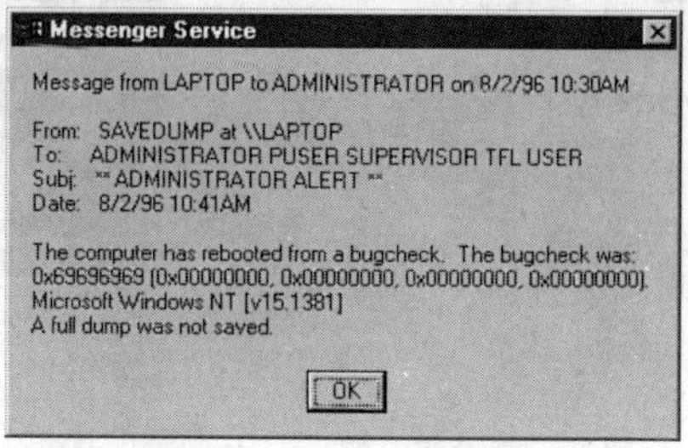

Figura A.93.
Alerta después de una falla del sistema.

- Grabar información de depuración en (Write Debugging Information): esta opción determina si se generará una descarga completa de la memoria cuando el sistema falle y dónde grabar la descarga de memoria.
- Reiniciar automáticamente (Automatically Reboot): en caso de una falla del sistema, esta opción hace que NT se reinicie.

Para la mayoría de los usuarios, es probable que estas opciones no sean del todo útiles. En la práctica, NT es tan estable que rara vez se usan las opciones. En particular la descarga de memoria es enorme (¡básicamente es su archivo de cambio total!) y tiende a ser útil sólo para técnicos muy capacitados.

En mis sistemas de Escritorio y portátil principales, por lo general ejecuto con estas opciones desactivadas. Sin embargo, si usted es un desarrollador que escribe controladores de dispositivo u otros códigos de nivel inferior, estas opciones son vitales porque a menudo son la única pista sobre por qué su código no funcionó como pretendía.

Perfiles de hardware

Los perfiles de hardware proporcionan una buena forma de crear configuraciones diferentes que usted puede seleccionar al iniciar el sistema. Como se expuso en las secciones "Dispositivos" y "Servicios", usted puede desactivar casi cualquier dispositivo o controlador en un perfil. Esto puede ser muy útil para usuarios de computadoras portátiles que andan a las carreras —simplemente desactivan todos los servicios y controladores que no son realmente necesarios.

Al reducir los servicios, reduce el tiempo de inicio del sistema y evita ejecutar servicios no muy buenos. Desactivar el servicio de Alerta (Alerter) podría ser delicado si la está utilizando en un avión –después de todo, ¿a quién le va a comentar sobre las alertas administrativas cuando está a 10,500 metros sobre el océano?

El cuadro de diálogo Perfiles de hardware (Hardware Profiles), figura A.94, le permite crear, eliminar y renombrar perfiles y ver y modificar la propiedad de un perfil. También puede usar este cuadro de diálogo para configurar cómo debería comportarse NT al inicio con respecto a los perfiles de hardware.

Figura A.94.
Administración de los perfiles de hardware.

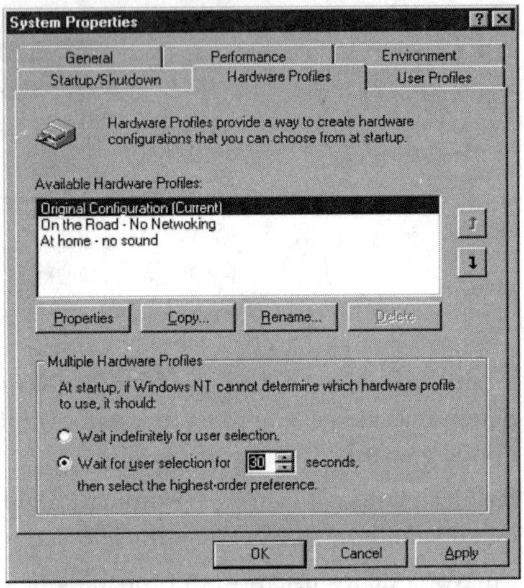

Para crear un perfil de hardware nuevo, seleccione un perfil existente y haga clic en el botón Copiar (Copy). Una vez creado un perfil, usted lo puede nombrar de nuevo o lo elimina. El perfil en la parte superior del cuadro de lista Perfiles de hardware disponibles (Available Hardware Profiles) es el perfil predeterminado y puede usar los botones de flecha junto al diálogo para ajustar el orden de la lista.

Cuando usted define múltiples perfiles de hardware, la sección en la parte inferior del cuadro de diálogo Perfiles de hardware instruye a Windows NT Workstation respecto a su comportamiento en el momento del inicio. NT esperará indefinidamente hasta que usted elija el perfil o esperará algún tiempo predefinido (el valor predeterminado es de 30 segundos) y luego selecciona el perfil de hardware predeterminado. Observe que este menú aparece en adición al menú generado por el archivo `BOOT.INI`. Sólo verá este menú si tiene más de un perfil de hardware.

Perfiles de usuario

En Windows NT, todas las configuraciones relacionadas con el Escritorio y con el usuario están contenidas en un perfil de usuario y son almacenadas en forma local. Estas configuraciones están establecidas en el árbol `HKEY_CURRENT_USER` en el Registro de su sistema. Además, Windows NT crea un conjunto de carpetas en el directorio `%SYSTEMROOT%\Profiles\`*`userid`*, donde *`userid`* es el nombre de usuario con que se registró. Esta carpeta, conocida también como `%USERPROFILE%`, conserva el contenido de su Escritorio, sus menús de programa Inicio (Start) personales, sus lugares favoritos y su menú Enviar a (Send To).

Si usa Windows NT Workstation en una computadora que es miembro de un dominio NT Server, puede tener un perfil móvil. Con los perfiles móviles, su perfil es almacenado en un servidor y transferido, si es necesario, a su estación de trabajo cada vez que usted entra. Cualesquier cambios son transferidos de vuelta luego al servidor cuando usted sale.

Windows NT hace un caché localmente de su perfil y sólo transfiere su perfil cuando el perfil en caché local es más antiguo que el perfil en el servidor o cuando actualmente no tiene un perfil en caché en el sistema. Los perfiles móviles son muy útiles para los usuarios en movimiento, pero tienen sus desventajas.

Cualquier archivo o carpeta almacenado en su Escritorio se graba automáticamente en el directorio oculto `%USERPROFILE%\Desktop`. Arrastrar un par de archivos grandes a su Escritorio puede incrementar dramáticamente el tamaño del subdirectorio `Desktop` y el tiempo que toma transferirlo desde el servidor.

Cada usuario que se conecta al sistema Windows NT 4 obtiene automáticamente un nuevo conjunto de directorios de perfil creados en ese sistema. Si usted es de los usuarios que tienen muchas cosas en su Escritorio y se conecta a un sistema, el Escritorio permanece en ese sistema hasta que lo elimine.

El cuadro de diálogo Perfiles de usuario (User Profiles), figura A.95, le presenta los perfiles definidos en su sistema, el usuario que creó cada perfil y su tamaño actual. Para usuarios en un dominio NT Server, el perfil puede ser cambiado desde un perfil local hasta un perfil móvil –si no está en un dominio, esta opción está desvanecida.

Figura A.95.
Perfiles de usuario.

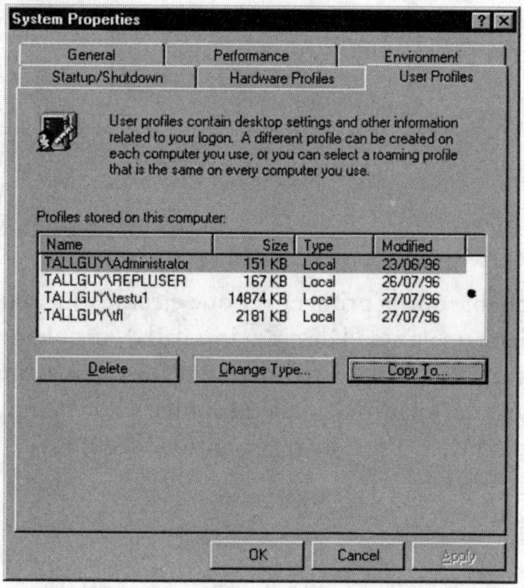

Como puede ver en la figura A.95, el usuario `testu1` tiene un perfil grande, ¡casi 15MB en mi sistema! Si éste fuera un perfil móvil, de seguro le tomaría algún tiempo transferirlo. Para eliminarlo del sistema, seleccione el perfil y haga clic en el botón Eliminar (Delete).

Dispositivos de cinta

Para muchos usuarios, el respaldo en cinta es el método principal de respaldo. Con las unidades CDR cada día menos caras y nuevos dispositivos en el mercado como las unidades ZIP y JAZ de Iomega, la primacía de la cinta está, si no amenazada, al menos bajo revisión para el usuario de Windows NT Workstation. Con los precios de los discos disminuyendo cada semana, ¿por qué molestarse en respaldar en cinta?

Windows NT viene con una utilería de respaldo incorporada, NTBACKUP. Lo importante de este programa es que puede respaldar, y más adelante restablecer, su Registro.

NT Backup soporta sólo un pequeño rango de dispositivos de cinta, incluyendo dispositivos basados en QIC 40 y QIC 80 IDE y una amplia gama de unidades 4MM DAT. Para mayores detalles sobre los dispositivos soportados, remítase a la lista de compatibilidad de hardware.

Para instalar, primero inicie la aplicación Dispositivos de cinta (Tape Devices), figura A.96. Esta sencilla aplicación le permite detectar e instalar una unidad de cinta y cargar y descargar los controladores del dispositivo de cinta.

Figura A.96.
Dispositivos de cinta.

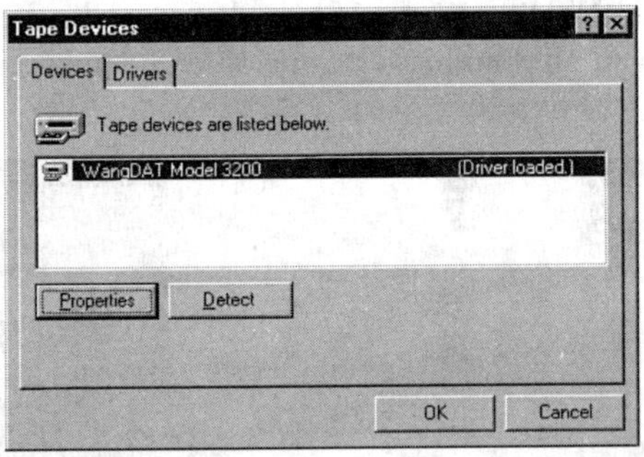

Es probable que la primera vez que ejecute esta aplicación la lista de unidades esté vacía. Si es así (y si tiene una unidad de cinta instalada), simplemente haga clic en el botón Detectar (Detect) y la aplicación Dispositivos de cinta busca una unidad de cinta soportada. Si encuentra una, despliega un cuadro de diálogo similar al de la figura A.97, desde el cual usted puede instalar el controlador de dispositivo necesario. Asegúrese de tener a la mano su CD-ROM de instalación.

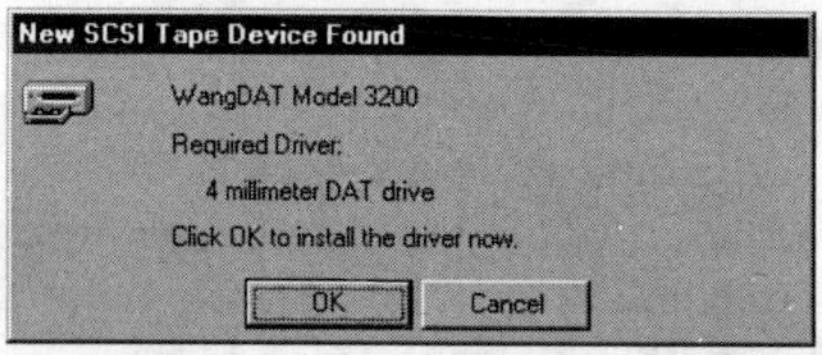

Figura A.97.
Instalación de un dispositivo de cinta.

Después de instalar el dispositivo de cinta, ya puede usar el botón Propiedades (Properties) en la aplicación Dispositivos de cinta para abrir las propiedades detalladas, como se muestra en las figuras A.98 y A.99. Probablemente esto sea información extra, pero si está instalando la unidad de cinta por primera vez, es muy sano verificar que NT seleccione el dispositivo correcto.

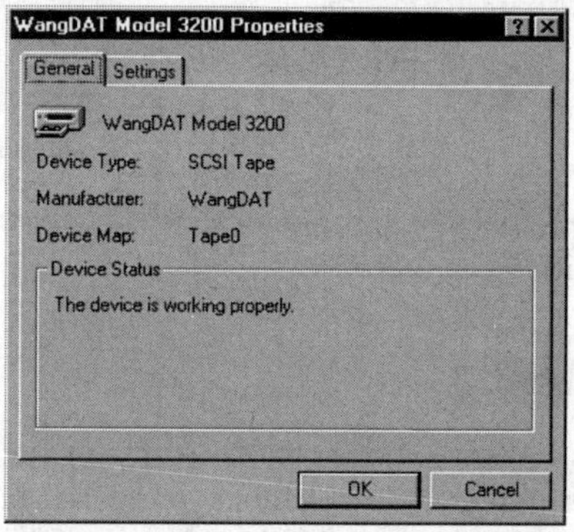

Figura A.98.
Propiedades generales del dispositivo de cinta.

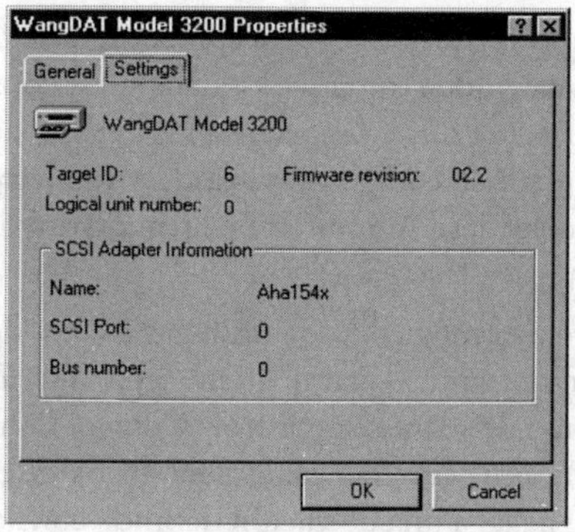

Figura A.99.
Configuración del dispositivo de cinta.

Como en el caso de los adaptadores SCSI, usted puede instalar los controladores del dispositivo de cinta en forma independiente del dispositivo de cinta en sí. Esto podría ser útil en particular si usa uno o más dispositivos de cinta externos. Instale el controlador del dispositivo y luego configure la unidad de cinta real cuando sea necesario. Para ello, seleccione la ficha Controladores (Drivers) en la aplicación Dispositivo de cinta (Tape Device) para desplegar el cuadro de diálogo de la figura A.100.

Figura A.100.
Controladores de cinta.

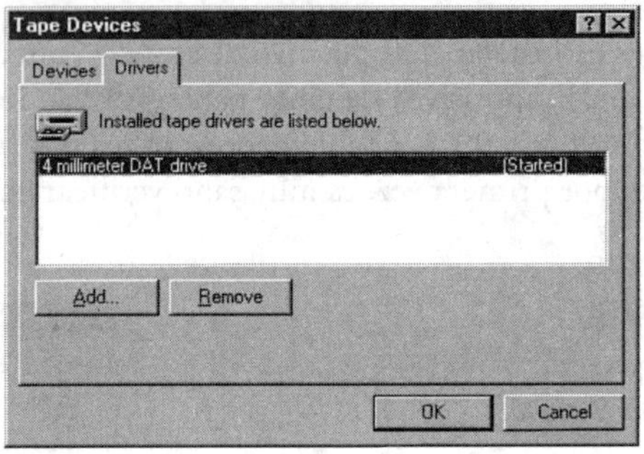

Sólo los miembros del grupo local de Administradores pueden agregar o eliminar controladores de dispositivo de cinta.

Telefonía

Como ya se indicó en la sección "Módems" de este apéndice, Windows NT viene con algunas funciones potentes de telefonía, llamadas TAPI (Telephony API). Éstas se utilizan en la característica de Acceso telefónico a redes (Dial-Up Networking) de Windows NT para marcar por medio del módem.

Central para la TAPI es el concepto de ubicación. Una ubicación TAPI es el lugar desde el que usted está marcando e incluye los detalles de cómo marcar su teléfono. En una conexión de acceso telefónico a redes, usted especifica los detalles del sistema que está marcando, incluyendo el país en el que está y su código de marcado y número telefónico. Cuando TAPI marca esta conexión, puede resolver desde dónde está marcando usted y agregar cualquier código de marcado necesario (para área, país, etcétera).

Si usted se está moviendo de un lugar a otro, de un país a otro, esto puede ser un ahorrador de tiempo importante. Cuando tiene una nueva ubicación, sólo inicia la aplicación Telefonía (Telephony) del Panel de control (Control Panel) y define una nueva ubicación, y luego puede marcar en forma correcta cualquiera de los sitios de su directorio telefónico DUN. Si regresa (o cuando lo haga) a una ubicación definida con anterioridad, sólo seleccione la ubicación antes de marcar. No podría ser más sencillo.

La aplicación Telefonía se muestra en la figura A.101. Ésta le permite seleccionar, eliminar o modificar una ubicación o definir totalmente una nueva. A diferencia de la mayoría de las aplicaciones restantes, el nombre de ésta (Telefonía) es muy diferente del nombre del cuadro de diálogo (Propiedades de marcado [Dialing Properties]). ¡No se confunda!

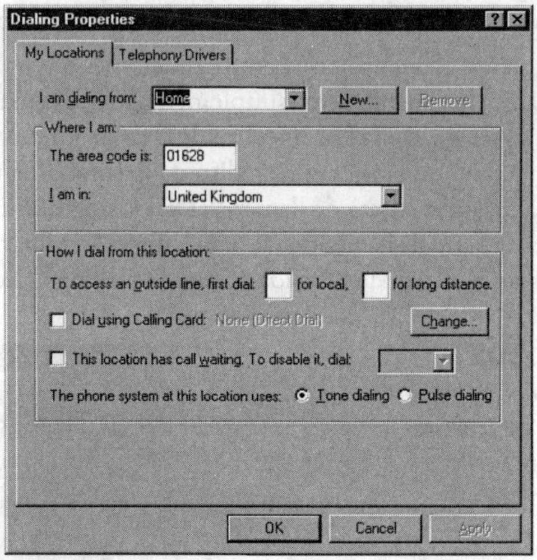

Figura A.101. *Telefonía (Propiedades de marcado).*

En la parte superior de este cuadro de diálogo usted puede seleccionar una ubicación existente con la casilla de lista desplegable. Si escribe un nombre nuevo en ella y hace clic en el botón Nueva (New), usted puede crear una ubicación nueva. Si tiene más de una ubicación definida, puede seleccionar cualquiera de las ubicaciones y eliminarla.

Para definir una ubicación de marcado, especifique antes dónde está la ubicación desde el punto de vista del país o código de área. Observe que algunos países usan términos diferentes para lo que TAPI llama código de área. Inglaterra, por ejemplo, usa el término código de marcado o código STD en lugar de código de área; lo mismo ocurre en cuanto a TAPI .

Los códigos de marcado deben permanecer más o menos constantes, ¡pero podría no ser así! Los códigos de país TAPI están almacenados en el Registro bajo la clave `HKEY_LOCAL_MACHINE\SOFTWARE\Microsoft\Windows\CurrentVersion\Telephony\Providers`. Los detalles de los nombres de los países se almacenan utilizando Unicode, así que tenga cuidado cuando haga cualquier cambio a estos parámetros.

Después de definir su país y su código de área, usted necesita definir cómo obtener una línea exterior. Por lo general, la mayoría usan un 9 para obtener una línea exterior, sin importar si es local o de larga distancia, pero algunas oficinas usan un 0 u otros códigos diferentes.

TAPI asume que todas las llamadas se hacen por medio de una línea directa e inserta el código de línea directa o el código de larga distancia para todas las llamadas. TAPI también usa el código de larga distancia en cualquier momento que necesite agregar el código de área, lo cual incluye cualquier llamada internacional (es decir, donde también tiene que agregar un código de país).

El siguiente elemento en la configuración es el establecimiento de Tarjeta de llamada (Calling Card). Por lo general, usted simplemente marca la mayor parte de las llamadas y deja que los cargos por ellas recaigan en el propietario de la conexión telefónica que está usando. Si utiliza una tarjeta de llamada o una tarjeta de crédito de la compañía telefónica para su pago, seleccione la casilla Marcar usando tarjeta de llamada (Dial Using Calling Card) y luego configure los detalles de su tarjeta de llamada haciendo clic en el botón Cambiar (Change). Se despliega el cuadro de diálogo Cambiar la tarjeta de llamada (Change Calling Card) que se muestra en la figura A.102.

Figura A.102.
Configuración del cambio de la tarjeta de llamada.

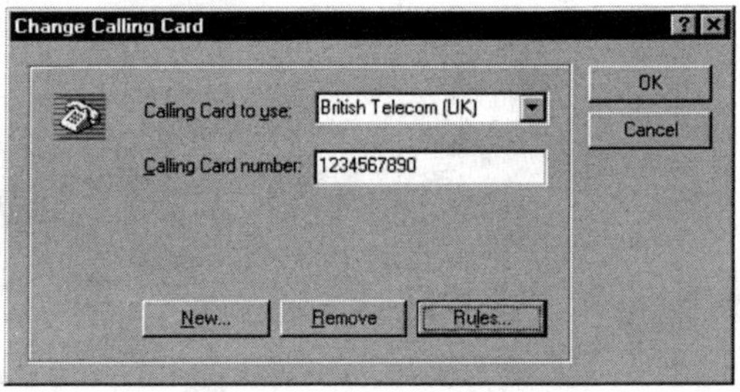

Si su tarjeta de llamada telefónica o de crédito no está en la lista, puede seleccionar el botón Nueva (New) en Cambiar la tarjeta de llamada para definir una tarjeta nueva. Después de introducir el nuevo nombre de tarjeta, se le pide que defina las Reglas de marcado (Dialing Rules), utilizando el cuadro de diálogo de la figura A.103, que indica a TAPI qué tonos marcar para invocar la nueva tarjeta de llamada.

Figura A.103.
Reglas de marcado de la tarjeta de llamada.

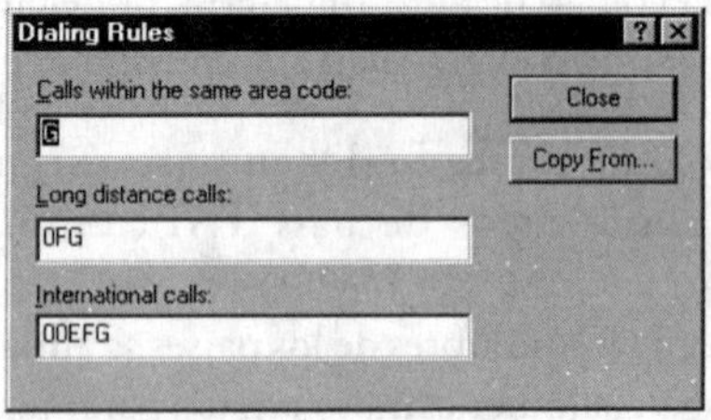

La llamada en espera es una característica de la mayoría de los sistemas telefónicos modernos, que le indica si hay alguien más tratando de marcarle mientras usted está hablando por teléfono. Esto es elegante porque el segundo llamador no se percata de que usted está ocupado. Sin embargo, la señal de llamada en espera trastorna elegantemente el tráfico de módem, dando por terminada por lo general la llamada. Si tiene esta característica en su teléfono, haga clic en la casilla de verificación Ubicación con llamada en espera (This Location Has Call Waiting) e introduzca la secuencia de dígitos para desactivarla.

Actualmente, la mayoría de los teléfonos y conmutadores de las compañías usan marcado por tonos, pero todavía hay gran cantidad de lugares donde esto no está disponible o el PABX no soporta el marcado por tonos. En estos casos, necesita seleccionar Marcado por pulsos (Pulse dialing) en el cuadro de diálogo Propiedades de marcado (Dialing Properties).

A primera vista, esto implica demasiado esfuerzo sólo para marcar un BBS o a su proveedor Internet, pero en la práctica por lo general se puede establecer una ubicación nueva en cuestión de segundos. ¡Lo difícil es conseguir la primera ubicación correcta!

SAI

La electricidad para alimentar a una computadora es algo que damos por sentado. Por lo general, sólo conecta su PC, la enciende y funciona. De vez en cuando llega a desaparecer la energía para el sistema en el contacto. Esta pérdida puede ser causada por algo tan simple como que alguien quita por accidente el fusible equivocado o a una pérdida temporal de toda la energía principal. En las oficinas atestadas de hoy, donde las extensiones de energía de cuatro vías son casi una ocurrencia común, la pérdida de energía es demasiado común.

Una solución a esta posible pérdida de energía es un Sistema de alimentación ininterrumpida, o SAI (también conocido como UPS). Un SAI no es nada más que una pila recargable grande y costosa, posiblemente con alguna inteligencia incorporada. Es un concepto simple, pero cuando la energía falla, un SAI puede ser un salvavidas.

Un SAI moderno puede regular el voltaje, para prevenir que los aumentos bruscos de voltaje dañen un equipo delicado de computación o impedir que los descensos de voltaje temporales afecten a su sistema. Los aumentos de voltaje son muy comunes en bloques de oficinas o casas antiguas que probablemente no fueron diseñadas para manejar los requerimientos de energía modernos.

Hay dos tipos de SAI: inteligentes y tontos. Un SAI tonto sólo proporciona una capacidad sencilla de pila: al fallar la energía principal, la pila funciona y proporciona energía a la computadora. Siendo optimistas, la energía principal se restablece antes de que se agote la pila.

Usted puede establecer un SAI inteligente para que se comunique con Windows NT por medio de un puerto serial. Esto permite al SAI informar a Windows NT que la energía se ha perdido (o que se ha restablecido), lo cual le permite al servicio SAI apagar el sistema sin problemas. Antes de que utilice esta característica usted necesita configurar el servicio SAI con la aplicación SAI (UPS); vea la figura A.104. Recuerde que para manejar el SAI usted debe ser miembro del grupo local de administradores.

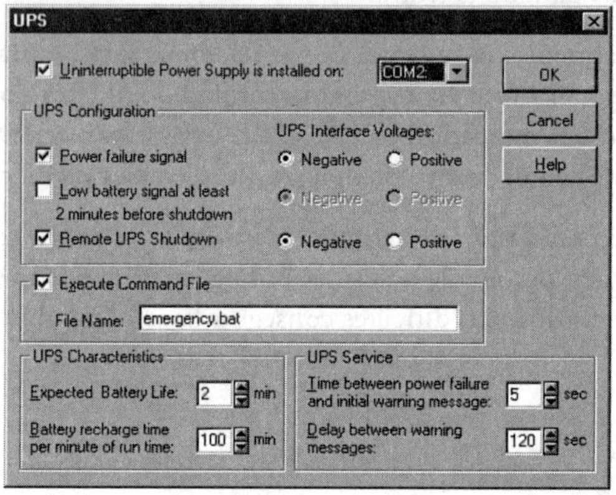

Figura A.104.
Configuración del SAI.

Debido a que el servicio SAI puede soportar a un SAI inteligente sólo por medio de un puerto serial, usted debe indicar con anticipación a Windows NT qué puerto supervisar. Éste puede ser cualquier puerto serial configurado (definido con la aplicación Puertos [Ports]).

Puesto que un SAI no tiene configuración automática, usted debe indicar a Windows NT los detalles acerca del SAI, incluyendo la siguiente información (si se requiere):

- Aviso de corte de alimentación (Power Failure Signal): si el SAI tiene esta característica, la pérdida de energía se comunica usando la señal de cable CTS. Usted necesita indicar al servicio SAI qué voltaje está establecido en el cable para indicar pérdida de energía (esta información está en su documentación SAI).
- Aviso de pila con poca carga (Low Battery Signal): si el SAI le puede indicar a Windows NT que la pila está baja, usted selecciona éste y define el voltaje. La condición de pila con poca carga se indica mediante la señal de cable DCD.
- Apagado remoto de SAI (Remote UPS Shutdown): si el SAI puede aceptar una señal remota de apagado de la computadora, esto se establece en la señal de cable DTR. Incluso si no pretende usar esta facilidad, asegúrese de configurarla.

Si su SAI tiene señal de corte de alimentación pero no soporta la facilidad de pila con poca carga, usted debe definir las características SAI en función de la duración estimada de la pila (Expected Battery Life) y el Tiempo de recarga de la pila (Battery Recharge Time). Estas cifras están en la documentación que acompaña a su SAI.

Si la alimentación se interrumpe y NT determina que la pila está casi agotada, debido a la duración estimada de la pila o a una señal de pila con poca carga, empieza a apagar el sistema.

Si selecciona la opción Ejecutar archivo de comandos (Execute Command File) e introduce un nombre de archivo, NT ejecuta un comando antes de apagar el sistema. Este comando podría intentar cerrar elegantemente las aplicaciones, por ejemplo, o enviar mensajes por la red indicando que es inminente que se apague. Este archivo de comandos debe ser un archivo de procesamiento por lotes o un archivo ejecutable y debe residir en el directorio %SYSTEMROOT%\SYSTEM32.

Si el SAI pone en práctica una señal de interrupción de la alimentación, NT emite alertas administrativas al detectar la falla de energía por primera vez y continúa con alertas a intervalos regulares. Usted puede configurar la duración del periodo que el servicio SAI ha de esperar antes de emitir la primera advertencia y el tiempo entre advertencias, mediante los dos cuadros giratorios en el grupo Servicio de SAI (UPS Service).

Administración de sistemas: administrar el sistema usando el Panel de control

Las secciones anteriores han introducido con algún detalle las diversas funciones del Panel de control (Control Panel). En esta sección final, veremos algunas tareas específicas de administración que tendría que realizar y para las cuales le ayudarán las aplicaciones del Panel de control.

Pantalla

Algunos usuarios tienden a juguetear con los parámetros de su sistema y los ponen en un estado terrible. Use la aplicación Pantalla (Display) para arreglar los parámetros de la pantalla. Si las cosas están demasiado mal, use la ficha Perfiles de usuario (User Profiles) en la aplicación Sistema (System) para eliminar el perfil por completo.

Módems

La configuración exitosa de módems es algo así como de magia negra. Si tiene problemas para comunicarse con un sitio remoto, pruebe creando un registro de módem. Esto le podría ayudar a rastrear los problemas del módem.

Las cadenas de inicialización del módem predeterminadas, establecidas por Windows NT cuando usted instaló el módem, permiten a todos los módems conectarse en forma confiable con todos los sistemas remotos –a veces usted deberá cambiar o agregar parámetros específicos. Use Propiedades de Módems | Conexiones | Avanzadas (Modems Properties | Connections | Advanced) para establecer estos parámetros adicionales de inicialización.

Teclado y ratón

Use las aplicaciones Teclado (Keyboard) y Mouse para ajustar el teclado según sus gustos personales. Recuerde que los parámetros de Accesibilidad (Accessibility) pueden anular los parámetros de teclado.

Solución de problemas de servicios y dispositivos

Si los dispositivos o servicios fallan al inicio durante el proceso de arranque, usted recibe un mensaje sugiriendo que revise el visor de sucesos para más detalles. A veces, en particular si los usuarios están jugueteando, el sistema intenta iniciar controladores que no existen o para los cuales no hay hardware apropiado. Arregle esto con la aplicación Controladores (Drivers) para desactivar el controlador.

Aunque la mayoría de los servicios inician sin un usuario o contraseña especificado, algunos servicios requieren que se especifique una identificación de usuario. Use la aplicación Servicios (Services) para especificar en forma correcta el nombre de usuario y la contraseña para iniciar cada servicio.

NT viene con los controladores más recientes para el hardware soportado. Sin embargo, los controladores para la mayor parte del hardware están en un estado de mejoramiento continuo. Si tiene problemas con un dispositivo, una solución podría ser tener siempre controladores nuevos o actualizados, que por lo general usted puede conseguir en el sitio Internet o BBS del fabricante del hardware. Utilice el Panel de control (Control Panel) para instalar controladores SCSI nuevos y controladores de red y multimedia.

Algunas tarjetas madre (motherboards) no permiten que Windows NT use más de una cantidad determinada de RAM, sin importar cuántos chips SIMM agregue. Otras podrían requerir el cambio de parámetros del BIOS antes de utilizar la RAM nueva. Si agrega más RAM a su sistema, verifique la aplicación Sistema (System) y asegúrese de que Windows NT está usando realmente la memoria extra.

Si suele obtener Pantallas azules de la muerte (Blue Screen of Death), es decir, fallas de NT, utilice la aplicación Sistema para crear un archivo de descarga. Esto podría ayudar al fabricante de hardware o al soporte de Microsoft a rastrear el problema.

Sonido

Desactive las combinaciones de sonido a menos que en verdad las necesite.

ÍNDICE

Símbolos

A

B

C

D

E

I

J

L

M

N

O

P

Q-R

S

T

U

V

W

X

Z

Prentice-Hall Hispanoamericana, S.A.
División Computación / Negocios
Calle 4 No. 25-2º piso,
Fracc. Industrial Alce Blanco
Naucalpan de Juárez,
Edo. de México C.P. 53370
MÉXICO